江山年鉴

JIANGSHAN ALMANAC

2023

中共江山市委 江山市人民政府 主办

江山市档案馆（市委史志研究室）编

方志出版社

Publishing House of Local Records

江山市地方志编纂委员会

顾　　问	朱素芳				
主　　任	徐明峰				
副 主 任	何日根	郑爱萍			
委　　员	邵建水	徐群年	陈新华	毛有祥	辛　斌
	姜剑宏	严方森	吴伟剑	刘俏斌	姜小标
	周建荣	刘方华	钟炳根	姜淑芬	杨子勋
	祝　君	祝和荣			
办公室主任	祝和荣				
办公室副主任	毛德达				

《江山年鉴》编辑部

主　　编	祝和荣			
副 主 编	毛德达	戴明桂		
编　　辑	姜　滔	郑孝飞		
工作人员	廖冬平	杨良英	徐子纯	毛智敏

编辑说明

一、《江山年鉴》由中共江山市委、江山市人民政府主办，江山市档案馆（市委史志研究室）组织编纂，旨在全面系统按年度记载江山市自然、政治、经济、文化、社会、生态建设等方面的基本情况，为各级党政机关和社会各界人士及中外投资者了解、研究、建设江山，提供丰富、翔实的资料。

二、《江山年鉴（2023）》的编纂，以马克思列宁主义、毛泽东思想、邓小平理论、“三个代表”重要思想、科学发展观、习近平新时代中国特色社会主义思想为指导，坚持辩证唯物主义和历史唯物主义的立场、观点和方法，严格遵循国务院《地方志工作条例》和上级地方志工作机构的有关规定，全面客观记载2022年在中共江山市委、江山市人民政府的领导下，江山人民在建设三省边际中心县城中，奋力争当“两个先行”示范窗口的新理念、新举措、新变化、新成就和新经验，着力体现时代特征、年度特点，为江山市经济和社会发展服务。

三、《江山年鉴（2023）》记事时间为2022年1月至12月，个别资料适当延伸。

四、《江山年鉴（2023）》以文字记述为主，辅以表格和图片，采用分类编辑法编纂。基本结构为类目、分目、条目3个层次。3种标题分别以不同的字号和字体表示。条目名以黑体字加【】引出，以便查阅。

五、《江山年鉴（2023）》以市机关各部门、乡镇（街道）和驻江山的单位为基本记述主体，以事物性质分类。同时在卷首设特载、专辑、大事记和市情概览，卷末设文件选辑、文件选目和附录。

六、《江山年鉴（2023）》数字用法、标点符号用法分别采用国家标准《出版物上数字用法》（GB/T 15835—2011）、《标点符号用法》（GB/T 15834—2011），计量单位采用国家技术监督局1993年12月发布的《量和单位》系列国家标准。

七、《江山年鉴（2023）》资料由全市各部门、乡镇（街道）和驻江山的省、市直属单位提供，稿件由各单位指定专人撰写，经编辑部编定，再经市委办、市府办审核后定稿。未署名的插图均由撰稿单位提供。

八、凡涉及江山市国民经济和社会发展全局性的数据，以市统计局编纂的《江山统计年鉴（2022）》为准，其他数据由各供稿单位提供。

美丽江山

▲ 城北新城景观（2022年）

▲“清湖锁钥”省级城乡风貌样板区（2022年）

▲ 江郎山（2022年）

▲ 一江两带（2022年）

▲ 清漾毛氏文化村（2022年）

▲ 凤林镇白沙村（2022年）

领导调研

▲ 5月12日，浙江省委副书记、省长王浩（左一）在衢州第二中专调研职业教育

▲ 4月12日，浙江省政协主席黄莉新（右二）在江山市调研乡村振兴工作

▲ 6月17日，水利部副部长陆桂华（右三）率队在江山市调研水土保持和水生态文明建设工作

▲ 7月15日，省委常委、组织部部长王成（右二）在江山市调研未来乡村、未来社区工作

◀ 11月15日，浙江省委常委、统战部部长邱启文（左三）在江山市调研统战工作

◀ 2月24日，副省长徐文光（中）在清湖街道清湖三村调研农业农村工作

◀ 5月28日，副省长成岳冲（前排右二）在江山市参加浙江省第三届生态运动会

7月13日，副省长高兴夫▶（中）带队在江山市宣讲第十五次党代会精神

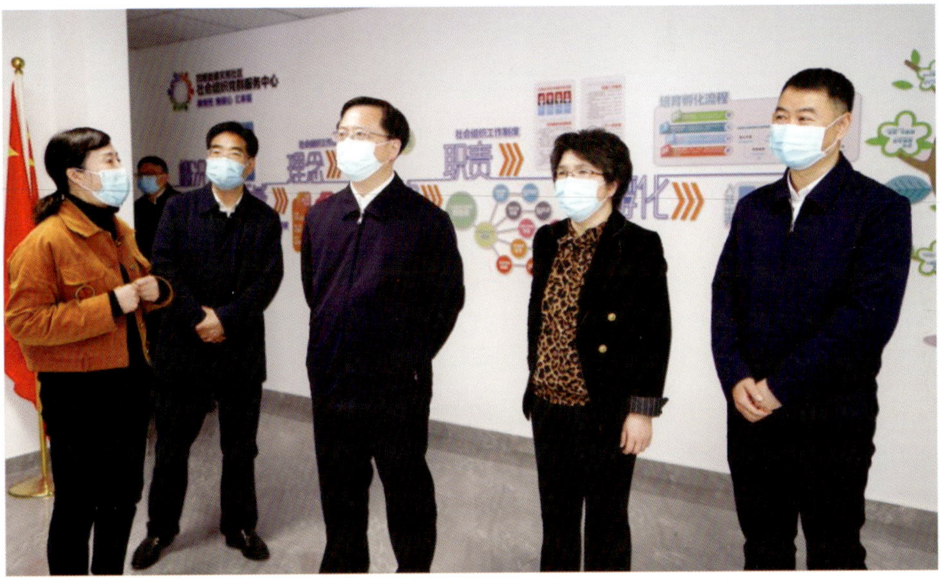

3月30日，衢州市委书记▶高屹（中）在双塔街道文苑社区调研共同富裕工作

12月8日，衢州市委副书▶记、市长徐张艳（右二）在江山市调研新型城镇化工作

党建统领

▲ 11月7日—9日，江山市召开市委理论学习中心组“学习贯彻党的二十大精神”专题学习会 暨“冲刺全年红 谋篇开新局”工作部署会

▲ 11月23日—24日，浙江省公务员考核提质增效现场会在江山市召开

▲ 5月23日，江山市召开高质量发展建设共同富裕示范区推进会暨“六治六提”作风建设行动落实部署会

◀ 5月26日，江山市举行“红色根脉强基工程”农村领域东片区双月擂台比拼

▲ 9月13日，江山市举行新录用公职人员“青蓝工程”导师帮带结对仪式

▲ 10月25日，“8090”宣讲员在基层宣讲党的二十大精神

工业发展

▲ 2月9日，江山市召开全市工业高质量发展大会

工业雄风
重振江山工业雄风
2022年江山市工业高质量发展大会

重振江山工业雄风
2022年江山市工业高质量发展大会
签约仪式
年产5000套高端石化装备及智能化建设项目
安通智慧谷·江山智能家具产业园项目
年产20万吨锂电池材料项目
永利百合五金产业园项目
芯岛新材料年产12万套12寸晶圆片运输盒项目
022年江山市工业高质量发展大会

▲ 7月10日，省政府在江山市召开全省细分行业中小企业数字化改造推进会暨江山木门数字化改造现场会

▲ 7月13日，科润智能控股有限公司在北京证券交易所挂牌上市

▲ 狠抓招大引强、培大育强，碳一公司、习谷科技、金石资源、万里扬等一批重大产业项目相继落地建设

▲ 完成“两新”产业园414户“园中村”征迁，108家非化企业腾退，腾出平台空间5000亩，启动20平方公里江贺经济园区转型升级攻坚战

▲ 5月，浙江天际互感器股份有限公司入选浙江省未来工厂试点企业

▲ 8月，浙江科力车辆控制系统有限公司入选工信部专精特新“小巨人”企业

乡村振兴

▲ 12月11日，江山市召开土地综合整治推进会

▲ 11月25日，成功打造“丝路明珠·遇见江山”未来乡村品牌，“三好·清漾”、清湖古镇2个未来乡村开街运营

▲ 10月26日，江山市举办现代农业绿色低碳循环发展助力江山猕猴桃生产技术培训会

▲ 12月7日，江山农产品在浙江网上农博会进行专场直播

▲ 2022年度浙江省金宿级民宿——云七民宿

▲ 创新实施“大搬快聚”工程，高标准建设城南、贺村、峡口、莲华山4个万人集聚小区

▲ 华欣湖羊养殖基地

▲ 大夫弟蛋鸡养殖场

▲ 2月21日，峡口镇第一届“羊来羊回”入户仪式

▲ 凤林镇白芨种植基地

▲ 12月，仙霞关旅游综合体项目主体完工

文体事业

▲ 1月1日，全国新年登高健身大会线上活动在江郎山等地举行

▲ 11月9日，浙江省山区26县村歌故事会颁奖典礼在大陈村举行

▲ 5月28日，浙江省第三届生态运动会（衢州江山站）徒步大会在江郎山举行

▲ 8月5日，2022年浙江省体育局“送体育下乡”暨奥运冠军走进山区26县活动在大陈村举行

▲ 6月29日，“共富共美 逐梦江山”第六届浙江省微电影评选活动表彰典礼在江山举行

▲ 11月4日，第五届全国美丽乡村攀岩系列赛在新塘边毛村山头村举行

▲ 8月23日，文化艺术中心二期项目通过整体验收

民生福祉

▲ 4月1日，江山市召开城市发展大会暨创建全国文明城市攻坚大会

▲ 连续两个季度获得衢州“有礼测评”第一名，推进江山城市化进程和精细化管理向前大跨步迈进

▲ 平安创建实现“十二连冠”，捧回“平安金鼎”

◀ 8月，江山市人民医院被评为三乙综合医院

▲ 建设中的桑淤大桥及接线工程

▲ 9月1日，江山市综合交通枢纽长途客运中心启用

◀ 9月29日，江山市档案馆新馆投入使用

江山市首个邻里中心 ▶

▲ 8月30日，全市2022年新建公办幼儿园集中开园

早田坂村共享食堂

虎山街道共享食堂

▲ 全市新建共享食堂255家，实现大部分乡镇（街道）覆盖

改造后的湖溪里小区

改造后的江滨二区小区

◀ 大手笔推进老城有机更新，加快新城建设，全年共实施5个片区11个老旧小区改造

摄影：
沈天法 毛武俊 姜层层
崔 华 徐宗惠 周子扬
郑孝飞 许 敏 周玄雯
何耀炜 严林忠 周梦毓
姜 龙 陈恺文 王雯琪等

要　目

Main Contents

目　录

特　载

专　辑

大事记

市情概览

中共江山市委员会

江山市人民代表大会

江山市人民政府

政协江山市委员会

中共江山市纪律检查委员会
江山市监察委员会

民主党派

群众团体

法　治

军　事

公共管理

工　业

商务经济

商　贸

招商引资

农业农村

林　业

水利　水电

交通运输

城乡建设

信息产业

规划与国土资源

生态环境

经济管理

财政 税务

金 融

教育　体育

科　技

卫生　健康

文化　旅游

传　媒

乡镇　街道

人　物

文件选辑

文件选目

附　录

特　载

扛起担当　放大优势 在建设三省边际中心县城中奋力争当“两个先行”示范窗口

——在市委十五届二次全体（扩大）会议上的报告

中共江山市委书记　朱素芳

（2022 年 8 月 15 日）

中共江山市委书记　朱素芳

今天，我们召开市委十五届二次全体（扩大）会议，主要任务是，高举习近平新时代中国特色社会主义思想伟大旗帜，全面贯彻落实省第十五次党代会、衢州市第八次党代会和八届二次全会精神，回顾总结今年以来市委常委会的主要工作，审议通过《中共江山市委关于加快建设三省边际中心县城 奋力争当“两个先行”示范窗口的决定》，进一步动员全市上下扛起担当、放大优势，在建设三省边际中心县城中奋力争当“两个先行”示范窗口，以江山一域之“优”助推衢州四省边际中心城市之“进”。

市第十五次党代会以来，面对百年变局和世纪疫情的叠加冲击，新一届市委常委会团结带领全市上下坚持以习近平新时代中国特色社会主义思想为指导，深入学习贯彻习近平总书记对浙江特别是三次来江山考察调研时的重要指示精神，全面落实省第十五次党代会、衢州市第八次党代会的决策部署，按照“疫情要防住、经济要稳住、发展要安全”的要求，紧扣“衢州当龙头、全省争上游”目标，实干争先，顶住了“三重压力”“两大变量”交织叠加的严峻考验，交出了来之不易的超预期高分答卷。半年来我们欣喜地看到：大家越干越有信心，干出了越来越多的各项成效。我们一切围绕“当龙头、争上游”，勇当第一、争优夺旗，用实绩证明了只要我们认定的目标，就一定能够变成现实。江山时隔十一年重回衢州综合考核榜首，荣获一季度全省投资赛马激励、连续两个季度获得衢州争先创优“流动红旗”第一名、3项工作得到省政府督查激励，省级以上荣誉达20余项。特别是近段时间以来，省政府主要领导、省政协主要领导、省委组织部部长等多位省部级领导相继到江山调研，对我们大抓工业、狠抓城乡风貌重塑等各项领域工作给予了充分肯定和高度评价，让我们的跨越赶超之路走得更加从容自信、更加坚定有力。大家越干越有底气，干出了越来越好的发展势头。全市齐心、上下一心，干成了一批长期想干而没有干的大事要事。举全市之力先后打赢了新能源新材料产业园“园中村”搬迁、转型升级两场硬仗，将腾出平台空间5000余亩，并且乘势而上即将打响20平方公里的江贺经济园区转型升级攻坚战。我们狠抓招大引强、培大育强，碳一公司、习谷科技、金石资源等一批重大产业项目相继落地建设，科润智控成为衢州首家北交所上市企业，“1122”工程加速推进，向“千亿规上工业总产值、百亿财政总收入”的高目标全面提速冲刺。我们全力向上对接争取，甬金衢上高速公路江山段规划增加到5个出口，江山江航运开发、缙云至江山高速公路等一批重大战略性基础设施项目纳入省规划盘子，江玉公路即将全面开工。现在的江山，跨越之势已成、赶超之时已至，全面进入了加速突破的新阶段。大家越干越有成就，干出了越来越美的城乡风貌。我们朝着全省最有品位县城的目标定位，城市发展十大专项行动全面铺开，城东新城安置房、桑淤大桥、江山虎总部大楼、碳一总部大楼等一批重大项目加快建设，年度项目启动实施72个，完成投资17亿元。我们高效统筹、系统推进未来社区、未来乡村、城乡风貌样板区、老旧小区改造，周家青未来社区、清湖古街、清漾未来乡村等一批标志性成果即将震撼登场。我们全员压上、铆足干劲、背水一战，取得了创建全国文明城市攻坚战的阶段性胜利。现在的江山，放眼都是建设项目、处处呈现文明有礼、时时上演暖心画面，大美江山正发生着翻天覆地的变化。大家越干越有甜头，干出了越来越高的百姓新向往。我们始终把老百姓的需求作为不懈追求，坚持民生投入只增不减、惠民力度只强不弱、惠民实事只多不少，将事关“一老一小”的共享食堂摆到党委政府工作的重要位置，全市新建共享食堂达255家，实现大部分乡镇（街道）覆盖，并顺势向“乡村生活馆”全面迭代升级。我们持续擦亮公共服务金名片，教育、医疗、养老、文体等民生投入超35.8亿元，创历史新高，人民医院即将成功创建“三乙”医院，获评首轮健康浙江建设先进县，普通高中、中职学校高考再创佳绩，连续四年圆梦清华北大，第二中专、财经学校通过“双高”建设评估，老百姓的获得感和幸福感越来越强。大家越干越有章法，干出了越来越顺的治理体系。我们把“七张问题清单”作为抓党建带全局的有力武器，主动发现问题、上报问题、解决问题的能力得到进一步提升。我们纵深推进数字化改革，“网格+气象”写进了国务院气象高质量发展纲要，“智慧助残”实现“一地创新、全省共享”，乡贤通、房小莲、生态牧场等一批创新应用不断迭代升级。我们全力打好除险保安组合拳，与时间赛跑、同病毒较量，相继交出“4·25”疫情7天社会全面清零、“6·20”特大降雨人员零伤亡等多张平安高分答卷；在衢州率先打响违法信访依法治理专项行动攻坚战，136件省级交办信访积案全部动态清零；纵深推进安全专项整治，重大安全生产问题指数连续排名衢州市第一，电信网络诈骗案件受理数、损失数“双下降”，成功捧得平安金鼎。大家越干越有劲头，干出了越来越强的干部士气。我们把“提士气、转作风、争一流”活动作为主题主线贯穿始终，推出干部关爱暖心八条，全力激发全市干部的干事创业激情。我们聚焦作风痛点问题，深入开展“六治六提”行动，创新“百室四季”作风竞赛载体，深化干部“四维考评”，持续打好“专业培训+一线历练+专项考察”组合拳，锻造了一支政治过硬、业务过关、能力过人的“江山铁军”。现在，全市干部的士气越来越高涨，“想干事、能干事、干成事”已经成为江山干部矢志不渝的追求。

今年是党的二十大召开之年，也是我省迈入高水平全面建设社会主义现代化、高质量发展建设共同富裕示范区的关键之年，在这样的关键节点上，省第十五次党代会擘画了“两个先行”的宏伟蓝图，衢州市委八届二次全会牢记习近平总书记殷殷嘱托，明确了“四省边际中心城市”战略定位，发出了高质量发展建设四省边际共同富裕示范区的动员令。市委立足实际，通过集思广益、系统谋划，确立了建设三省边际中心县城，争当“两个先行”示范窗口的总体目标。今天的市委全会，主要任务就是明确建设三省边际中心县城的定位、目标方向、任务举措，动员全市广大党员干部群众迅速投身到建设三省边际中心县城的工作实践中，用实际行动为衢州打造四省边际中心城市提供强有力的支撑。

下面，我代表市委常委会，讲三点意见：

一、悟精神、找定位、明方向，凝聚起建设三省边际中心县城的强大共识

市委提出打造“三省边际中心县城”，是立足江山实际，对标省、衢州市战略目标作出的重大决策部署，全市上下要进一步增强使命意识、大局意识、机遇意识、争先意识，切实把思想和行动真正统一到市委的决策部署上来。

1. 这是践行习近平总书记殷殷嘱托，江山必须坚决扛起的使命担当。习近平总书记在浙江工作期间，曾经8次到衢州考察调研，其中第一次就寄予衢州“打造四省边际中心城市”的殷殷嘱托，为三衢大地的发展找准了坐标、指明了方向。江山作为衢州的重要组团，在助推衢州“打造四省边际中心城市”上拥有三省边际的独特优势。全市上下必须进一步提高站位、放大格局，始终牢记习近平总书记对衢州的殷殷嘱托，主动扛起责任、扛起担当，把打造“三省边际中心县城”放到支撑“四省边际中心城市”的战略高度来谋划，充分发挥自身优势，竭尽全力把我市建设成为三省边际真正的中心县城，确保以江山的更大担当为衢州作出更大贡献，让总书记的殷殷嘱托全面落地、开花结果。

2. 这是抢抓中央重大试点机遇，江山加速推进城镇化建设的必然要求。今年5月，中央出台了《关于推进以县城为重要载体的城镇化建设的意见》，释放出了“十四五”时期县域将成为城镇化建设主战场的强烈信号，让县城站上了新风口。对于江山而言，今年我们时隔十二年再次召开高规格城市发展大会，一系列重大城乡建设项目加速推进，重塑城乡风貌全面启动，特别是省政府已经明确支持江山争列全省试点。在这样的宏观背景下，市委作出建设三省边际中心县城的战略部署，就是要乘势而上、先人一步，全力在新一轮城镇化浪潮中抢得更多的政策红利。全市上下必须要牢牢把握这一千载难逢的机遇，深化

落实市委战略部署，借势借力，在加快建设三省边际中心县城中，全面提升江山新型城镇化水平。

3. 这是放大三省边际比较优势，江山争当“两个先行”示范窗口的最佳实践。江山是浙江的西南门户，放眼三省边际八县，经济总量、人口都具有相对比较优势，我们有义务、也有责任成为全省“两个先行”向中西部地区展现示范的“重要窗口”。特别是在当前浙江全面推进高质量发展建设共同富裕示范区，超常规支持山区县跨越式赶超发展的大好形势下，我们上下一心、干群同欲、大干快上，干出了越来越强的自信，拼出了越来越好的势头，江山完全有理由、有信心、有底气成为三省边际中心县城。全市上下要凝聚起强大共识，顺势而为、乘势而上，真正把江山独一无二的区位优势和三省边际的比较优势最大程度地转化为跨越赶超的发展胜势，让江山成为三省边际展现“两个先行”的示范窗口。

4.这是落实党代会决策部署，江山“当龙头、争上游”的迭代深化。市第十五次党代会立足江山发展历史新起点，旗帜鲜明地发出了“衢州当龙头、全省争上游”的号召。此次市委提出打造“三省边际中心县城”，不是换频道、变赛道，而是对“当龙头、争上游”目标定位的细化和具体化，是我们立足省际边界区域下，以更加宏大的视角，提出的更高目标和更清晰的路径方向。从某种程度上讲，“当龙头、争上游”和打造“三省边际中心县城”在指向上是高度一致的，在举措上也是一以贯之的，前者是目标定位，后者是抓手支撑，把中心县城真正打造好了，江山作为“衢州当龙头、全省争上游”的地位也就更加牢固了。相反，如果抛开这个目标抓手，那我们的“当龙头、争上游”也是难以实现的。

二、绘蓝图、定目标、指路径，在“两个先行”新征程上加快建设三省边际中心县城

城市的本质是人口的集聚，加快人口集聚是提升城市能级的内生需求，也是衡量一座城市规模和等级的重要指标。建设三省边际中心县城，必须把“人”的需求作为主攻方向，以最强的产业集群带动人口集聚、以最优的公共服务促进人口集聚、以最好的宜居环境吸引人口集聚，让各类人才、各种人群近悦远来、来了就不想走。基于这样的考虑，我们要牢牢把握五大工作导向：一是坚持人气集聚。要始终围绕做大“吸引人、留住人”这篇文章，开展各领域工作，做强各方面，全面提升中心县城能级，切实增强吸引力、凝聚力和辐射力，成为人口“梯次流动”的重要节点，为衢州建设四省边际中心城市提供坚实的人口支撑。二是坚持借势赋能。要充分发挥浙江发展走在前列的整体优势，抓住全省超常规支持山区26县跨越式赶超发展和衢州加快建设四省边际中心城市的重大机遇，借势借力，将整体优势、重大机遇转化为扩大江山影响力的强大动能。三是坚持做强自己。要持续放大产业规模、平台能级、全域旅游、公共服务、数字变革、党建治理等先发优势，把长板拉得更长、强项做得更强。同时，全面对照找差距，加大力度补齐各方面短板和弱项，夯实工作根基。四是坚持融合发展。要摒弃“单打独斗”的思维，放大格局、放宽视野，更多关注三省边际其他县（市、区）的发展现状和指标情况，把工作放到三省边际区域的大场景中去谋划推进，在横向比较中互补合作、争先进位，在纵向比较中做强自己、辐射周边。五是坚持彰显示范。要立足三省边际独一无二的区位条件，扛起向周边区域“窗口示范”的担当，深化示范引领带动，在更大范围、更广领域、更深层次输出经验、输出模式，更好彰显浙江“两个先行”和衢州建设四省边际中心城市在周边区域的示范效应。

总体目标是：坚持以习近平新时代中国特色社会主义思想为指导，践行“八八战略”，牢记

“八个嘱托”“八大任务”和习近平同志在浙江工作期间对江山的重要指示要求，锚定“两个先行”，聚焦大干产业、狠抓城乡建设、全力提升公共服务、做优生态环境和社会环境，确保到“十四五”期末产业结构规模、平台空间能级、公共服务水平、城市形态风貌等各方面，在三省边际脱颖而出，三省边际中心县城地位基本确立，成为浙江“两个先行”在省际边界的重要示范窗口。到2026年具体目标，就是要打造“七个三省边际县域高地”：

1. 成为三省边际先进制造业集聚发展的县域高地。新能源新材料产业园、江贺经济园区等区块打造成为产城融合、活力创新的万亩高能级产业平台，经济开发区进入全省20强。以新能源新材料为主导的新兴产业链形成绝对竞争优势，时尚门业智能家居、输配电装备、消防器材等重点发展产业加速实现规模扩张、提质增效，数字消防、健康生活等特色产业加速发展，规上工业总产值和财政总收入，确保分别突破1000亿元和100亿元，新增挂牌上市企业10家，全市地区生产总值突破560亿元。

2. 成为三省边际公共服务便捷共享的县域高地。全力确保列入全省以县城为重要载体的城镇化建设试点，市域城镇化率达68%以上，城市形态、颜值、功能、内涵加速跃迁升级，全省最有品位的城市基本成型。基本实现公共服务优质共享，建成区未来社区实现全覆盖，“乡村生活馆”等服务设施成为标配，“一老一小”整体解决方案成为全省典型，人均预期寿命从2021年底的81.87岁提高到83岁以上，构建形成覆盖全人群、全生命周期的高质量公共服务体系。

3. 成为三省边际科技创新驱动高质量发展的县域高地。三省边际县域创新策源地基本建成，区域创新体系全面构建，与浙大衢州“两院”、中试基地等紧密协作，成果落地转化的良性循环机制基本形成。全社会研发投入突破3.0%，国家高新技术企业、省科技型中小企业、“隐形冠军”企业、专精特新“小巨人”企业等分别突破250家、750家、8家、8家，蓝领专家、劳模工匠等高技能人才资源总量达到1.8万人。

4. 成为三省边际数字变革的县域高地。党建统领整体智治体系更加完善，数字政府、数字社会、数字文化、数字法治建设“硬核成效”不断释放，数字经济创新力竞争力持续彰显，一体化智能化公共数据平台支撑能力显著提升，一批具有江山辨识度的重大改革成果加速落地，基层智治系统全省先行，“大综合一体化”行政执法改革成为全省标杆，各领域制度重塑取得重大进展。

5. 成为三省边际生态旅游发展的县域高地。生态环境质量保持全省领先，成功夺得“大禹鼎”金鼎，“两山”转化通道进一步拓展，以“衢州有礼”诗画风光带为串联的县乡村全域旅游空间架构全面形成。江郎山—廿八都AAAAA级景区能级全面提升，争创江郎山国家级旅游度假区。深度融入衢黄南饶“联盟花园”、浙皖闽赣国家生态旅游协作区等区域共建，全域旅游享誉全国。农旅深度融合发展，农业产业现代化加速推进，未来乡村建设全省示范，成为省级新时代美丽乡村示范县。

6. 成为三省边际文化文明的县域高地。新时代衢州人文精神在江山全面落地开花，清漾毛氏文化、廿八都古镇文化、船帮文化、村歌文化等区域特色文化核心内涵得到深度挖掘，江山婺剧、廿八都木偶戏等非物质文化遗产重现活力，江山老字号品牌实现创新性发展，文化软实力和竞争力实现全方位提升。“浙江有礼·文润江山”品牌持续打响，成功创建全国文明城市，成为三省边际“最有礼的城市”。

7. 成为三省边际平安法治的县域高地。平安江山、法治江山、清廉江山建设纵深推进，政务环境、营商环境、社会环境全国一流、全省领先。成功创建全国法治政府建设示范县，法治建设示范乡镇、民主法治示范村基本实现全覆盖，各领域法治化水平走在全省前列。基层治理体系和治理能力更加完善，重大风险防范化解能力、防灾减灾救灾能力显著增强，平安建设体系更加完善，成功夺得平安建设一星金鼎。

建设三省边际中心县城，必须要有强有力的支撑。对标对表衢州市委提出的打造十个“桥头堡”，我们要以“十个先行领跑”为路径，加快建设三省边际中心县城。

*1. 在践行嘱托上先行领跑。*深刻感悟习近平总书记对江山的关心厚爱，在感恩奋进中，高效闭环推动习近平总书记重要指示精神在江山重重落地。一是对习近平总书记的重要精神要深学深悟。坚持把学懂弄通做实习近平新时代中国特色社会主义思想作为首要政治任务，只要习近平总书记发表重要讲话、重要论述、重要文章，第一时间通过市委常委会第一议题、市委理论学习中心组专题学习会等载体传达学习，确保对习近平总书记的系列重要精神入脑入心。二是对总书记的重要指示要亲力亲为。坚持把贯彻落实习近平总书记重要指示精神，作为拥护“两个确立”、做到“两个维护”的重要检验，对习近平总书记的重要指示批示精神，全市上下特别是市领导、部门单位“一把手”，要第一时间亲自研究、亲自谋划、亲自部署、亲自推动，确保“习近平总书记有号令、党中央有部署、省委和衢州市委有要求、江山率先见行动”。三是对习近平总书记的殷殷嘱托要见行见效。坚持把总书记对江山的殷殷嘱托作为一切工作的根本遵循，全面系统梳理习近平总书记在浙江工作期间来江调研指示精神，逐条逐项制定清单，明确任务、责任、时限，督查推进，确保形成闭环抓落实。特别是对清漾村、丰益村、白沙村、城北社区等习近平总书记留下过足迹的地方，要以最大的力度、超常规的举措，全力打造成为衢州、全省示范村（社），以点带面、引领带动全市跨越发展。

*2. 在工业强市上先行领跑。*唱响“产业为王、工业强市”最强音，把抓工业作为抓一切工作的龙头、命脉，加快形成“工业强市”滚雪球效应。一是全力打造万亩高能级产业平台。重点要在拓展土地空间、推进产城融合上全面发力，确保经济开发区进位全省 20 强。深入实施新一轮“腾笼换鸟”攻坚行动，强势推进新能源新材料产业园、江贺经济园区转型升级，加快“低小散”企业搬迁腾退、工业用地连片出清，加强工业用地全域整治，确保新增和盘活工业用地 1.8 万亩以上，新能源新材料产业园成功被列入 D 级化工园区。按照产业新城功能定位，高标准设计建设小微企业园、邻里中心、蓝领公寓、人才公寓等生产生活性配套设施，打造产、城、人协调发展的创业创新首选地。二是全力打造千亿爆发式产业集群。抓住新能源新材料产业风口，加快推动研一、碳一、习谷科技、金石资源等重点产业项目建成达产，形成涵盖新能源电池、新能源车配件、储能设备等全产业链集群，确保产业规模突破千亿元。加快木门、建材水泥等传统产业转型升级，重点以举办首届中国全屋定制博览会为契机，加速推进木门行业向全屋定制转型升级，确保产业规模突破 200 亿元，打造中国全屋定制产业基地。同时，要狠抓招大引强，充分发挥在外优秀乡贤、异地商会、以商招商等力量，深入实施商会乡贤“招大引强”行动，全力以赴招大项目、好项目，确保引进 10 亿元以上项目 24 个以上、百亿级项目 3 个以上。三是全力打造百家链主型企业梯队。深入实施“工业新政十条”，以更大力度助企纾困、以更优政策推动企业做大做强，确保新增百亿产值企业 2 家、10 亿元以上企业 20 家。全力推动企业上市，全面落实“首违不罚”等企业保护容错机制，“一企一策”体系化推进企业股改上市，确保新增挂牌上市企业 10 家。深化企业数字化转型，推进智能制造提质

清湖古街区

扩面，打造省级“未来工厂”“智能工厂/数字车间”15家以上，实现规上企业数字化改造全覆盖。大力弘扬新时代“江商”精神，深入实施“江商素质提升工程”和新生代企业家“青蓝接力工程”，持续做大做强民营经济底盘。

3. *在城乡风貌上先行领跑。*围绕争列全省以县城为重要载体的城镇化建设试点目标，全面重塑城乡风貌。一是建好共富单元。按照“一统三化九场景”的理念，确保每年至少打造3个省级未来社区、3个省级未来乡村和2个省级城乡风貌样板区，全面推进共富单元建设提质扩面、提档升级。加快探索建设未来乡村连片发展实验区，推进城乡社区现代化建设，全面构建5、10、15分钟幸福生活圈，率先在衢州实现建成区未来社区全覆盖、未来乡村全域覆盖。二是加速城市建设。以实施城市发展十大专项行动为抓手，按照“丰满南北、改造老城、启动新城、江贺一体”总体思路重塑城市风貌。丰满南北上，做实城北科创小镇，加快推进碳一公司、江山虎等总部大楼建设，确保成为江山城市新地标。加快城南商业综合体、异地搬迁安居工程等项目建设，全力做优城南产城融合文章。改造老城，加快推进老旧小区改造，确保到2023年底全面完成29个老旧小区改造和拆建工作。同时，加快完成鹿溪中路、解放路、中山路等“网红街”打造，做大夜间经济、地摊经济，全面完成封门溪改造建设，不仅要解决城市内涝堵点，更要让它成为城市建设的亮点。启动新城上，聚焦城东新城，加快公建先行，推动基础设施互联互通、公共服务共建共享，全力打造集商务办公、休闲旅游、居住生活等功能于一体的高品质现代新城。江贺一体上，借势江贺经济走廊整治提升，全面推动沿线风貌大提升、城镇一体发展。三是打造城镇亮点。以未来乡村、城乡风貌样板区等沿线为重点，启动美丽庭院创建评比，确保打造美丽庭院精品线5条、示范村80个、示范庭院4000户，同时以点带面，示范引领，向全域铺开。以百里须江美丽长廊沿线为重点，加快推进沿江道路贯通，全面建成12公里绿化彩化示范带。以全面深化“千万工程”建设为抓手，确保新培育省级美丽乡村示范乡镇5个、新时代美丽乡村特色精品村21个，成为新时代美丽乡村示范县。

4. *在人才科技上先行领跑。*突出创新制胜导向，全力打造“产学研用金、才政介美云”十联动创新创业生态，推动创新人才向江山集聚、创新技术向江山汇集。一是构建区域创新协作体系。全面融入衢州市四省边际科创走廊建设，推动龙头企业与浙大衢州“两院”、电子科大长三角研究院等科创平台深度合作，全力把新能源新材料产业园打造成为衢州科技成果转移转化的承接平台。同时，要聚焦智慧能源装备、时尚门业智能家居等重点产业，大力引进支持高校院所在江建设产业研究院。二是推动企业创新能力建设。加快产业链创新链深度融合，建设博士后科研工作站、专家工作站、技术创新中心等平台35家，省重点企业研究院4家，打造“一个重点产业、一所研究院、一支专家团队”的创新支撑体系。以企业科技创新结果为导向，用最大的力度和最接地气的政策鼓励引导企业持续加大研发投入，确保全市高新技术企业、省科技型中小企业分别达到250家、750家，新培育专精特新“小巨人”企业6家、“隐形冠军”企业6家，工业新产品产值占工业总产值的比重达到45%以上。三是实施人才人口集聚工程。全面深化人才管理改革试验区建设，健全人才服务保障机制，创设人才集聚多元通道。践行青年优先发展理念，扎实推进青年发展型城市建设。深入实施大搬快聚工程，加快城南、贺村、峡口、莲华山等万人集聚区建设，推动农业人口向集镇、城区集聚。紧扣重点产业深化产教融合、校企合作，全面推广冠名班、订单班等职业技能人才培养模式，培养高技能人才1.8万人以上。

5. *在内联外畅上先行领跑。*以重大交通项目建设为先导，全力打造三省边际县级交通枢纽、大通道浙西南门户黄金节点。一是大力度构建方便迅捷的铁路网。全力确保杭衢高铁江山段2023年年底前全面建成通车，系统构建“三线入杭、四线连衢”空间格局，打通北连长三角都市圈、南接海西经济区、西连中西部的铁路大动脉。同时，深化衢南铁路项目前期，全力争取纳入国家铁路网规划盘子。二是大力度构建畅通立体的公路网。全方位对接国家、省干线公路网，按照“美丽公路”要求，全面建成江玉公路、迎宾大道西延、桑淤大桥、清湖大桥等项目，开工建设甬金衢上高速公路、江衢快速路、48省道城西段改建、205国道峡口段外移工程，加快缙云至江山高速公路、637国道等项目前期，形成“三环线、三高速、六干道”立体公路交通网络。三是大力度构建区域联动的水运航道。发挥钱塘江中上游水运优势，全面融入义甬舟开放大通道建设，深化江山江航道项目前期，同步推进浙赣运河江山段线位方案研究，加快形成客货并举、水陆联动、通江达海的内河航道体系，全力打造浙江经济向内陆地区拓展的水运枢纽。四是大力度构建协同高效的物流枢纽。加快推进公路物流园规划建设，深化江山通用机场项目前期，确保公铁联运无水港建成运营，基本形成公铁空水多式联运体系。依托网营物联供应链中心、公路物流整合运营中心等项目，建成标准化、网络化、智能化现代物流体系，打造三省边际现代物流集散枢纽。

6. *在公共服务上先行领跑。*聚焦老百姓最关心迫切的民生领域，以最高标准更大力度，推进人的全生命周期公共服务优质共享。一是紧盯“一老一小”。探索“一老一小”整体解决方案，加快形成具有江山辨识度的标志性成果，全面建成“15分钟养老服务生活圈”“15分钟社区婴幼儿照护服务圈”。依托全域建设“共享食堂”基础，按照“8+X”服务场景要求，下沉教育、医疗、文化等优质服务资源，向“乡村生活馆”迭代升级。加快建设儿童友好型城市，持续扩大普惠性托育服务供给，实现托育机构社区全覆盖，每千人口3岁以下婴幼儿托位数达到 4.5 个。二是聚焦教育医疗。加快推进公办幼儿园扩容提升工程，确保公办园在园幼儿占比至少达到 50%，力争达70%以上，普惠性幼儿园覆盖面95%以上。深化城乡教育共同体建设，优化教育资源配置，促进义务教育优质均衡。实施“县中崛起”工程，推进普通高中多样化特色发展，全力将江山中学打造成全省最有品位、江山老百姓最引以为豪的现代化高中。做精做特职业教育，高质量完成职业学校“双高”项目建设，全力推动衢州财经学校（江山市高级技工学校）创建技师学院。实施高水平县级强院建设行动，加快推进江山人民医院迁建工程，巩固“三乙”医院创建成果，争取达到“三甲”医院服务能力水平。实施重点学科建设行动，创建医学重点（龙头）学科 3 个以上，打造在三省边际有影响力的优势医疗专科，县域就诊率达 90%以上。三是抓实“扩中”“提低”。实施高质量就业创业促进致富增收计划，确保城乡居民人均可支配收入达到全省平均水平的90%以上，城乡居民收入倍差缩小到 1.75 以内，家庭人均年收入 13000 元以下现象全面消除。深入推进强村富民集成改革，深入“企业+农户”利益联结机制，大力推广“同心共富・乡贤通”应用和“同心共富・品味江山”助农品牌，畅通家乡服务乡贤和乡贤反哺家乡的通道，带动村集体经济“造血”功能持续增强，实现行政村年经营性收入 50 万元以上全覆盖，100 万元以上达到 50%。健全住房保障体系，建成各类保障性住房 1 万套。构建全链条就业保障服务体系，加强新产业工人培训、工匠队伍培养、新农人培育，实现零就业家庭动态消除。扎实推进社保提质扩面行动，全面深化全民参保，构建共富型大社保体系。

*7. 在全域旅游上先行领跑。*以确保成功创建江郎山国家级旅游度假区为目标，持续放大文旅、生态等资源优势，旅游业增加值占 GDP 比重达 9.5%以上。一是打造千万元级核心景区。深入实施百亿元旅游投资工程，加快推进廿八都古镇、清湖古街等一批重大文旅项目建设，推动江郎山—廿八都 AAAAA 级景区能级全面提升，向千万元级核心景区冲刺。持续推进旅游业“微改造、精提升”行动，全力打造世遗江郎、村歌小镇、红色记忆等江山文旅融合名片，加快 AAAA 级、AAA 级旅游景区提档升级。依托旅游资源禀赋，全力做好“旅游+体育”等文章，积极承办大型品牌赛事活动，增强核心景区吸引力。二是构建农旅融合发展新格局。以“衢州有礼”诗画风光带，系统串联全市景区，用旅游的理念建设经营未来乡村。依托“两山银行”平台赋能，激活闲置农房，打造一批特色夯土房民宿、民宿集聚区，多元发展乡村旅游、养生养老等农村新业态。全力推进食用菌、湖羊、蛋鸡等现代规模产业园建设，构建“农业+旅游”的活力型乡村产业体系。深度挖掘挑夫文化、船帮文化等特色文化资源，优化提升“大陈见面”“清溪江湖”等沉浸式实景剧。三是筑牢美丽江山绿色本底。全力打好“蓝天、碧水、净土”三大保卫战，扎实推进生态保护修复、水源保护工程建设，推动生态环境质量持续向好，成功创建国家级生态文明建设示范县、省级“无废城市”。持续深化“两山”转化共富集成改革，建立生态共富分红机制、生态资源储蓄机制和村集体资源入股分红机制，加快生态产品价值转化。全力实施全域土地综合整治和基本农田连片整治工程，确保整治土地 5 万亩以上。

*8. 在文化文明上先行领跑。*以“崇贤有礼、开放自信、创新争先”的新时代衢州人文精神为牵引，全面增强江山区域特色文化影响力，全力打好创建全国文明城市攻坚战，在共同富裕中实现精神富有，在现代化先行中实现文化先行。一是打响特色文化品牌。全面弘扬清漾毛氏文化、廿八都古镇文化、船帮文化、村歌文化，结合未来乡村、城乡风

貌样板区等建设，全方位提炼总结江山区域特色文化核心内涵和精神指向，深入实施文化基因解码工程，不断丰富文化活动与文化业态，让文化成为江山最有魅力、最吸引人、最具辨识度的鲜明标识。二是传承传统文化根脉。深入实施重点文物系统保护、城市记忆、文化研究“三大工程”，持续加强三卿口制瓷作坊、廿八都古镇等历史文物古迹、古村落的保护开发，全力做好江山婺剧、廿八都木偶戏等非遗文化元素的活态传承，推动公泰酱油“中华老字号”等品牌重焕新生，留住更多江山人的乡愁记忆。发挥文化艺术中心、南孔书屋、图书馆、体育馆等公共服务设施功能，全面建设“15分钟品质文化圈”，加快实现城乡基本公共文化均等化。三是厚植文明有礼底色。以确保成功创建全国文明城市为目标，持续提升城市精细化管理水平和居民文明素养，全面推行城市网格化服务，建立健全门前“五包”等常态化机制，深入开展“浙风十礼”行动和“有礼”系列评选活动，纵深推进“8090”新时代理论宣讲向“00”“10”后延伸拓展，全力打响“浙江有礼·文润江山”县域文明新实践品牌，奋力争当“浙江有礼”示范标杆。

9. *在变革重塑上先行领跑。*坚持以数字化改革为引领，撬动各方面、各领域系统性变革重塑，实现社会更加和谐稳定、服务更加便捷高效。一是持续深化数字化改革。不断放大全面深化改革、共同富裕示范区重大改革和数字化改革“三位一体”融合推进的比较优势，构建整体智治、高效协同的党政机关运行体系，一网通办、多端易办的政务服务体系，一网统管、协同共治的现代治理体系，数智赋能、“大脑”辅助的决策支撑体系。全面争取一批国家级、省级试点，加快形成一批数字化改革“硬核”成果，推动数字化改革实战实效能力全面提升，核心业务数字化全覆盖，确保始终走在全省前列。二是持续深化县域治理体系建设。深化“县乡一体、条抓块统”改革后半篇文章，对准“党建统领、经济生态、平安法治、公共服务”四条跑道，扎实推进基层智治系统建设，推动数字化改革“1612”（浙江省数字化改革的数字密码）体系与“141”（县级社会治理中心、乡镇（街道）基层治理“四个平台”、村社网格）体系衔接贯通。加强“除险保安”常态化工作体系建设，健全完善横向到边、纵向到底的大平安格局。全力做好常态化疫情防控工作，坚决遏制重特大安全生产事故，全面推进省食品安全示范市创建，全力做好信访积案化解，建成省级信访工作现代化示范县。一体推进法治江山、法治政府、法治社会建设，纵深推进“大综合一体化”行政执法改革，实现行政争议总量持续下降，确保建成全国法治政府建设示范县。三是持续擦亮营商环境金名片。按照惠企政策兑现“能快尽快、能早尽早”原则，持续简化兑现流程、提高兑现效率。以企业需求为导向，扎实推进企业社区化网格化服务，全面深化“八个一”挂联服务机制，常态化开展“亲清半月谈·政企协商会”“亲清茶叙会”等活动，全力解决企业急难愁盼问题，打造中国营商环境最优城市。全面推进社会信用体系建设，建成国家社会信用体系建设示范区。

10. *在管党治党上先行领跑。*全面落实新时代党的建设总要求，纵深推进全面从严治党，以高质量党建引领高质量发展。一是健全党的领导制度体系。充分发挥党总揽全局、协调各方的作用，支持人大、政府、政协和纪检监察机关、审判机关、检察机关依法依章程履行职能、开展工作、发挥作用，推进新时代统战工作高质量发展，完善党建带群建紧密融合机制，把加强党的领导落实到改革发展稳定各领域各方面各环节。二是抓实“七张问题清单”。建立健全“七张问题清单”常态化运行机制，充分发挥“七张问题清单”抓党建、带全局作用，系统重塑党建工作机制、方法、手段，推动党建统领制度机制更加完善、变革型组织建设全面推进、党员干部塑造变革能力加速提升。三是深入实施“红色根脉强基工程”。扎实推进基层党建七个规范化建设，全面推行乡镇（街道）党（工）委“12345”工作模式，完善村级组织运行机制，建好用好全链条党建责任机制、党建发展一体考评机制和基层关爱保障机制，统筹推进村社、机关事业单位、两新、国有企业等各领域党的建设，全面增强基层党组织战斗力，实现基层党建“全区域建强、全领域过硬、全面走在前列”。四是扎实推进“六治六提”作风建设。深入开展“提士气、转作风、争一流”活动、“百室四季”作风竞赛，抓实干部“四维考评”，全面纠治“庸、懒、散、慢、推、拖”等作风问题。建立全面争先创优机制，推动乡镇（街道）、机关部门、村社、网格全上跑道、赛马夺旗，激励干部冲锋在一线、战斗在一线、担当在一线，全力锻造一支堪当现代化先行和共同富裕示范重任的江山干部铁军。五是从严从实抓好清廉江山建设。坚持严的主基调，持续深化政治巡察，一体推进不敢腐、不能腐、不想腐，加强对“一把手”和领导班子的监督，常态化开展警示教育，纵深推进清廉单元、清廉民企和清廉商会建设，加快公权力大数据监督应用开发，严厉整治群众身边腐败问题，涵养正气充盈的政治生态。常态化做好干部澄清正名等工作，严肃查处诬告陷害行为，激发干部干事创业的内生动力。

三、提士气、转作风、争一流，汇聚起全市上下奋进新征程的磅礴力量

一座城市的崛起，关键在精神。推动十个“先行领跑”，建设三省边际中心县城，是江山一项前所未有的开创性工作，是置身更大场景下综合实力的硬碰硬、大比拼。全市各级党组织和广大党员干部，要主动把自己摆进去，扛起这份重担，以更高的站位、更新的理念、更加激昂的干劲和斗志奋力谱写新篇章。

1. 要始终强化争的决心，拉高标杆一流干。跑起来、冲起来、干起来，在“两个先行”的跑道上比学赶超、争先进位。要有“不给自己留退路”的硬气。把自己逼到没有退路，就一定能找到出路。所有工作都要锚定“全省上游、衢州龙头、26县前列、三省边际第一”的高目标，“使劲跳起来摘桃子”，样样拿第一、季季夺红旗。要有“不达目的不罢休”的豪气。对定下的目标、认准的事情，想尽一切办法、穷尽一切努力，把寻常做成超常，把普通做成特色，把优势做成优秀，不达目的决不放弃。

2. 要始终强化变的思维，打破常规创新干。不破法规破常规，勇闯无人区，敢为天下先，全面放大创新制胜新优势。要强化系统整合的理念。按照“一项工作建一个专班、一个专班配一个政府”的原则，把该统的事情统起来、该整的资源整起来，在整合提升中抓住发展大旗、整出“新增长极”。要强化开发经营的理念。向存量要空间、要未来，最大限度地盘活土地资源、做大发展支撑。向国资要活力，杠杆先行、撬动经营，全面激活国资的一池春水。要强化开放包容的理念。要跳出盆地思维，强化沿海意识，以更高眼界、更大胸怀面向三省边际、面向长三角、面向全中国、面向全世界。

3. 要始终强化抓的劲头，事不隔夜高效干。明天再早也是晚，今天再晚也是早，晚干不如早干，要干就干最好。要培养“善作善成”的能力。对标最好最优、强化“两勤两专”（“两勤”是指干部要做到“脑勤”和“腿勤”。“两专”是指干部要具备专业技术能力和专业科学精神），努力提高塑造变革的能力，掌握别人不掌握的知识，具备别人不具备的本事，解决别人解决不了的问题。要上好“紧抓快干”的发条。始终保持“坐不住、等不起、慢不得、睡不着”的紧迫感，立说立行、雷厉风行，抓紧每一天、干好每一件，把更多的“将来时”转化成“进行时”，把更多的“不

可能”变成“可能”。要形成“闭环落实”的机制。压实“执行—反馈—结果—反思—改进”的工作闭环，任务一部署、马上抓落实，落实马上有反馈，说一件、干一件，干一件、成一件。

4. 要始终强化家的氛围，捏紧十指合力干。打造三省边际中心县城、奋力争当“两个先行”示范窗口，不是天上掉下来的，是大家一起努力拼出来、干出来的。要明责尽责。保持“时时放心不下”的责任感，凡是牵头的一线、分管的一片、主抓的一块，都要紧抓不放、一抓到底，真正做到“人人肩上有担子、个个身上有压力”。要克难破难。坚信“困难面前有我们，我们手下无困难”，敢接最烫手的山芋、敢碰最坚硬的钉子，在改革创新、项目攻坚中打头阵、当先锋，奋力夺取一个又一个胜利。要激发激励。坚持干部为事业担当、组织为干部担当，完善“容错纠错”“关心关爱”等机制，真正让优秀者优先、吃苦者吃香、有为者有位。要同心同向。不分党内党外、不分大部门小部门、不分一线二线，一家人一条心，一个目标一起拼，确保做到党委政府“一张皮”、四套班子“一条心”、全市上下“一股绳”、党内党外“一家亲”。

5. 要始终强化廉的自觉，坚守底线清白干。一生廉洁，才有一心为公的气节；一身正气，才有敢于担当的底气。要心存敬畏。牢记规矩不能破、红线不能碰、雷区不能踩，阳光做人、踏实干事、清白从政。要严于律己。正确处理好“亲与清”的关系，不该吃的饭不吃、不该拿的东西不拿、不该去的地方不去。要涵养家风。管好家人、守好家门，多约束、常提醒、勤教育，让家庭成为清白为官的第一道屏障。

同志们，建设三省边际中心县城，是我们站在“两个先行”新起点、置身衢州“四省边际中心城市”大场景下，必须扛起的使命和担当，我们坚信，只要全市上下一心，一锤接着一锤敲、一仗接着一仗打，在不久的将来，江山一定会绽放灿烂的烟火，一定能够成为一颗璀璨耀眼的明珠，在浙江大地、在三省边际熠熠生辉、闪闪发光！

8月15日，中共江山市委十五届二次全体（扩大）会议召开

全面学习贯彻党的二十大精神
奋力打造三省边际展示中国式现代化
浙江篇章衢州实践的示范窗口

——在市委十五届三次全体（扩大）会议
暨市委经济工作会议上的报告

中共江山市委书记 朱素芳

（2023 年 1 月 3 日）

中共江山市委书记 朱素芳

在党的二十大胜利闭幕不久，省、衢州市全会接连召开的关键节点，今天我们召开市委十五届三次全会，意义非常重大。这次全会的主要任务是：坚持以习近平新时代中国特色社会主义思想为指导，深入学习贯彻党的二十大精神和中央经济工作会议精神，认真贯彻落实省委十五届二次全会和衢州市委八届三次全会精神，全面总结市第十五次党代会以来的主要工作，部署 2023 年重点工作，审议通过《中共江山市委关于全面学习贯彻党的二十大精神奋力打造三省边际展示中国式现代化浙江篇章衢州实践的示范窗口的决定》，推动全市上下更加深刻领悟“两个确立”的决定性意义，坚定不移沿着习近平总书记指引的道路奋勇前进，努力为中国式现代化、全省“两个先行”和衢州建设四省边际中心城市贡献更多江山力量。

下面，我代表市委常委会向全会作报告。

一、一年来，我们全力争先创优、奋力克难攻坚，用实绩实效证明了江山能够“当龙头、争上游”

市第十五次党代会以来，市委常委会团结带领全市上下深学笃行习近平新时代中国特色社会主义思想，坚决贯彻落实习近平总书记对浙江、衢州和江山工作的重要指示精神，把迎接党的二十大胜利召开、学习宣传贯彻党的二十大精神作为首要政治任务，全面落实上级决策部署，按照“疫情要防住、经济要稳住、发展要安全”的要求，高效统筹疫情防控和经济社会发展，打好稳进提质、除险保安、塑造变革组合拳，打开了江山发展的全新局面。主要经济指标全面争先进位，全年地区生产总值预计增长4.5%，一季度荣获全省投资赛马激励、上半年连续两个季度获得衢州争先创优“流动红旗”第一名，一年来先后在全省稳进提质推进例会、省高质量发展建设共同富裕示范区重点工作推进例会、衢州工业强市推进例会等高规格大会上作典型发言。

1. 我们筑牢忠诚根基，坚定了“两个确立”的政治自觉。一年来，我们坚持把学懂弄通做实习近平新时代中国特色社会主义思想作为首要政治任务，严格落实市委常委会“第一议题”、意识形态工作责任制等制度，只要总书记发表重要讲话、作出重要指示，均在第一时间传达学习、研究部署，以实际行动坚决捍卫“两个确立”、坚决做到“两个维护”。党的二十大召开之后，市委先后组织召开市委常委会、全市领导干部会议、市委理论学习中心组专题学习会，迅速掀起学习宣传贯彻热潮。四套班子领导和各级领导干部以身作则、先学一步，带头深入基层联系点开展专题宣讲。党的二十大精神宣讲团、“8090+”新时代理论宣讲同步跟进，实现机关部门、乡镇（街道）、村社（网格）、“两新”组织学习宣讲全覆盖，让党的二十大精神真正家喻户晓、深入人心。我们坚持把习近平总书记对江山的殷殷嘱托作为一切工作的根本遵循，系统梳理习近平同志在浙江工作期间来江调研指示精神，建立闭环落实机制，推动总书记殷殷嘱托落地生根、开花结果。

2. 我们大抓平台项目，唱响了工业强市的主旋律。一年来，我们旗帜鲜明提出重振工业雄风，大抓平台、大干项目，干出了我们江山干部的士气、喊出了我们江山人的心声。我们坚持把“腾笼换鸟”作为转型升级最有力抓手，接连打赢“两新”产业园444户“园中村”征迁、108家非化企业腾退两场硬仗，一举将腾出平台空间5000余亩。顺势启动近20平方公里的江贺经济走廊转型升级，全部完成后可再腾出连片工业用地1万亩以上，为江山未来5-10年的工业发展打开了空间。我们充分发挥20万在外乡贤的特有优势，全力推进招大引强，全年共引进亿元以上项目35个，到位资金55亿元，碳一、习谷科技、金石资源、万里扬等一批重大产业项目相继落地建设，招商引资考核连续三个季度位列衢州6个县（市、区）第一。我们聚焦企业主体，全力培大育强，持续深化“1122”工程，出台史上最优的“工业十条新政”，以真金白银为民营企业加油鼓劲，科润智控成为衢州地区首家北交所上市企业。我们突出创新制胜，坚持企业出题、政府激励，企业出题、政府搭台，创新“头部企业+科研院所”合作模式，促成企业与清华、浙大衢州两院、电子科大长三角研究院等50多家大专院校、科研院所深度合作，60%规上企业完成智能化改造，成功培育“专精特新”企业2家、高新技术企业31家，数字化改造“江山模式”得到国务院副总理刘鹤批示肯定并在全省推广。

3. 我们抢抓试点机遇，塑造了城乡建设的新风貌。一年来，我们以争创全省以县城为重要载体的城镇化试点为契机，按照“丰满南北、改造老城、启动城东、江贺一体”的总体思路，大手笔推进老城有机更新、加快新城建设，整个城区变成一个“大工地”。

5大片区11个老旧小区、城区主要沿街外立面完成改造，解放路、鹿溪路、中山路等示范街区和城市亮化工程深化打造，城南安置房、江滨路下穿工程、桑淤大桥等一批城市赋能项目加快推进，城市面貌发生了日新月异的变化。我们以背水一战的决心打好创文翻身仗，连续两个季度获得衢州“有礼测评”第一名，推进江山城市化进程和精细化管理向前大跨步迈进。我们用旅游和经营的理念抓好乡村建设，深挖毛氏文化、挑夫文化、船帮文化等特色文化资源，成功打造“丝路明珠·遇见江山”未来乡村品牌，“三好·清漾”、清湖古镇等2个未来乡村开街运营；成功打造“仙霞探古”“清湖锁钥”2个省级城乡风貌样板区，新培育美丽城镇省级样板镇4个、新时代美丽乡村46个，成功创建具有江山辨识度的“新时代富春山居图”县域样板区。我们全面推进农旅融合，依托江山丰富的旅游资源优势，加快推进廿八都古镇一期改造提升，同时积极筹备做好二期开发建设，成功创建了省大花园示范县、江郎山省级旅游度假区、省工业旅游示范基地，上榜2022中国县域旅游发展潜力百强县市。我们抓住人口集聚这篇大文章，创新实施“大搬快聚”工程，高标准建设城南、贺村、峡口、莲华山4个万人集聚区，配套出台“房票”和搬迁帮扶政策，全力解决偏远山区群众“搬不出”“搬不起”的难题，目前已有2095户5556名农户表达强烈搬迁意愿。

4. 我们办实事解难事，交出了民生福祉的满意答卷。一年来，我们始终秉承“老百姓的身边事就是党委政府的心头事”，尽最大努力办好民生大事、关键小事，让老百姓真正因为看见，所以相信，日子过得有盼头、有甜头。我们持续加大民生领域财政投入，民生支出占一般公共预算支出比重达76%，城乡公交一体化、城市畅行工程等民生实事项目全部完工。老百姓期盼多年的江玉公路全面开工，甬金衢上高速江山段规划增加到5个出口，实现节点开工。我们持续打好“扩中”“提低”组合拳，全市村集体经营性收入率先在衢州实现“30万元全覆盖，50万以上50%、100万以上25%”的目标。我们不断擦亮公共服务金名片，高规格举办全市教育大会，新建投用观城实验学校等7所学校，新增公办中小学、幼儿园学位5500多个，公办幼儿园覆盖率由36%提升至51%，全国义务教育优质均衡发展县创建通过省级评估；中高考始终保持衢州领先，三名学子圆梦清华北大，第二中专、财经学校通过“双高”建设评估，“学在江山”品牌不断打响。人民医院成功创建“三乙”，并且按照“三甲”标准加快迁建项目建设，同步推进第三人民医院、廿八都卫生院等建设，获评首轮健康浙江建设先进县。我们将“一老一小一残”问题摆到党委政府工作的重要位置，新增乡镇（街道）托育机构5个、托位414个；全域建成共享食堂255家，并逐步向“乡村生活馆”迭代升级；残疾人实现免费乘坐城乡公交车。我们不断满足老百姓对生态环境的更高要求，全力筑牢生态本底，三夺五水共治“大禹鼎”银鼎，荣膺中华环境优秀奖，生态环境公众满意度创历史最好成绩、居衢州第一。

5. 我们大抓基层治理，筑牢了平安江山的坚实底座。一年来，我们以“平安护航二十大”为引领，用足用好“七张问题清单”这一法宝武器，全力以赴打好“除险保安”主动仗，在衢州市“除险保安”晾晒星级评定中14次赋星第一，综合成绩稳居各县（市、区）第一，平安创建实现“十二连冠”，捧回“平安金鼎”。我们坚决筑牢疫情防控屏障，先后打赢“3·15”“4·25”多轮疫情，主动服务省、衢州市抗疫大局，用最短时间、最小代价取得了防疫的最大成果。我们以“时时放心不下”的责任感，大力开展重点领域平安问题专项整治行动，努力压降各类案件、各类事件，全年安全生产形势总体平稳，刑事警情、电信网络诈骗案受理数和案损数均大幅下降。我们依法打击信访歪风邪气，常态化召开信访工作联席会议，研究制定矛盾纠纷“早发现、早处置”和信访工作全链条质量管控提升等一大批制度机制，去京访和赴省访同比下降97.14%和73.58%，重大信访问题清单指数排名全省第2，圆满完成护航二十大维稳活动。

6. 我们大抓作风士气，凝聚了干部队伍的强大精气神。一年来，我们旗帜鲜明喊出“当龙头、争上游”目标，扎实推进“六治六提”作风建设，创新开展“百室四季”作风竞赛，用活用好“四维考评”激励机制，事事拼第一、处处争先进正逐渐成为江山干部的一种姿态、一种追求。特别是今年以来，多位省部级领导相继到江山调研，对我们各领域工作都给予了充分肯定，让我们更加干有信心、干有动力。我们始终坚持“组织为干部担当、干部为事业担当”的鲜明导向，出台关心关爱干部“暖心八条”，持续推动完善容错免责、澄清正名等关心关爱措施，32名担当作为者得到澄清正名，一些干部夫妻异地分居等问题得到妥善解决，广大干部放手干事、放心干事的氛围更浓，争先创优的精气神得到全面提振。我们深入推进“红色根脉强基工程”，建立村社书记、网格员“流动红灰旗”评比机制，基层党组织的组织力凝聚力战斗力明显增强。

同志们，这一年，我们在“重振工业雄风”的道路上越走越有信心，我们在“重塑城乡风貌”的道路上越走越有底气，成绩来之不易。这一切背后最根本的是因为有以习近平同志为核心的党中央坚强领导，有省委、衢州市委的坚强领导，还有全市广大党员干部群众和企业家们的戮力同心，虽然疫情之下，困难重重，但我们想在一起、干在一起、拼在一起，大家用辛勤和汗水、用智慧和热情、用实战和实效证明了只要不给自己留退路，我们就一定能够找到出路。借此机会，我代表市委常委会，向同志们表示衷心感谢！

同时，我们也要清醒认识到，对照“建设三省边际中心县城、争当‘两个先行’示范窗口”的目标，我们还存在一些问题和短板，特别是经济总量还不够大，传统产业转型升级偏慢；全市科研经费投入占比偏少，高层次人才和蓝领工人紧缺；公办幼儿园占比仍偏少，医疗、养老、托幼等公共服务供给难以满足群众需求，城市引人留人的保障能力还有待提升；极少数党员干部的观念、思维、能力、作风跟不上高质量发展的要求，慵懒散慢推拖问题仍时有发生，等等。对于这些问题，我们不能视而不见，更不能无动于衷，必须引起高度重视、高度警惕，在今后的工作中切实加以解决。

二、深刻领悟党的二十大精神的核心要义，坚决把思想和行动统一到党中央、省委、衢州市委决策部署上来

在全党全国各族人民迈上全面建设社会主义现代化国家新征程、向第二个百年奋斗目标进军的关键时间节点上，党的二十大胜利召开。党的二十大精神是我们今后做好一切工作的根本遵循、根本依据和根本指导。全市上下必须深入学习领悟党的二十大精神，反复、深入、系统学习，完整、准确、全面把握，做到知其言更知其义、知其然更知其所以然，更好地运用蕴含其中的立场观点方法统领指导工作。重点要从5个方面持续深化理解：

1. 深刻领悟“两个确立”的决定性意义，始终做到感恩奋进、绝对忠诚。“两个确立”是新时代十年最大政治成果，是党和国家事业取得历史性成就、发生历史性变革的决定性因素，是关乎党和国家前途命运、党和人民事业成败的根本性问题，是我们应对一切不确定性的最大确定性、最大底气、最大保证，反映了全党全军全国各族人民的高度共识和共同意志，是对党的领袖和党的指导思想高度认同和坚决拥护的必然结果。全市上下深入学习贯彻党的二十大精神，最重要的是

要深刻领悟“两个确立”的决定性意义，要怀着感恩的心，更加坚定地忠诚核心、信赖核心、紧跟核心、维护核心，坚决维护党中央权威和集中统一领导，不断提高政治判断力、政治领悟力、政治执行力，以实际行动和实际成效当好“两个确立”忠诚拥护者、做好“两个维护”示范引领者。

2. 深刻领悟马克思主义中国化时代化的最新成果，始终做到坚定“四个自信”、增强精神主动。马克思主义是我们立党立国、兴党兴国的根本指导思想。党的十八大以来，习近平总书记以马克思主义政治家、思想家、战略家的非凡理论勇气、卓越政治智慧、强烈使命担当，坚持用马克思主义之“矢”去射新时代中国之“的”，持续推进马克思主义基本原理同中国具体实际相结合、同中华优秀传统文化相结合，有力回答了中国之问、世界之问、人民之问、时代之问。党的二十大报告用“六个必须坚持”，系统概括了习近平新时代中国特色社会主义思想的世界观和方法论，极大深化了我们党对坚持和发展马克思主义的规律性认识，是我们党在新征程上的制胜法宝。全市上下必须坚持不懈用习近平新时代中国特色社会主义思想凝心铸魂，深刻领会“两个结合”“六个必须坚持”，不断增加对习近平新时代中国特色社会主义思想的思想认同、情感认同，在新征程上以更大的理论创新、实践创新，实现新的思想解放、精神主动，为推动新时代江山加速跨越发展提供思想引领。

3. 深刻领悟以中国式现代化全面推进中华民族伟大复兴的重大使命，始终做到保持定力、一以贯之。党的二十大报告把以中国式现代化全面推进中华民族伟大复兴，作为新时代新征程党的使命任务，明确提出了中国式现代化的中国特色、本质要求、重大原则、战略布局和战略举措，把对中国式现代化的认识提升到一个新高度。中国式现代化的“五个中国特色”“九条本质要求”“五项重大原则”，既是对我国和世界其他国家现代化建设历史经验的深刻总结，也是对世界现代化理论的重大丰富和发展，将西方现代化模式从所谓的“唯一”还原为“之一”，为人类对更好社会制度的探索提供了中国方案。全市上下必须深刻认识到中国式现代化伟大探索的重要意义、光明前景和广阔舞台，始终保持道不改、志不变的决心和勇气，立足市情实际，把打造“三省边际中心县城”作为江山推进中国式现代化实践的最佳路径方向，走出具有江山辨识度和普遍性意义的山区县共同富裕和现代化之路，成为向周边地区展示中国式现代化浙江篇章衢州实践的示范窗口。

4. 深刻领悟全面建设社会主义现代化国家的战略布局，始终做到保持历史耐心、增强行动自觉。党的二十大坚持从战略上、全局上科学把握我国发展面临的新的战略机遇、新的战略任务、新的战略阶段、新的战略要求、新的战略环境，充实完善了全面建设社会主义现代化国家战略布局，明确了中华民族从站起来、富起来到强起来的清晰思路和战略抓手。既有全面建成社会主义现代化强国“两步走”战略目标、2035年总体目标、未来5年主要目标任务等完整的目标体系，又有基于统筹推进“五位一体”总体布局和协调推进“四个全面”战略布局高度，体系化推进社会主义现代化强国建设的部署安排，更有抓关键、补短板、防风险的战略考量。全市上下必须深刻认识到全面建设社会主义现代化国家是一项前途光明但任重道远的事业，绝不是轻轻松松、敲锣打鼓就能干成的，要始终保持历史耐心，咬定战略安排和目标任务不松劲，干在实处、走在前列、勇立潮头，努力以江山的“进”为全国、全省、衢州大局作贡献。

5. 深刻领悟以自我革命引领社会革命的重要要求，始终做到凝心铸魂、从严治党。勇于自我革命是我们党最鲜明的品格，也是我们党区别于其他政党的最显著标志。党的二十大重申自我革

城北风光

命这一跳出治乱兴衰历史周期率的第二个答案，系统部署了全面从严治党的主要任务，为持之以恒推进全面从严治党、深入推进新时代党的建设新的伟大工程指明方向、提供遵循。全市上下要始终保持全面从严治党永远在路上、党的自我革命永远在路上的清醒坚定，坚决扛起全面从严治党政治责任，确保将越往后越严、一严到底的主基调长期坚持下去，高质量推进巡察全覆盖，打造政治生态的“绿水青山”。要全面落实新时代党的建设总要求，健全全面从严治党体系，全面推进党的自我净化、自我完善、自我革新、自我提高，确保党不变质、不变色、不变味，把我们党锻造得更加坚强有力。

同志们，学习宣传贯彻党的二十大精神是当前和今后一个时期的首要政治任务，也是一个常学常新、常悟常得的长期进程。市委站在政治和全局的高度，全面对标党的二十大报告明确的重要观点、重要任务、重大战略和重大举措，全面落实中央经济工作会议、省委、衢州市委全会暨经济工作会议部署要求，对市第十五次党代会、市委十五届二次全会的决策部署进行深化细化、迭代完善，制定了《中共江山市委关于全面学习贯彻党的二十大精神奋力打造三省边际展示中国式现代化浙江篇章衢州实践的示范窗口的决定》，并提交全会审议。全市上下要以贯彻落实《决定》为抓手，进一步在全面学习、全面把握、全面落实上下实功、求实效，真正把江山各项工作放到以中国式现代化全面推进中华民族伟大复兴的宏大场景中谋划推进，将二十大精神学习成果转化为建设三省边际中心县城、推进共同富裕的实干实效。

三、抢抓机遇再发力、乘势而上再攻坚，确保贯彻落实党的二十大精神开新局、走在前、作表率

2023年是全面贯彻落实党的二十大精神、推进中国式现代化江山实践的开局之年，也是内外部环境严峻复杂、机遇与挑战并存的奋进之年。江山的发展，既面临着宏观经济不确定性增加、区域竞争日趋激烈、发展内生动力不足等多重挑战，也正迎来“后疫情时代”经济复苏、各级利好政策密集出台、自身发展全面起势等诸多机遇。这些都要求我们提振大干之志、狠下实干之功，牢牢抓住加快发展这个第一要务，用大干快干的确定性应对外部环境的不确定性，努力在新征程上干出一番新事业、创出一派新气象、闯出一片新天地。

做好2023年工作的总体要求是：坚持以习近平新时代中国特色社会主义思想为指导，全面学习贯彻党的二十大精神，认真贯彻落实党中央、省委和衢州市委决策部署，坚定捍卫“两个确立”、坚决做到“两个维护”，忠实践行“八八战略”、奋力推进“两个先行”、努力打造“重要窗口”，坚持稳中求进工作总基调，完整准确全面贯彻新发展理念，主动服务融入新发展格局，以“打造三省边际展示中国式现代化浙江篇章衢州实践的示范窗口”为总目标，以新型城镇化试点争创为总抓手，以“大干产业、狠抓城乡建设”为重点，更好统筹发展与安全，高质量发展建设共同富裕示范区，扎实推进中国式现代化的江山实践，确保取得更多突破性进展、打造更多具有江山辨识度的标志性成果。

2023年，要着力在五个方面持续走在前、作表率：一是聚焦产业突破、平台提升，在工业强市上走在前、作表率。工业平台空间能级大幅提升，新能源新材料等特色优势产业实现量的跃升质的突破，主要经济指标增速位居全省上游、26县前列，经济总量占衢州全市份额大幅提升。二是聚焦争创新型城镇化试点，在城乡统筹上走在前、作表率。省级新型城镇化试点创建取得实质性进展，城乡发展更加协调，城镇化率达到衢州前列，成功创建全国文明城市，公共服务水平更加优质均衡，人口集聚规模效益显现，城乡风貌实现系统重塑，城乡居民收入差距进一步缩小。三是聚焦强交通稳外贸，在扩大开放上走在前、作表率。重大交通项目建设取得突破性进展和标志性成果，以外贸出口、网零电商为代表的外向型经济占比大幅提升。四是聚焦除险保安、守牢底线，在统筹发展与安全上走在前、作表率。县域社会治理现代化水平进一步提升，各类纠纷、信访矛盾得到有效管控，社会环境更加安全稳定。五是聚焦从严治党、固本强基，在基层党建上走在前、作表率。坚定捍卫“两个确立”、坚决做到“两个维护”的制度机制更加健全，党建统领整体智治体系更加完善，党员干部和基层党组织战斗力显著增强，风清气正的政治生态更加巩固。

2023年的经济社会发展主要预期目标是：全市地区生产总值增长8%以上、突破410亿元；规上工业总产值增速达到25%以上、突破470亿元；固定资产投资增长20%以上、突破180亿元；一般公共预算收入增长8%以上、突破30亿元；城乡居民人均可支配收入分别增长8.5%、10%以上。

2023年，我们要迭代完善推进工作的战术打法、构建紧跟时势、更具实效的抓落实体系。一要牢牢把“当龙头、争上游”刻在心上。进一步树立“不在上游、就是下游，不争第一、就是落后”的争先理念和卓越意识，凡事都对标最高、聚焦最好、锚定最优，敢于和最好的比、勇于和最强的赛，时刻保持“干就干得最好、做就做到极致”的拼劲和闯劲，去“油腻”、不“躺平”，努力干出属于江山的“第一等工作”。二要牢牢把“大干项目、干大项目”抓在手上。进一步树立“抓项目就是抓发展，抓大项目就是抓大发展”的理念，把大干项目、干大项目作为根本性抓手，坚持“应挖尽挖”，想尽一切办法做大项目盘子、用尽一切措施加快项目速度，真正形成“一切围绕项目转、一切围绕项目干”的浓厚氛围，真正跑出江山项目建设的“速度与激情”。三要牢牢把“马上执行、分秒必争”作为铁律。进一步增强坐不住、等不起、慢不得、睡不着的紧迫感，全面“紧起来”、迅速“动起来”，抓紧时间往前赶、抓住机遇加快干，把时间的效益最大化、把工作的效率最优化，立说立行、说干就干、干脆利索，真正做时间的主人，确保工作推进速度快、执行效率高、实际成效好。四要牢牢把“整合的理念、经营的理念”贯穿始终。进一步统筹好资源力量，推动优势资源、优势力量、优势资金向中心大局倾斜，把该统的事情统起来、该整合的资源整合起来，集中优势干大事。进一步激发各国资企业的主观能动性，发挥国资资金的撬动作用，杠杆先行、撬动经营，在盘活优势资源中做大做强国有资产，服务中心大局，做到以政府的“有形之手”紧握市场的“无形之手”。五要牢牢把“形成工作合力”作为自觉行动。进一步树立“一盘棋”思想，不分你的我的、不分一线二线，人人齐上一线、个个冲在火线，心往一处想、劲往一处使，有困难一起上，有压力一起扛，一家人一条心，一个目标一起拼，营造党委政府“一张皮”、四套班子“一条心”、全市上下“一股绳”的生动局面。

2023年，我们要抢抓政策红利的窗口期，坚定信心、乘势而上、奋勇争先，着力解决一批痛点难点问题，着力办好一批事关江山长远发展的大事要事，真正实现“衢州当龙头、全省争上游”。重点是聚力实施“九大攻坚行动”：

1. 聚力实施工业强市提速攻坚行动。坚持“工业强市、产业兴市”不动摇，旗帜鲜明抓工业、理直气壮抓工业、坚持不懈抓工业，着力推动“五链”融合，加快形成滚雪球效应，工业主要指标增速全市“保二争一”。一是开展全域工业土地整治。全力做好“两新”产业园转型升级后半篇文章，确保加快形成5000亩以上连片工业用地。全面推进20平方公里江贺经济走廊整治提升工作，整治完成后确保腾出工业用地1万亩以上。深化完善“亩均论英雄”改革，全面开展闲置厂房收储，确保闲置厂房实现动态清零。二是深化产业链招商和乡贤招商。盯牢融入衢州“六大标志性产业链”，突出新能源新材料、智能家居全屋定制、装备制造等优势产业，深化推进产业链招商、乡贤招商，以举办“两新”产业招商大会、江山人发展大会等为契机，“一企一策”引育一批链主型企业，全力延链补链强链，确保全年招引落地亿元以上项目35个以上，其中50亿元以上项目1个、100亿元以上项目1个，到位资金55亿元以上。三是大抓人才科创。深入实施科技企业“倍增”计划，持续加大企业科技创新支持力度，鼓励引导企业加强与科创平台对接合作，确保年底前国家高新技术企业达到138家，国家专精特新“小巨人”企业达到4家，省隐形冠军企业达到3家，省专精特新中小企业达到20家。深化人才发展体制机制改革，迭代升级人才政策，建立“1234”招才引人体系，力争全年新引进青年大学生万人以上，扎实推进青年发展型城市建设。四是推进企业培大育强。锚定“1122”工程目标不动摇，深入推进产业链全链条全生命周期改革，持续强化资源要素保障，加快推进产业链项目落地投产、企业做大做强，确保新增“小升规”企业30家、产值10亿元以上企业5家。探索建立产业链全生命周期资本服务体系，“一企一策”支持企业上市，确保天际公司通过上市审核，力争2家企业“新三板”挂牌。

2. 聚力实施新型城镇化建设攻坚行动。以争创省级新型城镇化试点为引领，全面推进新型县城建设。一是突出城市建设。坚持以全国文明城市创建为抓手，按照“丰满南北、改造老城、启动城东、江贺一体”的思路，加速推进城市面貌跃迁升级。丰满南北上，做实城北科创小镇，确保江山虎总部大楼建成投用、碳一总部大楼开工建设，加快打造城市新地标，释放城北商业新活力、繁荣城北商业氛围；做强城南产城融合，加快推进邻里中心、人才公寓楼、美食城等一批功能配套设施建设。改造老城上，全面完成山川坛、虎山等2个片区6个老旧小区拆迁和改造，及大修新村、铁路新村等11个区块要马上启动征迁改造。启动城东上，加快推进城东安置房、党校等一批公建设施建设。二是抓牢未来乡村。统筹推进“衢州有礼”诗画风光带、城乡风貌样板区建设，持续巩固提升清漾、清湖、廿八都等未来乡村创建成果，全面启动上余、白沙、勤俭等未来乡村打造，以点带面，加快乡村风貌系统重塑。高度关注骨干农业龙头企业培育，确保新培育农业龙头企业5家，带动农民增收致富。三是突出人口集聚。以100人以下自然村为重点，深化实施“大搬快聚”工程，高标准推进城南、城北、城东、莲华山等安置小区建设，做实做细土地确权工作，引导5000人以上到城镇集聚。抢抓上级政策重大机遇，全面推进全域土地综合整治，确保垦造耕地5000亩以上，新增建设用地指标4000亩以上。有序推进自然村庄撤并，深化教育、医疗等公共服务资源布局调整。

3. 聚力实施扩大有效投资攻坚行动。坚持一切盯着项目干，强化项目全生命周期服务管理，为经济高质量发展提供强有力支撑。一是深化项目谋划。顺应宏观大势，提高格局站位，紧扣五大结构性投资，以经营的理念、只争朝夕的劲头开展项目谋划，千方百计推动更多项目纳入上级盘子。其中，产业项目要积极融入衢州“六大标志性产业链”，重点聚焦江山特色优势产业，谋划一批战略性、支撑性、牵引性的重大项目；基础设施项目要抢抓国家基础设施适度超前的政策机遇，重点聚焦交通、能源、水利、科技、城市建设、农业农村等领域，谋划一批优结构、补短板的重点项目。二是加快项目建设。持续深化市领导“八个一”挂联服务机制，扎实推进“五大提升”工程，深入开展“五大争锋”专项行动，全面营造“大干项目、干大项目”的浓厚氛围。深化江山抽水蓄能电站、张村水库等项目前期，推动汽车城、百家万安未来工厂等项目转化落地，加快习谷科技、万里扬、金石资源等产业项目投产达产，确保五大结构性投资增速高于面上投资增速，固定资产投资增速在衢州全市“保二争一”。三是强化要素保障。全力向上争取资金、土地、用能等要素，把紧缺型资源要素优先配置到重点企业、优质项目，让有限资源发挥最大效益。积极用好地方政府债券，全力抓好项目储备、发行和实施等工作，确保申报新增专项债券项目资金需求60亿元以上。发挥国资杠杆作用，用好用足金融工具，撬动更多金融资本、民间资本和社会资本支持重大项目建设。

4. 聚力实施扩大开放攻坚行动。牢固树立沿海意识，强化开放思维，积极融入国内国际双循环，主动融入长三角区域一体化，持续放大三省边际区位优势，全力构建高水平对外开放新格局。一是全面推动外贸经济提档升级。深入实施“贸易回归”工程，加大金融保险等政策支持力度，构建完善出口品牌培育、贸易合规体系，提振企业出口信心、增强产品核心竞争力，力争引育重点外贸企业10家以上。依托电商产业优势，充分发挥公铁联运无水港等物流平台作用，持续推进跨境电商综试区江山园区、衢州联动创新区江山片区发展，引导企业借路入海、借港进海、借网出海，大力拓市场抢订单，确保外贸进出口总额达到60亿元以上。二是加快构建“内联外畅”交通网络。紧抓义甬舟开放大通道建设窗口期，加快江玉公路、甬金衢上高速、杭衢高铁等重大交通项目建设，全力推进205国道峡口段外移、48省道城西段改建等项目开工建设和完成，确保桑淤大桥、清湖大桥建成通车。强化市县联动，积极向上对接，深化浙赣运河、衢南铁路等重大项目前期，加快江衢快速路、江遂公路等项目落地，力争江山江航道列入国家级规划。三是积极构建多层次区域协作格局。创新省际合作，高水平共建衢黄南饶“联盟花园”、浙皖闽赣国家生态旅游协作区，纵深推进衢饶示范区建设，进一步释放省际区位优势、产业平台空间优势、全域旅游资源优势。推进新一轮山海协作工程，加强与绍兴柯桥区、杭州钱塘区在产业、教育、医疗等方面的全领域合作，深化“产业飞地”“科创飞地”“消薄飞地”等协作平台建设，完善共建招商引资合作机制，确保产业合作到位资金30亿元以上。

5. 聚力实施缩小“三大差距”攻坚行动。树牢“以人民为中心”的发展思想，用心用情用力解决群众急难愁盼问题，扎实推进共同富裕，不断增强人民群众的获得感、幸福感。一是深化“扩中”“提低”行动。大力推进强村富民集成改革，做大做强“一村一品”特色产业，全面推广“企业+农户”助农增收模式，确保农村常住居民人均可支配收入增长10%以上，低收入农户人均可支配收入增长15%以上，村集体经营性收入完成“50万以上60%、100万以上30%”的目标。完善高质量就业创业服务体系，加大高校毕业生、农民工、就业困难人员等就业帮扶力度，城镇新增就业6000人以上。加快构建共富型大社保体系，逐步提高城乡居民养老保险待遇，确保低收入群体医疗补充政策性保险全覆盖。二是提高教育医疗服务水平。以创建全国义务教育优质均衡发展县、学前教育普及普惠县为目标，深入实施公办幼儿园扩容提升工程，力争公办园在园幼儿占比达到70%；大力推进“县中崛起”“产教融合”工程，全力推动江山高级技工学校创建万人技师学院，持续打响“学在江山”教育品牌；稳妥有序推进乡村小规模学校撤并工作，推动教育资源更加合理布局。全面深化健康江山建设，加快推进人民医院迁建工程，打响中医院“浙西眼科医院”品牌，谋划启动虎山街道社区卫生服务中心、石门卫生院等迁建工作。三是构建完善“一老一小”服务体系。“一老”方面，推动医疗卫生、文化娱乐等服务下沉，加快“共享食堂”向“乡村生活馆”迭代升级，全力构建“15分钟养老服务生活圈”；深入实施公办敬老院改扩建工程，开展居家和社区基本养老服务提升行动，新建家庭养老床位550张。“一小”方面，实现重点乡镇（街道）、社区托育中心建设全覆盖，加快构建“15分钟社区婴幼儿照护服务圈”。

6. 聚力实施全域旅游品质提升攻坚行动。持续放大文旅、生态等资源优势，深入推进文旅融合“五百五千”工程，打好项目带动、品牌加持、业态拓展、要素集聚“组合拳”，全力打造具有区域影响力的全域旅游首选地。一是打响“千万级核心景区”金名片。抢抓后疫情时代产业调整机遇，依托江郎山—廿八都等核心景区优势，高效统筹整合全市各类旅游资源，加快推进廿八都古镇二期、太阳谷、春风江山等一批重大旅游项目建设，全力完善配套设施、大力引进重大旅游项目，大力提升服务水平，增强核心景区辐射带动能力，推动江郎山—廿八都旅游区向千万级核心景区冲刺。二是打响“体育+旅游”金名片。充分利用全国新年登高健身大会等赛事效应，持续推动全域旅游与赛事媒体传播深度融合，强化体育赛事IP，持续提升城市品牌国际知名度和旅游热度。同时，抢抓杭州亚运会举办契机，发挥虎山运动公园等大型体育设施优势，加快引进一批健康时尚赛事活动，打响“一月一赛事”品牌，进一步激发体育消费和旅游消费。三是打响“文化+旅游”金名片。深入挖掘清漾毛氏文化、船帮文化、挑夫文化等区域特色文化内涵，进一步打响毛氏家宴、大陈见面、清溪江湖等业态品牌，不断推出观光、体验、研学等多业态的主题旅游线路产品。深入实施文化遗产转化工程，持续加强三卿口制瓷作坊等历史文物古迹、古村落的保护开发，全力做好江山婺剧等非遗文化活态传承。四是打响“乡村+旅游”金名片。立足清湖古镇、三好清漾等未来乡村创建基础，深化与国内外知名旅游企业合作，加快打造推出一批成熟乡村休闲游精品线路。以“衢州有礼”诗画风光带、城乡风貌样板区、“新时代富春山居图”县域样板区等建设为抓手，用系统整合的理念，串联融合推进景区镇、景区村加速覆盖、提档升级，确保创建2个4A级景区镇、4个3A级景区村，景区村覆盖率超80%。五是打响“工业+旅游”金名片。依托木门、大健康等产业发展优势，深化提升红盖头、恒亮、福赐德、千红等省级工业旅游示范基地，鼓励引导更多企业以博物馆、展示馆、体验馆等形式开发工业旅游产品，推动健盛袜业、星菜科技等一批企业创建省级工业旅游示范基地。

7. 聚力实施营商环境“一号改革工程”攻坚行动。全面实施营商环境优化提升“一号改革工程”，积极构建亲清政商关系，聚焦打造法治化市场化的一流营商环境。一是全面提升政务环境。迭代优化企业社区化网格化服务机制，持续深化营商环境“清障”行动，常态化开展“亲清直通车?政企恳谈会”“亲清茶叙会”等活动，全力解决企业急难愁盼问题。用好“同心共富?乡贤通”应用，畅通“家乡服务乡贤，乡贤反哺家乡”双十通道。持续推进政府履职核心业务数字化，进一步简化政策兑现流程、提高兑现效率，确保政策精准直达基层、企业等各类主体。二是全面提升法治环境。用法治为各类市场主体保驾护航，保护企业的合法权益，消除市场准入壁垒，让各类企业主体放心投资、安心经营、专心创业。推进“大综合一体化”行政执法改革，严格规范行政行为，坚决防止“有权就任性”。实施包容审慎监管，创新推进“首违不罚”等制度，形成全社会创新创业创造万马奔腾之势。三是全面优化市场环境。深化要素市场化改革，建设高标准市场体系。突出公平竞争，做到对国企民企、内资外资、大小企业一视同仁。全面推进社会信用体系建设，建成国家社会信用体系建设示范区。大力弘扬新时代“江商”精神，深入实施“江商素质提升工程”和新生代企业家“青蓝接力工程”，夯实民营经济发展底座。

8. 聚力实施统筹发展和安全攻坚行动。加快提升公共服务安全治理水平和社会治理效能，全力争创全国法治政府建设示范县，实现平安建设“十三连冠”。一是持续抓好疫情防控。根据上级政策及时调整优化防控措施，做好应对复杂情况的工作预案。提升以医疗救助能力为重点的公共卫生服务保障能力，全力保障防疫物资供应。倡导“全民打疫苗、全民戴口罩”，确保企业不停产、项目不停工、商店不停业、机关不停运。二是扎实推进除险保安。健全完善风险闭环管控大平安机制，深入开展反邪教斗争、扫黑除恶，加强网络舆情导控，持续推进安全生产、道路交通、消防安全、食品药品安全等领域隐患问题整治，严厉打击电信网络诈骗等各类违法犯罪活动，坚决防范重特大事故、重大案件发生。三是做细做实信访维稳。坚持“一手抓化解、一手抓打击”不动摇，高度重视初信初访，常态化建立信访工作全链条质量管控机制，真正从源头预防、前端化解。旗帜鲜明开展树正打歪，坚持“打击一个、震慑一片”的原则，深入开展依法维护信访秩序专项行动，全面营造政治清明、社会清朗、干部清正的社会环境。

9. 聚力实施管党治党建设攻坚行动。深入贯彻新时代党的建设总要求，推进全面从严治党不断向纵深发展。一是全域建强基层战斗堡垒。牢固树立大抓基层的鲜明导向，深入推进“红色根脉强基工程”和“百千万”工程，开展村社换届届中“回头看”、党的二十大精神“七进”行动，提升农村、社区、两新组织、机关、学校、国企、医院等七大领域党建基底。集中精力抓好村社书记、网格员两支队伍，建立网格退出机制，公开选拔一批素质好、能力强的网格员参与网格管理服务，持续深化“流动红灰旗”评比、村社党组织“五星”堡垒评估，进一步激发队伍的积极性、主动性、创造性。二是大力开展农村基层“三乱”问题整治。重点聚焦镇村工程项目建设乱象、镇属和村办企业管理乱象、村干部插手工程乱象等“三乱”问题，严格落实惩戒措施，加大依法打击力度，全面深入开展靶向整治，常态化推进漠视侵害群众利益问题专项治理，进一步树立好风气、营造好氛围、强化好根基。三是全面提升干部队伍精神士气。在衢州开展“六治六提”行动基础上，深入开展“百室四季”赛作风、“百村百企”问作风、“百个项目”查作风活动，迭代升级“流动红旗”评价、赛马比拼等争先创优工作机制，推动全市上下全上跑道、全速竞跑。树牢“组织为干部担当、干部为事业担当”的鲜明导向，迭代升级关心关爱干部“暖心八条”等机制，优化干部“四维考评”机制，加快形成“能者上、优者奖、庸者下、劣者汰”的良好格局。四是从严从实抓好清廉江山建设。锲而不舍落实中央八项规定精神，深化“公务餐”一件事改革，抓紧抓实重点领域公权力大数据监督建设，驰而不息纠“四风”、树新风。始终坚持严的基调不动摇，以零容忍态度反腐惩恶，落细落实“五张责任清单”，健全完善“四责协同”工作机制，构建一体推进“三不腐”的责任闭环，更好把权力关进监督的笼子。推动清廉单元建设提质扩面，加快清漾村等廉洁文化基地建设，打响“江郎山下话家风”品牌，持续擦亮具有江山辨识度的廉洁文化金名片。

同志们，习近平总书记强调，团结才能胜利，奋斗才会成功。新时代新征程上，市委将充分发挥总揽全局、协调各方的领导核心作用，支持人大、政府、政协履行职权职能，推动“两院”依法独立公正行使职权，巩固和发展最广泛的爱国统一战线，充分发挥民主党派、工商联、无党派人士、新闻工作者和老干部积极作用，加强对工会、共青团、妇联、关工委等人民团体的领导，加强民宗、侨务、人民武装等工作，更好凝聚党心民心，形成推动发展的强大力量。

同志们！新征程赋予新使命，新时代呼唤新担当。让我们更加紧密地团结在以习近平同志为核心的党中央周围，在省委、衢州市委的坚强领导下，全面贯彻落实党的二十大精神，勇担使命、实干争先，奋力打造三省边际展示中国式现代化浙江篇章衢州实践的示范窗口，为全面建设社会主义现代化国家、全面推进中华民族伟大复兴作出新的更大贡献！

2023年1月3日，中共江山市委十五届三次全体（扩大）会议暨市委经济工作会议召开

政府工作报告

——在江山市第十七届人民代表大会第二次会议上

江山市人民政府市长 徐明峰

（2023 年 2 月 2 日）

江山市人民政府市长 徐明峰

一、2022 年工作回顾

刚刚过去的 2022 年，是新一届政府的开局之年。在市委的坚强领导和市人大、市政协的监督支持下，坚持以习近平新时代中国特色社会主义思想为指导，深入贯彻落实党的十九大、十九届历次全会和党的二十大精神，锚定衢州市委建设四省边际中心城市的战略定位以及江山市委打造三省边际中心县城的目标任务，高效统筹疫情防控和经济社会发展，打好稳进提质、除险保安、塑造变革的组合拳，较好地完成十七届人大一次会议确定的各项目标任务。预计全市实现地区生产总值 385 亿元，同比增长 4.5%；财政总收入 45.1 亿元，增长 5.7%，其中一般公共预算收入 29 亿元，增长 13%；社会消费品零售总额 184.9 亿元，增长 5%；城乡居民人均可支配收入分别达到 61000 元、34427 元，增长 6.5%、8.5%。

回首过去一年，最难以忘怀的是，面对“3·15”“4·25”“8·5”多轮新冠肺炎疫情冲击，全市上下团结一心、众志成城，不仅用最快速度、最低代价遏制了本地疫情扩散，更为衢州抗疫大局贡献了江山力量。面对全国文明城市创建首测成绩不理想的局面，我们坚定创则必成的决心，拿出破釜沉舟的勇气，发起决战决胜的总攻，全员参战、全力以赴，连续两个季度获得衢州“有礼测评”第一名，城市面貌焕然一新，文明有礼蔚然成风！

回首过去一年，最振奋人心的是，我们干成了一件又一件多年想干却未能干成的难事要事。在两新产业园面临“降级”风险的重要关口，我们义无反顾打响了园区转型升级攻坚战，腾出平台空间5051亩，江山首个千亿元级产业园正加速从蓝图变为现实！我们痛下决心，启动了长期颇感棘手的江贺经济走廊整治提升行动，江山经济发展“黄金走廊”必将重现昔日辉煌！我们跑部进厅，突破交通项目建设要素瓶颈，群众期盼多年的江玉公路全线开工，打通东西向交通主动脉，江山发展再添新动力！

回首过去一年，最令人欣喜的是，我们重振工业雄风，“江山人经济”加速向“江山经济”转化，“闯天下、归江山、建家乡”成为20多万在外乡贤的情感共鸣和荣耀之选。习谷科技、万里扬、南方新材料、碳一等一批重大产业项目纷纷落地，成为2026年江山实现“千亿产值、百亿财政”的最强支撑！我们重塑城乡风貌，“清湖锁钥”“仙霞探古”成为全省样板，“三好·清漾”、清湖古镇盛大开街。我们相信，一幅新时代“富春山居图”将在江山大地上精彩呈现！

回首过去一年，最难能可贵的是，全市上下奋发有为、奋勇争先，推进山区高质量发展等三项工作获省政府督查激励，数量居衢州首位。荣获省季度投资“赛马”激励。以全省第一佳绩成功创建大花园示范县。两夺衢州市争先创优“流动红旗”。三夺五水共治“大禹鼎”银鼎，荣膺衢州首个中华环境优秀奖。国资平台新增融资92亿元，有力保障了经济社会发展。全年共争取新增建设用地计划指标5180亩，创历史新高；争取林地指标5070亩，居全省第一。我们在实战中提升能力、在拼搏中挥洒汗水、在奋斗中收获喜悦！

一年来，政府工作成绩主要体现在六个方面：

（一）聚力协同发展，产业转型迈出新步伐。工业提质增效。实施工业强市九大专项行动，预计全年实现规上工业增加值78亿元、规上工业企业利润24亿元。新能源新材料产业发展势头强劲，研一、习谷科技等锂电池项目实现试生产。智能家居全屋定制产业成功争列省级中小企业特色产业集群，全省细分行业中小企业数字化改造现场会在江召开，“轻量化智改+样本化推广”模式成为全省样板，欧派门业获省“尖兵”“领雁”研发攻关计划立项。装备制造产业加快转型，科润智控成为衢州首家北交所上市企业，伦宝管业挂牌新三板。科力车控获评专精特新“小巨人”企业，天际互感器列入省级未来工厂试点。新增规上工业企业35家、亿元以上企业12家。培育高新技术企业36家、省科技型中小企业110家，规上企业研发费用增长17.6%，均创历史新高。新增“品字标”证书24个、授权专利1105件，发布“浙江制造”标准1个。深化“亩均论英雄”改革，整治提升企业50家，盘活用地1148亩。新培育一级资质建筑企业8家，建筑业产值首次突破100亿元大关。农业提标扩量。坚决遏制耕地“非农化”，完成“非粮化”整治1.6万亩。实现粮食产量15.6万吨，2020—2021年获评省产粮大县。全省单体规模最大的汇农蛋鸡、君缘食用菌项目建成投产，天蓬公司获评国家重点龙头企业，成功创建农业“双强”重点突破试点县。荣获“中国黄精之乡”。绿牡丹茶叶入选省特色伴手礼，华欣羊肉、星菜银耳羹入选省第一批共富农产品，打响“江山味道”农产品区域公用品牌。服务业提档升级。成功创建江郎山省级旅游度假区，新增AAAA级以上景区镇2个，推进廿八都古镇一期改造提升，鸟语花香、烟雨江郎等项目建成投用，培育“白金宿级”民宿1家、“银宿级”民宿4家。实现网零总额251.3亿元，居山区26县前列。新增规上限上服务业企业26家，服务业发展综合评价全省第4。成功创建省首批物流创新试点县、省数字生活新服务样板县，数字经济产业园获评省电子商务产业示范基地。江山虎总部大楼、数字经济创业园、迎宾商务中心等项目启动建设。

（二）聚力有效投资，跨越发展积蓄新动能。项目建设有速度。开展重大项目“双百三抢”专项行动，361个重点项目开工建设，完成固定资产投资148.7亿元，同比增长20%。健全重大项目“领导领衔、赛马比拼”机制，3个省市县长工程落地开工，人民医院迁建等7个省“4+1”重大项目加快推进，三棱塑胶、永利百合、希尔化工等项目竣工投产，产业邻里中心、人才公寓楼、职工宿舍楼、两新园区污水处理厂等生产性生活性配套项目加快建设。产业招商有准度。迭代升级“2+2”专职招商模式，全年引进亿元以上项目35个，10亿元以上项目4个，实际到位资金55亿元，成功招引金石资源、中科锂电等项目。要素保障有力度。举全市之力开展征迁大会战，征收土地4162亩、房屋844户36.9万平方米，数量创近年新高，鹿溪南路、文化广场等历史遗留问题得到解决。实施土地整治工程，推进十万亩以上全域土地综合整治项目2个，实施“千亩方”2万亩，复垦建设用地4000亩，垦造耕地6262亩。完成“五未”（批而未供、供而未用、用而未尽、建而未投、投而未达标的五类低效土地）土地处置9452亩。争获各类债券资金15.5亿元。科学精准做好“三区三线”（根据农业空间、生态空间、城镇空间三个区域，分别对应划定的耕地和永久基本农田保护红线、城镇开发边界、生态保护红线三条控制线）划定工作，划定永久基本农田35.9万亩，保障抽水蓄能等34个重点项目落地空间。

（三）聚力品质提升，城乡风貌焕发新魅力。城市更靓丽。实施城市发展十大专项行动。完善基础设施，凝秀南路等11条道路完成综合改造，迎宾大道西延伸、虎山大桥拼宽改造、景星东路东延伸工程完工，江滨路下穿工程、清湖大桥、封门溪综合整治工程有序推进。加快城市建设，改造老旧小区11个惠及7000余户，完成解放路、鹿溪路、中山路三条商业示范街建设。文化艺术中心二期、虎山运动公园、档案馆迁建项目完工，溪东村（城中村）改造、城北保障房（二期）、大润发广场等项目加快建设。实施城区亮化提升工程，完成南入城口、迎宾大桥、须江公园等节点改造，“一江两带”夜景成为城市新名片。推进“微改造、精提升”，打造江山中学广场、中山广场等街头口袋公园。深化精细管理，拆除防盗窗48.2万平方米，提升改造立面78.5万平方米、店招2.6万平方米，基本完成城区飞线整治。划分整合小区118个，实现物业服务全覆盖。建设数字城市运行中心，构建人行道违停非现场执法等应用场景，市容多发违法案件处置率达98%以上。乡村更富美。成功创建省新时代美丽乡村示范县，扩面提升新时代美丽乡村50个，培育美丽城镇省级样板镇4个。大陈等5个村（片区）建成省未来乡村，枫石村晋级中国美丽休闲乡村。“衢州有礼”诗画风光带建设扎实推进，沿江道路全线贯通，改造提升农村公路23.1公里。农村供水智慧管护成为全国典型。深化“两山合作社”试点改革，与省国贸共同成立1亿元产业基金，建成夯土房民宿集群、红糖共富工坊。抱团成立强村公司，入股蛋鸡、湖羊等共富项目，全市村集体经营性收入率先在衢州实现“30万全覆盖，50万以上50%、100万以上25%”的目标。生态更宜居。完成16件中央、省生态环保督察问题整改。高标准完成木门行业整治，关停18家、提升225家。实施清新空气行动，空气质量优良率91%。成功创建省美丽河湖2条、水美乡镇2个，出境水水质稳定达到Ⅱ类水标准。生态环境公众满意度首次跻身全省第6。经济开发区获评省级绿色低碳工业园区。实施中央国土绿化试点示范项目，新增绿化面积6218亩。做大做强碳金融应用，发放碳账户贷款60.6亿元。荣获美丽浙江建设工作考核优秀县称号。江郎山入选省大花园“耀眼明珠”。

（四）聚力改革赋能，开放共赢取得新突破。重点改革不断深化。纵深推进数字化改革，“智慧助残”获评省改革突破奖铜奖，“智享生态牧场”入选省数字政府优秀案例，数字化改革领导小组被评为省优秀公务员集体。开展“大综合一体化”行政执法改革，构建“1+5”执法体系，划转事项1472项，实现执法事项县乡两级全覆盖。推进国资改革，组建城投集团、农旅集团、交投集团、开投集团，资产规模达426亿元，同比增长35%。争创全国首个气象高质量发展先行试点，“网格+气象”防灾减灾江山模式成为全国样板。开放合作不断强化。杭衢高铁江山段完成形象进度90%。甬金衢上高速江山段先行动工。江遂公路纳入国家公路网规划，缙云至江山高速、江山江航道纳入省级规划。浙西规模最大的公铁联运无水港投入运行，江山—宁波舟山港海铁联运专列通车。总投资100亿元的光学级功能性膜材料制造项目落地“产业飞地”，江山—柯桥山海协作产业园连续6年获省级考核一等奖。建立数字消防创新服务中心，与浙江大学等高校共建新一轮江山技术转移中心。开展外贸提档升级百亿行动，推进跨境电商综试区江山园区发展，实现外贸进出口总额59亿元，同比增长33%。营商环境不断优化。不折不扣落实助企纾困政策，出台工业高质量发展等一揽子扶持政策，设立“工业强市政策专窗”，实行“即申即享、免申即享”，累计兑现涉企奖补资金3亿元、减免退税费28.5亿元，为市场主体减租减息3.6亿元。举行“亲清茶叙会”“政企恳谈会”19期，解决企业急难愁盼问题539个。上线建设工程保证金保函管理应用，盘活建筑企业现金流18.3亿元。衢州首家县级人力资源服务产业园建成投用。高标准创建国家社会信用体系建设示范区，城市信用状况排名全国前列。

（五）聚力惠民利民，民生福祉实现新提升。民生保障精准发力。城乡低保、特困人员供养、孤儿生活保障金全面提标，困难群众实现应保尽保、应救尽救。发放残疾人“两项补贴”4787万元。开展重点群体就业帮扶，开发公益性岗位878个，6234人实现再就业。聚焦“一老一小”，建成居家养老“共享食堂”255个，新增3岁以下婴幼儿托位414个。灵山公墓和殡仪馆提升改造项目完工，节地生态安葬点行政村覆盖率达100%。推进现代社区建设，城镇社区数量从18个调整为29个，周家青社区获评省级未来社区，通禄门未来社区启动建设。城南安置房基本完工。城乡公交实行“两元一票制”。提升退役军人服务站85家。社会事业全面进步。高规格召开教育发展大会，出台教育高质量发展政策十条。高考再创佳绩，3名学子圆梦清华北大，“双一流”大学录取人数再创新高。顺利完成规范民办义务教育工作，小学实现公办学校全覆盖。新建投用观成实验学校等7所学校，新增公办学位5500个，公办幼儿园覆盖率从36%提升至51%。浙江开放大学江山学院挂牌成立。深化医联体、医共体建设，人民医院创成三级乙等医院，新建规范化村卫生室15家，基层就诊率、县域就诊率分别提高到66%、90%，获评健康浙江建设先进市。建成“15分钟品质文化生活圈”149个。启动群众体育运动中心建设，成功承办全国新年登高健身大会、省第三届生态运动会，春运会入选中华体育文化优秀项目。十大民生实事项目顺利完成。同时，政府咨询、供销、外事侨务、台湾事务、国防动员、民族宗教、工会、妇女、青少年、通信、慈善、消防、红十字等事业都得到了新发展。社会大局平稳有序。坚持科学防疫、精准防控，60岁以上新冠疫苗接种覆盖率全省前列。第二轮安全生产综合治理三年行动圆满收官，全年安全生产事故数和亡人数分别下降10%、42.9%，成功抗击

"6·20"特大暴雨灾害，全市安全生产形势持续稳定向好。强化社会治安立体防控，高压严打"盗抢骗""黄赌毒""食药环"等违法犯罪，全链条纵深打击电信网络诈骗，发案量和损失金额实现"双下降"。落实市领导约访接访、包案化解机制，信访积案化解率达 98.2%，全面推行组账村管乡镇代理，农村集体"三资"领域信访量下降 44.2%。根治欠薪工作走在衢州前列，帮助 5679 名劳动者追回工资 7060 万元。成功创建省食品安全示范市。完成党的二十大维稳安保任务，实现平安创建"十二连冠"，捧回平安金鼎。

（六）聚力务实高效，政府系统展现新形象。工作效能持续提升。坚持用制度管人管事管权，严格执行政府重大事项决策程序和政府工作规则，规范财政预算管理、国资平台项目全过程管理等机制，加大对政府投资项目、招投标、政府采购等重点领域和关键环节的监管力度。坚持专班化例会制、清单化销号制，对政府各项重点攻坚任务开展清单交办、闭环管理，"七张问题清单"排名全省第一梯队，政府系统执行力不断提升。依法行政稳步加强。坚决落实市委重大决策部署，主动接受人大法律监督、政协民主监督、社会舆论监督，办结人大议案建议 381 件、政协提案 251 件。严格落实重大行政决策合法性审查机制，常态化推进政府常务会议学法制度，获评全省法治政府建设先进单位。作风建设更加扎实。全面落实"六治六提"作风建设行动，深入开展"百室四季"作风竞赛，政府系统全面紧起来、实起来、快起来。坚决贯彻中央八项规定精神，认真落实党风廉政建设责任制，坚持政府"过紧日子"，严格执行公务用车、"公务餐"等各项管理规定，压减预算单位公用经费 1512 万元。

各位代表，思危方可居安，知忧才能克难！在肯定成绩的同时，我们也清醒地认识到，江山经济社会发展还面临不少问题和挑战，主要如下：一是外部环境不确定不稳定因素增多，经济稳进提质压力加大，部分经济指标增速放缓，扩大有效投资、激活居民消费、平衡财政收支、破解要素制约的压力不小；二是新旧动能转换有待提速，部分新兴产业项目产能未充分释放、支撑不够有力，传统产业结构偏重、创新偏弱等长期性问题还未有效破解；三是城市能级不高，集聚功能和辐射带动效应不强，教育、医疗、养老等优质公共服务供给与群众的需求还有差距；四是影响社会和谐稳定的风险隐患不少，安全生产、生态环保等领域风险管控压力依然较大；五是少数干部的争先意识、系统思维、服务水平、专业能力与新形势、新要求还不相适应。对此，我们将高度重视，采取有力措施，切实加快解决。

二、2023 年政府工作安排

2023 年是全面贯彻落实党的二十大精神的开局之年，也是建设中国式现代化的奋进之年。中国式现代化不仅是城市群、都市圈的现代化，更是广大中小县城的现代化。党的二十大提出的推进以县城为重要载体的城镇化建设，指明了中国式县域现代化的实现路径。我们必须深刻把握江山所处的方位，牢牢抓住这一重大战略机遇，坚持以人为本、质量优先，因地制宜、精准施策，优质均等、普惠共享，实现产业、人口、城市、服务、生态五大能级跃升，走出中国式现代化县域实践的江山路径。具体要提升"五个力"：

一是突出"工业强市"，提升产业支撑力。要聚焦主赛道，突出优势产业，培优育强龙头企业，打造更具江山标志性的产业集群。要聚焦主平台，坚持产城融合，围绕"百亿财政、千亿产值、万亩平台"目标，完善提升配套服务，增强大项目承载能力。要聚焦主抓手，构建最优营商环境，创新精准招商机制，瞄准头部企业、链主企业，吸引更多重大产业项目落户江山。

二是突出“大搬快聚”，提升人口集聚力。要以最优政策聚人，构建“大搬快聚”全过程服务和后续扶持体系，让每位搬迁群众都“搬得出、留得住、能致富”。要以最佳环境聚人，完善公共服务配套，不断提升城乡宜居品质，让家门口成为我们的诗和远方。要以最暖服务聚人，优化创业创新生态，塑造开放包容的城市气质，让每位来江山的人都能感受城市的活力和向上的力量。

三是突出“城市建设”，提升城市承载力。要大视野拓空间，实施“江贺上”城镇化主轴建设工程，加快资源重组、功能重塑、空间重构，全面打开城市框架。要大统筹强后劲，按照“丰满南北、改造老城、启动新城”的思路，谋划实施一批补短板、强弱项、提品质的城市类项目，不断提升城市能级。要大开放促融入，构建“双高铁双高速一水道”的交通体系，畅通城市交通网，打通国省道外环线，形成外联内畅交通新格局。

四是突出“优质均等”，提升服务共享力。要打响“学在江山”品牌，推动学前教育普及普惠、义务教育优质均衡、高中教育特色多样，办好人民满意的教育。要打响“健康江山”品牌，深化医联体、医共体建设，巩固“三乙”医院创建成果，让群众在家门口享受更优质的医疗服务。要优化“一老一小”服务，增加普惠性托育服务供给，健全社区居家养老服务网络，全力打造老年友好型、育儿友好型城市。

五是突出“绿色发展”，提升生态保障力。要倡导绿色低碳，持续深化碳账户体系改革，进一步拓宽“两山”转化通道。要突出和谐共生，完善城市生态绿地系统，扩容增量绿地空间、城郊公园，建设“无废城市”。要提升生态品质，打好治水治气治土治废治塑攻坚战，全面推进山水林田湖草系统生态保护修复，提升生态本底的成色、增添全域旅游的亮色、拓展乡村振兴的景色，打造诗画浙江鲜活样本。

今年政府工作的总体要求是：高举习近平新时代中国特色社会主义思想伟大旗帜，全面贯彻党的二十大精神，坚定捍卫“两个确立”、坚决做到“两个维护”，忠实践行“八八战略”、奋力推进“两个先行”、努力打造“重要窗口”，坚持稳中求进工作总基调，全面贯彻新发展理念，加速融入新发展格局，坚持以高水平推进新型城镇化建设为总抓手，统筹抓好工业强市、项目攻坚、城市建设、乡村振兴、改革开放、民生事业等各项工作，确保衢州当龙头、全省争上游，全力打造三省边际展示中国式现代化浙江篇章衢州实践的示范窗口。

全市经济社会发展的主要预期目标为：地区生产总值增长8%以上；固定资产投资增长20%；一般公共预算收入增长8%；城乡居民人均可支配收入分别增长8.5%、10%；节能减排指标完成上级下达目标任务。

根据上述总体要求和预期目标，新的一年，重点抓好以下六方面工作：

（一）全力以赴推进工业强市

推动产业升级。深入实施工业强市九大专项行动，规上工业总产值增速达25%以上、突破470亿元。按照产业链、人才链、资本链、创新链、服务链“五链”融合的思路，突出新能源新材料、智能家居全屋定制、装备制造等优势产业链，健全产业链链长制，力争产业链产值突破300亿元。加快释放研一、碳一、金石资源、习谷科技等项目产能。推动智能家居全屋定制融入全省智能家居产业链，打造门业（家居）行业区域品牌，推广“工匠主播+车间直播”新模式，提升“中国木门之都·定制家居名城”品牌影响力。大力推进分布式能源、大容量储能、微电网运行等智能设备发展，打造电力电气装备产业集群。

推动平台升级。实施经济开发区提档升级行动，推进两新产业园“十有两禁”安全整治提升，力争晋位D级化工园区。开展新一轮制造业“腾笼换鸟、凤凰涅䅛”攻坚行动，推进江贺经济走廊整治提升，确保腾出工业用地1万亩以上。深化“亩均论英雄”改革，推动要素资源向优质产业、项目、企业集聚，力争规上工业亩均增加值和税收分别增长10%、15%以上。建成投用城南商业综合体、两新园区污水处理厂、电镀中心等生产性生活性配套项目。

推动企业升级。深入实施“雄鹰行动”“雏鹰行动”，力争新培育产值10亿元以上企业5家，实现“小升规”30家以上，新增国家级“小巨人”1家，省级专精特新中小企业10家，省“隐形冠军”1家。推进智能制造扩面升级，新增省级未来工厂、智能工厂、数字化车间各1家，深化中小企业数字化改革试点，规上工业企业数字化改造覆盖率达到80%。深入实施“凤凰行动”2.0计划，“一企一策”体系化推进企业上市工作，全力支持天际互感器A股上市，力争2家企业挂牌新三板，1家企业进入新三板创新层，4家企业完成股改。

推动服务升级。优化工业政策体系，突出双招双引、培大育强、科技创新等导向。坚决贯彻落实各级减税降费政策，确保政策直达快享、精准滴灌，提振企业经营和投资信心。深入实施营商环境优化提升“一号改革工程”，持续开展政企协商活动和“百名干部助百企”活动，强化审批、用工、用地、水电气等服务保障，做到“企业办事无忧、政府无事不扰”。打造知识产权综合服务平台，建设中国江山（木门）国家知识产权快速维权中心。

各位代表，重振江山工业雄风，每家企业都是参与者。企业心之所向，政府竭诚以待。我们期待，每一家企业都能在江山这片创业热土上茁壮成长，实现梦想！

（二）聚焦聚力抓实项目攻坚

狠抓项目推进。扎实推进“工业提能、城市提质、基础提档、公共提标、乡村提振”五大提升工程，重点推进200个实施类项目，确保投资结构性指标全面达标，力争全年完成投资180亿元。开展项目工作季度争锋行动，开工建设百家万安未来工厂、汽车城等项目，加快建设南方新材料、万里扬一期、江玉公路、人民医院迁建、城南异地搬迁安置房等重大支撑性项目，力争碳一一期、天际未来工厂、吴宇盘扣、天圳钢构、江山虎总部大楼等项目建成投用。

大抓招商落地。坚持招商引资“一号工程”不动摇，强化专职招商、创新基金招商、优化乡贤招商、用好产业链“链主”招商，健全招商引资项目全生命周期服务机制，力争新引进20亿元以上项目3个、50亿元项目1个、100亿元项目1个。重点围绕新能源新材料、智能家居全屋定制、装备制造产业，发挥政府产业引导基金撬动作用，力争宁波容百、大族激光、巨化集团等头部企业、链主企业入驻江山，打造全产业链体系。推动研一三期、碳一二期、习谷科技二期、万里扬二期等项目加快落地建设。

紧抓要素保障。健全规划、项目、土地、资金“一盘棋”机制，力争更多项目纳入上级土地、资金、用能等要素保障盘子。开展跨乡镇土地综合整治试点，力争完成城镇低效用地整治1000亩，村庄低效建设用地整治4000亩，农用地整治5000亩。争列省林耕置换试点县。建立金融工作联席会议制度，用好用足金融工具，争取更多货币政策工具支持。深化国资改革，推进国企市场化转型和国有资产盘活，拓宽国有企业多元化融资渠道，新增融资170亿元。

各位代表，抓今天的项目，就是抓明天的发展。每一个项目的建成，都是推动江山高质量发展的新支点。我们承诺，绝不让一个优质项目，因为政府工作不到位而落不了地！

（三）坚定不移提升城市品质

推进人口集聚。启动新一轮行政区划调整，遵循客观发展规律，科学评估村庄分类，加大撤并类村庄整村搬迁力度。大力实施“大搬快聚”工程，充分尊重群众意愿，以群众最得实惠的方

城北新城

式，加快推进农业转移人口市民化，新增本地农业转移人口5000人以上，力争城镇化率达62%以上。高标准推进城南、贺村、峡口、莲华山等万人集聚小区建设，打造现代化社区综合体。健全搬迁农民权益保障政策体系和全生命周期跟踪评价体系，系统解决就业创业、子女教育、养老社保等一系列问题。

加快补短升级。开展城市建设“双百”行动，实施城市建设重点项目105个，年度投资112亿元。推进老城有机更新，打好老旧小区改造三年行动“收官战”，完成山川坛、虎山2个区块改造，实施航埠山小区等老旧房屋改造。加快文苑等5个省级未来社区建设。建设通禄门城市阳台，打造西山景观带、一江两带，构建高品质城市景观空间。启动人民医院南侧、老电影院等区块征迁，推进七斗保障房等安居项目。创建城北新城“山水智谷”都市新区风貌区。加快城东新城、江贺产业平台基础设施建设，推进邻里中心、农批市场、高铁站房改扩建等项目建设。启动市委党校、浙江开放大学江山学院迁建项目。

突出精细管理。倡导“人人都是主人翁”，提升市民文明素养，打造“浙江有礼”江山典范，确保成功创建全国文明城市。提升智慧城市建设水平，升级城市运行中心。持续推进城区防盗窗整治、自建房安全专项整治，完成封门溪综合整治、老旧小区燃气管道改造等工程。开展新一轮城区治堵保畅工程，实施城北大桥拆建、双龙大桥新建、城中路东延伸等工程，确保江滨路下穿工程、桑淤大桥、清湖大桥、西山及江山二中停车场等项目建成投用。

培育城市经济。优化城区商业布局，启动小商品市场搬迁，激活大润发商圈活力，提升特色网红街商业氛围，探索发展首店经济。规范管理江滨夜市，布局建设城南、城北美食城，探索打造解放路步行街，创建一批夜间经济地标区，形成多元消费新空间。启动双子大厦、江山慧谷等总部大楼建设，加快建设数字经济产业园，优化城北新城科技服务、数字经济、旅游消费等服务业布局。顺应后疫情时代变化，培育社区经济、直播经济，推进“共富工坊”建设，带动农产品网上销售5000万元以上。依托清湖古镇，加快培育沉浸式、体验式消费新业态，集成打造美食品鉴、亲子活动、休闲度假等消费新场景。

各位代表，“人民城市人民建，人民城市为人民”。城市是承载人民美好生活的幸福家园，我们一定把最好的资源留给人民，把最好的品质奉献给人民！

（四）持之以恒推动乡村振兴

发展高效农业。严格落实粮食安全责任制，严控耕地“非农化”“非粮化”，实施中心粮库改扩建项目，加快鹿溪渠灌区节水改造项目建设，新增高标准农田1万亩，确保粮食播种面积稳定在36.7万亩以上。发展“3+X”农业产业体系，支持华欣湖羊、汇农蛋鸡、天蓬种猪、食用菌产业园上马二期项目，加快推进本元乳业、渔汇渔业、西垄人生态农业园建设，全力招引雪榕生物食用菌工厂。推进一、二、三产融合发展，争列中国休闲农业重点县，争创国家农村产业融合发展示范园、省级现代农业园区各1个。启动种业科技创新行动，保护好、开发好乌骨鸡、乌猪、白鹅等特色种质资源，筹办全国蜂业博览会，做优做响“江山味道”农产品区域公共品牌。

建设和美乡村。推进未来乡村建设，争创上余未来乡村连片发展实验区等省级试点4个。加快华夏、枫石等乡村振兴示范点建设。全域推进农村人居环境整治，深化垃圾、污水、厕所“三大革命”，建成“衢州有礼”诗画风光带示范段，创建省级美丽乡村风景线1条、示范乡镇1个、特色精品村4个。启动三卿口制瓷作坊保护利用工程，争创省历史文化（传统）村落保护利用示范村。加强农田基础水利设施、农村基础设施管护一体化建设，完成张村水库可研批复，加快第二污水处理厂、第三水厂建设，完成长坑垄水库备用水源提升项目，改造提升农村供水管网150公里。推进强村富民集成改革，做好乡村资源开发、资产盘活、资金整合，推进百村共建“共富产业园”，实现村集体经营性收入“50万元以上60%、100元万以上30%”。

推进全域旅游。持续擦亮全域旅游示范区金字招牌，实施配套设施完善、新型业态培育、服务品质提升三大工程，促进旅游业全区域、全要素、全产业链发展。加快推进廿八都古镇二期、太阳谷等一批重大旅游项目建设，推动江郎山—廿八都旅游区冲刺千万级核心景区。深化“万村千镇百城”景区化工程，推动清湖古镇创建AAAA级景区，打造“凤鸣世遗”县域风貌区，创建AAAA级景区镇2个、AAA级景区村4个，景区村覆盖率达到80%。实施文旅融合“五百五千”工程，打响毛氏家宴、大陈见面、清溪江湖等业态品牌，发展团建露营、研学体验、乡村微度假等新业态产品，新增等级民宿4家，打造一流短途游目的地。

擦亮生态底色。抓好中央、省生态环保督察反馈意见整改。加快经济开发区循环化改造，推进低碳试点县创建。持续推进整县光伏规模化开发试点，新增光伏装机10万千瓦，力争抽水蓄能项目实现核准开工，可再生能源消费占比达到21%以上。深入打好污染防治攻坚战，开展“10+1”专项行动，确保空气优良率92%以上。实施“五水共治”碧水行动，创建水美乡镇1个、美丽河湖1条，力争“七夺大禹鼎、首夺金鼎”。深入推进国土绿化美化，加快碳汇林建设，实施人工造林5100亩。争列国家级水土保持示范县。创建国家级生态文明示范县。

各位代表，“留得住绿水青山，记得住乡愁”是习近平总书记的殷殷期盼。让我们一起奋斗，让农业更强、农村更美、农民更富，努力绘就乡村振兴共同富裕的壮美画卷！

（五）蹄疾步稳扩大改革开放

纵深推进改革。迭代升级数字城市中心，加强一体式数字资源体系建设，着眼管用有效、多跨协同，整合同类场景和关联场景，打造更多具有江山辨识度的标志性成果。深化“大综合一体化”行政执法改革，构建全覆盖整体政府监管体系、全闭环行政执法体系、全方位执法监管协同体系，严格规范行政行为。深化农村领域改革，开展农业标准地改革试点，推进农村宅基地制度改革，做好乱占耕地建房专项整治试点，推动土地集中连片流转、闲置农房盘活利用。加快供销合作社综合改革，打造农产品产销、农资农技服务等一站式联农共富综合平台。

强化创新驱动。实施争夺“科技创新鼎”五年行动。全力打造“产学研用金、才政介美云”十联动创新创业生态，建设智能家居全屋定制产业研究院，加快建设智能装备科技孵化园，迭代升级人才政策、研发经费投入奖励制度，支持重点企业申报“尖兵”“领雁”研发攻关计划，力争立项各级科技项目35项以上，规上企业研发经费投入15亿元以上。深入实施科技型企业“双倍增两转化”行动，推进规上企业“高新化”、高新企业“高端化”，新增高新技术企业30家、省科技型中小企业90家以上。

深化对外开放。加快杭衢高铁江山段、江玉公路、甬金衢上高速等项目建设，力争205国道峡口段外移、324省道水泥厂路口段改建等项目动工，推进江遂公路、衢南铁路、江山江航道等项目前期，力争公铁联运无水港年货物吞吐量突破110万吨，全力打造三省边际交通物流枢纽。深化山海协作，加强与钱塘区、柯桥区战略合作，推进“产业飞地”建设，与柯桥区结对创建省制造业高质量发展促共富示范县。推进青年发展型城市建设，不断优化青年发展的政策体系和社会环境。深化外贸提档升级百亿行动，力争外贸出口总额增长20%以上。

各位代表，开放创新很难，但不开放、不创新会更难。我们相信，志不求易者成，事不避难者进，依靠开放和创新，江山追赶跨越的步伐一定会越走越快！

（六）用心用情增进民生福祉

打造更有获得感的社会保障。健全多层次医疗保障体系，建立长期护理保险制度。巩固拓展脱贫攻坚成果，完善困难群众发现预警机制和低收入农户持续增收机制，全面消除家庭人均年收入11000元以下群体。完善重点群体就业支持政策，实现城镇新增就业6000人，城镇失业人员再就业3800人。深化产教融合，培育新时代工匠，加快打造万人技师学院。实施养老服务提升工程，启动福利院迁建项目，完成双塔、凤林等6家敬老院改造提升，加快居家养老“共享食堂”向“乡村生活馆”迭代升级。完善三孩生育政策及配套措施，逐步建立婴幼儿照护服务体系。坚持“房住不炒”，推动房地产业向新发展模式平稳过渡。做好军人军属、退役军人和其他优抚对象优待工作。

打造更有幸福感的公共服务。全面实施“县中崛起”计划，完成江山中学现代化校园建设，推进普通高中分类办学改革试点，完成江山二中改造提升，加快贺村新城初中建设，推进清华园等5所小区配套幼儿园建设，力争公办园在园幼儿占比达到70%。深化合作办学，建设跨区域教共体10个。创建健康促进县，优化医疗资源供给，建成投用第三人民医院，加快人民医院、石门卫生院等迁建项目建设。实施文化惠民工程，深度挖掘弘扬“4+1”区域特色文化，打造三省边际文化高地。积极创建省体育现代化县，深化体艺校发展改革，推进群众体育运动中心、国家登山健身步道项目，推动竞技体育与群众体育协同发展。

打造更有安全感的现代治理。科学精准落实疫情防控各项调整优化措施，重点提升医疗救治能力，实现从“防传染”向“保健康、防重症”平稳转换。压紧压实安全责任链条，动态开展工矿商贸、道路交通、消防、建筑施工等重点行业领域安全隐患大排查大整治，建立健全隐患整改销号清单，推动安全生产形势稳定向好。夯实基层应急管理体系，规范化建设乡镇（街道）、经济开发区应急消防站20个。建强网格智治最小作战单元，加快“微网格·融治理”场景、社会治理全域感知等数字应用落地，实现矛盾纠纷“早发现、早处置、早化解”。推进根治欠薪行动，健全欠薪治理长效机制。常态化开展扫黑除恶，重拳打击民生领域违法犯罪，完善电信网络诈骗犯罪综合治理体系。

各位代表，民生无小事，枝叶总关情。我们一定集中精力办好民生实事、关键小事，让政府做的事成为百姓满意的事，把人民对美好生活的向往变为现实！

三、加强政府自身建设

各位代表，面对江山加快转型发展、实现赶超跨越的挑战和机遇，我们将不断加强政府自身建设，牢牢扭住加快发展第一要务，提振大干之志、狠下实干之功，努力做到不负时代、不负重托、不负人民。

*建设政治坚定的忠诚政府。*深学笃行习近平新时代中国特色社会主义思想，学深悟透党的二十大精神，淬炼“紧跟习近平总书记”的忠诚信仰，坚定不移做“两个确立”忠诚拥护者、“两个维护”示范引领者。坚持把高站位和实干事紧密结合，坚决贯彻上级党委、政府和市委决策部署，做到闻令而动、率先垂范，确保政令畅通、令行禁止，以实干实绩书写忠诚担当。

*建设干则必成的高效政府。*锚定“衢州当龙头、全省争上游”目标，增强坐不住、等不起、慢不得、睡不着的紧迫感，确保想就想明白、做就做极致、干就干出彩，闯出江山发展新天地。建立定期会商、常态调度、闭环管理和“赛马”比拼的全流程推进机制，确保定一件、干一件、成一件，不断形成杠杆撬动效应、雪球放大效应、链条联动效应。

*建设依法行政的法治政府。*自觉运用法治思维和法治方式开展工作，加强重大行政决策事前论证和事后评估，推进政务公开，提高决策科学化民主化水平，全力争创全国法治政府建设示范县。落实全过程人民民主，依法接受人大监督，自觉接受政协民主监督，主动接受司法监督、群众监督、舆论监督，高质量办理人大议案建议、政协提案。

*建设风清气正的廉洁政府。*全面履行从严治党责任，坚定“干事且干净、干净加干事、干事能成事”的勤廉追求，严格落实中央八项规定及实施细则和省委“36条办法”，勤掸“思想尘”、多思“贪欲害”、常破“心中贼”。坚持政府“过紧日子”，进一步压减一般性支出和非急需、非重点、非刚性支出，全力保重点保民生，推动政府财力可持续增长、高效率使用。

各位代表，路虽远，行则将至；事虽难，做则必成！让我们更加紧密地团结在以习近平同志为核心的党中央周围，在市委的坚强领导下，在市人大、市政协的监督支持下，团结和带领全市人民，坚定信心、凝聚合力，一往无前抓发展、一腔热血搞建设、一心为民增福祉，全力谱写"两个先行"江山篇章，为建设三省边际中心县城而努力奋斗！

专　辑

2022 年度江山市十件大事

一、全域深化工业用地整治，腾出空间美

接连打赢“两新”产业园 444 户“园中村”征迁，108 家非化企业腾退两场硬仗，一举腾出平台空间 5000 余亩，顺势启动 20 平方公里江贺经济园区转型升级攻坚战。

二、全员紧盯重大项目招引，撬动产业美

狠抓招大引强、培大育强，碳一公司、习谷科技、金石资源等一批重大产业项目相继落地建设。

三、全速推进老旧小区改造，重塑城市美

按照“丰满南北、改造老城、启动城东、江贺一体”的总体思路，大手笔推进老城有机更新、加快新城建设，全年共实施 5 个片区 11 个老旧小区改造，完成解放路、鹿溪路、中山路等示范街区和城市亮化工程深化打造，城南安置房、江滨路下穿工程、桑淤大桥等一批城市赋能项目加快推进。

四、全情打造未来乡村典范，扮靓乡村美

深挖毛氏文化、挑夫文化、船帮文化等特色文化资源，成功打造“丝路明珠 · 遇见江山”未来乡村品牌，“三好 · 清漾”、清湖古镇等 2 个未来乡村开街运营。

五、全盘启动大搬快聚工程，搬出品质美

创新实施“大搬快聚”工程，高标准建设城南、贺村、峡口、莲华山 4 个万人集聚区，配套出台“房票”和搬迁帮扶政策，2095 户 5556 名农户表达强烈搬迁意愿。

六、全心支持企业挂牌上市，激发创新美

“1122”工程加速推进，科润智控成为衢州首家北交所上市企业。

七、全民参与文明城市创建，营造人文美

以背水一战的决心打好创文翻身仗连续两个季度获得衢州“有礼测评”第一名，江山城市化进程和精细化管理向前大跨步迈进。

八、全面开展共享食堂建设，实现生活美

全市新建共享食堂达 255 家，实现大部分乡镇（街道）覆盖，并顺势向“乡村生活馆”全面迭代升级。

九、全线打造富春山居图景，再现古道美

成功打造“仙霞探古”“清湖锁钥”2 个省级城乡风貌样板区，新培育美丽城镇省级样板镇 4 个、新时代美丽乡村 46 个，成功创建具有江山辨识度的“新时代富春山居图”县域样板区。

十、全力夺取平安建设金鼎，擦亮治理美

以“平安护航二十大”为引领，全力以赴打好“除险保安”主动仗，先后打赢“3.15”“4.25”多轮疫情，在衢州市“除险保安”晾晒星级评定中14次赋星第一，综合成绩稳居各县（市、区）第一，平安创建实现“十二连冠”，捧回“平安金鼎”。

重振工业雄风蓄能起势

——回眸2022系列报道之一

编者按：刚刚过去的2022年是党和国家历史上极为重要的一年，在全国人民的翘首企盼中迎来了党的二十大胜利召开。一年来，我们稳中求进、向难求成，在大战大考中汇聚了同心同行的磅礴力量；一年来，江山市上下高质高效落实市第十五次党代会既定的目标任务，工业强市、城乡风貌、改革赋能、民生福祉、平安建设跃上了新台阶，“当龙头 争上游”交出了高分答卷。为回顾一年来的主要成就，激励江山市人民鼓足干劲、再创佳绩，江山传媒集团特策划推出回眸2022系列报道，盘点江山经济社会发展成绩单，与读者共享。

江山市主要经济指标全面争先进位，全年地区生产总值预计增长4.5%；一季度荣获全省投资“赛马”激励；上半年连续两个季度获得衢州争先创优“流动红旗”第一名；承办全省细分行业中小企业数字化改造推进会暨江山木门数字化改造现场会；在全省稳进提质推进例会、省高质量发展建设共同富裕示范区重点工作推进例会、全省新一轮制造业“腾笼换鸟、凤凰涅槃”攻坚行动现场会暨“415X”产业集群推进会、衢州工业强市推进例会等高规格大会上作典型发言……

盘点江山2022，成绩殊为不易，工业强市发挥了中流砥柱的作用。这一年，市委、市政府旗帜鲜明提出重振工业雄风，大抓平台、大干项目，全市经济企稳向好、量增质优；这一年，我市抢抓风口、转换赛道，坚持把“腾笼换鸟”作为转型升级最有力抓手，一举腾出平台空间5000余亩；这一年，我市厚植优势、锻造长板，全力培大育强，出台史上最优的“工业十条新政”，产业发展加速裂变、积厚成势，一幅链条更强、基础更实、质量更高的工业发展壮美画卷在江山大地徐徐铺展。

向“质”而行，用优服务赢得快发展

“以往差不多要两个月，现在仅需3天就能兑现政策，对我们企业来说真方便！”江山虎集团工作人员来到市营商办工业强市政策专窗，申报设备投资补助，3个工作日后将收到补助资金。

“专窗”提速政策兑现是江山市工业强市政策“新十条”内容之一。2021年2月9日，市委、市政府把壬寅虎年“第一会”确定为全市工业高质量发展大会，以更大的力度、超常规的举措，大抓工业、大干工业，全面吹响重振江山工业雄风“冲锋号”，出

台史上最优、力度最大的工业强市政策“新十条”，以真金白银为企业发展加油鼓劲。

“对获得相关评定、认定、荣誉类项目实行‘免申即兑’，无需企业申报，主管部门在收到相关文件后3个工作日内直接将资金拨付到企业账户。”“专窗”工作人员表示，“快兑现”增添了企业“快发展”的动力，也帮助企业缓解疫情带来的不利影响，提振发展信心。

江变公司因满负荷生产而导致流动资金一度吃紧，而对照惠企政策，可享受项目补助资金2000万元。于是，相关部门在做好预验收基础上，提前兑现项目补助资金。企业2022年实现产值6亿元，同比翻番。据统计，政策专窗去年共受理1383家（次）企业申报资料，累计兑付惠企资金3.1亿元，涉及智能制造、设备投资、小微园建设、政府特别奖与“赛马”奖励、地方综合贡献奖励等项目。

受国际局势复杂多变、国内疫情多点散发等影响，全市固定资产投资增长空间受到挤压。对此，江山市未雨绸缪、全面发力，切实优化投资结构，稳住投资“基本盘”。投资78.4亿元的江山绿色智能数字化新材料项目面临土地不成熟等难题，市领导创新“提前预审、紧密衔接、严格审批、抓好服务”工作思路，优先保障该项目用地323亩；项目林地指标有缺口，林业部门通过向上争取，成功保障；经信部门与工信部、省经信厅有效对接，实现1∶1产能置换，探索出一种“一地摘牌、三证同办、当月入库”的“江山模式”。

以项目建设的“进”支撑有效投资的“稳”，以有效投资的“稳”支撑经济运行在合理区间。全市各经济部门坚持“一切围绕项目转，一切为了项目干”，建机制、强调度、抓落实，有力有效推动重大项目建设。2021年至2022年期间，江山市申报的5个省市县长项目工程全部开工、入库，实现省市县长项目工程连续两年落地率达100%，攻坚绩效位列衢州各县（市、区）首位。

向“大”而攀，用加速度抢占新赛道

招大引强、培优育强，需要空间支撑。去年1月，在江东化工园区村庄搬迁项目中，52个领办部门1000余名征迁铁军经过15个日夜工作，交出了首日签约率98.2%、腾空率80.86%、提前一周签约清零的高分答卷，涉及两个行政村444户村民、18万平方米建筑和1114.5亩土地；去年7月，51个领办部门与200余名指挥部工作人员，在21天内完成108家非化企业搬迁腾退签约“清零”，形成可连片开发化工用地4970亩，通过关停出清一批、搬迁腾退一批、整合提升一批，紧扣新能源新材料产业培优育强，聚力做大锂电主导产业延链强链，全力打造安全风险更低、区容风貌更美、企业发展更好、产业布局更优的浙江省千亿级新能源新材料产业园。

2021年10月底，江贺经济走廊万里扬项目麻车区块征迁工作启动，25个领办单位11天时间完成了106户农户和5家企业签约“清零”。2022年1月3日凌晨4时30分，随着征迁户许某友户一家落笔签字，虎山2022020#、2022021#、2022022#、清湖2022004#、2022005#区块集体土地上的207户签约“清零”，这标志着近20平方公里的江贺经济走廊土地有机更新和整治提升项目征迁工作全面铺开，全部完成后可再腾出连片工业用地1万亩以上，为江山未来5至10年的工业发展打开了空间。

江商回归，热潮涌动。在2021年5月举行的衢州市重大项目集中签约活动中，江山市共有9个项目参与签约，项目总投资179.6亿元，其中有投资100亿元的杭开新能源新材料项目和投资30.9亿元的万里扬年产20万吨高精密新能源汽车结构件项目。江山市充分利用20万名在外乡贤的特有优势，全力推进招大引强，2022年共引进亿元以上项目35个，到位资金55亿元，碳一、习谷科技、金石资源、万里扬等一批重大产业项目相继落地建设，全市招商引资考核连续三个季度位列衢州6个县（市、区）第一。

在变，再变。2021年度全省新一轮制造业“腾笼换鸟、凤凰涅槃”攻坚行动考评中位列第一档；2021年9月，江山市作为山区26县的唯一代表在全省新一轮制造业“腾笼换鸟、凤凰涅槃”攻坚行动现场会暨“415X”先进制造业集群建设推进会作典型发言；木门数字化服务平台（金鹊软件）入选全国“第一批财政支持中小企业数字化转型试点平台”，全省仅有10个平台入围；江山市（木门加工行业）入选全省首批24个中小企业数字化改造试点县（市、区）；时尚门业智能家居产业有望争列省级中小企业特色产业集群，全省仅14个地区入选……

向“新”而进，用数智化激活原动力

隆冬时节，笔者走进市木门企业数字化工厂区，一排排现代化机械正整齐运转，搬、抬、扛、运等苦活累活全由机器代替，足球场大小的车间内只站着寥寥数人。据江山市门业行业协会相关负责人介绍，在江山市一扇木门生产最快只要60秒。

木门产业插上“数智翅膀”是江山市突出“高、精、尖、缺”导向，按照“轻量化”“低成本”“解决最普遍问题”的思路，定制化开发轻量级ERP＋轻量级MES系统，打造木门轻量化智改“6250”样本的一个缩影。通过“标配＋选配”方案化推进，拆单时间由原来的两天缩短为半天，拆单效率提升150%，跟单人员由原来的3人减至1人，企业平均生产效率提升85%以上，管理效率平均提升50%以上，全面促进细分木门行业中小企业转型升级。截至目前，规上门业企业数字化改造覆盖率达70%，细分木门行业实现规上企业100%覆盖。

“我们即将从智能工厂向未来工厂迈进，这对企业具有里程碑意义。”浙江天际互感器股份有限公司副总经理祝顺庆介绍，浙江天际年产500万台互感器未来工厂项目已于2021年5月完成项目土建验收，8月开始新产线、新设备的安装调试、部分试产，年底开启全面搬迁，2023年3月搬迁完成，新厂区全面投产，一座现代化的“未来工厂”正在崛起。

企业要做大做强，促进可持续发展，必须要走好数字化转型之路。江山市突出创新制胜，坚持企业出题、政府激励，政府搭台、企业破题，创新“头部企业＋科研院所”合作模式，促成企业与清华、浙大衢州两院、电子科大长三角研究院等50多家大专院校、科研院所深度合作，60%规上企业实施智能化改造，并全力推动智能制造提质扩面，以“未来工厂”为引领的新智造群体不断扩大，截至2022年底全市累计实施智能制造项目265个，成功培育“专精特新”企业2家、高新技术企业31家。

笃“实”夯基，向“新”而行。一个个关键处落子、上下彼此连接成势，推动形成优势互补、提质增效的新态势，为江山市经济高质量发展开辟新空间、提供新平台。2021年7月13日，科润智能控制股份有限公司在北交所敲钟上市，成为北交所“变压器第一股”，也是衢州地区首家在北交所上市企业；天际互感器成为省级未来工厂试点，衢州市仅两家；伦宝管业被认定为省级数字化车间，江山市累计被认定企业8家，数量位列衢州第一；细分行业数字化改造“江山模式”入选浙江省数字经济创新发展重大应用成果名单，全省只有6个；2021年6月、8月、10月，数字经济系统考评综合评价连续三次排名全衢第一，其中10月考评结果位于全省第一梯队，排名全省第十。

惟其艰难，才更显勇毅；惟其笃行，才弥足珍贵。

“新的一年，我们将以全面贯彻落实市委十五届三次全会暨市委经济工作会议精神为契机，坚持‘工业强市、产业兴市’不动摇，旗帜鲜明抓工业、理直气壮抓工业、坚持不懈抓工业，着力推动‘五链’融合，加快形成滚雪球效应，工业主要指标增速在衢州市‘保二争一’。”市政府相关负责人表示。

（作者：朱永春 毛濛兰）

摘自《今日江山》2023 年 1 月 11 日

点燃经济发展引擎 重振江山工业辉煌

——江山市表彰市政府特别奖省专精特新企业奖获奖企业

编者按：2022 年，面对疫情持续冲击和经济下行压力等不利因素影响，江山市企业家披荆斩棘、实干快干，奏响了经济稳进提质新乐章。1 月 29 日上午，2023 年江山市工业高质量发展大会召开，为企业颁发市政府特别奖和省专精特新企业奖，“鼓干劲、强信心、快发展”，推动江山经济再上新台阶。

杰出贡献奖

一等奖：江山欧派门业股份有限公司、江山永利百合实业有限公司、江山南方水泥有限公司，二等奖：江山虎集团有限公司、浙江鑫冠建设集团有限公司、衢州龙正新型建材有限公司、江山正泰林农光伏发展有限公司、衢州南方水泥有限公司、江山热威电热科技有限公司、江山市城市建设投资集团有限公司、赢家时尚（江山）电子商务有限公司。

亩产效益奖

一等奖：江山市华顺有机硅有限公司、江山市友和建材有限公司、江山热威电热科技有限公司，二等奖：江山宏安电工科技有限公司、浙江三晟化工有限公司、同景新能源科技（江山）有限公司、浙江天际互感器股份有限公司、江山市鑫源电气有限公司、浙江鼎浩电气有限公司、浙江奇龙建材有限公司。

投资贡献奖

浙江碳一新能源有限责任公司、浙江研一新能源科技有限公司、江山金石新材料科技有限公司、浙江大唐国际江山新城热电有限公司、华电浙江江山新能源有限公司、浙江华欣牧业有限公司、浙江蓝城江山建设管理有限公司。

企业上台阶奖

佰象（浙江）商业控股有限公司、浙江吉卡供应链管理有限公司、江山永利百合实业有限公司、江山健盛新材料科技有限公司、浙江逸含化纤有限公司、浙江宝威电气有限公司、浙江奇恩特汽车零部件有限公司、江山市水务有限公司。

商贸经济和外向型经济“行业先锋奖”

商贸经济行业先锋奖：佰象（浙江）商业控股有限公司、小牛凯西（浙江）控股有限公司、浙江蔓芭网络科技有限公司、赢家时尚（江山）电子商务有限公司。外向型经济行业先锋奖：江山永利百合实业有限公司、浙江江山变压器股份有限公司、江山市航宇文体用品有限公司。

现代农业和休闲旅游“行业先锋奖”

现代农业行业先锋奖：天蓬集团有限公司、浙江华欣牧业有限公司、江山市万里中药材有限公司、浙江旺林生物科技有限公司。休闲旅游行业先锋奖：江山金陵大酒店有限公司、江山市八方旅游有限公司、江山耕读农场有限公司。

创新成长奖

一等奖：浙江旺林生物科技有限公司、浙江珠峰机械有限公司、浙江澳宇新材料科技有限公司，二等奖：浙江研一新能源科技有限公司、江山市通联泵业成套有限公司、浙江江变科技有限公司、浙江逸都生物科技有限公司、浙江安贝实业有限公司、浙江江山恒力电气股份有限公司、同景新能源科技（江山）有限公司。

政府质量奖

浙江江鑫建设有限公司、北京同仁堂蜂产品(江山)有限公司。

人才金梧桐奖

浙江科力车辆控制系统有限公司、浙江江山变压器股份有限公司、浙江肖恩电子科技有限公司、浙江同景新能源集团有限公司、江山欧派门业股份有限公司、浙江安都建设有限公司。

2022 年度专精特新、智能制造、企业上市奖励

2022 年工信部专精特新“小巨人”企业浙江科力车辆控制系统有限公司、2022 年浙江省专精特新中小企业浙江伦宝管业股份有限公司，2022 年获得智能制造项目提前兑现奖励的浙江江山变压器股份有限公司、科润智能控制股份有限公司，获得企业上市累计奖励的科润智能控制股份有限公司、获得上市股改和个税奖励的浙江天际互感器股份有限公司、获得新三板挂牌奖励的浙江伦宝管业股份有限公司。

重振江山工业雄风

2022 年江山市工业十大重点投产项目、十大重点开工项目出炉

编者按：工业强市，项目为王。2022 年，面对疫情持续冲击和经济下行等不利因素影响，市委市政府迎风破浪，把好稳经济、稳发展之舵；全市上下同心战疫、共克时艰、共谋发展，用快干实干、奋力奋进奏响了经济稳进提质的和美乐章。招大引强全面发力，一批重大项目落地江山；“双百双抢”多点开花，为“衢州当龙头、全省争上游，奋力打造三省边际展示中国式现代化浙江篇章衢州实践的示范窗口”奠定了扎实基础。在此，撷取 2022 年度江山工业十大重点投产项目和十大重点开工项目予以推送，以展现江山市 2022 年项目建设的累累硕果。

2022年江山市工业十大重点投产项目

1. 研一特种水性粘结剂产业园（一期）

企业名称：浙江研一新能源科技有限公司

内容概述：新增用地121亩，总投资15.3亿元，建设年产5万吨特种水性黏结剂项目、年产3万吨锂离子电池负极水性黏结剂（AONE）项目及1.2万吨锂离子电池负极边缘涂覆黏结剂（BSQ）项目，达产后可实现销售收入21亿元。

2. 欧派特种门窗产业园

企业名称：江山欧派安防科技有限公司

内容概述：新增用地960亩，总投资25亿元，其中一期新增用地260亩，建设年产150万套防火门产业园，达产后可实现销售收入18亿元。

3. 永利百合链传动产业园

企业名称：江山永利百合实业有限公司

内容概述：新增用地198亩，总投资12.5亿元，建设年产8万吨链传动产业园，达产后可实现销售收入12亿元。

4. 天际未来工厂项目

企业名称：浙江天际互感器有限公司

内容概述：新增用地193亩，总投资16.5亿元，建设年产500万台互感器未来工厂，达产后可实现销售收入10亿元。

5. 佳上佳印饰面材料项目

企业名称：浙江佳上佳新材料有限公司

内容概述：新增用地80亩，总投资4亿元，建设年产8000吨印刷纸、4000万张浸渍纸、1000万张三聚氰胺饰面板（皮）、300万平方米3D数码直印饰面材料项目，达产后可实现销售收入5亿元。

6. 科润高端装备产业园

企业名称：科润智能控制股份有限公司

内容概述：新增用地 91.03 亩，总投资 2.7 亿元，建设年产 500 万千伏安节能型变压器产业园，达产后可实现销售收入 5 亿元。

7. 开洋产业园

企业名称：浙江开洋木业有限公司

内容概述：新增用地 134 亩，总投资 5.3 亿元，建设年产 8 万套复合烤漆门、8 万平方米木饰面、3 万套定制木柜项目，达产后可实现销售收入 4 亿元。

8. 京开消防灭火器项目

企业名称：京开消防科技（浙江）有限公司

内容概述：新增用地 43 亩，总投资 1.89 亿元，建设年产 1000 万具灭火器项目，达产后可实现销售收入 3.4 亿元。

9. 惠顺肝素钠项目

企业名称：浙江惠顺畜产品加工有限公司

内容概述：新增用地 30 亩，总投资 1.1 亿元，建设年处理 900 万根毛肠和 15 吨肝素钠项目，达产后可实现销售收入 3.6 亿元。

10. 可津家居创新创业园

企业名称：江山市白泉实业有限公司

内容概述：新增用地 93 亩，总投资 15 亿元，建设以家具木门产业为主的智能家居创新创业园。

2022年江山市工业十大重点开工项目

1. 南方水泥绿色新材料项目

企业名称：衢州南方水泥有限公司

内容概述：新增用地650亩，计划总投资111亿元，建设两条6000吨/天，熟料水泥生产线及相关配套设施，打造江山绿色智能数字化新材料产业园项目。项目建设工期为2022—2025年。

2. 碳一年产20万吨锂电池材料项目

企业名称：浙江碳一新能源有限责任公司

内容概述：用地613.9亩（其中一期313.9亩），计划总投资80亿元，建设20万吨干电极用石墨负极项目。项目建设工期为2022—2024年。

3. 金石资源六氟磷酸锂盐项目

企业名称：江山金石新材料科技有限公司

内容概述：新增用地320亩，计划总投资15.5亿元，其中一期103.4亩，建设年产15000吨六氟磷酸锂盐项目。项目建设工期为2022—2024年。

4. 习谷科技富锂正极材料项目

企业名称：江山习谷科技有限公司

内容概述：租用开建投公司15000平方米厂房，计划总投资22.8亿元，建设1万吨富锂正极材料项目。项目建设工期为2022—2023年。

5. 正航整屋定制项目

企业名称：浙江正航整木家居有限公司

内容概述：新增用地80亩，计划总投资5.9亿元，建设年产50万平方米设计智造一体化整屋定制项目。项目建设工期为2022—2024年。

6. 永利百合标准件项目

企业名称：江山永利百合标准件有限公司

内容概述：新增用地 100 亩，计划总投资 10.5 亿元，建设年产 1500 万件链轮、6000 万件轴承系列产品、4 万吨标准件系列产品项目。项目建设工期为 2022—2024 年。

7. 赛晶 5G 汽车芯片项目

企业名称：浙江赛晶电子有限公司

内容概述：新增用地 26.87 亩，计划总投资 1.5 亿元，建设年产 800 万片 5G 智能数字化汽车节能片式功率模块芯片项目。项目建设工期为 2022—2024 年。

8. 伦宝钢管数字化车间项目

企业名称：浙江伦宝管业股份有限公司

内容概述：新增用地 56 亩，计划总投资 1.4 亿元，建设年产 5 万吨精密钢管数字化车间。项目建设工期为 2022—2024 年。

9. 创新科技建材添加剂项目

企业名称：浙江省江山创新科技有限公司

内容概述：新增用地 30 亩，计划总投资 1.2 亿元，建设年产 1 万吨双乙酸钠、8000 吨冰醋酸、5000 吨氯化钙、5000 吨氯化镁、5000 吨碳酸钙、4.7 万吨建材添加剂（含聚羧酸减水剂 1 万吨、混凝土泵送剂 3.2 万吨、水泥助磨剂 5000 吨）项目。项目建设工期为 2022—2024 年。

10. 江山市智能家居创新创业园

企业名称：江山市红裕莲华建设发展有限公司

内容概述：建设以智能家居制造为主的创新创业园。项目建设工期为 2022—2024 年。

摘自《今日江山》2023 年 1 月 29 日

大 事 记

1月

5日 2021浙江网上农博会上，江山馆累计成交27611件农产品，零售成交额173万元，位列全省第二。

6日 江东化工园区村庄搬迁项目的444户征迁户全部完成签约。

同日 峡口镇枫石村党总支书记陆承江获2021年度浙江乡村振兴带头人“金牛奖”。

7日 江山市开展“141”体系疫情防控实战演练。

10日 召开市委常委会会议，传达学习习近平总书记关于党史学习教育的重要论述重要指示精神、中央党史学习教育总结会议精神、习近平总书记关于“三农”工作的重要论述和中央农村工作会议精神。

11日 在全省群团工作会议暨数智群团建设推进会上，江山市委书记朱素芳作为全省唯一一个县（市、区）代表在会上介绍江山数智群团建设基层经验。

同日 衢州市政协党组书记方健忠带队到江山市调研政协工作。

同日 大陈乡大陈村党总支书记、村委会主任汪衍君获评2021年第二届浙江省“最美文旅人”。

12日 江山市举行“亲清直通车·政企协商会”。

23日 政协第十一届江山市委员会第一次会议召开。26日，选举胡炳泉为市政协主席。

24日 江山市第十七届人民代表大会第一次会议召开。26日，选举汪胜为市第十七届人大常委会主任，徐明峰为市人民政府市长。

29日 市纪委十五届二次全体会议召开。

是月 贺村镇永兴坞村、清湖街道清泉村、双塔街道赵家村、大陈乡红星村入选第四批省级引领型农村社区名单。

是月 江山市被评为2021年度全省农村生活垃圾分类处理工作优胜县。

是月 在全省139个稻米产品参评中，江山市奋发农业发展公司“新生稻花米”（甬优15灿粳米）入选“浙江好稻米”优质奖产品。

是月 虎山街道市心社区社工徐燕飞、双塔街道县前社区社工周永和、凤林镇社工罗延燕入选第二批衢州市“社会工作领军人才”。

是月 江山市新塘边镇勤俭村入选2021年新命名的50个“浙江省生态文化基地”。

是月 江山经济开发区列入2021年浙江省级分色低碳工业园区。

是月 江山市承办的全国新年登高健身大会、中国·江山全国“美丽乡村”攀岩系列赛等两项赛事被列入2021年浙江省重点培育品牌体育赛事名录库。

是月 江山市郎峰种子有限公司水稻良种繁育基地、江山福赐德中蜂种蜂场蜜蜂良种繁育基地，被评为省级农作物、畜禽良种繁育基地。

是月 江山市创成省稻渔综合种养重点示范县。

是月 双塔税务所获评省税务系统先进集体。

是月 峡口镇文化站获评省特级文化站。

2月

9日 江山市召开全市工业高质量发展大会，表彰2021年度市政府特别奖和省专精特新企业奖获得者，计划总投资76.6亿元的10个重大产业项目现场签约。

16日 市委人才工作会议召开。

18日 全市“七张问题清单”工作推进会召开。

23日 江山市组织开展新冠肺炎疫情防控应急实战演练。

24日 副省长徐文光在清湖街道清湖三村调研农业农村工作。

28日 召开市委常委会会议，传达学习习近平总书记在中央政治局第三十六次集体学习时的重要讲话精神和中央一号文件精神，听取2021年度党委（党组）落实党风廉政建设主体责任情况汇报。

是月 四都镇、上余镇、碗窑乡入选2021年度浙江省森林城镇名单。至此，江山市16个非城区乡镇全部跨入省级“森林城镇”行列。

是月 江山市医保局被评为全省2021年度工作先进单位。

是月 大陈未来乡村被列入省首批建设试点。

是月 碗窑乡达河村、石门镇清漾村、廿八都镇浔里村和大陈乡大陈村入选首批浙江省美育村（社区）名单。

是月 江山市获评首轮健康浙江建设先进县。

是月 全国爱卫会通报2021年度国家卫生城镇复审结果，重点确认270个城市（区）为国家卫生城市（区）和234个乡镇（县城）为国家卫生乡镇（县城）。江山市以820.3分的成绩通过复审，再次被确认为国家卫生城市。

3月

1日 江郎山旅游度假区获省级旅游度假区。

2日 全市2021年度党委（党组）书记抓基层党建和人才工作述职评议会暨全市基层党建工作会议召开。

同日 江山市2022年创文项目集中开工暨城区电动车智能充电桩项目开工仪式在双塔街道文苑社区举行。

4日 衢州市人大常委会主任吴国升一行到江山市调研农光互补光伏发电、湖羊生态示范园等农村消薄项目。

11日 朱素芳、徐明峰、汪胜、何日根等市四套班子领导，与部分机关干部、青年志愿者一起参加2022年“我为亚运种棵树”全民义务植树活动。

16日 召开市委常委会扩大会议，传达学习省委书记袁家军检查指导衢州疫情防控工作讲话精神和衢州市委常委会扩大会议精神，研究部署江山市贯彻落实工作。

25日 召开市委理论学习中心组专题学习会，学习贯彻《习近平关于防范风险挑战、应对突发事件论述摘编》，有力应对各类灾害风险挑战。

30日 衢州市委书记高屹到江山市调研共同富裕工作。

同日 衢州市工业强市第六次推进会在江山市召开，衢州市委书记高屹出席并讲话。

同日 衢州市委副书记、代市长徐张艳带队到江山市，调研工业强市和城市建设等工作。

31日 江山市召开清湖古镇未来乡村建设推进会。

是月 石门镇达篷村等十一村全域工程和峡口镇全域工程项目入选2022年度乡村全域土地综合整治与修复“11350工程”。

是月 江山“两山银行”案例入选全国优秀案例。

是月 江山华数广电网络有限公司上榜第九届全国服务农民、服务基层文化建设先进集体。

是月 江山市科力车辆控制

系统有限公司的商用车高性能手电一体式液压举升系统、欧派门业股份有限公司的实木复合免漆门—PVC饰面门、永利百合实业有限公司的自动化生产设备专用耐磨轻便链条等3个产品入选2021年度“浙江制造精品”认定名单。

4月

1日 江山市召开城市发展大会暨创建全国文明城市攻坚大会。

2日 江山市获浙江省“平安县”称号，实现平安创建“十二连冠”。

12日 省政协主席黄莉新率队到江山市，围绕全面推进乡村振兴、推动山区县高质量发展共同富裕、打造四省边际中心城市开展专题调研。

14日 江山市召开乡村振兴创先争优推进会暨诗画风光带“六比六拼”竞赛、农民增收任务部署会。

14日至15日 省智能制造专家委员会主任毛光烈、副主任徐纪平带队到江山市开展数字经济发展情况调研和抽水蓄能项目建设。

20日 江山市举办十五届市委第一轮巡察工作动员部署会。

24日 江山市举办“提士气、转作风、争一流”活动推进会暨二季度赛马夺旗比赛。

是月 峡口—白水坑水库连续3年获评省优级饮用水水源地。

是月 江郎山入选省大花园“耀眼明珠”。

是月 江山—柯桥山海协作产业园排名省级山海协作产业园建设工业类绩效评价一等奖，连续6年获省山海协作产业园考核一等奖。

是月 清漾景区服务中心获评省“巾帼文明岗”。

是月 江山市获评2021年度法治浙江建设优秀单位。

5月

9日 衢州市人大常委会主任吴国升到江山市开展就业促进执法检查工作。

12日至13日 省委副书记、省长王浩到江山市调研山区县高质量发展工作。

15日 江山市朱小平家庭获评第十三届全国五好家庭。

同日 姜仙红家庭获浙江省“最美家庭”称号。

23日 江山市召开高质量发展建设共同富裕示范区推进会暨“六治六提”作风建设行动落实部署会。

同日 市委农村工作会议暨农旅融合大会召开。

28日 浙江省第三届生态运动会在江郎山举行。副省长成岳冲，省政府副秘书长、省文化和旅游厅党组书记陈广胜、省体育局局长郑瑶等参加。

30日 市第十七次妇女代表大会召开。

是月 江山农商行营业部获“全国工人先锋号”称号。

是月 江山市获评省“小微企业三年成长计划”优秀县。

是月 清湖街道清泉村党支部书记吴香华获评省级社区工作领军人才。

是月 天际公司入选省未来工厂试点企业。

是月 新塘边镇恩深村、保安乡裴家地村等7个村被评为“浙江省善治村”；双塔街道郑村村、坛石镇郭丰村、石门镇长山源村等30个村被评为“浙江省善治示范村”。

是月 江山市发现首块明代“通安门”古城门石匾。

是月 市检察院获评全国青少年普法教育先进集体。

6月

2日 市工商业联合会（总商会）召开第十一次代表大会。

8日 全市建设平安江山工作会议暨“除险保安”工作推进会召开。

15日 江山—北川经济开发区园区合作共建签约仪式在江山市举行。

17日 水利部副部长陆桂华率队到江山市调研水土保持和水生态文明建设等工作。

24日 召开市委常委会会议和全市领导干部会议，传达学习省第十五次党代会和衢州市领导干部会议精神，研究部署江山市贯彻落实意见。

28日 市委书记朱素芳主持召开市委理论学习中心组《干在实处 勇立潮头——习近平浙江足迹》专题学习会。

是月 江山市投资1亿元打造网红商业街，实施解放路综合改造提升项目。

是月 江山市36辆新能源公交车上岗。

7月

4日 全市新能源材料产业园转型升级工作推进会暨提前批企业腾退集中签约仪式在两新产业园转型升级工作指挥部举行。

8日 江山被省委、省政府授予2021年度美丽浙江建设工作考核先进县、“五水共治”工作“大禹鼎”银鼎荣誉。

10日 省政府在江山市召开全省细分行业中小企业数字化改造推进会暨江山木门数字化改造现场会。

13日 副省长高兴夫带队到江山市宣讲省第十五次党代会精神。

同日 省政协副主席陈铁雄率队到江山市，围绕“碳达峰碳中和背景下的高质量发展”开展专题调研。

同日 江山市举行科润智能控制股份有限公司IPO首发仪式。9时25分，该企业正式在北京证券交易所挂牌上市。

16日 江山市举行首批退役军人优待证发放暨“致敬老兵”崇军联盟商家代表签约授牌仪式。

18日 共青团江山市第二十次代表大会第一次全体大会召开。

27日 江山市召开三季度“六治六提”“争先创优”工作推进会暨除险保安百日攻坚行动工作部署会。

是月 江山获第十一届“中华环境奖优秀奖”，此属城镇环境类奖项。

是月 江山猕猴桃入选国家地理标志农产品保护工程。

8月

1日 “我为群众办实事——2022年江山市‘城乡公交一体化提升2元一票制’实施启动仪式”在市综合客运枢纽举行。

3日 江山市召开2022年创建全国文明城市重点项目暨百日攻坚十大行动部署会。

8日 江山市召开疫情防控指挥部集中研判调度会，传达学习省委书记袁家军视频连线指导金华市义乌市疫情防控工作、省长王浩在全省疫情防控调度会议上的重要讲话及衢州市委常委会专题研究疫情防控工作会议精神。

9日 召开市委常委会会议，传达学习习近平总书记在7月28日中央政治局会议上的重要讲话精神，全省第十次党史工作会议精神，省委书记袁家军视频连线指导金华市义乌市疫情防控工作和省长王浩在全省疫情防控调度会议上的重要讲话、衢州市委常委会专题研究疫情防控工作会议精神。

15日 市委召开十五届二次全体（扩大）会议，市委书记朱素芳作题为《扛起担当 放大优势 在建设三省边际中心县城中奋力争当“两个先行”示范窗口》的报告，审议通过了《中共江山市委关于加快建设三省边际中心县城 奋力争当“两个先行”示范窗口的决定》。

24日 市十七届政府第一次全体（扩大）会议召开。

29日 全省经济稳进提质攻坚行动工作例会在省人民大会堂召开。江山市作为山区26县的唯一代表，由市委书记朱素芳作了题为《大抓平台 大干工业 在全省稳进提质中勇挑山区县大梁》的交流发言。

30日 全市2022年新建公办幼儿园集中开园活动在江山经济开发区举行。

是月 江山入围农业农村部绿色高质量高效行动县。

是月 江山发现北宋周颖墓志铭。

9月

1日 江山市综合交通枢纽长途客运中心投入使用。

1日至2日 市委书记朱素芳带领江山市党政代表团赴绍兴市柯桥区学习考察，对接推进山海协作工程，并召开柯桥—江山山海协作联席会议。

8日 全市教育发展大会暨第38个教师节表彰会举行。

13日 江山市城市建设投资集团有限公司举行揭牌仪式。

15日至16日 全国人大常委会委员、监察和司法委员会副主任委员徐显明率队到江山市调研未成年人监察工作和清湖街道“共享法庭”建设情况。

26日 四川省北川羌族自治县县委书记李昊天率党政代表团到江山市考察。

27日 市委书记朱素芳到市社会治理中心接待群众来访，并协调化解信访相关事项。

29日 江山市档案馆新馆启用仪式举行。

30日 朱素芳、徐明峰、汪胜、胡炳泉、何日根等市四套班子领导和市人武部领导、乡镇部门干部和群众代表在曹家坞烈士陵园向人民英雄敬献花篮，向先烈致以深深的敬意。

同日 江山市召开第一次市级总林长会议。

是月 凤林镇桃源村入选浙江数字乡村百村优秀案例。

是月 “江山绿牡丹”茶入选浙江特色伴手礼。

10月

12日 省统计局党组书记、局长吴胜丰带队到江山市，就经济形势和统计基层基础建设情况开展调研。

13日 省应急管理厅党委书记、厅长陈浩带队，到江山市督导调研除险保安工作。

14日 江山市高规格召开人才科创会议。

17日 江山市召开清廉江山建设推进会。

18日 市委书记朱素芳带队调研江贺经济走廊土地有机更新和整治提升工作。

19日 衢州市人大常委会主任吴国升带领部分市人大常委会组成人员到江山市，开展“主任接待代表月”活动。

26日 党的二十大代表、衢州市委书记高屹到江山市宣讲党的二十大精神，并调研以县城为重要载体的城镇化建设工作。

28日 江山市—钱塘区山海协作联席会议在江山市召开。

31日 全市以县城为重要载体的城镇化建设动员会暨“大搬快聚”工作部署会召开。

是月 江山市中药材协会制作的赤豆鲫鱼汤、浙江红盖头农业科技有限公司推出的“葛之饮”入选省“十大药膳”。

是月 水上实景剧《清溪江湖》在清湖古镇上演。

是月 “仙霞探古”入选省城市风貌样板区名单。

11月

2日 省人大常委会副主任史济锡带队到江山市联系指导全过程人民民主基层单元建设，调研乡村振兴、共同富裕示范区建设等工作。

同日 江山市与中国银行浙江省分行签订战略合作协议。

同日 2022中国·江山第五届“美丽乡村”全国攀岩系列赛，在新塘边镇毛村山头村开幕。

3日 第三届海峡两岸影像文化周在江山市廿八都镇举行。

9日 2022浙江省山区26县村歌故事会颁奖典礼在大陈乡大陈村举行。

同日 江山市举行2022年四季度重点项目集中开工活动暨奉化至江山公路江山上余至大桥段公路工程全面开工仪式。

11日 省政协副主席周国辉带队的省政协调研组到江山市，

开展“学习贯彻党的二十大精神高水平打造未来乡村”专题调研。

15日 省委常委、统战部部长邱启文带队到江山市调研统战工作。

16日 全省司法所综合改革现场推进会在江山市召开。

22日 江山市召开以县城为重要载体的城镇化建设暨“大搬快聚”工作推进会。

23日 衢州市人大常委会主任吴国升到江山市人大代表联络站开展接待群众活动。

23日至24日 全省公务员考核提质增效现场会在江山市召开。

25日 江山市举行以“丝路明珠·遇见江山”为主题的清漾、清湖未来乡村开街仪式。

是月 大陈乡旱田坂村入选2022年“浙江省美丽庭院特色村”。

是月 江山烈士陵园被命名为省青少年红色基因传承基地。

是月 省建设厅、省风貌办公布浙江省第六批未来社区创建名单，双塔街道文苑社区入选引领型未来社区创建项目，双塔街道学府社区、民声社区，虎山街道市心社区入选普惠型未来社区创建项目。

是月 江山市发现4种中国新纪录真菌物种。

12月

1日 江山—宁波舟山港海铁联运专列首发仪式在江山市举行。

5日 位于清湖街道和睦村的水稻高产高效示范片，连作晚稻“甬优59”百亩示范方测产成绩亩产达803.87公斤，超浙江省连作晚稻百亩示范方最高亩产纪录2.08公斤。同时，结合上一季早稻“中组53”测产成绩，双季亩产达1451.14公斤，超过全省双季百亩示范方最高亩产1439.85公斤的纪录。

6日至7日 江山市党政代表团赴杭州市钱塘区学习考察，对接推进山海协作工程，并召开钱塘区—江山市山海协作联席会议。

8日 衢州市委副书记、市长徐张艳到江山市调研新型城镇化工作。

9日 衢州市委书记高屹在江山市调研党的二十大精神贯彻落实情况。

是月 江山市上榜中国县域旅游发展潜力百强县市。

是月 江山中蜂养殖系统入选省首批重要农业文化遗产资源。

是月 张村乡先锋村、石门镇清漾村入选省级历史文化村落保护利用重点村。

是月 清湖街道、石门镇、保安乡入选美丽城镇建设省级样板，双塔街道入选美丽城镇建设山区县县城城镇省级样板。

市情概览

地理位置

江山市位于浙江省西南部，浙、闽、赣三省交界处。市境最北端位于北纬28°53′27″的四都镇傅筑园村柿树坞口北，最南端位于北纬28°15′26″的廿八都镇坚强村里山南，最东端位于东经118°48′48″的塘源口乡仓源村阴源东，最西端位于东经118°22′37″的大桥镇陈家村马车坳西。南北最长径距70.75公里，东西最宽径距41.75公里。全市地域总面积2019.03平方公里。

全市边界线长315.1公里，东以平埂、青岗尖、石奶尖背、洪公等处与衢州市柯城区、衢江区邻接，东南以金山头、老鹰平尖、苦竹际、仙岭坑尾等山峰与遂昌为分界，西北以雪坑尖、石龙岗等山峰与常山县接壤，西以古山、东库、茅村弄等处与江西省玉山县为邻，西南以里塘坞、嵩峰山等地与江西省上饶市广丰区接壤，南以枫岭（大竿岭）、苏州岭等处与福建省浦城县交界。

江山市区（主城区）位于市境北部偏东，介于北纬28°44′与东经118°37′交点附近。2022年末，主城区（建成区）面积19平方公里。

历史沿革

江山历史悠久。距今4000年前的新石器时期，境内已有人类繁衍生息。春秋战国时期，江山为姑蔑一部分。秦王政二十五年（前222），属会稽郡大末县（后改为太末县）。东汉初平三年（192），属会稽郡新安县。三国孙吴宝鼎元年（266），属东阳郡新安县。南朝陈天嘉三年（562），属金华郡信安县。隋开皇九年（589），属婺州信安县。隋大业三年（607），属东阳郡信安县。唐武德四年(621)，分信安县地置须江县，为江山建县之始，隶属衢州。五代十国吴越宝正六年（931），改须江县为江山县，属衢州。南宋咸淳三年（1267），江山县改名为礼贤县，仍属衢州。元至元十三年（1276），礼贤县复名江山县，隶属衢州路。明清时期，均属衢州府管辖。清宣统三年（1911）辛亥革命后，江山县属衢州军政分府管辖。民国时期，江山县曾先后直属于省、金华道、省第五和第三行政督察区。

1949年5月，江山解放，属衢州专区。1955年，衢州专区撤销，改属金华专区。1985年，国务院批准设立金华市和衢州市，江山县属衢州市。1987年11月27日，国务院批准撤销江山县，设立江山市，仍属衢州市管辖。

行政区划

2022年，全市共设19个乡镇、街道。其中，街道3个，即双塔、虎山、清湖；建制镇11个，即上余、四都、贺村、坛石、大桥、新塘边、凤林、峡口、廿八都、长台、石门；乡5个，即大陈、碗窑、保安、张村、塘源口。全市设行政村292个、社区29个。

2022 年江山市行政村、社区设置情况表

表 1　　　　单位：个

乡镇街道	村和社区名称	村、社区数
双塔街道	天余、新塘坞、丰足、莲塘、灵泉（村部在城区）、坳里、和贤、郑村、赵家、塔东、缸甫底、五家山、上耀、黄家、陈村、召石、金家、路垄、社后、杨敦、迎宾、陶村、大夫第，辖县前、民声、城北、周家青、乌木山、文苑、凝秀、学府、书院 9 个社区	32
虎山街道	溪东、孝子、平棋、达道、何家山、江山底、店前、彭里、金坞、麻车、荷塘、双龙、桑淤、协里，辖市心、东门、南门、西门、江东、安泰、城南、桐岭、状元里、梅泉、景星 11 个社区	25
清湖街道	清湖一村、清湖二村、清湖三村、路陈、蔡家山、新塘底、路口、童家、七斗、蔡家、毛塘、浮桥头、祝家坂、泉家垄、乐意、九村、十村、贺周、和睦、华夏、贺仓、读溪口、东儒、花园岗、前村、清泉，辖七里、清溪、山海 3 个社区	29
上余镇	大溪滩、余航、山头、一都江、李坪、高洋、木车、方家、上余、七一、五程、湖珠、塘岭一村、江村畲族民族村、塘岭二村、塘岭三村、苦叶田、望江	18
四都镇	四都、傅筑园、江北、上峰、双溪、埠头、前岭、金山	8
大陈乡	早田坂、大唐、夏家、大陈、红星、乌龙	6
碗窑乡	源口、天井、和源、府前、达河、金龙、红石桥、碗窑、凤凰	9
贺村镇	贺村、友爱、狮峰、富益、明星、溪淤、幸福、丰益、大贤坂、河东、敖坪、湖前、八里坂、东山头、吴村、耕读、水晶山底、羡家、诗坊、龙头、南塘、寺后、长埂、山底、青塘尾、佛堂、后源、严麻车、贺山头、三塘、淤头、淤前、高路、达埂、棠坂、永兴坞、石后、市上村、礼贤、华塔、陈塘、山塘、通贤、万青山、乌鹰垄，辖中心、镇北、淤头 3 个社区	48
坛石镇	坛石、定家坞、郭丰、郭丰坞、新叶村、占塘、潭边、上王、占村、鳌头、横渡、上溪、五圳	13
大桥镇	大桥、冷水、陈家、上仓、福塘、湖游、葩坞、新桥、桥头、仕阳、仕阳尾、西坂、店边、芳源、黄石	15
新塘边镇	新塘边、勤俭、千坞、外坞、毛村山头、毛家仓、达路边、爱丰、塘边、东亭、日月、东陈、上平天、恩深、永丰、东山、彭村、上洋、卅六都	19
凤林镇	凤祥、凤里、凤溪、中岗、大悲山、高坂、白沙、卅二都、苗青头、花溪岙、桃源、茅坂、英岸、株树村、政棠、官田、游溪、南坞，辖凤鸣社区	19
峡口镇	峡西、双潭、峡北、峡东、峡南、同桥、地山岗、新和、连丰、王村、柴村、广渡、三卿口、枫石、合新、定村、大峦口、峡新，辖同知社区	19
廿八都镇	浔里、花桥、枫溪、兴墩、坚强、山峰、林丰、浮盖山、周村	9
保安乡	保安、后坂、西洋、赵宅门、化龙溪、裴家地、龙溪	7
长台镇	长安、长台、长兴、朝旭、华峰、花园、贺新、乾湖、金檀	9
石门镇	溪底、泉塘、延龄、新群、清漾、岭底、金炉、界牌、琚家岗、灵岗口、长山源、达篷、郎峰、西山、江郎山，辖春风社区	16
张村乡	先锋、秀峰、塔山、安顶、太阳山、琚源、双合丰、玉坑口、毛长甫、龙头店、双溪口	11
塘源口乡	塘源口、仓坂、塘源、青石、洪福、仓源、前墩、白石、冷浆塘	9
合　计	全市合计 3 个街道、11 个镇、5 个乡、292 个行政村、29 个社区	321

地貌河流

江山市全境分 3 个地貌区，东部、南部为福建武夷山脉延伸而至呈东北—西南走向的仙霞岭中低山区，海拔多在 600 米以上。海拔千米以上的山峰在境内有 28 座，其中最高峰为大龙岗，海拔 1500.3 米。岩石以中生代火山岩和火山碎屑岩为主，系中生代侏罗纪中期岩浆活动和火山喷发所形成。西北部为江西怀玉山脉延伸而至的低山丘陵区，海拔大多在 200 米至 800 米，最高峰为湖山尖，海拔 859.4 米。岩石以石灰岩为主，系由古生代早中期沉积而成。地表多石芽，地下多溶洞。中部河谷走廊地带，系中生代凹陷而成的绍兴—江山断裂谷西段。河谷宽窄不一，海拔多在 100 米至 200 米，地势相对低缓。清湖以北的冲积平坂，海拔多在 100 米以下，最低处为大溪滩渡船头，海拔 73 米。境内呈“凹”字形的三块地貌分区，构成江山半封闭盆地类地形格局，盆口向东北方向敞开，形成冬半年东北季风长驱入境。

江山港（须江）是境内最大河流，是钱塘江水系上源之一。它源于江山市张村乡双溪口村南部浙、闽交界的苏州岭，全长 134 公里，境内长 105 公里。江山港干流分上、中、下游 3 段。自源头至峡口为上游，河水由南向北流，山高谷深，水流湍急，总落差千余米，已建成白水坑水库和峡口水库。峡口至贺村毛塘为中游，河水向西北流至麻溪淤，再折向北流至贺村，又折向东流至毛塘。中游水流自峡口流出山口进入海拔 200 米以下地区。地势低平，水流变缓，两岸多河漫滩台地，多农田、聚落分布。毛塘以下为下游，水流先向东南流至刘家埂再往东北经市区流至上余余家（余航村）进入衢州市衢江区，并在柯城区与常山港汇合入衢江，下游河段落差 20 余米。在下游河段接纳长台溪和达河溪(已建碗窑水库）两大支流，因上游干支流修水库，加上中、下游河道采砂石，河道已失去 20 世纪 40 年代前的航运之利。境内属于长江水系的主要溪流有新塘边溪、大桥溪和廿八都溪。

气候特征

2022 年 1 月 1 日至 12 月 31 日，江山市平均气温为 19.3℃，比常年同期（17.9℃）偏高 1.4℃，较常年显著偏高，破历史最高纪录。总雨量 1955.4 毫米，比常年偏多 172.1 毫米，雨日 219 天，较常年偏多 25.9 天。全年气候表现为梅汛期雨量偏少、梅期短、分散性强对流天气频发、短时暴雨频繁、雷雨大风猛烈等特点。5 月出现多轮强对流天气，极端性强历史罕见。其中 5 月 10 日夜间 7 个乡镇雨量超过 100 毫米，13 个站点出现 8 级以上大风，最大站点市区本站 25.8 米/秒（10 级）；5 月 12 日、13 日、14 日、19 日，均出现大雨、暴雨，且伴有大风、强雷电等强对流天气，其中新塘边镇 14 日傍晚 6 时前后出现 34.7 米/秒（12 级）大风，廿八都镇出现小冰雹。

全年气候综合评价：2022 年，全市年平均气温较常年异常偏高，年平均降水量较常年偏多，年平均日照时数较常年偏多。全年气象灾害与往年相比偏重。年初连阴雨、初夏倒春寒、梅汛期暴雨洪涝、夏秋季连续干旱、冬季寒潮等气象灾害，给公路交通、种养殖业等行业造成较严重影响。全年全市主要农作物的农业气象条件总体为偏差年景。1 月下旬到 2 月下旬前期出现连续低温阴雨寡照天气，长时间的低温阴雨天气造成农作物发育迟缓，病害程度较重。5 月低温多雨寡照和暴雨天气对蔬果开花授粉和坐果不利。6 月，梅汛期暴雨洪涝影响，全市出现极端内涝，农田受淹严重。7—8 月，高温热害和伏秋连旱对水稻灌溉区外的稻田影响很大，造成部分早稻田块绝收，连晚稻因缺水无也法移栽。柑橘、猕猴桃等落果比较严重，果实膨大速度慢，叶片发黄，果实出现

"日灼病"，甚者整株枯死，茶树由于长期缺水和暴晒导致出现大面积叶片卷曲、枯黄甚至脱落，严重的整棵枯死，平地茶园尤为严重，夏秋茶减产。高温干旱造成诸如冬桃、椪柑、胡柚等大部分时令水果成熟期推迟，大部分果实偏小，糖度较往年提高但水分不足，整体树势偏弱。12 月，冷空气频繁，且强度强，柑橘里面柚类-1℃、橙类-3℃，即产生冻害，部分橘园损失较大。有利的是持续高温干旱影响，水稻病虫为害总体呈中等偏轻发生态势。

自然资源

江山市土地总面积 20.19 万公顷。其中，山地、丘陵共 17.93 万公顷，占总面积的 88.8%；河谷平坂地 2.26 万公顷，占总面积的 11.2%，俗称"九分山丘，一分水田"。全市土壤总面积 19.17 万公顷，其中红壤、黄壤类面积共 13.69 万公顷，占土壤总面积的 70.91%；水稻土类面积 3.49 万公顷，占土壤总面积 18.16%。

江山矿藏以非金属矿为主。已发现 30 个矿种，129 处矿产地。其中，非金属矿产 22 种，产地 99 处；能源矿产 2 种，产地 18 处。烟煤、无烟煤，主要分布在凤林镇茅村弄，贺村镇石后、道塘山，清湖街道山垄、小清湖等地。石煤，分布在四都、大陈、上余、双塔丰足、坛石横渡、大桥一带，以大桥与双塔丰足最为集中。萤石矿分布在峡口、石门、长台、张村、塘源口等乡镇，地质储量约 100 万吨。石灰石，主要分布在市境北部的四都、上余、大陈、坛石、大桥等乡镇，储量大。其他矿种有廿八都的硅灰石，双塔赵家的磷灰石，大桥西青垄、虎山街道方家山的硬质耐火黏土等。

江山市林业用地 14 万公顷，森林面积 14.3 万公顷。森林蓄积量 312 万立方米，森林覆盖率达 65.79%，其中生态公益林面积 5.37 万公顷。江山属中亚热带北部亚热带常绿阔叶林浙闽山丘甜槠木荷林植被区，自然植被有常绿阔叶林、针阔混交林、针叶林、灌丛等 15 个群系，634 种。国家一级保护树种有水杉、银杏、红豆杉、伯乐树、香果树、猪血木等，国家二级保护树种有香榧、金钱松、三尖杉、福建柏、鹅掌楸、樟树、花榈木、闽楠等，国家三级保护树种有青檀、天目木兰、黄山木兰等。野生动物中，国家一级保护动物有白颈长尾雉、黄腹角雉、云豹、黑麂、金猫等，国家二级保护动物有白鹇、鸳鸯、白鹳、鸢、穿山甲、短尾猴、大灵猫等。

人口民族

2022 年年末，江山市辖 3 个街道、11 个镇、5 个乡，292 个行政村、29 个社区，总面积 2019.03 平方公里。全市年末户籍人口 60.80 万人。其中，男性人口 31.08 万人，女性人口 29.72 万人，分别占总人口的 51.1%和 48.9%。全年出生人口 3175 人，出生率为 5.21‰，死亡人口 4505 人，死亡率为 7.39‰，与 2020 年相比，全市出生率下降 1.58 个千分点，死亡率增加 1.44 个千分点，自然增长率为-2.18‰，下降 3.02 个千分点。

江山市共有汉族、回族、畲族、苗族、蒙古族、壮族等 28 个民族，汉族人口占总人口的 99.6%。

2022 年江山市国民经济和社会发展情况

2022 年，面对复杂严峻的国内外形势，全市上下深入学习贯彻习近平新时代中国特色社会主义思想，始终坚持稳中求进工作总基调，高效统筹疫情防控和经济社会发展，国民经济顶住压力持续发展，主要经济指标呈现稳中求进、稳中向好态势。

一、综合

根据上级统一初步核算，2022 年全市生产总值 381.28 亿元，按可比价格计算，比上年增长 4.6%。其中，第一产业增加值 25.19 亿元，增长 5.9%；第二产业增加值

165.33亿元，增长4.1%；第三产业增加值190.76亿元，增长4.7%，其中建筑业增长13.0%，批发和零售业增长8.9%，住宿和餐饮业增长7.0%，金融业增长10.3%，营利性服务业增长11.1%，其他营利性服务业增长13.4%，非营利性服务业增长2.0%。三次产业增加值结构为6.6∶43.4∶50.0。全市人均生产总值（按常住人口计算）76640元，增长4.1%。

全年居民消费价格比上年上涨2.3%，其中食品烟酒类上涨3.1%，其他七大类价格呈“六涨一降”态势。教育文化和娱乐类上涨1.4%，居住类上涨1.8%，交通和通信类上涨4.4%，生活用品及服务类上涨1.3%，衣着类上涨1.6%，其他用品和服务类上涨2.2%，医疗保健类下降0.2%。

全市城镇新增就业4422人，有4116名失业人员实现了再就业。

二、农业和农村建设

全年实现农林牧渔业增加值25.82亿元，比上年增长6.1%。

全年农作物播种面积646385亩，比上年增长0.3%。其中，粮食播种面积367810亩，与上年基本持平；油料播种面积103106亩，增长0.7%；蔬菜种植面积145568亩，增长2.4%；瓜果类种植面积5949亩，下降13.4%。

全年粮食总产量15.61万吨，比上年增长0.1%。其中，谷物产量14.40万吨，增长0.1%；油料产量1.34万吨，增长2.4%；蔬菜产量27.80万吨，增长4.6%；瓜果类产量1.18万吨，下降9.4%。

全年完成造林面积414.5公顷，人工更新面积80公顷。森林面积199.3万亩，森林覆盖率65.79%；省级以上重点公益林面积98.3万亩。

全年肉类总产量5.09万吨，比上年增长9.7%。其中，猪肉2.03万吨，增长23.0%。年内生猪出栏21.57万头，增长18.7%；羊出栏1.07万只，下降7.8%；牛出栏2321头，下降29.4%。家禽出栏1957.88万羽，下降5.0%。

全市累计完成九大类应整治完善事项2270宗，累计整治面积约273万平方米，推动完成宅基地复垦3273.2亩，拆后利用率达81.8%。新增省级美丽乡村示范乡镇2个、省级美丽乡村特色精品村6个。建成垃圾分类资源化利用站点4个，农村生活垃圾分类处理数字化动态监管试点村25个，省级垃圾分类高标准示范村8个。农家乐（民宿）床位数达到2800张，全年接待游客239.3万人次，年营业收入2.06亿元（不含休闲农业）。全年培训农民2431人次，安排产业增收项目11个，开发公益岗位355个，雨露计划帮扶低收入农户子女879人，为19393名低收入农户免费购买健康保险290.9万元。

三、工业和建筑业

全年完成工业增加值129.33亿元，按可比价格计算，比上年增长1.9%。规模以上工业完成总产值376.13亿元，同比增长1.5%。其中，重工业300.46亿元，增长3.5%；轻工业75.67亿元，下降5.8%。实现工业销售产值375.8亿元，增长1.5%。全年完成工业出口交货值19.45亿元，下降7.6%。

年末全市有规模以上工业企业单位386家。其中，营业收入亿元以上企业88家，大中型企业25家。

在规模以上工业中，电气机械和器材制造业产值为78.08亿元，同比增长1.6%；木材加工和木、竹、藤、棕、草制品业产值67.97亿元，增长3.6%；非金属矿物制品业产值51.96亿元，下降11.0%；化学原料和化学制品制造业产值34.22亿元，增长5.9%；电力、热力生产和供应业产值24.15亿元，增长26.7%。金属制品业产值23.59亿元，增长27.9%；橡胶和塑料制品业产值11.61亿元，下降9.8%；专用设备制造业产值11.48亿元，增长3.1%；通用设备制造业产值11.20亿元，增长6.2%；农副食品加工业产值10.27亿元，增长17.3%；纺织服装、服饰业产值8.66亿元，下降15.0%；化学纤维制造业产值3.89亿元，增长7.7%；计算机、通信和其他电子设备制造业产值 3.55 亿元，增长 41.8%；文教、工美、体育和娱乐用品制造业产值 3.29 亿元，增长 14.9%。

在规模以上工业中，高新技术产业增加值 38.35 亿元，同比下降 1.6%，占规模以上工业的 48.6%；装备制造业增加值 20.61 亿元，增长 5.3%，占规模以上工业的 26.1%；战略性新兴产业增加值 11.92 亿元，增长 8.6%，占规模以上工业的 15.1%；数字经济核心产业制造业增加值 3.96 亿元，下降 12.7%，占规模以上工业的 5.0%。

全年全社会用电量 30.41 亿千瓦时，比上年增长 3.3%。其中，工业用电量 19.8 亿千瓦时，下降 1.8%。

全年建筑业实现增加值 36.21 亿元，按可比价格计算，比上年增长 13.0%。全市 110 家纳入建筑业统计范围的资质建筑业企业。年末从业人员 2.61 万人。全年房屋施工面积 708.88 万平方米，房屋竣工面积 259.82 万平方米。

四、固定资产投资和房地产业

全年固定资产投资 148.75 亿元，比上年增长 20%。其中，第一产业投资 2.83 亿元，下降 3.5%；第二产业投资 44.88 亿元，增长 34.5%；第三产业投资 101.04 亿元，增长 15.2%。民间项目投资 48.45 亿元，下降 1.9%。

在工业投资中，制造业完成投资 33.09 亿元，比上年增长 23.8%。其中，家具制造业投资 2.55 亿元，下降 20.5%；化学原料及化学制品业投资 3.24 亿元，增长 39.3%；农副食品加工业投资 1.68 亿元，增长 54.5%；非金属矿制品业投资 7.32 亿元，增长 345%；金属制品业投资 2.49 亿元，增长 1.1%；工业技术改造投资 16.86 亿元，增长 23.3%。

全市基础设施投资 50.71 亿元，比上年增长 20.8%。其中，交通运输业投资 9.03 亿元，增长 8.1%；水利、环境和公共设施管理业投资 32.52 亿元，增长 15.2%；电力、热力、燃气及水的生产供应业投资 9.17 亿元，增长 69.1%。

全市房地产开发投资 32.77 亿元，比上年增长 3.8%。房地产开发施工面积 121.29 万平方米，下降 10.9%；竣工面积 0.94 万平方米，下降 96.3%；商品房销售面积 16.35 万平方米，下降 29.1%，其中住宅 8.03 万平方米，下降 61.6%，商业营业用房 6.34 万平方米，增长 1766.7%。商品房销售额 15.27 亿元，下降 51.9%，其中住宅 12.67 亿元，下降 57.4%。

五、国内贸易

全年社会消费品零售总额 183.87 亿元，比上年增长 4.4%。其中限额以上消费品零售总额 49.70 亿元，增长 12.2%；限额以下消费品零售总额 134.17 亿元，增长 1.7%。按销售单位所在地分，城镇限额以上消费品零售总额为 47.33 亿元，增长 11.0%；乡村限额以上消费品零售总额为 2.37 亿元，增长 43.6%。按消费形态分，限额以上批发零售业消费品零售总额为 48.55 亿元，增长 12.6%；限额以上住宿餐饮业消费品零售总额为 1.15 亿元，下降 2.7%。全年实现网络零售额 278.44 亿元，增长 28.5%。

全市共有成交额超亿元的各类市场 7 个，实现成交额 49.69 亿元，同比下降 32.5%。全市培育建成放心消费示范单位 1790 家。其中放心工厂 120 家，无理由退货 875 家，放心商圈 5 家。

六、对外经济

全年进出口总额 90030 万美元，比上年增长 31.0%，其中出口总额 89509 万美元，比上年增长 31.4%。

全市有进出口实绩的企业 233 家，其中当年新启动出口业务企业 42 家。出口额在 100 万美元以上的企业有 89 家。其中，300 万美元以上的企业有 51 家，1000 万美元以上的龙头企业有 8 家。

全年新批“三资”企业 1 家，合同利用外资 1553 万美元，实际利用外资 1143 万美元。

七、交通、邮电和旅游业

全年完成交通运输、仓储和邮政业增加值 18.09 亿元，按可比价格计算，比上年增长 1.2%。

全市机动车保有量161445辆，其中，民用汽车126966辆（载客112543辆，载货14101辆，其他322辆），挂车1654辆，摩托车32825辆。

年末全市境内公路总里程1872.20公里，同比增长0.7%，高速公路里程76.28公里。全年公路货物运输量达3426.78万吨，下降7.1%；公路旅客运输量816.50万人次，增长19.3%。

全市共有18家国家A级旅游景区，其中AAAAA级景区1家（含江郎山、廿八都、清漾景区）、AAAA级景区3家、AAA级景区14家。全市拥有旅游星级饭店5家，客房总数896间。

八、财政、金融和保险

全年实现财政总收入45.05亿元，比上年增长5.7%，其中公共财政预算收入28.97亿元，增长13.0%。税收收入23.96亿元，增长5.2%，在主体税种中，增值税下降1.4%，个人所得税增长107.0%，企业所得税下降32.3%。全年财政支出88.01亿元，比上年增长6.4%。

年末金融机构本外币存款余额747.56亿元，较年初新增88.06亿元，同比增长13.4%，本外币贷款余额686.22亿元，较年初新增136.90亿元，同比增长24.9%。年末金融机构人民币存款余额745.10亿元，同比增长13.6%，其中，住户存款501.71亿元，非金融企业存款123.07亿元，广义政府存款120.19亿元；年末人民币贷款余额686.21亿元，同比增长24.9%。

九、教育和科学技术

全市现有普通高中8所，在校生9562人；普通初中15所，在校生15247人；中等职业教育学校3所，在校生6157人；小学39所，在校生30038人。全市拥有幼儿园77所，在园幼儿15540人。

全市小学入学率、巩固率和升学率均为100%；初中入学率、巩固率均为100%；初中毕业升高中段的比例为98.39%，其中升入普通高中的比例为59.04%。

全市普通高中专任教师837人，初中专任教师1346人，小学专任教师2042人，幼儿园专任教师1068人。

全市拥有国家高新技术企业139家，省科技型中小企业510家。新增授权专利1196件，其中发明专利114件；每万人拥有发明专利3.82件；新增申请商标注册1200件，同比增长10.0%，新增知识产权贷款质押金额1.5亿元。

十、文化、卫生和体育

年末公共图书馆藏书量489722册。年末拥有文化馆1个，文化分馆19个。2022年广播节目综合人口覆盖率99.5%。有线电视用户174565户，其中，数字电视用户174565户，电视节目综合人口覆盖率87.65%。市档案馆馆藏档案全宗180个，共计254729卷205939件。全年查阅档案3742人次，6771卷（件）次。

2022年年末，全市共有卫生机构332家，其中医院、卫生院32家。医疗卫生机构病床床位2544张。卫生技术人员3613人，其中执业医师1292人，执业助理医师189人，注册护士1689人。法定传染病16种1530例，发病率309.46/10万，农村卫生厕所普及率99.95%。

全市共有1个公共体育场馆，全年举办市级以上各类体育竞赛活动67次，19730人次参加。共获得国家级金牌2枚、银牌1枚，铜牌2枚；省级金牌1枚，银牌3枚，铜牌4枚，名次奖21个；衢州市级金牌102枚，银牌84枚，铜牌64枚。

十一、人口、人民生活和社会保障

全市年末户籍人口60.80万人，其中男性人口31.08万人，女性人口29.72万人，分别占总人口的51.1%和48.9%。全年出生人口3175人，出生率为5.21‰，死亡人口4505人，死亡率为7.39‰，与2021年相比，全市出生率下降1.58个千分点，死亡率增加1.44个千分点，自然增长率为-2.18‰，下降3.02个千分点。

全市城镇常住居民人均可支配收入59908元，同比增长4.6%，其中工资性收入36323元，同比增长4%；全市农村常住居民人均可支配入34257元，同比增长8%，工资性收入20118元，同比增长8.8%。城镇居民人均消费支出31103元，同比增长6.6%；农村居民人均消费支出22667元，同比增长8.5%。居民家庭恩格尔系数（食品消费支出占消费总支出的比重）城镇为29.7%，农村为32.2%。城镇居民人均现住房建筑面积49.12平方米，农村居民人均现住房建筑面积达84.49平方米。

全市参加城镇基本养老保险人数为42.57万人，其中，职工基本养老保险人数为18.18万人，城乡居民养老保险参保人数达到22.51万人，机关养老保险参保人数达到1.88万人；基本医疗保险参保人数为51.15万人，其中，城乡居民基本医疗保险参保人数为37.81万人，职工基本医疗保险人数为13.34万人。工伤保险、失业保险、生育保险参保人数分别达11.09万人、7.52万人、9.62万人。年末享受失业保险职工人数为2751人。

全市各类养老机构有42家，床位数4767张，年末在院人数1595人，其中年末特困人员共有1697人，其中集中供养634人，分散供养1063人。年末全市城镇居民和农村居民最低生活保障已保人数分别为507人和11763人。

十二、资源、环境和社会公共安全

初步测算，2022年全市单位GDP电耗增长1.2%，单位规上工业增加值能耗降低0.7%。

2022年，全市认真贯彻落实习近平生态文明思想，深入践行“绿水青山就是金山银山”理念，以美丽江山建设为统领，以环境质量改善为核心，以环保利民惠民为根本，统筹推进常态化疫情防控和生态环境保护，克难攻坚，积极作为，各项工作取得积极成效，获第十一届中华环境优秀奖，为衢州首夺；再夺美丽浙江建设工作考核优秀县，三夺“五水共治”“大禹鼎”银鼎；生态环境公众满意度实现“六年连升”，从2017年全省第42跃升至2022年的全省第六，创历史最佳。

污染防治攻坚取得新进展，后溪出境水断面水质稳定达到Ⅱ类标准，2个国控断面和3个衢州市控断面水质以及2个县级以上集中式饮用水水源地水质全部达标。空气质量PM2.5年均浓度均值与上年持平，守住了33微克/立方米底线，优良率达91%。完成“无废城市细胞”创建26个。江化退役场地A、C区块移出污染地块名录，B区块进入达标初判阶段。环境监管效能再上新水平，累计出动执法人员4900余人次，检查点位1840余个，查办环境违法行为32件。绿色低碳发展积蓄新动能，推进4个省级低（零）碳试点村创建；组织7期67家企业排污权竞价，成交150笔，计399余万元；完成“十四五”排污权指标无偿收回96家，收储化学需氧量209.08吨/年、氨氮50.74吨/年、二氧化硫1704.33吨/年、氮氧化物4936.28吨/年。自然生态保护频传新发现，发现生物物种5414种，国家一级保护物种14种、二级保护物种82种，大型真菌中国新记录物种4种，疑似新物种10种。行业绿色转型取得新突破，对全市243家木门企业进行了“无差别”“地毯式”的专项整治，补助企业资金1151.9万元，实施“油改水”32家、“漆改免”19家、免漆工艺整改60家，98家完成末端处理设施迭代升级，关停淘汰18家；实现废油漆渣等危险废物减量达90%，行业VOCs去除率达80%，削减量300余吨/年，实现了环境改善、效益提升、产业升级的多赢。

全市累计发生各类事故9起、死亡4人，同比分别下降10.0%，42.9%。其中，工矿商贸事故1起、死亡1人，经营性道路交通事故8起、死亡3人。事故起数、死亡人数连续七年实现“双下降”，无较大及以上事故发生。

十三、城市建设

建成区（下同）面积19平方公里，道路面积442.29万平方米。全年供水总量3428.4万立方米，居民家庭用水858.6万立方米，人均日生活用水量168升，用水普及率100%。管道天然气用气人口5.12万人。污水处理厂1座，日污水处理能力6万立方米，污水处理率为97.44%。生活垃圾无害化处理率100%。绿化覆盖率44.91%，人均公园绿地面积14.53平方米。

注：1. 本公报数据为年度初步统计数据。

2. 全市生产总值和各产业增加值绝对数按现行价格计算，增长速度按可比价格计算。

3. 规模以上工业统计标准为年主营业务收入2000万元以上工业企业；固定资产投资统计标准为计划总投资500万元以上项目。

4. 资料来源：

本公报中，新增就业人口、失业人员再就业、社会保障方面等数据来自市人力资源和社会保障局；造林面积方面数据来自市林业局；新农村建设数据来自市农业农村局；全社会用电量、工业用电量数据来自市供电公司；成交额超亿元市场、专利、商标数据来自市市场监管局；网络零售额、对外经济数据来自市商务局；车辆拥有量数据来自市交警大队；旅游数据、图书馆藏书、文化站数据来自市文化广电旅游局；财政数据来自市财政局；金融数据来自人民银行江山支行；教育数据来自市教育局；科技方面数据来自市科技局；广播、有线电视方面数据来自市传媒集团；档案方面数据来自市档案馆；卫生方面数据来自市卫生健康局；医疗保障方面数据来自医疗保障局；体育竞赛活动方面数据来自市体育局；户籍人口数方面数据来自市公安局；养老机构、床位数方面数据来自市民政局；环境数据来自衢州市生态环境局江山分局；社会公共安全数据来自市应急管理局；城市建设数据来自市住建局；交通运输客运量、货运量数据来自市交通运输局；其他数据来自市统计局。

中共江山市委员会

综 述

【概况】 2022年，江山市在省委和衢州市委的坚强领导下，团结带领全市人民，实现经济指标全面争先进位，全年地区生产总值达381.28亿元，同比增长4.6%；财政总收入45.05亿元、一般公共预算收入28.97亿元，分别增长5.7%、13%；城镇、农村常住居民人均可支配收入分别为59908元、34257元，同比分别增长4.6%和8.0%。一季度获全省投资赛马激励，全年三夺衢州“争先创优”季度流动红旗第一名。成功创建省法治政府建设示范县，以全省第一成绩创成大花园示范县。先后在全省稳进提质推进例会、省高质量发展建设共同富裕示范区重点工作推进例会等高规格大会上作典型发言。省政府主要领导、省政协主要领导、省委组织部部长等多位省部级领导相继到江山市调研，对大抓工业、狠抓城乡风貌等各领域工作给予充分肯定和高度评价。

【全面贯彻落实习近平总书记重要指示精神和上级决策部署】 始终坚持把学习宣传贯彻习近平新时代中国特色社会主义思想作为当前和今后的首要政治任务，及时通过市委常委会会议、市委理论学习中心组学习会、工作部署会、周一夜学、微党课、“8090”新时代宣讲等形式，强化对习近平总书记发表的重要讲话重要文章的跟进学习。针对党的二十大精神，组织开展市委理论学习中心组专题学习会等专项活动，加深全市上下对二十大精神的理解领悟，推动广大党员干部树牢“四个意识”、增强“四个自信”、做到“两个维护”。深入学习贯彻省第十五次党代会、衢州市第八次党代会精神，召开市委十五届二次全会，对标衢州打造“四省边际中心城市”，明确提出“建设三省边际中心县城”目标，聚焦大干产业、狠抓城市建设、全力提升公共服务、做优生态环境和社会环境，确保到“十四五”末产业结构规模、平台空间能级、公共服务水平、城市形态风貌等在三省边际脱颖而出，成为浙江“两个先行”在省际边界的重要示范窗口。

【全面重振工业雄风】 坚持将抓工业作为一切工作的龙头和命脉，喊出重振工业雄风的响亮口号，形成“工业强市”的滚雪球效应。打造高能级产业平台，围绕拓展土地空间，深入实施新一轮“腾笼换鸟”攻坚行动，江东化工园区15天实现444户征迁户签约“清零”。打响新能源新材料产业园转型升级攻坚战，21天即实现108家企业签约“清零”，腾出平台空间333.33公顷。启动江贺经济园区整治提升，全部完成后可再腾出连片工业用地666.66公顷以上，为江山未来5—10年的工业发展打开空间。按照产业新城定位，开工建设城南邻里中心、城南人才公寓等项目，莲华山职工宿舍工程进度完成65%。打造千亿元爆发式产业集群，紧抓新能源新材料风口，招大引强、培大育强，前三季度引进亿元以上项目13个，到位资金21亿元，

1月30日，市委书记朱素芳（右前）在浙江盼家门业公司开展节后助企“开门红”活动（市委办 供图）

碳一、习谷科技等3个20亿元以上项目相继落地建设。发挥20万名在外乡贤资源力量，开展商会招商、以商招商。打造百家链主型企业梯队，实施“1122”工程，“一企一策”支持企业挂牌上市，科润智控7月13日成功上市，成为衢州市第一家在北交所上市企业，伦宝管业、百家万安启动股改。实施智能制造项目255个，规上木门企业数字化改造实现全覆盖，7月成功承办全省中小企业数字化改造现场会。迭代升级科技、人才政策，用真金白银吸引人才、创新要素集聚，新增国家级专精特新“小巨人”企业1家，新认定省科技型中小企业110家。

【全面重塑城乡风貌】 围绕争列全省新型城镇化试点目标，铺开一系列城市和乡村重大建设项目，城乡风貌全面重塑。高标准、大手笔推进中心城区建设，以创建全国文明城市为重要抓手，按照“丰满南北、改造老城、启动新城、江贺一体”总体思路重塑城市风貌，碳一和江山虎总部大楼、城东安置房等一批重大项目已经动工建设。加快老旧小区改造，完成10个老旧小区改造提升。基本完成解放路、鹿溪路、中山路等网红街综合改造提升工程，亮化江滨路沿江建筑，打造江山城市新地标。以系统整合理念推进美丽乡村建设，持续推进“衢州有礼”诗画风光带示范段、标杆村建设。统筹推进8个未来乡村建设，大陈、清湖古镇等5个未来乡村纳入省试点名单，清湖古镇未来乡村十一黄金周前后开展灯光秀演出，吸引客流量4万人次。聚焦后疫情时代全域旅游，顺势启动廿八都古镇一期改造提升、二期开发建设，推动江郎山·廿八都旅游区向千万级核心景区冲刺。大力实施“大搬快聚”工程，启动实施“大搬快聚”工程，谋划建设4个万人集聚区的建设，贺村、峡口2个全面完成，可提供3000多套安置房，并且出台“公寓、房票、迁建”等安置政策，所有乡镇、村社、网格全面动员，确保年内搬迁集聚5000人。

【全面推进公共服务优质共享】 始终聚焦老百姓最关心领域，全面提升公共服务供给水平，推动民生服务共建共享。聚焦教育医疗，高规格召开教育发展大会，出台促进教育高质量发展政策十条，以真金白银的举措来鼓励教育事业发展。高考再创佳绩，第二中专、财经学校通过“双高”建设评估。5所新建公办幼儿园顺利开园，新增学位720个，优质园覆盖率达到82%。成功推动人民医院创建“三乙”，按照“三甲”标准启动迁建项目。实施医共体平台二期项目建设，完善基础医疗服务，获全省县域医共体工作成绩突出集体。坚持“政府主导+社会助推+乡贤助力”模式，建成居家养老255家“共享食堂”，实现乡镇（街道）全覆盖，顺势向“乡村生活馆”迭代升级，增添托育、文化、康复、娱乐、体育等跨部门场景，在大陈乡大陈片区、石门镇清漾村、峡口镇枫石村等3个镇村试点打造。做深做细托育中心的前期工作，开设乡镇（街道）托育机构3个，托位数391个。集中精力抓好村集体经济增收，实施专项巩固提升行动，全市村集体经营性收入率先在衢州实现“30万元全覆盖，50万元以上50%、100万元以上25%”的目标。完善低收入农户保障机制，通过华欣湖羊“公司+农户”模式、提供政府公益性岗位等，带动农户增收就业。

【全面扩大对外开放】 加快构建内联外畅的交通体系，江玉公路全面动工，甬金衢上高速江山段规划增加到5个出口，杭衢高铁江山段已完成可施工段的90%，预计明年建成。江山江航运开发、缙云至江山高速公路等一批重大战略性基础设施项目纳入省规划盘子。推进美丽公路建设，桑淤大桥、清湖大桥、江滨路下穿城中路地下通道工程，虎山大桥拼宽完成主体合龙，公铁联运无水港铁路专用线顺利接轨。纵深推进系列重大改革，以数字化改革为引领，加快推动“1612”体系与“141”体系衔接贯通，形成省级以上理论制度成果141项。“网格+气象”被写入国务院气象高质量发展纲要，智享生态牧场应用得到省政府办公厅秘书长暨军民肯定，社会治理全域感知入选2022年全省“政法工作现代化创新引导”项目，改革考评位列全省第一梯队。持续优化营商环境，以企业需求为导向，推进企业社区化网格化服务，全面深化“八个一”挂联服务机制，常态化开展“亲清直通车·政企协商会”“亲清茶叙会”等活动，全力解决企业急难愁盼问题，收集、解决企业诉求124个。全面推进社会信用体系建设，全国城市信用状况监测排名第七，省内排名第二。

【全面打好除险保安攻坚战】 牢固树立底线思维，全力以赴打好“除险保安”主动仗，在衢州市“除险保安”晾晒星级评定中14次赋星第一，综合成绩稳居各县（市、区）第一，平安创建实现“十二连冠”，捧回“平安金鼎”。守牢安全生产底线，紧扣“降事故、减灾损”目标，各行业领域常态化开展隐患排查治理。全力做好防灾减灾工作，成功打赢“6·20”暴雨保卫战，开展“百日攻坚”专项行动，安全生产形势总体平稳，未发生较大及以上事故。持续开展打击电信网络诈骗和常态化扫黑除恶等工作，电信网络诈骗案件受理数、损失数同比分别下降18.20%、14.54%。

【全面强化党的领导】 全面落实新时代党的建设总要求，纵深推进全面从严治党，以高质量党建引领高质量发展。七张问题清单有力推进，省级交办14个问题，办结5个，未办结9个；衢州市级交办103个问题，办结72个，未办结31个，三季度江山市问题管控力量化指数在全省排名第七，衢州市排名第一，1个问题被纳入省级示范总榜，2个问题被纳入省级示范分榜，5个问题被纳入衢州市级示范榜。结合“六治六提”作风建设行动，将“提士气、转作风、争一流”活动作为主题主线贯穿始终，推出干部关爱暖心八条，重新重用4名原先因为工作上受过纪律处分但工作表现好的干部，为27名受到不实举报干部澄清正名。聚焦作风痛点难点问题，创新举办“百室四季”作风竞赛，重点针对体制内人员非正常信访问题，制定出台非正常上访的处置意见，全市未出现体制内人员非正常上访现象。深入推进“红色根脉强基工程”，系统谋划“四季竞赛·五大比拼”活动，推动各级党组织比学赶超。研究出台“流动红灰旗”评比办法，全面激活村社书记干事热情。稳妥有序推进农村党员发展排查整顿工作，党员档案审查分析研判“五档三色”法在全市推广应用，并在全省片区交流会上作交流发言，相关做法得到省委组织部肯定。压实各级党委（党组）全面从严治党的主体责任，开展公务餐改革、村干部违规插手工程等系列专项整治，共查处违反中央八项规定精神问题47起，涉及66人。发挥巡察利剑作用，丰富数字化巡察手段，严格执行巡察整改“双约谈”“双督办”，打通巡察监督工作闭环回路，稳步推进3轮巡察发现并督促整改问题511个，推动建立健全制度122项，问责196人次。

在江山召开的重要会议和开展的重大活动

【省政协主席黄莉新在江山调研】 4月12日，省政协主席黄莉新带队在衢州市领导徐张艳、周伟江、方健忠陪同下，先后前往峡口镇枫石村、石门镇清漾村、华欣湖羊生态示范园、江山两岸联谊政协委员会客厅等地考察，并对产业发展、乡村振兴、政协履职作指示要求。

【省长王浩在江山调研】 5月11日至13日，省长王浩在衢州调研期间带队到江山市研一新能源、欧派门业、清漾毛氏文化村、石门小学及医疗机构等地考察，就做好山区县高质量发展工作、打造新的发展增长点、推动公共服务优质共享作指示要求。

【浙江省第三届生态运动会】 5月28日，浙江省第三届生态运动会在江山市江郎山景区隆重开幕。副省长成岳冲，省政府副秘书长、省文化和旅游厅党组书记陈广胜出席开幕仪式；衢州市委副书记、市长徐张艳致欢迎词，省体育局局长郑瑶致辞，江山市委书记朱素芳主持。本届生态运动会是2022年浙江省举办的首个省级运动会，设置三角翼、广场舞、徒步、钓鱼、漂流、公开水域游泳等6个竞赛项目。

【中国文艺评论家协会副秘书长袁正在江山调研】 7月8日，中国文艺评论家协会副秘书长、中国文联文艺评论中心副主任袁正带队到江山市开展文艺评论实践调研，先后前往清湖古镇上街、清浦古道等地考察，对江山文艺评论工作给予高度评价。

【全省细分行业中小企业数字化改造推进会暨江山木门数字化改造现场会】 7月10日，全省细分行业中小企业数字化改造推进会暨江山木门数字化改造现场会在江山市召开，部署全面推进中小企业数字化改造工作，副省长卢山出席会议并讲话。会上，江山市、兰溪市、永康市做了经验交流，浙江亿美达门业、江山金鹊智能、钉钉科技分享中小企业数字化改造案例。会议组织与会人员赴江山欧派、浙江王牌家居、浙江亿美达门业和浙江金凯门业等企业考察参观。

【副省长高兴夫在江山宣讲】 7月13日，副省长高兴夫带队到江山宣讲省第十五次党代会精神，与石门镇清漾村村两委委员、返乡创业青年、村民代表面对面交流省第十五次党代会精神，他还先后考察了综合交通客运枢纽、清湖街道综合信息指挥室、清湖古镇等地，并对村庄发展、共同富裕作指示要求。

【省委常委、组织部部长王成在江山调研】 7月15日，省委常委、组织部部长王成带队到江山调研，先后前往清漾毛氏文化村、周家青社区等地考察，对未来乡村、未来社区建设作了指示要求。

【浙皖赣三省十二县（市、区）政协第41次工作交流会】 7月29日至30日，浙皖赣三省十二县（市、区）政协第41次工作交流会在江山市召开。来自常山县、德兴市、休宁县、婺源县、开化县、淳安县、浮梁县、歙县、玉山县、祁门县、屯溪区、江山市的政协主席、副主席、秘书长、办公室主任和专委会负责人等出席会议。会上，与会县（市、区）政协本着“互相学习、增进友谊、加强团结、交流经验、促进工作、共同发展”的宗旨，围绕“构建十二县旅游黄金线 推进共富示范带建设”主题作交流发言，并就如何构建十二县旅游黄金线、推进共富示范带建设进行协商讨论。

【全国政协文化文史和学习委员会副主任陈宝生在江山调研】 9月7日，全国政协文化文史和学习委员会调研组就“加强传统村落的保护和利用”到江山市开展专题调研，全国政协文化文史和学习委员会副主任、教育部原党组书记、部长陈宝生任调研组组长。调研组一行先后赴廿八都镇、石门镇清漾村、清湖码头和大陈乡等传统村落进行实地考察，对传统村落保护发展作指示。

【江山市—钱塘区山海协作联席会议】 10月28日，江山市—钱塘区山海协作联席会议在江山市召开。杭州市钱塘区委副书记、区长沈燕俊，副区长胡国伟，江山市委副书记、市长徐明峰等参加。会上，钱塘区农业农村局和江山市农业农村局签订战略合作协议。

【2022中国·江山第五届“美丽乡村”全国攀岩系列赛】 11月2日，2022中国·江山第五届“美丽乡村”全国攀岩系列赛，在江山市新塘边镇毛村山头村开幕。比赛主题为“汇聚体育力量 助力共同富裕”，来自全国的30支队伍、120名运动员参赛，竞赛项目包括攀岩接力赛、浑水摸鱼、泥地拔河、乡村探秘等，攀岩接力作为赛事的主打项目。

【省人大常委会副主任史济锡在江山调研】 11月2日下午，省人大常委会副主任史济锡带队到江山市调研。先后考察市食用菌产业园、清湖古镇、清湖街道代表联络站，对江山基层单元建设、乡村振兴、共同富裕示范区建设等工作予以高度肯定。

【2022浙江省山区26县村歌故事会颁奖典礼】 11月9日，2022浙江省山区26县村歌故事会颁奖典礼在江山市大陈乡大陈村举行。省文联党组书记、副主席、书记处常务书记杨守卫作主旨讲话，江山市委书记朱素芳致欢迎词。活动为十佳村歌故事、优秀村歌故事、优秀组织单位颁奖，山区县基层党支部代表联合发布“江山宣言”。

【省委常委、统战部部长邱启文在江山调研】 11月15日，省委常委、统战部部长邱启文带队到江山市调研，先后前往清湖街道综合信息指挥室、清湖古镇、清湖街道清泉村、江山民革传统文化实践基地等地走访调研，并对基层统战工作体系建设、乡贤文化发展等工作作指示。

【全省司法所综合改革现场推进会】 11月16日，全省司法所综合改革现场推进会在江山市召开。省司法厅党委委员、副厅长徐晓波出席并讲话。全省10个设区市司法局分管领导、司法所综合改革试点县（市、区）司法局领导及相关科室负责人参加。会上，江山市司法局等5地司法局作交流发言。

【2022浙江省农村建筑工匠技能竞赛】 11月17日，由省住房和城乡建设厅、省总工会、衢州市人民政府主办的2022浙江省农村建筑工匠技能竞赛在江山市举行。省建设厅党组成员、副厅长姚昭晖讲话并宣布开赛。本次竞赛设有木工、架子工、砌筑工、钢筋工4个项目，来自全省11个地市11支代表队的200多名选手参赛。衢州市代表队获团体二等奖，7名衢州工匠获奖。

【全省公务员考核提质增效现场会】 11月23日至24日，全省公务员考核提质增效现场会在江山市召开，省委组织部副部长、省公务员局局长胡旭阳出席并讲话。会上，观看江山市公务员平时考核专题片，衢州市委组织部、省政府办公厅、宁波市委组织部、金华市人民检察院、温州市鹿城区综合行政执法局、海盐县望海街道等6家单位作交流发言。

市委召开的重要会议

【全市党史学习教育总结会议】 1月22日，江山市召开全市党史学习教育总结会议。朱素芳、徐明峰、汪胜、何日根等市四套班子领导参加。市委书记朱素芳强调，要建立常态化、长效化的制度机制，把党史学习教育融入日常、抓在经常，以强烈的历史主动精神奋进新征程、建功新时代，以实际行动迎接党的二十大胜利召开。要坚定不移提升政治能力，不断提高政治判断力，努力锤炼政治领悟力，切实增强政治执行力，忠诚拥护“两个确立”，坚决做到“两个维护”。要坚定不移弘扬伟大建党精神，扛起使命担当，勇于克难攻坚，强化争先意识，不断增强争当排头兵的信心决心。要坚定不移强化宗旨意识，主动下沉一线，抓好民生实事，推动常态长效，不断增强人民群众的获得感和满意度。要坚定不移推进自我革命，持续加强党的政治建设，不断强化干部队伍建设，纵深推进全面从严治党，永葆共产党人清正廉洁的本色。要继续把党的历史学习好、总结好，把党的成功经验继承好、发扬好，以守好“红色根脉”的政治担当走好新的赶考之路，为争当跨越式高质量发展共同富裕排头兵凝聚更加强大的精神力量。

【全市工业高质量发展大会】 2月9日，召开全市工业高质量发展大会，朱素芳、徐明峰、汪胜、胡炳泉、何日根等市四套班子领导参加。纳税千万元以上工业企业、亿元以上工业企业等将近120多家企业相关负责人在主会场参会，各机关部门、乡镇（街道）设分会场。朱素芳强调，要进一步推进“一主三副”工业平台的有机更新和整治提升，加大招大引强力度，重振江山工业雄风。要像保护大熊猫一样好好保护企业家，今后凡是企业家提出来的、合情合理合规的要求和建议，都要想尽一切办法满足。要深入实施人才强省、创新强省“首位战略”，将创新转型作为重振工业雄风的重要抓手，以真金白银、真招硬招，鼓励支持企业创新发展。要为企业出台“衢州第一、全省领先”的最优政策，狠抓工业新政十条等政策兑现落实，一月一次协调会、一个项目一个专班帮助企业解决好急难愁盼问题，把工业强市的大旗举得高高的，把企业家搞得香香的，把创新发展的氛围搞得浓浓的，让江山工业顶天立地、重振雄风。

【市委人才工作会议】 2月16日，江山市召开市委人才工作会议，朱素芳、徐明峰、汪胜、胡炳泉、何日根等市四套班子领导参加。朱素芳强调，要深入学习贯彻习近平总书记关于新时代人才工作的重要论述，全面贯彻落实中央、省委和衢州市委人才工作会议精神，努力开创人才工作新局面，真正把江山打造成为引人留人的诗意栖居之地，为奋力争当跨越式高质量发展共同富裕排头兵提供源源不断的人才和智力支撑。要做好人才平台建设的文章，提升能级扩存量，创新思路引增量，不断优化全市人才科创生态圈。要做好人才招引的文章，以好机制、好政策、好项目招引人才。要做好人才培养的文章，聚焦聚力建好企业家人才、产业人才、教育卫生人才、乡村振兴人才四支队伍。要做好拴心留人的文章，真心实意、真金白银解决好人才生活、办事、发展的问题。要强化党管人才，坚持将人才工作作为“一把手工程”，各级党组织主要负责人以身作则、以上率下，层层抓好落实。要撬动企业主体，充分调动企业在引育人才方面的主观能动性，积极探索创新人才招引、培育模式，进一步增强企业核心竞争力。要依靠各类人才，将市委、市政府重视人才、渴望人才、珍惜人才的决心和态度传递到社会各界。

【“提士气、转作风、争一流”活动动员会暨一季度比学赶超大会】 2月21日，江山市召开“提士气、转作风、争一流”活动动员会暨一季度比学赶超大会。朱素芳、徐明峰、胡炳泉、何日根等市四套班子领导参加。朱素芳强调，要聚焦“衢州当龙头、全省争上游”目标，凝心聚力跑起来、快起来、动起来，争先创优、比学赶超，以优异的成绩确保一季度“开门红”，迎接党的二十大胜利召开。要深刻反思、查找短板。要破解士气不足的问题，充分调动每一位干部的积极性，以一流的作风营造一流的发展环境、创造一流的工作业绩。要破解标杆不高的问题，各项工作都要敢于争第一、创唯一，干就干好、干就一流。要破解合力不够的问题，树立“一盘棋”思维，明确职责分工，有序、高效推进各项工作。要破解执行不力的问题，转变工作作风，认真履职尽责，事不隔夜、马上就办，推动工作落地见效。要破解开放度、包容度不高的问题，大力解放思想，不断拓宽视野，创造良好发展环境。要破解服务不优的问题，坚持部门围着企业转、部门围着乡镇（街道）转，不断提升服务保障水平。要破解创新不够的问题，坚持“不破法规破常规”，锐意进取、开拓创新，不断展现新作为。要紧紧围绕“发展要快、服务企业要快、为民办事要快，信访量要降”的“三快一降”目标，强化理念、真抓实干、奋勇争先。要强化争先意识，坚持实干加巧干，积极向上对接，推动各项工作争先创优。要强化担当意识，把组织作为干部为事业担当的基础和前提，让广大干部感受到组织的温暖，让大家干得开心、拼得安心。要强化整合意识，聚焦中心工作，汇聚一切力量、调动一切资源，形成共同推进工作的强大合力。要强化经营意识，充分发挥国资功能，扎实做好“十类地”整治等文章，促进经济高质量发展。要强化团队意识，四套班子团结一心，常态化参与中心工作、挂联重点项目，带领全市上下一起拼、一起赢。要强化廉洁意识，注重制度约束，引导干部守好底线，不断提升战斗力。

【2021 年度党委（党组）书记抓基层党建和人才工作述职评议会暨全市基层党建工作会议】 3 月 2 日，江山市召开 2021 年度党委（党组）书记抓基层党建和人才工作述职评议会暨全市基层党建工作会议。会议以视频形式开至村社一级，朱素芳、徐明峰、胡炳泉、何日根等市四套班子领导在主会场参加。朱素芳强调，要切实扛起“抓好党建就是最大政绩”的政治责任，不断完善“七张问题清单”工作机制，全力打造具有江山辨识度的党建金名片，为“衢州当龙头、全省争上游，奋力争当跨越式高质量发展共同富裕排头兵”提供坚强有力的组织保障。全市各级党组织书记和党员干部要坚持以身作则，带头讲政治，带头苦干实干，带头廉洁奉公，一级做给一级看，在言行举止上与上级党委保持高度一致。要抓好队伍建设，完善比学赶超机制，真正体现干多干少不一样；坚持严管厚爱并重，让干部既有压力、更有动力；强化“敢争一流、敢当第一”的勇气和决心，用干事创业凝聚人心、提振士气。要加强人才队伍建设，发挥平台优势，强化政策支撑，增强人才集聚效应。广大村社书记要坚持党的全面领导，突出公正公平，强化为民情怀，实实在在干事，奋力争当新时代乡村振兴、共同富裕的“领头雁”。“七张问题清单”是抓党建带全局的有效抓手。主动发现要全面精准，始终坚持问题导向，主动上报问题、主动解决问题。问题整改要闭环高效，迭代升级问题库、蓄水池、清单库，确保问题全面整改。向上对接要有力有效，确保问题整改及时销号。工作成效要举一反三，做到整改一个问题、固化一项机制、治理一片领域。

【城市发展大会暨创建全国文明城市攻坚大会】 4 月 1 日，江山市召开城市发展大会暨创建全国文明城市攻坚大会。会议以视频形式召开至村（社）网格一级，朱素芳、徐明峰、汪胜、胡炳泉等市四套班子领导在主会场参加。朱素芳强调，全市上下要锚定打造最有品位县城的目标定位，按照丰满南北、改造老城、启动城东、江贺一体的总体思路，充分利用好创建全国文明城市这个重要载体和抓手，铆足干劲，全力补短，握指成拳，凝聚合力打好创文翻身仗，全力打造一座最有品位的县城，全面重塑江山城市风貌，努力让老百姓更有获得感、幸福感。要突出规划的理念，强化工作的刚性执行，确保一张蓝图干到底。要突出为民的理念，把民意作为工作最大的“指挥棒”，不断增强老百姓幸福感和获得感。要突出系统的理念，在推进土地征迁、低散乱企业整治的过程中，更加注重工作的预见性、计划性，真正做到一鼓作气、一气呵成。要突出整合的理念，强化资金、项目、人员的有机整合，推动工作提质增效。要突出经营的理念，发挥国资的先行撬动作用、全力争取上级各项政策，用心打造新业态，促进城市可持续发展。要坚决打赢创文翻身仗，市领导要率先垂范亲自抓，各单位“一把手”靠前抓，加大干部下沉力度，重视发挥网格作用，加强常态督导检查，强化各类要素保障，推动创文工作全面提质增效。

【常委会会议和常委扩大会议】 4月11日，江山市委先后召开常委会会议和常委扩大会议，传达学习衢州市第八次党代会精神以及市委书记高屹在江山代表团的讲话精神，确保衢州市委各项部署要求在江山重重落地。朱素芳、徐明峰、汪胜、胡炳泉、何日根等市四套班子领导参加。会议强调，要对标对表衢州市委书记高屹对江山提出的“六个当龙头”的指示要求，切实把党代会精神转化为干事创业的强大动力。要在践行嘱托上取得突破性进展，切实提高政治站位，坚决在践行习近平总书记殷殷嘱托上走在前、作表率。要在重振工业雄风上取得突破性进展，放大格局、算综合账，拿出“不破法规破常规”的精气神，打造最优营商环境，全面拓宽平台空间，实现工业经济更大突破。要在重塑城市风貌上取得突破性进展，坚持硬件软件两手抓，按照“丰满南北、改造老城、启动新城、江贺一体”的总体思路有序提升城市功能配套，坚决打赢全国文明城市创建攻坚战，全力打造最有品位县城。要在改革争先上取得突破性进展，继续抓好各项改革任务，打造更多具有江山辨识度的“硬核成果”。要在“扩中”“提低”上取得突破性进展，强化目标引领，突出产业带富，切实做好强村、富民两篇文章。要在管党治党上取得突破性进展，进一步解放思想，强化执行力，凝聚工作合力，努力干出一个新江山。要立足当前，切实抓好各项重点工作。要花更大力气抓好经济发展，做好“江山人经济”这篇文章，把一季度落下的进度追回来。要继续抓好常态化的疫情防控，坚持不懈守牢“外防输入”各道防线，巩固来之不易的阶段性防疫成果。要守牢安全稳定的底线，扎实推进信访积案化解、交通安全和森林防火等工作，补齐短板、强化措施，加强监管、狠抓落实，确保全市社会大局和谐稳定。

【市委常委会会议】 5月16日，江山市委常委会召开会议，传达学习省委副书记、省长王浩在衢州市调研指示精神。市委书记朱素芳主持并讲话。会议强调，要深刻学习领会王浩省长的讲话和指示精神，将其转化为加快追赶跨越的强大动力，决不辜负省委省政府的殷切厚望。要做好工业强市的文章，全力稳住经济大盘，确保实现“时间过半、任务过半”。要聚焦公共服务优质均衡，下大力气做好教育、卫生、城市建设等领域的补短提升，让群众更有获得感和安全感。要牢牢抓住省委省政府亲自关心关怀的重大契机，主动开展向上对接，确保在新一轮的政策“大蛋糕”中争取到更大的份额。要全力抓好安全稳定，为党的二十大和省第十五次党代会胜利召开营造良好的环境。

【高质量发展建设共同富裕示范区推进会暨“六治六提”作风建设行动落实部署会】 5月23日，江山市召开高质量发展建设共同富裕示范区推进会暨“六治六提”作风建设行动落实部署会。朱素芳、徐明峰、汪胜、胡炳泉、何日根等市四套班子领导参加。朱素芳强调，此次衢州市委专门召开“转作风、讲担当、抓落实”动员大会，持续释放了刀刃向内、自我革命的强烈信号。当前，江山正处在当龙头、争上游最吃劲的时候，更加需要以过硬作风、更强执行力来推动各项工作的落实落细。全市上下要围绕“庸、懒、散、慢、推、拖”等作风问题，全面落实“六治六提”作风建设行动，将“提士气、转作风、争一流”活动作为主题主线贯穿全年，举办“百室四季”作风建设竞赛，真正让那些“躺平”者都“躺不住”、让懈怠者都“跑起来”。要坚定目标干，锚定各项工作都要“当龙头、争上游”的目标，拉高标杆、争先创优，不断增强做好工作的信心和底气。要解放思想干，不破法规破常规，以长远目光、战略高度、更大格局推动工作提质增效。要善用经营干，充分发挥国资公司作用，切实用好专项债券，不断增强发展后劲。要强化合力干，形成推进工作的强大合力。要守牢底线干，坚决守牢清正廉洁和安全稳定的底线，为党的二十大和省第十五次党代会胜利召开创造良好环境。

【市委农村工作会议暨农旅融合大会】 5月23日，江山市召开市委农村工作会议暨农旅融合大会。朱素芳、徐明峰、汪胜、胡炳泉、何日根等市四套班子领导参加。朱素芳强调，乡村发展工作内容多、任务重，要找准突破口，集中力量、压茬推进，确保取得扎扎实实的成效。要坚决守牢粮食安全底线，稳住粮食生产基本盘，严守耕地保护红线，管好“江山粮仓”，为省、衢州市多作贡献。要推动乡村风貌焕然一新，抢抓政策机遇，串点成线、连线成面，加快建设未来乡村和城乡风貌样板区，全面贯通“衢州有礼”诗画风光带，实现乡村公共服务基础设施更加优质共享。要推动农业产业更加融合兴旺，深入实施农业“双强”行动，充分发挥龙头企业示范引领作用，提档升级农旅基础设施，不断加深农旅融合程度。要确保村集体经济增收争先创优，聚焦城乡居民两项收入、村集体经营性收入等关键指标，加快“扩中”“提低”步伐，真正实现“当龙头、争上游”。要打响乡村集成改革“金名片”，扎实推进全国农村宅基地改革、基层治理系统建设、共享食堂建设，全力打造一批具有江山辨识度的标志性成果。

【数字化改革推进会暨基层治理系统建设会议】 5月27日，江山市召开全市数字化改革推进会暨基层治理系统建设会议。朱素芳、徐明峰、汪胜、胡炳泉、何日根等市四套班子领导参加。朱素芳强调，要始终坚定当龙头、争上游的目标，突出实战实效、全力争先创优，努力打造更多具有江山辨识度的改革成果，走出用数字化思维破解山区县共同富裕瓶颈的特色路子。要聚焦实战实效，做到应用建设务实管用，坚持问题导向，找准群众需求、明确问题清单，推动问题真正解决到位；坚持多跨协同，打通数据、重塑制度，进一步凝聚部门合力，推动部门之间相互协同、高效协同；坚持真改真用，加快应用贯通、落地见效，做到平时运用、战时管用，在实战中充分发挥数字化改革实效。要聚焦实干巧干，做到工作方法灵活创新，强化向上对接意识，做到“脑勤腿勤”，落细落实向上对接机制，确保改革始终沿着正确方向前进，推动工作提质增效；强化系统整合意识，整合资源力量，系统思考、系统谋划，合力把应用数据做大、把改革思路打开，形成推进工作的强大合力。

【落实稳住经济大盘工作部署会】 5月27日，江山市召开全市落实稳住经济大盘工作部署会，深入学习全国稳住经济大盘电视电话会议以及省、衢州市经济形势分析会等系列会议精神，分析研判我市经济运行形势，并对二季度争先创优工作进行再动员、再部署。朱素芳、徐明峰、汪胜、胡炳泉、何日根等市四套班子领导参加。朱素芳强调，各级各部门要深入贯彻落实习近平总书记“疫情要防住、经济要稳住、发展要安全”重要指示精神，进一步坚定信心、迎难而上，鼓足干劲、攻坚克难，把落实稳住经济大盘工作的具体成效体现在抓项目投资落地上。要以超常规的力度推进重大项目，聚焦企业项目投资和政府项目投资两个关键，高度重视、深入研究，明确时间节点，强化工作举措，凝聚工作合力，齐心协力推动项目早落地、早开工、早达产。要抢抓政策机遇，深化“政策”窗口期的认识，把握形势、抢抓机遇，积极向上对接，推动项目建设提质增效。要树立鲜明的用人导向，提振干部精气神，不断激发干部干事创业的激情，为经济社会发展提供坚强的组织保证。

【落实全省经济稳进提质攻坚行动部署会】 5月30日，在全省经济稳进提质攻坚行动工作推进会和衢州市续会结束后，江山市召开落实全省经济稳进提质攻坚行动部署会，传达学习省、衢州市会议精神，研究部署贯彻落实具体措施。朱素芳、徐明峰、汪胜、何日根等参加。朱素芳强调，要坚决贯彻习近平总书记关于“疫情要防住、经济要稳住、发展要安全”的重要指示精神，按照省经济稳进提质八大攻坚行动方案，采取超常举措，破解发展难题，为全省、衢州市经济大局多作贡献。要继续拉高标杆，自我加压，围绕各项经济指标，一项项倒排时间表、任务书、路线图，全力以赴争先创优。要以超常规的力度推进重大项目，紧盯年度目标任务，能早尽早、能快尽快，采取一切有力措施，加快项目进度，以项目建设新成效为稳经济提供有力支撑。要抢抓政策机遇，把握政策窗口期，确保上级政策出台后第一时间接得住、落得了地、无缝衔接。要高效统筹疫情防控和经济社会发展，实现疫情要防住、经济要稳住共赢目标。要深入开展“三服务”活动，市领导带头深入企业、靠前服务，切实帮助企业解决急难愁盼的问题，抓好各项助企纾困政策落地。要强化工作合力，通力协作，深入一线发现问题、解决问题，做到心中有底、精准施策，确保按照既定时间节点完成各项任务。要压实稳经济责任，按照“季目标、月晾晒、专班干、强执行”要求，落实稳增长赛马机制，开展乡镇、部门“流动红旗”评选，持续营造比学赶超、争先创优的良好氛围。

【警示教育大会暨清廉江山建设推进会】 6月1日，江山市召开警示教育大会暨清廉江山建设推进会。朱素芳、徐明峰、汪胜、胡炳泉等市四套班子领导参加。朱素芳强调，要大力发扬自我革命的精神，始终坚守政治定力、保持清醒头脑、做到警钟长鸣，为江山当龙头、争上游提供更加坚实有力的保障，以优异成绩向党的二十大和省第十五次党代会献礼。要保持赶考清醒，以警示教育持续深化清廉江山建设，突出政治性，始终把党的政治建设和理论学习摆在首位；突出示范性，全力打造清廉单元和廉洁文化建设标杆；突出针对性，抓好“一把手”和领导班子这一关键少数；突出变革性，以改革创新推动清廉建设跃迁升级。要不折不扣抓好市委第一轮巡察的问题整改，加快推进重点工作，切实提升干部作风，持续营造良好氛围。要强化担当作为，以警示教育成效助推江山发展不断向前，扛起责任担当，以上率下抓落实；珍惜岗位机遇，比学赶超抓落实；强化廉洁意识，守牢底线抓落实；严明纪律规矩，严管厚爱抓落实，切实推动警示教育成效加快转化为发展成果。

【全市建设平安江山工作会议暨“除险保安”工作推进会】 6月8日，江山市召开全市建设平安江山工作会议暨“除险保安”工作推进会。朱素芳、徐明峰、胡炳泉、何日根等市四套班子领导参加。朱素芳强调，要深入学习贯彻习近平总书记关于统筹发展和安全、加强平安建设的重要论述精神，以高度的使命担当，扎实推进“除险保安”，加快建设平安江山，为经济稳进提质营造安全稳定的政治环境和社会环境。要咬定夺“一星金鼎”目标，全力以赴实现平安建设“十三连冠”。要守住政治安全底线，开展政治安全领域风险底数大排查，落实舆情研判预警、应对处置等工作。要抓好突出问题整治，抓好平安指数排名，摸排隐蔽风险，提升社会面管控水平。要抓好长效机制落实，用好用足七张问题清单、晾晒通报和快速响应机制。要抓好基层治理创新，充分发挥社会治理中心“中枢大脑”、乡镇（街

7月11日，市委副书记、政法委书记何日根（左三）带队开展江山港河长巡河活动（市委办 供图）

道）基层治理四平台和村社网格员作用，推动基层治理体系深层次系统变革。

【新能源新材料产业园转型升级动员会】 6月15日，江山市召开新能源新材料产业园转型升级动员会。朱素芳、徐明峰、汪胜、胡炳泉等市四套班子领导参加。朱素芳强调，要继续发扬“实打实、硬碰硬”的工作作风，把新能源新材料产业园的“腾笼换鸟”、转型升级作为重振工业雄风的“先手棋”，继续用心用情争取广大企业的理解和支持，用实打实的服务帮助企业实现凤凰涅槃、更好成长，让江山重振工业雄风的步伐越走越铿锵、越走越坚实。要牢固树立“开展产业园转型升级，是为了企业能够更好发展”的理念，用心用情服务好企业，帮助企业盘活资金、资产，让每一家企业都能在江山做大做强、发光发热。要继续实行大兵团作战，以“不破法规破常规”的理念加速推进小微企业园的落地，确保企业平稳过渡、安心入园。要设身处地想企业所想、急企业所急，用尽一切办法解决企业合理诉求。要严守工作纪律，坚持公平公正，确保一个政策干到底、一把尺子量到底；开展全过程跟踪督办，确保企业利益不受损失。广大企业要坚定发展信心，抢抓发展机遇，形成思想共识，真正借助园区转型升级的契机实现凤凰涅槃，走向更加广阔的舞台。

【新能源新材料产业园转型升级攻坚誓师大会】 7月15日，江山市召开新能源新材料产业园转型升级攻坚誓师大会。朱素芳、徐明峰、汪胜、胡炳泉等市四套班子领导参加。朱素芳强调，要坚定信心决心，站在企业的角度，用心用情做好服务、一包到底，想尽一切办法、克服一切困难，坚决打赢“两新”产业园转型升级这场攻坚战，全力以赴助力企业实现凤凰涅槃。要拿出坚定坚决的态度和决心，深刻理解“江山要重振工业雄风的最终落脚点在平台、在土地上”的含义，政企同心、上下同欲，想尽一切办法、克服一切困难，全力推动新能源新材料产业园转型升级。要坚持公正无私的工作作风，紧紧把牢“一把尺子量到底”这个决定工作成败的关键因素，严肃工作纪律，确保做到“一碗水端平”；为敢于担当的干部担当，切实为干部消除后顾之忧，确保工作顺利推进。要保障签约企业的利益，牢牢守住“让签约企业得利”的工作底线，引导更多企业支持园区转型升级工作，形成比学赶超的浓厚氛围。要强化为企服务的理念，摆好自身作为企业“店小二”“跑小二”的身份定位，把高效服务体现在具体举措上，加快小微企业园、平台配套设施等建设，切实提升企业获得感和满足感。

【市委常委会扩大会议】 7月20日，在衢州市委八届二次全体（扩大）会议结束后，江山市委常委会第一时间召开扩大会议，传达学习会议精神，研究部署江山市贯彻落实具体措施。市委书记朱素芳主持会议并讲话。会议强调，要全面深刻学习领会衢州全会的精神实质，深刻感受到抓工业抓出了衢州发展的强大自信，持续营造专心专注抓工业的良好氛围，全面重振工业雄风，加快实现跨越式高质量发展。要深刻感受到抓争先创优抓出了干部的强大内生动力，切实增强“没有走在前列也是一种风险”“不进则退、小进慢进也是退”的危机感和进取心，层层传导压力、争先创优比劲，形成全市上下比学赶超的良好氛围。要深刻感受到衢州始终都锚定“四省边际中心城市”目标定位在一任接着一任干的格局、胸怀和魄力，始终把习近平总书记的殷殷嘱托作为推动发展的最大指引，一锤接着一锤敲，全力以赴把总书记殷殷嘱托都打造成为共同富裕的示范和典范。要深刻感受到衢州人文精神的总结提炼是对衢州全体干部群众精气神的一次极大提振，结合未来乡村建设，深入挖掘清漾毛氏、清湖船帮等文化，为江山跨越式发展提供强大精神动力。

【经济稳进提质工作推进会】 7月29日，江山市召开经济稳进提质工作推进会，传达学习习近平总书记在中央政治局7月28日会议重要讲话和省委常委会会议、全省县（市、区）委书记工作交流会、衢州市民营经济与制造业高质量发展大会精神，研究部署贯彻落实具体措施。朱素芳、徐明峰、汪胜等领导参加。朱素芳强调，要深入贯彻习近平总书记关于经济工作的重要指示精神，认真落实中央、省委和衢州市委决策部署，始终坚持稳中求进工作总基调，扎实推进经济稳进提质八大攻坚行动，为实现“全年红”打下坚实基础。要抓好常态化疫情防控。深刻认识到抓好疫情防控是经济稳进提质的基础和前提，也是影响发展的最大变量，始终绷紧绷牢防疫这根弦，克服麻痹思想和松劲心态，筑牢疫情防控安全防线。要继续全力推进“腾笼换鸟”。全过程全流程做好为企服务，加快政策兑现进度，做好江化搬迁、“两新”产业园转型升级“后半篇文章”，助力企业实现凤凰涅槃；大力推进招商引资工作，优化专职招商队伍，努力引进更多链主型企业；积极谋划江贺经济走廊有机更新工作，一鼓作气、势如破竹，为江山重振工业雄风提供高能级产业平台支撑。要进一步加强助企纾困。各级各部门“一把手”要加大入企服务力度，系统研究、找准症结、精准发力，“一业一策”实施重点服务业纾困政策，“一企一策”帮助企业解决好急难愁盼问题。要全力扩大消费，提振市场信心。深入研究、精准施策，打造更多地标性夜间经济，促进消费市场持续健康发展；持续丰富和提升旅游业态，在守牢疫情防控底线的同时，通过开展节庆活动、发放消费券等形式，进一步聚人气、引人流，推动经济社会发展。要打好除险保安百日攻坚战，把平安稳定作为当前的首要政治任务，聚焦安全生产、道路安全等重点领域，加大监管力度，平安护航党的二十大胜利召开。

【市委十五届二次全体（扩大）会议】 8月15日，中共江山市委召开十五届二次全体（扩大）会议。市委常委会主持会议，市委书记朱素芳代表市委常委会向全会作工作报告。会议高举习近平新时代中国特色社会主义思想伟大旗帜，全面贯彻落实省第十五次党代会、衢州市第八次党代会和八届二次全会精神，回顾总结今年以来市委常委会的主要工作，审议通过《中共江山市委关于加快建设三省边际中心县城 奋力争当“两个先行”示范窗口的决定》，进一步动员全市上下扛起担当、放大优势，在建设三省边际中心县城中奋力争当“两个先行”示范窗口，用实际行动为衢州打造“四省边际中心城市”提供强有力的支撑。全会强调，要绘蓝图、定目标、指路径，在“两个先行”新征程上加快建设三省边际中心县城。建设三省边际中心县城，必须把“人”的需求作为主攻方向，以最强的产业集群带动人口集聚、以最优的公共服务促进人口集聚、以最好的宜居环境吸引人口集聚，切实增强吸引力、集聚力和辐射力，成为人口“梯次流动”的重要节点，为衢州建设“四省边际中心城市”提供坚实的人口支撑。要牢牢把握五大工作导向：坚持人气集聚、坚持借势赋能、坚持做强自己、坚持融合发展、坚持彰显示范。到2026年，努力成为三省边际先进制造业集聚发展的县域高地、公共服务便捷共享的县域高地、科技创新驱动高质量发展的县域高地、数字变革的县域高地、生态旅游发展的县域高地、文化文明的县域高地、平安法治的县域高地等“七个高地”。要对标对表衢州市委提出的打造十个“桥头堡”，在践行嘱托、工业强市、城乡风貌、人才科技、内联外畅、公共服务、全域旅游、文化文明、变革重塑、管党治党上实现“十个先行领跑”，加快建设三省边际中心县城。全会要求，要提士气、转作风、争一流，汇聚起全市上下奋进新征程的磅礴力量。要始终强化争的决心，拉高标杆一流干，增强“不给自己留退路”的硬气、“不达目的不罢休”的豪气。要始终强化变的思维，打破常规创新干，强化系统整合、开发经营、开放包容的理念。要始终强化抓的劲头，事不隔夜高效干，培养“善作善成”的能力，上好“紧抓快干”的发条，形成“闭环落实”的机制。要始终强化家的氛围，捏紧十指合力干，明责尽责、克难破难、激发激励。要始终强化廉的自觉，坚守底线清白干，心存敬畏、严于律己、涵养家风。全会号召，要更加紧密地团结在以习近平同志为核心的党中央周围，在省委、衢州市委的坚强领导下，全市上下一心，一锤接着一锤敲、一仗接着一仗打，把江山打造成为一颗璀璨耀眼的明珠，在浙江大地、在三省边际熠熠生辉、闪闪发光。

【“除险保安百日攻坚行动”工作推进会】 8月19日，江山市召开“除险保安百日攻坚行动”工作推进会。会议以视频形式召开至村（社）一级，市领导朱素芳、徐明峰、汪胜、何日根等在主会场参加。朱素芳强调，要以“时时放心不下”的责任感，深入推进除险保安百日攻坚行动，确保“三件大事”在江山落地落实，全力护航党的二十大胜利召开。安全生产隐患要全面消除，紧盯施工安全、消防安全等重点领域，强化培训教育，提高安全管理水平；加强低小散企业规范管理，帮助企业实现凤凰涅槃，切实守护一方平安。交通事故要明显下降，加强部门属地联动，确保宣传警示到位、措施落实到位。电信诈骗问题要加大宣传力度，以案释法、教育群众，全面提升群众防骗意识。危旧房和老旧小区隐患排查要全面彻底，以创文工作为抓手，加快补齐硬件短板，完善监控、停车场等基础设施建设，把危旧房和老旧小区改造成为江山特色亮点。

【2022年重大项目“双百三抢”专项行动部署会暨重点建设项目“亮晒比学”活动】 8月29日，在全省经济稳进提质攻坚行动工作例会结束后，江山市第一时间举行2022年重大项目“双百三抢”专项行动部署会暨重点建设项目“亮晒比学”活动，传达学习上级会议精神，研究部署贯彻落实措施。朱素芳、徐明峰、汪胜、胡炳泉、何日根等市四套班子领导参加。朱素芳强调，要集中精力大干项目、干大项目，坚决完成“双百三抢”目标任务，为江山经济稳进提质提供更强动力，真正挑好山区县大梁，以优异成绩迎接党的二十大胜利召开。要千方百计谋项目，善于抓住国家政策导向，学会拔高一级、放大格局思考问题，充分运用经营的理念，统筹抓好民间、高新技术产业、交通和生态环保等投资结构比例。要加大力度招项目，广泛发动部门（乡镇）力量，最大限度发挥乡贤资源优势，引进更多大项目、好项目。要打破常规干项目，强化“不破法规破常规”的理念，做深项目前期，做实要素保障，全过程服务保障项目落地。要围

绕统计干项目，进一步加强指导培训，提高统计质效水平，确保应统尽统、颗粒归仓。要强化对接干项目，用足用好政策性金融工具，加大向上对接力度，尽最大努力获取金融债券和政策资源，全力争取试点工作、现场会等落地江山。要比学赶超干项目，建立完善市领导领衔和亮晒比拼机制，加大媒体宣传力度，形成人人干项目、人人重视项目的浓厚氛围。

【全市防汛防台工作部署会】 9月13日，江山市召开全市防汛防台工作部署会，传达学习省委书记袁家军到省防指检查指导防汛防台工作和衢州市委常委（扩大）会议精神，研究部署江山市贯彻落实具体措施。朱素芳、徐明峰、汪胜、胡炳泉、何日根等市四套班子领导参加。朱素芳强调，要深学笃行习近平总书记对防汛救灾工作的重要指示精神，坚持底线思维、极限思维，用扎实的工作把台风“梅花”的风险控制在最低，确保人民群众生命财产安全。要筑牢预报预警防线，加密会商研判频次，加强暴雨、小流域山洪、地质灾害、城市内涝等专题预报，第一时间向社会滚动发布风情、雨情、水情及防灾避险信息，提升预报覆盖面、提前量、精准度。要科学精准有力应对，做好强台风可能带来的强降雨准备，按照省、衢州市相关要求，全面排查整治各类风险隐患，全力做好人员转移安置、地质灾害防范、危旧房和高空作业防御；做好防汛救灾和应急救援的装备和力量储备，精准调度、严阵以待，确保随时能拉得出、用得上。要强化应急值守和信息报送，严格落实24小时值班和领导带班制度，实行“市领导包乡、乡领导包村、村干部包户到人”，确保责任链、任务链环环相扣、万无一失；严格遵守纪律规矩，开展动态全面的督导检查，坚决做到责任闭环。

【全市人才科创会议】 10月14日，江山市召开人才科创会议，深入学习贯彻习近平总书记关于科技创新的重要论述和省、衢州市人才科创会议精神，大抓科技创新，大抓人才引育，全力抢占创新制胜地、发展制高点。会议以视频形式召开，朱素芳、徐明峰、汪胜、胡炳泉、何日根等市四套班子领导在主会场参加。朱素芳强调，要明确目标、拉高标杆，突出结果导向，聚力抓好上市企业、隐形冠军企业、专精特新“小巨人”企业等培育，在全市营造崇尚创新、尊重人才的浓厚氛围。要通过招引大项目、好项目、链主型项目，引领带动全市面上科创人才工作的整体跃升。要通过整治提升，引导推动企业走出舒适区、加快转型升级。要大力推进智能制造提质扩面，加大政策支持力度，加快政策兑现速度，进一步提升企业生产效率和经营效益。要积极推行“龙头企业+科研院”的院企合作模式，支持和鼓励企业持续做大做强。要加大企业家的培训力度，通过开展各类实地考察活动，持续提升企业家的眼界格局和能力水平。要抓好技能型人才招引培育，建好人才公寓等配套设施，更好地吸引三省边际的人才集聚。要强化组织保障，成立市委科技创新委员会，坚持市领导带头，压实“一把手”责任，确保各项目标任务高质量完成。要强化机制保障，定期研究人才科创工作，及时协调解决具体问题，确保工作推进常态长效。要强化政策保障，广泛听取企业意见，推动政策出台更加接地气。要强化合力共建的氛围，进一步加大对创新创造的表彰奖励和宣传力度，推动形成财政优先保障、金融重点倾斜、全社会积极参与的大科创、大人才工作格局。

【以县城为重要载体的城镇化建设动员会暨“大搬快聚”工作部署会】 10月31日，江山市召开以县城为重要载体的城镇化建设动员会暨“大搬快聚”工作部署会。会议以视频形式召开至村（社）一级，朱素芳、徐明峰、汪胜、胡炳泉、何日根等市四套班子领导在主会场参加。朱素芳强调，要深入贯彻落实党的二十大精神，围绕抓好人口集聚这个核心，以

“大搬快聚”为抓手，做深做实土地文章，先行先试、大干快上，上下联动、全民动员，为新型城镇化建设贡献更多江山实践、江山经验。要抓好垦造耕地，乡镇“一把手”要高度重视，公检法司要加强联动，形成强大声势，加快推进政策处理等工作，全力以赴把时间往前赶、进度往前推。要抓好建设用地复垦，结合“大搬快聚”工作，持续优化安置公寓配套设施，提升服务品质，推动群众住房、就业、读书、看病更加便捷，让老百姓真正有获得感、幸福感。要做好低效用地处置，激发乡镇（街道）工作积极性，点面结合加快推进。要全民动员干，用好各种渠道、各类媒体，动员全市上下共同参与，掀起“大搬快聚”参与热潮。要严把政策干，做到公平、公正、公开，确保“一把尺子量到底、一个口径统到底”。要形成合力干，发挥部门职能作用，积极做好横纵对接，努力打造示范标杆。要守牢底线干，坚守廉洁底线、质量底线、生态底线，确保将好事干好、实事干实。

【四季度“争先创优”暨重大项目前期工作推进会】 11月28日，江山市召开四季度“争先创优”暨重大项目前期工作推进会。市领导朱素芳、徐明峰等参加。朱素芳强调，要坚持问题导向、目标导向，持续补齐短板、拉长长板，奋力冲刺四季度，全面夺取“全年红”。要坚持问题导向，梳理清单、精准发力、补短扬长，尽最大努力争取最好结果。要做好招商引资工作，加快储备一批优质工业项目，为工业高质量发展增添后劲。要重视统计工作，加强业务指导，确保数据实事求是、应统尽统，切实提高统计数据质量。要优化投资结构，发改等部门要发挥统筹协调作用，加强指导，推动工作提质增效。要坚持目标导向，准确把握上级要求，全力争先进位。要健全完善常态长效机制，各级各部门“一把手”要躬身入局、扑下身子，坚持“日督促、周研判”，确保各项目标按照既定时间节点完成。要形成合力干。各级各部门要牢固树立“一盘棋”思想，心往一处想、劲往一处使，切实打破部门壁垒、凝聚工作合力，齐心协力把各项工作干好。

【全市土地综合整治推进会】 12月11日，江山市召开全市土地综合整治推进会。朱素芳、徐明峰、汪胜、何日根等市四套班子领导参加。朱素芳强调，要做好垦造耕地。要抓好村“两委”干部队伍，充分调动工作积极性，加快政策处理步伐，推进土地清表平整。要加强业务指导，严格规范招投标工作，进一步提升效率，确保各项工作按照节点有序推进。要做好建设用地复垦，以“大搬快聚”为抓手，坚持“以干促搬”，用好用足政策，推动工作提质增效。要做好高标准农田建设，夯实粮食生产根基。要守牢廉政底线，严厉打击各类违法行为，严防项目推进过程中的腐败现象滋生。要守牢质量底线，属地乡镇（街道）要加强对项目施工的过程性督导检查，大力开展“回头看”工作，深入寻找问题根源，举一反三、整改提升，确保垦造项目各个环节扎实到位。要守牢生态底线，更好统筹经济发展与用地需求、环境保护的关系。要加强耕地后续维护，落细落实考核激励举措，确保垦造耕地工作取得实效。要完善常态长效机制，用好“他山之石”，加强定期研判、亮晒比学，持续掀起大干快上的工作热潮。

【市委常委会扩大会议】 12月22日，江山市委常委会召开扩大会议，深入学习贯彻中央经济工作会议、省委十五届二次全体会议暨省委经济工作会议和衢州市委常委会会议精神，推动中央、省委和衢州市委决策部署在江山落地见效，动员全市上下以最高的政治站位、最强的责任担当、最实的工作作风，全力以赴冲刺“全年红”、实现明年“开门红”。会议强调，要旗帜鲜明讲政治，把各级会议尤其是省委全会的精神不折不扣地领会好、执行好，紧跟省委指明的方向、确定的战略、作出的部署，系统谋划好2023年各项工作，积极做好向上对接，全力争取试点、政策、要素，不断开创江山高质量发展新局面。要全力以赴争第一，围绕工业、结构性投资等短板指标，落实好市领导、部门单位与企业结对服务机制，引导金融系统加大支持力度，帮助企业解决实际困难，拼尽全力争一流、夺红旗。要扎实推进各项征迁工作，明确责任清单，狠抓工作落实，确保按照既定时间节点完成任务。要重视岁末年初安全和稳定工作，准确把握疫情防控面临的新形势新变化，尽量延峰、有效削峰、平稳渡峰，实现“保健康、防重症”目标；牢牢守住安全生产底线，聚焦交通、消防、食品等重点领域，开展安全生产排查整治，确保人民群众生命财产安全；抓严抓细根治欠薪工作，用好部门预警监管平台，精准排摸欠薪隐患，确保社会大局和谐稳定。

综合党务工作

【概况】 2022年，江山市委办公室紧紧围绕市委中心工作，深入学习贯彻习近平新时代中国特色社会主义思想以及党的二十大精神，自觉践行“五个坚持”，努力提高“三服务”水平，发挥党委办公室参谋助手作用，超前谋划，统筹安排，全力保障市委工作的规范高效运转，完成全年各项工作任务。

【综合文稿】 始终保持“白加黑”“5+2”奋进姿态，坚持高站位统筹、高标准谋划、高质量撰写，发挥以文辅政作用。把握高质量发展主题主线，先后完成全省稳进提质推进例会、省高质量发展建设共同富裕示范区重点工作推进例会、衢州工业强市推进例会、全市工业高质量发展大会等会议上的发言材料，特别是全面贯彻落实中央、省委、衢州市委和江山市委全会精神，系统谋划奋力打造三省边际展示中国式现代化浙江篇章衢州实践的示范窗口目标任务，高质量完成市委十五届二次全体（扩大）会议报告、市委十五届三次全体（扩大）会议暨市委经济工作会议报告等材料，坚定全市干部群众实现跨越式高质量发展的信心和底气。

【调查研究】 紧盯全局工作“重点”、经济发展“热点”、群众关注“焦点”，深入基层、深入群众、深入企业，奔着问题去，带着良策回，形成了一批有分量有价值的调研报告，为市委领导科学决策提供有效参考。其中，《江山市聚焦助残服务综合集成改革助力残疾人群体在共同富裕路上不掉队》《白沙村推动共同富裕进程的实践与启示》特色做法材料，获衢州市委书记高屹、副市长徐利水等领导批示肯定。《关于加快江山市周边地区人口集聚全力打造三省边际中心县城的对策建议——基于9个边际县（市、区）的比较分析》决策参考得到市委主要领导批示。

【信息报道】 聚焦中心工作，放大传播效应，努力将改革创新、产业发展、基层治理等方面的特色亮点、实践经验转化为优秀宣传成果。全年上报省委办公厅信息473条（次），录用47条，省领导批示1条。其中，刊发录用增刊2篇，《江山市以“浙江有礼”文化力量助推全民精神共富》得到省委领导批示肯定。市级采写编发各单位典型经验信息89期307条，其中《江山市奋战21天实现两新园区连片出清》等3篇信息得到衢州市委主要领导批示肯定。上报紧急信息93条。全年在衢州市级以上媒体刊登涉及江山的宣传报道500多篇，《衢州日报》头版刊登119篇，其中12篇在头版头条发表，省级以上媒体刊登100多篇，其中6篇高质量报道在《浙江日报》头版刊登，1篇在头版头条发表。

【综合服务】 树牢“兜底意识”，坚持主动靠前、能动协调、全程跟踪的工作理念，在统筹协调市委重点工作、重要事项、重大活动上把握好节奏，为市委正确领导、科学决策、合理调度提供优质高效服务。办文办会规范有序，执行文件收发流转各项制度，在起草会议通知、文件、活动方案等文字材料时，采用双人审核负责制，严把文件格式关，全年共收发文 2527 件，流转分发办理 9006 件次。会务保障细心细致，全年承担书记市长碰头会、市委常委会会议、市委全会、工业高质量发展大会以及省、衢州市相关视频会议等大小会议的会务安排 230 多场。重大接待有条不紊，确保各个环节不掉线、各项工作有效率、各项部署见实效，全年高标准完成各项接待工作 50 余次，其中副省级以上 20 次。获评全省党政系统机要密码工作先进单位，为衢州唯一“五连冠”地区。严格执行 24 小时值班制度，确保时刻不断人，保障及时准确收发文电，全年收发密传密电 315 份，落实省政府办公厅相关重要文件接收、送达工作，完成省长王浩到江山市调研保障工作。组织建设、保密管理、保密宣教等各项工作统筹推进，推动全市涉密设备、文件和人员管理全面加强，被省委保密办、省保密局联合发文授予“全省‘保密故事大家讲’主题讲述竞赛活动优秀组织奖”，22 篇信息获《衢州信息》、省保密局网站、国安办内网等各类平台录用。完成省级数字档案室创建验收年度任务，数字档案室规范化率达 71.1%、示范建成率达 31.1%。夯实档案工作基层基础。成功申报清湖街道档案工作服务农村基层社会治理试点，推进档案规范化管理和档案资源共建共享，提升档案管理和服务能力水平。档案执法监管。聚焦档案“互联网+监管”任务，制订档案“双随机、一公开”抽查工作计划，实现抽查事项检查全覆盖，掌上执法率、到期完成率、到期公示率、信用引用率均达 100%。落实专项档案归集，完成专题数据库建设，归集脱贫攻坚文件条目 17268 条，疫情防控档案条目 4109 条。

10 月 26 日，市委办召开全体干部（集中学习）会议（市委办 供图）

【督查考核】 优化督查工作制度，将重点任务、重点改革、重点项目以及市委领导交办事项列入系统督办，当好贯彻落实市委决策部署的“先行者”和“排头兵”，推动市委、市政府各项决策部署落地见效。落实《市委主要领导交办事项办理工作制度》，梳理市委主要领导交办工作事项，逐项明确标准、逐条落实责任，实行清单化推进、条目式要账。全年累计交办事项 527 项，向市委主要领导报送重要事项进展专报 53 期，办结 511 项，办结率 97%。对标衢州考核要求，制订《季度乡镇（街道）、机关部门“流动红旗”评比办法》《2022 年度综合考核办法》等考核评比办法，开展争先创优“流动红旗”评价工作，压紧压实部门考核责任，2022 年度衢州综合考核位居衢州六县（市、区）第一。实行“市领导挂帅”+“清单主管部门督办”制，由牵头市领导领衔推进问题整改，每月把关问题整改进度，跟进问题办结情况，对问题实行全过程管控，实现工作责任全覆盖。构建以 7 个清单主管部门为中心，纵向延伸至乡镇（街道），横向拓

9 月，江山市数字化改革领导小组办公室被评为全省“人民满意的公务员集体”（沈天法 摄）

展全市各部门、单位的问题发现上报网络。乡镇层面，上报问题库问题 1606 个，纳入“蓄水池”问题 479 个，纳入清单库交办 449 个。对整改成效较好的问题，组织清单主管部门、整改牵头及协同单位对问题案例进行经验总结，通过加工、打磨、包装，推送参选上级示范榜。全年有 1 个整改案例入选省级示范总榜案例，5 个整改案例入选衢州市级示范案例。

【统筹协调】 发挥市委办公室牵头抓总作用，统筹协调推进改革、对台、外事等各项工作，统筹协调能力水平明显提升。全面推进改革融合，出台《中共江山市委全面深化改革委员会 2022 年工作要点》等文件，构建整体贯通、一体推进、高效协同、综合集成的改革工作新格局。围绕“1612”体系架构，在国家级、省级会议上作典型发言 5 次，形成省级以上制度理论成果 133 项，其中中小企业数字化改造的“N+X 样本合同”模式理论成果获得国务院副总理刘鹤批示肯定，并被省经信厅采纳，获评全省改革突破奖提名奖。

【对台工作】 着手开展廿八都省级对台交流基地创建工作，强化对台交流协作。积极搭建交流平台，举办第三届海峡两岸影像文化周江山廿八都专场活动，中国新闻网、中国台湾网等 10 余家媒体予以现场报道，当日阅读量突破 100 万人次。利用春节、中秋等传统节日，开展在江台胞走访慰问活动。完善台胞和台属投诉协调机制，开展防范和排查工作，及时做好涉台信访、求助事件的协调处理。

【外事工作】 严格落实境外疫情防控信息报告制度，全年累计报送入境人员信息 680 人，返江山人员 618 人，开展在江山外籍专家走访慰问活动。7 月，举办在江山外籍人士“中国未来乡村行”暨“我的江山情缘”座谈会，来自德国、南非、尼日利亚、乌克兰等 8 个国家的 15 位在江山外籍专家、外教及涉外企业代表参加活动。

【自身建设】 推进“两勤”“两专”干部队伍建设，锻造一支政治坚定、担当尽责、勤政为民、作风过硬的队伍。认真执行民主生活会制度、室务会议成员例会制度，第一时间传达学习习近平总书记重要讲话精神，依托“学习强国”“党员干部网络学员”等新媒体和干部每月学习例会平台，组织学习《干在实处 勇立潮头——习近平在浙江》《习近平谈治国理政》等书籍著作，组织开展“8090+”主题宣讲活动，让干部在“学、思、悟、讲”中不断提升理论水平，推动党史学习教育走深走实。严格落实党风廉政建设“一岗双责”制度，深入开展廉政风险点排查，推动廉政教育监督具体化、常态化。落实谈心谈话制度，开展集中谈话、个别谈心，关注干部“八小时以外”“三圈”情况，及时发现、提醒和纠正苗头性、倾向性问题。通过

“四维考评”、导师帮带等机制，调动干部干事的积极性和主动性，引导干部弘扬专业精神、增强专业意识，培养爱岗敬业、专注投入的执着精神以及对标先进、严守规则的严谨精神，着力锻造一支具有专业思维、专业素养、专业能力、专业精神的高素质干部部队。

（潘思涵）

组织工作

【概况】 2022年，江山市党的基层组织1736个，其中党委112个，党总支169个，党支部1455个。全市党员32000名，其中预备党员323名，占1.01%；女党员7509名，占23.47%；少数民族党员80名，占0.25%。与2021年相比，全市增加党员284名，新发展党员245名，其中女性108名，占44.08%。在全市1044家非公经济控制的企业法人单位中，单独建立党委的7家、建立党总支的2家、单建党支部的159家，18个联合党支部覆盖企业79家，6个省级小微园党支部覆盖企业105家。

【学习贯彻党的二十大精神】 通过理论学习中心组专题研学、领导干部带头讲学、挂联干部导学、党组织书记领学、主题党日集中学、党员专题轮训学、“8090+”巡回宣讲学、模块化教育点单学等“八学”模式，实现全市1736个基层党组织3.2万名党员学习全覆盖。分层分类开展集中轮训，开办“两新”、村社、国企等领域主题轮训班25场。发放《党的二十大报告学习辅导百问》《二十大党章修正案学习问答》等学习资料2400套。派出10个宣讲团，组织40名党员领导干部深入挂联村社、学校开展集中宣讲，累计宣讲88次，听众近4万人。开展“五比五为·先锋践学”行动，依托“浙里党群心联心”“乡村振兴讲堂·村情通”等形式发挥党员“连心桥”作用，走访群众9.1万人次，处理问题2710个。聚焦各领域优秀党员代表，策划拍摄《学贯二十大·奋进新征程》《二十大·党员说》短视频12期，4个视频被省委组织部“之江先锋”视频号录用播出。

【基层组织建设】 围绕七大领域党的建设和干部队伍管理，创新强基工程“八大指数”考评体系，编制《新时代村级组织运行“八大规范”健康30条》，谋划基层党建“多合一”常态化督导机制。农村“筑基”指数增设“基层平稳智治力”指标，全力护航党的二十大，全年信访“七张问题清单”指数排名全省第二、衢州第一；“两新”“智治”指数细化“组织覆盖、党员先锋、双强认证”三个指标，两新党建智慧化管理应用在衢州市数字化改革例会上得到衢州市委组织部肯定。

【村社头雁队伍】 研究制定《村（社区）党组织书记“流动红灰旗”评比办法》，综合设置先进书记“四过硬”标准，明确后进书记“八条红线”，通过日常实际表现、镇街党委研究、市级部门联审等流程，每季度评选30名先进书记、15名后进书记，在全市村社大会“授旗”、村委办公室“挂旗”、市级公众号上“亮旗”，对绩效报酬予以相应奖扣，倒逼软弱涣散基层党组织争先进位，有关做法获“共产党员”微信公众号推介。强化考评促赛拼机制，全领域开展“四季竞赛·五大比拼”活动69场，疫情期间谋划以“五赛五考”为主题的疫情防控大赛大考活动，“江山速度”“江山温度”得到《人民日报》《浙江日报》等省级以上媒体报道。

【党建统领共同富裕】 按照“地域相邻、模式相近、资源相融”原则，全域打造“黄金东岸”“峡里凤鸣”等党建联建品牌48个，“同享清福”党建联建机制成功入选省级案例。通过党建联建机制带动建立共富工坊77个，实现5833名农村剩余劳动力、573名低收入农户再就业，平均月工资性收入达3500元，创建衢州市示范共富工坊5家，峡口镇“羊来羊回”共富工坊被《浙江日报》头条报道。系统打出“书记抓、联建推、产业带、工坊促、借力帮、国资撬”等系列“组合拳”，

11月12日，市委常委、组织部部长程佳华（右四）在碗窑乡凤凰村调研共富工坊工作（韦耀绮 摄）

开展首届村级集体经济项目谋划擂台赛，全市292个行政村村集体经营性收入30万元全覆盖、50万元达50%、100万元达25%，全年村级集体经济村均总收入、村均经营性收入、收入50万元以上村数量均居衢州第一。

【现代社区建设】 推进现代社区“六大改革”“十大行动”，联动推进社区规模调整和网格管理“一本账”。全市新增社区11个，每个社区平均2502户；完成全市951个网格和3450个微网格调整划分。按照“1+3+N”人员框架，强化党建统领多方共治，出台《江山市机关（国企、事业单位）党员干部志愿服务管理机制》，全市1.05万名机关企事业党员干部到社区报到、入网服务，网格力量从0.46万人增加至2.8万余人，被纳入社区应急体系改革全省试点；党建统领网格智治相关应用获评全国政法智能化十佳创新案例和全省政法系统最佳实践案例。周家青社区党群服务中心植入便民服务场景13个，作为衢州唯一案例在省《党建好声音》栏目专题播出。建成投用共享食堂255个，“社区+服务机务‘好管家’监管应用”得到衢州市委高屹书记批示肯定；养老服务一批优秀案例纳入“浙里康养”智慧服务平台。

【党员教育管理】 严把“入口关”，扎实做好发展党员工作，全年新发展党员245人。开展农村党员档案审查工作，实施“360”工作法，分析研判“五档三色”分类管理法被衢州市委组织部推广应用，在全省工作片区交流会上作交流发言。开展“六化六提”行动，做实党员模块化教育培训试点，推出精品课程113堂，组织党员集中学习培训700余场，党员参训达6.4万人次。加强和改进流动党员教育管理，开展暖流入“江”行动，创新实施“八双”工作法，核查纳管流入党员577人，推动2526名流出党员报到纳管。擦亮党员教育金名片，电教片评比实现新突破，在全省党员教育电教片观摩交流活动中，《稻匠》获典型事迹片一等奖、“最佳编导”作品，《共富》系列视频获得省二等奖。结合未来社区建设，升级打造周家青社区党群服务中心，在浙江卫视《党建好声音》栏目专题播出。清漾村和市心社区被确定为省委组织部党员教育中心联系点。

【干部选拔任用】 坚持事业为上、以事择人、人事相宜，注重在争先创优、工业强市、创建全国文明城市、疫情防控、征地拆迁等中心工作主战场发现、识别、选拔干部，优先提拔使用政治过硬、善于斗争、业务精通、作风优良、实绩突出的干部。全年共提拔重用3批次62名在市委、市政府中心工作中冲在一线、敢于负责、业绩突出的干部，对5名业绩不佳、工作适应度不高的领导干部进行免职或调离岗位。在干部使用上突出高素质专业化导向，大胆提拔使用一批工作表现好、具有培养潜力的优秀年轻干部。

【干部专项考察】 围绕市委、市政府重点工作推进情况，常态化开展专项考察工作，通过近距离、面对面的了解，全方位考察识别干部在攻坚一线的现实表现。就疫情防控、乡镇换届“回头看”、“两新”产业园征迁、江贺公路征迁、专班攻坚等重点工作开展5批次专项考察，掌握表现优秀的领导干部141人、表现一般需要关注提醒的领导干部35人、表现突出的普通干部92人。注重结果运用，结合日常了解、年度考核等情况，综合分析研判后，提拔使用15人。加强干部日常沟通了解，组织召开年轻干部、青年干部、经济型干部等各类干部座谈会5场，累计储备入库优秀干部71名。

【干部监督管理】 突出政治监督首要职责，持续深化排查整治工作，紧盯重点领域、关键环节和重点人员，推动干部监督管理关口前移、抓在日常、严在经常，为营造公平竞争的营商环境和风清气正的政治生态提供坚强保障。全覆盖开展领导干部近亲属经营情况排查，全面掌握113名领导及干部近亲属在其业务及管辖范围从事经营的情况，对2名干部开展提醒教育，与89名干部签订承诺书。开展公职人员违规经商办企业排查，全年累计核查比对工商登记信息12090条，对排查监管发现的存在经商办企业情形的304名干部职工发放整改督办函，除因涉法涉诉、被冒名注册等客观原因外，其余涉事公职人员逐一按要求完成整改清退。全覆盖开展选人用人专项检查，发现选任材料缺失、程序不规范及编制机构纪律执行不到位等5个方面共计196个问题，并逐一推进整改销号。

【干部教育培训】 围绕市委中心工作和干部人才需求，优化制定《江山市2022年度干部教育培训计划》，将意识形态、数字化改革、共同富裕、招商引资、法治建设、组织人事等22个专题培训班列入市委主体班次。举办各类培训班35期，受训学员2953人，其中第二期习近平新时代中国特色社会主义思想进修班、年轻干部培训班被纳入全省山区26县跨越式高质量发展干部培训帮扶项目，首次实现在省委党校开班。

【干部激励关爱】 围绕容错免责、关心关爱一线干部、强化干部健康管理、主动破解异地分居难题等8个方面，制定出台“暖心关爱”八条举措，树立“干部为事业担当、组织为干部担当”导向。全市干部体检标准由1000元提高至1500元，对长期在急难险重工作一线和重点工作中表现优秀的干部，标准再提高50%。收集干部诉求和工作建议300余

江山市党员年龄结构一览表

表2

年　龄	人数（人）	占总数（%）
35岁及以下	5800	18.13
36岁至45岁	4985	15.58
46岁至55岁	6375	19.92
56岁至60岁	3802	11.88
61岁及以上	11038	34.49

江山市党员文化结构一览表

表3

学　历	人数（人）	占总数（%）
研 究 生	430	1.34
大学本科	7342	22.94
大学专科	5192	16.23
中　　专	2393	7.48
高中、中技	5245	16.39
初中及以下	11398	35.62

条，并就干部群众关注度较高的夫妻异地分居诉求专题分析研判，制订《江山市干部调动操作细则》。统筹 15 名干部调入市内，61 名干部调往市外，并调整 18 名表现较好、长期在乡镇工作的干部到机关部门或城区街道任职。

【干部上挂下派】 以浙江省“千名干部交流互派工程”为重要契机，发动全市各单位与省部属单位和发达地区对接，抢抓《助力山区 26 县高质量发展若干意见》政策红利，推进干部资源“上挂下派”。共推荐上挂部委、省厅等单位优秀干部 24 名，接收省直机关、杭州绍兴等地区挂职干部 42 人，“上挂下派”干部总数位列 6 个县（市、区）第一。建立挂职干部季度汇报制度，组织挂职干部座谈交流，全面掌握挂职干部表现和思想动态。

【退职领导干部管理】 开展退职领导干部“五大员”工作，精选 95 名“能攻坚、善协调、敢监督、愿奉献”的退职领导干部入库管理，按照“一人双岗、人岗相适”原则合理定岗。聚焦“五大员”管理难题，制定《退出现职领导干部管理工作要求》、退职领导干部工作计划和“岗位说明书”，压实退职领导干部、联系部门、组织部门三方职责，细化专项考核、关心激励、奖惩分明“三项指标”，实行退职领导干部单列考核、单列评优，且优秀等次比例不低于 20%，激励退职领导干部担当作为。共确定 24 名任劳任怨、成绩突出的“五大员”年度考核为优秀等次，占 25.3%。

9 月 28 日，江山市电教片《稻匠》在浙江省党员教育电视片观摩交流活动中，获典型事迹片一等奖（江组轩 摄）

【全国公务员平时考核联系点】 全面推进公务员平时考核全国联系点建设，1988 名公务员和 2286 名事业干部全部被纳入平时考核体系。出台《全面推进全国公务员平时考核联系点建设暨四维考评迭代升级的指导意见》，完善考核制度体系，重构平时考核“四梁八柱”。承接衢州市数字化改革重要任务，迭代开发干部“四维考评”应用，实现全线上考评，考核时间缩短至 2 个工作日，成功接入“浙里干部之家——我的考核”模块。7 月，江山在全国干部考核课题成果交流运用暨联系点调研座谈会上作交流发言，平时考核相关做法得到中组部公务员三局局长黄川肯定；11 月，承办全省公务员考核提质增效现场会，会议得到各级领导及参会嘉宾的高度肯定。平时考核经验做法得到人民日报客户端、《中国组织人事报》、省数字化改革、省委组工信息、浙江新闻联播等媒体平台的广泛关注，获得国家、省级宣传报道 20 余篇。

【公务员及选调生管理】 全年新招录公务员 68 名，选调生 8 名，引进工程管理类、专业技术服务类紧缺专业型人才 26 名。完成 445 名综合管理类、执法勤务类、警务技术类、法官检察官助理类等 4 个不同类别公务员职级晋升，对 585 名公务员进行嘉奖和记三等功奖励。开展 2022 年选调生两专能力提升“六大行动”，强化

“靶向培训”，一对一、点对点指导选调生做好服务群众、实地交流、国情调研选题、信息宣传等方面工作，通过开展选调生主题党日、村级项目谋划擂台赛、在村任职选调生赴浙江大学素质提升培训等系列活动。

【机关党建】 坚持“围绕中心、建设队伍、服务群众”核心任务，聚力打造“攻坚堡垒”、做深做实“双建争先”，实战锤炼“第一方阵”。推进“有礼先锋·一局一品”党建品牌创建，教育局“红·传”、文旅局“知行合一·文旅标杆”等9个党建品牌获评衢州市“有礼先锋”优秀党建服务品牌，资规局、市场监管局、税务局、检察院在衢州市委机关工委举办的赛马比拼活动中获“强基之星”荣誉称号。研究出台《机关党员干部志愿服务管理机制》，全市1.05万名机关企事业党员干部到社区报到、入网服务，推动党员在社区服务、抢险救灾、创建文明城市等工作中发挥先锋模范作用，锻造一支“平时服务、急时应急、战时能战”的志愿服务铁军队伍。

【引才育才】 全年新增“国家高层次人才”“全国技术能手”“浙江杰出工匠”各1人，成功推荐4人入选浙江工匠。围绕企业用工需求，全面铺开技能培训，连续举办职业竞赛，全年培训2.04万人次，新增技能人才8921人，新增高技能人才2602人，高技能人才培育工作获副省长徐文光批示肯定。成功推荐163人申报“三衢工匠”，28人入选四星级三衢工匠、7人入选三星级三衢工匠。年内举办企业经营管理人才培训班41期，参训1.3万人次。政企同育二期班顺利结业，58名经济型、复合型企业家学员成功取证，同步谋划江山市企业高质量发展暨专精特新专题研修班和“政企同育”三期班。

【搭台聚才】 建成江山市人力资源服务产业园，入驻机构14家，营收达到1.7亿元。新建博士后科研工作站1家，有5家博士后科研工作站博士进站。引进成都电子科大在江成立国家应急产业示范基地，电子科大长三角研究院在江山共建数字消防创新服务中心。年内认定省高新技术企业研发中心2家、衢州市工程技术研发中心3家，省级工业设计中心1家。引导企业与高校建立交流合作平台，促成浙江工业大学与研一、科润，浙江中医药大学与红盖头合作开设实践教育基地。

【人才服务】 全年人才政策兑现资金1999.95万元，与上年相比增长19%。紧盯产业人才“买不起房、留不住人”的问题，在江山莲花山工业园、城南工业园等主要工业平台谋划新建人才公寓1500套以上，力争打造生产生活要素齐全、功能完善的复合型人才社区，项目已完成土地招拍挂，并已动工建设。强化医疗、教育、联谊等生活资源保障，协调解决人才子女入学、人才就医、交友联谊等难题，推进人才码系统建设和服务完善。

（叶　涛）

宣传工作

【概况】 2022年，江山市宣传思想文化战线全面贯彻落实习近平新时代中国特色社会主义思想、党的二十大以及全国宣传部长会议精神，围绕中心、服务大局，自觉承担举旗帜、聚民心、育新人、兴文化、展形象的使命任务，唱响主旋律，打好主动仗，弘扬正能量，为江山经济社会发展提供思想保证、舆论支持、精神动力和文化条件。

【实现文明建设】 按照“五主”创文工作体系要求，完善创文工作“擂台赛”、综合考核、正反向通报、负面曝光等监督机制，强化交办、落实、监督、反馈等工作闭环。2022年创建全国文明城市综合成绩位居全省前列，得到省测评专家一致肯定。6月，在省委书记主持召开的省高质量发展建设共同富裕示范区重点工作推进例会上，江山市作为唯一的县（市、区）作《浙江有礼 文润江山 加快打造县域文明新实践的“江山样本”》专题汇报。持续开展道德模范、身边好人、最美人物、有礼之星评选，获评浙江好人2例、衢州有礼之星14例，评出江山市道德模范暨第四届最美江山人（“小蜜蜂”文明大使）十大年度人物10例、提名人物10例，入选衢州市道德模范暨第十一届最美衢州人候选人2人。深化有礼“六评”机制，实行“浙风十礼”量化赋分，评出各类有礼使者146人。开展新时代文明实践中心（所、站）“四化”建设，建成新时代文明实践中心1个、实践所19个、实践站307个，实现全覆盖。常态开展“文明有礼实践月”等志愿服务活动，全年举办志愿活动13800余次，活动类型覆盖40多个领域，参与志愿者超过34万人次。

【推动理论武装】 开展“六学六进六争先”学习实践活动，举行市委理论学习中心组专题学习会，通过读报告原文、交流研讨、谋划部署工作等丰富的方式，全面掀起学习宣传贯彻党的二十大精神热潮。组建市委宣讲团，以“微宣讲+报告会”形式宣讲党的二十大精神15场次，全市共开展学习贯彻党的二十大精神宣讲“六进”等活动1000余场，受众5万余人次。探索“15+1+N”巡听旁听工作模式，组建巡听旁听工作组41个，开展巡听旁听89次，实现全市党委（党组）理论学习中心组学习会巡听旁听全覆盖。创新“1+18+N”三级管理机制，全年累计开展各类形式宣讲2135场次，34名宣讲员获省、衢州市级荣誉，5篇宣讲稿件入选省委宣传部主编的《8090说：浙里的共富故事》一书，为衢州各县（市、区）之最。深化理论溯源工程，牢记习近平总书记“把村里搬迁的大变化写进新村志里去”的殷殷嘱托，举行“我们这十年·《白沙村志》（续志）”编纂工作启动仪式，全力续写好新村志，讲好共同富裕路上的白沙故事。

【推进文旅事业发展】 全面深化文化基因解码，梳理江山文化元素574个，涉及3个主类、28个亚类、86个基本类型，重点培育清漾毛氏文化品牌，完成清漾村“15分钟品质文化生活圈”建设并打造成样板圈进行推广。成功举办2022浙江省山区26县村歌故事会颁奖晚会，白沙村歌《志在白沙》获“十佳村歌故事”奖，市委宣传部获优秀组织奖。组织开展“宣传二十大精神 唱响新时代乡音”江山市2022年“村歌传唱月”活动、“挥毫迎盛会 强国复兴有我”浙江三地书画联展暨江山市喜迎二十大书画作品展等活动。整合文化阵地资源，打造融合示范标杆22个，示范型实践基地15个，建成10个“浙风十礼”主题特色景观节点和万米主题墙绘。“三堂课”打造文化礼堂融合提升、“四化”建设打造乡村共富文化综合体等工作分别获省委宣传部副部长盛世豪、衢州市委宣传部领导批示肯定。春风·江山田园文旅颐养小镇、文化艺术中心二期、贺村五星级酒店、

5月17日，市委常委、宣传部部长杨君（右二）到城南社区指导创文工作（市委宣传部 供图）

6月28日，市委宣传部联合浙江电视台教科影视频道开展“共同富裕在浙江”之小强走基层活动走进江山（市委宣传部 供图）

太阳谷、鸟语花香、龙井养生等一批重大文旅项目落地实施并加快建设。

【推进主流舆论工作】 浓墨重彩做好党的二十大精神宣传报道，策划推出“奋进新征程 建功新时代”“强国复兴有我”等10多个专题专栏，推出相关报道1200余条次、短视频80余个。对接中央、省级主流媒体，推出具有江山辨识度的对外宣传报道600余篇（《人民日报》14篇、新华社10篇、央视12条、“学习强国”学习平台229篇、《浙江日报》94篇、浙江卫视《浙江新闻联播》38条）。深入深化媒体融合，做强融媒体中心，做精正能量新闻产品，建设全媒体矩阵，全年生产推出阅读量10万人次以上网红新闻100多条，阅读量100万以上正能量爆款17件，阅读量1000万人次以上微博话题2个。推进“七张问题清单”重大网络舆情问题清单工作，非法洗砂点屡禁不止问题整改案例入选衢州市级“七张问题清单”示范榜单。

【推动意识形态工作】 全年14次传达学习和研究部署意识形态、宣传思想领域相关工作，向全市部门单位和乡镇（街道）党组织通报当前江山市意识形态领域形势。完善学习培训机制，将维护意识形态安全等内容纳入领导干部培训主体班次，8月举办为期一周的全市意识形态工作专题培训班。组织7个检查组分别对38个部门单位和乡镇（街道）党组织开展重点检查，对全市100余个部门单位开展日常考评工作。将意识形态工作纳入市委督查考核年度计划，不定期对全市各级党委（党组）意识形态工作责任制落实情况进行督查，对督查中发现的问题进行交办，狠抓问题整改。把意识形态工作纳入重要议事日程，纳入领导班子、领导干部目标管理，纳入党委巡视巡察的监督内容，纳入党建工作责任制，纳入党政领导班子实绩考核评价指标体系等，并加强检查指导。

（姜　龙）

创建文明城市

【概况】 2022年，江山市咬定“创文有一个，必须要有江山；创文少一个，一定不能是江山”的目标，全年投入城市建设资金约62.94亿元，其中投入5.5亿元实施142个创文项目，实现从2021年全省末位到2022年全省第一，成功入围央测。江山市作为全省唯一县，在高质量发展建设共同富裕示范区重点工作推进例会上作题为《浙江有礼 文润江山 全力打造县域文明新实践的“江山样本”》的工作汇报，“浙江有礼·文润江山”品牌入选省首批“浙江有礼·金名片”展播名单。

【机制建设】 形成党委、政府、人大、政协及全市上下齐抓共管，全域创建、全民参与的大创文格局。调整全市创文工作领导小组，在市委书记，市委副书记、市长担任组长的基础上，完善领导小组及办公室。积极构建“专班主导、部门主事、街镇主体、社区（村）主场、网格（责任区）主战”的“五主”创文工作体系，市领导牵头，各部门、街道全面实行网格包干，坚持全覆盖、无死角。落实网格包干、“门前五包”承诺制、周二集中创文日等工作机制，完善创文工作“擂台赛”、综合考核、正反向通报、负面曝光等监督机制，建立台账报送工作“英雄榜”，全年举办创文工作“擂台赛”5次，下发纸质交办单432份，使用全域文明数智通平台交办问题24.77万件，办结率98%，平台参与督查2.4万人次。明确“机动车违停一件事”“防盗窗一件事”等牵头部门“一件事管到底”，一条龙服务，提高创建效率。

【项目推进】 推进城市建设补短，针对出行难、停车难、环境差等群众普遍关心的“槽点”，优化提升居住环境，完善公共服务设施。投资1.5亿元，实施解放路、城中路等11条道路雨污管网改造工程；投资1亿元打造解放路、鹿溪路、中山路等3条网红示范街；投资5200万元实施线缆序化工程，累计整修线缆240.4万米、布放线缆12.4万米、安装光分纤箱3204套；投资80万元打造8个整治样板餐饮店，对城区67条主次干道及学校、医院等重要点位周边264家中小餐饮店开展店前厨后整治。全力抓好民生实事项目，聚焦群众反映强烈的问题，推进老旧小区改造、三面工程、智能化集中充电设施等，投资6.77亿元对11个老旧小区进行深度改造，涉及改造房屋246栋、6682户、总建筑面积59.39万平方米；投资1.05亿元共粉刷城区楼道3701条，修补路面及人行道破损13万平方米，粉刷建筑外立面及赤膊墙9万平方米；投资1800万元在3个街道所有开放式（64个）及封闭式小区（54个）安装充电桩，完成500个点位安装，8000个充电插口上线投运，实现“1元充电8小时”，有效减少飞线充电现象；新改建城区公共停车场31处，施划机动车停车位1.2万余个，有效解决民生堵点难点问题。

【有礼阵地】 按照“群众在哪里，有礼阵地就延伸到哪里”的工作原则，积极打造各类有礼阵地。印发《关于在全市各社区开展“有礼家庭”“有礼楼道”评比活动的通知》等文件，评出有礼楼道2000条，打造有礼工地17处，累计评出有礼窗口125个、有礼小区23个。建成新时代文明实践中心1个、实践站（所）326个，实现村社全覆盖，开展新时代文明实践活动2.6万余场。全市建设255个共享食堂，并完善医疗、娱乐等功能，实现共享食堂向乡村有礼生活馆迭代升级。建成劳动者有礼驿站106处，惠及群众3800余人，项目入选全省首批“浙江有礼”为民办实事项目，衢州市仅有两个项目入选。全域打造“市—乡镇（街道）—村社”三级有礼特色景观，投资300余万元打造城区“浙风十礼”景观和万米有礼墙绘，建成“浙江有礼·文润江山”特色节点40处，串联绘制“一码通”“有礼地图”。

【有礼选树】 创新推出“有礼使者”、有礼家庭、有礼商户、有礼之星等特色评选，通过全域全员推选，在全社会营造崇德向善、见贤思齐的浓厚氛围，推动市民群众自觉做“浙江有礼”的传承者、践行者、传播者，共评出“有礼使者”216人、有礼家庭2.4万户（达到建成区常住人口20%以上）。围绕文明市场、门前五包、放心餐饮等评出有礼商户394家，在行政服务中心、“四大运营商”和金融系统评出“有礼之星”共计376人。积极参与各级道德典型评选，共入选中国好人7人、省道德模范1人、最美浙江人1人、浙江好人34人、衢州市道德模范暨最美衢州人27人、衢州有礼之星108人、江山市道德模范暨最美江山人80人。构建有礼“推选—礼遇—帮扶—管理—宣传”闭环体系，通过加强有礼关爱基金建设，发挥政府主导作用和社会力量作用，常态落实走访慰问、政策帮扶、志愿服务等礼遇帮扶举措。

【有礼成果】 紧扣“浙风十礼”，开展“浙风十礼行，有礼看江山”各类主题活动，大力倡导现代文明理念和生活方式，坚决遏制封建迷信、大操大办、厚葬薄养、人情攀比等陈规陋习。采取群众喜闻乐见的方式，编排巡演“亲有礼”大型情景剧《大陈见面》、“信有礼”大型实景剧《清溪江湖》、道情《浙风十礼江山行》、说唱音乐《江山创文谱新篇》、儿童有礼操等节目，设计制作“浙风十礼”小蜜蜂伴手礼等文化产品，让“浙江有礼”看得见、摸得着。

【志愿服务】 深化落实志愿者“有礼联盟”工作机制，按照“一周一活动、一月一集中攻坚”的工作要求，组织市机关各部门、企事业单位、各乡镇（街道）、社会志愿团体，广泛开展新时代文明实践志愿活动。指导社区依托专业化服务队伍、志愿者成立“有礼帮帮团”，探索社区“社工+义工”联动模式，组织开展公益活动。改造提升“小蜜蜂”志愿服务站建设386个，构建“1+8+N”志愿服务队伍梯队，全市注册志愿者组织800余个，注册志愿者12万余人，举办志愿服务活动2.6万余次，参与志愿者60余万人次，“志愿浙江”平台使用情况多次位列全省一。

【百姓“民声”】 畅通有礼诉求渠道，建立“有礼创文大家谈”“‘12345’有礼触达民呼我为”工作群、“有礼创文工作台”等平台，推动群众诉求第一时间接收、第一时间沟通、第一时间解决，“有礼创文大家谈”参与人数超过1100人，各渠道接收诉求近600件，解决450余件。结合“组团联社”、部门、网格包干等工作，常态化开展入户走访，宣传全国文明城市创建相关知识，收集群众意见建议，协调解决有关问题。9月，开展两轮模拟测评，群众对创建工作的知晓率、参与率、支持率明显提升，群众满意度提高至99.3%。

（罗延燕）

统战工作

【概况】 2022年，江山市委统战部聚焦“江山表率、衢走前列、省有影响”的目标定位，守正创新、奋勇争先，取得明显成效。基层统战、新乡贤、民族共富、民主党派、侨务、统战领域数字化改革等工作分别获得省委常委、统战部部长批示2次，省侨联主席批示1次，省委统战部副部长批示4次，衢州市委书记批示1次，衢州市委常委、统战部部长批示3次。6月，完成市工商业联合会（总商会）换届，选举新的领导班子。

【推行基层统战“1241”工作体系】 9月，创新推行基层统战“1241”工作体系。“1”，是围绕思想政治引领这一条主题主线；“2”，是突出以新乡贤工作为重点的助力发展，突出以基层统战领域为重点的除险保安；“4”，是融入基层治理“四平台”，党建统领平台、经济生态平台、平安法治平台、公共服务平台；“1”，是构建村（社）统战“一张网”。实现乡镇（街道）、村（社）统战工作任务清单化、具体化，做到基层统战工作有规程、有指标、有评价，初步形成基层统战齐抓共管的局面。经验做法被《浙江统战（工作信息）》刊登。

【推广“同心共富·乡贤通”应用】 全力参与开发“同心共富·乡贤通”应用，率先在全市范围贯通推广，畅通“家乡为我”“我为家乡”双十通道，累计服务新乡贤5000余人次。9月，经验做法在“同心共富·乡贤通”应用全省贯通会上作交流发言，被《浙江统战（数字化改革）》刊登。

【推进新乡贤工作】 8月，成立衢州首个新乡贤工作机构——乡贤服务中心，配备3个事业编制，负责指导推动全市新乡贤统战工作。暖心举办“情暖重阳 孝满江山”重阳节茶叙会，全年引进习谷科技、万里扬等新乡贤回归大项目12个，新增回归江商85人，投资金额达155亿元。在衢州市2022年新乡贤谋划招引项目评比中，5个项目入围，2个项目获得一等奖，数量和含金量均居各县

（市、区）第一。

【助力共享食堂建设】 按照“个人出一点，集体贴一点，财政补一点，乡贤捐一点”的思路，发动新乡贤助力村社居家养老“共享食堂”建设，促成11个异地商会党支部结对20个村级共享食堂，收到新乡贤定向捐赠资金400余万元，协助建成153个共享食堂，占全市255个共享食堂的60%。

【推行“亲清茶叙会”和“政企恳谈会”】 牵头开设亲清茶叙会、“亲清直通车·政企恳谈会”等41期，市委、市政府主要领导带头参与、市四套班子领导和部门乡镇及时跟进，面对面听取企业家意见建议，实打实帮助解决问题，其中市委书记、市长分别参加活动10余次，对话市内外企业家267人、商会11个。

【成立民族共富联盟】 10月，结合江山民族工作实际，按照“1+5”模式，成立民族共富联盟，整合江村民族村与木车村、清泉村、方家村、江山底村、龙溪村5个民族重点村的资源力量，在产业、平台、文化、人才等方面相互融合，共建共享，构建协作发展新格局。

【助力多党合作事业】 民革扎实推进祖国统一工作，经验做法获省政协副主席、民革省委会主委批示肯定；民盟在乡镇（村社）、律所、企业设立法律服务工作室（联系点），免费提供法律咨询服务；民建提出的《关于技工教育发展的几点建议》在《人民日报》刊登；民进《避免核心技术“卡脖子”亟需顶层统一口径，尽快解决企业研发经费归集及统计问题》被全国政协和民进中央采用；农工党在开发区小学成立“农工党青少年视力健康驿站”；九三学社《关于完善党委政府向名人或企业家授予荣誉称号审核机制的建议》等2条社情民意被九三学社中央采用；知联会“同心助学”基地入选浙江省2022年度同心共富“三服务”品牌。

5月30日，市委常委、统战部部长毛香水（中）在白沙村调研未来乡村建设（市委统战部 供图）

【举办2022浙商制造业高质量发展（江山）峰会】 11月，联合《浙商》杂志举办“2022浙商制造业高质量发展（江山）峰会”，100名浙商制造业企业代表齐聚江山，共同探讨助力浙江高质量发展建设共同富裕示范区的路径与蓝图。会上，由《浙商》杂志独家制作的“2022浙商制造业百强榜”正式发布。

【获评省级、国家级优秀“侨胞之家”】 持续推进“侨胞之家”建设工作，9个社区被评为浙江省“星级侨胞之家”(衢州市共15家)，虎山街道市心社区被评为全国侨联系统优秀“侨胞之家”、省“五星级侨胞之家”，“侨胞之家+未来社区”的经验做法获省侨联主席批示肯定。

（毛鉴波　郑鹏飞）

机构编制

【概况】 2022年，江山市委机构编制委员会办公室围绕经济社会各领域发展不断深化改革，积极推进重点领域改革创新，深化基层管理体制改革被衢州市委、市政府推荐为2022年衢州市改革创新实践突破案例参与单位；“大综合一体化”行政执法改革实现“五最”目标，得到衢州市委表扬肯定。被评为衢州市清廉建设成绩突出单位、江山市清廉建设成绩突出单位、江山市清廉机关标杆单位。

【“大综合一体化”行政执法改革】 印发《江山市关于进一步深化“大综合一体化”行政执法改革机构编制调整方案》，在归并发改、人社、水利、民政4个领域形成“1+8”行政执法体系基础上，进一步精简农业、文化市场、自然资源3支执法队伍，构建全市域“1+5”行政执法架构。全市累计精简专业执法队伍7支，收回参公编制47名、事业编制34名，重新核定市综合执法局专项编制118名。配套出台《江山市关于进一步深化“大综合一体化”行政执法改革人员转隶工作意见》，转隶至市综合执法局19人，5辆执法用车划转。明确五支专业执法队120人在“1+X”模式基础上以联系片区的方式下沉，全市行政执法人员编制下沉乡镇（街道）327名，占比达75.2%。督促综合执法、市场监管、资规等派出机构落实新进公务员派驻基层一线，确保执法队人员力量下沉“净增长”，派驻机构执法人员在编在岗率达87%。

【基层管理体制改革】 聚焦保障数字化改革“1612”体系贯通落地，推进县乡体系重整、权责重构、资源重配。按照“1+4+X”模式综合设置乡镇（街道）职能机构和事业单位，19个乡镇（街道）内设机构由172个精简到116个，实现扁平化管理。厘清县乡权责界面，完成68项“属地管理”事项清单的更新公布，495项行政执法赋权事项的乡镇领用，明确乡街政务服务高频事项59项，村级代办事项30项。坚持编制70.3%，其中派驻机构编制数221名，较改革前增加50.3%。创新“减上补下、横向统筹”，核减部门编制，下沉镇街行政编制24名、事业编制21名，统筹44名行政编制、34名事业编制、17名股级职数纳入镇街编制（职数）周转池。实行编制“县属乡用”，对综合行政执法局、市场监管局、资规局、司法局派驻机构编制进行单列管理，4个部门一线执法编制总数达250名，较改革前增加干部岗位管理，制定《乡镇（街道）人员岗位和中层干部管理指导意见（试行）》，形成岗位设置指导目录，探索职数与岗位挂钩的“岗位专员”制度，推动“身份管理”向“岗位管理”转变。深化基层管理体制改革，促进“152”体系与“141”体系全面贯通试点工作，被衢州市确定为县域综合集成试点区，经验做法被中编办《中国机构编制》期刊录用刊发。

【事业单位数字化改革】 组建事业单位数字化改革工作专班，印发《江山市事业单位数字化改革工作方案》，统筹推进全市改革工作。全面摸排基本情况，对照行政服务、产业服务、民生服务3条意向跑道，将全市参与数字化改革的136个事业单位明确为行政服务类63个、产业服务类37个、民生服务类190个，已纳入“1612”体系领域的事业单位有104个。依托清单目录，深度挖掘和筛选出“智享生态牧场”“仙霞岭数字保护区应用”“移民助”等3个特色应用场景项目纳入江山市事业单位数字化改革首批特色应用清单，其中“智享生态牧场”成功争列衢州市事业单位数字化改革试点应用和全省事业单位数字化改革第二批重点应用清单（全省两个、衢州唯一入选的县级数字应用）。

【规范民办义务教育发展】 保障教育事业用编需求，预测全市学校未来三年的教职工退休情况，同意提前用编128名专项用于规范民办义务教育发展教师招聘工作。对恒泰学校、文溪实验学校和实验中学初中部符合报考条件的非编教师，在实际岗位需求数内尽量“应招尽招”。将虎山小学、文溪学校两所“民转公”学校纳入事业单位编制管理，人员编制根据学校规模和学校定编标准在全市中小学教职工编制中调整分配。梯次解决事业编制教师在民办学校任职任教问题，完成恒泰学校、锦绣江山外国语学校等学校“公编民用”教师清理规范工作。

【优化机构编制资源保障】 聚焦市委、市政府中心工作，不断优化机构设置和编制配置。围绕省数字化改革基层智治系统建设工作，完成市矛盾纠纷调处化解中心迭代升级为市社会治理中心。全力服务创建全国文明城市，完成市精神文明建设委员会办公室挂牌等机构职能调整。聚焦工业强市，调整浙江江山经济开发区党工委、管委会所属事业单位设置，成立市新能源新材料产业园服务中心，增设智慧科技创新中心、资产财务保障中心和投资促进中心等3家事业单位。厘清“山海协作”工作职责，将相关工作职责从市招商中心划转至市发改局，对招商中心内设机构及职责进行调整，划转相关编制和人员。创新成立浙江省首个新乡贤工作机构——江山市乡贤服务中心，为市委统战部所属事业单位，负责指导推动全市新乡贤统战工作。打造国家级知识产权快速维权中心，明确市木门绿色家居知识产权快速维权中心机构规格、编制和职数。

3月9日，省委编办在江山市调研深化基层管理体制改革(柴煜 摄)

【核定用编计划】 围绕市委、市政府中心工作，对服务经济发展、保障民生事业的部门单位在用编计划上予以适当倾斜。同意全年公务员选调35名，事业招聘90名（含30名紧缺人才），事业选调30名，同意2023年公务员招考95名。支持卫健、教育领域用编需求，同意招聘卫技人员138名、中小学教职工100名，追加128名用于规范民办义务教育发展专项工作教师用编，同意幼儿园事业编制教师用编计划10名，劳动合同制教师103名。支持各领域紧缺人才定向培养计划，同意定向培养中小学教师40名、基层卫技人才34名、基层林技员4名。提出退役士兵事业岗位安置计划，按照不低于上年度62%的安置比例且略有提高的原则，设置事业单位岗位17名。

【事业单位登记管理】 进一步规范事业单位登记管理，做好事业单位法人设立、变更、注销登记和证书补领，开展机关群团统一社会信用代码赋码工作，全年共办理事业单位法人设立登记事项3件、变更登记事项87件、证书补（换）领28件、注销登记事项3件，办理机关群团统一社会信用代码证书变更事项31件。圆满完成2021年度事业单位法人年度报告公示工作，全市应参加年度报告公示的242家事业单位均进行公示，公示率100%。开展事业单位法人公示信息抽查，加强对事业单位运行的监管，11月对市国有资产管理服务中心等7家事业单位开展“双随机”抽查工作，检查发现的问题全部反馈并督促整改到位。

（周妍莉）

档案史志工作

【概况】 江山市档案馆（市委史志研究室）围绕“为党管档、为国守史、为民服务”职能，完成新馆搬迁、展厅对外开放，开展档案资料征集、史志书籍编纂、服务民生等工作。年内，《中国共产党江山历史》第二卷（1949—1978）获评全省党史和文献部门优秀科研成果，《地方志助力江山市西山景观改造提升工程》获评全省市县地方志成果转化应用“十佳”典型案例。

【江山市档案馆新馆正式启用】 9月29日，江山市档案馆新馆启用仪式举行。新馆位于双塔街道礼贤路296号，项目规划建设用地总面积11388.6平方米，新馆建筑面积12800平方米（一期），总体布局由南到北分别为综合楼、接待大厅、档案库区，具备实体保存、数据管理、信息公开、查阅利用、社会教育等功能。

【档案馆展厅对外开放】 9月29日，档案馆1400多平方米的“江山如画 岁月有声——档案见证江山”主题展厅正式对外开放，并上线“网上展厅”。展厅分古韵悠远、峥嵘岁月、时代新篇3个篇章，立足弘扬社会主义核心价值观，展现江山独特的文化底蕴、共产党的奋斗历程以及取得的伟大成就。先后开展开学第一课、纪念抗战胜利77周年、各单位主题党日等活动，全年接待有关社会团体及个人1100余人次。

【开展档案资料征集】 5月，在全市发布《关于开展江山历史资料征集的公告》，通过各种渠道开展历史资料征集，全年征集江山老商号王增昌漆店印章、江山市神光艺品厂档案、江山市黄埔军校同学座谈会合影、江山20世纪70—90年代老照片电子版、《江山雅儒刘氏宗谱》等各个历史时期档案资料1288件。

【档案接收进馆、登记备份工作】 指导并接收市农业农村局、市民政局等单位脱贫攻坚专项档案，电子条目58781条、图像数据469539页，电子数据近1万亿字节。全年登记备份市财政局、住建局、法院、双塔街道、教育局等30多家单位完整年度数字化成果，文件级条目201451条，图像数据842154页，电子数据容量10万亿字节。

【做好“两类档案”归集】 按要求做好疫情防控和脱贫攻坚档案两类档案归集，督促23个机关部门、19个乡镇的脱贫攻坚和21个机关部门、19个乡镇疫情防控档案的相关归集工作，对各单位报送的两类档案电子目录、档案数字复制件和电子档案进行审核和汇总，形成文件条目2676条，电子数据46.3千兆字节，并在此基础上初步完成档案专题数据库建设工作。

【省档案馆馆长到江山市调研】 11月15日，省档案馆馆长余杰一行到江山市开展“三服务”、调研江山市档案业务工作，在江山市委副书记、市长徐明峰等陪同下，先后到市档案馆参观主题展厅和

9月29日，江山市档案馆新馆正式启用（市档案馆 供图）

特藏室，随后到新塘边镇毛村山头村开展“三服务”，到清漾毛氏文化村调研未来乡村建设。

【查阅接待服务民生】 档案馆坚持以民生需求为导向，年内，接待查档4006人次，查阅档案9962卷（件），复印档案证明6800多页，为1000多户群众提供“二胎女”证明材料，为市拆迁中心工作提供近百户建房审批的相关材料。

【启动《江山党史三卷》编写】 启动《中国共产党江山历史》（1978—2012）（简称《江山党史三卷》）编写工作，成立党史三卷编写小组，制定《江山党史三卷》编纂工作实施方案及编纂纲目，开展史料征编工作。年内，完成8万字的初稿。

【《江山年鉴（2022）》出版】 12月，中共江山市委、江山市人民政府主办，江山市档案馆（市委史志研究室）编纂的《江山年鉴（2022）》由方志出版社出版发行。全书全面系统地记载2021年1—12月江山市政治、经济、文化、社会及生态文明建设的发展状况，共74.3万字，印数1000册。

（杨良英）

公共资源交易监管

【概况】 2022年，全市工程招投标交易金额120.07亿元，节约资金17.56亿元。市级平台完成法定规模项目交易183个，交易金额105.23亿元，其中房建、市政及服务类项目154个，交易金额93.1亿元；交通及服务类项目14个，交易金额7.76亿元；水利及服务类项目11个，交易金额1.74亿元；国土及服务类项目4个，交易金额2.63亿元。法定规模以下公选项目进市级平台交易总数514个，交易金额11.31亿元；市级平台以下交易687个，交易金额3.53亿元。

【小额公选交易】 构建完善小额公选系统，规范法定规模以下小额项目的交易。提升公开招标率，全市项目交易公开招标率提升至87.5%，位居衢州县市区前列。优化公选交易模式，取消资信标、技术标设置，取消评标专家评审。压缩违规空间，杜绝招标文件设置排他性条款、线下评标人为干扰评标等情况。新吸纳监理项目公选交易，提升监理项目交易效率，规范监理项目交易流程。公选系统内交易监理项目85个，涉及交易金额3549万元。库内监理企业有56家，总计入库监理人员441名。防止出现企业资质监管漏洞，每月定时接受企业入库申请，入库环节仔细核查企业资质，面向社会公示企业资质情况。对于重点项目采取“双随机”抽查形式，核查中标企业重点人员劳动合同和社保情况，筛查出无实际履职能力的“草台班子”，对于不符合条件企业直接按废标处理。

【转包违法分包专项整治】 作为转包和违法分包专项整治领导小组主要参与单位，与市纪委监委、公检法多个重要部门联合开展专项整治行动，攥紧“拳头”形成全市监管合力，对乱象进行严厉打击。牵头组织开展线索的归集摸排上报工作，建立违法违规行为发现、信息互通、线索归集交办、集中研判、联合督查、案件移送等机制，对有价值的线索进行集中研判，并按所属领域归类交办。共排查各领域工程建设项目429个，梳理出重要线索信息41条，完成对其中符合交办条件的13条重要线索交办。建立处罚机制，依据违法违规行为性质、影响等因素，分别予以扣罚保证金、扣除履约信用分、记录并公示不良行为等措施，形成完整的机制管理闭环。查处5起转包和违法分包案件，处罚没款191万元。

【镇村工程乱象整治】 牵头领办农村“三乱”整治中最为艰巨的镇村工程建设乱象整治工作，突出九大整治重点，深挖问题根源，严格落实整改。借助外力开展检查，借招标代理机构、施工监理企业以及审计局、巡察办等第三方专业力量，全力摸排乱象问题。排查19个乡镇街道2020年以来3498个项目，排查出345个具体问题清单。注重问题整改落实，

6 月 8 日，江山市召开工程建设领域转包和违法分包专项整治动员部署会（市监管办 供图）

完成问题整改 310 个，整改率 89.86%。优化招标前置条件，规范公选项目公告发布环节，设置统一的公告发布前置条件，严格把控立项、设计和造价三个方面招标前置条件。

【影像考勤】 延伸监管链条，对全市 200 万元以上政府投资项目管理人员实行数字化线上考勤管理，其中 400 万元以上在建项目共有 107 个，纳入考勤管理项目 82 个，考勤率 76.64%，项目管理人员须 1 日 3 次影像考勤打卡，考勤影像后台实行动态抓取，开启数字化线上监管模式。严格管控考勤机台数配备，明确一般项目仅配备 1 台考勤机，对考勤机序列码进行赋码备案管理，未登记序列码的考勤信息判定为无效考勤。严管人员变更，完善人员变更流程，新增管理部门审查程序，动态掌握全市项目人员流动情况，打通人员变更管理堵点，严控源头以遏制转包行为发生。全年共发放考勤监管建议函 104 份，对违约主体扣罚违约金约 101.6 万元。

【信用管理】 创新监管理念和监管方式，重点围绕制度建设、场景应用、失信惩戒等方面，形成以信用为核心的新型招标投标市场监管体制。对 6 家施工企业做退出公选库 1—3 个月的处罚；对 3 名项目负责人、1 家企业作不良行为认定和公告；对 4 名省库专家分别扣除信用评价分。实行信用承诺。细化不同主体不良行为内容，梳理出施工企业不良行为 17 条，监理企业不良行为 14 条，招标代理和造价咨询企业不良行为为 20 条等。全年实行信用承诺代替投标保证金项目 1201 个，可为投标企业节省资金周转约 5.05 亿元。实行招标与施工现场双联动，重点盯牢工程质量、安全、工期、人员到位 4 项内容，结合衢州市信用评价及行业主管部门日常检查对在建政府投资项目实行标后履约考评。招投标环节注重结果运用，对标后履约的信用评价实行信用赋分，投资 2000 万元以上项目招投标采用 3 分信用分和 97 分商务报价分模式，2000 万元以下项目赋 1.5 分信用分，助推高信用企业招标更具竞争力。

（毛　聪）

党校工作

【概况】 2022 年，江山市委党校围绕“标杆引领类”党校创建要求，聚焦中心服务大局，高质量推动党校事业发展，获 2022 年度全省党校（行政学院）系统成绩突出集体称号。

【教育培训】 先后举办习近平新时代中国特色社会主义思想进修班（两期）、年轻干部培训班、中青年干部培训班、初任公务员培训班、全市发展对象培训班（三期）、江山市意识形态工作培训班、江山市政协委员履职能力提升班等主体班次和 2022 年度市直机关入党积极分子培训班、2022 年度市直机关党务干部培训班、江山市水资源与水土保持业务培训班等非主体班次共 31 个，受训学员 2771 人次。

【教研咨工作】《坚定不移走共同富裕的中国式现代化道路》专题课参加全省党校系统精品课评比获优秀奖。“中国共产党探索和推进共同富裕的历程和经验研究——基于新中国农村经济体制三次变革的分析”等 8 个课题在省委党校立项；“生态产品价值实现助推乡村共同富裕的理论及路径研究——基于江山市‘两山银行’改革试点的调研”等 3 课题获衢州市社科联立项；“市县联动衢州有礼品牌塑造：现实困境与化解路径——以共富文化培育为视角”等 8 个课题在衢州市委党校立项。《共同富裕视域下中国农村家庭慈善捐赠参与的影响因素分析》在 2022 年度全省党校系统学术年会暨“共同富裕先行和省域现代化先行”理论研讨会中获二等奖。创办《党校信息》，为教师及学员提供决策咨询写作指导和智库平台。其中，《关于加快江山市周边地区人口集聚，全力打造三省边际中心县城的对策——基于 9 个边际县（市区）的比较分析》获得市委书记朱素芳的批示；《关于进一步完善村党组书记、村委会主任“一肩挑”制度的思考与建议——基于江山市的问卷调查》获得市委常委、组织部部长、党校校长程佳华的批示。

【服务中心大局】 参与联系乡镇、联系社区开展疫情防控工作，先后赴峡口、坛石等高速公路卡点值守 40 余次。完成江山鑫华印刷有限公司企业腾退工作任务及 2 户城中片区征迁签约腾空任务。完成项目谋划 10 个，其中，江山市委党校参与谋划的“三省边际人才集聚交流中心”项目获江山市第八届项目谋划“擂台赛”二等奖。

【助力全市理论宣讲】 发挥党校理论宣讲的优势，先后选派优秀教师担任全市“8090”新时代理论宣讲导师，省第十五次党代会、党的二十大精神宣讲团成员。选派宣讲员深入基层开展宣讲 110 余场次，受众 5000 人次。“数字化助力共同富裕‘一个都不能少’”获衢州市委党校“红色学府”8090 新时代理论宣讲比赛三等奖，“家风传世清韵悠长”获衢州市委党校“红色学府”“8090”新时代理论宣讲“礼敬二十大，奋进新征程”微党课比赛三等奖。

【队伍建设】 起草、完善《中共江山市委党校精品课评选及奖励办法》《中共江山市委党校名师评选及奖励办法》《中共江山市委党校兼职教师管理办法》《中共江山市委党校课堂教学负面清单》《中共江山市委党校〈党校信息〉编发实施方案》等规章制度，设立校长嘉奖令。年内，表彰嘉奖教职工 7 人次，2 名教师获“衢州党校系统名师”荣誉称号。

（王成冲）

11 月 21 日，市委党校教师在清湖街道宣讲党的二十大精神（方玉兰 摄）

老干部工作

【概况】 2022 年，全市共有离休干部 71 人，其中行政事业单位离休干部 48 人，企业离休干部 23 人，享受县处级待遇 20 人，科级待遇 51 人；实职副处级及以上退休老干部 51 人。

【落实老干部政治待遇】 先后组织老干部参加市委全委会报告、政府工作报告征求意见会，通报市“两会”、全市领导干部大会精神等各类会议 6 次。深入开展离退休干部党建工作，完成 16 个党支部规范化建设，规范化比例达 71.4%，开展“三强六好”示范党支部创建，全面提升离退休干部党支部凝聚力、引领力、组织力。组织老干部“走基层、看变化、促发展”活动 3 次。

【落实老干部生活待遇】 全年走访老干部 500 多人次，其中春节、老年节走访 244 人，生病住院的 49 人，生日祝寿的 69 人，后事处理的 8 人。组织 114 位老干部进行健康体检。牵头召开市委老干部领导小组会议，落实“共富惠老”八件实事。落实“医生结对服务老干部”制度、建立“好保姆”登记推荐制度，分别被评为全省一季度、二季度服务管理重点特色亮点工作。对接卫健部门，为 121 位老干部送上“防疫药包”；开通老干部防疫接种绿色通道，为 28 位老干部集中注射疫苗。

【探索老年教育新模式】 1 月，通过“政府+银行+教培机构”三方合作的方式，建立老年大学农商行城北分校，开创政企办学先河。8 月，在全市 19 个乡镇（街道）全部挂牌建成乡镇（街道）老年学校（堂），提高老年教育覆盖面。江山市“家门口老年大学”办学模式的探索，在《浙江老干部工作》“亮点展示”栏目刊登。

【凝聚银耀力量】 引导老干部助力文明城市创建工作，参与各类文明宣传活动 62 场 1000 多人次。开展“助共富我有为”活动，组织“银耀江郎”老干部志愿服务队、“五老”队伍开展“社会治理·银耀有我”“银发礼赞二十大 坚定不移跟党走”“热心公益 传递温暖”等志愿服务 110 多场。

（李 甜）

8 月 11 日，市委老干部工作领导小组会议暨江山老年教育联盟指导委员会会议召开（李甜 摄）

关工委工作

【概况】 2022 年，全市共有各级关工委组织 466 个，其中部门关工委 8 个，乡镇（街道）关工委 19 个，社区关工委 23 个，民营企业关工委 4 个，公益组织关工委 2 个，292 个村级关工委组织和 126 个关工小组，全市参与基层关心下一代工作的“五老”志愿者 4000 多人。

【传承红色基因工程】 联合市教育局在长台中学举行“红船领航成长 强国复兴有我”主题教育，以“五老+8090”“五老+0010”形式，通过老青讲师同台、老少携手同台方式，在全市广大青少年中广泛开展主题宣讲活动20多场，受教育青少年5000余人。6月，联合团市委、教育局、文明办等单位开展2022年新时代好少年评选活动。7月，联合市教育局等单位开展“我的家乡在‘浙’里”主题征文活动，有40所学校参与，投稿556篇。10月，联合市教育局、文明办等单位举办“我的家乡在‘浙’里”主题演讲比赛。

【“五老”关爱下一代工程】 1月，承办省关工委、省青少年英才奖励基金会“浙里关爱 微爱童行”新年圆梦行动活动，为峡口小学百余名困境儿童送上微心愿，同月，举行“温暖童心 放飞梦想”——贫困学子新春送温暖活动，为清湖小学20名留守儿童发放了每人500元慰问金及米、油、牛奶等慰问品。1月，举行“温暖来敲门，为乡村困境儿童送温暖”活动，为长台小学和坛石小学的132名困境儿童送上了棉被、牛奶、食品大礼包等暖冬礼物。8月，联系爱心单位、人士资助14名贫困大学生，资助金额7万元。6月，联合江山市悦心理社会服务中心实施“浙里有爱·心里无碍”关爱困境儿童心理辅导公益项目，悦心理服务团队志愿者与15名困境儿童进行结对并担任他们的“爱心代理妈妈”。该项目被列入2022年“红船领航 浙里关爱·关心下一代”公益项目，获得省关心下一代基金会1.24万元资金支持。暑假期间，组织峡口镇、大陈乡留守儿童辅导中心的“五老”志愿者，为留守儿童开设免费培训课程。组织“五老”游泳安全巡逻队在须江两岸巡逻，保障青少年的游泳安全。

1月21日，在坛石小学举行“温暖来敲门·为乡村困境儿童送温暖”活动（汪伶俐 摄）

【抓好乡村振兴共育基地】 1月，省关工委、省青少年英才奖励基金会在江山市峡口小学设立全省首个乡村振兴好少年共育基地。5月，举行“童心筑梦成长 乡村振兴有我”好少年共育活动，省青少年英才奖励基金会和市关工委下拨10万元共育基金，为学校添置地球仪、足球、课外书、非洲鼓、趣味运动器械等用品，丰富基地留守儿童等课余生活。

【开展助学活动】 全年累计筹集资助金91.5万元，开展“爱心圆梦·仲夏助学”困难中小学生专项助学、“豪情圆梦·爱心助学”——困难初高中生专项助学、“爱心助学·科润筑梦”助学等助学活动8次，资助大中小学生309名，资助金额74.4万元；奖励优秀学子35名，奖励金额7万元。

（汪伶俐）

江山市人民代表大会

1月24日，江山市第十七届人民代表大会第一次会议召开（市人大办 供图）

综 述

【概况】 2022年，江山市人大常委会把党的政治建设摆在首位，深入践行全过程人民民主，聚焦中心服务大局，依法履行各项职权，密切联系代表群众，着力展现担当作为。全年举行常委会会议12次、主任会议30次，听取和审议工作报告54个，作出决议决定32项，开展执法检查6次、专题询问1次，组织代表视察5次，依法任免国家机关工作人员94人次，为推进江山“当龙头、争上游”作出积极贡献。

重要会议

【市人民代表大会】 市第十七届人大第一次会议于1月24—26日在城区举行。出席大会代表247名，列席和邀请大会人员75名，出席政协第十一届江山市委员会第一次会议的全体委员列席会议。大会主席团50人，主席团常务主席14人，秘书长1人（兼），副秘书长4人，财政预算审查委员会6人，议案审查委员会8人。会上，市人民政府代市长徐明峰作《政府工作报告》，市人大常委会主任汪胜作《江山市人民代表大会常务委员会工作报告》，市人民法院代院长祝志昌作《江山市人民法院工作报告》，市人民检察院代检察长殷一村作《江山市人民检察院工作报告》，市发改局书面报告《关于江山市2021年国民经济和社会发展计划执行情况及2022年国民经济和社会发展计划草案的报告》，市财政局书面报告《关于江山市2021年财政预算执行情况和2022年财政预算草案的报告》。会议审议通过上述报告，并作出相应决议。市人民政府书面报告《关于2021年江山市人民政府民生实事项目实施情况的报告》，大会以无记名投票方式，确定10个项目为2022年市政府民生实事项目。大会依法选举汪胜为市第十七届人大常委会主任，选举徐明峰为市人民政府市长，选举温胜浩为市监察委员会主任，选举姜方云、毛正彩、毛吉泽、郑贤文、巫小雄、张志军为市第十七届人大常委会副主任，选举俞耀根、朱永平、詹虎山、郑爱萍、汪晓勤、王永华、徐骏为市人民政府副市长，选举祝志昌为市人民法院院长，选举殷一村为市人民检察院检察长（须报衢州市人民检察院检察长提请衢州市人大常委会批准）。表决通过市第十七届人民代表大会专门委员会组成人员名单。审议并通过新修订的《江山市人民代表大会议事规则》。会上，新当选的市第十七届人大常委会主任、市人民政府市长、市监察委员会主任，市人民法院院长进行宪法宣誓。会后，市第十七届人大常委会副主任、委员，市人民政府副市长，市第十七届人民代表大会专门委员会组成人员进行宪法宣誓。市第十七届人大第一次会议，共收到代表10人以上联名提出的议案351件，大会主席团根据地方组织法和代表法的有关规定，将本次会议收到的351件议案全部改作建议。大会将代表提出的建议、批评和意见42件，连同改作建议办理的议案，交市人民政府和有关机关组织办理。

【市人大常委会会议】 2022年共召开市人大常委会会议12次。

第十六届人大常委会第七十次会议于1月14日召开。会议听取和审议市政府关于2021年民生实事项目实施情况的报告，审议通过2022年民生实事候选项目草案。讨论并原则通过江山市人民代表大会常务委员会工作报告、《江山市人民代表大会议事规则（修订草案）》。审议通过2021年度先进代表小组和代表履职先进“五星”代表名单、市第十六届人大第五次会议优秀代表议案建议和先进承办单位名单，研究召开江山市第十七届人民代表大会第一次会议的有关事项。

第十七届人大常委会第一次会议于2月14日召开。会议传达学习全省高质量发展建设共同富裕示范区推进大会、衢州市“工业强市、产业兴市”表彰大会、江山市工业高质量发展大会精神。讨论通过市人大常委会2022年工作要点、市第十七届人大常委会代表资格审查委员会组成人员名单，建立市第十七届人民代表大会代表组织的决定、市人大工作联络员名单、市人大常委会议事规则，作出市人大常委会关于加强自身建设的决定。听取和审议双塔、虎山、清湖等3个人大街道工委2021年工作情况和2022年工作计划的报告，作出关于人大街道工委工作报告的决议。听取市人大常委会任命的部分国家机关工作人员2021年履职情况报告，并进行满意度测评。

第十七届人大常委会第二次会议于3月15日召开。会议传达学习十三届全国人大五次会议精神。向全市各级人大代表发出了疫情防控倡议书。听取和审议市政府关于打造四省边际智能制造强县、江山市城东新城及虎山片区城市设计与核心片区控制性详细规划、2021年度环境状况和环境保护目标完成情况等工作报告，提出意见建议。审议通过有关人事事项。

第十七届人大常委会第三次会议于3月26日召开。会议传达学习《省人大常委会关于深入践行习近平法治思想 促进和保障法治中国示范区建设的决定》精神。审议通过有关人事事项。会后，新任命的国家工作人员进行宪法宣誓。

第十七届人大常委会第四次会议于4月7日召开。会议审议通过有关人事事项。会后，新任命的国家工作人员进行宪法宣誓。

第十七届人大常委会第五次会议于5月27日召开。会议听取和审议市政府关于2021年法治政府建设、“两山银行”试点改革、社会救助等情况的工作报告，提出意见建议。会议审议通过有关人事事项。会后，新任命的国家工作人员进行宪法宣誓。

第十七届人大常委会第六次会议于7月27日召开。会议审议通过有关人事事项。会后，新任命的国家工作人员进行宪法宣誓。

第十七届人大常委会第七次会议于8月2日召开。会议听取和审议市政府关于2022年上半年工作情况和下半年工作意见的报告，审议2022年上半年国民经济和社会发展计划执行情况的报告，提出意见建议。听取和审议市政府关于2021年财政决算草案和2022年1—6月预算执行情况的报告、市政府提出的审计机关关于2021年度财政预算执行和其他财政收支的审计工作报告，提出意见建议，作出关于批准江山市2021年财政决算的决议。

第十七届人大常委会第八次会议于9月29日召开。会议听取和审议市政府关于2021年度国有自然资源资产管理情况、营商环境建设、村级集体经济发展与农民增收等情况的工作报告，审议市政府关于2021年度国有资产管理情况的综合报告，提出意见建议。讨论通过江山市第十七届人民代表大会常务委员会各工作委员会委员名单。

第十七届人大常委会第九次会议于10月13日召开。会议听取和审议市监察委员会关于整治群众身边不正之风和腐败问题工作情况的报告，提出意见建议。审议通过有关人事事项。

第十七届人大常委会第十次会议于11月30日召开。会议听取和审议市政府关于提请审议江山市2022年地方政府债务限额及债务预算调整方案的议案、江山市2022年财政预算调整（草案）的报告，作出关于批准江山市2022年地方政府债务限额及债务预算调整方案的决议、关于批准江山市2022年财政预算调整的决议。听取和审议市政府关于2021年度财政预算执行和其他财政收支审计查出问题整改情况的报告、市十七届人大一次会议代表议案建议办理情况的报告、市人大常委会代表与选举任免工委关于市十七届人大一次会议代表议案建议督办情况的报告、市人大常委会监察和司法工委关于2021年度规范性文件备案审查工作的报告，提出意见建议。讨论并原则通过《江山市人民代表大会常务委员会议事规则》《江山市人民代表大会常务委员会关于政府民生实事项目人大代表票决制实施与监督办法》《江山市人民代表大会常务委员会讨论决定重大事项实施办法》《江山市人民代表大会常务委员会关于重大政府投资项目监督办法》《江山市人民代表大会常务委员会专题询问办法》。审议通过有关人事事项。

第十七届人大常委会第十一次会议于12月16日召开。会议研究召开江山市第十七届人民代表大会第二次会议有关事项，作出关于召开江山市第十七届人民代表大会第二次会议的决定。审议通过有关人事事项。

【市人大常委会主任会议】 年内，市第十七届人大常委会共召开主任会议30次。1月10日，召开市人大常委会主任会议，听取和审议市政府关于2022年国民经济和社会发展计划编制情况、重大政府投资项目2021年实施情况和2022年计划编制情况、2022年预算编制情况、2021年政府民生实事项目实施情况和2022年政府民生实事初步候选项目编排情况等报告。2月9日，召开市人大常委会主任会议，讨论并原则通过市人大常委会2023年监督工作计划、主要工作安排、工作机构对口联系部门安排。5月5日，召开市人大常委会主任会议，讨论通过2021年度全市人大信息宣传工作先进单位和个人、人大新闻奖获奖作品名单。6月21日，召开市人大常委会主任会议，听取和审议市政府关于工业企业培大育强、实施科技强农机械强农行动推进情况等报告。7月8日，召开市人大常委会主任会议，听取和审议市政府关于地方政府性债务管理使用情况、2021年国资国企经济运行情况以及市人大常委会执法检查组关于道路交通安全法、就业促进法执法检查情况的报告。8月19日，召开市人大常委会主任会议，听取市人大常委会研究室关于人大数字化改革、代表与选举任免工委关于践行全过程人民民主基层单元建设、“网格+代表”以及各委室关于工委“一件事”推进情况的汇报。9月14日，召开市人大常委会主任会议，听取和审议市政府关于“十四五”重点专项规划（工业、卫生健康）实施推进、传染病防控工作情况的报告，市人大常委会执法检查组关于环境保护“一法一办法”执法检查情况的报告。10月21日，召开市人大常委会主任会议，听取和审议市政府关于江山港流域综合治理实施、“大综合一体化”行政执法改革工作情况的报告。11月29日，召开市人大常委会主任会议，听取和审议市政府关于2022年地方政府债务限额及债务预算调整、2022年财政预算调整的报告。讨论并原则通过《江山市人民代表大会常务委员会执法检查工作办法（修订草案）》等12项制度。12月29日，召开市人大常委会主任会议，听取乡镇人大主席、人大街道工委主任2022年度履职情况的报告。

常委会视察

【视察农业产业高质量发展情况】 4月7日，组织视察农业产业高质量发展情况。实地视察华欣湖羊生态示范园项目，听取市政府关于农业产业高质量发展情况的报告，提出意见建议，市政府有关领导作表态发言。

【视察医疗器械产业培育与发展工作情况】 6月17日，组织视察医疗器械产业培育与发展工作情况。实地视察夸迈医疗器械公司，听取市政府关于医疗器械产业培育与发展情况的报告，提出意见建议，市政府有关领导作表态发言。

【视察放心消费建设工作情况】 8月17日，组织视察放心消费建

6月28日，市人大常委会主任汪胜（中）督导推进江玉公路项目建设（市人大办 供图）

设工作情况。实地视察浙江江山恒亮蜂产品有限公司放心工厂、大润发商场放心商圈，听取市政府关于放心消费建设工作情况的报告，提出意见建议，市政府有关领导作表态发言。

【视察城市建设情况】 10月27日，组织视察城市建设情况。实地视察周家青未来社区，听取市政府关于城市建设工作情况的报告，提出意见建议，市政府有关领导作表态发言。

【视察开发区平台能级提升工作情况】 11月17日，组织视察经济开发区平台能级提升工作情况。实地视察“两新”产业园整治提升项目、莲华山产业邻里中心项目，听取市政府关于经济开发区平台能级提升情况的报告，提出意见建议，市政府有关领导作表态发言。

执法检查

【实地执法检查】 2022年，市人大常委会组建执法检查组，对贯彻实施道路交通安全法、就业促进法、环境保护法、乡村振兴“一法一条例”、浙江省少数民族权益保障条例、衢州市市区电动自行车管理规定等6项法律法规贯彻执行情况进行检查。4月至10月，执法检查组通过实地检查、听取汇报、组织座谈等方式，对19个乡镇（街道）、30个部门单位，12家企业贯彻执行情况进行检查，先后召开人大代表、机关部门、企业负责人、村民代表等层面座谈会18场次，广泛听取意见建议，形成执法检查报告，梳理法律执行中存在的37个薄弱环节，反馈责任单位整改落实。

【督促整改落实】 7月8日，召开市人大常委会主任会议，听取和审议市人大常委会执法检查组关于道路交通安全法、就业促进法执法检查情况报告，并将执法检查意见抄告市政府及相关职能部门，督促整改落实，市政府有关领导作表态发言。9月14日，召开市人大常委会主任会议，听取和审议市人大常委会执法检查组关于环境保护“一法一办法”执法检查情况报告，并将执法检查意见抄告市政府及相关职能部门，督促整改落实，市政府有关领导作表态发言。

工作评议

【概况】 3月下旬开始，根据《关于开展对发展和改革局、自然资源和规划局工作评议的实施方案》，组织对发展和改革局、自然资源和规划局开展工作评议。整个评议工作在市委领导下进行，分为准备发动、调查、评议、整改提升四个阶段。评议的内容是近三年发展和改革局、自然资源和规划局依法履行工作职责情况，主要包括：贯彻实施宪法、法律法规情况，贯彻执行党的路线方针政策和市委决议、决定情况；依法履行职责，发挥职能作用，推动发展，落实服务民生要求的情况；执行市人大及其常委会决议、决定，办理人大代表提出的议案、建议、批评和意见以及落实市人大常委会审议意见情况；群众普遍关心和迫切需要解决的问题的处理情况。

【评议工作动员会】 于4月21日召开。市人大常委会党组书记、主任汪胜主持会议并讲话，市委副书记、政法委书记何日根到会讲话，市人大常委会副主任毛吉泽部署工作评议有关事项，市人大常委会副主任巫小雄宣读评议工作小组名单，市发展和改革局、市自然资源和规划局负责人分别作表态发言。

【评议工作会议】 于7月13日召开。市人大常委会党组书记、主任汪胜主持会议并讲话，市委副书记、政法委书记何日根到会讲话，市人大常委会副主任巫小雄宣读对市发展和改革局工作的评议报告，市人大常委会副主任毛吉泽宣读对市自然资源和规划局工作的评议报告，部分基层人大代表作评议发言，市发展和改革局、市自然资源和规划局负责人分别作表态发言。

【民生实事项目实施情况专题询问会】 于8月29日召开。会议听取市政府关于2022年民生实事项目实施情况的报告，市人大常委会组成人员围绕城乡公交一体化提升工程、城区电动自行车智能充电桩、全民健身设施提升工程等10个民生实事项目的实施情况进行了询问。住建局、民政局、教育局等9个部门单位负责人到会接受询问，并就有关问题作出答复和承诺，市政府有关领导作表态发言。

代表工作

【基层单元打响品牌】 高质量落实全省首批试点任务，整体性谋划、系统性推进全过程人民民主基层单元建设，主动打通人民当家作主基层实践的高效路径。强化顶层设计，率先构建基层单元“123+X”工作体系，全域推行“1+9+3”建设标准，集成运用人大数字化改革成果，全市19个代表联络站完成迭代升级，实现“下楼出院”。注重提升整体合力，规范实施代表进站接待、主题会商等制度，创新建立国家机关及其工作人员常态化联系机制，鼓励打造“一站一特色，一乡一品牌”，推动基层单元有机融入基层治理体系，代表履职实现从“单兵作战”向“联合作战”的重大转变。突出基层实战应用，全年开展代表联络站接待会商活动228次，会商解决问题300余件，基层单元联、商、督、促、智“五大功能”充分发挥，基层单元建设做到“衢州当龙头、全省争上游”，在省人大专项督导检查中，江山市作为衢州市唯一迎检单位，全方位展示基层单元建设成效，得到省人大领导的高度评价，相关做法在省人大系统典型交流，为全省打造全过程人民民主实践高地贡献江山经验。

【提升代表履职能力】 换届选举后及时举办初任代表培训班，上好代表“入门第一课”，引导迈好“履职第一步”。启动实施新一轮代表高素质提升计划，分批组织人大代表、人大干部赴贵阳、成都开展高层次培训，更新代表履职观念，增强履职本领。深化落实“双联系”制度，定期开展“连心面对面”活动，制定实施代表履职登记、向原选举单位述职制度。拓宽代表知情知政渠道，邀请代表参加常委会活动310人次。建立完善争先创优激励机制，评选表彰“五星”代表57名，先进代表小组7个。

【议案办理】 落实代表议案建议“内容高质量、办理高质量”要求，推行清单式管理、精准式交办、组合式督办、联合式评价机制，人代会期间代表提出的393件议案建议，全部按规定期限办结。加强对办理工作的沟通协调、动态管理和跟踪问效，重点督办议案建议75件。实施议案办理联合评价制度，有效破解代表“被满意”现象。规范执行代表议案办理专项资金管理制度，投入资金600万元，支持基层办好农村道路设施、村庄亮化等公益类议案项目27件，实现办好一件、带动一片的良好效果。

【组织开展履职活动】 响应省、衢州市人大统一部署，发动代表广泛参与“六访六促”“八万代表助力八大攻坚行动”。精心组织开展“大培训、大调研、大走访”活动，全市各级代表充分发挥桥梁纽带作用，带头进学校、访企业、走乡村，积极投身为民服务和推动发展的生动实践。组织代表围绕人民医院整体搬迁、疫情防控措施优化等重大事项开展专题调研，真实反映民情民意，为市委、市政府提供决策参考。持续开展代表跨区域、跨乡镇视察，指导乡镇街道人大围绕产业发展、项目建设、乡村振兴、教育医疗等工作，创新推进主题监督，代表累计参与3500人次。

【基层基础扎实稳固】 主动适应代表履职管理新变化，科学划定代表活动片组，建立人大工作联络员制度，代表组织和机构建设更加规范。全面贯彻落实乡镇街道人大工作“两个条例”，指导双塔、虎山、清湖3个街道完成民主议事会换届，听取审议街道人大工作、人大主席（主任）述职报告，市乡联动推进环境报告、民生实事等工作监督，持续提升乡镇街道人大工作制度化、规范化、法治化水平。创新建立常委会领导联系督导机制，升格乡镇街道人大工作例会，加强人大工作考核，压紧压实核心业务，有力推动基层人大比学赶超、争创一流。

重要工作

【坚持党的领导】 坚持党对人大工作的全面领导，牢牢把握正确政治方向，严格落实“第一议题”制度，深学笃行习近平总书记重要讲话和指示批示精神，增强政治判断力、政治领悟力、政治执行力。深学细读党的二十大报告，深刻领悟“两个确立”的决定性意义，开展党组专题学习、研讨交流、主题党课、基层宣讲等活动39场次，推动理论学习走深走实、入脑入心。贯通学习省、衢州市和江山市党代会精神，主动对标党委决策，部署推进人大实践。执行请示报告制度，自觉把党的领导贯穿到人大工作的全过程各方面。认真履行全面从严治党主体责任，发挥常委会党组把方向、管大局、保落实的重要作用，建立健全党组工作制度和议事规则，民主决策“三重一大”事项，推进党风廉政建设，开展“六治六提”作风建设行动，营造风清气正的政治生态。守好意识形态主阵地，省市媒体和工作刊物采用江山市人大工作信息239条。传承“红色基因”，探索党建工作新路子，定期组织形式多样的主题党日活动。常态化、主题式开展“周一夜学”，举行“8090”理论宣讲、重点工作专题讲座27场次。

【服务中心大局】 紧扣推进共同富裕示范区建设、打造三省边际中心县城目标任务，凝心聚力、同向发力、履职有力。聚焦工业经济关键环节，实施立体式的专项监督，助推重振工业雄风。紧盯城市赋能、乡村振兴的主要瓶颈，多举措助力重塑城乡风貌，高品质打造江山百姓的幸福家园。全力落实市委部署安排，常委会领导牵头联系14个重点项目、9家重点企业，坚持每周必到、每月协调，从项目谋划、招商、审批、建设等各个环节全程发力，深入一线送服务、解难题、抓进度。牵头推动清湖未来乡村连片发展实验区从“规划图”变成“实景图”，推进清湖古镇开街。挂帅推进江玉公路、城东安置房等省重点项目，突破关键难点，加快项目开工建设。聚力优化要素保障攻坚行动，精准发力“腾笼换鸟、凤凰涅槃”，专人服务企业挂牌上市，牵头主攻江山港综合治理城南段房屋征收，挂联推进清漾未来乡村、峡口异地搬迁、食用菌产业园等重大项目和14家非化企业腾退，高质量落实目标任务。聚力疫情防控、创文攻坚，常委会班子带头行动，人大干部全员参与，广大代表各尽其能，以实际行动践行了“人民至上”的价值理念。

【深化法律监督】 重视发挥法治固根本、稳预期、利长远的保障作用，点面结合推进法治江山建设。听取审议法治政府建设工作，促进“法助共富、法护平安”专项行动提质增效，助力争创全国法治政府建设示范县。落实监察法规定，首次听取整治群众身边不正之风和腐败问题专项报告。组织视察看守所检察监督工作，督促保障刑罚公正执行。专题调研公检法机关建设和履职情况，推进司法机关常态化监督，制定实施“三重材料”报备规定，全年接收和审查重要文件、重大案件、重大事项等文书材料427项。严格落实规范性文件备案审查制度，受理和审查工业企业高质量发展若干政策意见、慈善绿卡管理办法等规范性文件21件，维护国家法治统一。

【工委履职创新】 把全过程人民民主贯穿于工委履职实践，打破旧思维，打开新空间，在全省首创“工委一件事”履职新机制，引领带动工委专业性、基础性作用充分发挥。组织各工委从民意需求和改革需求入手，前瞻性谋划年度项目，沉浸式参与攻坚突破，全过程牵头监督推进，确保年度项目谋一件、干一件、成一件。各工委挂图作战、赛马比拼，推进区域农产品公用品牌建设、创建工业平台网格化代表服务机制、联动建设无障碍环境工作等8件事全部取得实质性成果，打开工委履职机制重塑的新局面，创新做法得到时任省人大常委会党组书记、副主任梁黎明的肯定。

【注重民生监督】 全程督办民生实事，持续推行常委会领导牵头、各工委分工联系的督办机制，综合运用听取审议、视察调研、专题询问等方式，对项目实施开展持续跟踪监督，推动城乡公交一体化提升工程、全民健身设施等10件民生实事项目如期完成。指导乡镇街道人大监督推进本区域民生实事项目88件。督促推进传染病防控工作，推动形成人人有责、人人参与、人人监督的防控新常态。开展消费安全、社会救助等工作监督，促进兜牢基本民生保障底线。持续开展环境保护监督，听取国有自然资源资产管理、全市环境状况和环境保护目标完成情况、江山港流域综合治理等专项报告，要求压紧压实环保责任，实施科学精准治理举措。

【纵深推进人大数改】 擦亮“网格+代表”工作名片，通过端口升级、场景升级、平台升级，主动承接省市人大统建场景，自主增量开发联合评价、云上述职等8个自建场景，信息平台实现一端进入，一屏掌控。依托数字化场景，全市1253名人大代表和146名街道议事员，全覆盖走进948个全科网格和经济开发区专属网格，常态化做好网格接待、走访会商等活动，迅捷高效回应民情关切9300余项。“网格+代表”工作上榜全省人大数字化改革创新暨第三届“浙江人大工作与时俱进通报表彰”名单，并在全省各级人大常委会主任学习会上作典型交流。

【加强自身建设】 立足“四个机关”基本定位，积极推进守正创新，着力提升履职能力和保障水平。全力锻造更高素质的人大队伍，聘任新一届工委委员42人，顶岗轮训基层人大干部6批19人次，队伍专业化水平进一步提高。倡导实干之风，围绕人大数字化改革、重点课题调研、基层单元建设等工作，实施专班化推进机制。注重制度管人管事，全面修订完善人大工作制度18项，不断提高常委会履职法治化、科学化、规范化水平。

（程　胜）

2022 江山市人大代表议案建议先进承办单位一览表

表 4

先进类型	先进名单
先进承办单位	教育局、文旅局、卫健局、资规局、财政局、医保局、组织部、民政局、人力社保局、清湖街道、峡口镇、新塘边镇、上余镇

2022 年度江山市人大代表优秀议案建议一览表

表 5

序号	名　　称	领衔代表	议案号
1	关于推动城市数字化智慧交通建设的议案	王雪勇	第 1 号
2	关于盘活资源，打造社区共享食堂的议案	龚优燕	第 3 号
3	关于加大老旧小区改造力度的议案	张艳华	第 9 号
4	关于加大老旧小区无障碍改造的议案	毛香娟	第 15 号
5	关于建立三级公交网实现村村通的议案	胡晓彦	第 36 号
6	关于建设数字文旅平台，加快江山文旅产业发展的建议	郑小梅	第 37 号
7	关于推进清湖古镇省级历史文化村落保护利用重点项目建设加快业态发展的议案	谢小荣	第 67 号
8	关于加快推进城东新城土地征收的议案	冯国敖	第 68 号
9	关于加大园区配套建设和工业人才引进力度的议案	王　荣	第 76 号
10	关于明确江东化工园区中非化工企业腾退方案的议案	王永花	第 77 号
11	关于加快绿色建材产业园建设推动江山水泥产业转型升级的议案	占松华	第 83 号
12	关于在国有土地出让合同中增加地下空间土地出让金相关内容的议案	严青林	第 93 号
13	关于加强生态型乡镇人员经费保障的议案	张有财	第 94 号
14	关于保障峡口生态工业功能区配套道路用地指标的议案	姜杰军	第 106 号
15	关于在市政府层面协调推进“农产品区域公用品牌”实体化运作的议案	毛恭旺	第 109 号
16	关于加大湖羊养殖产业扶持力度的议案	杨建平	第 113 号
17	关于加快江山蜂产业发展的议案	王　前	第 122 号
18	关于推广共享食堂，提升居家养老服务水平的议案	周慧桢	第 321 号
19	关于深化政府服务，助力解决企业用工难的议案	陈建军	第 342 号
20	关于相关职能部门参与电信反诈骗的议案	徐燕飞	第 347 号

2022 年度先进代表小组和履职先进“五星”代表一览表

表 6

先进类型	先进名单
先进代表小组	双塔街道第一代表小组、虎山街道第一代表小组、清湖街道代表小组、上余镇代表小组、贺村镇第一代表小组、凤林镇代表小组、石门镇代表小组
代表履职先进个人	**衢州市人大代表：** 吴东君、柴超前、王金火、马洁霞、夏飞华、王伟华、伍俊斐、王建花、黄巧灵、郑日福、成建明 **江山市人大代表：** 胡晓彦、徐玉娟、严青林、徐燕飞、王雪勇、吴李军、祝春华、吴香华、伍师军、郑丽华、谢小荣、方永康、钟诗奕、祝春凰、潘丽娟、汪　芳、何子洪、杨建平、王　荣、楼华燕、钱卫星、郑仓旺、王超仙、周肖慧、周仙琴、周水林、王仙月、姜振华、徐有尔、杨竹军、周宣文、徐江修、蓝承豪、管忠成、毛庆德、曾德源、刘梅娟、徐敏嫣、叶发存、柴建祥、赵峥峥、毛勇华、周顺章、杨再仙、周春亮、周世明

江山市人民政府

综 述

【概况】 2022年，江山市人民政府坚持以习近平新时代中国特色社会主义思想为指导，深入贯彻落实党的十九大、十九届历次全会和二十大精神，围绕衢州市委建设四省边际中心城市的战略定位以及江山市委打造三省边际中心县城的目标任务，统筹疫情防控和经济社会发展，打好稳进提质、除险保安、塑造变革的组合拳，经济社会发展取得新成绩。全年实现地区生产总值381.28亿元，同比增长4.6%；财政总收入45.05亿元，增长5.7%。其中，一般公共预算收入28.97亿元，增长13.0%；城镇常住居民人均可支配收入61000元，农村常住居民人均可支配收入34427元，分别增长6.5%和8.5%。

【工业经济提质发展】 实施工业强市九大专项行动。新能源新材料产业突破发展，研一、金石等锂盐项目实现试生产，南方新材料项目动工建设。门业智能家居产业成功争列省中小企业特色产业集群。做大做强智慧能源装备产业，科润智控成功在北交所挂牌上市，伦宝管业挂牌新三板，科力车控获评专精特新“小巨人”企业。制定并落实一系列助企惠企和助企纾困政策，累计兑现涉企奖补资金3亿元、减免税费28.5亿元，为市场主体减租减息3.6亿元。

【数字经济创新发展】 聚焦新产业、新智造、新平台、新场景、新机制，“五位一体”推进数字经济高质量发展。2022年数字经济综合评价排名居山区26县第九，新智造发展评价、数字经济系统建设、数字生活新服务评价、网络零售总额等指标排名均居山区26县第一。全省细分行业中小企业数字化改造现场会在江山召开，“轻量化智改+样本化推广”模式成为全省样板，欧派门业获省“尖兵”“领雁”研发攻关计划立项，天际互感器列入省级未来工厂试点。培育高新技术企业36家、省科技型中小企业110家，规上企业研发费用增长17.6%，均创历史新高。

【农业经济融合发展】 加快融合发展，持续擦亮“全域旅游”金字招牌。重磅推出文化旅游体育高质量发展的若干政策意见，整合提升全域文旅资源，成功创建江郎山省级旅游度假区，新增AAAA级以上景区镇2个，廿八都古镇一期改造提升，鸟语花香、烟雨江郎等项目建成投用，培育“白金宿级”民宿1家、“银宿级”民宿4家。绿牡丹茶叶入选省特色伴手礼，华欣羊肉、星菜银耳羹入选省第一批共富农产品，打响“江山味道”农产品区域公用品牌。获评“中国黄精之乡”。

【平台能级加快提升】 打响“两新”产业园转型升级攻坚战，完成园中村444户农户搬迁签约和108家企业腾退签约，盘活拓展园区工业用地336.73公顷；启动江贺经济走廊土地有机更新和整治提升，完成313户房屋征收，在全省新一轮制造业“腾笼换鸟、凤凰涅槃”攻坚行动现场会上作典型发言。深化产城融合发展理念，产业邻里中心、邻里服务点、人才公寓、职工宿舍楼、化工园区污水处理厂、小微园等一批生产生活性功能配套项目开工建设。

【项目攻坚扎实推进】 开展重大项目“双百三抢”专项行动，361个重点项目开工建设，完成固定资产投资148亿元，同比增长20%。健全重大项目“领导领衔、赛马比拼”机制，3个省市县长工程落地开工，7个省“4+1”重大项目加快推进，集中开工5000万元以上重大项目53个，获省季度投资“赛马”激励。突出交通先导，江玉公路全线开工，甬金衢上高速江山段先行开工，杭衢高铁江山段主线完成形象进度90%。公铁联运无水港投入运行，江山—宁波舟山港海铁联运专列通车。迭代升级“2+2”专职招商模式，全年引进亿元以上项目35个，其中10亿元以上项目4个，实际到位资金55亿元，招商引资考核位列衢州第一。碳一新能源负极材料、习谷科技正极材料等项目当年动工、当年建成，万里扬新能源汽车结构件项目60天完成签约落地。

【资源要素保障有力】 坚持“腿勤脑勤”，全年争取新增建设用地计划指标344.56公顷，创历史新高；争取林地指标312公顷，居全省第一。开展征迁大会战，征收土地277.47公顷、房屋855户36.9万平方米。实施土地整治工程，推进十万亩以上全域土地综合整治项目2个，实施“千亩方”20350亩，复垦建设用地266.67公顷，完成垦造耕地417.47公顷。完成“五未”土地处置207.27公顷。科学精准做好“三区三线”划定工作，划定永久基本农田2.39万公顷，保障抽水蓄能等34个重点项目落地空间。

10月11日，市委副书记、市长徐明峰（右二）带队督查重大项目“双百三抢”行动推进情况（孙尔春 摄）

【城市面貌焕然一新】 实施城市发展十大专项行动，环城西路等11条道路完成综合改造。改造老旧小区11个，惠及1.2万户，拆除防盗窗48.2万平方米，提升改造立面78.5万平方米、店招2.6万平方米。推进城区夜景亮化提升工程，完成解放路、鹿溪路、中山路3条商业示范街建设。建成“清湖锁钥”城市风貌样板区。文化艺术中心二期、虎山运动公园、档案馆迁建项目完工，江山虎总部大楼、数字经济创业园、迎宾商务中心启动建设。完成社区规模优化调整，城镇社区数量从18个增加至29个，周家青社区获评省级未来社区，通禄门未来社区启动建设。打响“浙江有礼·文润江山”品牌，推进全国文明城市创建，全年创建成绩位居全省第一，文明有礼成为广大市民行动自觉。

【乡村振兴纵深推进】 聚焦未来乡村，大陈等5个村（片区）建成省未来乡村，获评省新时代美丽乡村示范县。清湖古镇、“三好·清漾”盛大开街。成功创建“仙霞探古”县域风貌样板区。农村供水智慧管护成为全国典型。聚焦农业高效，全面落实“田长制”，完成“非粮化”整治1.59万亩，入选农业农村部粮食绿色高质高效行动实施县。全省单体规模最大的汇农蛋鸡、君缘食用菌等项目建成投产，天蓬公司入选国家重点龙头企业。聚焦共同富裕，抓好村集体经济增收，所有行政村集体经营性收入达30万元以上。实施“大搬快聚”工程，报名申请2099户5556人，完成搬迁对象资格初审并公示607户1765人。深化“两山合作社”试点改革，拓宽生态资源价值转换路径，建成夯土房民宿集群、红糖共富工坊。

【生态环境持续改善】 以全省第一成绩成功创建大花园示范县，获评美丽浙江建设工作考核优秀县。成功创建省美丽河湖2条、水美乡镇2个，全年出境水水质稳定达到Ⅱ类水标准，勇夺五水共治“大禹鼎”银鼎，荣获中华环境优秀奖。生态环境公众满意度首次跻身全省第六。完成16件中央、省生态环保督察问题整改。高标准完成木门行业整治，关停18家，提升225家。加快推进碳达峰碳中和，发放碳账户贷款60.6亿元，6家单位被纳入全省第二批低（零）碳乡镇、村社试点，经济开发区获评省级绿色低碳工业园区。实施中央国土绿化试点示范项目，新增绿化面积6210亩。

【民生福祉持续增进】 出台教育高质量发展政策十条，“双一流”大学录取人数再创新高，全国义务教育优质均衡发展县通过省级评估。新建投用观城实验学校等7所学校，公办幼儿园覆盖率达到51%。人民医院被评为三乙医院。获评健康浙江建设先进县。聚焦“一老一小”，建成居家养老“共享食堂”255个，新增3岁以下婴幼儿托位414个，实现全市未成年人保护工作站全覆盖。开展重点群体就业帮扶，帮助5803人实现再就业，开发公益性岗位878个。城乡公交实行“两元一票制”。节地生态安葬点行政村覆盖率达100%。成功承办全国新年登高健身大会、省第三届生态运动会。

【社会治理成效明显】 实施安全生产综合治理三年行动，圆满完成党的二十大维稳安保任务，实现平安创建“十二连冠”，捧回平安金鼎。以数字化改革为牵引，“智慧助残”获省改革突破奖铜奖，“智享生态牧场”入选省数字政府优秀案例。开展“大综合一体化”行政执法改革，构建“1+5”执法体系，实现执法事项县乡两级全覆盖。争创全国首个气象高质量发展先行试点，“网格+气象”防灾减灾江山模式成为全国样板。

【政府效能有效提升】 建立市政府专题学习会制度，常态开展政治理论和专业技能学习，提升政府系统工作能力。健全完善抓落实体系，建立市政府常务会议重点事项通报制度，提高政府系统执行力。主动接受人大法律监督、政协民主监督和社会舆论监督，按时办结人大代表建议381件、政协委员提案251件。

重要会议

【十七届政府第一次全体（扩大）会议】 8月24日召开。会议深入贯彻省第十五次党代会、省委十五届一次全会、省政府十一次全会精神，全面落实衢州市委八届二次全会、市政府七届一次全会，以及江山市委十五届二次全会部署，盘点政府工作成效，明确年内攻坚突破的重点。

【十七届政府第一次常务会议】 1月28日召开。会议组织学习浙江省、衢州市促消费文件要求。会议原则通过《关于进一步推动工业企业高质量发展的若干政策意见（送审稿）》《江山市汽车促消费补贴、“三衢暖心云上生活，约‘惠’江山”消费券发放方案（送审稿）》。

【十七届政府第二次常务会议】 2月7日召开。会议原则通过《江山市2021年度政府特别奖初审名单（送审稿）》。

【十七届政府第三次常务会议】 2月14日召开。会议原则通过《浙江研一新能源科技有限公司年产50000吨锂电池用黏结剂

(ZONE)项目投资协议书(送审稿)》《关于提前兑现浙江江山变压器股份有限公司智能制造项目补助资金的报告(送审稿)》。

【十七届政府第四次常务会议】

2月28日召开。会议组织学习《郑州“7·20”特大暴雨灾害调查报告》。会议听取江山市人民医院迁建项目选址情况汇报。

【十七届政府第五次常务会议】

3月7日召开。会议听取专安委会工作情况汇报、关于江山站房改扩建工程相关问题的汇报。会议组织学习衢州市碳账户建设第7次例会和碳账户体系建设工作推进会精神。会议原则通过《江山市居家养老“共享食堂”建设工作实施方案(试行)(送审稿)》《江山市2021年度异地商会招商引资奖励情况(送审稿)》《关于调整我市城乡特困人员基本生活标准和调标程序的通知(送审稿)》。

【十七届政府第六次常务会议】

3月26日召开。会议原则通过《浙江碳一新能源有限责任公司年产20万吨锂电池材料项目投资协议书(送审稿)》《开建投公司拟向碳一公司提供委托贷款及投资入股相关协议书(送审稿)》。

【十七届政府第七次常务会议】

4月11日召开。会议原则通过《关于重塑城乡风貌 加快农业农村高质量发展的若干政策意见(送审稿)》《关于加快推进残疾人事业高质量发展的实施意见(送审稿)》《江山市慈善绿卡管理办法(送审稿)》《江山市2022年“双招双引”工作考核办法(送审稿)》《2022年定向培养中小学教师计划(送审稿)》《2022年基层卫生人才定向培养需求计划(送审稿)》《2022年基层林技人员定向培养计划(送审稿)》《关于江山市旅游发展有限公司下属企业投资设立有限合伙企业的建议(送审稿)》《关于市国资公司参与财通证券股份有限公司配股发行的建议(送审稿)》。会议听取江东化工园区安全整治提升工作情况汇报、城南集中供热用热企业综合补助政策调整相关问题汇报。会议组织学习全国“两会”精神、衢州市第八次党代会精神。

【十七届政府第八次常务会议】

4月18日召开。会议原则通过《江山市关于进一步深化“大综合一体化”行政执法改革实施方案(送审稿)》《江山市中心城区规划控制范围内“房票”安置实施办法(试行)(送审稿)》《江山市工业高质量发展“十四五”规划(送审稿)》《江山市2021年度招商引资工作考核结果的通报(送审稿)》《2021年度全市招商引资(山海协作)工作贡献突出的集体和个人建议名单(送审稿)》《关于表彰2021年优秀“招商大使”的通知(送审稿)》《在2021年度经济发展工作中贡献突出的集体和个人的评选结果(送审稿)》。会议听取安全生产重点问题整改落实情况汇报。

【十七届政府第九次常务会议】

5月5日召开。会议听取关于应对新冠肺炎疫情进一步助力市场主体纾困解难若干措施编制情况汇报。会议原则通过《江山市木门行业整治提升行动方案(送审稿)》《奉化至江山公路江山上余至大桥段公路工程(江玉公路)项目集体土地上房屋征收补偿安置方案(送审稿)》《江山“网格+气象”防灾减灾全国高质量气象现代化建设先行试点方案(送审稿)》《关于印发江山市人民政府记功奖励暂行办法(2022年修订)的通知(送审稿)》《江东化工园区征迁记功嘉奖名单(送审稿)》《关于江山市抗击“4·25”疫情防控工作记功嘉奖名单(送审稿)》。会议组织学习习近平总书记、李克强总理对湖南长沙居民自建房倒塌事故作出的重要指示、省政府第十次全体会议精神、衢州两会精神、《江山市防汛防台抗旱应急预案》。

【十七届政府第十次常务会议】

5月30日召开。会议组织学习全国、全省自建房安全专项治理电视电话会议精神,全国、全省稳住经济大盘电视电话会议、衢州市上半年经济工作专题会议精神,省委副书记、省长王浩到衢州调研重要讲话精神,高屹书记在衢州市碳达峰碳中和领导小组第一次全体（扩大）会议上的重要讲话精神。会议听取江山市上半年经济工作汇报、江山市推进全国义务教育优质均衡发展县创建短板整改工作的汇报、关于2022年考核奖预发方案相关情况的汇报、关于要求动用社会保障风险准备金有关情况的汇报、数字政府推进工作情况汇报。会议原则通过《衢州江山通禄门未来社区实施方案（送审稿）》《江山市解放路风貌景观提升工程方案（送审稿）》《江山市燃气发展专项规划（2021—2035年）（送审稿）》《上余镇一都江小学整体搬迁实施方案（送审稿）》《国有投入委托经营校车专业化建设方案（送审稿）》《江山市备案非标电动自行车淘汰工作方案（送审稿）》。会议通报《中共衢州市依法治市委员会办公室关于反馈江山市2021年度法治浙江（法治政府）法治衢州（法治政府）建设考评有关情况》。

6月，市委常委、常务副市长俞耀根（右三）在“6·20”暴雨期间检查防汛工作（祝许铮 摄）

【十七届政府第十一次常务会议】6月13日召开。会议组织学习全省消防安全大排查大整治暨安全生产工作视频会精神，全省、衢州市交通运输稳进提质攻坚行动推进会会议精神，《关于进一步强化安全生产责任落实坚决防范遏制较大及以上事故的实施方案》文件精神。会议部署现阶段安全生产、防汛等工作。会议原则通过《江山市贯彻落实国务院、浙江省、衢州市扎实稳住经济一揽子政策措施实施方案（送审稿）》《江山市全面推行耕地保护田长制实施方案（送审稿）》《江山市新能源新材料产业园转型升级实施方案（送审稿）》《江山市新能源新材料产业园国有工业用地收购补偿办法（送审稿）》《老顾家区块集体土地住宅房屋征收房票定价建议方案（送审稿）》《江山市规范民办义务教育发展专项工作实施方案（送审稿）》《江山市人民政府与浙江省土产畜产进出口集团有限公司共同富裕战略合作协议（送审稿）》《江山社区规模调整方案（送审稿）》。会议听取全市道路交通事故情况报告、江山市打击治理电信网络新型违法犯罪工作汇报、关于启动七斗区块安置房建设工作的汇报、关于启动城北新城B-005-01、C-003-06、C-003-07（原8#、10#、11#）地块建设工作的汇报，关于启动城北新城B-002-01、02、03（原城北5#、6#）地块建设工作的汇报。

【十七届政府第十二次常务会议】6月27日召开。会议组织学习《数字化改革的整体架构及应用谋划》、全省经济稳进提质攻坚行动工作例会精神、全省自建房安全专项整治再部署再推进视频会议精神、《浙江省公共数据条例》《衢州市党政领导干部安全生产责任制落实不力问责办法（试行）》。会议听取江山市未来五年基础设施重大建设项目情况汇报、关于公务用车采购情况的汇报、江山市江东园区污水处理厂一期工程规模及实施方案汇报、关于请求同意以奖补方式将两所民办义务教育学校资产转公的情况汇报。会议原则通过《关于市属国有公司组建集团公司及完善法人治理结构建议（送审稿）》《关于市属国有公司投资设立浙江星菜胚芽米科技有限公司有关情况》《关于预拨科润智能制造项目财政奖补资金的报告》《江山市人民政府与物产中大金石集团有限公司关于江山市养老领域共同富裕的合作协议（送审稿）》《江山市—万里扬浙江江山抽水蓄能电站投资合作协议（送审稿）》《万里扬年产20万吨精密成型新能源汽车结构件项目投资协议（送审稿）》《江山市人民政府工作规则（送审稿）》。

【十七届政府第十三次常务会议】

7月12日召开。会议组织学习全国安全生产电视电话会议精神。会议听取专项债券项目推进和资金使用情况汇报、上半年安全生产工作情况汇报。会议部署下半年安全生产工作、防汛防台抗旱工作。会议原则通过《江山市事业单位建立管理岗位职员等级晋升制度实施方案（送审稿）》《新建杭州至衢州铁路（建德至衢州段）江山站站房相关工程合作建设出资协议书（送审稿）》《江山市城中片区基础设施配套建设项目国有土地上房屋征收的决定、房屋征收补偿方案（送审稿）》《关于进一步促进房地产业良性循环和健康发展的通知（送审稿）》《江贺经济走廊土地有机更新和整治提升项目资金保障方案（送审稿）》《江郎山风景名胜区总体规划修编（送审稿）》《江山市殡葬基本服务全流程免费的通知（送审稿）》《江山市江滨东路等11条道路命名方案（送审稿）》《江山市景星西路起讫点变更方案（送审稿）》。

6月14日，市委常委、副市长钱伟（右三）调研在建交通项目（孔令涛 摄）

【十七届政府第十四次常务会议】

7月25日召开。会议组织学习《公权力大数据监督应用》《浙江省落实国家统计督察反馈问题整改方案》、衢州市委八届二次全会精神。会议听取上半年经济工作情况汇报、专项债券项目推进和资金使用情况汇报，关于请求同意给予恒泰、文溪两所民办学校举办者奖补的情况汇报。会议研究部署三季度经济工作。会议原则通过《江山市城乡公共交通客运价格调整方案（送审稿）》《江山市农村公路管理办法（送审稿）》《江山抽水蓄能电站项目投资主体确定方式》。

【十七届政府第十五次常务会议】

8月8日召开。会议组织学习《项目用地保障政策解读》、全省疫情防控调度电视电话会议精神及省委领导关于义乌“8·2”疫情的批示精神、省政府第十一次全体会议精神。会议听取2022年省委生态环境保护专项督察迎检工作汇报、2022年迎峰度夏电力保供和有序用电工作启动情况汇报、关于通禄门未来社区老啤酒厂、通禄门地块开发模式的情况汇报、关于变更江山市2022年中央和省级财政扶持村级集体经济发展项目及衢州市共富综合体项目的汇报、关于要求启动永安里片区危房改造（二期）项目的情况汇报。会议原则通过《关于全面优化统计生态的若干意见（送审稿）》《关于推进统计基层基础建设 提高源头统计质量的实施意见（送审稿）》《江山市“大搬快聚 兴城共富”农民集聚转化实施意见（试行）（送审稿）》《江山市土地整治项目优化管理暂行实施意见（送审稿）》《关于给予钱伟同志记个人三等功的决定（送审稿）》。

11月17日，市委常委、副市长朱永平（中）现场督查莲华山小微园建设（姜林楠 摄）

【十七届政府第十六次常务会议】

8 月 22 日召开。会议原则通过《关于鹿溪路（城中路—江城北路段）建筑立面、景观设计方案（送审稿）》《关于通禄门未来社区改造部分设计方案（城中路—环城南路段）（送审稿）》《关于江山市数字经济创业园项目规划及建筑设计方案（送审稿）》《关于提前兑现浙江天际互感器有限公司资本市场政策的报告（送审稿）》《2022 年重大项目“双百三抢”专项行动方案（送审稿）》。会议听取 1—7 月经济工作情况汇报、专项债券项目推进和资金使用情况汇报、《专项债券项目管理办法（送审稿）》汇报、《城北新城高层办公建筑项目（B-005-01、C-003-06、C-003-07 地块）建设工作的汇报》、经济开发区派出所项目建设问题整改情况汇报。会议组织学习习近平总书记和李克强总理对青海重大山洪灾害和当前防汛抗旱抢险救灾工作作出的重要指示精神、省长王浩在省食品药品安全委员会全体会议上的讲话精神、浙江省防汛防台抗旱指挥部令机制等八项机制的通知精神。

【十七届政府第十七次常务会议】

9 月 5 日召开。会议组织学习《公开公平公正规范有序推进招投标工作》《关于印发进一步规范市政府运行机制提高行政效率的实施办法的通知》《中华人民共和国法律援助法》《转发国家防总关于抓紧开展河道堤防防洪风险隐患排查整改和国家防办关于进一步做好山洪灾害防范应对工作的提示的通知》。会议听取木门行业整治提升推进情况汇报。会议原则通过《浙江万里扬股份有限公司年产 12 万吨新能源汽车合金结构件投资项目（含结构件加工制造）投资合作协议（送审稿）》《江山抽水蓄能电站项目投资合作协议（送审稿）》《江山市人民政府关于 2022 年综合行政执法职能事项划转的通告（送审稿）》《江山市特色生态产业平台五年建设方案（送审稿）》《关于烟花爆竹批发和零售单位处置工作的实施方案（送审稿）》《江山市推进教育高质量发展实施意见（送审稿）》。

【十七届政府第十八次常务会议】

9 月 19 日召开。会议组织学习省长王浩在全省新一轮制造业“腾笼换鸟、凤凰涅槃”攻坚行动现场会暨“415X”先进制造业集群建设推进会上的讲话精神，徐文光同志在省消安委例会和省涉海涉渔、危化品、工矿安全专委会例会上的讲话精神，《浙江省安全生产委员会办公室 浙江省消防安全委员会办公室关于深刻吸取事

故教训 进一步做好自建房火灾防范工作的通知》精神，《浙江省消防安全委员会办公室关于金华永康市东城街道“9·11”火灾的通报》精神，衢州市委书记高屹在八届市委常委会第22次（扩大）会议上的讲话精神。会议听取关于市农房整治后半篇文章推进情况的汇报、政府投资项目中期调整情况汇报、专项债券项目推进和资金使用情况汇报。会议原则通过《江山经济开发区江贺产业平台基础设施建设项目（南入城口至贺滨路段）实施方案（送审稿）》《江山市智能家居小微产业园项目实施方案（送审稿）》《江山经济开发区莲华山人才公寓建设项目实施方案（送审稿）》《关于给予王峰平等74名公务员记三等功、毛水根等510名公务员嘉奖奖励的决定（送审稿）》《江山新能源新材料创新基地项目投资建设协议书（送审稿）》《中山路与县河东路西北侧地块基础设施建设工程国有土地上房屋征收决定、房屋征收补偿方案（送审稿）》《中山路老电影院及周边地块基础设施建设工程国有土地上房屋征收决定、房屋征收补偿方案（送审稿）》《县河西路西侧地块基础设施建设工程国有土地上房屋征收决定、房屋征收补偿方案（送审稿）》《城北大桥拆建、双龙大桥建设工程情况汇报》《整体收购恒泰燃气建设公司方案（送审稿）》。

【十七届政府第十九次常务会议】 10月10日召开。会议组织学习《中华人民共和国数据安全法》《从市县长经济责任审计角度看经济决策全链条风险防控》。会议原则通过《江山市推动工业稳增长降成本政策意见（送审稿）》《关于支持外贸企业稳定发展的政策意见（送审稿）》《江山市2022年天然气“压非保民”应急预案（送审稿）》《江山市2022年迎峰度冬负荷管理方案（送审稿）》。会议听取数字政府推进工作情况汇报。

【十七届政府第二十次常务会议】 10月24日召开。会议听取三季度经济工作情况汇报并研究部署四季度经济工作，听取专项债券项目推进和资金使用情况汇报、关于2022年预算追加事项相关情况的汇报、关于将基础绩效奖纳入公务员（含参公人员）养老保险缴费工资基数的汇报。会议原则通过《关于进一步促进工业企业上规升级的若干意见（试行）（送审稿）》《江山市虎山2022004#区块集体土地上房屋征收补偿安置方案（送审稿）》《江山市人民政府 衢州国网公司 打造新型电力系统四省边际先行示范助力江山建设三省边际中心县城合作协议（送审稿）》《江山智能装备高新技术产业园区管辖范围调整方案（送审稿）》。会议组织学习省、衢州市关于加强统计工作有关文件精神，省知识产权保护和发展大会精神，《关于加快机关事务工作高质量发展推进机关运行保障现代化先行的意见》《衢州市消防安全委员会关于印发全市深化消防安全“百日攻坚”整治行动实施方案的通知》。

【十七届政府第二十一次常务会议】 11月14日召开。会议原则通过《江山市电力需求响应补贴实施办法（送审稿）》《经济开发区关于对城南集中供热项目后续供热补贴政策（送审稿）》《江山市供销（集团）总公司改制方案（送审稿）》《浙江省国土整治中心 江山市人民政府加强国土整治工作合作协议（送审稿）》。

【十七届政府第二十二次常务会议】 11月28日召开。会议组织学习习近平总书记对安阳“11·21”火灾事故作出的重要指示精神并研究部署秋冬消防安全工作，学习习近平总书记关于疫情防控的重要指示精神及上级相关会议精神并研究部署我市当前疫情防控重点工作，学习全省土地综合整治工作现场会精神并研究部署我市土地整治工作。会议原则通过《江山市建立健全分层分级精准防控末端发力终端见效工作机制推动食品安全属地管理责任落地落实的实施方案（送审稿）》《“江山味道”农产品区域公用品牌建设三年行动方案（2023—2025年）（送审稿）》《江山市“大搬快聚 兴城共富”农民集聚转化实施意见有关安置认定的操作细则（送审稿）》。会议听取2022年度第四季度全市重点项目征迁攻坚计划、推进时序、资金预算和领办单位安排的情况汇报，关于江山市城北2022-5#、6#地块（迎宾商务中心）项目规划及建筑设计方案汇报。

【十七届政府第二十三次常务会议】 12月12日召开。会议原则通过《江山市地方政府性债务风险应急处置预案（送审稿）》《浙江交通科技股份有限公司江山基地关停及收储补偿协议之补充协议（送审稿）》《江山市农村乱占耕地建房住宅类房屋专项整治试点工作实施方案（送审稿）》《江山市新能源新材料产业园转型升级工作记功嘉奖名单（送审稿）》《江山市虎山2022020#、2022021#、2022022#，清湖2022004#、2022005#区块集体土地房屋征收补偿安置方案（送审稿）》《江山市江山港流域综合治理工程（清湖街道浮桥头等村庄建设用地范围）集体土地房屋征收补偿安置方案（送审稿）》《江山市清湖2018002#区块（江山港流域综合治理工程建设用地范围）集体土地房屋征收补偿安置方案（送审稿）》《江山市新能源新材料产业园转型升级企业过渡搬迁补助奖励政策（送审稿）》。会议听取关于建立职工基本医疗保险个人账户的汇报。会议组织学习衢州市委书记高屹、市长徐张艳来江调研指示精神、《浙江省人民政府关于跨乡镇开展土地综合整治试点的意见》《浙江省安全生产委员会办公室关于印发徐文光同志在全省岁末年初安全生产和消防安全工作推进会上讲话要点的通知》《促进个体工商户发展条例》。

【十七届政府第二十四次常务会议】 12月26日召开。会议原则通过《关于公布市政府及市政府办公室行政规范性文件清理结果的通知（送审稿）》《江山市建设三省边际县域创新高地 全力争夺“科技创新鼎”行动方案（2022—2026年）（送审稿）》《关于推行基层体育委员工作机制的实施方案（试行）（送审稿）》《江贺经济走廊土地有机更新和整治提升企业整治提升工作实施方案（送审稿）》《江贺经济走廊土地有机更新及整治提升项目国有工业用地上房屋收购补偿方案（送审稿）》《江贺经济走廊土地有机更新和整治提升项目企业过渡搬迁补助奖励政策（送审稿）》。会议听取关于进一步明确土地储备做地主体相关事项的汇报、关于永安里片区改造项目（二期）规划及建筑设计方案的汇报、关于江山市城东新城幼儿园（东晨幼儿园）项目规划及建筑设计方案的汇报。

2022年江山市政府民生实事项目情况表

表7

序号	项目名称	项目建设规模及内容	建设起止年限	总投资（万元）	当年投资（万元）	2022年度计划	资金来源	责任单位
1	城区公办幼儿园建设工程	建设5座办学规模各12个班，可招收学生360人的综合性幼儿园。其中，城南安置小区配套幼儿园2022年底完工；黄陈清华园小区、城南毛墩地块小区、城东新城安置房地块等3座幼儿园完成主体建设；牛头岭8#地块小区配套幼儿园完成地下室施工，开始主体施工	2021年12月至2022年12月	11100	5200	按进度完成	政府投资	市教育局 城建投公司 市住建局
2	残疾人六助共富工程	主要是对残疾人提供“助医”“助行”“助学”“助听”“助苗”“助安”六方面帮助，以此助力残疾人共同富裕	2022年1月至2022年11月	1050	1050	完成投用	上级补助财政拨款	市残联
3	老年友好型城市建设工程	1. 在社会福利院、养老机构建设认知证照护专区，依据实际情况设置单元，按照“居家”理念，着重打造温馨、舒适的家庭氛围。2. 在坛石镇建设集康复治疗、娱乐、托养为一体的康宁楼，完成项目主体建设	2022年1月至2022年12月	3599.4	2450	完工投用	政府投资	市民政局 坛石镇
4	城乡公交一体化提升工程	1. 优化城区、城区到乡镇、乡镇到行政村三级公交网络，同级网络内实行2元一票制。2. 更新投放50辆新能源公交车	2022年1月至2022年10月	2900	2900	完成投用	财政拨款	市交通运输局
5	生命守护工程	1. 开展应急救护普及培训，新增应急救护持证人员6800人，在公共场所配置20台急救设施设备（AED）。2. 建设医保全生命周期守护应用，包括电子病历、健康体检、健康档案、医保参保、医保结算等信息采集、展示、分析、管理功能，实现健康信息数据共享、处方流转、健康画像等功能	2022年1月至2022年12月	615	615	完成人员培训、设备配备和应用上线	财政拨款	市红十字会 市医保局

续表 7

序号	项目名称	项目建设规模及内容	建设起止年限	总投资（万元）	当年投资（万元）	2022 年度计划	资金来源	责任单位
6	站前里老旧小区综合改造工程	对站前里（书院里）小区进行综合改造，内容主要为小区范围单元楼建筑外墙、屋顶渗漏维修、建筑立面改造等，并对公共楼道、消防设施、小区道路、停车设施、无障碍设施、垃圾收集点、绿化环境、飞线等进行整治提升，增设社区综合服务站、快递末端服务站等公共服务设施	2021 年 12 月至 2022 年 12 月	2500	2500	完工验收	政府投资	市住建局
7	全民健身设施提升工程	1. 对全市健身场地进行摸排，对公共区域达到使用年限、存在安全隐患、破损严重的健身设施及时更换；新安装 20 件二代智能健身路径；新建学校攀岩墙 2 个。2. 完成城东百姓健身中心主体建设。3. 在全市部分乡镇街道建设 8 个多功能运动场、3 个全民健身广场、1 个体育公园、2 个笼式足球场、7 个百姓健身房	2022 年 1 月至 2022 年 10 月	1445	1445	完工投用	财政拨款	市体育局 城建投公司
8	城市夜景提升工程	对中心城区一江两带、跨江桥梁、主要入城口、主要城市道路、城区地标景点等进行夜景专项提升	2021 年 11 月至 2022 年 11 月	15000	7000	完工验收	国企投资	城建投公司
9	城市畅行工程	1. 规划建设景星东路（江山大桥）东延伸至 S315 线，配套建设排水、给水、燃气等市政基础设施。2. 在现状虎山大桥两侧拼宽连续砼拱桥，升级为双向六车道	2021 年 12 月至 2022 年 12 月	7097	4000	完工验收	政府投资	城建投公司
10	城区电动自行车智能充电桩项目	在城区安装约 5000 孔充电插口，满足市民电动自行车充电需求，切实解决飞线充电问题	2022 年 1 月至 2022 年 6 月	1600	1600	完成投用	国企投资	城建投公司

市政府办公室

【概况】 2022年，市府办聚焦全市经济社会发展和中心工作，着力在讲政治、强执行、优服务、转作风、提能力上下苦功、求实效，切实承担起市政府“前哨”和“后院”的职责与重任，为政府各项工作高效有序开展提供强有力保障。

【加强政治建设】 常态化组织全体干部集中学习习近平总书记各项重要指示批示和党的二十大、省第十五次党代会、衢州市委八届二次全会等各级重要会议精神，通过读原著、学原文、悟原理，增强“四个意识”、坚定“四个自信”，做到政治上、思想上、行动上与党保持高度一致。严格落实“三会一课”制度，班子成员自觉以普通党员的身份参加党支部专题学习。结合全办干部学习会、谈心谈话、主题党日及“8090”理论宣讲等活动，组织“健步前行 重温誓词”等主题党日活动，强化党章党规党纪意识，增强思想自觉和行动自觉。严格执行党组会议、“三重一大”等制度，定期研究部署全面从严治党工作，及时传达学习贯彻上级党风廉政建设和反腐败工作精神。将党性教育与全面从严治党深度融合，组织全办干部观看《“双赢”的背后》《放纵的代价》等警示教育片，做到以案为鉴、警钟长鸣。

【优化机制运行】 完善政府系统会议审批制度，明确“部门提交、科室审核、班子讨论”的上会流程，提升政府会议效能。在政府常务会议议题审核上，对准入门槛、议题成熟度、汇报材料质量严格把关，突出风险点和决策点，规范汇报时长，会议时间更短、效率更高、质量更好，会议频率由一周一次优化为两周一次，提高决策效率。建立市政府领导定期听取工作汇报制度，每周安排两个半天听取当前重点工作汇报，变部门找市长汇报为主动安排部门向市长汇报，为部门提供方便。梳理规范1000万元以上政府投资项目、单笔30万元以上第三方服务采购项目以及矿产、土地等重大资源招标管理，完善规划国土联席会议、财政资金使用联席会议等议事制度，让部门办事有章可循。建立市政府常务会议工作成效通报机制，完善督查工作闭环，推动各项工作有力落实。全年发出《政务督查通报》7期、专报3期，下发市长交办单29期，交办并跟踪重点工作71项，推进省市民生实事、重点项目、两新产业园转型升级等重点工作落细落实。

【强化参谋辅政】 坚持班子带头、科室参与的调研机制，聚焦大事要事、问题风险，立足难点、堵点、关键点，开展全员微调研活动，形成微调研文章25篇。全年编辑刊发《领导参阅》8期、《调查与思考》7期，有3篇获市委、市政府主要领导批示肯定。其中，《加强体制机制建设提高国资公司运营管理能力》等专题调研成果转化为相关政策和具体举措。完善全员信息考核、信息标靶清单制度，针对上级关注的热点，深挖提炼亮点成效，通过点题谋划、定向约稿等形式，积极报送对接。全年21篇信息获省、衢州市领导批示，政务信息考核全省第17名，获省考核优秀。《江山市高效打造工业用地连片出清示范样板》《江山市率先实现烟花爆竹批发零售“双清零”》两篇信息获得衢州市委书记高屹，衢州市委副书记、市长徐张艳以及分管市领导三重批示。

【提升服务水平】 坚持服务精细化、特色化、系统化，精心谋划、精密部署各个环节。一些重要活动，班子成员分工负责、团结协作，着重在线路踏勘、点位准备、方案制定等重点环节上下功夫，高标准完成接待服务工作。全年高质量承办省长王浩，常务副省长徐文光，副省长成岳冲、王文序、卢山，衢州市委书记高屹、市长徐张艳等上级领导到江山调研接待活动20余次。加强办会全流程管理，完善会前准备、会中服务、会后落实等环节，确保会议组织服务工作细致周密。全年筹备全省细分行业中小企业数字化改革推进会、山区26县开放平台产业对接会、衢州市工业强市推进会、市政府全会、常务会、市长办公会等各类大型会议50余次。

【推动工作落实】 发挥好争先创优办运行中枢作用，坚持目标导向，围绕分管领域，科学分解任务、层层压实责任、清单推进销号。坚持问题导向，针对结构性投资、规上工业产值等短板指标，深入研究、常态研判，以创新寻求突破，不断补短提升。江山市三个季度以总分第一名的好成绩获衢州市“流动红旗”，实现“开门红”到“全年红”的既定目标。聚焦提升治理效能，在政府数字化建设上对标对表、选优抓总，促改革、破难题、建应用、求实效，谋划推动的“智享生态牧场”入选省数字政府优秀案例。坚持公开透明，出台《江山市政府信息依法申请公开工作程序规定》，办理依法申请公开96件。通过市政府门户网站主动公开信息6137条，发布市政府及市府办文件354件、政策解读16个，按照“省厅每月一次、衢州每周一次”的要求，班子带队跑部进厅、全力争取，以沟通的高频度赢得省市的关注度，以对接的精准度获得要素的倾斜度，与省、市各部门均建立了良好的对接沟通新局面。全年向上对接争取成效获衢州市考核第一名，推进山区高质量发展等三项工作获得省政府督查激励，数量居衢州市首位。

【自身队伍建设】 依托微学习、微讲堂、微调研、微宣讲、微谋划“五微”专项提升行动，开展即兴创作比赛、全员信息、8090宣讲、项目谋划擂台赛，让干部能谋、会写、善讲，全面提升干部综合能力。坚持“开门写材料”，实行班子牵头、科室负责、部门配合的写作模式，起草的各类文稿质量明显上升。根据人岗适配原则，班子成员通过谈心谈话、深入考察，发掘干部特长和优势，打破科室条线间用人瓶颈，优化调整人员岗位。全年，新调入普通干部2名，干部岗位调整3次涉及9人，股级调整1次。坚持以制度管人管事，实行首接负责、差错追究等制度，一次检讨、两次表态、三次取消评优，干部办文办会办事差错率明显下降。规范借用人员管理办法，完善外出报备、请销假、值班值守等制度，严格执行公务接待、公务用车及加班补贴发放等规定，办公室全年未发生干部违法违纪情况。

（龚建良）

市人民政府咨询委员会

【概况】 2022年，江山市人民政府咨询委员会下设综合经济发展部、城乡统筹发展部、社会事业发展部3个专业部，聘请44名咨询委委员，并如期完成换届工作，组织课题组外出学习调研。

【课题研究】 年内，完成“统领共建百村‘共富产业园’齐心打造全省消薄新地标”等12项重点课题。其中，“统领共建百村‘共富产业园’齐心打造全省消薄新地标”“新建江山运河，实施城区东扩战略”“加快江山家居产业数字化转型 努力打造全国全屋定制产业基地”等多个课题成果获市主要领导批示。“关于在我市城中村实施撤村改（并）居试点的建议”课题成果中的主要做法被纳入《衢州市“百村改百居”行动方案》。

【智点江山】 组织第三届请你“智点江山”活动，共收到来自社会各界的“金点子”250件，数量创下三年新高，“智点江山”活动品牌得到推广。

【项目谋划】 开展第五届咨询委员谋项目活动，征集“百村共富产业园项目”等项目31个。其中，“无卤阻燃新材料产业园”“年产100吨光刻胶生产线项目”等项目储备入库，为全市项目谋划工作展示咨询委智慧。

（王　霞）

机关事务保障

【概况】 2022年，江山市机关事务保障中心聚焦重点工作落实，聚焦服务水平提升，为党政机关高效运行提供有力保障，推动机关事务工作高质量发展。年内，获“全省机关事务工作先进集体”称号。

【办公用房管理】 严格落实党政机关办公用房巡检考核制度，认真执行《关于进一步加强办公用房使用管理的实施细则》，全力配合衢州市房管处对江山市办公用房进行专项检查，涉及30余家单位。联合市纪委开展2次集中督查，全面掌握全市党政机关办公用房使用情况的最新动态，即查即改，常态化做好全市党政机关办公用房督查检查工作。推进全市党政机关办公用房数字化平台建设工作，完成全市党政机关办公用房数字化管理平台基础数据的收集工作及19个单位办公用房数据导入工作。严格落实办公用房搬盘调剂程序，强化措施抓落实，规范调剂程序，全面推进全市办公用房资源合理配置和节约集约使用，持续加强统筹协调，合理优化调配办公用房资源，为征迁事务中心、农业农村局等7家单位调配办公用房，对原江山市档案馆装修改造项目进行立项。

【公务公车管理】 持续优化公务用车全省“一张网”平台使用，构建起公务用车标准化、信息化、平台化“三化一网”管理体系，推进“一车一档，一人一档”的工作。保障“两会”、党代会、第三届生态运动会、疫情防控、全国文明城市创建工作等重大公务用车保障工作。强化公务用车有机更新，全面做好公务车辆的更新购置工作，全年中心累计更新车辆7辆，其中为响应国家节能减排号召，同步购置新能源汽车2辆，占比28.5%。安排政务和接待用车3800余台次，接送领导和宾客2.1万人次，安全行驶130万公里，未发生重大主责交通事故。

【会务接待】 完成全国政协人大调研组、创文省考暗访、人民医院创三乙、衢州市疫情防控大战大考、县乡领导班子换届回头看专项考核、江山木门轻量化智改现场会等重要活动及各类公务接待146批次，其中省部级以上重要接待16批次。

【服务中心管理】 打造健康食堂、绿色食堂、智慧食堂，完善智能化设备运用，提供高效便捷的餐饮服务。通过“阳光厨房”建设、干部监督食材验收等一系列措施，不断提升餐饮服务质量。全年累计保障用餐24.1万人次，累计接待包厢575桌，约5300人次。通过“线上+线下”的标准化会议服务流程，提升会议服务效率，高标准高质量保障各类会务服务。完成各类政务会议服务781余场次，服务参会人员44.7万余人次，节省会议成本25万余元。

【市机关大院安保服务】 坚持“预防为主，防消结合”的方针，组织保安人员开展消防安全、应急救护、反恐防暴等各项技能培训和演练。持续对市机关大院内部停车管理和快递收发管理进行管控，规范引导机关大院通行秩序，确保大院内交通安全流畅。引导大院车辆规范停车1500余次，归纳整理快递间报纸杂志等1000多份。

（姜煜晨）

营商环境建设

【概况】 2022年，江山市营商办以“放管服”改革为抓手，坚持问题导向、瞄准破题靶向、践行便民利企取向，抓好优化营商环境提质提标各项工作。在信用示范区创建、行政备案试点、涉企服务等方面成效显著。

【争创全国信用示范区】 积极参与第四批全国信用体系示范区创建，据申诉期初步反馈，排名位列全国第三、浙江第一。10月，江山市城市信用状况监测排名位列全国第四、全省第一。在衢州市信用数字化改革应用场景案例评选中，《江山市上线旅游商品“放心购”探索旅游共富新途径》被评为示范案例，《智慧平台信用监管“食”字路口文明有礼——江山市“餐饮共治”系统应用》被评为优秀案例，江山市营商办被评为优秀组织奖。

【优化营商环境】 江山市作为国务院行政备案规范管理浙江“两

市五县”试点城市之一，参与《浙江省行政备案规范管理改革试点实施方案》等省级文件制订，配合省委改革办做好《行政备案事项清单》的编制工作，在江山市域实施行政备案事项清单化管理，梳理实施备案事项252项，相关经验在全省推广。围绕2022年省营商环境评价“问卷得分+无感监测赋分”的评价模式，坚持“以评促优，以评促改”推进江山各指标优化提升。上半年省营商环境“无感监测”江山得分93分，处于全省县（市）三段划分前段。同上饶市广丰区、南平市浦城县开展合作，在江山、广丰、浦城三地，率先实现食品经营许可和销售预包装食品备案跨省通办。

【助企纾困】 完善市领导定期座谈机制，书记、市长每季轮流出席“亲清直通车·政企协商会”，主持召开每月一期的政企协商会，共计34期。面向全市发布营商环境负面清单，公布渠道面向社会征集营商环境问题。开展营商环境问题自查自纠工作，各乡镇（街道），市机关各部门共自查自纠问题78个，整改报告78份。完善3（营商办、纪委、检察院）+N（相关部门）复盘工作机制，年内开展工作复盘7次。按照“环节最少、材料最简、时限最短、协同最优”原则，制定出台《关于高标准推进惠企政策兑现工作的通知》，明确目标任务、责任单位、保障举措和工作机制，推进惠企政策兑现工作落细落实。通过直达快享，全年累计为5319家企业办理申报政策资金兑现，计7535笔、9.04亿元。

【提升窗口服务品牌】 实施政务服务标准化现场管理项目建设，改造提升24小时自助服务区，规范窗口电话咨询服务工作，通报“争先创优”正反典型，对大厅窗口、公共区域、办公区域、服务礼仪等方面进行全方位的找差距、定标准、促提升，优化办事环境、提升服务效能、塑造窗口形象。以星级评定为主抓手，加强乡镇便民服务中心建设，分批次组织无差别窗口人员到市行政服务中心开展实操跟班学习，实现村社政务服务网上办事大厅全覆盖。深化“政务+金融”合作模式，开展政银合作，为群众提供“就近办”，江山农商银行已实现41个网点100%政务服务代办全覆盖，首批落地办理医保、人社、市场监管、民政、公安等36项高频民生事项。

（徐圆媛）

信访工作

【概况】 2022年，江山市信访总量6771件，其中来信6441件、来访330批436人次件。市“12345”政府服务热线受理来电130497件。1件重大信访问题整改被列入省级示范榜，2件重大信访问题整改被列入衢州市级示范榜。衢州市信访工作考核排名第一，“七张问题清单”重大信访问题正向指

9月22日，市委书记朱素芳（中）主持召开全市除险保安暨信访积案化解工作推进会（市信访局 供图）

数全省排名第二，作为衢州市唯一县级信访局获五年评选一次的“全省信访系统先进集体”称号，经验做法获衢州市委书记高屹批示肯定。

【浓厚工作氛围】 针对疑难复杂积案，专门建立四套班子包案联村机制，市委、市政府主要领导带头领办最难的积案、挂联信访矛盾最集中的村，包案市领导协调、攻坚化解，发挥重要的示范引领作用。由市委分管市领导牵头每周召开信访工作联席会议，推进重要节会积案化解、初信初访等工作。市委、市政府分管领导在重要节点带队开展督查，多部门组成党委联合督导组，开展积案化解、重大信访问题清单销号等专项督查，形成督查通报和问题清单，督促推动相关问题整改到位。

【攻坚化解积案】 开展信访积案化解攻坚行动，采取定期梳理交办、领导包案、领导接访约访、每日晾晒通报、重点专题推进、现场会商督导等举措，推动信访积案动态清零、常态清仓。全市200件国家积案、182件省级积案、17件衢州市级积案全部清零，创成“无信访积案县”。针对涉法涉诉、土地征收、房屋拆迁、违法建设、农村宅基地纠纷、涉纪类等6个重点领域信访问题开展专项治理，推动全领域信访形势根本好转。全年有159个村创成无信访村（社）。

6月21日，市委副书记、市长徐明峰（中）接访来访群众（市信访局 供图）

【抓好源头治理】 市领导每日在市社会治理中心坐班接访，共接待来访群众421批798人次。严格落实来市初次走访首办责任制，责任单位主要领导一周内亲自接待、亲自过问、亲自化解，全年交办来市初次走访事项218件。深化接诉即办，按照属地管理、“谁主管谁负责”原则，乡镇（街道）、部门、村（社）、网格负责本辖区、本领域矛盾纠纷的调处化解，发现矛盾纠纷或接到群众投诉后，第一时间开展化解，承办单位接到转交办信访事项后第一时间办理。试点信用管理，探索将依法信访、不良信访行为惩戒纳入村规民约，推动全市314个村（社）村规民约（居民公约）迭代升级全覆盖，鼓励各村因地制宜制定个性化惩戒措施，取得良好的社会效果和示范效应。

【提升办理质效】 坚持主官主办，乡镇（街道）、部门主要领导阅批群众来访来信来电、审签信访事项处理意见达100%，提升一次性化解率。强化信访工作“一岗双责”，推动信访事项办理依法依规、高质高效完成。落实二次交办，明确乡镇（街道）信访工作联席会议牵头推进解决疑难信访问题，每周专题会商初信初访初电不满意事项，进行二次交办，限期2周内化解，提升信访事项化解率、满意率。

（叶雪晨）

政协江山市委员会

1 月 26 日，中国人民政治协商会议第十一届江山市委员会第二次会议举行（市政协办 供图）

综 述

【概况】 2022 年，市政协及其常委会深入学习贯彻习近平新时代中国特色社会主义思想，发挥专门协商机构优势，坚持发扬民主和增进团结相互贯通、建言资政和凝聚共识双向发力，政治建设有新加强，服务大局有新作为，政协协商有新拓展，履职成效有新提升，为“当龙头、争上游”和加快建设三省边际中心县城争当“两个先行”示范窗口贡献了智慧力量。

【学习读书活动】 落实“第一议题”制度，全年举行各类学习活动 50 余场次，参与 2000 余人次。发挥人民政协理论研究的先导作用，7 篇论文在省市获奖，工作名列前茅。部署学习宣传贯彻党的二十大精神系列活动，主席会议成员走进企业、村（社区）、委员会客厅（室）开展宣讲，举办全体政协委员参加的党的二十大精神报告会，邀请省政协领导作专题辅导报告。组织委员参与省政协组织的“深入学习贯彻党的二十大精神 奋进新征程建功新时代”主题读书活动，委员们参与度、发言深度、交流热度高涨。以“书香政协”建设为抓手，开展委员读书交流，定期组织委员开展线上互动、推送学习思考和读书体会，多读书、读好书、善读书在全市政协系统蔚然成风。

重要会议

【政协全体会议】 政协第十一届江山市委员会第一次会议1月23日至26日在市区召开。市政协党组书记胡炳泉主持会议。市政协主席郑朝基受政协第十届江山市委员会常务委员会委托，向大会作工作报告；市政协副主席祝继友受政协第十届江山市委员会常务委员会委托，向大会作市十届政协提案工作情况的报告。大会以无记名投票的方式，选举产生政协第十一届江山市委员会主席、副主席、秘书长、常务委员。主席胡炳泉，副主席王子平、姜英（女）、毛水芳、毛慧卿（女）、周立武、何正芳（女），秘书长毛有祥。中共江山市委书记朱素芳出席会议。中共江山市委副书记、市长徐明峰到会并讲话。

【市政协常务委员会会议】 全年共召开市政协常委会会议7次。

市政协十届常委会第三十五次会议于1月14日召开。会议审议政协第十一届江山市委员会第一次会议议程（草案）和日程（草案）；审议通过政协第十届江山市委员会常务委员会工作报告；审议通过政协第十届江山市委员会常务委员会关于提案工作情况的报告。

市政协十一届常委会第一次会议于1月26日召开。审议通过《政协第十一届江山市委员会常务委员会关于加强自身建设的意见》《政协江山市委员会常务委员会工作规则》和政协江山市委员会2022年工作要点。

市政协十一届常委会第二次会议于4月15日召开。会议传达学习省政协主席黄莉新到衢州（江山）调研时的讲话精神、全国政协十三届五次会议及衢州市第八次党代会等会议精神，部署市政协委员读书工作，审议通过《中国人民政治协商会议江山市委员会协商工作规则》《中国人民政治协商会议江山市委员会关于加强和促进人民政协凝聚共识工作的实施意见》等6个文件。会议还审议通过有关人事事项。

市政协十一届常委会第三次会议暨“低效工业用地盘活”专题协商会于7月6日召开。会议听取了市政协关于江山市低效工业用地盘活工作的课题报告。5位政协常委代表、政协委员代表、智库人员代表分别结合各自领域作交流发言，相关部门进行现场回应。

市政协十一届常委会第四次会议暨“制造业发展”经济协商论坛于8月19日召开。市委副书记、市长徐明峰到会通报全市上半年经济社会发展形势等情况，听取委员和智库成员代表建议。会议传达学习衢州市政协八届三次常委会暨2022年政协主席暑期读书会精神、中共江山市第十五届委员会第二次全体会议精神；审议通过有关人事事项。

市政协十一届常委会第五次会议暨法检“两院”工作情况通报会于9月30日召开。听取法检“两院”工作情况通报。会前，市政协常委实地视察参观市人民法院融治理指挥中心、诉讼服务中心、审判法庭等场所。

市政协十一届常委会第六次会议于12月30日召开。会议作出关于召开政协第十一届江山市委员会第二次会议的决定，审议通过市政协十一届二次会议的日程、各次大会执行主席和主持人名单，审议并原则通过市政协十一届二次会议的议程（草案）。会议决定政协第十一届江山市委员会第二次会议于2022年1月中旬在城区召开。

【市政协主席会议】 全年共召开市政协主席会议17次。

十届政协第九十九次主席会

议于1月6日召开。会议传达学习市第十五次党代会等精神，审议十一届政协委员分组和各组召集人名单（草案），政协第十一届江山市委员会第一次会议提案审查委员会主任、副主任、委员名单（草案），政协第十一届江山市委员会第一次会议一号提案（草案），市政协十一届一次会议列席及邀请参会人员原则意见(草案)，会议还审议通过《十一届一次会议筹备工作和会务工作分工的通知》、大会发言材料和口头发言人员安排等。

十一届市政协第一次主席会议于1月26日召开。会议审议《政协第十一届江山市委员会常务委员会关于加强自身建设的意见》《政协江山市委员会常务委员会工作规则》和政协江山市委员会2022年工作要点。

十一届市政协第二次主席会议于2月9日召开。会议传达学习习近平总书记在省部级主要领导干部学习贯彻党的十九届六中全会精神专题研讨班开班仪式上的重要讲话，中央、省、市、县纪委全会，全省高质量发展建设共同富裕示范区推进大会、省政协十二届五次会议、江山市工业高质量发展大会等会议精神，并结合江山政协实际，就贯彻落实好全市工业高质量发展大会精神作强调部署。会议还协商确定市政协2月工作要点。

十一届市政协第三次主席会议于2月23日召开。传达学习贯彻全市“提士气、转作风、争一流”活动动员会暨一季度比学赶超大会精神。会议还审议《十一届市政协主席会议成员分工》《关于加强市党政部门单位与市政协办公室（研究室）、专门委员会对口联系工作的实施意见》《政协江山市委员会全体会议工作规则》《政协江山市委员会专门委员会通则》《政协江山市委员会提案工作规则》《政协江山市委员会视察工作规则》《政协江山市委员会反映社情民意工作规则》《市政协“关注‘两企’提案共促工业振兴”活动方案》、通报中共江山市政协党组成员分工、调整政协党组成员联系民主党派工商联，审议关于进一步加强退休老同志服务工作的意见等事项。

十一届市政协第四次主席会议于3月3日召开。会议传达学习习近平总书记在中央政治局第三十六次集体学习会上的讲话、中央一号文件、省委农村工作会议、全省改革大会暨数字化改革工作推进会、全省“大综合一体化”行政执法改革大会等精神，并结合政协实际提出贯彻落实意见。会议审议《关于在市政协系统全面开展提士气、转作风、争一流“六个一”活动的通知》《各专委会联系委员小组制度》《关于建立完善市政协委室联系乡镇（街道）制度的通知》《关于深化推进“书香政协”建设暨“学而思”委员读书的实施意见》《江山市乡镇（街道）政协工作考核办法（试行）》等相关制度和其他事项。

十一届市政协第五次主席会议于4月8日召开。传达学习习近平总书记在中央党校（国家行政学院）中青年干部培训班开班式上的重要讲话等精神，会议还传达学习了全国“两会”、中共中央政治局常务委员会会议、浙江省委全面深化改革委员会第十八次会议、衢州市县政协工作座谈会等精神，专题学习《习近平在浙江》（上）1—3篇内容，审议通过《十一届政协江山市常务委员会2022年度重点工作任务分工落实方案》《江山市政协2022年工作要点》《中共江山市委 江山市人民政府 政协江山市委员会2022年度重点协商工作计划》《政协第十一届江山市委员会各专委会组成人员名单》《政协第十一届江山市委员会委员小组编组调整名单》《市政协4月份工作要点》。会议还审议有关人事任免事项。

十一届市政协第六次主席会议于5月7日召开。传达学习5月5日中共中央政治局会议、习近平致首届全民阅读大会举办的贺信以及衢州市政协八届一次会议等精神，会议还传达学习中央全面深化改革委员会第二十五次会议、中央财经委员会第十一次会议、4月29日中共中央政治局会议、中共中央政治局第三十八次集体学习会等精神，专题学习《习近平在浙江》（上）4—6篇内容，审议通过《江山市政协机关管理制度》《市政协5月份工作要点》。

十一届市政协第七次主席会议于6月2日召开。深化落实衢州市委“转作风、讲担当、抓落实”动员大会精神，会议还传达学习习近平总书记关于数字化改革重要论述、省长王浩到衢州调研讲话、黄莉新在全省市县政协主席座谈会上的讲话等精神，专题学习《习近平在浙江》（上）7—9篇内容，审议通过《市政协6月份工作要点》等事项。

十一届市政协第八次主席会议于6月24日召开。学习贯彻省第十五次党代会精神，审议通过有关事项。

十一届市政协第九次主席会议于7月6日召开。学习传达习近平总书记在中共中央政治局第四十次集体学习时的重要讲话精神，会议还审议通过关于开展民生议事堂“助力共同富裕示范区建设专题协商议事月”活动及7月份市政协重点工作安排等事项。

十一届市政协第十次主席会议于7月25日召开。学习传达衢州市委八届二次全体（扩大）会议精神，会议还传达学习衢州市政协八届常委会第二次会议、省政协社会科学界界别组到江山调研座谈会等精神，审议通过《关于开展2022年度提案工作评价问效的通知》。

十一届市政协十一次主席会议于8月5日召开。传达学习习近平总书记在省部级主要领导干部专题研讨班和中央统战工作会议上的重要讲话精神以及全省政协主席暑期读书会暨加强和改进新时代人民政协工作专题研修班精神，研究贯彻落实意见。会议还审议通过有关人事事项和8月份政协重点工作。

市政协党组（扩大）会议暨十一届政协十二次主席会议于9月2日召开。会议传达学习了中共中央政治局会议精神等内容，会议审议通过9月市政协重点工作安排，传达中共衢州市纪委、衢州市监委《关于6起违反中央八项规定精神问题的通报》《关于7起党员干部酒驾醉驾问题的通报》。

十一届市政协十三次主席会议于10月10日召开。会议口头传达9月6日召开的中央深改委第二十七次会议、9月9日召开的中共中央政治局会议、10月9日召开的十九届七中全会和全国政协《中国共产党政治协商工作条例》学习座谈会等会议精神；书面传达新华社发布的《肩负光荣使命·勇担历史重任——党的二十大代表诞生记》文章；学习《习近平在浙江》（下）7—13篇、《干在实处 勇立潮头——习近平浙江足迹》1—4篇、《习近平谈治国理政》第四卷1—7篇等内容。会议同时传达省纪委省监委《关于义乌市有关领导干部在疫情防控工作中失职失责问题的通报》等文件精神。会议审议通过《关于加快推动我市内窥镜产业发展的调查和建议》和《江山市“大综合一体化”行政执法体制改革调研报告》两份课题报告。会议还审议明确了市政协2022年10月份工作重点。

十一届市政协十四次主席会议于11月3日召开。会议传达学习党的二十大通过的《中国共产党章程（修正案）》相关内容；学习《习近平在浙江》（下）14—20篇、《干在实处勇立潮头——习近平浙江足迹》5—8篇、《习近平谈治国理政》第四卷8—14篇等内容。会议审议通过11月市政协重点工作安排。

十一届市政协十五次主席会议于12月7日召开。市政协主席胡炳泉主持会议并讲话。会议传达党中央、全国人大常委会、国务院、全国政协、中央军事委员会《告全党全军全国各族人民书》，习近平总书记在江泽民同志追悼大会上致的悼词以及《人民日报》社论《缅怀功绩 继承遗志 团结奋斗》，沉痛悼念、深切缅怀江泽民同志。会议传达学习习近平总书记对河南安阳市凯信达商贸有限公司火灾事故的重要指示精神；学习《干在实处勇立潮头——习近平浙江足迹》9—11 篇、《习近平谈治国理政》第四卷 15—21 篇。会上，还传达衢州市纪委、市监委《关于 6 起未执行“公务餐”管理办法问题的通报》。会议审议通过《十一届政协二次会议筹备工作安排建议方案》《12 月份市政协重点工作安排》。

十一届市政协十六次主席会议于 12 月 30 日召开。传达学习中共中央政治局会议、省委十五届二次全体（扩大）会议暨省委经济工作会议以及全省党委系统办公室工作会议等会议精神，会议审议并原则通过《关于召开政协第十一届江山市委员会第二次会议的决定（草案）》《市政协十一届二次会议的议程和日程（草案）》《市政协十一届二次会议各次大会执行主席、会议主持人名单（草案）》《市政协十一届二次会议一号提案（草案）》；审议通过《关于市政协十一届二次会议筹备和会务工作分工的通知》、市政协十一届一次会议优秀大会发言等各类先进名单；审议《十一届政协常委会工作报告（讨论稿）》《关于十一届一次会议以来提案工作情况的报告（讨论稿）》。会议还审议并原则通过有关人事事项。

政协履职

【主体协商】 积极践行全过程人民民主，完善协商议政格局，建好用好协商平台，全年开展各类协商活动 100 多场次，提出意见建议 700 多条，助力解决各类问题 325 个。用好“请你来协商”平台，创新“市委市政府主要领导点题、市政府分管领导选题、市政协做题破题”的协商模式。围绕“大综合一体化”行政执法体制改革和内窥镜产业发展开展主席会议协商，就提升赋权实效、强化要素支撑等提出对策思路，就人才引进、政策扶持、平台打造等方面提出意见建议。围绕“中药材产业与旅游业融合发展”开展专题协商，助推江山市成功荣获中国黄精之乡称号。江山乌鸡煲、赤豆鲫鱼汤被评为第三届中华药膳烹饪大赛十大药膳。深化政协委员会客厅（室）建设，江山两岸联谊政协委员会客厅从三星升级为四星，相关工作获得省政协副主席马光明的批示。

【履职协商】 发挥协商式监督优势，开展“全面提升生活垃圾分类处理质量、推进无废城市建设”三级政协联动专项集体民主监督，梳理 7 个方面问题，形成监督意见供市委、市政府决策参考。开展“2023 年政府为民办实事”民生协商论坛，相关建议得到市政府采纳。开展“共享食堂建设”和“湖羊项目助推共富”主席会议视察协商，助力共享食堂实现“吃得方便、吃得舒心”，促进农业产业项目一、二、三产融合发展。提交市政协十一届一次会议大会发言 47 篇，其中涉及教育卫生、老旧小区改造、养老等民生领域的占 31.9%，促进一批民生问题加快解决。聚焦未来乡村建设开展协商视察，先后在大陈、清漾、枫石、浔里、耕读等未来乡村建设试点村举办农文旅融合、古村修复、重塑古瓷文化等为主题的 20 多场协商，帮助解决 80 多个疑难问题。

【主题大调研】 组织开展“大走访大调研”主题活动。组织各民主党派、工商联、知联会，市政协办公室、研究室、各专委会，各委员活动组、衢州委员组，紧紧围绕活动主题深入开展调研，形成高质量的调研报告。围绕低效工业用地盘活，深入 100 多家企业走访调研，历经半年时间形成高质量调研报告，收集意见建议 100 余条，市委书记朱素芳给予“站位高、平台好、建言准，体现了高水平履职”的评价，并在调研报告上作专门批示。

【反映社情民意】 全年编辑 95 篇社情民意信息报送市委、市政府，向国家、衢州政协报送信息 45 篇，其中 9 篇信息被全国、省政协采用。

参与中心

【助力“创文”】 牵头参与全国文明城市创建，政协领导、干部全部下沉一线、奋战一线，确保人员、精力、工作三到位。根据创建阶段性任务，先后组织开展“推进全国文明城市创建”常委会视察、民生议事堂专题协商，利用15个社区协商驿站平台开展“有礼创文大家谈”活动19场次，受理群众意见建议300余条，协商解决各类问题100余个。

【助力重大项目建设】 跟踪督办“关于张村水库建设”的1号提案，组织开展主席会议视察，推进张村水库项目前期取得突破性进展。协助做好两新产业园腾退搬迁、江贺经济走廊整治提升、国资改革，参与做好抽水蓄能电站、南方水泥厂搬迁等重点工作。

特色亮点

【“1445”工作法】 推进政协协商向基层延伸，创新实施民生议事堂“1445”工作法，组建以政协委员为主体的履职故事宣讲团，通过委员讲给委员听，推动更多委员下沉履职。精心组织民生议事堂协商活动93场，参与委员400多人次、群众3000多人，协商意见采纳350多条，协商纪要获党政领导签批58条，解决大旱之年万亩良田灌溉、红糖产业提升发展、和睦大桥重建、夯土墙民居保护开发等一大批群众急难愁盼问题。民生议事堂工作，先后获得省政协主席黄莉新、副主席郑继伟和衢州市政协主席方健忠等领导的高度肯定，赢得群众广泛赞誉。

【创办政企亲清直通车】 衢州“两会”期间，报送的《推进小微企业园高质量发展 延链补链主导产业》大会发言获得衢州市委副书记、市长徐张艳等领导批示肯定。《创办“政企亲清直通车·政企协商会”》工作案例入选省政协“创新案例”名单，相关做法在《人民政协报》上报道。

【建立健全提案机制】 从提、立、办、督、评各环节提高提案工作质效，建立健全提案立案前三审机制、交办前预研机制，创新开展“两企”提案全程跟踪督办活动，172件“两企”提案得到落实，获得企业的广泛好评。数字化改革进一步加速，相关功能得到有效运用。

【建立“三个一”工作机制】 建立“三个一”工作机制（即联系一个委室，参与一个课题调研，开展一项重点项目推进等），机关年轻干部工作有激情、成长有空间、干事有平台。

日常工作

【团结联谊交流】 举办浙皖赣三省十二县（市、区）政协第41次工作交流会，就三省十二县旅游合作机制探索、精品线路打造、项目谋划等进行跨省协商，达成

11月24日，市政协主席胡炳泉（右三）实地视察“张村水库建设”推进情况（徐雪良 摄）

初步共识。利用政协书画院、茶文化研究会等阵地，举办书画联谊等交流活动。开展联系商会走访，指导海南，台州、丽水等商会顺利换届。

【“六治六提”作风建设行动】 围绕市委“六治六提”作风建设行动要求，在全市政协系统开展提士气、转作风、争一流“六个一”活动，举行“三比三看三争”大讨论25场，征集金点子100多条，完善工作制度33项，走访服务基层、企业、群众190多批次，解决实际问题200多个。

【开展“六送下乡”活动】 5月31日，组织市医卫界政协委员及医疗专家等，前往贺村镇棠坂村开展送医下乡义诊活动。10月27日，组织医卫界政协委员及浙大医学院附属邵逸夫医院派驻市人民医院的医疗专家等，前往张村乡开展送医送药下乡义诊活动。

【文史资料征编】 拓展文史资料征编领域，深入挖掘江山美食故事，全面梳理江山美食品类，编辑出版《江山味道》一书，收录美食文章92篇，图片257张，内容涵盖全市各乡镇（街道）美味菜肴、特色小吃。

【优化委员服务管理】 优化委员服务管理，完善《委员履职考核办法》，强化委员责任担当，重视考核结果运用。评选出十一届市政协最佳委员10名、优秀委员小组6个。

（市政协办公室）

附：

十一届市政协最佳委员、优秀委员，2022年度优秀提案、提案先进承办单位、反映社情民意信息先进个人、优秀调研报告、优秀智库人员、政协好新闻

一、2022年度最佳委员（10名）

刘立忠　杨耀龙　叶晓婧　陈　敏　吴　斌
楼英俊　姜　风　王冠平　刘建英　姜甘龙

二、2022年度优秀委员（40名）

徐慧青　黄　倩　陈荣贞　朱永春　姜淑梅
朱顺顺　曾晓耘　沈瑞林　李　涛　徐登文
陈丽燕　叶剑波　林颜丽　毛晶卉　姜伟锋
徐　珺　郑新军　裘晓军　朱虹丽　邹瑜红
戴小伟　姜菁辉　郑建清　钟震宇　朱典月
何新标　王向明　朱镇飞　蔡华军　郑　俊
周　剑　周丽珍　朱佳艳　姜小隆　毛明勇
吴晓彩　夏　鹏　章群峰　郑庆辉　江建青

三、2022年度优秀提案（21件）

《关于江东化工园区原有非化工腾退企业安置的建议》（提案者：吴斌）

《关于加快培育企业上市的建议》[提案者：章群峰、周献泉（并案）]

《关于加快推进张村水库工程建设的建议》（提案者：市政协提案委）

《关于进一步完善现代再生资源回收利用网络体系建设的建议》[提案者：民进江山市总支部、徐珺（并案）]

《关于尽快启动城北科创小镇建设的建议》（提案者：郑俊）

《关于加快推进制造业重点行业智能设备研发创新的建议》（提案者：徐凯南）

《关于做强“江山黄精”品牌打造地理标志金名片的建议》（提案者：曾晓耘）

《关于筹建农业农村发展投资集团的建议》（提案者：姜小隆）

《关于加快保护江山市酿造厂“百年老字号”的建议》（提案者：姜玲珍）

《关于深化校外培训机构治理推动“双减”政策深入落地的建议》（提案者：民盟江山市总支部）

《关于加快推进数字公交建设的建议》（提案者：沈瑞林）

《关于推动我市工业投资提质增效的建议》（提案者：农工党江山市支部）

《关于成立中科院智能成像中心江山实验室的建议》（提案者：蔡华军）

《关于增加编外医务人员控制数的建议》（提案者：郑庆辉）

《关于加快推进老旧小区改造的建议》[提案者：民革江山市委会、严雄华（并案）]

《关于加大科技投入创新研发模式重振江山工业辉煌的建议》（提案者：九三学社江山市基层委员会）

《关于加快推进江贺经济走廊整治提升的建议》（提案者：郑新军）

《关于加快推进装备制造行业转型升级的建议》（提案者：江山市科协）

《关于共享食堂建设与发展的建议》(提案者:毛彬超)

《关于对解放路街区进行重塑性改造的建议》（提案者：姜淑梅）

《关于加快城乡风貌样板区打造的建议》（提案者：叶剑波）

四、2022 年度提案先进承办单位（11 个）

住建局　教育局　市府办　经信局　文旅局
农业农村局　城建投公司　交通运输局　国资中心
财政局　公安局

五、2022 年度反映社情民意信息先进个人（24 名）

突出贡献个人（1 名）

柴珠根

先进个人（23 名）

刘立忠　毛淑明　叶溯义　王冠平　黄　冬
金梅珍　杨耀龙　朱顺顺　伍俊斐　郑　乘
楼英俊　柴海燕　周　淳　郑杨彬　李　鑫
姜　琰　姜伟锋　吴　斌　朱永春　余志方
徐慧青　谢娟英　徐献明

六、2022 年度优秀调研报告（13 篇）

《三孩政策背景下 平衡企业生产发展与女性职工权益保障的相关建议——以浙江省山区县江山市为例》（群团组）

《以全域未来社区建设助力城市能级提升的思考与建议》（农工党江山支部）

《加大企业研发经费投入　推动江山工业再创辉煌》（民进江山市总支部）

《促进农业多元化发展 拓宽助农增收路径》（民革江山市委会）

《江山市工业化水平分析及发展战略思考》（民盟江山市总支部）

《擘画低碳新蓝图　谱写高质量发展新篇章——关于推进碳达峰的思考和建议》（经济二组）

《规划建设“拥江之城”　打造江山发展新引擎》（九三学社江山市基层委员会）

《关于城北科创小镇建设方案的调查研究》（民进江山总支部）

《关于培育发展药膳产业的调查与思考》（市政协文化文史和学习委）

《盘活低效用地 提高亩均效益　为重振江山工业雄风创造新增量——关于持续推进我市低效工业用地盘活工作的调查与建议》（市政协经济科技委）

《江山市“大综合一体化”行政执法体制改革的调查与思考》（市政协社会和法制委）

《发展新型集体经济　推动乡村共同富裕——我市发展村集体经济调查及思考》（市政协农业和农村委）

《关于加快推动内窥镜产业发展的建议》（市政协委员工委）

七、2022 年度优秀智库人员（8 名）

毛雁鸿（市经济开发区）
严之绚（市经信局）
徐玲珑（市经济开发区）
蔡之青（市教师进修学校）
蒋晓静（市传媒集团）
李　潮（江山市御园珍稀植物繁育中心）
徐　俊（市农业农村局）
姜爱武（市科技局）

八、2022 年度政协好新闻（12 篇）

一等奖（3 篇）

《激发委员积极性 提升平台影响力 江山政协高质量推进“民生议事堂”建设》（记者：吴建邦 通讯员：程伟、毛欢欢 刊播单位：《衢州日报》）

《提士气 转作风 争一流——江山市政协开展“六个一”活动综述》（通讯员：张恺祺、周丽通 刊播单位：浙江新闻客户端）

《浙江江山市乡贤走进民生议事堂》（通讯员：周丽通、毛有祥 刊播单位：人民政协网）

二等奖（4 篇）

《坚持问题导向和企业家“C 位”浙江省江山市政协搭建政企协商会精准服务企业高质量发展》（通讯员：孙尔春 刊播单位：《人民政协报》）

《盘活低效用地 重振工业雄风 江山市委书记与政协委员同商共议》（通讯员：余正跃、毛恺 刊播单位：《联谊报》）

《江山政协：同心助力集镇管理》（通讯员：毛卉 刊播单位：《联谊报》）

《“议”出发展新动能 “商”出发展凝聚力 浙江江山市政协委员会客厅（室）推动“直播”进车间》（通讯员：程伟 刊播单位：人民政协网）

三等奖（5 篇）

《浙江江山：激活乡村振兴新动能 描绘共同富裕新画卷》（通讯员：朱永春 刊播单位：《人民日报》）

《“议”出良策 “商”通堵点 江山政协“民生议事堂”聚焦福利院项目推进》（通讯员：周丽通、朱顺顺 刊播单位：《联谊报》）

《重振工业雄风！江山市长点赞政协委员建议高质量》[通讯员：毛恺、徐雪良 刊播单位：浙江政协同心苑（公众号）]

《浙江：江山市政协聚焦聚力未来乡村建设》（通讯员：廖庆荣、孙尔春 刊播单位：人民政协网）

《“民生议事堂”真管用！江山政协“有礼创文大家谈”助解问题 100 余个》（通讯员：陈昂辉、李鑫 刊播单位：《联谊报》）

九、市政协十一届一次会议优秀大会发言（9 篇）

《加快推进城市更新改造 努力建设共富基本单元》（民革江山市委员会）

《加快培育我市战略新兴产业 着力推进三大科创高地建设》（民进江山市总支部）

《加快特色农业产业发展 助推我市乡村共同富裕》（民盟江山市总支部）

《共同富裕视角下推动我市工业投资提质增效的建议》（农工党江山支部）

《加大科技投入 创新研发模式 重振江山工业辉煌》（九三学社江山市基层委员会）

《关于缓解企业用工难 助力企业高质量发展的建议》（民建江山市支部）

《关于加快建设江山内窥镜产业园的建议》（市知联会）

《关于电子商务助力本地制造业发展的建议》（经济二组）

《用好 5G 技术 推进江山工业企业升级》（市工商联智造未来政协委员会客室）

中共江山市纪律检查委员会
江山市监察委员会

1月29日，中国共产党江山市第十五届纪律检查委员会第二次全体会议召开（祝毅 摄）

纪检监察工作

【概况】 2022年，全市各级纪检监察组织全面对标衢州市纪检监察工作“1221”高质量发展指标体系，履行党章和宪法赋予的职责，围绕中心大局充分发挥监督保障执行、促进完善发展作用，党风廉政建设和反腐败工作取得新成效。协助市委落实全面从严治党主体责任检查考核排名衢州各县（市、区）第一，巡视整改案例入选省委“七张问题清单”示范案例总榜；2个大数据监督项目被授予省改革突破奖金奖，3个监督场景获评全省2022年度“最佳场景”；工程建设领域转包和违法分包专项整治成效得到省纪委领导、衢州市纪委主要领导批示肯定。9月，中共江山市纪委市监委作为衢州唯一获评全省纪检监察系统先进集体。

【市纪委十五届二次全会】 1月29日，江山市纪委十五届二次全体会议召开。朱素芳、徐明峰、汪胜、胡炳泉、何日根等市四套班子领导出席。市委书记朱素芳强调，要深入贯彻落实党的十九大和十九届历次全会精神，按照十九届中央纪委六次全会、省纪委十四届七次全会、衢州市纪委七届七次全会和江山市第十五次党代会的决策部署，把严的主基调贯穿“六个新江山”建设始终，为争当跨越式高质量发展共同富裕排头兵提供坚强保障。要始终把引领保障发展作为工作导向，强化精准监督，以铁纪护航跨越发展；深化专项治理，以铁拳助力共同富裕；优化营商环境，以铁律保障亲清关系，以更加过硬的监督成果助力江山“当龙头、争上游”。要持之以恒推进“三不”一体，突出“一把手”和“关键少数”，把纪律规矩挺在前；突出“治不正”和“治不为”，把作风建设抓到底；突出“清存量”和“遏增量”，把惩防体系深入下去，努力涵养山清水秀的政治生态。要持续打好抓人促事“组合拳”，坚持“有为才有位”，营造争先进位氛围；坚持“为担当者担当”，保护干部工作激情；坚持“打铁必须自身硬”，锻造“两勤”“两专”铁军，让干部干工作更有锐气、更有胆气、更有底气。

11月10日，市委常委、纪委书记、监委主任温胜浩（左）在新塘边镇与村民交流（市纪委 供图）

【做实政治监督】 强化政治监督，严明政治纪律和政治规矩，推动全市上下步调一致、令行禁止。全年立案查处违反政治纪律和政治规矩案件7件，党纪政务处分8人。统筹推进48类专项监督，高质量完成监督推动困难群众救助补助资金审计发现问题专项治理工作。围绕护航党的二十大、“防疫情、稳经济、保安全”、“七张问题清单”整改、工业强市、“两新”产业园转型升级、创文、除险保安等中心工作，建立“10+7+N”政治监督项目体系和中共市纪委市监委班子成员挂联全市重点项目机制，全程保障中心工作落细落实。全年开展监督检查2159次，推动整改问题2274个，追责问责477人次；5项监督工作得到市委、市政府主要领导批示肯定。中共市纪委监委先后获江山市“十条军规”通报表扬6次，并被授予集体三等功。坚持组织为干部担当、干部为事业担当，制定实施容错免责等关心关爱机制，澄清失实举报23批32人，查处诬告陷害案件4起6人。

【推进清廉建设】 深化“四责协同”廉共体建设，重点围绕“两个意见”、五张责任清单、民主集中制、领导干部接到请托事项记录报备制度等落实情况，常态化制度化加强对“一把手”和领导班子的监督。全年查处落实管党治党不力问题55起，追责问责领导干部76人。协助市委召开全市清廉江山建设推进会，促进清廉建设深度融入部门、行业和基层治理，推进清廉单元建设，并向公安、财政等领域拓展。江山实验小学获评全省清廉建设成绩突出单位，市委编办等8家单位获评衢州市清廉建设成绩突出单位。承办衢州市清廉商会建设部署推进会，“五清十约”商会廉盟经验做法在会上作典型交流。弘扬廉洁文化，推动清漾毛氏文化村获批省级廉洁文化教育基地，打响“江郎山下话家风”廉洁文化品牌。在衢州市首届“劳动杯”南孔清风微影视创作大赛中斩获19个奖项，数量居衢州首位。

【严格正风肃纪】 持续加固中央八项规定精神的江山堤坝，严肃整治违规收送礼品礼金、违规吃喝问题，专项整治酒驾醉驾及其背后“四风”问题、农村基层党员赌博问题，常态化开展“廉节清风”行动。全年查处违反中央八项规定精神问题58起80人次，党纪政务处分46人次，其中查处形式主义、官僚主义问题36起50人次，通报典型案例12起24人次。推进“公务餐”一件事改革，推动公务接待变革重塑，累计扫码用餐1万余人次，核查问题76个，处理4人。结合“六治六提”作风建设行动，推行“百室四季”作风竞赛，精准纠治“庸懒散慢推拖”“中梗阻”等问题，提醒约谈37人，发出交办单34份，推动整改惠企政策兑现慢等问题58个。

【扩大“三不腐”综合效应】 坚持有案必查、有腐必惩，推进开发区、教育、项目建设招投标等领域腐败和作风问题整治。全年共处置问题线索628件，立案260件，其中涉及市管干部14件，党纪政务处分248人次；对10名被调查对象采取留置措施，移送司法机关9人。对5名行贿人监察立案，移送司法机关3人。做实查办案件“后半篇文章”，发放纪检监察建议书84份，推动开发区、教育、招投标等领域建章立制，并开展建议书落实情况“回头看”。精准运用“四种形态”处理650人次，其中第一、第二种形态占比92.62%。深入开展全市警示教育活动，通过观看警示教育片、编印“一把手”忏悔录、推出方言连续剧《江山廉播》、组织旁听庭审、通报典型案例等形式，扩大以案为鉴、以案促教成效，受教育10万余人次。以落实“七个十”举措为抓手，从严从实加强年轻干部教育管理监督。关心关爱受处分党员干部，开展谈心谈话539人次。

【擦亮巡察利剑】 坚持政治巡察定位，高标准编制十五届市委巡察工作五年规划。按照“部门系统巡、镇村一体巡”，科学组织实施十五届市委第一、第二轮巡察，共巡察12个乡镇、部门和90个村级党组织，发现问题1325个，移交问题线索30件，挽回经济损失55.65万元。推动政策补贴、政府采购等领域建章立制91项，解决群众急难愁盼问题290余个。以“重大巡视问题清单”为牵引，推动解决疑难问题10个，其中《江山市以数字化改革推动中小企业转型升级示范案例》入选省委“七张问题清单”示范案例总榜；推动“组账村管乡镇代理”提升农村集体“三资”管理效能。

【坚守为民初心】 深化“最多访一次”工作机制，落实双重包案、提级办理、阶段反馈、报结会审等制度，打好重复检举控告动态清零攻坚战，重复检举控告化解率94.4%，“清零”指数排名衢州第一。全年受理信访举报151件次，同比下降27.05%；检举控告、初次举报、重复举报同比分别下降30.85%、20.69%、57.14%，其中检举控告、初次举报两个指标连续六年稳步下降。紧盯基层痛点难点，全面启动农村基层“三乱”问题专项整治。开展教育乱收费、农村回迁安置、城区停车难等11项漠视侵害群众利益问题专项治理，推动整改问题237个。全年查处群众身边不正之风和腐败问题62起79人次，党纪政务处分46人次，移送司法机关2人。

推进衢州市“一市一品”项目试点，制定实施受处理村（社）干部薪酬待遇调整指导意见，调整薪酬10人。

【创新纪检监察工作】 深化派驻机构改革，全市派驻机构从15家增至16家。严格执行《纪检监察机关派驻机构工作规则》，建立巡察情况“双反馈”机制，强化“室组地巡”联动，乡镇纪检监察组织和派驻机构自办案件总量排名衢州第一。推进公权力大数据监督，持续打响“村小莲”“房小莲”等“小莲”系列大数据监督品牌。参与试点的基层公权力大数据监督应用、“建立健全公权力大数据监督机制”项目先后被评为省改革突破奖金奖，基层公权力、国有房产领域公权力等3个监督应用场景获评全省“最佳场景”。开发建设“乡小莲”基层公权力能动型监督应用，为乡镇纪检监察组织履职提供强大支撑。全年累计核查红色预警1117个，处理83人次，挽回经济损失890万余元。开展全员建模，4个模型获评2022年度省级“最佳模型”，数量位居全省第一，江山市被评为全省纪检监察系统成绩突出建模单位。

【淬炼过硬铁军】 加强市纪委常委会自身建设，常态化落实“第一议题”制度，学习贯彻习近平总书记重要讲话和指示批示精神18次。以“两专半月谈”为载体，实施“两专强基工程”，开展全员培训9期1200人次，下派实践锻炼2批21人次。开展纪检监察干部“廉心共富”大走访，覆盖全市310个村（社），推动解决实际问题170余个。召开干部家属座谈会，全覆盖开展干部家访、谈心谈话，帮助解决实际问题11个。以激发干部内生动力为根本，持续推进各项工作争先创优，中共市纪委监委获评全省纪检监察系统先进集体，纪检监察工作“1221”高质量发展指标体系排名衢州各县（市、区）第一，6名干部分别获省纪委嘉奖、全省纪检监察系统成绩突出建模个人和衢州市优秀案件承办人或审理人。部署开展纪检监察系统警示教育活动，深化干部生活表现专项监督，严格落实纪检监察干部违规吃喝“九个严禁”。坚决防治“灯下黑”，全年处理纪检监察干部3人。

（姜铮铮）

民主党派

民革江山市委会

【概况】 2022年，民革江山市委会有党员86人。其中，担任衢州市政协委员2人、衢州市人大代表1人，江山市人大代表2人、江山市政协委员20人。年内获国家级荣誉3项，省级荣誉8项，30多人次获衢州市表彰，40多人次获江山市级及相关部门的表彰。

【参政议政】 在衢州市、江山市两会上，共向大会提交大会发言3篇、集体提案7件和个人提案、议案25件。其中《关于江东化工园区原有非化工腾退企业安置的建议》《关于加快推进老旧小区改造的建设》《关于对解放路街区进行重塑性改造的建议》被评为优秀提案，大会发言《加快推进城市更新改造 努力建设共富基本单元》被评为优秀大会发言，调研报告《促进农业多元化发展 拓宽助农增收路径》获优秀调研报告，《“义”出良策 “商”通堵点 江山政协“民生议事堂”聚焦福利院项目推进》被评为政协好新闻三等奖。9篇社情民意被上级部门录用，3篇论文入选第五届莫干山会议征文，4篇调研入选省民革参政议政研讨会交流篇目。

9月8日，民革中央副主席兼秘书长李惠东（左二）一行到江山市调研民革工作（市民革 供图）

【社会服务】 天鸿民情直通室，接待上门反映情况的市民200多人次，落实解决100多件与市民息息相关的大小事。悦读驿站，举行3场活动。之江同心·智联矛盾调解团解民忧，为10余个行政村和30余家企业带去法律服务。传统文化实践基地年内获评省民革示范“五好”民革党员之家。

【祖统联谊】 深入学习贯彻习近平总书记关于对台工作的重要论述，践行“两岸一家亲”理念，推进祖统工作。召开《台湾通史》读书会、《台湾问题与新时代中国统一事业》白皮书专题学习会，朱青麟撰写的《不忘乡愁 叶落归根》刊登在浙江民革“江台一家亲”专栏。利用考察、接待之机做好祖统工作，全年接待海外亲朋好友200余人次，书信、电话联络30余人次。主委带队走访在衢在江山的台商，与企业负责人深入交流。借助两岸联谊政协委员会客厅平台，举办专题活动22场，活动得到省政协主席黄莉新和副主席马光明、衢州市政协主席方健忠的肯定。市委会被省民革评为祖统工作先进集体。《江山民革“四共”工作法 扎实推进祖统工作》获省政协副主席、民革省委会主委吴晶批示肯定。

【自身建设】 创建“悦读驿站”“江山民革讲堂”两大学习品牌，年内举办理论专题学习会12场，市委（扩大）会13次。紧扣迎接、学习、宣传、贯彻中共二十大主线，开展多层面、多形式学习，依托“民革e家”网络平台、微信群，宣传党派知识，促进支部及党员间的相互学习和交流。“江山民革”微信公众号年内推送信息120条。党员之家和睦大院坚持每月一期传统文化教育，累计开展128期。

（叶晓婧）

民盟江山市总支部

【概况】 2022年，民盟江山市总支部以提升组织凝聚力、活力、学习力、战斗力、吸引力“五个力”为抓手，夯实组织建设基础，履行参政议政职能，提升社会服务品牌特色。年内被民盟浙江省委会评为全省首批十家模范基层组织之一，是衢州地区唯一获该荣誉称号的基层组织。

【组织建设】 坚持“优中选优、精中选精”，严把入盟关，主动出击，发展入盟积极分子4名，正式盟员2名。加强盟员梯队培养，修订完善《盟员履职考核办法》等制度，实施盟员互帮互助机制，建立与盟员所在单位领导的沟通联系机制，为盟员量身定制培养计划。年内，有4位盟员走上正科、副科岗位，4名盟员走上中层股级岗位；盟员获市级以上荣誉50余项，其中毛慧卿获评全国司法行政系统先进工作者（享受劳模待遇）。

【资政建言】 建立“全员参政议政”工作模式，健全班子领导认领课题和调研联动机制，加大对参政议政的考核、表彰、宣传和保障力度，全年盟员参与参政议政材料撰写比例达72.7%。其中，盟员代表委员撰写调研文章比例达100%；10余位盟员被民盟省委会、民盟衢州市委会聘为参政议政专委会委员。开展工业强市、城市建设、旅游产业发展等专题调研20多次，形成调研材料22篇，其中《关于深化乡镇（街道）“大综合一体化”改革法治保障能力建设的建议》获衢州市人大常委会党组书记、主任吴国升批示肯定；《让森林碳汇为共同富裕插上“绿色翅膀”》等调研成果在《联谊报》发表；两会期间，提交

12月4日，“民盟同心·法律服务专家站”走进清湖古镇开展宪法宣传活动（周耕 摄）

大会发言3篇，提案议案24件，被列为市领导重点督办3件。上报社情民意、党外建议47篇，被采用14篇。

【社会服务】 深化“民盟同心·法律服务专家站”建设，发挥三级法律专家团队及百名法律服务志愿者队伍的作用，通过“线上+线下”方式，开展民法典快板演出、“宣传党的二十大 法治精神进古街”等普法宣传活动11次，接收法律咨询200余人次，办理法律援助案件32件，为企业开展“法治体检”15次，参与调解重大矛盾纠纷28起，开展黄丝带帮教活动16次，相关工作经验做法多次在《浙江日报》《联谊报》刊登推广。发挥盟员职业技能优势，先后赴张村、峡口等地开展苗木培育、油茶种植调研指导，举办同心公益课堂，连续第11年开展义务植树、走访慰问特殊儿童活动。

（严 璐）

民建江山市支部

【概况】 2022年，民建江山市支部发挥自身优势，积极开展参政议政、社会服务活动。年内被民建衢州市委会评为先进基层组织。会员王冠平获2022年浙江民建年度人物荣誉称号；会员毛赛春获民建省委会改革开放40年浙江民建优秀企业家称号。

6月，江山民建开展助企服务工作（市民建 供图）

【参政议政】 向江山市政协提交集体提案2件，提交江山政协调研文章1篇。提交《关于做强“江山黄精”品牌 打造地理标志金名片的建议》《关于规划建设保安乡箬山山地休闲度假区的建议》《关于提升江山绿牡丹品牌的建议》《关于建立江山市小贩中心的建议》《推动我市开放式小区迭代升级》《关于加强我市外卖送餐从业人员道路交通安全监管的建议》《关于如何加快推进我市制造业重点行业的智能化改革的建议》等政协提案7件。向衢州市政协提交《关于实施仙霞岭国家级自然保护区创建的建议》《关于加大我市蜂业科技创新发展的议案》《关于打通共富甜蜜最后一公里的建议》《关于中小企业法律帮扶的建议》提案4件。投稿社情民意信息40篇，其中民建中央单篇采用2篇，获得衢州市委会调研三等奖1篇，《关于加快筹建江山技师学院的建议》和《关于防疫点公共卫生辅助人员队伍建设的建议》两篇党外建议获市委、市政府主要领导批示。

【社会服务】 1月20日，联合会员企业——浙江天际互感器有限公司为江山婺剧捐赠10万元。开展产教融合专题交流会、塑胶行业专场服务以及助企服务团走进峡口等活动。根据企业困难问题，面对面提供法律体检与咨询、人才政策、工伤保险法规政策、技能人才培养、涉企税务、企业审批、信用管理等内容服务，惠及企业200多家，发放助企政策汇编等宣传资料500多份。举办“助推绿牡丹产业发展 助力山区共同富裕”首届共同富裕茶文化职业技能大赛及江山市绿牡丹推广发展论坛。共富基地的成果绿牡丹手工茶、土蜂蜜等入驻省民建商城。

（王　婧）

民进江山市总支部

【概况】 2022 年，民进江山市总支部设小学、中学、文化、卫生、科技共 5 个支部，会员 70 人。年内 21 名会员获得国家、省、市等先进荣誉 49 项（次），占在职会员总人数的 52.5%。刘立忠被评为民进全国反映社情民意信息先进个人、民进浙江省优秀基层负责人、衢州市有突出贡献中青年专家、衢州市优秀科技工作者、衢州市首席技术官等。毛艳萍获全省扫黑除恶斗争先进个人称号。王雪勇被评为浙江省五星级红十字志愿者。王荣创办的企业“科润智控”是衢州市首家在“北交所变压器第一股”成功挂牌上市的企业，为新时代衢州人文精神代言人之一。徐则文被评为衢州市统一战线领域双十“杰出工匠（大师）”。金小伟登上“有礼好人榜”，成为衢州市有礼标兵的“义举之星”。

【特色品牌】 发挥民进在教育、卫生界别的优势，在清湖小学持续提升“开明嘉苑·中医药文化进校园实践创新基地”建设，丰富板块内容、补充中草药品种、增加标本数量。承办衢州各民主党派互看互学、衢州市 2022 年“中医药文化进校园”研讨、浙江民进“喜迎二十大 同心助共富”中医药健康服务走进江山开明嘉苑暨浙江中医药大学送教送医、江山市 2022 年第一期每季一校特色研讨会等活动，受到各级的肯定和好评，展示“开明嘉苑·中医药文化进校园”成果，清湖小学被确定为浙江中医药大学研究生社会实践基地。

【建言献策】 在市政协十一届一次会议上，获奖 6 篇（次），其中大会发言二等奖 1 篇，三等奖 1 篇，优秀提案 1 篇、调研报告二等奖 2 篇，项目优秀奖 1 篇。在衢州市政协八届一次会议上，大会发言 1 篇，大会书面发言材料 1 篇。建立“师徒结对、以老带新”的传帮带机制，壮大民进撰写队伍，会员的“社情民意”被民进省委会采用 3 篇、衢州政协采用 7 篇，江山政协采用 5 篇。报送民进信息被省市级民进采用的 39 条，配发图片 118 幅。

【社会服务】 组织会员给贺村镇礼贤村村民免费送春联和“福”字共 250 多幅（个），为碗窑乡 5 名贫困家庭儿童送上学习用品及棉被、大米、食用油等生活用品。举办儿童心理健康讲座、知识教育讲座、送教下乡、急救知识培训、主题座谈等活动 9 场。开展婺剧进校园、科技服务进企业、助力乡村振兴等系列社会服务活动。会员王朝纲设计的“联盟花园”徽标图标、衢州民进“开明”徽标，获衢州市儿童友好城市徽标最佳设计奖。

（祝日耀）

1 月 13 日，民进江山总支部在贺村镇礼贤村开展民进全国“春联万家·推动共同富裕”活动（市民进 供图）

农工党江山市支部委员会

【概况】 2022 年，农工党江山市支部委员会有正式党员 17 人，预备党员 2 人。其中，担任衢州市人大代表 1 人、衢州市政协委员 1 人，江山市人大代表 1 人、江山市政协委员 5 人。年内，农工党江山市支部被浙江省委会评为“2022 年度社会服务工作先进基层组织”，被衢州市委会评为“2022 年度先进基层组织”。

【参政议政】 围绕市委、市政府的中心工作，积极参政议政、建言献策。全年累计提交提案、议案 9 篇，撰写信息及调研报告 26 篇，其中两篇提案入选江山政协 2022 年度重点提案:《关于推动我市工业投资提质增效的建议》获朱素芳书记批示，由胡炳泉主席领办；《关于高质量推进乡村未来社区建设的建议》由毛水芳副主席领办。《创新机制促进政企沟通提质增效的建议》获政协大会发言一等奖第一名，《怡乐康养理疗综合体》获评 2021 年度优秀谋划项目，《以全域未来社区建设助力城市能级提升的思考与建议》被评为年度优秀调研报告；《共同富裕视角下推动我市工业投资提质增效的建议》被评为年度优秀大会发言。

9 月 14 日，“健康共富，助企发展”——农工党江山支部联合江山市中医院开展送医进企活动（市农工党 供图）

【社会服务】 3 月，在开发区小学成立“农工党青少年视力健康驿站”，捐赠 5 万元设备助力学生视力保护，相关信息被中新网报道；6 月、11 月在贺村二小、清湖小学开展儿童视力健康及脊柱侧弯筛查活动，宣传脊柱侧弯的成因和危害，引导青少年养成正确的行为习惯。针对企业员工对体检报告中出现的异常结果不能及时到医院咨询的困惑，及时组织医卫界党员前往多家企业，开展一对一的健康报告解读和健康宣教活动，并提出指导性建议。在针对“3·15”疫情养老院全封闭管理导致物资采购困难现状，组织党员企业为全市 4 家养老院捐赠食材、常规药品、成人纸尿裤等价值万余元的物资。

（徐程祺）

九三学社江山市基层委员会

【概况】 2022 年，九三学社江山市基层委员会有社员 56 人，具有高级职称 34 人（正高 7 人）；担任浙江省人大代表 1 人，衢州市人大代表 2 人，衢州市政协委员 1 人，江山市政协委员 13 人。年内，获评九三学社浙江省委“2021 年度参政议政工作先进基层组织”、九三学社衢州市委“2021 年度先进基层组织”。

【参政议政】 全年向浙江省人大、衢州市和江山市两会提交大会发言 2 篇，提交议案、提案或建议 24 件，其中团体提案 5 件（衢州市政协 1 件，江山市政协 4 件），内容涉及工业振兴、科技创新、

11 月 6 日，九三学社江山市基层委“同心共富 健康同行”医疗服务团走进清湖（市九三学社 供图）

产业升级、乡村和美共富、城市建设等方面。市政协大会发言《以科技创新引领农业产业深度变革的建议》获“优秀大会发言”一等奖，《关于江山市全域旅游富民示范村工程建设的调研》获“年度优秀调研报告”一等奖；基层委团体提案《关于以技术创新引领农业产业深度变革的建议》、社员吴丽萍撰写的《关于打造仙霞古道徒步游线路的建议》、社员郑志江撰写的《关于加快鹿溪渠改造助力提升城市赋能的建议》、社员叶金花撰写的《加强双江线至衢州第二中专道路管理的建议》等 4 件提案获评“年度优秀提案”；社员楼英俊代表基层委在市政协大会上的发言《规划建设拥江城，打造江山发展新引擎》获得市委、市政府领导和与会人员的好评。在江山市政协举行的“制造业发展”经济协商论坛上，社员姜玲珍作《关于当前企业用电 方面存在的问题及应对建议》主题发言。在市政协主席会议专题协商“深化大综合一体化改革”会议上，社员楼英俊作《关于加强乡镇与执法队进一步融合协作》的主题发言。围绕衢州市新能源新材料产业发展，社员周晓东、楼英俊先后两次参加九三学社衢州市委组织的“科技助企成果转化——请您来议政”专场活动，与浙大衢州“两院”围绕技术岗位互联互通、新材料产业项目发展进行深入交流。

【社会服务】 11 月 6 日，在中共市委统战部的统筹指导下，基层委组织社内 10 多位医疗专家，赴清湖三村开展“同心共富 健康同行”义诊服务活动，接待咨询、就诊服务的村民 300 余人次，赠送常用药品价值 2000 余元。社员金旸春节期间被抽调到市疫情防控工作组，坚守岗位出色完成应急保障各项工作。社员郑榜祥带队援沪核酸检测，获评“二十佳抗疫先锋”。年内，社员周晓东荣获九三学社浙江省委“2021 年度社务工作先进个人”称号，社员郑乘荣获九三学社浙江省委“2021 年度社会服务工作先进个人”称号，社员叶金花荣膺“江山市三八红旗手”和“江山市名医”称号，社员徐利萍获评“江山市名医”和“年度十佳下沉医师”，社员周秋菊获评“江山市十佳医师”和“年度十佳下沉医师”。年内，在“浙江省统一战线教育培训实践教学基地”的基础上，筹划建成“江山九三之家”、政协委员企业创新会客室并投入试运营。

【联谊交流】 3 月 30 日，衢州市副市长、九三学社衢州市委主委田俊莅临江山考察指导基层委工作，参观江山统战文化走廊、江山九三成长发展展示室。11 月 1—2 日，九三学社无锡市委原主委程红一行到江山市考察交流。12 月 9 日，柯城区政协副主席、九三学社柯城区基层委主委徐成旺一行到江山市交流调研。

【信息宣传】 全年报送社情民意信息或党外建议 28 篇，其中九三学社中央采用 2 篇，中共浙江省委统战部采用1篇，九三学社浙江省委采用8篇，中共衢州市政协采用23篇，衢州市委统战部采用1篇，九三学社衢州市委采用24篇。社员周晓东撰写的《关于完善党委政府向名人或企业家授予荣誉称号审核机制的建议》《部分高标准农田难以流转应引起重视》两篇社情民意信息被九三学社中央采用。全年报送新闻宣传信息24条，其中被浙江省省级部门或媒体采用的有8条，被衢州市级部门或媒体采用的有20条。基层委连续8年获评九三学社衢州市委“年度信息工作先进集体”和“年度新闻宣传先进集体”，社员余乾敏连续8年获评九三学社衢州市委“年度新闻宣传先进个人”。

（余乾敏）

群众团体

工 会

【概况】 2022年，全市有单独组建基层工会1499家，联合工会88家，涵盖单位1778个单位。各级工会组织立足工会主责主业，主动融入中心大局，架好“连心桥”，当好“娘家人”，全力服务全市经济社会高质量发展，在衢州工会系统年度考核中获优秀等次。

【服务中心大局】 全力融入重点工作，先后领办两新产业园提升项目企业腾退1家、江贺经济走廊征迁1户、封门溪（城区段）整治工程征迁3户、防盗窗整治96户，有序完成各项任务。联合创文办打造劳动者有礼憩息地五分钟服务圈，成为江山创文一道风景线和加分点。严格执行工会经费缓减返还政策，助力企业纾困和健康发展，年内全市1528家企业缓减工会经费870.78万元，返还836家小微企业工会经费317万元。落实工会系统助力疫情防控措施，筹措疫情慰问专项经费20余万元，第一时间为企业职工、一线防疫人员送上慰问物资。

【基层工会组建】 坚持党建带工建，稳步推进基层工会组织扩面工作，实施非公有制企业建会入会攻坚行动，把责任压实到乡镇总工会，通过比学赶超，推进建会入会工作，起到了较好效果，新增25人以上工会70家，新增会员2000余人。扎实推进新业态建会入会工作，江山已有保安、商场信息员、网约送餐员、快递员、数字经济等新业态群体组建工会，切实推进工会组织覆盖和工作覆盖，让职工能够找到“娘家人”。

【职工思想政治引领】 强化职工政治建设的责任担当，以党的二十大召开为主线，深入开展理论宣传宣讲。及时部署省、市党代会精神学习宣传贯彻工作，组织工会干部、“8090”、劳模工匠深入基层宣讲40场次，受众2600

6月7日，市总工会在健盛集团江山针织公司开展“守好红色根脉·班前十分钟”活动（市总工会 供图）

7月10日，市总工会举行“爱在江山　邂逅江郎”浙工缘青年职工交友活动（市总工会 供图）

余人次。组织开展“守好红色根脉·班前十分钟活动”，引导24家产改试点单位班组开展活动320场次，惠及职工4500人次。推进劳模工匠示范引领，年内获全国五一劳动奖章1人，获评全国工人先锋号1家、“浙江工匠”4人，激发劳模工匠品牌典型示范带动作用。

【职工素质技能提升】 结合江山产业发展方向，提前谋划开展多工种、实用型、订单式、购买式职工技术技能培训，先后组织智能制造、网络直播、家政等技能培训4期，组织花艺等培训3期，受惠职工350余人次。普惠性开展学历与能力提升行动，联合电大开展农民工学历与能力双提升三年行动，年内为86名企业职工减免学费。持续加大劳模工匠高技能人才（劳模）创新工作室建设力度，评选命名江山市级劳模工匠创新工作室7家，获评衢州示范性创新工作室1家、衢州市级劳模工匠创新工作室3家。深化劳模工匠“名师带徒”机制，师徒结对10对，发挥示范带动和传帮带作用。

【职工劳动技能竞赛】 健全完善职工职业技能竞赛管理举措，提高劳动和技能竞赛与高质量发展建设三省边际中心县城的贴合度和实效性，先后组织劳动关系协调员职业技能竞赛、江山市职业技能大赛等，指导行业工会、基层工会组织岗位练兵、岗位竞技30多场次。启动实施2022—2023年度重大战略、重大工程、重大项目、重点产业和重大活动立功竞赛。举办“安康杯”竞赛，开展“我为安全生产献一计”、安全隐患即时抓拍（随手拍）、“金点子”合理化建议等活动。

【职工维权帮扶】 年内组织各类走访慰问90余场次、6000余人次，发放款物价值100余万元。推动职工医疗互助保障提质升级，组织发动3万名职工参加医疗互助保障。深化企业民主管理，组织能级工资集体协商业务培训会，推进企业能级工资集体协商，30家企业获评衢州劳动关系和谐企业。加大职工普法力度，年内开展《中华人民共和国工会法》《中华人民共和国劳动法》及“安全生产月”等专题法治宣传2次，处理信访12件，参与欠薪调解17件。

【职工服务】 推行工会服务职工工作项目清单制度，以品牌工会打造为载体，推进服务体系建设。组织100余名一线职工疗休养，举办暑期爱心托管班，为40名小学生提供暑期托管服务，指导4家企业暑期托管班开展。成功举办“爱在江山、邂逅江郎”“爱在七夕 缘聚时代”两场浙工缘示范场，100名职工现场互动交友。推进4家妈咪暖心小屋建设工作，完善各类设施，争创四星级暖心小屋。全面升级劳动者户外服务站点，建立劳动者有礼憩息地五分钟服务圈，其中县前社区劳动者户外服务站点获全总最美工会户外劳动者服务站点称号。

（柴华君）

共青团

【概况】 2022年，共青团江山市委员会以全国县域共青团基层组织改革试点为抓手，深耕主责主业、担当履职尽责，各项工作有序推进，年内组织召开共青团江山市第二十次代表大会，推动全市19个乡镇街道、308个村社团组织完成换届工作，配齐专职团干部1421人，村（社区）团组织书记由“两委”班子成员兼任超90%。先后获通报表彰3次，被评为先进集体2次。

【青年思想引领】 在全市团支部和少先队开展“喜迎二十大 永远跟党走 奋进新征程”“学习二十大 争做好队员”等主题学习活动，全年共举办座谈交流、知识竞赛等各类活动400余场，实现1160个团（队）组织学习全覆盖。

【青年大学习】 围绕学习贯彻党的二十大精神、习近平总书记建团100周年重要讲话精神，依托浙江省网上共青团、智慧团建、青年之家云平台等载体，在全市共青团系统和青年群体中掀起学习热潮，累计开展线上学习34期，65.4万人次。

【“8090”新时代理论宣讲队伍】 组织“星火宣讲青聚荟”“青年讲师团”“红领巾巡讲团”等青年宣讲队伍，线下深入企业、学校、农村等各基层领域，共青团门店、共青团影厅等团属阵地开展主题巡讲，线上利用网络新媒体，通过视频直播、网上交流等形式开展宣讲。全年累计开展宣讲160余场，惠及群众3700余人。

【关注青年发展】 围绕浙江省第十五次党代会提出的加快建设青年发展型省份的要求，组织召开“聚人兴市 青燕归巢”青年发展型城市座谈研讨会、青年工作联席会议，拟定《江山建设青年发展型县城助力打造三省边际中心县城实施方案(2022—2025年)》，谋划实施十大青年行动。全年浙江青年发展综合指数中，江山位列第42，排名衢州市第一，其中“青年人文素养”指数获评优秀。

【关注青少年成长】 深入开展新时代希望工程工作，开展大学新生助学行动，全年帮扶资助困难学子79人，争取助学金共计40余万元。开展“红暖一冬”留守儿童关爱行动，走访7个乡镇（街道），36名江山市农村地区留守儿童，送上暖冬物资1万余元。发动团员青年参与“浙里青年携手共富基金”99公益日活动，累计募集资金18.2万元，参与达2.4万人次。

（郑梦臻）

7月18日，共青团江山市第二十次代表大会召开（团市委 供图）

妇联

【概况】 2022年，江山市妇女联合会以组织建设夯基，谋划抗击疫情、美丽庭院、家庭教育、巾帼共富、妇女维权、关爱服务等六大抓手，发奋努力，获农业农村工作美丽乡村建设先进集体，健盛集团妇工委、清湖街道妇联为浙江省示范新领域妇联组织、示范乡镇（街道）妇联。

【组织建设】 5月30日，召开江山市第十七次妇女代表大会，选举产生新一届妇联领导班子。1月，首个行业妇联——江山市数字经济产业园妇联正式成立，同时成立巾帼云创联盟，以此行业统筹推动行业统建、联盟共建，一体推进两新领域妇联、妇工委、团体会员妇建共建模式。全面完成乡镇（街道）妇联换届工作，总结出赋分选人、带“资”进会的选人育人方式，共选举产生乡镇（街道）妇联主席19名，专兼职副主席51名，执委293名。11月14—18日，江山市妇联干部培训班在省妇干校顺利开班，机关妇委会主任、乡镇（街道）妇联主席50人参加培训。

【美丽庭院】 5月9日，江山市召开美丽庭院（一米菜园）示范村创建暨美丽庭院星级评选工作部署推进会，全域铺开美丽庭院星级评选工作，市乡村“一把手”聚焦关注，安排奖励资金1040万元、联动农商行授信5亿元，全力推进创、督、评、奖四篇文章。全年开展集中督查6轮，打造美丽庭院示范村40个；通过部门结对、重点指导，打造城区“一米菜园”示范带2条，清漾村美丽庭院示范带1条；发动18000多名女户主踊跃创建，建成三星庭院13000多户、四星庭院5000多户、五星庭院500多户，率先完成省、衢州市美丽庭院创建任务。

5月9日，江山市美丽庭院（一米菜园）示范村创建暨美丽庭院星级评选工作部署推进会召开（市妇联 供图）

12月5日，衢州市美丽庭院（一米菜园）互学互看现场交流会在江山召开，江山市清二村、新桥村分别获一、三等奖，17名妇女获评首批衢州市级百名美丽庭院管护先锋。大陈乡旱田坂村获评浙江省美丽庭院特色村。

【家庭教育】 抓好家庭教育讲师团建设和宣讲工作，下发《江山市社区（村）家庭教育指导服务体系建设工作方案（试行）》《关于加强江山市家庭教育讲师团宣讲工作的通知》，举办“树文明家风、建和谐家庭、育时代新人”江山市家庭教育讲师团聘任仪式暨2022年家庭教育骨干培训会，开展线上线下“幸福E家”家庭教育大讲堂活动167场，受益家长2万余人。选树各级“最美家庭”“文明家庭”“绿色家庭”57户，其中朱小平家庭获评全国五好家庭。持续开展“我们的节日”中华系列传统节日和有礼实践活动200余场，惠及家庭1.5万余户。

【巾帼共富】 以《巾帼助力山区26县共同富裕1233行动》为蓝本，以“家门口创就业”为服务特色，全市共建有35个来料加工式共富工坊，其中以凤鸣启富、时来枫富、时定新桥等为代表的定时器共富工坊，吸纳妇女点上就业300余人，实现人均月增收3000元以上；江山市巾帼云创基地等9个基地获评衢州市巾帼共富基地。坚持先富带动，探索建立巾帼云创联盟，开展妇女创就业培训活动、巾帼共富帮带活动，累计帮助妇女增收200多万元。选树女性创就业典型，激励妇女发展意识，林项霞被评为全国巾帼建功标兵，叶玉芬获评浙江省巾帼建功标兵，武晓芳等6名女性被评为衢州市级巾帼共富标兵。

【妇女维权】 以“三衢和姐”助理治理为主题，强化妇女儿童维权专业化建设，建设“共享法庭”（和姐工作室）23个，其中市家调会、市法院家事审判庭、双塔街道、廿八都镇、凤凰村5地建成标准化“共享法庭”（和姐工作室）；成立“三衢和姐”导师团，举办“法护半边天”等活动13场次，发放宣传资料3万多份；强化婚姻家庭矛盾纠纷排查化解，年内走访排查5600多人次，协调解决问题纠纷932起。强化妇女维权帮扶联动体系建设，依托和睦E家线上应用，建立“三衢和姐”工作交办机制、“三色”走访机制等，核实、督办、交办婚姻家庭矛盾纠纷问题48个；与公检法司以及属地镇村，做好廿八都王某凤家暴案件、上余毛某仙人身伤害纠纷、凤林陆某恭遗产继承纠纷等7起案件办理、处置；帮助21名妇女儿童争取法律援助，帮助挽回经济损失300多万元。

【关爱服务】 抓好公共服务阵地建设，推动妇女儿童公共服务优质共享。安排专项资金54万元，优化提升妇女儿童综合服务驿站9个，累计建成星级妇女儿童服务驿站29个，其中文苑社区妇女儿童综合服务驿站获评省三星级驿站，东门、七里、周家青等5家获评衢州市二星级驿站。建成泰隆银行妇委会、新华书店、城北幼儿园等家风示范基地3个，依托阵地开展理论宣讲、亲子阅读、手工制作、中华传统节日活动60余次。抓好妇女儿童关爱服务，牵头服务市领导“六一”儿童节走访慰问，举办“儿童友好宣传月”亮灯、儿童观察体验团、“让儿童认知自然”公园林木挂牌等一系列儿童友好活动，争取全国贫困“两癌”妇女救助资金、省妇女儿童基金会圆梦助学资金、康乃馨女性健康项目资金、专项资金40.2万元，帮扶妇女儿童794名。

（姜建娇　袁小菊）

科协

【概况】 2022年，江山市科协以创建全国科普示范县（市、区）和“科创中国”省级试点为抓手，团结带领科技工作者把握科协“四服务一体”职责定位，加强基层组织建设和科普能力建设，广泛开展科普宣传、学术交流和技术服务，为“争当跨越式高质量发展共同富裕排头兵”“建设三省边际中心县城争当‘两个先行’示范窗口”展现科协担当。

【强化科普宣传】 开展全国科普示范县（市、区）创建，推进科普全领域行动，强化科普全民参与全民共享，实施科普品牌建设工程和科普队伍建设工程，拓展科普服务平台，创新科普工作机制，培育科普工作品牌，提高公众科学素质，确保创建工作落地见效。通过全国科普示范县（市、区）创建省级检查验收与中科协抽查。全国科普日期间，围绕“喜迎二十大，科普向未来”主题，组织基层科协、科普教育基地、科普特色学校、科技志愿者等上下联动，通过知识竞答、宣传橱窗、广播媒体等方式，开展贴近群众、贴近生活、贴近实际的系列科普活动。共举办各类科普活动50多项，其中30多项在全国科普日活动网站上发布展示。开展科普阵地建设与管理。江山蜜蜂博物馆等3家科普教育基地被评为省级基地，获评数列衢州各县（市、区）第一。对全市200个科普画廊统一管理维修，加强监督检查，确保正常运行；全市45座科普e站增加江山本地特色模块，开展网上科普宣传。根据每个时期科普重点，月月开展经常性宣传活动。与市传媒集团全方位立体化联办“科普之窗”等科普专栏4个。

【实施专项行动】 实施“银龄跨越数字鸿沟”科普专项行动，多方组织动员，共建立教学点17个，配备科普讲师121名，全年开展“银龄跨越数字鸿沟”专项科普活动180余场次，手把手指导老年人使用智能手机11300多人次。实

8月3日，江山市召开创建全国科普示范市动员大会（吴梦颖 摄）

施科普助力“双减”专项行动，组织市旅游发展有限公司等6家科普教育基地开展科普助力“双减”专项活动10多场次；先后组织科普大篷车开进文溪实验学校、贺村第三小学、碗窑小学；在市双塔小学承办了《加油！科学+》大型科普情景剧。

【助力工业强市】 开展“科创中国”省级试点。制订《江山市“科创中国”试点实施方案》，切实把科协集聚科技人才的组织优势转化为服务创新链、产业链的新动能。结合“一县一业一学会”，与省智能技术标准创新促进会合作，组织线上讲堂，开展智能制造科技服务团“助企纾困”走访，一线了解生产、科研、标准化情况，提供专业建议及技术支持。开展冻干食品、冻干技术科普宣传。推进“博士创新站”建设。深化新时代人才强市战略，发挥人才在推动江山大发展、快发展、高质量发展中的重要作用。大唐国际江山新城热电等9家博士创新站已经被衢州认定为第二批博士创新站，建站数列衢州各县（市、区）第一。博士创新站分别开展一批科技攻关项目。其中，江山电力发展有限公司与衢州学院吴飞等合作攻关的“基于无人机的互联网配网验电技术研究”等部分项目已初见成效。完善28家博士创新站信息。组织7家单位申报2022年度创新站。按照省委组织部、省科协关于组建山区海岛县“希望之光”组合式人才帮扶团相关文件精神，会同省工业设计学会制订三年帮扶方案。借助学会资源，探索建设开放共享的公共设计服务平台，指导智能家居产业开展设计外包、定制设计、购买设计；深化重点产业品牌建设，开展“品”字标认证工作，策划区域品牌标识。

【服务乡村振兴】 加强专业团队建设。引进省健康产品安全研究会，建立江山健康食品产业创新驿站，推动多方协同创新，为企业提供技术支持、政策咨询、人员培训、标准研究、检验检测等。协助天蓬集团有限公司与浙江大学动物科学院合作共建江山生猪健康科技小院，构建“政产学研用”五位一体的新模式，助力江山生猪产业发展、专业人才培养。促进市养蜂产业化协会与省蜂业学会达成战略合作协议，组建专家服务团队对产业、市场实地考察，为产业提供个性化技术服务、专业技术人才培训、项目咨询论证等。邀请省科协乡村振兴学会联合体、中国老科学技术工作者协会、省老科学技术工作者协会举办“现代农业绿色低碳循环发展 助力江山猕猴桃生产技术”培训会。依托农函大教学点开展农民实用技术培训，举办专业培训12期，累计培训农村学员1600人次。年度申报高级农民技术职称1人，中级农民技术职称4人。市中药材产业协会被认定为衢州市“三长带三会”助共富试点单位。深化“你点我来”科技应用服务，年内开展“随叫随到”科普服务16次。

（吴梦颖）

工商联

【概况】 2022 年，市工商联把握两个健康工作主题，以奋勇争先的奔跑姿态和服务企业的务实举措，使工商联成为江商代表人士之家、工商联干部成为江商代表人士之友，不断提升工商联工作水平和成效，获衢州市县级工商联争先创优考核第一名。

【坚持红色建联】 实施“品质江商提升工程”和“新生代青蓝接力工程”，组织企业家讲·讲给企业家听、青蓝接力赛等活动 6 次。开展第三届“新生代创业先锋”评选活动，表彰各类优秀先进典型 20 人次。为深入学习宣传贯彻党的二十大精神，进一步深化认识、鼓舞干劲，11 月 5 日，第一时间举办党的二十大精神专题报告会，特邀浙江财经大学文明办主任刘远琳教授解读党的二十大报告，40 多位企业家代表参加。持续推进上海、福建、广东、台州、义乌等商会党组织的“星级创建”活动，建立“六学六比强贡献”红色联盟工作机制，推动形成互帮互学、共创共赢的党建工作新格局。加大优秀企业家培育，培养发展入党积极分子 19 名。借助新生代企业家联谊会和商会青年分会等平台，组织青年企业家开展创业辅导、挂职锻炼、红色教育、扶贫帮困等实践活动。推选 12 名新生代企业家到政府部门挂职锻炼。8 月，举办江山市新生代企业家素质提升班，共 47 名新生代企业家代表赴重庆大学参加培训。组织慈善公益活动 5 次。开展青年企业家互访互学活动 3 次。江山市新生代企业家联谊会获评全国“四好”商会。

【助推乡村振兴】 引导民营经济人士参与东西部扶贫协作、建设共富工坊和“万企兴万村”行动，谋划实施各类帮扶项目 46 个，助推乡村振兴，累计汇集爱心善款 500 多万元。按照“个人出一点，集体贴一点，财政补一点，商会捐一点”的思路，促成 15 个异地商会党支部结对 20 个村级食堂，收到商会定向捐赠金额 300 余万元，协助建成 130 个村级共享食堂，直接受益 2600 余位居家老人。

【推进清廉商会工作】 承办衢州市清廉商会建设部署推进会，“打造‘五清促自律十约创廉盟’亲清商会廉盟”做法在会上作经验介绍。先后启动四批清廉民营企业示范基地（30 家）和清廉商会建设（12 家），其中 1 家被认定为衢州市清廉民企标杆单位，9 家被列入衢州市建成清廉民企示范企业，2 家被列入衢州市拟建清廉民企示范企业，打造驰骋“挑刺”、天蓬“找茬”等典型清廉品牌，示范企业创建数量和质量列为衢州市各县（市、区）第一。探索建立“五清促自律、十约创廉盟”的清廉商会建设工作新格局，实现商会组织“班子清廉、阵地清朗、行风清爽、服务清新、担当清誉”的创建目标，涌现出江山市木门行业协会、新塘边商会、清湖商会等一批清廉合规示

6 月 29 日，“钱塘—江山”商会共建共富基地签约仪式举行（吴欣悦 摄）

范商会。发挥商会的主体作用，推行《江山市清廉商会创建导则》，引导全市69家乡镇（街道）商会、异地商会、重点行业协会、重点企业家联谊会等，健全现代法人治理结构和清廉运行机制，推进清廉商会建设标准化进程。7月，及时召开创建工作推进会，正式启动亲清商会廉盟，发布并推行以“五要五不准”为主要内容的《江山市商会廉盟十大公约》，把清廉合规要求贯穿在商会改革发展的全过程和各环节。开展“商会廉盟在行动”，深化行业诚信守法建设，推进制定和组织实施门业、装备制造、应急消防等重点行业自律公约，促进“清廉商会”与“清廉民企”建设相互联动，引导市场主体有序竞争。与市检察院联合设立检察官联络员制度，畅通企业涉法涉诉案件绿色办理通道，审慎办理每一起涉企刑事案件，协助办理企业涉刑涉诉合规监督案件3件。与市司法局、相关律师事务所开展“法律体检”服务活动，为企业依法合规治理提供保障，为企业健康发展夯实基础。与检察院、金融办联合开展助企上市检察护航活动，增强企业合规经营发展意识。与法院组织3起“涉企案件庭审观摩”活动，促使企业从业人员引以为戒、廉洁履职。建好商会调解共享法庭，依托市新生代企业家联谊会、数字消防新生代企业家联合会等平台，探索建立会员自律公约、行业规范自律、信用承诺公约等各项符合商会特点的制度。加快推进全市青年企业家队伍建设，推荐新生代企业家代表到部门挂职锻炼，参与部门中心工作。

【坚持服务兴联】 联合市营商办坚持每月一次的“亲清直通车·政企恳谈会”活动。把“政企协商会”办进乡镇商会、行业协会、园区、企业中，方便企业的沟通对接。在贺村商会、新塘边商会、峡口商会、清湖商会、电子商务协会、新生代企业家联谊会建立亲清直通车基层站点，巩固和深化政企恳谈协商活动的成果。全年举办14期，有156位企业家参会，交办落实企业问题167个。

【坚持网络壮联】 成立由12名江山籍知名企业家为主的江山市民营经济高质量发展咨询委员会。加强党委政府领导与商会之间亲清互动。重阳节期间，协助市委、市政府举办异地商会会长、秘书长父母重阳茶叙会。促成市委、市政府完善《江山市异地商会同心助力家乡发展激励办法》，出台《江山市异地商会助力农特产品开拓市场激励办法》，市财政每年安排400万元资金用于激励各商会助力家乡发展。建成异地商会42家，乡镇商会15家，异地商会实现全国省会城市全覆盖。举办第三届商会会长、支部书记“融衢接杭”项目谋划擂台赛，聚焦城市赋能、产业创新、乡村振兴等重点领域，共谋划提出高质量项目8个。协助引进亿元以上项目3个，总投资8亿元，其中上海商会党支部引进上海静安置业（集团）有限公司建设清湖古镇项目，一期投资5亿元。

（杨瑜霁）

文联

【概况】 2022年，江山市文联组织下属各文艺协会围绕市委、市政府中心工作，开展采风、创作、宣传等系列文艺活动，年内编辑出版《仙霞》季刊4期、《江山市少年作家报》2期。获2022年度浙江省文联、衢州市文联系统先进集体称号。下属各文艺协会有国家级会员20名，省级会员123名。招引签约总投资3.2亿元的衢州中溢环保科技有限公司25000吨/年有机溶剂资源化绿色循环综合利用项目。

【承办“浙风十礼 艺路同行”文艺志愿服务走进江山活动】 9月1日，在清三村承办浙江省“浙风十礼·艺路同行”文艺志愿服务走进江山活动，举行省文联、省影协优秀浙产电影走进山区26县主题展映活动启动仪式，10多名省文艺名家到江山开展采风创作活动。

【承办第三届海峡两岸影像文化周廿八都专场】 11月3日，第三届海峡两岸影像文化周廿八都专场活动成功举办。活动由海峡两岸影像文化周组委会主办，衢州市台胞台属联谊会、江山市文联承办，精选两岸摄影人带来的不同风格与特色的作品100余幅，推进两岸文化交流，提高江山对外知名度。

【协办山区26县村歌故事会颁奖晚会】 11月9日，由浙江省文联、衢州市委宣传部、江山市委市政府等联合主办的浙江省山区26县村歌故事会颁奖晚会成功举办。市文联主动做好幕后对接工作。会后，市文联撰写报送推进村歌文艺繁荣的特色做法，于12月9日在《浙江省文联简报》第13期刊登。

【开展文艺活动】 在江山文艺之家举办江山红色经典电影海报展；与市委宣传部联合举办江山市“8090话共富”主题征文大赛活动，共收稿345篇；与市纪委联合举办“江郎山杯”廉政征文大赛，收稿150余篇。朗协举办迎国庆创文诗歌朗诵展演，在乡镇文化礼堂举办“强国复兴有我”美丽乡村诗歌朗诵活动。书协举办喜迎二十大“宋韵流芳”——江山市宋韵文化主题书法篆刻展；美协举办第八届“江山人画江山”美术作品展，展出作品120余件；民协在衢州儒学馆举办“感受民间工艺之美——江山市民间工艺作品展”，展出147件作品。

【加强文艺志愿服务】 春节前夕，市文联与市退役军人事务局联手乡镇文联，为现役军人家庭拍摄“全家福”和生活场景照活动，制作好照片传给现役军人；与江山消防大队举办“阔步新征程·逐梦火焰蓝”文艺迎新年慰问演出活动。书协、乡镇文联共同开展“春联迎新”活动，写春联送“福”字进村（社）、进企业，送出4000余幅。5月23日，在江滨公园开展“喜迎二十大· 建设新江山”文艺展演暨第九个全国文艺志愿者服务日活动。

【壮大文艺人才队伍】 注重文艺人才培养，发展年轻会员，增添协会活力。年内新加入国家级会员2人，省级会员19人，衢州市级会员12人。充分发挥“文艺之家”的阵地作用，邀请名家开展作品创作讲座，举办形式多样的辅导培训、研讨会、作品点评、创作交流活动。举办展示展览3场次，讲座培训6次，接待省市各级领导参观指导4次。

【推出一批文艺佳作】 衢州市第九批文艺精品扶持项目《花谢花又开》由百花文艺出版社出版，《古道走千年》获第四届“祖国颂”世界华语文学作品征文散文奖，《悲喜剃头匠》在2022年《中国故事》征文大赛中获优秀奖。美协作品《凝固的一刻》入选浙江省“视问心源”油画展并获学术奖，《空等花久》入选浙江省“乡村振兴、浙里昌硕”美术作品展，美术作品《旱》《那天》入选浙江省第三届水彩、粉画写生展。

【抓好以艺抗疫创作】 广大文艺工作者围绕以艺抗疫、“艺”起加油、致敬英雄等主题开展创作，共创作文学作品、诗歌280余首，书画作品80余件，摄影作品160多幅，歌曲4首，其中抗疫歌曲《江山有爱》《中华脊梁》制作成MV，上了“学习强国”，起到很好的宣传作用。

【助推生态文学品牌】 7月，出版《古道诗路》生态文学作品集。9月2—4日，江山市生态作协举办浙闽赣皖4个省15个县市（区）边际生态文学大联盟研讨会暨文旅推介活动，打造四省边界生态文学联盟。9月16—18日，美国世界生态、世界华文文学、文化中国3家杂志社社长冰凌，以及台港文学选刊等国内外8家知名杂志社主编和名家齐聚浙江江山，指点生态文学创作，推出《世界华文文学》和《香港现代作家》江山生态文学特刊。

（朱定一）

附：

2022 年出版作品

《花谢花又开》

作者：周建新。2022 年 12 月正式出版，获评衢州市第八批文艺精品项目。

作品简介：江山是中国蜜蜂之乡，有近万人常年在外养蜂。养蜂人与蜜蜂一起追花夺蜜，一起践行和诠释着同样的可贵的精神——蜜蜂精神，通过艰苦奋斗走上共同富裕，追求并实现美好生活的梦想。该作品以践行和诠释蜜蜂精神，通过艰苦奋斗走上共同富裕，追求并实现美好生活的梦想为主旨，围绕着少年郑大为辍学养蜂，讲述了郑家三代养蜂人追花夺蜜、四海为家的苦涩和甜蜜的养蜂生活，展现了唯有不息奋斗才能发家致富、幸福生活靠劳动创造的理念。作品构思精巧，情节曲折感人，语言流畅，农村生活气息浓郁，非常接地气。

《棋兵道》

作者：赵子安。2022 年 12 月正式出版，获评衢州市第八批文艺精品项目。

作品简介：《棋兵道》是一部关于围棋哲学性文化论述书籍。2004 年 10 月，时任浙江省委书记的习近平在调研考察衢州时指出：衢州要积极挖掘文化内涵，打造“两子文化”品牌。2014 年 7 月 3 日，习近平总书记在一次外交活动中作出了“围棋中包含着人生的哲学和世界战略”的重要论述。因此，挖掘和创造围棋文化是贯彻落实习近平总书记打好“两子文化”品牌的重要举措，也是强国富民的一个方面。作者做到了三个“首创”。一是提取中国两千多年的道家文化、军事文化和围棋文化之精髓，通过原理阐述和引经据典的方式，追寻衢州围棋千年棋脉，将围棋文化提高到中国传统哲学的高度，实属全国首创；二是第一次提炼围棋“以正治国、以奇用兵、以合弈棋”的围棋哲学思想，实属古今首创；三是衢州第一部关于围棋文化的哲学性文化论述，实属本土首创。

《妈妈的那碗大陈面》

作者：毛巧媛 毛巧仙。2022 年 12 月正式出版。

作品简介：《妈妈的那碗大陈面》是一本图文并茂的影像作品集。本书着重推介宣传江山村歌，特别是大陈村歌，从兴起、发展、宏大到走向辉煌，从星星之火到后来红遍大江南北的征程。开启了中国村歌新时代，唱响了中国村歌主旋律。江山村歌从江山的乡村走来，最后走向全国、走向世界，让中国和世界听到了江山农民欢快的歌声，最终捧得“中国村歌发祥地”“中国村歌之乡”等多项殊荣。

2022 年度省级以上获奖文艺作品一览表

表 8

序号	作者	获奖作品名称	获奖时间	类别或体裁	获奖品级	授奖单位	备注
1	唐晋枫	《锦绣江山》	2022 年 8 月	歌词	二等奖	浙江省文化馆	歌颂新时代·喜迎二十大全省歌词大赛
2	徐春燕	《静默如迷（组诗）》	2022 年 12 月	诗歌	二等奖	《中华文学》	《中华文学》2022 年年度优秀诗歌二等奖
3	毛谦义	《一湖秀水醉耕读》	2022 年 12 月	散文	《中华文学》		《中华文学》全国生态文学征文大赛一等奖
4	姜 燕	篆书作品	2022 年	篆书	篆书百家	浙江省书法家协会	
5	蔡 农	篆书作品	2022 年	篆书	篆书百家	浙江省书法家协会	
6	黄江龙	篆刻作品	2022 年	篆刻	篆刻百家	浙江省书法家协会	
7	王子恩	篆刻作品	2022 年	篆刻	篆刻百家	浙江省书法家协会	
8	刘建华	《凝固的一刻》	2022 年 7 月	油画	省级	浙江省美术家协会	入选浙江省“视问心源”油画展并获学术奖
9	郑荣林	《空等花久》	2022 年 8 月	水彩	省级	浙江省美术家协会	入选浙江省“乡村振兴、浙里昌硕”美术作品展
10	郑荣林	《早》	2022 年 11 月	水彩	省级	浙江省美术家协会	入选浙江省第三届水彩、粉画写生展
11	张梦雅	《那天》	2022 年 11 月	水彩	省级	浙江省美术家协会	入选浙江省第三届水彩、粉画写生展
12	姜天华	《醉美江郎山》	2022 年 3 月	摄影	百佳奖	中国摄影网、全国旅游摄影大赛组委会、中国艺术摄影网中艺摄影文化艺术中心	“大美中国”——2022 第四届全国旅游摄影大赛
13	姜天华	《乌溪江水库大坝雄姿》	2022 年 3 月	摄影	入选奖	浙江省摄影家协会、浙江省农村水电行业协会	
14	姜天华	《江郎山春光》	2022 年 4 月	摄影	入展奖	中国摄影报社	“大美中国、南孔圣地”第二届衢州全国手机摄影作品展

续表 8

序号	作者	获奖作品名称	获奖时间	类别或体裁	获奖品级	授奖单位	备注
15	姜天华	《醉美是我家》	2022 年 8 月 17 日	摄影	发表	人民摄影报	
16	王晓燕	《麻饼飘香迎客来》	2022 年 3 月	摄影	省级	浙江省摄影家协会	入选庆丰收·浙江摄影作品展
17	刘世华 祝建荣	《富贵双寿》	2022 年 11 月	木雕	银奖	中国工艺美术学会	第十五届中国义乌国际森林产品博览会竹（木）雕艺术“中工杯”创新设计作品大赛
18	刘世华 祝建荣	《知音》	2022 年 11 月	木雕	铜奖	中国工艺美术学会	第十五届中国义乌国际森林产品博览会竹（木）雕艺术“中工杯”创新设计作品大赛
19	汪贤忠		2022 年 12 月	毛笔楷书	入选	浙江省书法家协会	
20	李驰疆		2022 年	硬笔楷书	三等奖	浙江省硬笔书法家协会	
21	郭元敏		2022 年 12 月	先进工作者	全国先进工作者	中国硬笔书法协会	
22	朱锡群	《志在白沙》	2022 年 11 月	村歌	十佳村歌故事	浙江省文学艺术界联合会、浙江省音乐家协会	
23	李　军	《祖国是什么》	2022 年 11 月 29 日	朗诵	浙江省 2022 年“诵读中国”经典诵读大赛社会人员组一等奖	浙江省青少年中华经典诗文诵读活动组委会	
24	尹文军	《浙十年》	2022 年 9 月	诗词	入围奖	浙江省诗词与楹联学会	
25	周　璇	《幸福乡村的声音》	2022 年 6 月	微型党课	省一等奖	省委宣传部 省教育厅等	

续表 8

序号	作者	获奖作品名称	获奖时间	类别或体裁	获奖品级	授奖单位	备注
26	单海忠	中国宣纸	2022 年 2 月	作词	三等奖	“词曲中国”大型原创词曲选拔赛组委会	
27	单海忠	雪岭、长台·乾湖	2022 年 8 月	作词	网络人气奖	浙江省文化馆	
28	徐建飞 郑露芳 祝锦玉	“i have music”《迎着太阳唱太阳》	2022 年 11 月 21 日	合唱	网络人气奖	浙江省教育厅、浙江省文化和旅游厅	
29	编导： 朱锡群 毛媛媛 刘爱东	《江山多娇》	2022 年 1 月 27 日	曲艺	表演银奖	浙江省文化和旅游厅	作词：周　伟、赵容华； 作曲：陈宏君； 辅导：祝苏珊、巫林丽、汪　敏
30	祝苏珊	《“共摆手 同富裕”——了解和学习土家族摆手舞》	2023 年 10 月 24 日	网课	浙江省全民艺术普及网络课程“最佳人气奖”、二等奖	浙江省文化馆	
31	徐建飞 毕艺苗	《村歌一唱幸福飞》	2022 年 12 月	演唱	浙江省第二十一届群众音乐大赛铜奖	浙江省文化和旅游厅	

残 联

【概况】 2022 年，江山市残疾人联合会以数字化改革为总抓手，抓住“扩中提低”重点，探索具有普遍意义的残疾人共同富裕之路。江山“智慧助残”应用获浙江省改革突破奖铜奖。省补资金达 1700 多万元，同比增长 50%左右，居全省各县（市、区）首位。

【残疾人基本情况】 2022 年，全市有持证残疾人 21569 人。按照残疾程度分，重度一、二级残疾人 6412 人，三、四级中轻度残疾 15157 人。按残疾类别分，视力残疾 2074 人，听力残疾 3668 人，言语残疾 274 人，肢体残疾 9150 人，智力残疾 2266 人，精神残疾 3197 人，多重残疾 940 人。

【抓好残疾人民生项目】 投入资金 130 万余元，提前完成全市重要公共服务场所 11 个点位的无障碍改造工作。城南社区创建省级无障碍社区通过省级验收。投入 150 万元，完成省政府民生实事项目——新建提升残疾人之家 9 家，完成率达 300%，居省市前列。其中，双塔残疾人之家由 4 星提升到 5 星。对有适应指征的残疾儿童“发现一例，报告一例，救助一例”，为 200 名 0—8 周岁残疾儿童提供言语、肢体、孤独症康复训练等基本康复服务。为 220 名家庭困难的听力残疾人免费提供助听器等辅助器具。建立部门联办机制，精神病人免费服药医疗费用实现一站式结算，有 1721 名精神病人受益，实现政策全覆盖。实现全市持证残疾人免费乘坐城乡公交车，缓解残疾人出行难题。落实残疾人及残疾人

2月，专职委员为精神残疾人提供送药上门服务（市残联 供图）

家庭子女助学补助402人次、120余万元，向上争取助学补助74人次、10余万元。

【推进残疾人共同富裕】 结合残疾人就业援助月活动和残疾人专场招聘会，通过“江惠民”“江山招聘”等线上平台，设立残疾人招聘专区，开展2场残疾人专场招聘会、19场乡镇（街道）残疾人招聘会，推出34家企业残疾人316个用工岗位，引导100多名有残疾人在线操作、线上线下同步进行，线上平台点击量达到3500多人。遵照《浙江省残疾人服务数字化改革标准规范》，统一业务、数据、技术和运营四大标准，“江山市残疾人服务综合集成改革”项目获衢州市改革突破奖——特别贡献奖。围绕“奋力争当跨越式高质量发展共同富裕排头兵”目标，以“开战即决战、起步即攻坚”的紧迫感，在全省领先以政府名义制定出台《关于加快推进残疾人全面小康进程的实施意见》，瞄准“扩中”“提低”，强力推进残疾人共同富裕。

【促进残疾人就业增收】 实行就业增收共富十件实事，构建残疾人高质量就业工作闭环。联合市人力社保局等六部门出台关于贯彻落实《浙江省超比例安排残疾人就业企业奖励办法（试行）》等3个办法的通知，发挥残疾人就业保障金制度作用，促进残疾人就业。完成300多名残疾人职业技能培训，有21家残疾人之家就业驿站安置34名公益性岗位。其中，采用“以就业转化率为导向的培训机制”等形式，为150名残疾人免费提供保安、直播、盲人保健按摩等职业技能培训。残疾人新增培训462人，新增就业592人，就业率达69%，发放就业创业补助90名残疾人22.4万多元、安置残疾人奖励30家单位43.2万多元。

【推动残疾人融入社会】 年初开展摸底调查，制订个性化方案，完成130户残疾人家庭无障碍改造任务。建设峡口镇南部康养中心，大楼主体工程已完成，部分康复设备正在调试中。建立基本型辅具保障机制，配发765件辅助器具，其中助听器220台、轮椅284台、护理床28张、假肢28条。完成小额辅具205件，其中矫形器33件，其他类172件，完成年度指标。

（刘丹林）

红十字会

【概况】 2022年，江山市建有乡镇、街道红十字会19个，学校红十字会40个，志愿者队伍3支，注册志愿者113人。在衢州红会年度考核中排名第一，校园救护站项目得到省红十字会党组书记林斌批示肯定，获省红十字会担当作为奖先进集体称号。

【完成民生实事】 推进应急救护工作列入江山市政府民生实事项目生命守护。完成20个点位的AED（体外自动除颤仪）安装，开展完成教育系统、相关乡镇部门师资培训，参加人员140人；

完成培训应急救护持证人员 1.52 万人次，普及培训 7.02 万人次；完成 25 个学校和养老机构红十字救护站建设。

【参与疫情防控】 组织红十字应急救援队服务在高速卡点、学校、疫情防控“三区”开展消毒服务，累计出动人员 1718 人次，车辆 307 车次，场地消杀 338 场次（乡镇三区、企业、学校、核酸采集点等）、车辆消杀 6501 车次（卡口及环保委托的医废转运车辆），消杀作业面积 173.4 万余平方米。救援队队长毛建栋获评江山市防疫先进个人。收到捐赠款 33.17 万元，接收物资 47 批次，价值约 104.57 万元，全部拨付使用。根据防疫指挥部安排，长期为高速和省际交界公路防疫服务点位提供消杀服务。

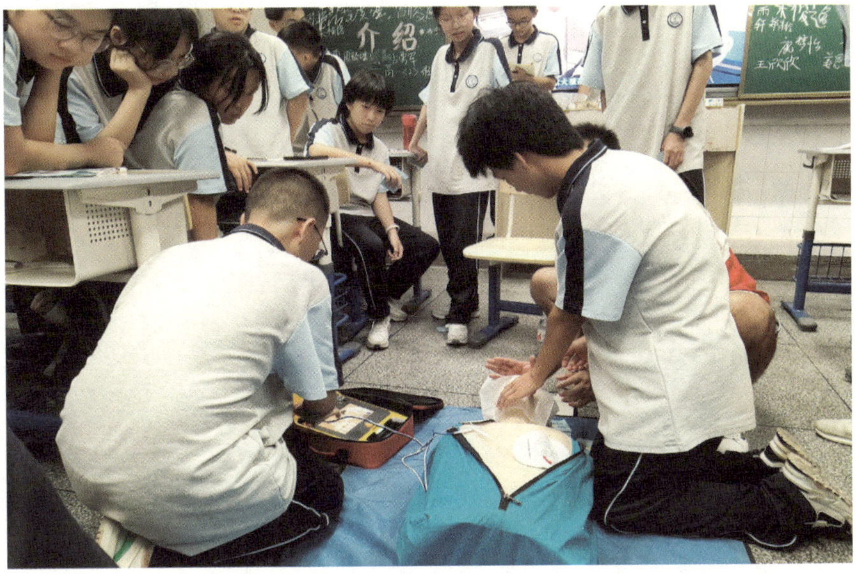

8 月 26 日，市红十字会开展应急救护培训进学校活动（市红十字会 供图）

【器官遗体捐献】 市民孔祥文成为江山市本地第四例造血干细胞配型成功的捐献者，其捐献的造血干细胞被用于救治 1 名患白血病的大学生。全年成功实现器官捐献 2 例，遗体捐献 1 例，共捐献器官（组织）6 个，为 6 位重症患者带来生命延续或重见光明的希望。

（严　君）

法　治

政法委及综治

【概况】 2022年，江山市委政法委紧紧围绕“平安护航党的二十大”工作主线，全力以赴防风险、保平安、护稳定、促发展，一体推进平安江山、法治江山建设，社会治理基层基础更加夯实，政法事业不断开创新局面。全年政法系统获衢州市级以上荣誉120余项，江山市被省委、省政府授予“平安牌”称号，平安江山建设实现“十三连冠”。

【护航中心工作】 聚焦市委、市政府中心工作，围绕项目推进、土地整治、征地拆迁、企业腾退等重点项目，以及创文“玉叶行动”省测、26县村歌故事会颁奖晚会、清湖古镇开街、清漾未来乡村开街仪式、全国新年登高健身大会等重大活动，牵头组建应急维稳处置组，综合运用矛盾纠纷排查调处、风险评估、决策事项合法性审核、项目警官等机制，为全市经济社会发展提供坚强法治保障。先后牵头制定各类工作预案40余项，组织风险会商研判79次，完成市级重大决策社会风险评估86个。

【深化平安建设】 坚持“大平安”理念，深入开展突出问题专项整治行动，围绕消防安全、平安指数提升等领域问题，定期碰头会商，开展“一事一议”，专题研讨破题，全力以赴“遏重大、降较大、保安全”。排查各类企业场所3700多家次，排查整改隐患6000多个，高效完成省、衢州市平安暗访检查通报的42处点位77个问题的整改提升。依托电视、网络、报刊、微信公众号等载体，开展“平安三率”宣传，向群众发放平安宣传折页10万份，发送平安宣传、养老诈骗宣传短信108万条，平安指数下半年实现逆转，指数月排名冲至全省第五名，全市获2022年度衢州地区群众安

8月1日，江山市政法系统“融治理”启动仪式在迎宾广场举行（市委政法委 供图）

全感、满意度“双第一”，平安考核取得近五年最好成绩，以满分成绩位列衢州第一。

【推进除险保安】 聚焦“平安护航党的二十大”，统筹推进除险保安十大专项行动。牵头组建市平安建设专班，建立“日碰头日会商、周例会周晾晒、月分析月报表”和预测预警、交办反馈、应急处置、挂牌督办等机制。研究制定《矛盾纠纷早发现、早处置“十四条措施”》，强化风险全量全程管控、高效联动处置，督促开展联防联控“除险患、保平安”等活动，在衢州市17次除险保安晾晒星级评定中，江山市14次赋星第一、3次赋星第二。

【做实基层治理】 持续推进市域社会治理现代化试点工作，调整优化“三位一体”网格治理团队，出台《江山市网格工作专项经费管理暂行办法》，扎实开展“乡镇网格月度例会”、“网格学院”业务轮训等工作，有效提升网格员队伍素养。全市321个村社共划分网格951个、微网格3450个，网格队伍力量从4644人增至2.8万余人。在衢州市率先启动政法系统“融治理”工作，以“五降五提”为总领、“十一项”任务为重点，依托“警务融治”“共享法庭”“融治理工作驿站”等载体，不断推动政法核心业务、工作触角向基层延伸，积极打通基层治理的难点堵点。

【抓好数字法治】 深耕数字治理，紧盯应用贯通、制度理论、改革实战实效，以标志性成果带动全局争先进位。先后完成多跨场景应用建设12个、在建场景应用6个、谋划场景应用6个，其中自主谋划建设的社会治理全域感知场景应用入选2022年全省“政法工作现代化创新引导”项目，获省级财政专项补助资金150万元；“网格事项准入码”、侵害未成年人案件一体化备案审查场景应用被纳入省委政法委数字法治“一本账S3”；综合指挥可视化调度应用被评为省委政法委最佳实践案例，并入选2022年《法治日报》全国政法智能化建设智慧治理创新案例。

公 安

【概况】 2022年，江山市公安局实际在岗442人，平均年龄40.2岁。另有辅警678人。全年获上级荣誉98项，被省委省政府评为平安护航二十大成绩突出集体，被省公安厅评为全省公安机关信访生态优秀单位，被衢州市委、市政府评为全市信访工作成绩突出贡献集体，2次被江山市委、市政府记集体三等功，贺村派出所被评为全省第二批“枫桥式公安派出所”，2名个人和2个集体被省公安厅记二等功，20名个人和5个集体被衢州市公安局记三等功，3名辅警获二等治安荣誉勋章。

【安保维稳】 保持“安保无小事，事事连政治”的高度敏感性，成功打赢党的二十大安保维稳攻坚战，完成北京冬奥会、各级“两会”、党代会期间安保警卫任务60项。紧盯各类重要节点、重大活动，加强与政法委对接，开展情报会商112次、专题研判11次。

【护航发展】 组建实体化运作的护航发展中心，聚焦“两新”产业园整治、江贺经济走廊土地有机更新和整治、“创文”、烟花爆竹“双禁”等重点项目、重大工程，主动担当、靠前服务，为项目落地、工程推进提供“零距离”支撑保障。15天内助力党委政府完成江东化工园区444户签约“清零”；成功破获四都垦造耕地串通投标等案件。制定“郎盾护企、共绘江山”政务服务品牌战略，同步配套“一企一策”“放管服改革”“保畅通保供应链”3项机制，护航企业“全生命周期”，点对点护送物流运输车辆3256辆次。建立涉企案件快侦快破快诉机制，在经济领域坚持“少捕慎诉”“首违不罚”原则，先后破获涉企犯罪9起，挽回经济损失1100万元，涉企案件同比下降30.8%。

【推进基层治理】 坚持和发展新时代“枫桥经验”，全力打造“新时代群众家门口的派出所”，打响

12月24日，特巡警大队在清湖街道巡逻安保（市公安局 供图）

“警务融治”品牌，推动市两办、市委政法委出台“融警务”和“联防联控”等工作方案，主动融入基层治理“141”体系，按照“一村一警”的要求，1078名警力下沉929个网格认领“责任田”，联动乡镇（街道）和职能部门，排查化解矛盾纠纷3207起，“党政统领、乡镇主体、公安靠前、群众参与”的基层社会治理体系更加成熟、更加定型。6月9日，副省长、公安厅厅长王成国到江山市调研，对“警务融治”工作给予充分肯定。

【打防犯罪】 以违法信访依法治理专项行动为契机，发扬主动作为和敢于担当的精神，打击阻挠重点项目推进、恶意诽谤、寻衅滋事等违法信访人员，助推全市信访生态持续向好，相关经验做法得到副省长、公安厅厅长王成国的批示肯定。全年共打击违法信访人员34名。以“零容忍”的态度，高压严打“盗抢骗”“黄赌毒”“食药环”、酒后滋事、家庭暴力等违法犯罪，快速破获“4·14”命案、“5·5”抢劫、“8·24”砸车玻璃盗窃、须江府物业敲诈勒索等重大案件，电信网络诈骗发案量和损失金额连续两年“双下降”。

【执法建设】 推行“三化一保障”工作举措，建立法治联席会议机制，在衢州地区率先出台《江山市刑事涉案财物委托第三方处置试点工作操作办法》，探索实施“首违不罚”“轻微免罚”等柔性执法举措，处警回访满意度达99.2%，伤害类案件办结率91.7%，涉案财物总体处置率位居衢州第一，行政复议诉讼案件同比分别下降16.7%、25%。

【智慧赋能】 主动融入数字化改革大局，以“公安大脑”建设为契机，总投资1.2亿元的“智安村居”和“智慧警务”三期等项目稳步推进。打通与大数据中心、卫健、文旅等部门数据壁垒，归集健康码、水电缴费、社保、衢通码等数据119亿余条，建成服务一线实战的数据中台，研发“失驾管控”“千警清患”“精防智控”等应用，提升整体“智治”水平。

（徐晟昊）

检察

【概况】 2022年，江山市人民检察院服务大局、守护平安、强化监督、深化改革、锤炼队伍，各项工作取得新进展，先后获全国青少年普法教育先进集体、全国公益诉讼典型案例、个人二等功等省级以上集体和个人荣誉14项，衢州市级荣誉12项。

【服务工业振兴】 围绕“工业强市、产业兴市”战略，找准检察履职与工业发展结合点，开辟“护航企业发展，服务工业强市”法律监督通道，联合市营商办出台“护企服工”实施方案，联合市法院举行企业法律风险防范新闻发布会，汇编《企业常见刑事法律风险防范指南》，向企业发放1500余册，助推企业平稳健康发展，工作做法被《检察日报》《浙江法治报》刊发报道。营造法治化营商环境，审慎高效对待涉企案件，坚持依法保障企业权益与促进守法合规经营并重，实现涉企挂案年度清零，办理首例企业合规案件，召开意见征询会3次，精准把握企业涉案原因，督促企业规范经营。检察长带头办理涉企案件，以法庭为讲台开展涉企法治宣讲，在线观看3万余人次。开展“护企服工”实践，派员126人次深入走访54家企业，主动问需，帮助解决相关问题14类，推动惠企政策落实落地。

【助推治理能力提升】 优化公共安全治理和社会治理效能，做深做实案件办理“后半篇文章”。开展道路交通安全专项监督，深入分析2019年以来交通肇事案件，组织人大代表、政协委员举行公开听证，推动相关部门排查道路安全隐患1200余处，完善道路交通设施683处，整治交通隐患408处。针对18家木门油漆供应商未获许可非法存储油漆等危化品的行为，监督相关部门及时履行监管职责，消除隐患，提出规范设置存储场所检察建议，破解经营难题，推动安全生产治理模式向事前预防转型。全面落实“少捕慎诉慎押”理念，作出不批捕决定58人、不起诉201人，通过羁押必要性审查改变强制措施9人，刑事案件诉前羁押率下降至18.44%。引导犯罪嫌疑人真诚认罪悔罪，依托检调对接机制促进刑事和解12件，真正做到“案结事了”。促进诉源治理，针对个案、类案发生原因，制发检察建议68份，实现“抓末端、治已病”与“抓前端、治未病”两手抓两手硬。

【助力重点工作推进】 投身全国文明城市创建和疫情防控等重点工作，以检察人的全力付出助推江城更文明、防疫更有序。发挥公益诉讼职能助推环境治理，调查发现一养殖场长期存在基本农田“非粮化”和污染水源双重问题，向监管部门和属地乡镇发出检察建议，督促标本兼治，最终推动农田复垦、水质恢复。融入乡村振兴战略，实地走访市境内古道多处，排查古亭倒塌、古桥塌陷、古树名木保护不到位等问题20余项，推动文广、林业等部门及时开展修缮工作、制定出台古树名木保护办法。对滥伐林木、非法狩猎等违法行为提起刑事附带民事公益诉讼，督促违法行为人支付公益损害赔偿金20.8万元。

【推进除险保安】 紧扣“平安护航二十大”和建设“平安法治县域高地”目标任务，发挥批捕起诉、追捕追诉、立案监督等职能优势，突出惩治严重影响群众安全感的犯罪行为，批准逮捕“两抢一盗”、故意伤害等危害群众生产生活刑事犯罪嫌疑人127人，提起公诉699人。常态化开展扫黑除恶，坚持“一个不放过、一个不凑数”，高质量办理上级交办的徐某飞等15人涉黑社会性质组织案，彻查充当保护伞的司法工作人员3名。

【守护人民群众美好生活】 依法从严打击电信网络诈骗，就“两卡”犯罪证据收集和审查作出指引性规定，确保准确打击，全年对39名电信网络诈骗、65名帮助信息网络犯罪嫌疑人提起公诉。成功办理余某等多人电信网络诈骗案，力促被告人认罪认罚、退赃退赔，帮助38名被骗群众挽回经济损失715万余元。着眼人民群众用药安全，通过快速检测，发现市场上抗（抑）菌制剂不合格率高达71.4%，监督相关部门依法查处问题产品，开展市场整治，形成调查报告逐级上报，最高人民检察院向全国下发挂牌督办通知，该案入选2022年全国检察机关“‘3·15’食品药品公益诉讼典型案例”。致力社会矛盾化解，用心纾解人民群众急难愁盼，领导包案办理控告申诉案件，开展司法救助17人次，发放救助金24.6万元，化解群众来信来访21件。

【保护未成年人权益】 严厉打击性侵、抢劫等严重侵害未成年人权益违法犯罪行为，批准逮捕11人，提起公诉14人。审慎办理未成年人犯罪案件，对犯罪情节较轻的未成年人作出附条件不起诉10人、相对不起诉11人，监督撤案 12 人。优化办案方式，对 17 名未成年被害人开展一站式询问、综合救助。开展托育机构监管漏洞专项监督，检查托育机构 24 家，梳理安全漏洞问题三大类 11 项，推动卫健等 6 个部门开展执法大检查，制定出台长效监管机制，相关经验做法被《检察日报》刊发报道，获评未成年人综合司法保护精品案例。依托“彩虹工作室”系统性加强青少年违法犯罪预防，设计制作“开学第一课”微动漫，在全市 70 余所中小学课堂上展播，走进学校、社区开展法治宣讲 22 场，6 万余名学生从中受益，获评全国青少年普法教育先进集体。

【推进刑事检察】 推动市委政法委牵头政法各部门出台《推进刑事诉讼全流程量刑实体化运行的实施意见》，联合公安制定《常见犯罪侦查取证指引》，联合法院制定《常见犯罪量刑指引》，着力推进侦查取证—量刑建议—刑事判决全流程精准规范。深化落实认罪认罚从宽制度，适用率达 87.5%，量刑建议采纳率达 99.8%。促进审查逮捕的“快节奏”与审查起诉的“精准性”相统一，全年共监督立案 13 人，监督撤案 26 人，发出检察意见书 21 份。加强刑事诉讼和执行活动监督，提起刑事抗诉 1 件，监督收监执行 3 人，针对强制医疗问题发出纠违通知 2 份，针对 10 名剥夺政治权利罪犯的执行脱（漏）管问题发出检察建议 4 份，及时完善刑罚执行衔接配合机制。

【开展民事检察】 开展审判执行程序监督，通过数据碰撞，发现对失信被执行人信用惩戒不到位等问题，发出纠正程序性违法检察建议 27 份、社会治理类检察建议 2 份。开展民事生效裁判监督，对于民间借贷纠纷、合同纠纷中缺席审判易引发虚假诉讼的问题，打通检察机关和公安、法院等部门的信息数据壁垒，锁定违法节点，摸排虚假诉讼线索 35 条，向法院提起抗诉或发出再审检察建议 10 份，已改判 10 件，对 4 名涉嫌虚假诉讼罪犯罪嫌疑人立案监督。推动衢州市 4 个部门出台《联合查处虚假诉讼的若干意见》，联合法院召开新闻发布会，印发《依法打击虚假诉讼宣传手册》。

【加强行政检察】 联合依法治市办、法院出台《裁执分离模式下行政非诉执行案件监督工作规定》，加强涉土地、非公经济等领域非诉执行监督案件办理，就 2 起违法占地行政非诉执行案发送检察建议，相关做法得到省检察院充分肯定。开展行政违法行为监督，查明 3 名违法人员未被行政处罚，8 人拘留未执行，遂监督相关部门及时履职。针对调查发现的空壳公司未及时注销、伪造部队驾照换取地方驾照、利用虚假信息登记结婚等行政管理问题，监督相关行政部门及时履职，推动问题整改。

【拓展公益诉讼】 突出技术赋能，推进“网格+检察”迭代升级，检索网格信息 30.2 万条，收集法律监督线索 78 条，办理公益诉讼案件 35 件。依法保护绿色发展，深

3 月 8 日，“毛闽燕工作室”揭牌（市检察院 供图）

化快检技术应用助力打好蓝天、碧水、净土保卫战，先后就水质污染、食品药品非法添加等多方面问题开展快速检测 58 次。快检实验室获省检察院授牌成立“毛闽燕工作室”，在全省检察机关文化品牌建设成果宣讲展示中获二等奖，擦亮江山公益诉讼快检技术品牌。拓展公益诉讼新领域，对手机零售、房地产从业人员利用工作之便，出售公民个人信息牟利行为，提起民事公益诉讼 2 件，追究民事侵权责任 6 人。

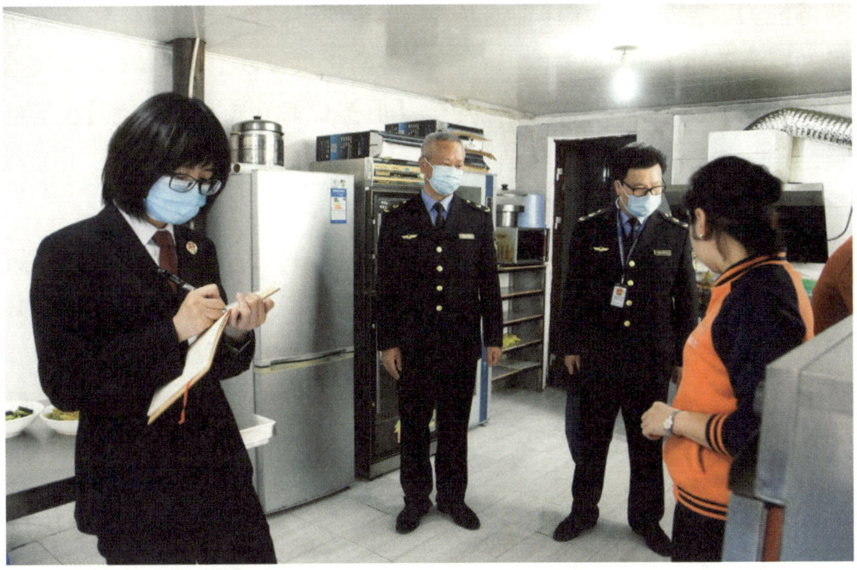

5 月 17 日，联合五家单位对全市婴幼儿照护服务机构开展专项执法检查（市检察院 供图）

【打造“融合检察”】 突出理念更新，以“审查、调查、侦查”全域贯通“四大检察”，推进“三查融合”创新实践，办理“四大检察”融合性监督案件 16 件，相关经验做法在全省检察机关工作推进会上作交流发言。突出机制革新，深入践行“双赢多赢共赢”监督理念，与法院、公安、司法行政等十部门建立合作机制 9 项，实现法律监督“刚性最强”与“效果最好”有机统一。联合司法、公安、市场监管等六部门出台《不起诉案件与行政执法衔接工作实施办法》，推动行刑衔接闭环管理，确保责任落实不枉不纵。与法院建立定期联席会议机制，进行常态化信息交互，推动相应工作协调配合。

【打造“数字检察”】 以机制建设为先导，建立“12345N”数字检察推进机制，做好数字化办案“一本账”，量化目标进度，为数字检察工作开展提供规范遵循。以数据融通为保障，根据数字检察办案要求，建立法律监督数据库，从公安、法院、司法、卫健等部门获取数据 25 类 1800 余万条，实行统一归集、统一管理，全年成功办理数字化专项案件 46 件。以场景建设为支撑，研发“侵害未成年人一体化审查应用”并在衢州市级层面贯通运行，成功入选全省数字法治系统“一本账 S3”，推动衢州市检察、公安联合出台《关于协作开展侵害未成年人案件备案审查的实施意见》。4 项数字化监督制度成果在衢州市发文推广，5 篇数字检察理论文章被《法治日报》《检察日报》刊发。

【打造“阳光检察”】 回应人大代表、政协委员对强化检察职能宣传的呼声需求，通过“江山检察”微信公众号、抖音号、微博平台和门户网站发布检察资讯 7000 余条，案例普法信息 500 余条，向全市人大代表、政协委员寄送《江山检察》季刊 4 期，让人民群众及时了解检察动态。大力推进公开听证，先后 6 次邀请代表委员、人民监督员、部门代表等 85 人次参与检察公开听证，倾听民声民意，吸纳群众智慧。优化点员台、律师接待室、群众接待室和“12309”检察线上服务功能，开通异地阅卷绿色通道，打通服务群众“最后一公里”。

【强化素能提升】 坚持以专班化运作提升干警综合能力，先后组建侦查办案、数字检察等专班小组 5 个，举行同堂培训 4 场，发挥干警专业优势，增强干警综合业务能力。实行重大法律监督项目“赛马夺旗・PK 晾晒”，重点指标、办案质效量化公示，检务督察同步跟进，促推干警强化高质量办案，提升检察业务质效。全年入选国家级、省级典型案例 4 篇，在全国知名期刊发表调研文章 7 篇，7 名干警在省级、衢州市级业务竞赛中斩获优异成绩，1 名干警入选全国检察业务人才库，5 名干警入选全省检察业务人才库，1 名干警在衢州市“有礼先锋、固本强基、工程赛马”比拼中获强基之星，市人民检察院入选全省“社会治理检察理论研究基地”。

（毛晨曲）

法院

【概况】 2022 年，江山市人民法院坚持以习近平新时代中国特色社会主义思想为指导，全面贯彻落实党的二十大精神，深入贯彻习近平法治思想，锚定市委“打造三省边际中心县城”目标定位，以“四项建设”为抓手，坚持稳中求进、守正创新，为助力江山市“衢州当龙头、全省争上游，奋力争当跨越式高质量发展共同富裕排头兵”提供司法保障。全年新收各类案件 7621 件，办结 7727 件（含旧存，下同），诉前化解纠纷 2690 件，诉前纠纷化解率居全省第五位，收案数连续五年实现下降，27 个集体和个人获得衢州市级以上荣誉。

【服务保障全市重点工作】 坚持办案与服务并行，聚焦重振工业雄风、重塑城乡风貌等重点工作，服务“两新”产业园转型、江贺经济走廊整治提升等攻坚行动，主动派员进驻征迁指挥部，为专班和领办部门提供个案法律论证、风险研判等 16 次，配合协调化解相关纠纷 37 起，助力征迁工作提速提质。围绕“六稳”“六保”要求，灵活运用“活封活扣”、调解和解等手段，帮助受疫情冲击企业纾困解难。善意执行某热电供能企业案件，为 38 家企业正常生产经营提供有效保障，入选最高法院“助企纾困保民生”典型案例。运用司法数据资源，发布年度经济社会运行情况评估报告等 5 份决策分析报告，获市委主要领导批示肯定。积极参与疫情防控和全国文明城市创建，成立青年战“疫”突击队和党员先锋队，2 名干警受到市委、市政府“十条军规”通报表扬。

【提升法治化营商环境】 锚定打造全国营商环境最优城市目标，出台《打造中国营商环境最优城市工作任务清单》，助推招商引资、企业重整和产业升级。召开民营企业法律风险防范新闻发布会，发放《民营企业民事法律风险防范手册》1800 余份，帮助企业破解法律难题。发挥破产审判市场拯救和净化功能，审结破产案件 31 件，清理债务总额 6.43 亿元，清缴税款 1327.88 万元。建立买卖合同快立快审快执绿色通道，执结买卖合同案件 297 件，平均结案时间同比缩短 22.14 天。妥善审理某车辆控制系统公司因密封圈质量索赔供应商案件，为企业挽回经济损失 500 余万元。开展清理涉拖欠中小企业账款案件专项执行活动，帮助 368 家企业追回应收账款 1.2 亿元。依法惩治虚假诉讼司法毒瘤，查处案件 35 件，追究刑事责任 9 人，公开发布五大典型案例，让虚假诉讼无处遁形。

【服务推动创新绿色发展】 争取获批第一审知识产权案件管辖权，统筹管辖常山、开化、江山三县（市）范围内一般知识产权民事、行政案件，审结案件 119 件，自动履行率 100%。联合市场监管部门加强知识产权保护体系建设，为企业创新提供专业司法服务，接受法律咨询 58 次，解决企业相关问题 46 个。联合玉山法院、常山法院建立全方位跨域司法协作机制，积极推进服务标准协同、执行跨域联动、信息全域共享，共促衢饶示范区绿色高质量发展。发挥环境资源审判职能作用，建立健全环资案件“三合一”审判机制，严惩破坏生态环境违法犯罪行为，审结涉环境资源案件 28 件。

【依法惩治刑事犯罪】 推进扫黑除恶斗争常态化，审结刑事案件443件，判处罪犯678人，其中判处三年以上有期徒刑132人。打击危害社会治安犯罪，审结故意伤害、抢劫、强奸、黄赌毒等案件62件128人，全力保护群众生命财产安全。惩治电信网络诈骗犯罪，加大上下游关联犯罪打击力度，依法审结为实施电信诈骗犯罪提供转账洗钱、引流推广、偷越国（边）境等案件67件104人，斩断犯罪的组织链、利益链。审结利用职务便利兜售公民个人信息案和诈骗团伙违法出售公民信息案，入选全省法院个人信息保护典型案例。保持对腐败犯罪“零容忍”高压态势，审结贪污、受贿等职务犯罪案件8件9人，彰显有腐必惩、有贪必肃的坚定决心。坚持保护信访和打击非访相统一，受理非法信访刑事案件8件9人，审结1件1人。

【支持促进依法行政】 注重防范化解行政争议，推动行政争议调解中心实质化运行，促成一审行政诉讼案件协调撤诉12件，助力行政诉讼收案数同比下降24.6%。组织“旁听百场庭审”、法官讲座等活动21场次，推动提升公职人员法治思维和依法履职能力。支持行政机关依法发挥职能，审查涉土地、环保、林业等行政非诉执行案件14件。抓好裁定准予执行案件“后半篇文章”，联合市检察院等出台《裁执分离模式下行政非诉执行案件监督工作操作规程》，推动解决该类案件执行实施推进慢、监督难等问题。针对审判执行工作中发现的行业监管、社会治理等方面的问题，发送司法建议和问题提示函17份，助力消除监管盲区、堵塞治理漏洞。

2月17日，民营企业法律风险防范新闻发布会召开（市法院 供图）

【推进诉源治理】 主动融入全国市域社会治理现代化试点建设，成立衢州地区首个融治理指挥中心，上线运行融治理综合应用，打通“共享法庭”与基层治理四平台数据壁垒，实现法官与网格“一长三员”实时在线互动，接收纠纷线索645条，促进化解纠纷230余件。发挥诉前调解“分流器”作用，指定法官团队对诉讼纠纷进行诉前调处，40.17%的纠纷在进入诉讼程序前得以化解。以社会治理中心为依托重构诉调对接机制，借力行业组织在涉企纠纷、家事调解、协同社会治理中的积极作用，联合开展商会调解培育培优、“三衢和姐”进“共享法庭”助力基层治理等专项行动，指导化解某木门企业叉车致死事故等纠纷134起，全市万人成讼率连续4年保持衢州最优、全省前列。

【强化民事权益保障】 审结民商事案件4006件，其中涉劳动争议、人身损害赔偿、消费维权等民生领域案件345件。助力构建和谐家庭关系，审结婚姻、继承、赡养、抚养等案件710件。发布《妇女维权38问》，作出人身安全保护令7份，维护妇女、儿童、老年人权益。针对夫妻一方陪伴孩子成长作用不足等家庭问题，发出《家庭教育责任告知书》550份，让“依法带娃”成为家长必修课。与人力社保等部门联动根治欠薪，畅通劳动者依法维权渠道，帮助农民工追回“血汗钱”676万余元。发挥司法救助“救急解困”作用，联动慈善组织开展慈善救助，向12名生活确有困难的当事人发放救助款27.8万元。

【及时兑现胜诉权益】 建立健全“切实解决执行难”长效机制，推动执行工作提质增效，执结执行案件2974件，执行到位金额4.96亿元，同期执结率、执行款发放平均天数等七项核心指标位居全省法院前二十。强化执行惩戒，公布失信被执行人1478人次，限制高消费3761人次，司法拘留90人次，罚款147万元；严厉打击拒执犯罪，移送涉嫌拒执犯罪线索27条，追究刑事责任4人。践行善意执行理念，推行预罚款、预拘留等措施，敦促142名被执行人主动履行生效裁判义务；对符合条件的212家企业、3736名个人进行信用修复，正向激励守信行为，助推诚信风尚。推进执行机制创新，推广“网格+执行”机制，核查财产线索443条，被执行人线索142条，工作成效被《人民法院报》专版刊发报道。

【弘扬社会主义核心价值观】 加强以案释法，弘扬社会主义法治精神，发挥司法裁判价值导向作用，以公正裁判树立行为规则。

1月7日，“让老人回家——寻回应尽的孝道”执行直播活动现场（市法院 供图）

“徐某等三人虚假诉讼案”，对伪造、编造证据的行为人判处有期徒刑并处罚金，向不诚信诉讼行为坚决说“不”。在“刘某捏造事实诋毁他人案”中，依法为被侵权人恢复名誉并判令赔礼道歉，依法支持基层干部履职。聚焦农村老人赡养问题，开展“让老人回家——寻回应尽的孝道”执行直播活动，得到衢州市委主要领导批示肯定。成立少年法庭工作办公室，推动提升未成年人司法保护能力水平，依法促进少年儿童全面健康成长。持续加强精准普法，制作普法视频12期，开展“六进”活动52场次。“小蒲说法”普法栏目入选央视频年度影响力法律融媒体作品，市法院连续四年获评“全国法院司法宣传先进集体”。

【推进司法体制综合配套改革】 完善合议庭、专业法官会议和审委会运行机制，健全类案与关联案件强制检索规则，解决“同案不同判”问题。落实院庭长带头办理疑难复杂案件要求，办结案件3897件，占结案总数的50.43%。健全“四类案件”智能化识别监管机制，压实院庭长监督管理责任，纳入“四类案件”监管98件，发送监督建议21条，进展报告33份。开展“控增量、减存量、优质量”长期未结案清理专项行动，每月召开质效分析会定期督导，实现案件收结动态平衡。深化以审判为中心的刑事诉讼制度改革，联合市检察院开展刑事诉讼全流程量刑实体化工作试点，审结案件325件540人，全面规范刑事涉案财物处置，处置率达 99.84%，位居衢州法院第一。

【加强“共享法庭”建设】 设立镇街村社“共享法庭”330 个，“大搬快聚”等特设“共享法庭”24 个，清泉村“共享法庭”成功入选全省首批示范“共享法庭”。发挥“共享法庭”“5+1+X”功能，实现场所设施、联系法官、解纷资源、司法服务等共建共治共享，全市“共享法庭”累计指导调解590 件，化解矛盾纠纷 382 件，网上立案 255 件，协助执行 118 次，参与基层治理 409 次，开展普法宣传 55 场次，受众超 13 万人，相关工作得到全国人大常委会委员、监察和司法委员会副主任委员徐显明的高度肯定。

【深化一站式诉讼体系建设】 推进审判辅助事务集约中心建设，推动辅助事务实现“线下到线上”“人工到智能”的转变，案件平均审理天数同比减少 6.42 天。坚持内建规范、外拓平台，线上线下同步优化，提档升级 24 小时自助法院，设立“小法问答”普法专区，为 1740 名诉讼当事人提供全流程、全天候诉讼服务。大力推广应用电子诉讼，依托浙江解纷码、人民法院在线服务等平台实现网上立案 3913 件，线上诉讼606 件，电子送达法律文书 4.1 万份。聚焦乡村振兴和基层司法需求，以“一庭一品一典型”模式分别在贺村、石门、峡口人民法庭打造“匠心法庭”“融 e 法庭”“古韵清风法庭”等品牌。

【推进“全域数字法院”建设】 推进融治理指挥中心、执行指挥中心、警务指挥中心等智慧法院建设成果的综合集成、多跨贯通、迭代升级，让司法工作在数字时代实现质量变革、效率变革、动力变革。“非诉执行监督”应用成功入围浙江“全域数字法院”“育苗造林”重大项目，并入选第一批“全域数字法院”改革好应用；迭代升级“执行精准布控‘一件事’”多跨场景应用，相关工作经验被《人民法院报》报道。与金融机构合作推行最低生活保障金发放“一件事”改革，用数字为执行赋能。

【提升业务能力】 聚焦提升法官“五种能力”，推行青年法官导师制，打造“江法菁英”内训教育品牌，评选首届“匠心法官”，出台全职业周期管理 13 条举措，全面加强人才选育。参与省市重点调研课题 7 个，2 人入选全省法院调研人才库，1 篇案例分析在全国获奖，7 篇调研论文在衢州法院学术研讨会上获奖，形成比学赶超的浓厚调研氛围。加强复合型人才培养，输送 8 名优秀干警赴党政部门挂职锻炼，推动内设机构岗位交流 41 人次，发布表彰决定 6 期，选树身边典型 20 人，充分发挥榜样力量。

【接受监督】 将“共享法庭”深度融入人大代表联络站和民生议事堂建设。邀请人大代表委员视察法院、旁听庭审 126 人次。抓好政协委员意见建议办理反馈。邀请检察长列席法院审判委员会3 次，办理检察建议 45 件次，支持检察机关加强法律监督。开展法官与律师互评试点，依法保障律师执业，促进律师与法官相互监督、良性互动。人民陪审员参审案件 424 件，一审普通程序案件陪审率 99.53%，高于全省平均值 8 个百分点。常态化举行公众开放日、法庭开放日活动，召开新闻发布会 3 场，邀请院校师生、社区群众、机关干部、媒体记者等 620 余人走进法院，让社会各界群众零距离体验司法、感受公正。

（高 骏）

司法行政

【概况】 2022 年，江山市司法局坚持以法助共富、法护平安专项行动为载体，以数字化改革为牵引，推进司法行政工作高质量发展。全年获各级表彰 30 余项，牵头成功创建法治浙江（法治政府）建设优秀单位，获评全省平安建设先进集体；司法所“五员五化五融合”建设相关工作经验获副省长高兴夫批示肯定，“四位一体”打造社区矫正风险闭环管控模式在全省大会上作经验交流，“法助共富、法护平安”专项行动、人民调解“一件事内循环”、涉企行政规范性文件“瘦身健体”等多项工作在全省推广。

【司法所综合改革】 重构职能体系，发挥司法在推进法治乡镇（街道）示范创建、合法性审查、行政执法协调监督等方面的职能作用，创建衢州市法治建设示范乡镇（街道）2家。培优工作团队，配足全市司法所“六岗”人员120余名，建立“周晾晒、月比拼、季互学、年考核”考核机制，抓实招录、培育、管理三大环节。通过重点司法所辐射周边司法所“1+X”工作机制开展分类建设，推动司法所各项工作迭代升级。省、衢州市的司法所综合改革现场会先后在江山召开。

【创建法治浙江（法治政府）建设先进单位】 在衢州率先出台公职律师激励考核办法，搭建履职平台，细化履职激励，强化内部挖潜；加大赋权乡镇社会化购买法律服务力度，体系化建设法律顾问履职评价机制，补齐法治力量短板，为“大综合一体化”行政执法改革提供法治支撑。优化法治创新成果培育模式，围绕法治建设八大抓手、乡镇以（街道）法治化综合改革，谋划重点法治培养项目19个，实施项目全过程管理，实现每个项目专人指导、项目进度每周一晒、存在问题协同攻坚，其中1个项目入围2022年度全省县乡法治政府建设“最佳实践”项目50强。

【构建“一馆四带”法治阵地网络】 以习近平总书记调研过的村、社区、古村落等为关键节点，建成“一馆四带”，即习近平法治思想基层治理江山实践馆和“智慧未来”“清溪锁钥”“江郎三石”“美丽耕读”4条法治风光带，选择10个点位打造成“法助共富”“法护平安”两条服务中心工作的法治示范带，形成覆盖江城东西南北的法治阵地网络。同步开发“以剧说法”云平台，以“线上+线下”的形式，让习近平法治思想走进群众心中。衢州市四省边际法治走廊建设现场会及宪法宣传月启动仪式在江山举办。

【加大行政争议源头治理力度】 源头规范行政行为，对发案量大、败诉率高、执法问题突出的重点领域开展来件管理专项执法督查，倒逼行政执法质效提升。畅通复议主渠道，引导重大复杂行政争议进入复议途径，以调解方式结案37件。严格落实在审案件定期研判机制，“一案一策”分类指导，成功避免12件风险案件败诉。复盘近5年行政诉讼败诉案件（复议被纠错）、行政诉讼撤诉案件（复议终止）136件，对问题案件较多的单位进行重点关注和监督。全年，行政案件败诉率为3.85%，低于省市红线，相关经验做法获市主要领导批示肯定。

【服务保障全市重难点工作】 助力保障江东化工园区征迁、江山港城南段项目征迁及防盗窗整治清零，积极投入“3·15”“4·25”

11月16日，浙江省司法所综合改革现场推进会在江山市召开（市司法局 供图）

"8·5"疫情防控阻击战，全程参与城南社区创文志愿活动，全过程服务保障"两新"产业园转型升级、碳一锂电新能源等重大项目招引落地，做好法律路径研究分析，提出风险防范的措施建议，防范决策风险。在"两新"产业园转型升级中，组建30个由司法局业务骨干、优秀律师、金牌人民调解组成的法律服务组，为领办单位、企业腾退需求"点对点"提供专业的法律意见和建议30余条，集体协商攻克难点问题10余个，获市"十条军规"通报表扬。

12月8日，衢州市2022年宪法宣传月启动仪式在江山市举行（市司法局 供图）

【升级惠企法律服务】 开展"减证便企"专项行动，对全市37个单位160余项证明事项进行逐项核对研究，推行告知承诺制，让企业办事"少跑路"。开展涉企政策"专评专清"行动，启动对全市320件现行有效的行政规范性文件进行全面清理，对11个涉企政策开展专项绩效评估、体系评价，推动涉企政策科学调整优化。依托24小时无人律所、江山市在线赋强公证等平台，构建"线上30秒、线下半小时"的公共法律服务圈，累计受理线上法律援助68起，接听法律咨询2700余人次，办理企业货款纠纷等赋强公证业务19件，涉及金额410余万元。

【社区矫正】 迭代升级"人防、制防、心防、智防"四位一体管控机制，确保有异常即处理、有需求即帮扶；上线运行心理健康智能场景应用，智能分析矫正对象心理健康状况数据，在册社区矫正对象零再犯罪，相关经验在全省社区矫正工作培训班上做经验交流发言。

【培育"江礼"调解品牌】 以人民调解工作品牌化的理念，开展调解文化培育，面向全国征集、评选确定"江礼"品牌标识，提炼丰富品牌内涵，利用调解室创建、拍摄视频、普法宣传等形式对"江礼"进行宣传。发挥"江礼"调解品牌示范引领作用，将"江礼"品牌融入全市乡镇街道调解室建设中，并延伸创新虎山"润园"调解、四都民间评理团等地方特色调解文化。全年调解成功矛盾纠纷3653件、疑难复杂矛盾纠纷556件，涉及金额5800万余元，调处成功率99.9%。

【深化归正人员分类管理模式】 梳理归正人员安置帮教衔接管理工作流程图，将归正人员管理融入"基层治理信息管理平台"，通过网格化管理，由司法所与村干部对辖区内刑释人员开展全面走访。全年协调解决80余人的就业问题，有效管控率达99.5%。

（伍俊斐　陈灿灿）

军　事

人民武装

【概况】 2022年，江山市人武部高质量完成疫情防控、民兵训练、征兵、国防教育等工作。先后动用民兵参加地方疫情防控、抗洪抢险、灾后重建和创文行动等任务，得到地方党委政府和群众的普遍赞誉。7月3—8日参加衢州军分区第五届民兵岗位练兵比武，取得抢修抢建和油料保障两个单项比武科目第一及团队第一的佳绩。

【双拥工作】 紧紧扭住“八一”重要时节，联合退役军人事务局，协调市四套领导班子赴军分区和驻江部队开展“八一”军地走访慰问活动。对接市传媒集团编发“八一光荣榜”，对荣立三等功以上表彰的171名江山籍现役军人、受江山市级（含）以上表彰的36名先进个人（13名优秀专武干部、4名优秀民兵连长、19名优秀民兵）予以张榜刊登。

军事工作

【兵员征集工作】 根据年度征集命令指标，严格依法落实征集程序，突出公平、公正、公开，依法征集导向，严格落实岗位业务培训和层层签订责任书，突出抓标准压责任，顺利完成兵员征集任务。

【应急抢险救灾】 自“3·15”疫情防控以来，发扬部队敢打硬仗的优良作风，先后动用民兵参加地方疫情防控、抗洪抢险、灾后重建和创文行动等任务。

【专武干部和民兵集训】 全年组织专武干部和民兵干部骨干、应急分队集训7批次。训练内容包括战备教育，共同课目及反恐维稳、防汛抗洪、森林灭火、综合勤务等专业课目。

【保密专项整治】 围绕军委国防动员部“6个管住”“40个严禁”，

9月18日，市委常委、人武部政委高峰（左）欢送秋季入伍新兵（市人武部 供图）

4 月 8 日，坛石镇基层规范化建设现场会召开（市人武部 供图）

制作保密知识口袋书、学习手册和展板，每日组织专武干部应知应会抽查。同时重点对照保密工作大排查大清理活动中要求的 10 个方面具体内容，按照逐房、逐机、逐桌、逐柜的方式，对涉密计算机、移动存储介质和涉密资料进行规范清理。

【召开民兵情报信息业务培训】 5 月 20 日，组织全市专武干部集中开会，讲评部署当前民兵报情现状，组织情报业务培训，全面规范报情通报、奖惩及培训机制。按照“分层次、小范围”的原则，完成全市 19 个乡镇民兵情报信息员培训工作。

【“四严四整”教育整训活动】 6 月 17 日，集中组织专武干部及国动委“八办”举办“四严四整”教育整训再动员暨教育警示会，制订全市民兵工作领域保密大清查活动实施方案，完成基层民兵工作计算机格式化处理及硬盘更换，对照民兵工作领域 10 项清查重点内容，开展自查自纠，把牢办公保密安全底线。

【民兵岗位练兵比武】 7 月 3 日至 8 日，组织应急分队和部分支援保障分队开展任务行动训练。7 月 8 日，参加衢州军分区第五届民兵岗位练兵比武，获得抢修抢建和油料保障两个单项比武科目第一及团队第一的成绩。

【组织学生军训】 8 月 15 日至 17 日，组织 80 名军训教练员开展集训，包括队列教学法、应急救护、政治教育等课目，提高军训教练员的组训能力。9 月底前，完成江山中学、滨江高中、第五中学、清湖高中等 9 所高中 5715 名学生年度军训工作。

【完成使命课题研究】 11 月 14 日，以“国防动员和保障部队过境行动”为课题，在衢州军地联合指挥所的部署下，动用民兵分队，围绕“重要目标防卫、野战救护所开设、车辆拖救”等课目开展实兵拉动任务行动演练。

国防教育工作

【深化主题教育】 聚焦“忠诚维护核心、矢志奋斗强军”深化主题教育，巩固拓展党史学习成果，广泛开展“学思想、铸忠诚、担使命”实践活动和庆祝建军 95 周年活动。持续深化党的十九届六中全会精神、衔接抓好党的二十大精神学习贯彻，常态化利用“理论学习日”“早交班”“周一夜学”等时机，严格落实改进学风举措，跟进学好习近平主席重要讲话，领会新论断、新思想、新要求。创建“红色基因”武装品牌，充分利用白沙村、清漾“毛泽东祖居地”等红色文化，先后开展“文艺歌颂二十大”、组织参观见学、观看红色影片等活动。

【组织“军事日”活动】 12 月 27 日，在衢州市民兵装备仓库开展江山市“四套班子”领导过“军事日”活动。活动期间，现地组织武器装备性能和实弹射击训练，现场体验军营生活，接受国防教育，增强军事技能，促进军政军民团结，推进国防和军队建设事业发展。

【民兵荣誉体系建设】 7月14—15日，衢州军分区在江山召开全市民兵荣誉体系建设暨军地协调机制研讨会。会议分为观摩、集智、研讨三个阶段，先后现地观摩江山市民兵应急连、石门镇江郎山民兵执勤点建设；结合学习江山人武部两项试点成果，采取分组讨论形式，对民兵荣誉体系建设和军地协调机制进行充分探讨；各县（市、区）人武部政委、政工科负责人、专武干部和民兵代表围绕民兵荣誉体系建设和军地协调机制进行交流发言。

【国防教育】 听令完成国防教育体制改革，注重发挥辖区红色资源、国防教育基地辐射引领作用和“兵道三衢”等新媒体阵地构建“线上+线下”的立体式全民国防教育宣传格局。结合国防教育日时机，邀请市“8090”理论宣讲团成员进校园、进役前训练营开展国防教育宣讲，组织全市部分中小学校学生举办观看红色电影，举办绘画评比比赛、“军事”运动会、“探望抗美援朝老兵，传承红色基因”等活动。常态化开展“尊崇军人荣耀江山”系列活动，积极推动“军人荣誉墙”向乡村文化礼堂拓展，切实营造拥军优属的浓厚氛围。宣传报道工作富有成效，全年省级以上媒体上稿69篇。

【军地走访慰问】 军地联合开展江山籍现役军官和困难退役军人大走访活动，采用“分批次、多层级”的方式，先后走访江山籍现役军属和困难退役军人，将每份殷切关怀和暖心问候送达至每位军属心中。

【国防教育校外实践活动】 联合市教育局、团市委、市旅发公司开展“红领巾走江山”暨少先队员国防教育校外实践活动。设计“颁争章手册、现地打卡体验、汇总成果展示、开展评比表彰”四个环节，围绕“家乡、人物、历史、景物、文化”等方面，倡导采取小队或家庭形式前往红色景点打卡，亲身感受先辈们不畏艰险、勇往直前、敢于牺牲、争取胜利的革命精神，鼓励广大少先队员采取“五个一”（一张照片、一个短视频、一幅绘画、一封书信、一个故事）的形式，展现新时代江山风貌，体现教育实践感悟。

保障工作

【副食品采购供应专项整治】 围绕“廉政责任落实不严、招标过程违规操作、供应管理跑冒滴漏、末端监管缺位失位”4个重点内容，对副食品招标采购及供应管理情况进行全面自查整改。对照军分区下发的“五表一本一簿一栏”“六公开四落实”“一清楚两到位三把关”等具体措施要求，全面梳理伙食管理台账资料，建立问题台账，拉单列表，逐一对照整改。

【资产管理工作】 研究制订《资产累积性难题“两年攻坚行动”工作方案》和《资产可视化建设方案》，按照方案，梳理清查资产底数，成立资产鉴定评定组，对设备器材损毁待报废资产依据相关政策进行鉴定，研究上报损毁待报废设备器材情况，做好损毁待报废资产移交融通公司的准备。完成设备器材、无形资产等资产数据的更新补录，购置资产可视化建设打码贴签终端设备，安装资产管理系统软件，完成设备器材打码贴签工作。

【“守护戎装”专项行动】 拟制《江山市军地联合开展“守护戎装”专项行动方案》，对接市委网信办、教育局、公安局、文广局及市场监督管理局5个单位，成立领导小组，明确责任分工，军地联合开展清查整治行动。

【基础设施建设】 完成值班室、兵器室改造，训练基地围墙修缮和办公楼外立面改造等工程建设。

（徐　斌　叶志伟）

人民防空

【概况】 2022年，江山市人防办以建设巩固现代人民防空体系为统揽，全面履行“战时防空、平时服务、应急支援”使命任务，推进工程提升改造项目，做好人民防空专项规划和人口疏散体系建设，加强人防工程质量监督，编制人民防空专业队伍。

【人防数字化改革】 根据人防数字化改革的要求，推进人防警报器、人防工程运维、人防工程质量监督等数字化场景平台的运行。4 月底，完成全市人防警报器点位的警报信息数据归集。8 月底，完成全市人防工程信息数据归集。9 月，新安装人防警报器，全市警报覆盖率达 96%，位列衢州第一；全面完成人防警报器数字化信息化的改造提升，警报鸣响方式实现全面统控，改造成果全省领先；承担全市人防工程质量监督场景的试运行工作。

【人防全民宣传教育】 开展人防宣传教育“五进”工作，联合衢州第二中专在“3·1”国际民防日举办“人防知识竞赛”有奖答题活动；联合城南社区、县前社区在“5·12”防震减灾日，“9·18”九一八事变纪念日，开展人防知识宣传活动；利用暑假对外开放人防宣传展馆，接待前来参观体验市民 5000 余人次；参加 7 月省人防办组织的“点赞我身边的人防宣教馆”活动，扩大江山人防宣传展馆的社会影响力，活动结束后获得的点赞数位列全省前列、衢州第一。

3 月 1 日，“3·1” 国际民防日宣传活动开展（市人防办 供图）

（人防办）

公共管理

人力资源和社会保障

【概况】 2022年，江山市人力资源和社会保障局围绕中心、服务大局，着力保持“稳”的势头，把握“快”的节奏、推动“高”的质量，积极为建设三省边际中心县城贡献人社力量。全年累计兑现惠企资金6800余万元，兑现率居江山各部门前列。“浙派工匠”民生实事完成度达100%，居衢州市首位，受常务副省长徐文光批示肯定。促成浙江工业大学与研一、科润，浙江中医药大学与红盖头合作开设实践教育基地。向省人社厅成功申报高级技工学校两个高水平专业群建设项目，为全省唯一一个成功申报两个专业群的技工学校，获3200万元省补资金。牵头抓好江山技师学院创建工作。

【保障企业用工】 线下铺面开展“市—县—镇—村”四级联动、全市覆盖的招聘活动。线上优化“江山招聘”平台，引进杭州“招聘匠”服务，探索线上互动招聘模式。开展招聘活动55场，提供岗位万余个，达成意向人数3600余人。横向派出九只招聘小分队，前往贵州、云南、四川等地开展招聘活动16场，新建劳务基地5个，吸引来江务工人员约1800人，引进外来劳动力。纵向出台补助高、门槛低的产业人才住房补贴政策，以真金白银的补贴引来人才，累计兑现补贴59.2万元。打造“免申即享”经办模式，实现企业申报“零跑腿”，资金到位“云闪付”，企业政策兑现“零距离”。全年发放稳岗返还补贴2294.28万元，涉及企业4432家。对餐饮、零售、旅游、民航、公路水路铁路运输等特困行业缓缴社会保险费，累计缓缴1096余万元。

【聚焦创业创新】 开展“乡村合伙人”创业培训，将创业培训引入基层平台，年内开展创业培训

5月，江山市2022年劳动关系协调员职业技能竞赛现场（郑晓林 摄）

11 月 15 日，市人力社保局在清湖街道宣传社保政策（何超 摄）

42 期，培训 2107 人次，发放岗前培训补贴 22.56 万元，涉及 752 人。认定定点培训机构 7 家，筛选出更多的创业创新“摆渡人”提升创业培训水平。强化创业平台搭建、创业模式推广、创业人群培育、创业政策扶持、创业服务优化“五位”建设，采用“村党支部+合作社、公司+个体户、协会+农户”等合作创业模式，打造返乡农民“一站式”创业基地 5 个，在孵创业实体 138 家，带动就业 4039 人，累计产值 6.74 亿元。举办 2022 年江山市“奇思妙想”暨乡村振兴创新创业大赛，涉及农业农村、互联网+及电子信息、先进制造、新材料等多个行业领域，共有 32 个项目团队报名参加。

【重点群体就业】 全面启动沿江高质量就业带建设，确保全域无技能劳动力培训后 100%增收、有就业意愿劳动力 100%就业。江山“衢州有礼”诗画风光带沿线村共 105 个，其中已建成省级高质量就业村（社区）2 个，市级高质量就业村（社区）14 个，县级高质量就业村（社区）69 个。构建市、乡、村三级重点人群就业帮扶数字“驾驶舱”，利用“大数据+网格化”的精准优势，开展重点群体就业帮扶 6380 人次，帮助 5803 名重点群体人员再就业。推进高校毕业生就业见习基地建设，强化就业见习基地的监督管理。年内新认定 17 个高校毕业生就业基地，累计开发就业见习岗位 709 个，拨付就业见习补贴 171.47 万元。按照“因事设岗，以岗定员”的原则，开发乡村保洁、河道管理、护林防火等各类绿色公益性岗位 878 个，兜底安置 766 名就业困难人员就近就业。

【优化人事管理】 营造公开、公平、公正的事业单位阳光公开招聘环境，招聘信息公开透明，招聘程序公平合理，招聘执行公正合法。公开招聘事业单位人员 57 人，编外人员 43 人，事业单位紧缺型专业技术人才 26 人，选调定向培养专业人才 73 人。推进事业单位收入分配制度改革，调整全市事业单位工作人员和机关工勤人员的基本工资标准。事业单位工作人员年平均收入 174733 元，办理事业人员及机关工人退休 176 人。落实关心关爱医务人员待遇保障政策，年内核增一次性绩效工资 2418 万元，惠及 2035 名医务人员；核发医务人员临时性工作补助 420 万元。科学合理做好机关事业单位编外用工工资总量管理工作，编外用工工资实行单位总量控制，个人限高控制双重管理，建立正常的薪酬福利增长机制。

【搭建人才平台】 搭建企业与高校交流合作平台，促成浙江工业大学与研一、科润，浙江中医药与红盖头合作开设实践教育基地。新建博士后科研工作站 1 家，向上推荐申报国家级专家服务基地 1 家，国家级博士后科研工作站 1 家。推荐中国留学人员回国创业启动支持计划项目 1 个。牵头抓好江山技师学院创建工作，成立了由书记、市长为双组长的领导小组，获省人社厅和衢州市人社局领导充分肯定和支持，计划投资12亿元，规划用地500亩。指导江山高级技工成功申报两个高水平专业群建设项目，成为全省唯一一个成功申报两个专业群的技工学校，获3200万元省补资金。建成衢州6个县市区唯一一家人力资源服务产业园引才阵地，入驻机构14家，营业收入达1.7亿元，纳税637万元。

【提速人才培育】 牵头金蓝领培训，围绕企业用工需求，开展各类技能培训2.21万人次，新增技能人才9703人，新增高技能人才3113人。完成浙派工匠职业技能培训指标任务155%，新增技能人才指标任务335%，新增高技能人才指标任务215%。借力新时代浙江工匠培育工程，向上推选全国技术能手4人，入选1人（衢州唯一），指导并推荐7名技能人才申报浙江工匠，成功入选4人，入选人数为衢州各县市区第一。连续10年举办江山职业技能大赛，全年举办江山市职业技能大赛、乡村振兴茶文化技能比赛等7次技能赛，通过技能竞赛共培养技能人才435人。落实落细技能人才津贴奖补政策，发放培训补贴1140万元，兑现高技能人才津贴245万元、新时代工匠支持资金51万元。

【稳固劳资关系】 以除险保安、根治欠薪秋冬季专项行动为契机，精准排摸欠薪风险，高效推进纠纷化解。年内接收各类涉薪举报投诉件1372起，帮助6056名劳动者追回工资7405万元。严格落实劳动纠纷化解申请“一窗受理、分类流转”“一地投诉、全省联动”机制，实现劳动纠纷化解“最多跑一地”，2022年以来，未发生因欠薪处置不力而导致的越级上访事件。依托省工资支付监管平台，将全市500万元以上工程项目全部纳入线上监管，通过双线合力、柔刚并举，实现根治欠薪六项制度落实率及线上发薪率居衢州首位。完善三方机制，发挥工会、企业代表组织的作用，提高企业和基层调解组织自助化解劳动争议的能力，立案受理案件数347件，涉及劳动者388人，涉案金额3243.16万元，结案率95.1%，调解率89.5%。

【规范工伤认定】 推行简易鉴定，实现工伤认定、劳动能力鉴定业务100%系统办理，再次鉴定改变率低。优化工伤认定和鉴定服务，方便群众办事，累计开展上门工伤调查服务150余次，上门劳动能力鉴定服务3次。开展建设施工领域、预拌混凝土砂浆行业等安全生产联合执法检查，作出行政处罚3起，发出警示函11份，处罚金额7万元。年内开展9批鉴定工作，因工鉴定637人，评定伤残级别626人；因病或非因工鉴定30人，完全丧失劳动能力28人。受理工伤认定案件1114件，工伤死亡14件。

【社保扩面提标】 探索社保数字治理新应用场景，涉及“社会保险网报系统”线上企业信息变更、职工参保登记、职工停保登记等政务2.0事项在全省率先上线运行，实现“一网通办、一站办结”。开通社银合作办事网点67个，执行延时办、预约办、电话最多拨一次制度，提升群众办事便捷度。组织乡镇街道办事处、相关职能部门，成立精准扩面工作小组，深入企业推动工作开展。年内走访大型国企20多家，规上企业100多家，发放宣传资料3000多份，企业职工基本养老保险参保扩面完成2579人。对年满16周岁（不含在校学生），具有江山市户籍、未参加城镇职工养老保险的低保对象、特困人员、重度残疾等全市困难人员参加城乡居民养老保险，做到全面覆盖。

【强化基金监管】 推进违规申报套取社保基金、系统权限自查，制定专项问题排查方案，组织业务科室自查，共排查部、省下发疑点数据1828条，整改13人次，追回违规领取待遇13万余元。畅通群众举报投诉电话，专人负责基金举报投诉热线，及时查处。下沉19个乡镇街道抽查被征地农民参保台账、工作日志等资料，以信息化手段比对，督查核实疑点数据600余条。引入第三方审计，及时跟进审计进度，督促各科室落实整改责任，注重长效治理。

医疗保障

【概况】 2022年，江山市基本医疗保险参保51.15万人，其中职工医疗13.34万人，城乡居民医疗37.81万人。职工医疗保险基金总收入4.26亿元，总支出2.9亿元；城乡居民医疗保险基金总收入6.01亿元，总支出5.68亿元。获衢州市医保系统2022年度综合考核第一名，被省医保局评为2022年度工作先进单位。

【健全保障体系】 围绕医保中心工作，抓改革增亮点、防风险促发展。做实基本医疗保障衢州市级统筹，实施统一的基本政策、待遇标准、基金收支、经办服务、定点管理、信息系统，继续发展补充型商业医疗保险“惠衢保”。参与衢州市局“一站式”支付体系建设，扩展、完善“多层次医疗保障体系结算逻辑图”。统一建立职工医保个人账户。

【优化窗口建设】 累计投入20多万元，建成标准化医保智慧服务大厅，人均办件时间减少到5分钟以内。以数字化为推手，加快经办服务迭代升级。优化完善“江山医保小智”微信小程序，实现服务“零窗口”、办事“零跑腿”、报销“零感知”。“三零模式”一站式结算累计完成办件400多万人次，基金报销7亿多元，减少群众跑腿10万余人次。在全省率先与邮政速递合作，通过“浙里办申报—获取信息—上门取件—办结出件”服务流程，构建线上和线下政务服务闭环，方便群众报销办理。

5月，医保智慧服务大厅投入使用（市医保局 供图）

【强化风险防范】 自主开发“浙政钉”医保外伤核查信息管理平台，实现患者承诺、医院申报、医保审批“掌上办”“实时办”精准筛选出涉及第三方责任并企图走医保报销的案件300余件，挽回医保基金损失470余万元。全年立案查处医保欺诈骗保案件10件，移送公安机关2件，行政处罚8件，罚款23.35万元，责令定点医药机构退回医保违规违约资金761.98余万元。探索建立行刑衔接机制，联合下发《江山市不起诉案件与行政执法衔接工作实施办法》，为刑事上不起诉、行政上又不处罚的案件查办提供遵循。11月，高某某等3人恶意骗保案被国家医保局评选为全国医疗保障基金监管执法优秀案例。

【推进改革落地】 健全病贫共济梯次减负机制，完成“梯次减负”机制及应用场景在省局智慧医保大脑中上线和“一地创新、全省推广”的县级试点任务。上线江山市“浙里医保守护”应用，被省医保局列为第一批“一地创新、全省共享”应用项目，医保、医疗、医药等三医健康信息的归集融合使群众个人信息授权查询范围和内容得到极大的扩延。该项目作为地方应用率先被部署在省“智慧医保”平台，“浙里办”浙里医保也专门开辟特色专区，实现资源共享。

（余　姝）

民政

【概况】 2022年，江山市民政局坚持人民至上，聚焦聚力基本民生保障、基层社会治理、基本社会服务，营造浓厚的争先创优氛围，强有力推进全市民政事业高质量发展，助力共同富裕。

【社会救助】 全市有城乡低保对象8417户12270人，低保边缘对象1334户3769人，特困对象1694户1697人，发放城乡低保金及特困人员供养金1.4亿元，残疾人“两项补贴”0.48亿元。7月1日起城乡低保标准调整为1035元/月·人，年标准突破1.2万元；特困人员供养水平持续提升，基本生活标准按低保标准1.3倍同步提升。残疾人“两项补贴”职能平稳承接，资金有序发放。“助联体”建设持续推进，市乡村三级服务网络基本构建；推动实施省首批100户“善居工程”项目，提升低保家庭生活品质。

【居民家庭经济状况核对】 通过“浙江省大救助信息平台”和“江山市居民家庭经济状况核对信息系统”共核对15039户次24372人次，核出异常情况2283户次5433人次，异常率为22.29%。基于省级系统升级，核对内容进一步细化，核对精准度大幅提升，异常率较上年增加7.95%。

【儿童福利】 全市建有市级未成年人救助保护中心1个，乡镇（街道）未成年人保护工作站19个，儿童之家82家，其中省级示范型7家，市级示范型39家，实现乡镇（街道）、村（社）未成年人保护工作全覆盖。深化“1+19+321”市镇村三级儿童关爱队伍，配好配强儿童督员、儿童主任，全市有儿童督导员25名，儿童主任321名。投入60万元以政府购买服务形式为全市留守儿童、困境儿童提供心理疏导、安全教育、困境帮扶等关爱服务。集中养育孤儿基本生活保障标准提高至1750元/月·人，其他困境儿童保障标准同步提高，发放1701名儿童福利金746.94万元。持续开展“福彩圆梦·孤儿助学工程”项目，为14名在校孤儿发放助学金14万元。深化“添翼计划”项目，为6名贫困家庭残疾儿童开展为期3—9个月集中康复训练，累计受助残疾儿童52人。对14个家庭进行收养能力评估，对18个收养家庭进行融合期调查，发放收养登记证18件，解除收养登记1件。

【养老服务】 全年累计拨付养老服务补贴480.73万元，惠及768人；持续为90周岁（含）以上老人发放高龄津贴447.36万元，惠及3546人；发放集中供养人员基本生活费1104.46万元，护理费120万元，养老机构运转经费423.43万元。完成养老服务设施专项布局规划编制，融入国土空间“一张图”。公办养老机构扩建提升工程全面展开，峡口镇敬老院扩建、石门镇敬老院提升改造完工，坛石、上余、新塘边镇敬

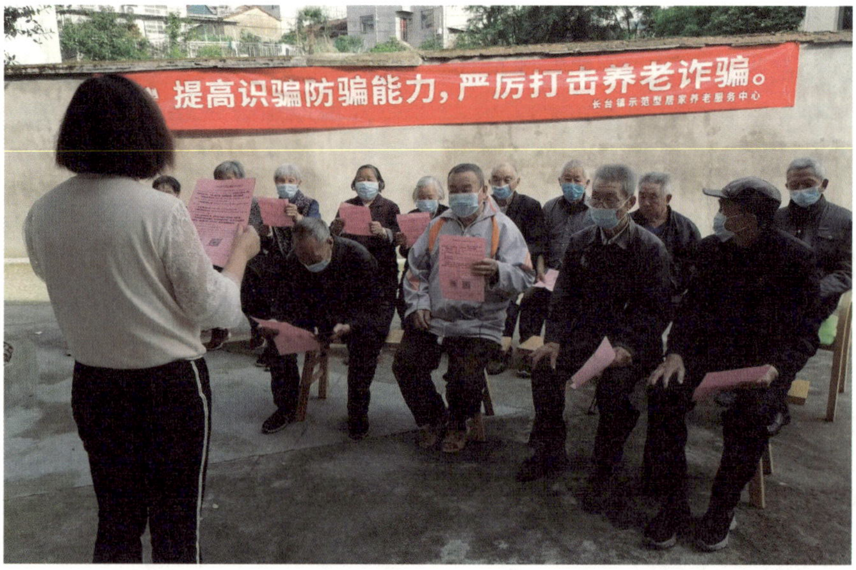

5月，市民政局在长台居家养老服务中心开展防养老诈骗宣传（市民政局 供图）

老院扩建工程、廿八都镇敬老院提升改造、贺村镇首家医养结合养老院动工建设。老年助餐体系网加快构建，“共享食堂”建设实现全域覆盖。谋划实施总投资2.2亿元社会福利院迁建工程，弥补城区没有一个符合当代标准的社会福利院的缺陷。推进上余镇敬老院与物产中大集团合作，实现“公建民营”零的突破。开展全市14.47万名60周岁以上老年人自理能力评估，绘制老年人“精准画像”，梳理养老服务需求清单，提升困难老年人居住条件和生活质量。加强养老护理员队伍建设，累计拥有持证养老护理员466名，连续3年获衢州市养老护理员团体竞赛第一名。争列省为民办实事项目4个，实现省“4+1”重大养老项目全部开工建设，建成1家智慧公办养老院（坛石镇敬老院）；打造4个认知力障碍专区，完成56张认知障碍照护专区床位建设；20家乡镇居家养老服务中心配备无感服务智能终端，其中石门镇居家养老服务中心智能服务终端在4月获评省民政厅最佳应用案例；依托养老护理员培训基地，组织开展江山市“共同富裕·长寿江山”养老护理职业技能竞赛，新增持证养老护理员219人。迭代升级“好管家”智慧养老服务监管系统，并于7月在全省民政系统数字化改革推进会上作经验交流和展示。石门镇智能无感终端场景获省民政厅最佳应用案例。出台《江山市居家养老“共享食堂”建设实施方案》，聚焦解决老年人“吃饭难”、缺乏精神关爱等问题，通过资源统筹、内涵提升、数字赋能等方式，推进居家养老“共享食堂”建设。全年投入3000余万元用于255个“共享食堂”建设，基本实现村（社）全覆盖。《江山市“三链融合”建设居家养老“共享食堂”》成效做法专报获衢州市委书记高屹批示肯定。

2022年江山市百岁老人一览表

表9

序号	姓名	出生年月	性别	年龄	详细地址
1	徐子杰	1922年2月	男	100岁	江山市大陈乡旱田坂村
2	姜开榜	1922年8月	男	100岁	江山市凤林镇凤祥村
3	管爱花	1922年11月	女	100岁	江山市凤林镇南坞村
4	蔡春生	1922年5月	男	100岁	江山市贺村镇富益村
5	周金海	1922年5月	男	100岁	江山市贺村镇后源村
6	郑衰亭	1922年9月	女	100岁	江山市虎山街道店前村
7	沈德英	1922年11月	女	100岁	江山市虎山街道市心社区
8	邱新业	1922年2月	男	100岁	江山市虎山街道西门社区
9	徐秋英	1922年8月	女	100岁	江山市虎山街道溪东村
10	林梅仙	1922年9月	女	100岁	江山市廿八都镇枫溪村
11	王梅友	1922年4月	女	100岁	江山市清湖街道乐意村
12	周爱香	1922年7月	女	100岁	江山市清湖街道前村

续表 9

序号	姓名	出生年月	性别	年龄	详细地址
13	廖洪福	1922 年 5 月	男	100 岁	江山市上余镇望江村
14	徐卫英	1922 年 8 月	女	100 岁	江山市上余镇五程村
15	毛金岳	1922 年 10 月	女	100 岁	江山市石门镇江郎山村
16	王和荣	1922 年 10 月	男	100 岁	江山市石门镇泉塘村
17	徐友亭	1922 年 12 月	女	100 岁	江山市双塔街道坳里村
18	诸葛春香	1922 年 5 月	女	100 岁	江山市双塔街道民声社区
19	徐崇彪	1922 年 1 月	男	100 岁	江山市双塔街道县前社区
20	刘文英	1922 年 9 月	女	100 岁	江山市坛石镇郭丰村
21	陈衰花	1922 年 10 月	女	100 岁	江山市坛石镇上王村
22	郑永高	1922 年 9 月	男	100 岁	江山市碗窑乡达河村
23	温衰田	1922 年 12 月	女	100 岁	江山市新塘边镇上洋村
24	夏世英	1922 年 5 月	女	100 岁	江山市长台镇贺新村
25	郑春州	1921 年 10 月	女	101 岁	江山市凤林镇桃源村
26	严元寿	1921 年 9 月	男	101 岁	江山市贺村镇高路村
27	周甫英	1921 年 1 月	女	101 岁	江山市贺村镇明星村
28	巫七妹	1921 年 5 月	女	101 岁	江山市贺村镇淤头社区
29	陆洪林	1921 年 10 月	男	101 岁	江山市清湖街道和睦村
30	周新妹	1921 年 6 月	女	101 岁	江山市清湖街道路口村
31	郑双彩	1921 年 12 月	女	101 岁	江山市清湖街道新塘底村
32	谭其明	1921 年 2 月	男	101 岁	江山市上余镇望江村
33	周玉花	1921 年 4 月	女	101 岁	江山市石门镇界牌村
34	毛秀香	1921 年 11 月	女	101 岁	江山市双塔街道莲塘村
35	徐映梅	1921 年 12 月	女	101 岁	江山市峡口镇广渡村
36	张月香	1921 年 5 月	女	101 岁	江山市峡口镇三卿口村
37	柴金亭	1921 年 10 月	女	101 岁	江山市峡口镇峡口居民委员会
38	危云森	1921 年 10 月	男	101 岁	江山市张村乡毛长甫村

续表 9

序号	姓名	出生年月	性别	年龄	详细地址
39	柴仙月	1920 年 9 月	女	102 岁	江山市贺村镇东山头村
40	曹乾满	1920 年 10 月	男	102 岁	江山市清湖街道花园岗村
41	祝金英	1920 年 11 月	女	102 岁	江山市上余镇余航村
42	姜凤囡	1919 年 8 月	女	103 岁	江山市凤林镇政棠村
43	周高香	1919 年 2 月	女	103 岁	江山市清湖街道和睦村
44	温五背	1919 年 9 月	女	103 岁	江山市上余镇塘岭一村
45	王春居	1918 年 6 月	女	104 岁	江山市峡口镇枫石村
46	毛连仙	1918 年 4 月	女	104 岁	江山市新塘边镇上平天村
47	周香友	1917 年 9 月	女	105 岁	江山市石门镇西山村
48	郑井囡	1917 年 8 月	女	105 岁	江山市四都镇傅筑园村
49	陈美凤	1914 年 8 月	女	108 岁	江山市贺村镇中心社区

【城乡社区建设】 按照现代社区“1500—3000 户”规模要求，对 3 个 5000 户以上特大型社区全部拆分，对面积超大的七里社区提前调整，对基础条件成熟的集镇优先设立，城镇社区数量由 18 个增加到 29 个，每个社区平均常住户由 3837 户降至 2501 户，规模更趋合理。按照每万城镇人口配备 14 名专职社区工作者要求，先后分两批（第一批 99 人、第二批 28 人）招录专职社区工作者。

按照“邻礼汇”建设要求，完成了周家青社区服务综合体迭代提升；对照《江山市居民会客厅建设管理办法》，建成市心社区居民会客厅。新增社区办公用房 1090 平方米，新设立社区全部在 600 平方米以上。建成“邻礼汇”社区服务综合体 6 家（贺村、文苑、东门、市心、县前、周家青），居民会客厅 5 个（贺村、文苑、市心、县前、周家青），均居衢州市首位和全省前列。《激活红色引擎·赋能幸福邻里——江山市以“四全”机制推进社区治理和服务创新》在 2 月 15 日的全省民政工作座谈会上做书面交流；《提高站位 齐抓共建 打造民生服务新标杆》在 8 月 4 日的全省乡镇（街道）社会工作站建设推进会上做交流发言。获评第四批省级城乡社区治理和服务创新实验区及浙江省地名文化服务与文化建设试点。

【社会组织管理】 贯彻落实《关于促进社会组织高质量发展助力共同富裕示范区建设的意见》，围绕社会组织高质量发展的新使命和新要求，在强化党建引领、准入管理、扶持培育、部门协同、作用发挥等方面持续发力，推动社会组织高质量发展。安排 64 万元用于 12 个公益创投项目开展，25 万元用于支持枢纽型社会组织发展，设立奖补专项资金，提升社会组织发展动力，促进社会组织规范化运行。全市现有正式注册登记社会组织 772 家（其中民办非企业单位 551 家，社会团体 218 家，基金会 3 家）。

【水库移民】 推进省水库移民建设共同富裕示范项目——清湖街道山海协作现代农业产业基地、省水库移民重点改革创新试点项目——峡口镇枫石村未来乡村建设项目、水库移民后扶项目建设，累计安排水库移民资金扶持项目40个，项目总投资5544.18万元，其中移民扶持资金3213.82万元。打造新时代美丽移民村示范带，科学选取“清湖—石门”“凤林—峡口”移民群众集中区域作为示范带线路，有序推进14个项目共计1693.32万元在示范带内实施建设，为示范带沿线移民村提升村级集体经济收入注入活力。参与江山抽水蓄能电站的各项前期工作，主动积极与省移民办进行高频对接，完成预可研报告的审查及修订完善、三大专题论证审查、建设征地实物指标大纲论证审查，配合完成实物指标调查，以最快的速度完成“停建通告”的发布工作。配合做好张村水库及常山龙潭水库的前期各项工作。

【收养登记】 全年接受收养预登记52件，出具收养登记证18本，不予办理收养登记通知书4份，委托第三方对13户家庭进行收养能力评估，委托第三方对18户收养家庭进行融合期调查。解除收养登记1份。

【婚姻登记】 全年办理婚姻登记9216件，其中结婚2316件，离婚666件，补发婚姻登记6234件。全方位做好婚姻辅导，接受婚姻家庭辅导910对，有效劝阻非理性离婚184对。探索婚俗新路径，弘扬时代新风尚，举办“6·19”户外集体颁证暨公益运动主题婚典活动，完成省婚俗改革试点工作和集中开展补领婚姻登记证试点任务，打造AAAAA级婚姻登记场所。

【区划地名】 获评浙江省地名文化服务与文化建设试点。完成江滨东路等11条道路命名和景星西路起讫点变更方案，满足加强城市化建设和提升城市管理功能的需要。围绕江山市创建文明工作，完成市创文办交办的地名标志整治、地图信息纠偏等工作任务，按计划完成主城区门楼牌维护更新（该事项被列入当年“七张问题清单”），开展江山市数智文明创建（民政部分），做好日常巡视和数据上报。根据国务院《地名管理条例》的要求，将住宅区、楼宇命名、更名工作移交市住建局。积极开展国家、省地名信息库质量建设专项行动。启动江山市空间数据全域治理工作，年末地名地址数据归集率和上图率达到100%，对双塔、虎山等10个乡镇（街道）地名地址数据进行综合整治。完成国家（浙江部分）、省（衢州市部分）标准地名词典的编审工作。浙闽两省行政区域界线江山浦城段联合检查界线64.77千米，界桩4个。监督、设置门楼牌、路牌20066块，发放门牌证9194本，出具地名证明41份。

【流浪乞讨救助】 全年共接待救助和实施救助341人次，其中女性146人次、未成年人4人次；护送返乡21人次（跨省护送9人次）、自主返乡202人次。全年合计费用支出194.39万元，其中医药费180万元，生活费14.39万元。集中落户安置无名流浪乞讨人员23人，推动总面积177.33公顷的三级救助站建设提升，为社会和谐稳定贡献民政力量。

【殡葬改革】 完成灵山公墓、殡仪馆提升改造项目，全市节地生态安葬点行政村覆盖率达100%。坚持殡葬服务公益属性，深化惠民殡葬服务改革，出台《江山市人民政府办公室关于江山市殡葬基本服务全流程免费的通知》，推行江山市殡葬基本服务全流程免费，减轻人民群众丧葬负担。全年火化遗体4564具，出售墓穴322穴（包括合墓96穴），树葬9例，骨灰撒散4例，骨灰墙1起，发放殡葬服务领域惠民资金323.83万元。

慈善总会

【概况】 2022年，全市慈善系统广泛汇集慈善资源，助力共同富裕，践行“浙里有善，温暖江城”行动，各项工作取得了可喜的成效。全年募集善款3067万元，救助支出3200万元，救助困难群体41722万余人次。

【慈善绿卡出台】 5月20日，江山市人民政府办公室下发了《关于印发〈江山市慈善绿卡管理办法〉的通知》，这标志着全省首创、旨在对慈善大额捐赠表彰激励的政府规范性文件正式落地。年内，浙江红火投资有限公司等5家企业法人申领首批江山市慈善绿卡。

【慈善募捐】 全年募集善款善物累计达到3917.47万元，比上年增长28%。其中，“慈善一日捐”募集590.85万元，比上年增长40%，39013名干部群众奉献爱心；定向捐赠募集2637.11万元，比上年增长38%；专项基金募集1768.61万元。

【慈善救助】 全市完成慈善救助支出2856.24万元，比上年实际增25%，受益群众158449人次。其中抗击新冠疫情支出217.3万元，受益93626人次；慈善助学支出1123.17万元，受益8894人次；慈善助医支出333.68万元，受益1458人次；慈善助困支出377.64万元，受益42968人次；慈善助老支出54.61万元，受益3316人次；新农村公益项目支出697.1万元。全年有190名恶性肿瘤等大病患者得到3000—10000元的慈善救助；有33位困难大学新生和610位困境中小学生得到慈善的关怀；3389位老年人和困难群众享受到慈善的关爱；为21个学校关爱儿童之家和5个农村学校留守困境儿童宿舍安装空调，更换旧床，添置生活用品；为100个农村低保家庭提供户均1.6万元的室内维修改造补助；“光明行动”让180名白内障患者恢复光明；血透项目让373个患者得到5000元以内的经济补助。开展学生心理援助服务活动30余场次，开展个案工作60人，100名慈善爱心妈妈帮助困境儿童500多人次。

5月2日，市慈善总会向石门镇捐赠生活物资与抗疫物资（市慈善总会 供图）

【数字慈善】 全年有18866人参与线上捐款，比上年增长103.56%；共募捐478.61万元，比上年增长240.28%。其中，乡村共有17859人通过捐款系统参与“慈善一日捐”，线上捐款达到了291万元。

【慈善文化】 全年刊出《今日江山》专版10个、慈善新闻（故事）39条次，网站信息60条次，编发江山慈善总会微信公众号37期，其中被上级媒体和公众平台转载的新闻信息18条次。首次举办慈善好新闻评选活动，共评选获奖作品29件。“爱在身边，你我同行”中小学生慈善征文比赛全市共有431位中小学生参与，共评选出获奖作品208件。“欢歌劲舞喜迎‘二十大’崇德向善共筑新江城”慈善专场宣传演出活动如期开展，慈善文化进社区、进农村。

【慈善协作】 开展山海协作县市双向对接交流活动，与绍兴市柯桥区慈善总会签订了《江山—柯桥慈善山海协作协议书》，其中“春华秋实·慈蕴书香”困难大学生救助和“亲亲宝贝”婴幼儿重大疾病救助两个项目在江山市落地。向东西部扶贫协作单位北川羌族自治县慈善总会捐赠棉袜4万双，价值42万元。

（徐瑜捷）

附：

2022年江山市慈善榜单

一、江山市清湖分会被浙江省慈善联合总会评为省级示范慈善分会；江山市清湖街道和睦工作站、江山市贺村镇羡家工作站2个慈善工作站被浙江省慈善联合总会评为省级示范慈善工作站。

二、经市文明办、市民政局、市慈善总会联合评定44家企业、93位个人被评为2022年度爱心企业、爱心人士，名单如下：

1、慈善爱心企业（44家）

浙江江山农村商业银行股份有限公司
浙江华友钴业股份有限公司
浙江省江山市红顶食品有限公司
泰鼎集团有限公司
江山虎集团有限公司
科润智能控制股份有限公司
江山市何家山水泥有限公司
杭开控股集团有限公司
湖北省劲牌公益慈善基金会
江山市禹创格防护用品有限公司
江山欧派门业股份有限公司
万汇通能源科技有限公司
浙江福赐德生物科技有限公司
贝林集团有限公司
江山市人民医院
上海高旻生物科技发展有限公司
杭州馨悦目科贸有限公司
江山市双氧水有限公司
浙江科力车辆控制系统有限公司
浙江百家万安门业有限公司
丰德百旺集团江山全体会员
南平市建阳区永固混凝土有限公司
浙江江山变压器股份有限公司
浙江皇朝门业有限公司
江山市马道山石灰石有限公司
浙江盛汇化工有限公司
江山贝林医院
浙江江山华宁电器有限公司
江山南方水泥有限公司
江山市中医院
驰骋控股集团股份有限公司
民生通惠公益基金会
赤峰市华辉消防设备有限公司
浙江省烟草公司衢州市公司
浙江红火投资有限公司
江山邦尔骨科医院有限公司
江山市中原房地产开发有限公司
江山思进纺织辅料有限公司
金华市高登体育用品有限公司
江山市华达房地产有限公司
江山市宁波商会
浙江江山和平商贸有限公司
浙江硕丰生物科技有限公司
中国进出口银行浙江省分行

2、慈善爱心人士（93位）

陆秋忠　王　丽　陆水明　王孝飞　席小明
王江梅　王琪顺　陆绪烈　李　华　徐　科
徐子浩　郑为正　王朝干　胡超云　王国强

王晓明	陆奕花	陆国清	洪小芬	席雄建	陆日勇	徐　飞	席登富	王江海	毛文友
毛有旺	陆绪松	陆才有	王荣建	王　奇	余陆军	王　超	陆元荣	王炳旺	陆建红
徐　鹤	徐勇军	王招峡	毛慧君	赵少闽	陆　毅	陆春友	占土根	周祥高	邱小荣
叶忠根	毛诺洁	陈良海	席志翔	柴丽君	毛初生	周炳祥	吴贞良	朱建芳	戴渝雅
郑江英	吴苏娟	王卫军	周晓明	金媛秧	黄文军	严子禄	饶浚淅	周芝奎	郑金理
毛英忠	刘金玉	毛卓华	周荣媛	朱江军	汪增富	杨兴怀	徐庆梅	徐阳根	姜一平
傅兴志	杨婧玲	刘国梅	王小明	陆　飞	蔡拥军	王　展	郑新军	王会琪	王文兵
周学善	周学水	陆志凌	陆以华	陆春和	徐晋林	徐柏福	杨　俊		

退役军人事务

【概况】 2022年，江山市退役军人事务局围绕“强化解、优服务、创品牌”工作目标，以重点工作任务清单为主抓手，全面开展全市退役军人建档立卡和优待证申领、为驻江部队和现（退）役军人办实事、退役军人服务保障体系建设等工作，完成护航党的二十大、烈士纪念设施改造提升、“崇军共富站”战略合作试点等任务。获衢州市2022年度退役军人工作绩效评价第一名、浙江省烈士褒扬工作成绩突出单位称号。

【“崇军共富”工作】 围绕六大功能定位，深化打造“红色”和“特色”两条服务站精品线路，建成省级“枫桥式”服务站36家，衢州有礼·新时代“枫桥式”服务站50家，创建成果受到省厅考核组的高度肯定。开展与农商银行战略合作，创新打造2家“崇军共富站”，为退役军人提供“拥军贷”等政策支持，相关经验做法在江山政务信息、衢州市局官微、省厅官网等多处刊登。调查摸排出“兵支书”241名，拍摄完成《军绿色的乡村振兴》宣传片，打造江山特色的“兵支书”队伍品牌。组织召开首届“兵支书”联盟论坛，为“兵支书”搭建相互学习、相互交流的优质共享平台。联合关爱退役军人协会成立退役军人就业创业联盟，吸纳并签约各领域企业28家，建立优秀导师创业团队，形成资源整合、抱团发展的就业创业帮扶模式，经验做法受省厅领导的批示肯定。

【抓好权益维护】 积极对接相关部门，推进自主择业军转干部参照公务员享受医保待遇政策落地，开展崇军公司职工薪酬调整风险评估，健全应急预案，顺利完成调整工作。

【服务保障】 全面推行“阳光”安置政策，接收安置军转干部3人，100%安置到公务员岗位；政府安排工作退役士兵26人，65.4%安置到事业编岗位。建立市、县、乡、村四级联动和“两专班五小组”工作运行体系，全面完成全市退役军人和其他优抚对象建档立卡和优待证办理工作，进入常态化办理阶段。对接财政、文旅、交通等部门，推动退役军人免费乘坐城乡公交和全年免费游览“全球免费游衢州”江山参与景区政策实施，吸纳68家地方企业商户，建立“崇军联盟”商圈，为退役军人提供衣食住行等方面的优先优惠优待服务。在贝林医院和邦尔骨科医院挂牌成立优抚医院，开展拥军优属、送医疗进军营等各项活动。组织12名烈士遗属开展“缅怀英烈·礼敬烈属·共享共富成果”主题活动，营造缅怀英烈、礼敬烈属的社会氛围。组织120名优抚对象开展短期疗养活动，确保3—5年内所有优抚对象短期疗养实现全覆盖。

【推进双拥工作】 联合市人武部，投入60万元，在西山花海，建设集崇军、强军、爱国、双拥于一体的综合性街区。投入120万元，实施市人武部外立面和值班室改造工程。投入240余万元，设计个性化改造方案，完成江山烈士陵园（纪念馆）及零散烈士纪念设施改造提升工程，实现远程监控可视化管理。持续开展“为驻江山部队和现（退）役军人办实事”活动，帮助解决2名江山籍在外官兵子女在城区入学问题。为驻江山某部排忧解难，顺利完成滞留部队20多年病残士兵移交。协调市图书馆在部队设立流动图书室，组织部队官兵参加市总工会组织的“爱在江山 邂逅江郎——‘浙工缘’青年联谊”活动。结合江山实际，创作退役军人宣传曲《我是退役军人》，在全社会广泛传唱。

（危茜施）

应急管理

【概况】 2022年，江山市应急管理局围绕全市经济社会发展大局，锚定目标、笃行实干。全市安全形势稳定向好，全年未发生较大及以上生产安全事故，各类生产安全事故起数、死亡人数同比分别下降10%、42.9%，自然灾害实现零伤亡。在全省安全生产和消防考核中获第七名，获衢州市第一名。

【安全生产】 完成第二轮安全生产综合治理三年行动，提升企业本质安全。聚焦危化品、消防、道路交通等11个重点行业领域，个性化部署开展安全生产“百日攻坚”行动，同步建立隐患、责任、整改、销号、处罚“五张清单”，整治各类突出问题，累计检查企业（场所）3658家次，督促整改各类问题8130个。打好化工行业安全整治提升攻坚行动，推动12家化工企业关停、33家化工企业收储，25家企业分类整合提升。对全市306家企业开展两轮次“粉六条”清零全覆盖检查，累计发现整改问题隐患274条。“线上+线下”推进1.4万人次百万员工大培训。开展“安全生产月”活动，通过举办安全生产宣传咨询日、专题集中学习、安全生产法主题宣传等活动，增强全民安全意识，累计下发安全生产宣传资料1000余份，开展《中华人民共和国安全生产法》进企业宣传活动200余次。

【防汛抗旱】 紧盯“六个必须”，拉网式开展汛前危旧房、病险山塘水库、地质灾害隐患点、城市内涝等重点场所安全大检查大整治，实行定期排名晾晒制度，确保隐患排查不留死角、整治全面彻底，累计出动检查12765人次，排查点位8563处，发现安全隐患118处。出台突发重大险情灾情信息报送等8项工作机制和“断水、断电、断网、断路、断气”和“停学、停工、停业、停运、停止户外活动”等极端情况下应急联动操作指引。实行市乡村防汛应急演练全覆盖，累计组织小流域山洪、地质灾害、水库抢险、人员转移等内容演练157场次，参演人员达3500余人。入汛以来，下发工作提示函23份、风险提示函5份、防汛工作简报6期，启动镇域应急响应3轮31次，启动Ⅳ级应急响应3次、Ⅲ级2次、Ⅱ级1次。

【森林防灭火】 有序开展农事用火管控、林区输配电火灾隐患、涉林旅游景区景点、涉林墓区和涉林水库等森林防灭火专项整治，筑牢森林防火墙。紧盯清明、国庆、重阳及高温天气等重要时段节点，开展“四不两直”森林防灭火专项督查，累计发布森林防灭火快报27期。运用应急广播、流动森林宣传车、设置防火警示标语等方式，开展森林防灭火宣传，累计张贴禁火令3万余张。开展乡镇森林防灭火队伍比武竞赛，提升基层防灭火水平。

【防灾减灾】 完成全市22个避灾安置场所规范化提升建设，发电机、棉被、衣物、应急包等物资应配尽配。修编完成全市310个村（社区）防汛防台形势图，明确低洼易涝区、危房等危险区及人员转移路线、物资仓库、避灾场所等要素信息，确保一旦发生灾情就能根据提示迅速撤离。以“5·12”防灾减灾日和“10·13”

国际减灾日为导向，采取应急大喇叭、现场救援、装备展览、网络竞答、应急演练、展板展示等喜闻乐见的宣传方式，让防灾减灾宣传触角延伸至社区、农村、企业、校园等各个角落。全年累计开展防灾减灾应急救援知识进社区活动15场。

【应急体系】 结合卫星便携站、无人机、布控球等通信设备和技术手段，构建可视化指挥调度体系，实现偏远乡镇单兵、布控球配备100%全覆盖，可视化指挥调度联通率、30分钟响应率和连线质量达标率“三个100%”。新增直升机升降点1个，省市县一体的航空救援体系进一步完善。按照“分类管理、分级负责、条块结合”原则，初步构建“以消防救援队伍为主体、专业救援队伍为支撑、社会救援队伍和基层救援队伍为补充”的应急救援体系，其中消防救援队伍3支90人，危化、矿山、森林防火等领域专业救援队伍24支572人，社会救援队伍5支核心队员163人，乡镇（街道）基层应急救援队伍近1000人。同步新建基层综合性应急救援队伍2支100人。

【“6·20”特大暴雨保卫战】 面对6月20日的特大暴雨，第一时间组织应急、气象、水利、资规、住建等部门24小时驻点会商研判防汛形势，精准发布预警信息，及时下达工作指令，提前转移723户1371人，紧急营救受困群众16人，最大限度降低财产损失，避免人员伤亡，获得省防指的高度肯定。

【完成烟花爆竹“双禁”工作】 贯彻衢州市委、市政府烟花爆竹全域“双禁”工作要求，通过提前谋划、全程服务、助企转型等真功实招，耗时13天，花费172.4万元，处理烟花爆竹累计6222件，引导52家烟花爆竹零售店注销经营许可证，协助2家批发单位转型经营，在衢州市率先实现烟花爆竹零售店和批发单位政策处理“双清零”，受到衢州市委书记高屹，市委副书记、市长徐张艳批示肯定。

【现代社区应急管理体系改革省级试点】 通过体系重构、人员整合、机制优化等举措，纵深推进村社应急体系改革，创新发布村社指数。充分整合森林防火、防汛防台、安全监管等工作职能，在全省创新出台《江山市村（社区）应急管理指数评价细则》，发布4期《全市村（社）安全生产管控情况晾晒表》，推进安全监管和应急管理工作向“最后一公里”延伸。实现321个村社体系组建、管理员配备、突击队建设100%覆盖，县乡村（社）三级基层应急体系初步形成，并成功承办衢州市现代社区建设现场会。

（李秋子）

12月，市应急管理局组织举办第四届森林防灭火队伍比武竞赛（市应急管理局 供图）

消防工作

【概况】 2022年，全市共接报火警293起（其中非轻微火灾44起），造成一定财产损失的火灾196起，统计口径上的数据比2021

年下降20.83%。未发生亡人和较大以上财产损失的火灾。

【落实各级消防安全责任】 市委常委会、市政府常务会议、市长办公会先后10次研究消防工作，朱素芳书记、徐明峰市长、俞耀根常务副市长等市领导多次对消防工作作出批示指示，市委、市政府和各区块党政领导均带队开展消防安全检查。市消安委出台《江山市消防安全委员会成员单位工作职责及日常运行规定》，厘清成员单位职责，指导推动应急、教育、住建、卫健、文旅、公安、经信、商务等部门按职责分工对危化企业、校外培训机构、高层及老旧小区、涉疫场所、文物建筑、小微园区、大型综合体等领域开展联合检查和专项治理，加强行业消防安全监管，压实社会单位主体责任。指导乡镇（街道）落实属地管理责任，开展住宿与经营合用场所、生产经营自建房等专项整治。

【开展消防隐患整治】 全力抓重点时段火灾防控工作。结合春节、冬奥、亚运会、两会等重大活动安保工作，组织消安委联席会议，配合当地教育、住建等部门做好学生校外租住自建房排查整治工作。组织开展使命系列行动，加大对社会的监督排查，向相关行业部门、乡镇街道发出建议函31份；提请市委政法委两次在基层治理四平台发布专项任务，推动基层网格广泛开展走访提醒和消防常识知晓率宣传活动，实现面上火灾形势的总体平稳。开展消防安全“百日攻坚”专项整治，对八大领域开展专项治理，整体推进消防安全水平。提请政府对七星亚龙湾小区、仙霞古道—昭明殿2处重大火灾隐患挂牌督办，按期摘牌销案。会同住建、公安、虎山、双塔、清湖街道、贺村镇等单位共同组织对辖区36个高层小区进行消防安全检查排查，持续推进高层建筑消防安全问题整改。推进重点领域消防安全治理。制订《全市消防安全大排查大整治行动实施方案》《全市深化消防安全“百日攻坚”整治行动实施方案》，开展“五大专项行动”和八大领域专项治理，指导督促乡镇街道、行业部门全面开展排查整治。根据摸排的问题突出自建房集中连片地区底数情况，推动属地及相关行业部门明确整改责任、措施、时限；指导、推进消防安全水平。借力江山市“县乡一体、条抓块统”试点工作，推动乡镇街道基层力量建设和授权消防执法工作。

【加大消防安全宣传力度】 依托综治平台组织全市19个乡镇街道共500余名网格员开展消防安全培训，以点带面推动行业部门、村（居）“两委”负责人、消防安全经理人、消控室值班操作人员、微型消防站站长、防疫人员等6类人群开展精准培训；印制20万份“农村消防安全警示”及“三合一场所消防安全警示”消防宣传资料全覆盖发放；推进五进消防宣传工作，联合消防志愿者、

11月7日，微型消防站暨专职（志愿）消防队技能比武举办（市消防大队 供图）

11 月 8 日，“119” 消防宣传月活动启动仪式举行（市消防大队 供图）

网格员等基层力量，重点服务社区老、弱、病、残、孤寡等弱势群体和重点人群，进行进门入户宣传工作。引入社会优质培训资源，第一期开展集中培训 30 余场次，全市 19 个乡镇（街道）、社区、农村消防工作负责人、网格员，企业单位消防安全责任人、管理人及重点岗位人员，电气焊工等特殊工种作业人员共计 3000 余人实现精准培训。紧密围绕消防安全“十二主题”宣传月系列活动，多途径开展消防安全宣传，结合疫情防控工作，在全市 30 余处核酸检测点位张贴消防海报、摆放消防易拉宝、铺设宣传地贴等，通过各类活动全面实现各采样点和防疫场所消防安全宣传“三个到达”，普及有记忆点、有实用性、有针对性的消防安全常识。推进主题公交车、消防主题公园等特色宣传阵地，主题公交车作为“移动消防宣传站”实现消防宣传重点类别全覆盖，打造流动的消防宣传阵地，消防主题公园则作为“固定消防宣传站”，通过小阵地实现大宣传；紧盯重点节点，利用微信、微博、短信、抖音视频、消安委钉钉群等新媒体开展多途径提示宣传；协调市传媒集团，通过电视、报刊、人员密集场所LED大屏等固定宣传阵地，刊发播放消防安全知识、播放消防公益广告、设立消防隐患曝光台。

【夯实综合灭火救援力量】 全年共接警 757 起，其中火灾扑救 293 起，抢险救援 201 起，社会救助 222 起，其他勤务 41 起，出动队伍 975 队次，出动车辆 1563 辆次，出动人员 9186 人次，疏散营救被困人员 241 人。秉持基础性工作重点抓的理念，组织开展单位“六熟悉”128 家，开展重点部位和“不放心”区域实战演练 108 次，对辖区内微型消防站进行电话拉动 1377 余次，实地拉动 880 余次，综合演练 3 次，微型站骨干及队员培训 22 次。立足辖区灾害特点，建设水域救援专业队，承办衢州市水域救援培训，定期开展水域救援专业队跨区域轮训，成功处置“1·3”长山源厂房火灾、“6·20”汛期社会救助、“10·23”华隆能源开发有限公司、“11·21”华盛纸业制造有限公司火灾扑救等急难险重任务。

（伍飞燕）

工　业

综　述

【概况】 2022年，江山市规上工业总产值376.1亿元，同比增长1.5%;规上工业增加值78.9亿元，同比增长0.4%；工业投资44.87亿元，同比增长34.5%，其中制造业投资33.09亿元，同比增长23.8%，技改投资16.86亿元，同比增长23.3%；规上工业亩均税收18.34万元/亩（税收实际贡献口径），同比增长21.9%。

【向上争取】 严格落实“两勤两专”工作机制，积极向上对接争取。9月1日,江山市作为山区26县的唯一代表在全省新一轮制造业“腾笼换鸟、凤凰涅槃”攻坚行动现场会暨“415X”先进制造业集群建设推进会作典型发言。木门数字化服务平台（金鹊软件）入选全国“第一批财政支持中小企业数字化转型试点平台”，获得中央财政奖补资金600万元。入选全省首批24个中小企业数字化改造试点县（市、区）。

【智能制造】 新增智能制造项目35个，累计实施255个。天际互感器成为省级未来工厂试点，伦宝管业新认定为省级数字化车间。承办全省细分行业中小企业数字化改造推进会，细分行业数字化改造“江山模式”入选浙江省数字经济创新发展重大应用成果名单。数字经济系统考评综合评价连续三次排名全衢州第一，10月考评结果位于全省第一梯队。

【项目招引】 做好“江山人经济”向“江山经济”转化文章，招引习谷科技、万里扬等一批重大产业项目。全年引进亿元项目35个，到位资金55亿元。创新项目研判决策机制，加速项目研判，在收到项目可研报告后一周内提出研判意见。全年累计决策项目157个，总固投92.63亿元，其中新增用地类项目24个，计划新供地面积92.92公顷；租赁技改类项目133个。建立化工行业项目研判专家库，委托省化工专家专题研判重点化工项目，保障决策科学性。“两新”产业园搬迁工作中有异地重建项目37个，已完成决策13个。

【助企纾困】 牵头制定实施《关于进一步推动工业企业高质量发展的若干政策意见》《关于应对新冠肺炎疫情进一步助力市场主体纾困解难若干措施》《关于进一步促进工业企业上规升级的若干意见（试行）》等一系列惠企扶持政策。设立“工业强市政策专窗”，增设企业服务热线，优化运行机制，政策兑现时间从原来65个工作日缩短到20个工作日内。全年政策专窗共受理1122家次企业的申报资料，累计兑付惠企资金3.1亿元。

【梯度培育】 实施“1122”工程，促进大中小企业融通发展，成功助推科润智控上市，成为江山市第3家上市公司、衢州市首家北交所上市企业。聚焦“专精特新”企业培育，累计培育国家级专精特新“小巨人”企业3家，其中年内新增浙江科力车辆控制系统有限公司；累计培育省“专精特新”中小企业26家，其中年内新增18家。科力车控获评工信部专精特新“小巨人”企业，伦宝管业获评省级“专精特新”企业。由市委、市政府主要领导亲自挂帅，成立市委科创委员会，全年新培育高新技术企业36家、省科技型企业108家，规上企业研发费增长17.6%，均创历史新高。欧派门业获省“尖兵”“领雁”研发攻关计划立项。

【创业创新】 创新出台“历史最好、衢州第一、三省边际领先”的产业人才住房补贴等政策，全年入选省级以上重点人才工程5人，全职引进博士、硕士等高层次人才100余人。建立“1+3+X”企业升规培育联动机制，会同税务、统计、市场监管等部门，联动属地平台监测跟踪小升规培育库企业数据，定期会商研判。开展“百名干部助百企”精准服务活动，实现企业诉求“件件有着落、事事有回音”。

【除险保安】 高标准完成木门行业整治，关停18家，提升225家，实现废油漆渣等危险废物减量90%，规上企业碳强度下降10%，行业VOCs去除率80%，削减量300余吨/年。开展安全生产集中整治行动，完成工业园区等功能区安全生产三年专项整治各项工作目标任务，防范各类生产安全事故发生。完成671家企业的风险分级管控建设工作，超额完成衢州下达目标。推进“无疫工厂”创建工作，58家重点工业企业制定闭环生产预案和演练预案，指导23家企业做好进口商品物防工作。

【腾笼换鸟】 参与两新园区转型升级攻坚战，牵头领办3家企业搬迁腾退，顺利完成签约、过户，并帮助企业解决后续生产存在的难题。全市上下形成合力，15天完成444户农户搬迁签约，21天完成108家企业腾退签约，腾出平台空间336.73公顷。统筹推进万里扬项目麻车区块原铁合金厂收储，11月4日完成签约并督促协助15家企业腾退搬迁。重点推进高耗低效企业整治，省市列入考核的50家高耗低效企业于11月全面完成高耗低效出清，盘活高耗低效用地76.53公顷，腾出能耗指标8.74万吨标煤。

（王顺政）

经济开发区

【概况】 2022年，江山经济开发区深入践行“产业为王、兴工强市”大战略、大决策，拿出“衢州当龙头、全省争上游”的使命担当，以工业强市九大专项为引领，全力推动工业主平台高质量发展。园区规上工业总产值243.5亿元。完成固定资产投资38.5亿元，同比增长40.9%，其中工业投资29.7亿元，同比增长41.7%；政府投资8.7亿元，同比增长38.7%；实现规上税收收入13.64亿元，同比增长17.89%；新增国家高新技术企业26家、小升规企业31家；规上工业企业研发经费8.14亿元，同比增长13.19%，占规上工业营业收入比重达3.13%。年内，被省商务厅评为全省开发区产业链“链长制”示范试点单位，成功获评省级直播电商基地、省级跨境电子商务产业园。“两新”产业园顺利通过省化工园区首批复评。江山—柯桥山海协作产业园考核连续6年获得浙江省一等奖。承办全省山区26县开放平台产业对接会和衢州土地全域整治现场会。

【党建统领】 年内，在江山“领雁强基 亮剑比拼”两新党建品牌谋划擂台赛中，全市共评出13个六星级党组织参赛，其中开发区企业占7家，均拿下前三名。指导同景集团打造“逐梦追光”共富工坊、健盛集团打造“织梦起航”共富工坊，并获评江山示范性共富工坊典型上报衢州，红色强基工程增添新引擎。

【土地整治】 年内，启动实施江山史上体量最大的“两新”产业园“园中村”搬迁、非化企业腾退、低小散化工企业整合整治等工作，首创“开发区+专班+领办”运作模式，15天时间完成山头、一都江等2个行政村共444户房屋签约清零，21天实现108家宗地企业签约“清零”。村企搬迁腾退后，可拓展空间达5051亩。同步推进江贺经济走廊转型升级，提前完成先行启动区块12家宗地企业收储，为后续攻坚战的全面启动提供坚实保障。

【产城融合】 年内，编制完成“两新”产业园总体规划及控制性详细规划、城南工业功能区块城市设计、城南核心区块城市设计以及莲华山工业园控规（修编）。开工建设产业邻里中心、邻里服务点、人才公寓、职工宿舍楼、化工园区污水处理厂、小微园等一批生产生活性功能配套项目。强化水、电、气、网、路等基础设施建设，S316—S315连接线、姜家公路山塘—敖坪段改建、长丰大道辅道等一批园区道路建成通车。

【招商引资】 年内，围绕时尚门业智能家居和智慧能源装备两大着力培育的特色主导产业，紧盯锂电新能源新材料重点领域，精准开展产业招商。共招引项目11个，协议总投资208.5亿元，固定资产投资127.5亿元，新增用地115.4公顷。其中，碳一、南方水泥、万里扬、习谷科技等4个重大产业项目成功落地。

【项目建设】 年内，项目开工率达90%以上，研一一期、永利百合链传动产业园、希尔化工、朗群瑜伽垫等7个项目竣工投产投用，研一二期、金石资源一期二期、碳一负极材料、天际未来工厂、产业邻里中心、邻里服务点、职工公寓楼等一大批项目快推快建。

【产业培育】 年内，全力推动企业股改上市，科润智控公司在北交所成功上市，成为衢州地区首家在北交所上市的企业；伦宝钢管挂牌新三板，天际互感器、百家万安等企业加快股改进程。重点推进83个智能制造试点和提质扩面项目，累计完成投资6.4亿元，完成验收39个。

【要素保障】 年内，完成农转用征收报批2914亩，争取指标约2235亩，为近10年之最。完成特色生态产业平台至315省道上余连接线工程等3个项目“一县一县道”争列工作，研一、碳一争列为省重大产业项目。发挥开投集团融资主渠道作用，全年新增融资39.16亿元，申报政府债券资金合计13.9亿元。

【优质服务】 年内，探索试行《开发区干部职工绩效管理考核办法》，整合优化企业网格化服务和工业项目推进保障机制，健全完善各类问题收集、交办、督办、反馈等闭环管理运行，依托网格员和店小二队伍，常态化抓好园区企业项目“大走访”，推动难题“大化解”，全年共收集交办督办各类问题清单近300项，其中完成办理270项，办结率达90%以上。

（侯晨捷）

商务经济

电子商务

【概况】 2022年，江山市累计实现网络零售总额278.49亿元，位列衢州第一，同比增长28.5%，高于衢州市8.2个百分点，高于全省21.3个百分点。《江山市“车间+工匠”打造直播电商新模式》在省数字生活新服务工作联席会议简报中以专报形式刊登，车间直播电商新模式在全省推广。《江山市打造“车间直播”新业态助力企业高质量发展》作为典型案例，在全省商务局长、招商局长培训班上得到表扬。

【优化电商环境】 全年完成电商专项补助政策兑现资金3794.53万元。3月，出台《江山市电商贷融资担保业务暂行办法》，优化融资服务环境，降低电商企业融资成本。

【培育电商新业态】 江山市直播电商产业基地与公共直播间建设项目入围省2022年度数字生活新服务高质量发展项目，获省级补助资金150万元；设立江山优质网货选品中心；率先在木门、消防器材、蜂产品等江山特色产业中打造20个车间直播间，培育50多名工匠型主播，初步形成独具江山电商品牌特色的“车间直播”新模式。

【助力乡村共富】 以冒个泡“e路有你”共富工坊、省级电商直播基地“多娇江山共富工坊”为建设样板，引导各电商企业、直播平台与村党组织、农业企业、农民合作社、农业种植大户等合作，探索建立“电商+农业主体+农户”“电商+村集体+农户”等多种联结模式，拓宽农产品销售渠道。强化农村电商人才培育，依托工坊自身电商企业优势，以直播+技术、直播+策划、直播+运营等模式，为有意愿尝试电商直播的农户提供电商咨询、带货培训、物流发货等全流程孵化培训服务。年内摸排出可培育电商直播式“共富工坊”14个，其中示范型4个，

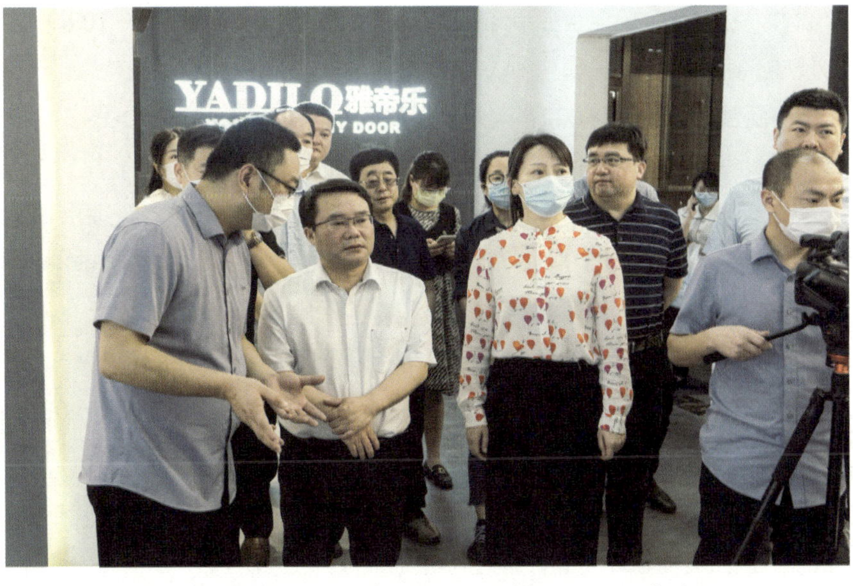

6月15日，省商务厅领导走访调研电商企业（市商务局 供图）

吸纳农村就业人数 1000 余人。

【电商总部项目招引】 借力在外乡贤和异地商会，开展总部电商项目招引。牵头组织电商协会、电商公共服务中心及时赴杭州、义乌、深圳等地开展招商推介活动，成功对接京联数科、嘉杜丽、抖团等一批回归合作项目。年内累计招引电商总部项目 10 个，电商总部招引项目实现网络零售额合计 35.30 亿元，占全市网零总额的 20%。

【跨境电商体系建设】 举办跨境电商对接交流活动 22 场，开办 3 期跨境基础孵化班和 2 期跨境进阶孵化班，开展跨境电商线下培训 42 场、线上培训 48 场，培训 5394 人次，实地走访跨境电商企业 211 家，引导 25 家传统外贸企业新开展跨境电商业务，协助 94 家企业在跨境线上综合服务平台备案，22 家企业在线上综合服务平台报关出口；指导企业新开设跨境电商店铺 66 个，新建独立站 3 个，新注册海外商标 22 个，新增优质跨境电商企业 12 家，累计跨境交易额达 4.43 亿元，同比增长 58.57%。

国内贸易

【概况】 全年累计实现社会消费品零售总额 183.87 亿元，同比增长 4.4%，增速位列衢州第三。指导江山东方商厦成功创建省级绿色商场；贺村镇贺村村申报为第三批浙江省商贸发展示范村，培育驰骋控股集团股份有限公司为浙江省首批商贸流通龙头企业，争取专项资金 360 万元。

【促进消费】 成立商贸消费推进组攻坚小组，安排财政资金 2700 万元，分别在春节、夏至、暑假期间，开展“衢州有礼—云上生活 约‘惠’江山”消费券发放及汽车消费补贴活动，直接带动消费总金额 2.34 亿元；开展电商数字嘉年华系列活动，参与电商企业 50 多家，通过线上线下各类促销活动，成交额超 10 亿元。

【引导企业云化改造】 引导支持驰骋控股、慧施商贸等大中型传统商贸流通企业开展云化改造提升项目，开发“萝卜白菜”“粮草官”等应用小程序，增强线上消费体验。通过项目改造提升，驰骋控股等 6 家商贸企业实现销售额 9.75 亿元，同比增长 10.89%。

外向型经济

【概况】 全年累计实现进出口总额 60.06 亿元，同比增长 35.46%。其中，出口额 59.72 亿元，同比增长 35.81%，位列衢州第一。进口额 0.34 亿元，同比下降 6.69%。实际利用外资 1143 万美元，同比增长 24.51%，位列衢州市第二。新设外商投资企业 1 家。

【招引优质项目】 依托经济开发区等开放平台，推广产业链“链长制”，招引高质量延链、补链、强链项目。1 月，新批新兴能源技术研发外资项目，浙江碳一新能源有限责任公司总投资 7842 万美元，注册资本 5176 万美元。成立全市外贸提档升级工作领导小组，出台《外贸提档升级行动方案》，统筹协调全市外贸外资发展重要事项。

【开展政策修订】 发放 2021 年度外向型经济政策兑现资金 2936.99 万元，补助企业 166 家；与中信保衢州分公司合作，给予 171 家出口额 300 万美元以下的小微外贸企业出口信用保险政府统保全额资助，涉及出口金额超 1 亿元。出台外贸主体纾困扶持政策，分档给予重点企业一次性补助，提高出口信用保险支持比例；出台外贸保稳提质“四条”，重点支持企业扩大进出口、开拓国际市场、做好汇率风险管理；出台大商贸政策，鼓励企业做大出口、开拓国际市场，加强国际贸易风险防范，开展产品认证等。

【助企拓市场】 5 月和 8 月，分别联合衢州市贸促会举办 2022 衢州（江山）名品木门家具线上展、2022 衢州（江山）名品机电机械线上展，邀请全市 60 多家企业参会，对接美国、中东、东欧等国客商，通过面对面“云洽谈”，助力木门家具、机电机械等企业多元化拓市场。展会期间，达成意向合作金额近 300 万美元。针对疫情造成的外贸企业境外参展受阻情况，鼓励企业以“代参展”方式参展，企业参加重点境外展，展位费补助比例由 50%提高到 70%。加快发展跨境电子商务，指导企业建设海外独立站、资质代办、出口报关，助力企业开启“9710”“9810”跨境电商模式，推动贸易转型。实现跨境电商“9710”“9810”出口 1.3 亿元（1999.58 万美元）。

【助企纾困】 构建“服务零距离”网络。4 月，江山盼家门业遭遇科威特客户 39 万美元不支付货款纠纷，在中信保出口保险赔付比例不够的情况下，第一时间建立省、市、县三级联动应对机制，搭建科威特经商参赞处与企业直接沟通平台，敦促国外客商履约，协助企业追回 17 万美元货款。

7 月 18 日，夏粮收购现场（市商务局 供图）

粮食安全

【订单和收购工作】 发放早稻预购定金 47 户 482 万元，同比增长 134%；协助 23 户种粮大户开展早稻订单质押贷款 1200 万元，全市共落实早稻订单 656 户、面积 6313.33 公顷、订单 3.81 万吨，实际有 476 户粮农投售订单早稻 3.48 万吨，同比增长 9.64%，超额完成省级订单收购任务和县级收购任务；面向晚稻种植面积 3.33 公顷以上的种粮大户签订晚稻订单，给予每 50 公斤 5 元的订单奖励，全年兑现订单奖励政策 1711.59 万元。

【粮食安全保障工作】 强化粮食行业监管，推行“双随机、一公开”监管，健全“双随机、一公开”检查机制；全年组织对全市粮油市场进行质量抽查 20 余人次。根据省、衢州市有关文件要求，完成政策性粮油物资库存数量和质量大清查；根据省有关文件精神，制订和完善《江山市粮食安全应急预案》演练计划，提高粮食应急响应速度和应急综合保障能力。

【实施“放心消费”行动】 通过媒体、微信、互联网等多种形式和途径，宣传放心粮油产品和放心消费理念；引导和动员更多粮油生产经营企业和供应店业主参与创建放心粮油示范企业（店）活动。上半年，经联合抽查、后期评价，重新发文公布 4 家放心粮油示范企业和 23 家放心粮油示范店。11 月 10 日，联合市场监管局和粮食协会对复评成功的第一批示范企业（店）进行专项检查。

其他重点工作

【疫情防控物资保障】 年内采购各类疫情防控物资 180 多批次，总价 1.2 亿元。发放口罩、隔离衣等防控物资近 400 万件；配送帐篷、棉被、折叠床等生活类物资 350 多批次。

【消费投诉处置】 全年度，接到“12345”平台消费投诉件 270 件，“110”转接投诉及现场投诉 50 余起，其中单用途预付卡投诉 287 件，汽车销售类 32 件，全部妥善处置，群众满意率达 99.57%。

（刘元木）

2022 年江山市出口前 50 位企业情况表

表 10　　　　单位：万元

序号	企业名称	出口实绩
1	浙江雷士灯具有限公司	54163.42
2	江山永利百合实业有限公司	13112.68
3	浙江江山变压器股份有限公司	11571.04
4	江山市和诚进出口有限公司	9438.23
5	江山亚东进出口有限公司	8367.34
6	江山市汇森电子商务有限公司	8140.66
7	浙江江山恒亮蜂产品有限公司	8065.69
8	浙江健盛集团江山针织有限公司	7746.95
9	江山市航宇文体用品有限公司	7706.83
10	江山市艺康化学有限公司	6842.51
11	浙江开洋木业有限公司	6753.22
12	浙江江山五福门业有限公司	6490.86
13	申达电气集团国际工程有限公司	5983.81
14	申达电气集团国际工程有限公司	5830.94
15	浙江科力车辆控制系统有限公司	5682.84
16	浙江天林实业有限公司	5579.08
17	浙江华顿家居用品有限公司	4975.08
18	江山欧派门业股份有限公司	4632.32
19	江山市思晨进出口有限公司	4405.98
20	浙江江山多娇实业有限公司	4375.88
21	江山市泰复进出口有限公司	3997.96
22	浙江江山龙腾笔业有限公司	3733.20
23	浙江江山嘉洋进出口有限公司	3676.63
24	江山联润进出口有限公司	3538.11

续表 10

序号	企业名称	出口实绩
25	江山沃凯进出口有限公司	3469.85
26	浙江集远进出口有限公司	3460.08
27	浙江肖恩电子科技有限公司	3433.31
28	浙江千彩新材料科技有限公司	3417.90
29	江山市恒天进出口有限公司	3393.87
30	江山锦宏进出口有限公司	3232.54
31	江山市新丝路贸易有限公司	3207.15
32	江山欧派进出口有限责任公司	3163.33
33	江山捷尔世阻燃材料有限公司	2907.11
34	江山市一杭进出口有限公司	2891.39
35	江山蔚蓝进出口有限公司	2502.48
36	浙江家丽屋美门业有限公司	2500.61
37	浙江前锦贸易有限公司	2201.82
38	浙江新辉纺织机械有限公司	2170.02
39	江山乾盛贸易有限公司	2145.25
40	江山怡天进出口有限公司	2134.97
41	江山锦熠门业有限公司	2107.64
42	江山市帝亿消防器材有限公司	1974.78
43	宁波中鑫毛纺集团江山有限公司	1867.00
44	江山市圣诺宜新材料科技有限公司	1781.91
45	浙江王牌家居有限公司	1775.54
46	浙江优琪科技有限公司	1746.41
47	衢州龙鼎汽车零部件制造有限公司	1744.90
48	江山市文景进出口有限公司	1717.62
49	江山市唯格特贸易有限公司	1714.37
50	浙江联和消防科技有限公司	1707.00

商　贸

供销合作

【概况】 2022 年，江山市供销社坚持为农服务、联农共富总基调，主动融入乡村振兴和共同富裕战略，以重点突破带动全局发展，推进供销改革发展事业提档增速，促进社有经济提质增效，为农服务共建共享平台逐步完善。年内，获得省、衢州市供销社年度综合业绩考核等次双优秀。

【农合联改革】 5 月，联合市财政、农业农村、担保公司、农商行共同制订《江山市政策性农业信贷担保服务创新实施方案》，建立“政银担”新体系，完成合作担保业务 12 笔，金额 845 万元。6 月，在衢州地区率先高质量完成市乡 2 级农合联换届工作，选举新一届市级农合联主要组织架构。全市市乡 2 级农合联会员 700 多名，基本涵盖全市农业产业龙头骨干主体。12 月底，新建浙农江山清湖、大桥镇农事服务中心 2 个，均获评衢州市级农事服务中心，长台镇农事服务中心获评省级农事服务中心；新建食用菌产业农合联，蜂蜜产业农合联、

6 月 17 日，江山市召开农民合作经济联合会第二次会员大会（市供销联社 供图）

粮油产业农合联、猕猴桃产业农合联，均获评衢州市4星级产业农合联，蜂蜜产业农合联获评省级5星级产业农合联，蜜蜂和粮食产业农合联分别被评为省级“链型”“群型”合作经济创新发展试点。

【体系建设】 推进实施再生资源分拣中心“腾鸟换笼”工程，完成项目选址、初步规划等前期工作；根据再生资源“三级”网络规划布局，取缔关闭脏乱差回收点4个，提升改造8个，建成市区规范化网点13个；建成乡镇规范化网点22个，中转站1个。

【“供富大篷车”】 配备运行“供富大篷车”7辆，形成“两点、一线、六面”流通网络，构建起日消品下乡、农产品进城、农资农技入户三大服务体系，服务覆盖6个山区乡镇51个行政村，惠及群众5.5万多人，实现助农增收525万元。“供富大篷车”相关做法得到衢州市委、市政府主要领导和省供销社领导批示肯定，并在省供销社“供富大篷车”现场会、山区26县高质量发展工作暨“供富大篷车”集中发车仪式上作典型交流发言。制订出台《“供富大篷车”专项考核实施办法》，规范运营各项工作。

【区域协作】 5月，牵头对接江山—钱塘区农产品消费帮扶，签订江山农产品引入钱塘区机关协议，遴选山海协作消费帮扶产品，以开设超市专柜、提供特色菜、举办农产品展销会等形式，“线上线下”助推39类农产品入驻钱塘区机关食堂、超市，销售260多万元农产品。

（夏文杰）

烟草

【概况】 2022年，江山市烟草专卖局（分公司）围绕“生态培基年”定位，聚焦上级党组“1116”工作思路和“3+13”重点任务，真抓实干，各项工作顺利推进。工作业绩考核排名衢州市四县第一；全市基层对标创优，8个基层部门4个获同序列第一。

【业务经营】 全年销售卷烟2.09万箱，同比下降1.56%；实现含税销售额10.91亿元，同比增长1.85%；上缴财政收入4653.79万元，同比增长5.78%。

【专卖管理】 全年查获案件91起，查获违法卷烟1756件、烟丝15.25吨，其中假私烟1282件，国产真烟474件。判刑12人次，刑拘8人次，取保10人次，逮捕2人次；完成二级网络案件1起，列为省级厅督案件。

【许可证管理】 开展许可证专项治理，加大对无效证、异常证排查清理力度，依法依规控制许可证总量，全年净减7本。

（周育梅）

市烟草专卖局（分公司）联合市场监督管理局开展市场检查（市烟草局 供图）

5 月 17 日，市盐业公司联合疾控中心开展碘缺乏病宣传（市盐业公司 供图）

盐 业

【概况】 2022 年，浙江省盐业集团衢州市盐业有限公司江山分公司面对激烈竞争的市场环境，围绕渠道下沉、“5+2”重点产品铺市等主题主线，较好完成各项考核指标。全年江山市总计销售各类盐品 2246.87 吨，同比上年 2374.4 吨，下降 5.37%。其中，小包装口食盐销售 1438.37 吨，同比上升 1.01%；大包装销售 808.5 吨，同比上年下降 14.93%；澳洲海盐销售 1240.84 吨，同比上升 4.75 %；精品盐销售 209.2 吨，同比上升 32.87 %。

【渠道下沉】 使用数字化手段，增强终端掌控能力。年内登记在册有效客户 431 户，其中城区 180 户、乡镇 251 户，基本覆盖市场终端渠道。与 106 户核心配送商签订 2022 年食盐保供协议，保证主渠道主力军的市场地位。

【政府食盐储备工作】 按照省、市两级政府储备的相关要求，做好政府食盐的储备工作，足量储备，专垛堆放，每三个月轮换一次，保证了食盐市场供应。

（金 灿）

招商引资

综 述

【概况】 2022年，江山市全年引进到位资金55亿元，同比增长10%。引进亿元以上项目35个，其中引进10亿元以上项目6个，同比增长20%。年内一、二、四季度名列衢州市争先创优“流动红旗”招商引资考核县（市、区）第一名、衢州市招商引资“赛马”考核四个季度县（市、区）第一。年度招商引资综合考核衢州市各县（市、区）第一，江山市政府获衢州市2022年招商引资工作集体记功嘉奖。

【招商活动】 1月7日，万里扬集团储能电站项目成功签约。1月11日，浙江三棱塑胶有限公司年产5万吨塑料市政管道、铜覆塑复合管生产线建设项目开工。2月9日，在2022江山市工业高质量发展大会上，10个重大产业项目正式签约。2月15日，衢州谷舞电子商务谷舞仁生“互联网+菜篮子”共享果蔬项目举行落地仪式。5月5日，在衢州市重大项目集中签约活动中，江山市集中签约9个项目，总投资179.6亿元，全部为制造业项目。其中，现场签约项目杭开集团新能源新材料项目总投资100亿元，万里扬年产20万吨高精密新能源汽车结构件项目总投资30.9亿元，两项目总投资130.9亿元。5月6日，市委书记朱素芳带队督查推进重大产业项目。5月23日，市政协主席胡炳泉带队前往北京同仁堂蜂产品（江山）有限公司考察调研，了解北京同仁堂健康药业江山生产基地项目情况。5月28日，市委常委、副市长朱永平带队考察华友钴业。9月9日，深圳华驰新能源科技有限公司董事长刘建生到江山市考察“两新”产业园，与市委常委、副市长朱永平洽谈研判总投资10亿元的10万吨电解液及6000吨原材料项目。9月13日，昆山美淼公司新材料科技有限公司董事长左卫雄到江山考察“两新”产业园，同方正证券浙江分公司副总裁邹莉敏、衢州控股投资部总经理董强等就新型锂盐项目交流座谈。9月16日，市委书记朱素芳主持召开全市招商引资工作情况汇报会。9月23日，市府办领导带队赴江苏考察昆山美淼新材料科技有限公司，探讨公司两步法生产工艺。9月29日上午，江山市举行2022年三季度重点招商项目集中签约活动。10月10日，市招商中心领导带队走访江苏华永烯科技有限公司，考察年产7万吨石墨烯复合导电浆料项目，企业有意向在江山投资碳纳米管项目。10月19日，市委书记朱素芳主持召开全市招商引资工作情况汇报会。10月21日，市招商中心领导带队走访杭州钢铁集团，了解集团业务板块和集团全资子公司浙江省冶金研究院催化剂项目信息。10月25日，市委常委、贺村镇党委书记郑水根带队赴杭州对接海外海汽车城项目，双方就汽车城项目选址及协议条款深入交流。10月27日，江山市委常委、统战部部长毛香水带队赴深圳500强企

12 月 14 日，市新能源新材料产业招商局在张江高科股份有限公司对接生物医药项目（市招商中心 供图）

业——深华建设（深圳）有限公司调研消防筑安云产业平台项目。10 月 29 日，江山市人大常委会副主任张志军带队赴柯桥遮阳产业行业龙头企业——浙江大爱窗饰有限公司调研色母粒新材料生产线项目。11 月 4 日，市委统战部在杭州市江山商会菁英会举行新生代企业家座谈会。11 月 16 日，深圳大族集团有限公司副总裁高云鹏到江山市考察调研项目建设现场。11 月 18 日，江山市“亲清直通车”开进义乌市江山商会。11 月 22 日，市委常委、副市长朱永平带队考察艾洛益（杭州）材料科技有限公司，对接铜铝复合新材料生产基地项目及滨海港集团百草园项目。11 月 24 日，市委常委、副市长朱永平前往安贝实业公司、热威电热公司等挂联企业开展“百名干部助百企集中服务月”活动。11 月 27 日，市招商中心牵头召开速达汇数字物流项目招商洽谈会，就项目运营方式、落地政策等进行对接洽谈。12 月 8 日，康佳融合产业科技有限公司副总经理陶疆到江山市考察研一新材料、“两新”产业园腾退区块、天际互感器公司、康侨智能家居公司。12 月 11 日，上海中腾能源集团董事长叶松飞到江山市考察“两新”园区项目选址，召开中腾新材料电池级碳酸锂项目座谈会。12 月 12 日，首届全球数字贸易博览会重大项目签约仪式在杭州举行，现场签约项目 24 个，签约金额 493 亿元，江山市中科锂电磷酸铁和磷酸铁锂项目是其中之一。12 月 13—14 日，市委常委、副市长朱永平，市人大常委会副主任张志军带队赴辽宁三三工业有限公司考察调研，详细了解盾构机/TBM 隧道掘进机制造工艺、生产原材料来源、产品销售渠道等情况。12 月 15 日，市委常委、副市长朱永平带队赴浙江浙财国有资本运营有限公司、浙江浙财清风资产管理有限公司等省级财政性国有资产管理运营平台对接工作，就优化股权结构，盘活划转资产，助推国有资本做强做优做大等方面进行交流。12 月 21 日下午，市委副书记、市长徐明峰会见辽宁三三工业有限公司董事长刘远征一行，双方就加强项目合作进行深入交流。

招商举措

【坚持领导挂帅】 开展市领导挂联重大项目机制，落实“一个项目、一名领导、一张作战图、一个招引小组”的统筹服务协调机制，20 亿元以上项目由市主要领导挂联，1 亿元以上项目由其他市领导挂联，及时解决项目招引中的问题。市委、市政府主要领导每月听取专题汇报，协调重大事项。坚持招商引资“一线工作法”，重点招商单位主要领导直接抓招商引资，确保三分之一的时间精力用于开展招商引资工作。

【强化专职招商】 专职招商队伍优化提升为“2+2”模式［驻长三角、驻珠三角招商局+新能源新材料、智能装备（家居）产业招商局]，梳理目标企业、画出产业链“招商树”和招商地图，将专业研究和重点区域信息摸排紧密结合，引进一批带动能力强、产业链高端的大项目和好项目。1—9 月，专职招商队伍拜访企业 3564 家，接待企业 374 批，跟进在谈亿元以上重大项目 44 个。

【激发乡贤招商】 依托商会，开展以商招商，鼓励和吸引乡贤回乡投资置业，加快“江山人经济”向“江山经济”转化、“江山人力量”向“江山力量”转化，出台《江山市异地商会招商引资奖励办法》，引导在外乡贤参与到招商引资工作中，促进资金回流、项目回归、人才回江、资源集聚，根据乡贤回归项目实际情况，定标研判、定人跟办、定时反馈，打破壁垒畅通信息闭环，共同推进项目落地。

【优化研判决策机制】 通过“线上+线下”相结合，高效推进项目洽谈和研判决策。线上全面推广“招商在线”系统，实现“项目信息归集—研判决策—落地建设—考核评价”全流程闭环管理、全生命周期服务。线下招商中心及时提交有效项目信息；各产业洽谈研判小组在 7 个工作日之内对有效项目信息提出深化论证意见；涉及重大产业项目或“一事一议”项目，提请市重大招商项目信息研判联席会议审议。

【创新容缺审批制度】 按照“自愿申请、提前介入、平行推进、及时转换”的原则，通过“告知承诺制”，容缺审批办理施工许可证。经信、应急、环保等有关部门明确专人具体负责全程跟踪、建档归档、材料追补。

山海协作

【山海协作活动】 7 月 4 日，钱塘区—江山市“山海协作”工作对接会在杭州召开。9 月 1—2 日，江山市党政代表团赴绍兴市柯桥区学习考察，对接推进山海协作工程，召开柯桥—江山山海协作联席会议。江山市委书记朱素芳、柯桥区委书记陈豪参加会议并讲话。11 月 29—30 日，柯桥—江山慈善山海协作项目签约并启动。12 月 1—2 日，柯桥区委副书记、区长袁建率领柯桥区党政代表团赴江山市考察，并召开江山—柯桥山海协作联席会议。12 月 3 日，柯桥区委书记陈豪率区党政代表团来江考察，对接落实山海协作工程等工作，召开江山—柯桥山海协作工作联席会议。柯桥区委书记陈豪、江山市委书记朱素芳讲话。12 月 6—7 日，江山市党政代表团前往钱塘区考察，召开钱塘区—江山市山海协作联席会议。钱塘新区党工委书记、钱塘区委书记金承涛，江山市委书记朱素芳出席会议并讲话。12 月 9 日，绍兴市柯桥区慈善总会及民政、财政等部门一行，到江山市进行慈善帮扶对接工作，并举行山海协作项目签约仪式。

【山海协作成果】 全年新引进山海协作产业合作项目 28 个，产业合作到位资金 46.9 亿元（含续建项目）；完成劳动力培训 10647 人次，完成消费帮扶任务 11665.6 万元。完成柯桥—江山山海协作“产业飞地”、特色生态产业平台申报材料的上报并高分值通过省发展改革委专家评审。柯桥—江山山海协作“产业飞地”、江山市特色生态产业平台荣获省山海协作资金奖励 4800 万元。“产业飞地”光学级功能性膜材料制造项目，入选 2022 年省特别重大产业项目。争取资金 400 万元，用于清湖街道华夏村、峡口镇枫石村、新塘边镇勤俭村 3 个乡村振兴示范点项目建设。争取资金 511 万元，用于四都镇埠头村、张村乡秀峰村、凤林镇苗青头村，新塘边镇勤俭村 4 个乡村振兴示范点建设。做好与结对地区学校、医院等部门的合作。市教育局牵头 47 所学校与柯桥区 47 所学校签署山海协作协议书；与嘉兴南湖区 5 所学校开展跨区域教共体结对。陆续开展师带徒、跟岗学习、线上集体教研、线上拓展课共享等系列活动，共推出微信 30 多篇，其中《江山中学校长夏飞华帮助学生——借“山海”合力，奔赴更远的山海》被《浙江日报》录用。市卫健局与钱塘区、柯桥区卫健局建立稳定的合作机制，通过社区全科医疗合作、家庭医生签约服务、区域卫生信息化等方面合作，提升医疗水平；与邵逸夫医院加强合作，邵逸夫医院12名专家全部到位，每位专家每周至少工作4天，至少连续半年下沉帮扶。市供销联社、市机关事务保障中心与柯桥区供销联社、钱塘区机关保障中心对接，促成两地开展放心农产品合作，推动江山成为柯桥、钱塘的放心食品原材料基地，实现两地农产品营销网络共惠共利。市人社局与结对区人社局合作，通过扩大技能培训覆盖范围、加大技能培训补贴力度，激发乡村振兴技能人才"新活力"。钱塘区委统战部组织民营企业家代表数十人，到江山市开展"山海协作同心助共富、万企兴万村携手共富路"活动。两地工商联签订"钱塘—江山"商会共建共富基地协议、钱塘区下沙街道商会和江山市长台商会签订友好商会协议。江山市共在省级以上媒体发表山海协作信息宣传11篇，在市级各类媒体、报刊、微信宣传山海协作工作20多篇。就产业合作、乡村振兴、社会事业合作、人力资源合作等方面总结山海协作典型案例11篇，省发改委采纳2篇。其中《江山打造浙西县域健康新样板》入选26县高质量发展典型案例；江山—柯桥山海协作产业园登上央视《新闻联播》头条沿着总书记的足迹系列报道《勇担新使命·大潮起之江》。

（徐　瑶）

农业农村

综 述

【概况】 2022年，江山市农业农村局以“双强”+“乡建”+“共富”三大行动为主线，全面激活农村各类要素潜力，加快打造一批标志性成果。全年累计向上争取“三农”资金4.02亿元，获省级以上荣誉表彰17项，承担省级以上试点13项，承办全省培训班2个，智享生态牧场等4项工作在全省作典型发言。

【农业“双强”行动】 实施“科技强农、机械强农”行动，省“双强”重大科技攻关和产业化推广应用项目——星菜年产3000吨连续式冻干食品生产线项目，完成形象进度80%，实施进度排名全省第五，获省农业农村厅专访报道。农业机械化综合水平稳步提升，全市农机总动力达35.6万千瓦，主要农作物耕种收机械化水平达72.89%，其中水稻耕种收机械化水平达87.49%，建成全程机械化应用基地5个、农机综合服务中心4个、农机创新试验基地1个，成功入选水稻“机器换人”高质量发展先行县。新谋划建设江山浙农现代化农事服务中心，入选首批省级现代化农事服务中心创建名单。

【耕地保护建设】 推进农田建设和建后管护，累计建成高标准农田24866.67公顷，省首批“绿色农田”试点项目完成主体工程。全面开展农田水利清查评估，设立农田水利设施修复项目库，争取专项资金880.56万元。加强耕地用途管控，制定专项补助政策，有计划、有目标、有节奏推进粮食生产功能区“非粮化”整治优化，累计完成整治优化面积1060公顷，其中清理腾退413.33公顷，调整优化646.67公顷，功能区布局更趋优化。

【平台主体培育】 推进农旅一体化平台建设，完成保安乡、石门镇江郎山村省级休闲乡村及凤林镇茅坂村省级“农家乐”集聚村创建；完成“农家乐”（民宿）新认定工作，全市共认定100家，其中认定5星级“农家乐”2家。峡口镇枫石村获评2022年中国美丽休闲乡村。持续加大新型农业经营主体支持力度，及时开展政策扶持兑现，新培育省级农业骨干龙头企业2家，衢州市级农业龙头企业9家，江山市级农业龙头企业2家；推进家庭农场整县提升，完成家庭农场提升项目19个；逐级开展示范性家庭农场认定监测，培育江山市级示范性家庭农场21家，衢州市级12家、省级7家，监测县级以上示范农场108家。

【数字“三农”建设】 优化完善数字应用场景，积极争取省农业农村厅试点落地江山市，入选省级数字乡村试点县、农业农村部农情基点工作优秀县。“智享生态牧场”应用入选第一批省数字政府系统优秀应用和数字经济系统最佳应用；被列入全省事业单位数字化改革重点应用清单，获全省农业农村数字化改革“优秀应用”。“滴滴农机”实现数字化与农机化的无缝对接，通过应用提级申请，实现“一地创新、全市共享”。“江农投”应用成功被列入省厅“惠农直通车（浙农险）”应用先行试点，“浙农机”“浙农经管”“农民信箱”入选农业农村系统重大应用场景第一批“先行先试”试点，君缘食用菌和天蓬集团入选省级数字农业工厂。

【农村土地改革】 率先在全省制定土地承包日常管理办法，规范土地承包权日常变更；开发上线“农村土地承包管理服务系统”，实际解决农村土地承包权业务受理不便和无法动态管理等问题，办理合同变更业务73件。推行整村整组整畈委托流转模式，年内新增土地流转面积786.67公顷，增加农民财产性收入9000余万元，流转率达63.2%；累计培育规模土地经营户799户，打造土地集中连片流转示范村47个。稳慎推进全国农村宅基地制度改革，加快完善宅基地管理制度和三个试点村工作，累计出台政策制度11个，盘活利用闲置宅基地（农房）3002宗，占地面积25.1公顷，价值2954万元。

【农业品牌打造】 推进“江山味道”区域公用品牌建设，成立市级领导小组，明确发展目标，制订三年行动实施方案，在杭州、万商城、清湖古街、清漾未来乡村等地开设不同层次的“江山味道”品牌体验示范点。累计绿色食品认证41个（新增6个），无公害农产品43个，国家地理标志登记农产品3个，“三品一标”总数位居衢州市第一，全省前列。提升农特产品品牌形象，“绿牡丹”茶叶入选省“特色伴手礼”，华欣牧业羊肉、星菜冻干燕窝银耳羹入选省第一批“263共富农产品”。

（刘嘉欣）

2022年江山市“三农”主要数据一览表

表11

指　　标	单位	数量
一、农业产业情况		
一产总产值	亿元	42.06
（一）粮食产业		
播种面积	万亩	36.78
产　量	万吨	15.61
（二）生猪产业		
出　栏	万头	21.66
存　栏	万头	18.37
（三）蔬菜产业		
产　量	万吨	28.4
产　值	亿元	5.52
（四）渔业产业		
产　量	亿元	1.67

续表 11

指　　标	单位	数量
产　值	亿元	2.88
（五）特色产业		
猕猴桃产业		
种植面积	万亩	2.15
产　量	万吨	1.8
产　值	亿元	2
食用菌产业		
种植数量	亿袋	0.78
产　量	万吨	2.77
产　值	亿元	2.69
蜂产业		
蜂群数量	万箱	23.5
产　值	亿元	4.27
茶叶产业		
种植面积	万亩	3.85
产　量	吨	1735
产　值	亿元	1.62
中药材产业		
种植面积	万亩	2.81
产量	吨	1570
产值	亿元	2.53
（六）农业主体情况		
农业龙头企业	家	71
示范性家庭农场	家	120
示范性合作社	家	15
二、美丽乡村情况		

续表 11

指　　标	单位	数量
省级新时代美丽乡村示范县	个	1
省级未来乡村	个	5
省级美丽乡村示范乡镇	个	10
省级美丽乡村特色精品村	个	30
新时代美丽乡村	个	292
新时代中国幸福乡村	个	108
省级高标准垃圾分类示范村	个	23
省级历史文化（传统）村落保护利用示范村	个	3
三、年末农村居民情况		
（一）人口情况		
农户数	万户	16.33
重点帮促村	个	93
低收入农户	户	11002
	人	17158
（二）人均可支配收入情况		
农村常住居民人均可支配收入	元	34257
低收入农户人均可支配收入	元	19389
城乡居民收入比	—	1.75：1
（三）乡村人才情况		
农创客	名	611
乡村百师	名	44
乡村振兴特色人才工作室	个	8

农业生产

【概况】 在抓好粮食生产、生猪和家禽养殖的同时，围绕蜜蜂、食用菌、猕猴桃3个主导特色产业，以及湖羊、蛋鸡等特色产业，构建“3+X”特色产业发展体系。全年农林牧渔业总产值42.06亿元，位居衢州第一、26县第四，华欣湖羊、君缘菇业、汇农蛋鸡三大产业单体产能规模位居全省第一。

【粮食生产】 全市粮食播种面积24520公顷、产量15.61万吨，其中水稻规模种植面积9753.33公顷，同比增长11.51%。强化政策激励提高补助标准，超前兑现粮食惠农补贴8341.8万元，较上年增加1684.3万元，惠及农户18.8万户次。推广水稻主导品种与主推技术，扩大良种良法覆盖面，全市良种推广率98%，以水稻旱育秧为主的轻简栽培技术、水稻机插技术等良法推广面积28万亩次。开展水稻绿色高产高质竞赛，各类成绩位居全省前列，入选农业农村部粮食绿色高质高效行动实施县。抓好种子市场需求预测，落实年度救灾和风险种子储备，保障供需平衡。

【畜牧业】 生猪出栏21.65万头，存栏18.4万头，家禽出栏1891.36万只，存栏684.6万只。创建低碳牧场示范点3家、试点32家，新建省级美丽牧场3家，数字牧场2家。浙江华欣牧业有限公司列入省湖羊优势特色产业集群建设项目名单，推进浙江汇农100万蛋鸡生态示范园项目，蛋鸡饲养量位于全省前列。完成畜禽遗传资源普查及鉴定，建成江山乌猪、江山乌骨鸡、白耳黄鸡、江山白鹅等畜禽遗传资源保种场，梯次启动江山乌骨鸡、江山乌猪、江山白鹅等传统产业振兴工作。

【渔业】 渔业产量1.67万吨，产值2.88亿元，完成增殖放流水生生物苗种848.06万单位，规模水产养殖场养殖尾水零直排率100%，申报并开展2022年度省级稻渔综合种养示范基地创建主体3家，招商引资规模1.05亿元的渔汇农业循环水养鱼示范基地项目基本落地。

【蜜蜂产业】 蜂业总产值15.03亿元，直接出口产值约为1600万美元，养蜂规模与经济效益已连续31年位居全国各县（市）之首，是全国最大的蜂王浆交易市场与集散地。拥有省一级种蜂场2个、规模蜂场2470个、养蜂户近5000人，有蜂产品注册商标115件、国际商标25件，国家级农业龙头企业1家、省级农业龙头企业2家。

【食用菌产业】 食用菌总产量1.74万吨，总产值1.24亿元。江山市食用菌产业园被成功认定为2022年度衢州市未来农业园区项目，重点打造生产规模全省第一的食用菌生产基地，推进全市食用菌产业向3.0版迈进，实现年产食用菌由50吨至3.2万吨的飞跃。浙江君缘生物科技有限公司生产的金针菇及江山市利兴菇业专业合作社生产的秀珍菇获“2022年浙江精品食用菌”银奖。与省林业科学研究院合作开展食用菌

峡口镇湖羊农牧一体化共富项目（市农业农村局 供图）

野生资源普查，发现野生菌种近150种。

【水果生产】 水果种植总面积3200公顷，总产量3.7万吨，总产值3.9亿元。其中，猕猴桃种植面积1200公顷，产量1.8万吨，产值2亿元。江山是华东地区最大的猕猴桃销售市场，电商销售优势突出，有销售实体店500多家、网店800多家，年总销售量达8万吨，总产值近10亿元，店家数量和销售额都在全国名列前茅。江山市神农猕猴桃专业合作社的红阳猕猴桃，被世界互联网大会组委会指定为大会专用水果。

【茶叶生产】 茶叶种植面积2566.67公顷，总产量1735吨，总产值1.62亿元。全市现有50亩（3.33公顷）以上规模种植大户125户，衢州市级农业龙头企业2家，初级茶叶加工厂70多家、示范茶厂7家、省级标准名茶厂2家。与浙江农林大学合作研发“江山白茶”，制定江山白茶加工技术规程，完成“江山白茶”徽标设计。

【中药材产业】 中药材总种植面积1866.67公顷，总产量2047吨，总产值2亿元，成功获评“中国黄精之乡”。成功入选2021—2023年“浙八味”道地药材优势特色产业集群项目，江山市中药材产业协会制作的赤豆鲫鱼汤、浙江红盖头农业科技有限公司推出的“葛之饮”入选第四届“浙江省十大药膳”名单，江山市李记康养小作坊研发的乌鸡黄精酒获得点心、饮品类药膳提名。

美丽乡村建设

【概况】 以“衢州有礼”诗画风光带为主轴，聚力打造具有江山辨识度的未来乡村试点，推动乡村建设行动全面落地。全年打造省级未来乡村试点5个，美丽乡村示范乡镇2个，特色精品村6个，新时代中国幸福乡村25个，新时代美丽乡村46个，省级美丽乡村风景线1条，成功获评2022年度美丽乡村示范县。

【“衢州有礼”诗画风光带】 紧扣衢州“六比六拼”竞赛单元，集中力量，高质量建设沿江道路、清湖未来乡村连片发展实验区、绿化彩化美化示范段、食用菌未来农业园区、人居环境整治提升等重要节点。全年围绕“夜经济”“丰收节”“运动会”三大主题，举办系列活动赛事30场，吸引游客（含直播）近93.58万人次，直接带动消费2526万元。

【未来乡村】 确定未来乡村1236建设体系，总投资2.5亿元，按照建设一批、培育一批的工作方向，统筹推进大陈、清湖连片发展实验区、清漾、枫石、浔里等5个省级未来乡村试点和勤俭、白沙、耕读等3个市级梯度培育点建设，5个省级未来乡村试点全部完成创建目标并通过省级验收，大陈被评为省级优秀村；清湖未来乡村连片发展实验区在衢州市赛马活动中勇夺第一，获奖补资金1800万元。“十一”黄金周期间，全市未来乡村累计接待游客近25万人次。其中，清湖实验区灯光秀、古街美食成功吸引众多游客前来“打卡”，日均接待游客2.7万人次，直接带动消费1500万元。浔里未来乡村相继举办“献礼建国73周年”主题红色会演、“非遗”研学等活动，累计接待游客3.2万人次，带动旅游消费超200万元。

【历史文化（传统）村落】 修订资金管理办法，提高市级预算配套奖励，历史文化（传统）村落重点村建设连续5年获省优秀等次，其中第七批重点村清湖三村绩效评估获全省第一，清湖三村的产村融合模式成功入选浙江省历史文化（传统）村落保护利用“十大模式”。

【农村人居环境整治提升】 建成清湖、长台、新塘边等6个高标准农村生活垃圾分类资源化利用站点并投入使用；探索农村生活垃圾分类处理数字化动态监管体系，创建示范村25个。建成省级垃圾分类高标准示范村8个、省级星级农村垃圾资源化利用站点1个，全市农村垃圾分类行政村覆盖率达到100%。创建江山市级星级农村公厕200座，省星级公厕 23 座。上余镇李坪村、四都镇埠头村、清湖街道九村村、虎山街道桑淤村、大陈乡红星村等 5 村入选衢州市第一批诗画风光带农村人居环境示范村，上余镇李坪村、四都镇双溪村和埠头村、贺村镇达埂村、清湖街道华夏村、虎山街道桑淤村等 6 个村入选衢州市第二批诗画风光带农村人居环境示范村。

强村富民

【概况】 探索山区县强村富民乡村集成改革之路，全市低收入农户人均可支配收入 19389 元，同比增长 13.5%，绝对值在山区 26 县排名第三；农村居民人均可支配收入 34257 元，同比增长 8%，增幅排名衢州第一；城乡居民收入比缩小至 1.75，连续 18 年优于全省平均水平；村集体经营性收入率先在衢州实现 30 万元全覆盖。

【低收入群体增收】 完善监测帮扶机制，安排全市 4272 名乡镇（街道）、机关部门干部与全市 11355 户低收入农户开展结对帮扶活动，落实一月一走访机制，累计走访 10 万多人次，针对发现的因灾因病因疫致贫等苗头性问题，及时落实社会救助、医疗保障等帮扶措施，累计帮助解决实际问题 1000 多人次。动态调整低保标准和特困人员供养标准，7 月开始，低保标准提高至 1035 元/月·人，联动提高残疾人生活补贴至 311 元。为全市 14388 名低保对象、特困供养人员发放一次性生活补贴 719.4 万元。为全市 18731 名低收入农户发放价格补贴 94.44 万元。累计为 19393 名低收入农户购买健康保险 290.89 万元。开发乡村公益性岗位 880 个，岗位工资补贴提高至 920 元，全年发放岗位工资 844.8 万元。

【农民增收】 修订《江山市光伏小康项目收益分配实施意见》等实施细则，做好顶层设计，确保政策资金应兑尽兑、应补尽补。打好产业增收组合拳，前 3 季度完成农业总产值 25.25 亿元。打好改革增收组合拳，新增盘活利用农房 431 宗，完成农村产权交易额 10949 万元。打好农民就业组合拳，开展农民素质提升培训，完成农民普及性培训 4500 人、农村实用人才培训 2052 人次、高素质农民培训 379 人。

【壮大村级集体经济】 全速推进 42 个、总投资 2.19 亿元，涉及 90 余个村的在建、续建村集体经济发展项目建设，年均每村增加收益 10 万元。依托华欣湖羊、汇农蛋鸡、金鸡小镇等重大产业园，向上对接争取项目资金，吸引村入股抱团建设，新建 60 万羽蛋鸡养殖生态示范园为 26 个抱团村每村年均增收 10 万元；在华欣湖羊生态示范园基础上，投资 2800 万元由峡口镇 18 个村联合新建湖羊养殖发展项目，建成后预计每年租金收益 198 万元，每村增收 10 万元以上。全市村集体经营性收入达 30 万元以上村实现全覆盖，其中 50 万元以上村 187 个、占行政村总数的 64%，100 万元以上村 83 个、占行政村总数的 28.4%。

"三农"本质安全

【概况】 夯实"三农"本质安全，巩固农业安全生产监管长效机制，确保农业生产安全、农产品质量安全和乡村社会安定。全市农产品质量省级例行检测合格率 100%，市本级开展各类检测 703 批次，合格率为 98%，不合格农产品处置率 100%。全年未发生农业安全生产事故。

【农业环保】 加快环保督察整改，完成推广配方肥及按方施肥 1.68 万吨、完成目标值 102%，取土测土 1390 个、完成目标值 166%；落实农药减量资金 654.67 万元，保障水平提高至 23.92 元/亩，完成农药减量 1 吨；出台统防统治认定标准，创建省级绿色防控示范区 2 个，培育认定县级示范性统防统治服务组织 3 家，主要农作物实施统防统治 11493.33 公顷。绿色种养循环试点工作进度走在全省前列。实施堆肥面积达 10 万亩次。在贺村、峡口、石门建立冬绿肥示范方，面积达55.33公顷，平均鲜草产量达2500公斤/亩。完成7个长期定位点耕地质量监测、28个土壤污染环境监测、耕地质量等级评价。启动第三次全国土壤普查工作。

【农业安全生产】 组织对重点领域、关键部位开展大排查大整治，累计出动人员超2580人次，检查各类主体1890多家，发现安全隐患29处（均已完成整改）。严格执法，全年共立案8个（其中农产品质量安全案件4个），结案7个，罚款1.17万元。加强安全、法治宣传，向各类群体发送宣传短信20多万条、安全防范信息3000多条、宣传单5000多份，组织“8090”安全大宣讲20余场次，累计开展培训500多人次。

（杨　阳）

2022年江山市星级“农家乐”名单一览表

表12

序号	农家乐名称	详细地址	联系人手机	通过星级
1	江山市安好酒店	保安村慕仙街40号	15957018099	三星级
2	江山市乡里红饭店	保安村慕仙街1号	15700002944	三星级
3	江山市保安乡爱英农家饭店	保安村仙霞北路10号	18767024031	三星级
4	江山市农伽宴饭店	保安村仙霞北路26号	15857002867	三星级
5	江山市保安新吉祥饭店	保安乡保安村	13967001178	三星级
6	江山市仙霞关酒店	保安乡保安村	13967000152	三星级
7	江山市东芬旅馆	保安乡化龙溪村龙井33号	18767096095	三星级
8	江山市古道农家乐饭店	保安乡仙霞北路	13587016780	三星级
9	江山市雅仕农家乐饭店	保安乡仙霞路1号	15869065263	三星级
10	江山市雅仕农家乐饭店	化龙溪村龙井	15068912042	三星级
11	江山市悠居旅馆	化龙溪村龙井森林人家5号	13626703357	三星级
12	江山市保安乡石溪农庄饭店	石鼓村小坪阳4-1、4-2号	13587012485	四星级
13	江山市婷婷旅馆	仙霞北路32号	15905704932	三星级
14	江山市古居民宿	保安乡后坂村	13906706117	三星级
15	江山市保安路口清泉饭店	保安乡化龙溪村86号205国道边	15167070786	三星级
16	江山市徐芳饭店	凤林镇茅坂村老街	13735062712	三星级
17	江山市如雲土菜馆	贺村镇耕读村	15857003072	三星级
18	江山市耕农饭店	贺村镇耕读村	18357091179	三星级
19	江山市和立民宿	大块山8号	15336733379	三星级
20	江山市福缘宾馆	枫桥路2号	13735065595	三星级
21	江山市廿八都民众酒店	江山市廿八都民众酒店	18767030173	三星级

续表 12

序号	农家乐名称	详细地址	联系人手机	通过星级
22	江山市念八铺大酒店	廿八都镇	13506700675	三星级
23	江山市杨賓成旅馆	廿八都镇大东门 3 号	15215796519	三星级
24	江山市古桥饭店	廿八都镇东升路 5 号	13646700488	三星级
25	江山市古景山庄酒店	廿八都镇枫安路 21 号	13967000618	三星级
26	江山市道成锋味饭店	廿八都镇枫岭路	15857001252	三星级
27	江山市雾山宾馆	廿八都镇枫岭路 25 号	13967002823	三星级
28	江山市廿八都镇同福旅馆	廿八都镇枫桥路 25 号	15857006717	三星级
29	江山市廿八都镇新街旅馆	廿八都镇枫桥路 44 号	15057061451	三星级
30	江山市和益宾馆	廿八都镇枫桥路 74 号	15869069567	三星级
31	江山市名关农家乐饭店	廿八都镇浮盖山村古溪	13857007978	三星级
32	江山市叶籽红了民宿	廿八都镇浮盖山村石场围 3-1 号	15857001972	三星级
33	江山市郎峰世家文化旅游有限公司	廿八都镇花桥村花桥弄 6 号	13857001455	五星级
34	江山市和建民宿	廿八都镇兴墩村	13454012572	三星级
35	江山市和良民宿	廿八都镇兴墩村	18357096413	三星级
36	江山市和凤农庄饭店	廿八都镇兴墩村 67-2 号	13567014524	三星级
37	江山小桥流水民宿	廿八都镇浔里村	15205701562	三星级
38	江山市廿乡民宿	廿八都镇浔里村操场坪 21 号	13625800988	三星级
39	江山市枫桥望月民宿	廿八都镇浔里村草纸塘 9 号	18767028038	三星级
40	江山市千与千浔民宿	廿八都镇浔里村杨祠弄 10-2 号	15905703550	三星级
41	江山市红亭音乐餐吧	廿八都镇浔里街 13 号	19548015226	三星级
42	江山市以民民宿	廿八都镇浔里街 44 号	13567084469	三星级
43	江山市炉峰民宿	廿八都镇花桥村炉峰小区 6-2 号	13967001412	三星级
44	江山市和谐民宿	廿八都镇兴墩村	18757022219	三星级
45	江山市和瑞民宿	廿八都镇兴墩村 48-1 号	13857017912	三星级
46	江山市和欢民宿	廿八都镇兴墩村陈家	15700026526	三星级
47	江山市和铭民宿	廿八都镇兴墩村陈家	15924068106	三星级
48	江山市和琴民宿	廿八都镇兴墩村陈家	18868094558	三星级
49	江山市和亨民宿	廿八都镇兴墩村徐家墩 48-2 号	15325419689	三星级
50	江山市和喜民宿	廿八都镇兴墩村徐家墩 84 号	18757023832	三星级
51	江山市和聚民宿	廿八都镇兴墩村徐家墩 84 号	15700028467	三星级

续表 12

序号	农家乐名称	详细地址	联系人手机	通过星级
52	江山市姜家大院民宿	廿八都镇浔里村姜家下弄 5 号	15057048823	三星级
53	江山市隆兴斋特色农家饭店	廿八都镇浔里街 38 号	15857066669	三星级
54	江山市莲枝饭店	廿八都镇浔里老街 20 号	15857008622	三星级
55	江山市金铜锣糕小作坊	廿八都镇杨祠弄 10-2 号	15268070547	三星级
56	江山市和虎民宿	廿八都镇兴墩村	13957033293	三星级
57	江山市培汉农庄饭店	廿八都镇兴墩村 22 号	15700027998	三星级
58	江山归野酒店管理有限公司	廿八都镇浔里街 19 号	15372488899	四星级
59	江山市金瑞农家乐饭店	廿八都镇浔里街 51 号	13757034717	三星级
60	江山市浔理饭店	廿八都古镇老街浔里街 22 号	13567016433	三星级
61	江山市廿八都镇山村饭店	廿八都镇枫安路 27 号	13857009804	三星级
62	江山市飞地民宿	廿八都镇枫安路 7 号	15057046566	三星级
63	江山市和暖农庄饭店	廿八都镇兴墩村	15869067465	三星级
64	江山市和勇民宿	廿八都镇兴墩村	15869063205	三星级
65	江山市和茂民宿	廿八都镇兴墩村 64 号	15700028261	三星级
66	江山市和妹农庄饭店	廿八都镇兴墩村 67 号	18457053313	三星级
67	江山市和杭农庄饭店	廿八都镇兴墩村 7 号	13867002948	三星级
68	江山市和荣农庄饭店	廿八都镇兴墩村黄泥龙	15205701561	三星级
69	江山市山海民宿	廿八都镇兴墩村徐家墩 3 号	13372581818	四星级
70	江山市山里农舍民宿	廿八都镇浔里村东升路 17 号	15215707048	三星级
71	江山市廿八都古都饭店	江山廿八都镇枫岭路 15-1 号	15957014243	三星级
72	江山市和婉农庄饭店	廿八都镇兴墩村	13626705707	一星级
73	江山市缘聚亭民宿	廿八都镇枫岭路 1-5 号	15057023909	二星级
74	江山市翠蓉农家乐饭店	廿八都镇炉峰小区 4 排 5-6 号	13645700954	三星级
75	江山市和禄饭店	廿八都镇兴墩村	15068919254	三星级
76	江山市和气农庄饭店	廿八都镇兴墩村	13511412504	三星级
77	江山市和芳民宿	廿八都镇兴墩村 72 号	18368616826	三星级
78	江山市和怡民宿	廿八都镇兴墩村徐家墩 73 号	15381318869	三星级
79	江山市烟霞民宿	高岗 48 号	15395705371	三星级
80	江山市如归农家乐酒店	石门镇江郎山村余家坞 47-1 号	18067892829	三星级
81	江山市巍峰山庄酒店	石门镇界牌村 86 号	13587012769	三星级

续表 12

序号	农家乐名称	详细地址	联系人手机	通过星级
82	江山市山塘舍里饭店	石门镇达蓬村 3-1 号	15068911793	五星级
83	江山市香姐农家乐饭店	石门镇达蓬村小塘源石江路 10 号	15057060535	三星级
84	江山市利菊农家乐酒店	石门镇江郎三峰路 15 号	18368617178	三星级
85	江山市凯鑫农家乐饭店	石门镇江郎山村	18205700939	三星级
86	江山市山田花舍民宿	石门镇江郎山村	13757047083	四星级
87	江山市荣聚山庄饭店	石门镇界牌村安基 98 号	15067132221	三星级
88	石门镇界牌村安基 98 号	石门镇安基 19 号	18305019988	三星级
89	江山市江遂农家乐饭店	塘源口乡洪福村 6-1 号	15215707987	三星级
90	江山市福农农家乐饭店	塘源口乡洪福村福石岭	15068912166	三星级
91	江山市洪德农家乐饭庄	塘源口乡洪福村	13587010585	三星级
92	江山市洪隆农家乐饭庄	塘源口乡洪福村	15057040465	三星级
93	江山市洪益农家乐饭店	塘源口乡洪福村	15268066400	三星级
94	江山市石岭农家乐饭店	塘源口乡洪福村	13645709677	三星级
95	江山市宝月农家乐饭店	塘源口乡塘源村	13645709677	三星级
96	江山市山岭农餐饮有限公司	塘源口乡塘源村	13735064580	三星级
97	浙江龙源旅游发展有限公司	塘源口乡塘源村	13626701189	三星级
98	江山市老娘舅农庄饭店	碗窑乡碗窑村	13757031640	三星级
99	江山市高升饭店	碗窑乡达河村兴业路 44-46 号	13567018258	三星级
100	江山市太阳名山农家菜馆	张村乡玉张路 8 号	13857005550	三星级

林　业

综 述

【概况】 2022年，江山市林业局践行习近平生态文明思想和“绿水青山就是金山银山”发展理念，围绕“衢州当龙头 全省争上游”奋斗目标，以“提士气、转作风、争一流”作风建设为抓手，按照“争先创优、融入融合、两勤两专、压紧压实”的工作总要求，奋力开创林业工作新局面。截至年底，全市林地面积131600公顷，森林面积132866.67公顷，森林覆盖率65.79%，森林蓄积量851万立方米，省级以上重点生态公益林面积65333.33公顷，湿地3866.67公顷，环城生态景观林2000余公顷。空气负氧离子平均浓度750个/立方厘米，空气质量良好以上天数连续七年达90%以上。市内有国家级风景名胜区1个，国家森林公园1个，省级自然保护区2个，省级公园2个，城区森林主题公园4个。

【争先创优】 在山区26县发展实绩考核中，江山市涉及的森林覆盖率和森林蓄积量两项指标以总分1.79分在15个跨越发展类县市中排名第一。

林业生产

【绿化造林】 实施诗画浙江大花园核心区中央国土绿化试点示范项目，牵头制定《诗画风光带示范段绿化彩化美化工程方案设计》，全年完成山地造林306.67公顷，完成森林抚育1540公顷，完成退化林修复546.67公顷，完成油茶营造246.67公顷，建成省级“一村万树”示范村7个。

【新增百万亩国土绿化行动】 在森林“增量”上做文章，全面提高绿化造林补助标准，珍贵林、一般林、油茶、补植改造分别提高500元、300元、700元和500元。省林业重点项目乌木山区域生态修复项目持续推进，超额完成省下达新增百万亩国土绿化行动任务，面积414公顷，完成

保安乡毛竹林下套种黄精基地（市林业局 供图）

率 124.2%。

【林业种苗保障】 全年累计完成苗木调运 71.25 万株，其中，彩色珍贵树种省控容器苗 39 万株（二类苗 12 万株、三类苗 27 万株），油茶良种嫁接容器苗 16.12 万株，杉松等良种苗木 16.13 万株，主要供应富阳、淳安、平阳以及衢州本市。实施优良红花油茶无性系引进测试项目，在张村乡太阳山建设基地 2 公顷，引进亚林所最新选育的 18 个红花油茶优良无性系进行品种引进试验。

林业产业

【林业产业】 全年实现林业总产值 227.37 亿元，其中一产 11.81 亿元，二产 213.7 亿元（木业产值），三产 1.86 亿元。

【林业碳汇开发】 紧抓杭州“零碳”亚运会契机，梳理 2016 年以来全市森林经营项目建设情况，以林业局下属国有企业江山市林业种业有限公司为全市林业碳汇开发业主，完成样地监测及协议签订等工作，开发林业碳汇森林面积 133.33 公顷，在省发改委备案核证二氧化碳减排量 3397 吨，依托衢州市林业碳账户平台，开通国有、集体经营主体碳账户 290 个。

【绿色富民产业】 获评“中国黄精之乡”，展飞家庭农场毛竹林下多花黄精复合经营基地被评选为浙江省“一亩山万元钱”十大共同富裕典型案例。林下经济全年实现产值 3 亿多元，一产亩均增加产值 3000 元，全市从事林下经济生产、加工、销售人数达 4000 人，林下经济给山区农民提供工作岗位 3000 多个，相关从业者月均增收 2500 元以上。全年举办多花黄精培训、油茶栽培技术培训 3 次，培训林农 150 余人次。

【共同富裕建设】 获评浙江省林业重点项目——廿八都森林康养示范区建设项目，争取省补资金 1000 万元。为江山市连续第三年争取到省林业重点项目。该项目对廿八都生态景观及文旅基础设施进行再提升，发展当地森林旅游，促进共同富裕。

【参展国际森林产品博览会】 组织 38 家企业参展第十五届中国义乌国际森林产品博览会，其中线上参展企业 16 家，线下参展企业 22 家（特展馆企业 10 家），展品涉及森林食品、花卉园艺、林下中药材、竹木工艺品等 10 余类特色产品。参展产品中康缘牌蜂蜜等 5 个森林产品获优质产品金奖，江山木雕作品“富贵双寿”获竹木工艺创新设计大赛银奖，赵味佳老坛酸菜笋等 9 个产品获优质产品奖。

林政管理

【林地使用】 全年林地征占用审批项目总数 216 个（含临时占用与林业生产服务设施建设），面积 356.54 公顷，共收取森林植被恢复费 7779.8 万元。全年使用林地定额总数 338.07 公顷，其中，使用省下达定额 205.13 公顷，使用衢州市局定额 25.9 公顷，使用省

10 月 23 日，市林业局人员在峡口林区开展巡山活动（市林业局 供图）

重点项目专项定额75.64公顷(江玉公路项目)，使用26县市专项扶持定额31.4公顷。

【查处涉林违法行为】全年受理案件42起，查处林业行政处罚案件25起，其中违法使用林地14起、滥伐林木6起、过失引起火灾2起、非法猎捕野生动物3起，共计收缴罚没款48.92万元，全年未发生行政复议或行政诉讼。

【自然保护地管理】 7月和10月，组织石门镇、村、旅发公司和技术单位对江郎山范围的勘界定标工作开展内业审查和外业勘查，针对有异议区块，请相关村委到现场确认。按照保护机构、湿地现状特征、湿地建设审批、湿地宣传活动、湿地日常巡查等五大模块开展全市湿地资料收集，完善全市湿地保护档案。

林业改革

【全面推行林长制建设】 推进制度化落实，研究制定《江山市林长制市级会议制度》《江山市林长制信息公开制度》《江山市林长制部门协作制度》《江山市林长制工作督查制度》《江山市林长制工作考核办法》等5项林长制配套制度；落实分区化管理，将全市森林划分成环环相扣的250个责任区，实行网格化管理。设立市级林长35名、总警长1名、横向挂联责任部门22个，19个乡镇街道、自然保护区和国有林场设立乡级林长238名、乡级警长9名、村级林长598名、村级警长77名。每个管护责任区设立一名专职护林员负责日常森林巡护；推进数字化管理，依托林长智治平台，把巡林护林工作纳入数字化监管，全年市级林长巡林46次，乡级林长巡林353次，村级林长巡林778次，护林员巡林2500次以上，巡林里程超过10万公里，查找并整改问题213个。

【雪岭保护地建设】 4月20日，桃花源基金会和廿八都镇政府签订合作协议，市林业局作为鉴证方参与，标志着桃花源雪岭公益型自然保护地项目的法律框架体系建立。9月，市不动产登记中心为该保护地范围内4201.2公顷林地颁发新的地役权不动产登记证明。

生态保护

【松材线虫病除治】 超额完成29个标段松材线虫病集中除治任务，除治面积7120公顷，完成率203%；除治株数25508株，完成率243%；除治数量14217吨；实施打孔注药3万支，注药松树1.97万株。首次开展枯死松树“即现即清”工作，清理枯死松树5847株，约3700吨。首次运用激励制度，对9家疫木清理公司奖励资金22.23万元。

【野生动植物保护】 启动野生动植物资源本底调查，优化《野生动物肇事补偿责任保险承保方案》，全年累计受理理赔案件146件，赔付金额28.5376万元。筹建江山市野生动物植物保护协会，协会首批会员57名，协助开展野生动植物保护宣传及巡护等。制定出台《江山市古树名木保护管理办法》等规范性文件，启动张村乡先峰村古树文化主题公园建设工作，开展古树名木保护一件事保安试点活动。

【森林防灭火】 对全市各乡镇街道、林业总场、自然保护地、风景名胜区开展森林防灭火隐患排查、整治，排查和整改隐患193处；开展林区输配电设施火灾隐患专项排查，排查线路105条，完成线路隐患治理92条。筹资50万元新建10支早期森林火情处置队伍，全市森林消防蓄水桶2913只，基本做到墓区和重点地段全覆盖。加强护林员队伍和森林火情早期处置队伍建设和管理，在重点时段和重要地段，护林员加密巡护，火情早期处置队伍携装巡逻。坚持森林防火宣教常态化，开展各式各样的宣传，网格员进村入户发放森林防火倡议书并同农户签订责任书，广泛张贴防火标语，全年未发生重大森林火灾。

（姜文海）

仙霞岭自然保护区管理

【概况】 2022年，江山仙霞岭省级自然保护区管理中心狠抓保护区建设和管理，争创省内一流保护区，集中力量全力参与创建全国文明城市、“两新”产业园转型升级、疫情防控等市委、市政府中心工作，先后被评为衢州市2022年全国科普日活动表现突出单位、第四批浙江省自然教育基地。

【数字保护区建设】 完成天空地一体化综合管护系统的联调联试，组织力量对发现的问题及时进行优化调整，并于9月通过专家验收。投入504万元，在原有综合系统基础上，实施综合系统补充、综合系统拓展、综合系统拓展迭代、综合系统对接政务平台等项目建设，实现资源管理、科研监测、科普宣教、社区共管4个职能之间多业务协同和多跨部门联动，对自然保护区内各类资源、科研数据、人为活动等实现标准化、智能化管理，达到“信息数字化、管理智能化”目标，全面推进保护区治理能力和治理体系现代化建设。

【森林防火】 张贴《江山市人民政府关于发布森林防火禁火令的通告》92份，悬挂横幅33条，发放宣传资料1008份，签订村民防火承诺书202份。利用LED屏、应急广播循环播放防火宣传音频，营造“森林防火，人人有责，人人参与”的良好社会氛围。坚决守住源头，对重点时段、重点区域和重点人员进行严格管理，通过哨卡管理、加强野外巡查、建立常态化隐患排查工作机制等措施，严防人为火灾发生，实现全年“零火灾”。全年组织森林消防演练2次，提升森林防火应急能力。

“紫光杯”仙霞岭自然保护区生态文艺作品征集大赛获奖作品《飞流直下》（祝新源 摄）

【野生动植物调查监测】 布设红外相机2批次308台次，确保每个公里网格都有红外相机，特别是针对有黑熊、藏酋猴、黄腹角雉等当前重点研究物种出现的区域进行加密布设；联合保护区志愿者每季开展一次以上的鸟类野外调查，在冬季在保护区水域蹲点调查，拍摄到11只中华秋沙鸭同时在保护区活动的珍贵影像资料；与衢州当地的昆虫爱好者合作，通过样线踏查、昆虫灯诱等方法多次进行昆虫鳞翅目调查，发现浙江新记录2种，保护区新记录6种；全年开展植物样线踏查13次，兰花调查2次，采集伯乐树种子114颗，压制植物标本305个，发现保护区新记录植物3种。与浙江大学合作建有1公顷森林生物多样性长期监测样地1个，记录植物123种，兽类4种，鸟类49种，包括黄腹角雉、松雀鹰等一、二级保护物种。

【专项研究】 实施“伯乐树种群结构与遗传多样性研究”项目，同时总结伯乐树组培繁育、水分影响、光照影响、土壤微生物、种群遗传分析等课题的研究成果，探讨伯乐树生长影响因子、濒危机制和保育方式，制定科学的保护措施，新发表论文2篇，采种培育伯乐树幼苗1010株；实施“藏酋猴、猕猴种群密度及生境适宜性遥感分析”项目。整理独立有效红外照片238张，建设调查小样地39个，推算出种群数量中位数为30只，最大密度0.696只/平方公里，秋季及每日10: 00—14: 00最活跃。编制藏酋猴五年监测与保护实施方案，投稿论文2篇；实施“黄腹角雉种群密度、生活习性与栖息地调查研究”项目。整理出独立有效红外照片312张，建设调查小样地32个，发表论文2篇。在核心期刊发表伯乐树遗传谱系研究、兽类多样性研究、红外相机技术应用等论文3篇，出版《仙霞岭药用植物图鉴》和《仙霞岭生物多样性研究》等专著2本。

【科普宣教】 开展“5·22”国际生物多样性日主题活动，与衢州市生态环境局江山分局一起走进中山小学开展宣传活动，开设科普小课堂，布设展板，让孩子们感受到大自然的魅力；开展“紫光杯”生态文艺作品征集大赛，共收到文学、书法、绘画、摄影四类作品177幅，获奖61幅，展示了保护区丰富独特的自然资源和动植物资源，不断提升仙霞岭品牌和形象，巩固资源保护和生态建设成果；积极探索与第三方机构开展自然教育活动，与江山市青少年素质教育基地探索开展自然教育合作，双方携手开展亲子研学、自然教育和动植物保护等活动，参与达86人次。年内，红外相机拍摄的鬣羚、藏酋猴等野生动物视频在中央电视台《秘境之眼》栏目播出3次。

【社区共建共管】 通过生态补偿机制，改善基础设施条件，盘活林区资源优势，推动乡村振兴实现共同富裕。发放集体林租赁金84.8万元，增加当地村民收入。完成深坑口—红岩顶停车场约1.2公里森林消防应急通道项目建设、深坑口—龙井坑森林消防快速通道钢质护栏建设、松坑口至龙头消防快速通道硬化及边坑到伯乐树巡护步道修复工程、徐罗至松坑口森林消防快速通道钢质护栏工程建设项目。

【项目谋划实施】 天空地一体化综合管护系统项目入库676.2万元，计划入库600万元，完成投资计划的112.7%。制订项目谋划方案，全面助力“争先创优”工作，组织开展项目谋划，做好项目评审、筛选工作，全年共上报项目谋划6个，其中江山仙霞岭保护区生态旅游综合体项目在江山市第一届农业农村项目谋划擂台赛中获三等奖，仙霞岭保护区巡护步道项目被发改局列入拟实施项目。

（徐水菊）

水利　水电

综述

【概况】 2022年，江山市水利局以问题为导向，以项目建设为工作核心，以河长制为工作主线，深入实施水利工程项目建设，提升防汛应急能力，持续加强行业管理能力，多项工作成绩显著。全年共向上争取资金2.15亿元。在4月15日的全国农村供水规模化发展信息化管理视频会议上，江山市作为全国唯一的县级代表作典型发言。年内获浙江省水土保持目标责任制工作成绩突出集体称号、2021年度衢州市水土保持目标责任制考核优秀县市称号。

【江山港综合治理项目】 项目总投资22.32亿元，总用地453.04公顷，计划工期60个月。建设范围涉及江山港干流和6条支流，其中干流起于峡口水库大坝至衢州衢江区后溪交界处，6条支流为丰足溪、卅二都溪，广渡溪、长台溪、达河溪、横渡溪，总流域面积1704平方公里，治理河道总长约144公里，流经江山市13个乡镇（街道）107个行政村。全年累计完成投资18.85亿元。年内通过完工验收标段5个，广渡溪标段、贺村水系连通标段、凤林标段、长台溪长台段、长台溪清湖段；在建标段5个，峡口段

2022年江山港流域新貌（市水利局 供图）

形象进度 99%，达河溪标段形象进度 90%，贺村节点滩地修复形象进度 99%，大泽淤滩地生态修复形象进度 70%，五百湖标段形象进度 8%。

【民生实事项目】 完成泉水垄等 7 座病险水库除险加固，碓边等 6 座山塘综合整治。完成碗窑水库 4 个水利工程竣工验收；完成大桥溪综合治理工程（新桥至上仓段）4 公里；提升改造农业灌溉堰坝水闸 3 座、泵站机埠 6 座；创建碓边等 11 座美丽山塘。

【农村饮用水水质提升】 投资 1.27 亿元，完成管网改造 910 公里，涉及凤林、峡口、长台、大桥、新塘边、大陈、贺村、清湖、四都、石门等 10 个乡镇（街道），完成 29.2 万农村人口饮用水达标提标，51.86 万人实现饮水“同质、同标、同服务”，规模化供水工程覆盖率全省领先。

【重大项目谋划】 开展 6 个重大水利项目前期工作，完成张村水库项目建设书立项受理和可研阶段的地质勘探、白水坑—峡口水库加高扩容项目方案论证报告、碗窑灌区续建配套与现代化改造项目实施方案编制、粮食安全水源保障项目规划方案编制、鹿溪渠灌区续建配套与节水改造项目设计方案编制及报批工作；启动钱塘江源头重点流域水生态治理工程规划方案编制等工作。

行业管理

【水利运行管理】 完成 6 座小型水库安全鉴定和 443 座山塘的安全评定工作，开展白水坑水库安全鉴定；实施 7 座水库安全监测设施建设及 2 座小型水库专项维修工作，推进“以大带小”模式开展小型水库维修养护工作；投资 190 余万元，完成 74 座小型水库养护及面貌提升；建设完成 9 座水电站生态流量实时监测设施。

【水资源管理】 推进《江山市节水行动实施方案》，对接省、市工作要求，高标准完成年度节水型社会、节水型机关、节水宣传教育基地建设工作。强化取水许可监督管理，促进水资源可持续利用，全年征收水资源费 494.5 万元。完成 2 个节水标杆企业创建、2 个节水标杆小区创建以及 2 个水利行业节水机关创建。全年办理各类审批件 62 件，审批备案水土保持方案 57 个，完成 10 个项目的水土保持设施的验收备案工作。

【河湖管理】 以河长制工作为抓手，印发市总河长令，推行河湖长制联席会议制度。强化河道采砂、四乱问题、碍洪问题处置，全年碍洪图斑复核 104 个，复核数量占比衢州约 30%；复核水域遥测图斑 33 个，处置碍洪问题 16 个，拆除违规建筑 7 座 220 平方米，清运建筑垃圾及其他乱堆物约 280 吨，清除围垦面积 230 平方米，占比衢州 55.2%，问题处置率 100%，在衢州地区排名第一；开展河湖巡察百余次，整改

8 月 16 日，浦城县、江山市跨省河长制联动签约仪式举行（市水利局 供图）

问题35个，实现四乱问题动态清零。加强全市河道保洁管理，清理水面漂浮物5600余吨。加强与资规局、综合行政执法局、交投公司等单位协同，做好河道清淤疏浚管理，确保河道行洪安全。完成美丽河湖创建2条、水美乡镇建设2个、河湖健康评价2条。全年完成水事纠纷调处9起，发送责令停止单9张，移送涉水案件2起。实现互联网+监管事项覆盖率100%、双随机监管完成率100%，执法人员账号激活率100%。

安全保障

【水旱灾害防御】 入汛前，完成全市山塘水库、小流域山洪防范责任人的调整与公布，抓好水库控运计划批复以及洪水防御预案、度汛方案的编报，分层分级明确山洪灾害防御责任主体。组成5个水旱灾害防御检查督导组，对全市在建水利工程、山塘水库采取分片包干、分级负责、定点抽查的方式全面开展防汛检查，对发现的60处隐患问题，做到“发现一处、整改一处、销号一处”。在重要村落安装5套声光电监测预警设备、9套简易预警设备，汛期通过山洪灾害系统发送预警信息超10万条，提升小流域山洪灾害监测预警及播报能力。实现水文测站分布“三个全覆盖”，确保行政交接断面、大中型水库下游流量监控全覆盖，小型水库、县内河流主干道10公里全覆盖，受暴雨山洪影响的村庄及上游小流域全覆盖。

【安全生产】 在汛前、汛期及党的二十大等重要时间节点开展各类质量与安全生产专项大检查大排查20多次，累计排查隐患200多个，发出水利工程质量与安全检查意见书7份，整改通知书23份，各类隐患均在规定时限内整改到位。创建水利工程安全文明标准化工地6个。通过组织安全生产信息系统填报审查工作，累计完成安全隐患排查填报230个，全部完成整改；完成对水库、堤防、水电站、在建工程等一般危险源辨识填报1597个，重大危险源辨识273个，备案危险源2个，全部落实管控措施。

【农村饮用水安全】 牵头开展农村饮用水专项整治工作，全覆盖开展水质检测、细致开展水源和制水工艺排查，梳理汇总乡镇（街道）供水问题清单，针对摸排出的问题，强化落实整改，列出问题清单、责任清单、整改清单，制定专项整治方案，逐项限期销号。全年累计打井3处，送水30车超80吨，铺设管道8360米，8500余人饮用水安全得到改善。

（姜文海）

峡口水库

【概况】 2022年，峡口水库管理中心坚持党建统领，在水源地保护、防汛度汛、抗旱灌溉及服务中心工作中攻坚克难、勇于担当，服务和保障全市经济社会发展大局。

6月22日，峡口水库管理中心干部帮助受灾群众冲洗淤泥（市峡口水库管理中心 供图）

【防汛度汛】 针对汛期雨量大且集中的特点，严格24小时值班值守，充分做好防汛物资储备，第一时间启动应急预案。白水坑水库3次开闸泄洪，共计10天(151.5小时)，下泄流量10382万立方米。

【抗旱灌溉】 加强对灌区内800余处水利设施的维护保养，对渠道排灌设施、水闸、涵洞等安全管理及运行情况等进行全面排查，排查并整改安全隐患50处。“6·20”强降雨造成灌区东西干渠山体滑坡和渠堤倒塌52处，全部完成修复。为联家弄、东塘、青口等水库累计充库750万立方米，为灌区30.5万亩农田合计输送水量5906.79万立方米。

【水源保护】 开展库区巡察191批次，参与人员724余人次。劝阻偷钓人员240余人次，没收渔具170余件。开展库区水上交通安全整治25次，拆除竹筏22艘。支流污染源排查25次，发送库区水源保护、森林防火提醒短信5万余条。峡口—白水坑水库在全省80个县级以上集中式饮用水水源地安全保障达标评估中连续三年为“优”。

【项目建设】 总投资1000万元推进水库改造提升工程，实施总投资约500万元年度维修养护，推进白水坑—峡口水库加高扩容项目前期课题研究。

（徐彦胜）

碗窑水库

【概况】 2022年，江山市碗窑水库管理中心以“十四五”规划为抓手，践行“守好一碗水、走好共富路”的工作理念，重点围绕“数字化水库建设”目标，统筹抓好防汛抗旱、全市小型水库维养、水利工程“三化”改革、水源保护、城区供水、生态供水、省级水管单位创建、省级文明单位创建等重点工作。全年提供生态及灌溉用水4000余万立方米。

【发挥综合效益】 协调发电、生态、灌溉间的用水关系，科学调配，节约用水，提高水资源利用率，最大限度做好防汛抗旱工作。面对汛情，深入重点渠道段、库区泄洪点、溢流坝等进行排查，排摸掌握汛情风险隐患点，及时采取错峰泄洪、小流量泄洪、精准泄洪等高质量泄洪方式消除险情，确保安全度汛。7月以来，持续高温晴热天气，降雨量同比下降60%，导致碗窑灌区部分农田出现不同程度干旱。为确保灌区400公顷农田灌溉，严格按照“农灌用水优先于发电用水、发电用水兼顾生态用水”的调度原则，科学调整发电计划，先后3次通过发电机组调配水资源，为灌区农田输送水量350余万立方米，同时承担城乡供水任务。在8—9月枯水期间，通过碗窑电站间歇性发电，缓解江山港出境水监测指标不理想的局面，保障江山港出境水达到Ⅱ类水标准。

【强化规范管理】 以全市小型水库“以大带小”专业化维修养护为契机，响应国家全面维护水库等基础设施号召，编制完成江山市小型水库2022年度维修养护实施方案并指导月亮湖公司进行专业化维养，及时解决坝坡沉降、台阶移位等交办任务，推动维修养护。推行水利工程管理产权化、物业化、数字化“三化”改革试点工作，推动水利工程标准化管理提档升级。依托月亮湖开发总公司物业管理职能，推行水利工程物业化管理模式；运用现代化信息技术，以工程管理规程为依据，打造数字化管理系统，实现水雨情、安全监测数据自动采集，工程管理范围视频全覆盖。

【夯实安全保障】 建立健全重大风险防控机制，强化安全意识教育宣传，提高风险隐患识别能力，加强应急协调和处置能力，推动应急体系建设。采取全面督查、重点检查、专项检查、联合检查、跟踪检查、突击抽查、交叉检查等多种方式，彻查安全隐患，堵塞管理漏洞，强化源头治理。对检查出的不安全因素按照“五落实”的要求督促整改。全年开展安全检查10次，其中开展安全生产大检查6次，发现不安全因素10处，完成整改10处，整改率达 100%。编制完善“小型水库以大带小”实施方案和相关网格化管理制度，联合开展水库巡查，持续推进“全市小型水库以大带小”工作，确保全库域生态环境和 74 座小型水库安全。积极开展普法宣传和国家工作人员学法用法考试，开展《中华人民共和国民法典》《信访工作条例》知识专题培训，做好全国重大节会期间的综治和信访维稳工作，全年各领域实现平安无事故。

（王 捷）

电力工业

【概况】 2022 年，江山电网有 220 千伏变电所 3 座，总容量 105 万千伏安。110 千伏变电所 12 座，其中公用 10 座，总容量 93.15 万千伏安；专用 2 座，总容量 11.3 万千伏安。35 千伏变电所 19 座，其中公用 12 座，总容量 22.86 万千伏安；专用 7 座，总容量 10.3 万千伏安。35 千伏输电线路 37 条，其中公用 22 条，总长度 214.45 公里；专用 15 条，总长度 84.68 公里。10 千伏配电线路 230 条，其中公线 213 条，总长度 2321.56 公里；专线 17 条，总长度 31.55 公里。全社会用电量 30.4 亿千瓦时，同比增长 3.22%。售电量 25.72 亿千瓦时，同比增长 20.81%。全社会最高负荷 58.36 万千瓦，同比增长 0.24%。国网江山市供电公司助企服务、用户接电等多项工作获江山市主要领导批示肯定，连续两个季度摘得江山市争先创优流动红旗，被评为江山市应急管理突出贡献集体。抗疫保电服务队获评江山市疫情防控正面典型，爱心妈妈团队获评衢州市 2021 年度有礼标兵和第四届“最美江山人”十大年度人物，2 个班组被认定为一星级全国青年文明号。

【电网建设】 开展两新产业园、江贺经济走廊及其周边电网规划，形成 4 亿元拟建项目库。投产 110 千伏城东变，增强江东和城东新城供电能力。与福建省浦城县实现电网互联互通，增强边际电网供电可靠性。全年新建变压器 102 台，新建线路 230.35 公里，故障时户数同比压降 46.18%，年户均停电时间减少至 1.55 小时，达到衢州领先水平。加快“降碳聚能共富江山”示范项目实施，建成大陈村“光储充”一体化示范场景，推进数字化牵引新型电力系统建设。

【安全保供】 推进安全生产标准化，开展安全生产大检查、安全生产巡查“回头看”等专项活动。加强安全督查中心建设，持续加大违章惩处力度。健全电网风险预警机制，发布电网风险预警 25 条。上线运行新一代应急指挥系统，按计划完成应急演练 15 次，提升公司应急处突能力。推动完成所有高考考点双电源改造，完成浙江省第三届生态运动会等各类保电任务 73 次。向上争取指标，高质量完成迎峰度夏期间负荷管理任务，最大限度确保江山

6 月 20 日，市供电公司应急抢修队在市区封门桥紧急处理受淹电力设备（姜涛 摄）

8月5日，国网江山市供电公司工作人员在上余镇渔光互补光伏电站进行日常巡查（王刚　摄）

经济社会发展。

【电力服务】 率先打通电力接入工程费用分担机制线上流程，落地重点项目4个，累计为企业减负3600万元。开展供电服务领域突出问题专项整治。组建企业专业服务小组，助企纾困解难433次。举办用电业务集中培训5次，累计服务企业210余家。协同出台江山市新能源汽车充电难问题专项治理工作方案，累计投运国网充电桩60台。开通电力营商服务热线，提升市民办电咨询体验。建成14个新时代乡村电气化村，惠及13个乡镇街道。完成2处智能电力便民服务中心建设，推动电力服务网络向末端延伸。

【企业责任担当】 投资3287万元，整治线路54.85公里，完成书院路等重点路段、9个老旧小区电力线路优化，助力城市风貌大提升。按期完成城南异地搬迁等重点项目59处电力线路迁改。优化“一支部一专班”创文模式，细化专项攻坚任务，全力配合西溪名都小区创文任务。高效快速修复江山“6·20”强降雨天气受损电力设施，平均修复时长126分钟。坚决保障防疫用电，累计投入500余人次完成29处防疫重点场所临时接电任务。

（张金松　段盛福）

交通运输

综 述

【概况】 2022年，江山市交通运输局推进续建、新建项目共12个，其中续建类项目3个，新建类项目9个。全市交通结构性投资项目累计完成投资9.03亿元，同比增长8.1%。全年获“十条军规”正面典型表扬、集体嘉奖、疫情防控先进集体等各类荣誉表彰30余次。

【工程建设】 2022年，总投资3.7亿元的桑淤大桥及接线工程完成投资1.4亿元，累计完成投资3.2亿元，完成形象进度70%；总投资4.77亿元的迎宾大道西延伸工程年内完成投资1.18亿元；总投资2.8亿元的清湖大桥改建工程累计完成投资0.68亿元，完成形象进度33%。总投资27.8亿元，总长度30.5公里的江玉公路作为目前最为迫切、最为重要的一条出省大通道、物流大通道，于11月9日实现全面开工，该公路涉及7个乡镇（街道）24个行政村，共征用土地2300多亩，拆除房屋93处。年内还完成道路交通事故多发点段整治工程、205国道江山超限运输检测站迁建项目、江山市公路应急保障中心、普通国省道路面改造提升工程、“四好农村路”改造提升工程等交通民生项目。

2022年建设中的桑淤大桥及接线工程（市交通运输局 供图）

【项目前期】 5月11日起，江山市布置“三区三线”划定和省重点项目补列工作以来，认真排序筛选项目，做好相关工作，同时配合开发区、相关乡镇预留项目，完成项目建设书审批和省重点项目补列8个，甬金衢上高速、205国道江山峡口大桥至保安路口段改建工程等7个项目被列入省保障重大项目。

【安全生产】 党的二十大期间交通运输行业安全生产、维稳安保环境持续稳定向好。针对公路超限超载、道路运输安全等重点领域，紧扣安全生产综合治理三年行动、“平安交通建设年”、“安全生产月”等重点要求，开展“铁拳行动”“除险保安”等专项执法行动，以及道路运输车辆动态监管、“两客一危”道路运输安全、公路治超、货车非法改装、汽车租赁、道路客运非法营运等专项整治行动，实行全主体、全天候、全链条的严格监管，加大执法力度。与交警等部门一起，对30条国、省、县道公路交叉口进行全面排查，共查出隐患680处，共投入资金395万元，全部完成领办的654处隐患整改。持续深入推进“两路两侧‘三化一平’”行动，及时对公路沿线的乡镇、村、厂矿企业、施工现场等进行走访，督促企业配合对公路沿线的违法现象的整治清理，境内国道和省道192个问题已全部整改完成。加大公路安全隐患排查力度，对辖区内的主干线、山区计库区公路开展安全检查力度，上半年共发现和处置公路安全隐患400余起，拆除非公路标牌227块，清理公路附属设施悬挂120起，校正、修复标志牌12块，清理占道乱摆摊30起，清理公路堆积物4250平方米。全力开展“6·20”洪水救援工作，全市交通运输部门累计投入抢险人员180人次，抢险机械40台班，运输车辆20辆次，巡查车100车次，安全标志140块，第一时间抢通修复9条因洪水中断县道。

【综合改革】 主动对接企业，服务群众，将事前指导工作落实到位。按照“一次申请、一套材料、一并审批、一个批件”的模式，实施“多合一”办理，进一步压缩审批环节、缩短办理时间、切实增强企业获得感。切实推进数字化改革，全面实施各类事项同城通办、就近能办、异地可办，尽可能以电子材料替代纸质材料，让数据跑腿代替群众跑腿，提高办事效率，方便群众。政务服务事项实现网上办实现率达100%，即办实现率达86.0%，一网通办达87.6%，均达指标要求。

【党建引领】 打造“清廉交通”建设示范点，江山市峡口公路站获评衢州市清廉建设突出单位。做好新业态、新就业群体党建相关工作，对50辆车以上的11家货运物流企业成立3个联合党支部。为助力江山市全国文明城市创建，完成长途客运站搬迁工作，协助做好经营主体招投标，指导企业做好搬迁及运营等工作。

执法治超

【开展综合执法】 以“平安护航二十大”为重点，联合公安交警，加大路面执法力度，全年共查处违法超限超载车辆813辆次，“百吨王”2辆，卸载货物24893吨，割除高栏板、恢复外廓尺寸至行驶证登记状态车辆186辆。积极争取并实施交通执法基础设施改造提升项目，投资1200多万元启动205国道江山超限运输检测站迁建项目，投资160余万元完成队机关及峡口中队、贺村中队基层站所执法规范化建设项目，投资1060万元建设非现场执法系统项目，分两期建设，其中第一期布点江广线苗青头路段、淤八线东亭村路段；第二期布点双江线衢江交界路段、水张线长安坂路段、江青线大桥村路段。

【加大治超力度】 加大执法力度，共查处违法案件795件，其中公路管理600件，道路运输193件，交通工程2件；一般程序655件，简易程序140件，共计罚款739.57万元。

公路管养

【概况】 全市境内有1条高速（G3京台黄衢南高速公路76.281公里，境内设4个出口、2个服务区）、1条国道（205国道，76.528公里）、2条省道（315省道兰贺线37.46公里、221省道江溪线31.581公里，合计69.041公里）、48条县道共479.889公里、87条乡道共455.916公里、548条村道共714.546公里，管养公路总里程达到1872.201公里，管养公路路网密度为92.73公里/百平方公里。

【公路建养】 完成第三轮市场化国省县道公路小修保养招标工作；重点做好公路日常预防性养护，对江山市国省道边坡聘请专业第三方机构进行调查、评定，对全市县道以上公路边坡进行排查。投资2180万元，完成江山市2022年普通国省道养护改造提升工程。总投资6500万元，实施江山市2022年“四好农村路”县道改造提升工程。总投资1535万元，实施完成江山市2022年晚长线“四好农村路”县道改造提升工程；投资1200万元，实施完成贺峡线“四好农村路”改造提升工程（前仓坞至茅坂段）；投资3500万元，实施完成溪东线“四好农村路”改造提升工程（溪口至岭头）。投资1700万元，建设江山市公路应急保障中心，用地5771平方米，总建筑面积4874.62平方米，基本完成主体土建工程。投资约320万元，实施G205山深线江山段2022年灾毁应急修复工程；投资400万元，对贺峡线等5条线路的路基、挡墙等改造提升；投资323万元，对英岸大桥等国省道桥梁实施维修加固工程；投资367万元，对模双线溪上桥进行拆除重建。

【四好农村路】 年内，沿江公路成功创建浙江省十大最美农村路。为促进高水平建设新时代“四好农村路”推进山区26县跨越式高质量发展，出台《江山市农村公路管理办法》。深化县乡村三级“路长制”，出台《关于进一步完善农村公路“路长制”的实施意见》，更新“路长制”公示牌，完善定期巡查和监督通报制度。实施晚长线至吴家改善提升工程、宅前至吴村改善提升工程、高泽至廿里弄改善提升工程，总共完成7.2公里农村公路的整治提升；投资约900万元，对陆家桥等6座农村公路危桥进行改造；完成乡级站房规范化创建1个（张村乡），创建完成“四好农村路”示范乡镇2个（张村乡、长台镇）等。

运输管理

【概况】 2022年，全市现有客运企业6家，营运客车399辆，长途班线23条，公交线路98条（含镇域公交2条、工业园区专线公交1条），其中一级公交网络5条、二级公交网络23条，三级公交网络36条，二级、三级混合公交网络31条。出租车企共2家，共有出租车100辆（红旗公司36辆、顺泰公司64辆），其中纯电20辆，油气80辆。货运企业144家，个体户738家，营运货车4156辆（含牵引车），运输吨位达63021吨，从业人员4230人。危险品运输企业3家（衢州安然民爆物品配送服务有限公司、江山市宏运化工运输有限公司、江山市捷达运输有限公司），危险品运输货车23辆（不含挂车）。其中，江山市宏运化工运输有限公司正在进行提升整合工作。维修业户92家，其中一类维修企业5家，二类维修企业27家，三类维修业户60家，汽车综合性能检测站2家。驾校12家，教练车402辆，2022年培训学员8670人。渡口2个（四都镇双溪村溪头山二类渡口、峡口镇大峦口村白水坑四类渡口），现有大小各类船舶14艘。

【公交出行】 深化城乡公交一体化发展，高质量推进交通运输改革发展成果共享，8月1日正式实行同级公交网络一票制，统一票价2元/人次，真正实现普惠公交。积极与公交企业沟通对接，完成51辆新能源公交车辆的更新。截至年底，市三级公交网络共有110条公交线路，城乡公交年行驶总里程达1973.22万公里，同比增长7.03%；城乡公交客运量804万人，客运周转量8041万人公里。持续优化公交线路，对全市98条公交线路进行优化调整，开通106路B支线公交线路，解决城南工业区企业职工上下班出行问题；开通107A公交线路，解决赵家工业园企业职工上下班出行问题；增加双塔小学公交车班次，开通双塔小学求知专线，专门接送市区到双塔小学读书的学生等。持续抓好公共自行车运营维护，解决群众出行“最后一公里”。截至年底，总网点数202个，累计投放公共自行3050辆，借还车总次数达205.5676万次，同比借还车率上升4.92%。

【物流建设】 开辟义乌、宁波等省内和上海、南昌、福州、广州、山东、湖南、湖北等省内外100多条货运专线，与全国300多个大中城市实现了货运直达。全市共有物流公司235家，建成江山虎、驰骋等2个物流基地，拥有衢州市级物流龙头企业2家（驰骋物流、江山虎物流）、江山市级物流龙头企业7家（正宇运输、同岳物流、方达物流、福得物流、安驰物流、三众物流、远驰物流），建有172家村级农村物流服务点。主要从事承运水泥、矿石、煤和木业、电光源及众多配载货运站的货运运输业务，全年货运量3427万吨，货运周转量630551万吨公里，同比上年分别增长-7.1%和1.3%。做好助企纾困政策补贴的审核和发放，给予驰骋、江山虎物流园区共53家货运经营户2个月租金补助。做好国三及以下老旧营运车辆提前淘汰相关工作，累计完成补贴车辆86辆。做好“客货邮”融合发展样板县创建工作，建立县级供配中心1个，多站合一乡镇客货邮综合服务站1个，一点多能村级农村物流服务点2个，农村客货邮融合班线2条。

【港航管理】 协助衢州做好海事管理工作，对所有目前使用的海事管理系统进行安全优化和密码更改，水上交通安全形势保持稳定。截至年底，全市水上辖区连续保持45年水上交通安全无事故，渡口渡船安全措施扎实有效，监督管理到位，层层落实安全责任制，各渡口均签署3级安全责任书。

（蔡文俊）

8月1日，市综合交通客运枢纽举行江山市“城乡公交一体化提升2元一票制”实施启动仪式（市交通运输局 供图）

铁路工作

【概况】 2022年，市铁建中心抓好杭衢铁路江山段项目建设，推进江山站房改扩建工程，完成公铁联运无水港建设并投运，深化衢州至南平（武夷新区）铁路项目前期等工作。

【在建铁路工程】 推进杭衢铁路各项工作，杭衢铁路江山段可施工10.5公里范围内，桥梁、路基基本完成，完成形象进度90%。“一接轨一站一桥一场”等一些重点难点堵点问题得到突破。江山接轨破题，上海铁路局原则同意江山站站房改扩建框架协议，毛塘山公跨铁桥拆除明确路径，杭衢场建设弃土场扩容和新增第二运输通道工作有序推进。

【用好用足既有铁路】 依托浙赣铁路上铺站建设公铁联运无水港，9月项目建成投运，为浙西最大的多式联运综合物流平台。12月1日，举办江山—宁波舟山港海铁联运专列首发仪式及海铁联运推介会。10月，江山站争取新增2趟高铁办客，12月，新增普速办客4趟，总办客趟次达60趟，铁路办客时间、出行通道更加合

12月1日，江山—宁波舟山港海铁联运专列首发仪式举行（孙尔春　摄）

理高效。

【铁路项目谋划】　项目取得阶段性成果，分别被列入衢州市、浙江省《综合交通运输发展“十四五”规划》。为能在和周边地区的竞争中赢得主动，与福建省浦城县委托国铁集团经规院进一步深化衢州至南平铁路规划研究（基本至预可研深度）。先后完成招标、资料收集、方案初稿、中期论证、结题等工作，争列新时代国家铁路中长期规划。

（毛建军）

交通建设投资有限公司

【概况】　2022年，江山市交通建设投资集团有限公司共设综合办、党建办、计划财务部、内审风控部（纪检室）、运营管理部、项目工程部（安全管理部）6个内设部室，下辖畅达交通、交通开发、华鑫车检、保安服务、人力资源、产权交易、疏浚工程、制砂、校车运营、共同富裕、交投供应链、数智应用、智慧投资、智慧城市建设、食品屠宰、粮食收储、铁路发展、新城发展、城乡交通、崇军公司等20余家子公司和1家参股子公司。

【基础建设】　全面开工有史以来投资规模最大的非收费公路工程、总投资27.8亿元的江玉公路，完成投资入库7953万元。清湖大桥项目路基右幅填筑完成80%，右幅桥梁下部、现浇箱梁同步施工中，累计完成投资7066万元，完成总形象进度的34%。G205美丽公路（廿八都—峡口段）基础配套建设项目于9月30日通过交工验收，累计完成投资600万元。构建河道疏浚与制砂一体化经营模式，完成张村乡龙头店村一期和石门镇西山村河道应急疏浚等工程，疏浚河道20多公里，共构筑河道挡墙1.25公里，市场化处置疏浚物百万吨，盘活闲置砂石资源经济效益。

【城乡赋能】　城北迎宾商务中心于5月25日开始启动前期工作，完成土地使用权成交确认及监理招标与施工招标。三省边际交通服务集聚区（汽车城）项目完成初步概念方案、可研报告（含融资方案）编制，获得发改局项目赋码。先行开工石门镇共富示范区建设项目（一期）镇南道路、镇南片区外环线道路2个子项目，至年底完成项目进度70%左右。

【经营拓展】　保安公司营收规模突破亿元大关，列衢州市同类企业第一位、全市营利性服务业第一位。校车公司斥资千万元，购置专业校车29辆。华鑫车检公司一直维持江山车检市场最大份额，获得衢州市首个“非道路移动机械检测”资质，完成城区90%以上建设工地的检测。食品公司建成衢州地区先进、安全洁净的猪肉分割车间，生猪屠宰业务量及生鲜猪肉配送量较大幅度增加。供应链管理公司，全年完成124家

2022年清湖大桥施工现场（市交投公司 供图）

政府单位及学校、医院食堂配送业务的统筹。成功上线综合性服务数字化应用平台——“交投宝”，启动“三衢暖心—云上生活，约‘惠’江山”第三轮消费券主题活动，向市民发放价值100万元的成品油、140万元的零售及住餐消费券。

（黎文娟）

城乡建设

综 述

【概况】 2022年，江山市住房和城乡建设局围绕市委、市政府打造“三省边界中心县城”决策部署，聚焦城乡建设主责主业，齐心协力、克难攻坚，以锲而不舍的精神和卓有成效的工作，完成各项奋斗目标和任务，实现城市功能不断完善，城市能级明显提升的良好发展态势。

3月14日，改造后的凝秀南路（杨承法 摄）

【城市建设】 年内争取债券资金5.8亿元，中央资金8100万元，实施建设类项目72个，完成固定资产投资38亿元（含房地产投资）。对民声、县前、市心、南门等五大片区的11个老旧小区及城中路、江城北路、学府街等11条道路进行综合改造，改造房屋246栋、6682户、立面78.5万平方米，总改造道路里程8.7公里，领办中山路、解放路、江东三区等区域防盗窗签约拆除1038户，老城区整体实现“旧貌换新颜”，其中重点打造解放路、鹿溪路、中山路等3条示范街，通过立面、店招、亮化的统一改造，成为市民网红打卡地。

【共富单元建设】 坚持全域未来社区一体谋划、统筹推进，完成对中心城区23个社区的城镇社区公共服务设施调查工作和《江山市全域未来社区布点规划研究》编制工作，周家青未来社区、乌木山未来社区通过上级验收，其中周家青“浙里未来社区在线”获评全省应用贯通优秀案例。创建“仙霞探古”县域风貌样板区和“清湖锁钥”城市传统风貌样板区，其中“仙霞探古”获评全省“新时代富春山居图”城乡风貌样板区，《江山市“整、转、扩”一体全链条创建省际共富县域风貌样板区》以专报形式在《浙江政务信息》刊登，获得副省长高兴夫批示。清湖、石门、保安获评美丽城镇省级样板镇，大桥、长台等6个乡镇获评达标镇，双塔街道获评县城城镇省级样板。

江山市摘得城乡风貌整治提升优秀县、美丽城镇建设优秀县等2项桂冠。

【房地产管理】 坚持"房住不炒"定位，强化房地产市场监管，年内实现房地产投资32.7亿元，在衢州各县市区排名第二，举办江山市房交会，累计成交商品房113套。全面推进无物业小区清零，全市划分整合小区118个，实现基础物业覆盖率100%。

【建筑业管理】 通过"监管+服务"，深化建筑业扶优育强、协税护税等工作，实现建筑业和房地产业转型升级和健康发展，增强地方财政实力。实施《江山市促进建筑业发展财政奖励实施办法》，发放建筑业企业补助406万元，建筑业总产值首次突破100亿大关，实现产值和税收"双新高"。年内新增建筑业一级资质企业8家，全市有施工总承包一级资质施工企业10家，建筑业产值、税收、一级资质企业数量在衢州各县市区中均居首位。城镇新建民用建筑中绿色建筑面积占比达到100%，梳理筛选28个既有建筑作为建筑碳账户录入衢州碳账户应用系统，其中碳排放指标良好及以上的既有建筑有22个，占比达78.57%。

【工地安全管理】 强化建设工地管理，制订《建设工地安全管理"十必查十到位"工作方案》，对建设工地主体责任、人员配置、安全措施、施工机械等10个方面做到每次必查，确保责任、措施落实到位，全年开展安全监督交底87次，累计检查在建项目600余个次，下发整改通知书119份（其中建议暂时停工整改通知书13份）。

【危房解危】 吸取湖南长沙"4·29"居民自建房倒塌事故教训，强势开展自建房安全专项治理，对城区范围内多层空心楼板房屋进行全覆盖排查，排查城乡自建房24.2万多宗，经鉴定发现C级危房445户，D级危房372户，D级危房全部完成解危，推广运用江山市"农房浙建事"系统，年内建房申请总量达到1846户、危房改造申请总量38户。

【市政设施管护】 结合当前城市精细化管理顶层设计要求，对照全国文明城市创建各项标准，以主次干道、背街小巷为重点，以创建整洁、优美、有序的城市环境为目标，提高市政管理水平。持续加大市政设施的巡查整治力度，全年累计完成人行道、路面维修7万余平方米，维修改造盲道约5000平方米。

【园林景观提升】 建管结合，推进园林绿化改造升级，以"月季花城"建设为抓手，种植月季1000余平方米，黄土裸露补植12万平方米，完成文化广场、迎宾广场等城区公园广场内水体保洁4.26万平方米。在城区公园、广场、道路等重要节点摆放立体仿真绿雕及观赏花卉，浓厚国庆、春节等节日氛围。

城市建设

【概况】 2022年，江山市城市建设投资集团有限公司（以下简称城投集团）围绕"衢州当龙头、全省争上游，奋力争当跨越式高质量发展共同富裕排头兵"奋斗目标，深化改革，创新驱动，品质筑企，集团资产总额132亿元，营业收入7.4亿元，实现利润0.8亿元，缴纳税费0.93亿元，全年完成固投29.01亿元，完成经营性项目投资12.29亿元。

【改革转型】 制订《业务发展规划纲要》《绩效薪酬管理体系设计方案》《薪酬管理制度》《绩效管理制度》《三定方案》等40余项管理制度。建立党委会议、总经理办公会议议事规则，"三重一大"决策机制；发挥资产和资源优势，涉足房产开发、乡村振兴、商贸能源等领域，与恒泰燃气签订股权转让框架协议，与早田坂村达成整村出租运营合作意向；竞得通禄门未来社区老啤酒厂和通禄门区块土地以及数创园城北地块；物业入驻国际花城小区，接手老旧小区江滨二区物业管理。

【城市建设】 全年共实施重点项目48个，完成项目建设13个，完成固定投资29.01亿元。完成综合管线724.4公里，沥青路面

9 月 14 日，江山市城市建设投资集团有限公司挂牌成立（市城建投公司 供图）

17.57 万平方米，人行道路铺设 11.04 万平方米，外立面改造面积 33 万平方米，绿化面积 31 万平方米，城区电动自行车充电桩项目完成地面铺装 300 余处，车棚安装 435 处，安装充电插口 8000 路。先后完成虎山大桥拼宽、景星东路东延伸至 S315 道路工程、城南安置房、江东邻里中心、一江两带亮化、文化艺术中心基础设施配套、乌木山区域生态修复、环城西路段、大润发广场段、通禄门段外立面改造等多个项目。江滨路下穿城中路地下通道、城东新城路网、江山数创园人才公寓动工建设，城北安置房、溪东村（城中村）安置房、城南异地搬迁、大修新村、江东百姓健身中心、东晨幼儿园等项目推进井然有序，第三水厂、第二污水厂、石门污水厂全速推进。

【融资争资】 抢抓山区 26 县发展机遇，推动地方政府债券及中央补助资金项目申报。利用企业 AA 信用，适时发放企业债，实现资本市场“掘金”。获批衢州市首支深交所公司债 6 亿元，及衢州市首支区县平台境外债 1.5 亿美元，拓宽城投类平台直接融资渠道、提升在资本市场的知名度，全年集团新增融资 40.66 亿元，额度位列市属国企第一。

【城市经营】 全年供水 5534.37 万吨，出厂水、管网水综合合格率 100%，出水水质 100%达标；城市污水处理 1476.65 万吨，集镇污水处理量 84.7 吨，城市污水处理率达 97.44%；供气量 2247.3 万立方米，新建天然气中压主管道 11.5 公里，新增居民用户 3395 户，日均供气达 6.3 万立方米，中心城区居民天然气气化率 13.05%；贺基矿供料 268 万吨，炸药销售 607.36 吨；水力发电上网电量达 1.8 亿千瓦时，光伏发电上网电量

6 月 20 日，江山市城乡供水一体化工程——清湖水厂（第三水厂）开工仪式举行（许敏 摄）

达 728 万千瓦时；新建楼房建筑面积 198.5 万平方米；完成 244 套安置房交付；房屋销售额达 4668.79 万元；完成房屋出租 759 户；出租公租房面积 13.07 万平方米；实现 6825 平方米房产面积招商；疫情防控减免租金 551 万元；全年测绘面积 9400 公顷。

“三改一拆”

【概况】 2022 年，市“三改一拆”办公室持续推进“三改一拆”和“无违建”创建工作。城区存量违建难题得到有效解决，城市环境得到明显改善，市民生活质量得到提升。全年完成违法建筑处置 21.04 万平方米，完成“三改”面积 38.55 万平方米，分别完成衢州下达年度任务量 200.38%和 107.08%。市区拆除存量违法建筑 28258 平方米；拆除新增违法建筑 86 余起，面积 1772 平方米。

【旧住宅区改造】 完成城北社区范围内的 5 个老旧小区改造，分别是站前里小区、湖溪里小区、江滨四区、城北广场小区、北关里小区，有 2383 户受益，实施范围面积 70 余万平方米。

【旧厂区改造】 完成大陈乡年产 300 吨竹质植物炭黑生产线改造项目、江东工业园 400 吨塑料隔膜技改项目和年产 2.4 万吨混凝土外加剂技术改造项目，3 个项目累计完成改造面积 10500 平方米。

【城中村改造】 溪东村（城中村）改造安置房项目，分过溪王、沙垄、陈家安 3 个区块，已全面开工建设，该项目计划总投资 55 亿元，规划总用地面积 22 万平方米，总建筑面积 64 万平方米（含地下部分），是迄今为止江山市单次建设体量最大、投资规模最大的安置房项目。

（朱荣建）

征迁事务

【概况】 2022 年，江山市征迁事务中心通过“健全体制、片区竞争、拆改结合、组团作战”四大攻坚举措，全年有序实施房屋征迁项目 14 个，共征收（收购）土地面积 501.07 公顷，征收房屋 1285 户，收购工业企业 110 家，征收（收购）房屋总建筑面积 139.92 万平方米。

【服务重点项目】 做好江东化工园区村庄搬迁、莲华山礼贤区块项目、江玉公路项目、江滨路江汇电气科技公司地块、万里扬一期、“两新”产业园转型升级、万里扬二期、江山港综合治理城南段、江贺经济走廊土地有机更新和整治提升等 9 个项目征迁，保障市重点项目建设土地要素。

【老城区更新改造】 完成城中片区基础设施配套建设项目（一期）、封门溪（城区段）整治工程、中山路与县河东路西北侧地块、城中片区基础设施配套建设项目（二期）、县河西路西侧地块基础设施建设工程等 5 个城区项目征迁，重塑老城区历史风貌。

（姜　霞）

8 月 16 日，城中片区征迁项目安置房抽签会现场（市征迁中心 供图）

宅改办

【概况】 2022年，江山市宅改办立足实际发展需要、聚焦改革发展战略，以“两进两回”行动、“大搬快聚”工程等载体，促进了农民“共同富裕”，实现宅基地“共建共享”。全年实现宅基地自愿有偿退出386宗，面积5.33公顷；宅基地有偿使用305宗、面积6公顷、涉及金额3850万元；盘活闲置宅基地及农房3002宗，实现村集体及农户增收2954万元。

【强化改革基础工作】 推进基础信息调查，通过全面摸清宅基地规模、布局、权属、利用状况，为宅基地制度改革的各项决策和制度体系制定提供参考依据，完成全市19个乡镇（街道）涉及283个行政村16.43万宗农村宅基地及农房信息调查工作，通过县级自评自验。有序开展确权登记，为有效解决土地权属纠纷，化解农村社会矛盾，出台对未批先建、原土地证房屋擅自改变结构等历史遗留问题处理相关办法，全市完成宅基地登记12.57万宗，房地一体确权登记应发证9.33万宗，实际发证8万宗，发证率达85.7%。委托浙江城乡规划设计院等专业团队，开展村庄规划编制调整工作，完成试点村村庄规划编制及全市第一批重点村村庄规划初稿。严格规范200万元改革试点补助资金使用，强化第三方监督，启动江山市农村宅基地基础信息调查项目质量管控和成果检查技术服务采购项目。

【完善政策体系】 根据实施方案系统搭建“1+N”政策体系，出台利用闲置宅基地和农房推进“两进两回”行动、农民住房财产权（含宅基地使用权）抵押融资、宅基地民主管理暂行办法等11个政策文件。根据试点村改革成效，对部分已出台文件进行修订和补充，提高政策适配度和实用性。

【推进农民集聚】 出台《江山市“大搬快聚 兴城共富”农民集聚转化实施意见》等配套政策，建设城南、贺村、峡口3个“万人”集聚区，推动新型城镇化战略和乡村振兴战略协同发力，探索以人定地、钱随人走的农业转移人口市民化集成改革，做深做实土地文章。全市报名申请2095户5556人，复垦潜力图斑申报363.4公顷。

【打通农房抵押通道】 打通农村闲置资源抵押融资通道，建立宅基地基准地价和市场化评估服务体系，对宅基地及农房价值进行科学评估。安排市级专项资金300万元进行银行贷款贴息，成功发放衢州首笔农民住房财产权抵押贷款。

【创新“两进两回”行动】 对青年、乡贤“两回人员”进行分类认定，通过探索延长合作建房年限、允许继承农房拆建等，为“两回人员”阶梯式提供产业空间和居住需求保障，引导支持“两回人员”回乡利用闲置宅基地和农房创业创新。市财政安排专项资金600万元，对3个试点村农房收储开展补助，累计收储农房50幢，面积5000余平方米。

【推动数字审批监管】 通过构建农村宅基地数字化审批监管流程，推进农民建房掌上申请、线上审批，实现农民建房“零跑腿”。依托宅基地基础数据库，直观、动态展示宅基地和农房信息，实现对全市全域宅基地和农房实时监控，及时预警。成立7个乡镇（街道）的执法中队，派驻人员88名。

（王莹烁）

最江南指挥部

【概况】 2022年，江山市最江南绿色休闲实验区指挥部以绿色发展为主线，通过对项目建设再推进，土地资源再整合、旅游资源再优化，打造建设集生产生活、农业观光、休闲度假、健康养生于一体的休闲度假胜地。以江郎山AAAAA级景区为核心，以规划建设的通景公路为景观轴，加快建设蓝城·春风江山及其配套设施项目，丰富江郎山及周边景区的旅游品质，提升江山市的旅游竞争力。

【重点项目推进】 “江郎山居”田园文旅颐养小镇由浙江蓝城集团投资80亿元，项目总规划用地面积533.33公顷。全年完成有效投资入库3.31亿元。公寓和商业街区块已竣工验收，17幢宋式建筑已竣工，酒店区块主体建筑完成结顶。

【配套设施建设】 配合蓝城集团公司，主动向上对接，做好基础设施配套建设。燃气主管线、电力专线一期敷设双回路电缆及开闭所建设、110千伏高压线路迁改、主道路一期（一标段）全部完工，完成投资2400万元。主道路一期（二标段）二标段已完成前期立项、图审、预算财政评审等工作，项目资金落实到位。

建设中的2022年蓝城·春风江山项目（最江南指挥部 供图）

【全域土地整治】 土地垦造项目涉及4个乡镇，项目总投资2.23亿元，总面积310.27公顷，新增耕地面积284.53公顷。石门镇长台镇下徐岗垦造耕地一期及二期、长台镇朝旭村柴道坞垦造耕地、长台镇青塘山垦造耕地、石门镇达坝山垦造耕地项目、凤林镇老佛山垦造耕地项目一期及二期、石门镇西山村垦造耕地等项目全面竣工验收并流转给承包大户经营。其中，凤林镇老佛山80公顷垦造耕地项目已引进投资主体本元乳业打造一、二、三产融合田园综合体项目。

【资金拨付保障】 成功实现全域土地（一期）项目融资8亿元，第一期已放款4.6亿元。全域土地（一期）项目涉及13个乡镇（街道）67个区块260多个标段，完成已实施的56个区块138个标段审计清算工作，累计拨付项目工程款17944.37万元。

（祝双玉）

信息产业

邮 政

【概况】 2022年，江山市邮政分公司以市场经营为龙头，以夯实管理为基础，全面推行经营管理重点工作模块模板化，各项工作稳步推进。全年实现业务收入8123万元，同比增长25.39%，年度绩效考核在衢州地区排名第一。获浙江省邮政企业教育先进集体、浙江邮政金融“十快县市”荣誉称号。鹿溪路邮政支局被评为市级邮政普遍服务网点示范窗口。

【普遍服务和特殊服务】 全市共有邮政普服网点22处，设有城市道段11条，农村邮路37条，建制村通邮率100%。落实“扫打”及巡视专用信箱工作要求，未发生行政处罚案件。全市机要通信无失密丢损实现“三十八连冠”。助推数字化改革，普服网点转型持续推进：全市10个乡镇农村网点叠加菜鸟退换货到站寄件服务，9个网点开通警医邮“一站式服务”，年累计服务6798人次。

【推进绿色邮政建设】 实现采购使用符合标准的包装材料比例达到95%以上，可循环快递箱累计应用588个，一联面单使用率达到100%。多场次多场景开展瓦楞纸回收宣传，累计回收瓦楞纸箱7.1万个。

【服务乡村振兴工作】 建有长台、上余2个乡镇级共配中心、16个乡镇邮政网点、110个邮乐购、190个中邮驿站。与8家民营快递开展边远山区的快递进村合作，累计11个乡镇135个行政村快递共配进村，邮快合作建制村覆盖率78%。推进交邮合作，开通长台至塘源口乡白石村、长台至张村乡双溪口村2条“客货邮”班车邮路。依托自有邮乐网、极速鲜等平台优势，连续4年为猕猴桃农户提供“线上线下订购+基地直采直供+邮政快递配送”服务，全年共为农户销售猕猴桃134吨，寄递92万件。邮善邮乐慈善超市新增1家，累计8家，辐射范围

1月5日，《壬寅年》特种邮票在老虎山邮局首发（市邮政局 供图）

涵盖8个乡镇，服务低保困难户6595人次，为范围内的低保困难户减免生活开支38万元。

【邮政报刊亭改造】 在江山市相关政府部门的指导下，以方便市民就近阅读为抓手，打造“一区三吧”的功能布局，对城区便民服务报刊亭进行改造升级，建设新时代文明实践点（示范亭）2个，新时代文明实践点（提升亭）20个；在2个新时代文明实践点叠加“劳动者有礼驿站”，解决广大户外工作者喝水难、热饭难、歇脚难等实际问题。

【《壬寅年》特种邮票原地首发】 1月5日，老虎山邮局《壬寅年》特种邮票首发，邮政工作人员为集邮爱好者提供生肖邮票购买及盖戳服务。老虎山邮局是浙江省唯一《壬寅年》生肖邮票首发地邮局。

【集邮协会第七届代表大会】 6月25日，召开江山市集邮协会第七届代表大会，通过江山市第七届邮协理事、监事名单，选举产生第七届邮协班子组成名单。

【爱心公益活动】 11月4日，“助力乡村振兴 促进共同富裕”公益活动在江山市塘源口乡举行。本活动由江山邮政牵头，与中邮保险浙江分公司、市民政局、邮储银行江山市支行联合举办，为全市登记在册的3290名低收入群体，赠送保额为6580万元的人身意外险，为塘源口乡的低保户赠送生活用品，为乡中心小学的孩子们捐赠直饮水机、冬季校服，为乡精神文明实践站提供文体用品和防疫物资。

（柴 菁）

电 信

【概况】 2022年，中国电信江山分公司践行建设网络强国和数字中国、维护网信安全的主力军职责使命，充分发挥信息通信业的基础性、先导性、融合性作用，助推地方经济社会数字化转型，完成历次“HW行动”、党的二十大、第二十一届互联网大会、浙江省山区26县村歌故事会颁奖晚会、清湖古镇开街等通信保障任务。

【基础网络建设】 加快建设“高速泛在、天地一体、云网融合、智能敏捷、绿色低碳、安全可控”的综合性数字化信息基础设施，为构建一体化智能化公共数据平台提供有力保障。加快打造5G精品网络，深化5G共建共享，推进高中低频协同组网，实现全市主城区、开发区及重点乡镇的连片覆盖。推进千兆网络升级，城市区域千兆网络覆盖能力达100%。衔接国家云建设，完成“天翼云”一城一池的建设和CT云的扩容，夯实了数字中国底座能力。

【数字化改革】 落实“云改数转”战略，充分发挥信息化资源禀赋优势，助力千行百业的数字化、智能化转型升级，支撑制造强国、网络强国战略落地。开展乡村振兴“数智助力行动”，推动现代数字技术与城乡生产生活生态全面整合，全市累计签约数字乡村144个，开通数字乡村云平台143个，通过消费帮扶、公益帮扶、党建翼联等活动，多举措护航乡村振兴。助力疫情防控，完成全市各部门、单位、乡镇等防疫一体机项目，利用大数据、云计算、移动物联网等信息化技术，为全市构建疫情防控智能化监督管理平台，实现精准、实时、高效的防控能力。承建大陈、保安、贺村等乡镇数字驾驶舱项目，利用乡镇现有的各类系统资源，实现多系统平台的整合，实现乡镇服务的标准化、便捷化、平台化、协同化。助力“江山智造”“数字工厂”，发挥“云—网—安”高度融合的数字化能力优势，为浙江研一、浙江江变等单位提供高速率、低时延、大连接、安全可信的5G定制专网，为工业数字化创新转型发展提供5G网络基础支撑。承建江山公务餐平台项目，落实监管责任，提高公务食堂用餐的科学管理水平，进一步提高透明监管水平。

（王 艳）

移 动

【概况】 2022年，中国移动江山分公司贯彻落实市委“建设三省

3 月 15 日，江山移动开展反诈宣传（廖慧 摄）

边际中心县城、争当‘两个先行’示范窗口”的目标，在落实国家宏观发展战略、促进地方经济社会转型升级、改善民生和推动社会和谐发展等方面扛起央企使命担当。年内，《共富探路，一个都不能少》事迹刊登在“学习强国”、人民网等主流媒体，同时获评 2022 年度“亲清直通车·政企恳谈会”企业诉求办理“十佳优秀案例”。

【助推乡村振兴】 发挥 5G 建设发展主力军的作用，坚持打造覆盖度广、技术领先、品质优良的 5G 精品网络，全力解决“偏远山村、城乡同频”的建设短板。累计建成 910 个 5G 基站，率先完成行政村 5G 网络 100%“点亮”工作，为未来乡村、工业互联网等领域发展打下网络基础。向上争取专项资金 800 余万元，解决重大项目工地、偏远农村等区域手机信号弱问题，为峡口湖羊养殖基地、抽水蓄能电站、竹子林红色基地等 170 多个项目工地及偏远乡村送去优质的网络信号，为乡村振兴铺设致富“信息高速路”。

【推动数字化改革】 参与数字化改革项目，专人驻点专班，完成主要领域模块建设。构建“3+6”“两新”党建业务协同系统，实现基层党建、党员数据数字化管理，助力打造具有江山辨识度的党建金名片。围绕“工业强市、产业兴市”的工作思路，依托衢州市数字经济产业联盟理事长单位优势，做好企业数字化转型的使能者累计组织各类讲座 10 余场、外出考察 150 多人次、深入企业开展“问诊式服务”37 家，以 5G+工业互联网助力天际打造全国互感器领域首个省级“未来工厂”，建成后达到智能制造成熟度 3 级以上。在疫情抗击工作中发挥国企使命担当，高效完成江山青龙山方舱医院建设。通过 5G、物联网等技术提供一体机、视频监控、门磁等产品，助力政府对居家隔离人员进行管理。全力保障视联网全年近 600 次，同时和卫健、公安、机关事务局紧密联系，完成各种应急保障任务。

【优质服务】 深入贯彻以“人民为中心”的发展思想，坚持“客户为根 服务为本”的服务理念，开展“总经理接待日”“银龄跨越数字鸿沟”科普专项等活动 20 余场，解决客户实际问题；向全社会招募 12 名监督名，解决办理流程、网络问题 50 余个。累计参与创文、防疫等各类志愿者活动 400 余人次。协助公安局开展防范电信网络诈骗宣传活动，累计发送公益短信超 320 万条，活动完成 120 余场。

（段婉霞）

联 通

【概 况】 2022 年，江山联通移动网用户数 8.1 万户，互联网宽带用户数 0.9 万户，实现主营业务收入 2960 万元，同比增长 7.9%。

【网络建设】 打造 5G 精品网，深化 5G 共建共享，实现城区、重点场景 5G 网络连续覆盖；加快 900 兆打底网建设，移动网行政村覆盖率达100%、人口覆盖率达98.5%；建设千兆宽带网，完成21个小区千兆宽带建设，新增宽带端口2000个。推进政企精品网和云算力网络建设，完善江山联通数据中心全市一体化布局，包括云数据中心、5G本地DC（直流电）中心、边缘计算DC机房布局，构建技术领先、绿色低碳的新型数据中心发展格局。

【建成江山市域共建共享4G一张网】 完成江山市域共建共享4G一张网建设，江山市域内联通站址提升71.11%，江山城区、2个街道、7个乡镇实现4G全覆盖，江山区域联通MR（移动通信）由87%提升至95%，4G共享流量吸收6.25TB，节约投资成本1435万元。

【强降雨天气通信抢险保障】 6月20日，市气象台发布暴雨色预警信号，接到江山市应急管理局紧急保障通知后，组织抢修人员和物资，出动对讲机、海事卫星电话、移动油机等应急装备迅速赶赴一线。经过抢修人员11小时高效配合协作，成功修复上余塘岭村受灾基站，确保通信网络的畅通。共计出动抢修人员67人次，抢修车辆31车次。

6月20日，市联通公司开展灾后通信基站抢修工作（严冰 摄）

【完成清湖古镇开街活动通信保障】 对清湖古镇开街活动范围进行详细深度及呼叫质量拨打测试，制订扩容的应急通信保障方案。网络保障期间，以“零重大网络事故、零重大安全事件、零重大客户投诉”为目标，将覆盖基站列入重保清单，安排现场巡检，机房24小时值守，实时监控活动现场负荷、KPI（关键绩效指标）。开街现场联通网络稳定、网速流畅。4G网络平均速率达45兆比特每秒，5G网络平均速率达到500兆比特每秒。

（郑燕飞）

规划与国土资源

自然资源和规划

【概况】 2022年，江山市自然资源和规划局以空间规划为引领，土地要素为支撑，通过“三区三线”划定，为产业平台发展、城市能级提升做足空间保障；通过争取省重大建设项目单列指标、重大产业项目奖励指标、存量土地“增存挂钩”奖励指标等方式，向上争取到新增建设用地计划指标345.31公顷，创历史新高，位列衢州各县（市、区）第一。

【空间规划】 高质量完成“三区三线”划定，成果首批获得国家批准，划定永久基本农田23933.33公顷，核减永农任务526.67公顷，保障34个交通、能源、水利、农业领域“十四五”“十五五”期间重点建设项目落地空间。加速推进重大规划编制，编制详细规划29项、专项规划8项、城市设计3项、重点控制区设计研究8项，起草城东新城及虎山片区城市设计与核心片区控制性详细规划成果，为人民医院迁建选址、通禄

长台石门下徐岗2022年集中连片整治项目（陈小军 摄）

门未来社区、观城实验学校、城北数字经济产业园等项目提供规划支撑。积极响应城市发展十大专项行动，指导中心城市品质提升和老城有机更新，完善村庄规划评估及市域村庄布点规划修编，建立以城市设计为主导的城市景观风貌规划设计和管理制度，用规划引领和服务城市发展。

【指标争取】 深研省自然资源厅三轮要素保障政策，抢抓政策红利，争取新增建设用地计划指标345.31公顷，高于2020年、2021年两年之和，创历史新高。其中，首次争取到18.05公顷省重大产业项目和山区26县标志性公共设施奖励指标；额外争取到追加指标17.33公顷，居全省各县市（区）前列；完成“江玉”公路报批，成功争取重大建设项目指标147.58公顷，为近10年之最；通过“五未”土地处置争取新增计划用地指标75.87公顷，创近5年新高；永久基本农田集中连片整治获省政府督查奖励指标6.67公顷，相关做法还得到常务副省长徐文光批示肯定。通过精准合理配置用地资源，全年用地计划执行率达100%。

【土地供应】 累计供应建设用地总量66宗，面积280.6公顷，其中住宅用地14宗，面积55.6公顷；工业用地16宗，面积97.87公顷；商服用地6宗，面积17.2公顷；公共管理和公共服务用地18宗，面积51.93公顷；交通运输用地11宗，面积55.53公顷；特殊用地1宗，面积2.47公顷。全年实现土地出让金收入25.2亿元，其中房地产项目收入17.40亿元，商服用地项目收入3.89亿元，工业项目收入3.88亿元，公共管理与公共服务用地0.031亿元。

【耕地保护】 推进耕地“非农化”“非粮化”整治，建立县、乡、村三级田长制责任体系，设立各级田长372人，村级巡察员570人。利用数字化实现“人防+技防”，将“铁塔视联”应用于“耕地智保”场景，建有铁塔高位探头170个，对全市26586.67公顷的“三调”耕地实行全方位监控，严守耕地红线和粮食安全底线。

【土地整治】 推进万亩以上全域土地综合整治项目2个，实施“千亩方”1333.33公顷，复垦建设用地266.67公顷，垦造耕地417.47公顷。

【资源供给】 科学推进矿地综合利用，挂牌出让大陈乡乌龙村铁锤山水泥用灰岩矿，矿石总量18565.8万吨，成交价11.489亿元，创江山市采矿权出让矿石总量和成交额历史新高。持续巩固砂石资源整治成果，取缔非法制砂加工点11家，上缴财政砂石处置收益4500余万元，较上年增加2900万元。

【设施普查】 实现城市地下市政基础设施普查面积67平方公里全覆盖，完成地下管线普查2237公里，地下空间普查20万平方米，普查进度列衢州各县市第一。

【不动产登记】 上线“不动产智治应用”平台，实现税费缴纳、水电气过户、法院查解封等22个联办事项，通过部门间数据共享，实现零跑腿、零材料办件比例从28%提升到61%。

【地灾防治】 持续开展“地灾智防”地质灾害防治三年行动，完成131个风险防范区的动态更新，新增监测预警点30个、雨量监测站7个、群策群防员170个，形成“人防+技防”的监测网络体系。

（姜　滨）

生态环境

生态环境

7月1日，衢州市2022年生态环境保护执法大练兵技能比武活动在江山市举行（市生态环境局江山分局 供图）

【概况】 2022年，衢州市生态环境局江山分局统筹推进常态化疫情防控和生态环境保护，高标准打好打赢污染防治攻坚战，推进生态环保督察整改，全方位推进生态文明示范创建，全市生态文明建设高位推进，生态环境质量持续改善。年内，获第十一届中华环境优秀奖、美丽浙江建设工作考核优秀县称号、五水共治“大禹鼎”银鼎。

【生态环境质量】 空气质量全面优于国家二级标准，AQI优良率为91%，重污染天数为0，PM2.5年均浓度为33微克/立方米，PM10年均浓度54微克/立方米；O_3第90百分位数138微克/立方米；SO_2年均浓度11微克/立方米；NO_2年均浓度为28微克/立方米；CO年均浓度为1.2毫克/立方米。其中SO_2、NO_2、CO三个指标达到国家一级标准，其他指标达到国家二级标准。水环境质量持续稳定达标，江山港后溪出境水、国控双塔底、市控童家、县控余家和江山大桥等5个断面水质均稳定达到Ⅱ类标准，国控峡口大桥断面达Ⅰ类标准，2个县级以上集中式饮用水水源地水质100%达标，地表水断面劣Ⅴ类水质比例持续为0。污染地块安全利用率100%，受污染耕地安全利用率100%；一般工业固体废物利用处置率99.37%，工业危险废物利用处置率100%，危险废物规范化管理达标率95%。林业用地面积131600公顷，约占市域面积65.18%；森林面积132866.67公顷，其中省级以上重点生态公益林65533.33公顷，占森林面积49.32%。森林覆盖率67.97%，经济林面积7926.67公顷，活立木蓄积871万立方米，湿地面积80.82公顷。

【治气攻坚战】 制订《江山市2022年清新空气行动实施计划》《江山

市城区空气净化专项行动方案》《江山市 2022—2023 年冬季大气污染综合治理攻坚行动方案》，同步将任务分解到各责任单位。治气办牵头抓总，严格落实日常巡查、每周会商、每月研判、整改销号、定期通报等 5 项治气工作机制，牵头开展现场督察 50 余次，现场解决问题 52 个，书面交办问题 116 个。坚持对城区重点工地开展每周至少一次的扬尘管控、非道路移动机械检查。完成 2 家水泥超低排放及无组织改造、20 家 VOCs 源头替代、5 家泄漏检测与修复（LDAR）检测、90 多家企业低效 VOCs 治理设施改造、20 家“油改水”项目、110 个VOCs治理 10 个关键环节突出问题整改、179 辆国三及以下老旧营运货车更新淘汰等。

【治水长效战】 制定《江山市水生态环境保护暨治水长效战 2022 年度工作计划》，做好任务分解，强化责任落实。严格落实水环境质量每周会商、异常研判、月度通报、联合执法等机制；针对江山港实际情况，研究制定枯水期、丰水期治水举措操作版；制定完善 6 个工业园区“污水零直排”长效管理机制；完成国控断面走航“一点一策”应用 5 个；完成 11 家医疗机构问题排查整改和 1 个污水自动监测设备安装；完成 61 农村生活污水处理设施建设改造项目，行政村覆盖率 80.1%；完成 60 余次夏季高温期饮用水水源、省控以上断面等水体藻类情况巡查；完成饮用水水源保护区的勘界定标以及 7 个保护区遥感斑点问题排查；完成河湖生态缓冲带修复 7 公里，美丽生态廊道建设 219.93 公顷。

【治土（清废）持久战】 围绕新出台的省级“无废城市”建设指标，协同相关部门分析指标、查找短板、落实整改，完成 26 家“无废细胞”创建。全年签订危废收集转运合同 413 份，管家服务合同 309 份，处置危废 64718 吨，实现产废企业入网注册 800 余家。补齐废有机溶剂、废漆渣等特定危废处置短板，江城 1.4 万吨油漆桶处置项目和虎鼎 10 万吨飞灰水洗扩建项目成功投产，中溢有机溶剂回收项目和光大活性炭集中脱附中心顺利推进。开展耕地土壤污染源解析和“两新”园区地下水污染专项调查，完成 11 块污染地块调查，圈定园区地下水污染情况。推进江化退役场地的风险评估及修复，A、C 区块已移出名录，B 区块进入达标初判阶段。

【环保督察整改】 一体化推进中央、省生态环境保护督察、省市“七张问题清单”、长江经济带检查发现问题整改。第二轮中央生态环保督察涉及的 8 个反馈问题已全部完成整改销号。2021 年省委生态环保督察期间交办的 8 件信访件已全部完成整改销号；反馈的 8 个问题，7 个已完成整改销号，1 个达到整改序时进度。省委生态环保督察暗访期间交办的 3 个问题，均有序整改中。牵头主管“重大生态环境保护督察清单”，主动上报并纳入省级清单问题 8 个、衢州市级 23 个、江山市级 3 个。开展木门行业整治提升，关停淘汰企业 18 家，整治提升 225 家，其中 98 家烤漆企业均安装吸附脱附+催化燃烧高效末端处理设施及环保用电监管系统；推动废油漆渣等危险废物减量 90%，规上企业碳强度下降 10%，行业 VOCs 削减量 300 余吨/年，实现木门行业减污降碳、企业转型、产业升级的“破茧蝶变”。

【环境执法监管】 组织开展“绿剑”专项执法、县级交叉执法、混凝土企业检查、环保设施安全检查等。每季开展“双随机”执法检查，完成“双随机”任务 26 项以及 197 家“双随机”抽查和结果公示。制订印发《江山市突发环境事件应急预案》，“南阳实践”清漾殿溪方案已通过专家评审，累计完成 124 家企业应急预案备案。在全国“两会”、冬残奥会、省党代会等 8 个重要节点启动应急响应 93 天；开展“园区、企业、设施”安全生产专项整治行动，组织企业隐患排查 368 次。全年累计出动执法人员 4900 余人次，检查点位 1840 余个，查办环境违法行为案件32件，下达处罚决定书29件，处罚金额218余万元；妥善调处环境信访投诉162件，同比下降43%，信访件数量实现6年连降。

【提升环保服务】 坚持寓服务于监管，以帮扶指导推动企业自觉履行环保义务。组织开展“执法服务月”活动，以涉危涉重企业、重点风险源企业为重点，选取103家企业实行结对服务，通过为企业送政策、送技术、送服务，帮助企业解决生态环境领域问题78个。推进环评改革政策落地，持续推进多评合一和小微园“打捆”环评改革，全年受理建设项目环评审批92个，辐射项目4个，“区域环评+环境标准”降级备案14个，登记表网上备案91个。持续强化排污许可管理，全年新核发排污许可证33张（包括重新申请8张），延续19张，变更182家次，排污登记企业114家。

【生态绿色创建】 年内新增生态文明教育基地1家，绿色家庭1户；完成26家无废乡村、无废学校、无废医院等“无废细胞”创建；推动石门镇、峡口枫石村等5个村纳入第二批省级低（零）碳创建试点。完成全域生物多样性调查，实现13项调查全部覆盖，共发现生物物种5414种，其中国家保护一级物种14种、二级保护物种82种，大型真菌中国新记录种4种，疑似新物种10种，较历史数据4830种相比，新发现物种584种，形成《江山市生物多样性调查与评估工作报告》，实现国家重点保护野生动植物保护率100%。

【生态环保宣传】 全年在《中国环境报》、《浙江日报》、今日浙江、浙江卫视、浙江省生态环境政务信息、《美丽浙江简报》、《衢州日报》、《江山通讯》、今日江山等权威平台刊发宣传报道40余篇生态环境领域相关报道，江山环保好声音得到广泛传播。结合“5·22”国际生物多样性日、“6·5”世界环境日、“6·15”全国低碳日以及全国节能宣传周等，联合学校、乡镇、社区、企业广泛开展实践活动。抓住党的二十大召开这一重要契机，举办全市生态文明建设专题研讨班。生态环境公众满意度实现“六年连升”，从2017年全省第42位，跃升至2022年的全省第六位。

（刘 洋）

“五水共治”

【概况】 2022年，江山市持续深化“五水共治”碧水行动，连续5年、累计6次获评省“五水共治”（河长制）工作优秀市（县、区），捧回第三座“大禹鼎”银鼎；荣获中华环境奖优秀奖（全省仅有两个县（市）获此殊荣）；出境水水质稳定达到地表II类水标准。推进农村供水智慧管护的做法得到副省长徐文光批示肯定；承办浙江省第三届生态运动会，擦亮“诗画浙江”大花园最美核

7月8日，江山市第三次获得“五水共治”（河长制）工作优秀县（市、区）“大禹鼎”银鼎（市治水办 供图）

心区底色。

【落实“找寻查挖”专项行动】 印发江山市《关于深化“五水共治”“找寻查挖”专项行动实施方案》，召开“找寻查挖”专项行动工作部署会。采用“红黄蓝”三色预警机制，建立动态问题数据库，定期开展明察和暗访，实时掌握问题交办进展情况。开展乡镇自查自纠、县级互查和市级互查，联合专业部门组建督查队伍，委托第三方分两组检查，共计派出 158 人次。连续 4 年与传媒集团合作，拍摄制作曝光警示片，曝光涉水问题 35 处。邀请省、衢州市治水专家到江山市开展帮扶 10 余次，整改销号黑臭水体反弹、农业面源污染、违法违规排污等问题 22 件。聘请第三方技术骨干现场排查管网漏接、错接等难题，携手属地整改疑难问题 85 件。组织业务骨干不定期开展“回头看”52 次，确保问题销号归零，推动建立治水督查“大闭环”。通过自查自纠、互查互学活动，发现问题 475 处，完成整改 474 处，整改率 99.8%。

【推进“污水零直排”建设】 投资 1.2 亿元，启动贺村污水厂二期扩建项目，提升污水日处理量 3 万吨。完成农污设施标准化改造 874 座。对解放路等 4 条道路进行雨污管网改造，全部完成通车。完成双塔街道、贺村镇、石门镇省级标杆镇创建申报工作。

11 月 28 日，江山港“1314”绿道骑行宣传活动举办（市治水办 供图）

结合老旧小区改造，开展“六小行业”整治，完成江滨一区等 11 个老旧生活小区“污水零直排区”建设改造。推进“污水管网一张图”建设。召开试点工作座谈会、专家研讨会、方案论证会，出台《江山市“污水管网一张图”建设方案》。累计投资 2000 多万元，开展城市地下污水管网基础设施普查、全域农村生活污水基础信息摸排、污水管网一张图建设等。上线排水管网地理信息系统，探索“污水零直排”长效运维。印发《江山市城镇“污水零直排区”长效运维管理工作实施方案》，对已建成单位开展 2 轮“回头看”，确保“雨污分流”落到实处。

【提升群众治水幸福感】 开展两轮满意度调查模拟测评，召集各乡镇（街道）通报测评结果，落后乡镇（街道）分管领导作表态发言。开展幸福感提升督查行动，对群众进行回访，形成督查通报反馈至乡镇分管领导，确保热度不减、覆盖全面。江山市满意度测评全省排名第七。在凤林镇桃源村新建占地面积 200 多平方米的江山市跨省治水主题馆，展现一溪水两省治三镇共享的跨省合作治水典型。在跨省治水主题公园举办“6 · 5”世界环境日主题实践活动，登上浙江卫视午间播报。江山市承办浙江省第三届生态运动会，漂流大赛两次登上浙江卫视新闻联播。承办衢州市治水宣传研讨推进会、全市“五水共治”满意度提升攻坚月冲刺仪式暨江山港“1314”绿道骑行宣传活动。开展短视频大赛，推出实体宣传品与数字宣传品。

【深化实施“碧水行动”】 持续提升水环境质量。印发《江山市水生态环境保护暨治水长效战2022年度工作计划》，对丰足溪、封门溪等河道开展分段监测。关注夏季高温期饮用水水源、省控以上断面等水体藻类情况，开展巡查60多次。印发《江山市2022年总河长令》，推行河长述职制度、河长制联席会议制度。与玉山县、广丰区、浦城县签订合作协议，跨省治水四通模式入选国家全面推行河长制湖长制典型案例。成功创建廿八都、保安2个水美乡镇、丰足溪、江山港上余四都段2个美丽河湖。配合江山市审计局对钱塘江流域水生态保护进行的专项审计调查，将《“五水共治”（河长制）碧水行动实施方案》量化到治水考核指标。

【保障治水民心工程】 建设污水管网10公里，874座农污设施完成标准化运维，开工改造76座农污设施，实现标准化运维全覆盖。推进“肥药两制”、氮磷拦截沟渠等农业面源污染防治工作。总投资22.32亿元，建设江山港流域综合治理工程，累计完成干堤加固15.5公里。实施中小河流治理4公里、完成39个池塘整治、建设生态修复河流缓冲带7.6公里、完成“清四乱”89处。完成新建雨水管网6.5公里、提标改造管网7公里、雨污分流管网7.5公里、清淤排水管网150公里任务。新建供水管网40公里，改造供水管网62公里，完成12个二次供水设施改造任务。通过浙里办“浙水好喝”等数字化场景建设，全国农村供水规模化发展信息化管理视频会议江山市作为全国唯一的县级代表作典型发言。改造智能水表620只、节水器具750套，创建节水型单位恒泰幼儿园、节水型小区贝林景星湾。

（周梦琪）

江山港指挥部

【概况】 2022年，江山港流域综合治理工程建设指挥部围绕建设浙江省美丽大花园和打造“衢州有礼”诗画风光带的目标，以“百里须江 · 美丽长廊 · 幸福河流”为设计理念，重点打造“峡里风韵、同知广场、双溪流碧、英岸秋明、烟雨礼贤、八里枫杨、贺村公园、清溪锁钥、乐意芳洲、大夫扬帆、大泽鸢飞、福缘广渡、昭明汀渚、灵湖青堤、月影鹿来”等15处地方特色水景，形成一条以“一轴六廊四区多点”为特色、贯穿全域的黄金景观带、休闲带，年内先后被评为“全市有效投资先进单位”“大征迁先进单位”“先进专班”等荣誉称号。

【破解项目征迁难题】 强化政策集成、资金集成、要素集成、产业集成，截至年底，工程已完成土地政策处理453公顷，完成房屋征迁590户，累计支付征迁费用6.79亿元，全市13个乡镇项目征收任务全面完成。会同市国土局、水利局、农业局、林业局等部门单位，发挥“白加黑”“5+2”精神，通过查找现行法律依据、翻阅现实档案、现场踏勘测量，召开土地确权协调会议，通过三线定界办法，破解120公顷沿江

2022年大夫第绿道枫杨林段（王天林 摄）

滩涂权属的历史遗留问题，为全市沿江工程的顺利推进以及国土三调图制作打下基础。

【工程项目建设】 通过聚焦内部规范管理，开展立功竞赛，采用月度督查、细化评比考核等多项措施，连续组织开展“春季提速”“530攻坚”等多个施工竞赛活动，截至年底，项目累计完成投资18.90亿元，已推动18个标段项目的实施，其中12个项目完成主体工程建设并通过完工验收。

【抓好质量管理】 对3个标段项目的相关施工单位、监理单位不规范操作行为，按合同条款处罚金70万余元；不定期开展工程质量大检查，根据检查结果召开工程质量返工现场会，现场责令大泽淤标段返工质量不合格干砌石护坡工程约800平方米、峡口标段返工不合格绿化苗木计120株和灌木560平方米；对工程质量、进度、安全监管不严造成问题后果的1家监理单位法人进行约谈，责令限时整改；对2家劳动竞赛排名末位的施工单位通报处理。

【促进资源合理利用】 重视项目用地合法合规性，加强与国土空间规划相衔接，开展“非农化”“非粮化”整治优化工作，按照“总量不减、质量不降、集中连片、局部调整”原则，对项目建设方案优化调整，减少硬质化铺装，增加生态田园化设计，有效化解项目红线内25.33公顷涉农用地矛盾风险。

（祝双玉）

经济管理

发展和改革

【概况】 2022年，江山市发改局聚焦共同富裕示范区建设、山区26县考核、重点项目推进、数字化改革、“两山”“双碳”、服务业转型、能源保障等各项工作，只争朝夕、狠抓落实，全力推动发展和改革工作再上新台阶。全年全市生产总值381.28亿元，按可比价格计算，同比增长4.6%。

【争先创优】 推进山区高质量发展工作获得2021年省政府督查激励；荣获2022年一季度全省投资“赛马”激励；全年完成固定资产投资148.7亿元，增速达20%，为2013年以来最高；大花园建设连续3年评估获优秀，为全省唯一，并以全省第一高分顺利通过示范县验收；江郎山获评省级“耀眼明珠”，江山成为双明珠县市（全省2个）；2021年度浙江省服务业发展综合评价，江山市位居全省第四、衢州市第一。

【向上争取】 一季度荣获全省投资“赛马”激励，获得土地指标6.67公顷，中央预算内投资补助500万元奖励。江玉公路、清湖大桥被列入2022年省重点项目，其中江玉公路获土地指标147.58公顷，清湖大桥获土地指标10.52公顷；碳一锂电材料项目被列入省重大产业项目，可获用地指标奖励8.4公顷；山区26县考核排名第十获得6.67公顷用地指标奖励；国家发改委核准江山市制造业中长期贷款项目23个，核准金额20.09亿元；国家发改委审核专项债券额度50.07亿元，争取额度居衢州市各县（市、区）首位；争取中央预算内资金补助6991万元，争取资金数居衢州各县（市、区）首位。抽水蓄能电站等34个项目列入省近期拟实施的重点建设项目清单，争取526.67公顷项目用地划出永久基本农田范围。

11月，全国单体最大的天然石墨负极生产基地投产（邱柏源 摄）

【项目推进】 江山锂电千亿元产业园项目在衢州市项目谋划招引落地PK赛上获金奖第一名；新乡贤项目谋划大赛5个项目获奖，数量位居衢州第一；谋划提出未来五年重大基础设施项目223个，总投资2093.3亿元，数量、体量均居衢州第一。省市县长工程连续两年落地率100%，攻坚绩效位居衢州第一；7个省"4+1"项目完成投资25.29亿元，7个省重点实施类项目完成投资28.84亿元，5个10亿元以上重大制造业项目招引落地。

【牵头抓总】 牵头推进以县城为重要载体的城镇化建设，典型做法获衢州市委书记高屹批示肯定；牵头开展全市经济稳进提质工作，在8月全省经济稳进提质攻坚行动工作例会上，江山作为山区26县的唯一代表作交流发言；抽水蓄能项目快速推进，完成可研阶段咨询审查、实物指标调查、土地预审等关键专题。

【共同富裕示范区建设】 高质量编制《江山市2022年城镇居民人均可支配收入增长"争先创优"行动方案》《江山市2022年高质量发展建设共同富裕示范区工作要点》，绘制江山市共同富裕示范区建设系统架构图1.0版。在6月13日召开的全省高质量发展建设共同富裕示范区重点工作推进例会上，江山作为唯一一个县级单位，以"浙江有礼文润江山全力打造县域文明新实践的'江山样本'"为主题进行专题汇报。《创新联农带农新模式"小湖羊"撬动共富"大产业"》被列入衢州市高质量发展建设共同富裕示范区最佳实践（第一批）；重点打造大陈片区、清漾村、枫石村等3个乡村生活馆，新增上架枫石、清漾、清湖片区3个未来乡村。

【数字社会建设】 年内数字社会系统共有8个应用被列入省级试点；谋划推荐"浙里医保守护应用"11月参加省数字社会系统路演；"江山慧劳动"7月入选数字化改革实践创新案例，为江山市第一个入选的数字化改革案例；3个未来社区、5个未来乡村正式上线"浙里办·我的家园"专区。

【现代服务业发展】 全年完成四批服务业政策兑现，合计兑现资金4689.41万元，惠及企业69家。全力推进江山虎总部大楼、新能源新材料创新基地、城南商业综合体等项目建设，保障江山数字经济产业园、站前商业服务综合体等项目土地顺利挂牌。

【"双碳"推进】 完成特色生态产业平台五年建设方案编制上报，在省山区26县高质量发展暨山海协作培训班上作经验交流发言。统筹"浙江碳普惠"应用，新增用户量40884户，排名居衢州各县（市、区）第一。推进低碳生猪应用场景建设，完成"浙政钉"及服务端组件开发。推进碳核算应用场景建设，完成针织品碳足迹全生命周期应用场景开发和17个工业产品碳核算建模。全年发放碳账户贷款金额51.7亿元，发放个人碳账户贷款金额8.22亿元。

【惠企保民】 制订和实施2022迎峰度夏电力保供攻坚行动方案，制订迎峰度冬负荷管理方案，守牢用电安全底线。增设莲华山园区天然气下载点，保障企业用气需求。新建12万立方米LNG储罐项目，制订天然气迎峰度冬"压非保民"预案，兜住民生用气保障底线。全力保障单位能耗低于0.52吨标煤以下项目用能指标，审批通过碳一新能源公司年产20万吨锂电池材料等21个项目能评，向上争取新增用能指标25.7万吨标准煤。完成1300余家工商业企业兜底售电协议签约。深化城镇供水价格改革，出台公办幼儿园晚托服务收费、义务教育阶段课后服务等收费政策，出台实施城乡公交同级网络2元一票制。开展"双节"、"双会"、中共二十大及疫情防控期间市场价格运行监测，保持市场价格总体稳定。

市场监督管理

【概况】 2022年，江山市市场监管局聚焦"衢州当龙头、全省争上游，奋力争当跨越式高质量发展共同富裕排头兵"目标，立足主责主业，按照"疫情要防住、

3 月 16 日，市场监管局开展食品安全检查（市场监管局 供图）

经济要稳住、发展要安全”的要求，打好稳进提质、除险保安、塑造变革组合拳。先后获全国民生领域案件查办“铁拳”行动突出贡献集体、“浙江省市场监督管理卫士”先进集体、浙江省优化营商环境工作成绩突出集体、全省市场监管系统综合绩效考评优秀单位、全省系统“五星月赛、五星月晒”竞赛一等奖等荣誉。

【推进“跨省通办”改革】 联合江西省上饶市广丰区、福建省浦城县探索三省三县市区食品经营许可和备案的跨省通办改革，研究出台三省首份食品经营许可跨省通办文件，形成三地共享的通用办事指南，统一申请表单、统一审查标准，打破地域限制，通过线上“一地受理、全网通办”，线下“收受协同、异地可办”，确保一次提交，三地互认，让数据多跑、干部多做事，实现群众少跑、不费事，提高政务服务便捷度和群众满意度。

【攻坚“GM2D”试点任务】 争取第一批 GM2D（全球二维码迁移计划）示范区县域先行试点，全市“浙食链”激活主体数 2884 个，入库 951638 批，出库 2163074 批，14 家企业推进“阳光工厂 2.0”CCP（抗环瓜氨酸多肽抗体）智控系统应用，上链品种数 912 个，在产产品转码率 100%。成功为 6 家企业的 7 种蜂产品赋上“单品码”，全市近 600 家商超门店突破实现二维码收银结算，成为全省第二个实现二维码收银结算的试点县，也是全省实现二维码收银结算商超最多的试点县。

【开展“店前厨后”整治】 坚持“一件事”理念，从人民群众反映的热点难点出发，以“七张清单问题”工作机制，通过党建统领，高位推动，自我加压，调研提出专项整治一批、引导规范一批、整合集中一批、淘优劣汰一批、规划吸引一批等“五个一批”提升建议。通过样板引领、正反晾晒、闭环监管、严格验收，高标准完成 264 家餐饮单位“店前厨后”提升整治。联合四大部门开展“门前五包”专项整治，评选表彰“有礼商户”300 家，推进全国文明城市创建。

【创建“浙江省食品安全示范市”】 牵头创建浙江省食品安全示范市，63 家在产食品生产企业实现阳光工厂 100%全覆盖，建成 28 家 5S 小作坊，8 家文化特色小作坊，铺设个体工商户“阳光厨房”510 家，美团平台进驻 450 家，“饿了么”平台进驻 415 家，基本实现“扫码点餐”“收银系统数字化”“账单数字化”等数字化系统配套，“阳光厨房”覆盖率 98.39%。评选首期放心（有礼）餐饮单位 43 家，促进食品安全知识进万家，形成人人关注、人人参与、人人监督食品安全的良好氛围。对全市 8851 家食品生产经营主体进行全面摸底、分级包保，持续推进食品安全“两个责任”一体压实、落地见效。

【助力产业发展】 江山市检验检测院成为衢州市首家县级“双认证”（CMA 认证、CATL 认证）的农产品质量安全检测机构。江山市木门产业质量基础设施“一站式”服务平台通过省级验收。引进入驻各类服务机构22家，年服务金额突破亿元，推动江山传统木门向全屋定制转型升级。

【“双百所”创建】 以“双百所”创建为契机抓好“示范所”选树和“消薄所”提升，实现基础设施和支部党建阵地双升级，硬件上配置LED大屏，软件上优化调整“浙政钉”、一体化平台、互联网+监管系统、案件管理系统等10多个数字系统，实现执法办案全域互通。贺村分局获评浙江省市场监管示范所，虎山所、城南所通过“消薄所”验收。虎山所所长祝建萍被授予浙江省“人民满意的公务员”称号。

【“放心消费”环境建设】 全年受理解决消费投诉4820件，其中消费投诉3720件，消费举报1090件，咨询10件。培育创建放心消费单位1814家，超额完成年度任务数113%，其中，无理由退货承诺单位882家，放心工厂120家，放心消费商圈5个；培育放心消费乡村5个；建成村级消费维权服务站38家。率先在全省试点推广使用“消费宝”应用程序，综合得分列全省第三名，被评为全省优秀试点单位。

【优化营商环境】 推进企业注销全流程“一件事”，实现注销流程升级、注销效率提档、注销成本归零。实施高频事项准入准营“一件事”改革，被列为省改革试点单位。有序推进年报工作，企业年报综合绩效达80.68%。企业年报率98.77%，在90个县市区中位列第五，并连续9年领跑衢州。

【执法检查与行政处罚】 部署“亮剑”“铁拳”行动，开展涉老诈骗整治，网络直播专项整治，打击假冒侵权伪劣等各类违法行为。开展知识产权执法百日行动，严厉打击侵犯知识产权违法行为，全年办结相关案件13起，移送公安4起，罚没款73.76万元，销毁假冒侵权物品13余吨，其中假冒“科顺”防水卷材案、擅自制造“千年舟”商标标识案等两起案件入选省局典型案例。围绕江山本地五大重点产业链，开展质量提升专项行动，全年办结质量监管案件107件，其中大要案19起，罚没款105.7万元。重拳整治涉老食品、保健品等领域存在的虚假宣传、违法广告、非法传销、假冒伪劣等违法行为，全年查办涉老案件31起，罚没款163.77万元。加强与公安、法检两院、属地街道的联动，完善信息共享、线索通报应急处置、联合监督检查和执法等工作机制，开展联合检查37次，排查、接收转办问题线索55条，遣送涉嫌非法传销人员23人。全年办理案件556件（含药械化），同比增长20.87%，其中大要案91起，同比增长33.82%；移送司法机关9件，同比增长50%，罚没款606.11万元。

【知识产权保护】 抓好知识产权培育，在全市工业政策中增补对发明专利的扶持政策，对知识产权贯标、卓越体系认证及PCT国际专利申请等给予补助。探索建立知识产权保险四方互动模式，参与知识产权保险企业22家。年内申请商标注册1200余件，全市累计有效商标14500余件；新授权专利1196件，PCT专利申请2件，省级知识产权示范企业4家，备案省级知识产权联盟1个，专利质押融资1.54亿元。

【药品、药械、化妆品安全监管与服务】 全年累计开展药械化企业检查700余次，开展药械化产品质量抽样147批次；完成医疗器械不良事件142例、化妆品不良反应54例、药品不良反应523例；全市有164家药品零售经营企业及2家药品生产企业安装药品“黑匣子”，接入“浙里药店”系统实现数字化监管；有8家三星级民事药事服务站。

【产品质量监管和计量评估】 聚焦生产、流通领域产品抽查，特别是城中村、农村集贸市场、偏远乡村百货店，查处抽检不合格产品，依法捣毁黑窝点；查处出具虚假报告行为，对存在违法违规的检验机构加大监督检查频次，加大产品质量法普法力度，压实主体责任。全年开展生产领域产

7月26日，江山、浦城、广丰食品经营许可证"跨省通办"座谈会召开（市场监管局 供图）

品质量抽查82批次，流通领域质量抽查178批次。对抽检不合格企业依法开展不合格产品后处理工作。开展非标电动自行车淘汰置换工作，出动检查人员2058人次，检查经营主体1007家次，立案查处21起，完成非标电动车淘汰近16万辆，省交管数据库内非标电动车全部清零。

【工业产品绿色升级】 谋划出台衢州市首个绿色产品认证奖励政策，开展全域调研分析，鼓励工业企业开展绿色产品认证提升行动。开展调研分析，多次邀请专家对企业开展认证指导和答疑解惑，打造高标准支撑平台，为企业提供技术培训4次，免费开放木门、家居绿色产品检验实验室30余次。全年获绿色产品认证企业4家，获证书8张，产品涵盖木门、管件管材、家具行业，兑付政策奖励资金88万元。组织开展辖区塑料污染治理情况督查，形成督查情况通报，并督促整改落实。全年出动执法人员4190人次，检查塑料制品生产企业9家次，塑料制品销售单位146家次，农贸市场119家次（其中有6家农贸市场建立塑料集中购销制度），餐饮单位1821家次，开展监督抽查21批次，查处案件5起，罚没款为2490.9元。

【特种设备安全监察】 开展"铁拳行动""除险保安"等专项行动，全年出动执法人员400多人次，检查企业390多家，发现各类安全隐患242处，完成整改239处，下达安全指令检查书93份，立案调查案件21件，已全部结案，罚没款91万元。开展叉车作业人员培训，组织培训39次，参加人数2400余人。开展特种设备安全生产月系列活动，推进电梯物联感知安装400余台和鼓式制动器拆卸维保工作500余台。

【检验检测及检定】 全年累计完成检定、检测任务16187批次，其中计量13841批次、食品1417批次、林产品733批次、消防196批。参与监督抽查1311批次，其中食品1124批次、消防146批、林产品41批次。累计减免企业检验检测、计量检定费用78.5万余元。

【质量发展与标准】 强化政策激励，简化涉企奖励政策"即报即兑"审批流程，江山市政府质量奖奖励标准由原来的每企10万元提高至50万元，兑现质量标准品牌涉企奖励660.3万元。全年新增"品字标"证书24张，发布"浙江标准"1个。获得绿色产品认证8张，兑付绿色产品认证政策奖励资金88万元。设立配输电"一站式"服务平台，优化升级门业质量基础"一站式"服务平台，为主导产业提供强大的技术支撑。

【助力个体工商户纾困发展】 出台《江山市关于扶持个体工商户纾困发展的若干意见》《江山市贯彻落实扶持个体工商户纾困发展若干意见的实施方案》等帮扶政策。其中纾困政策35条，开展寻找"好房东"专项行动，发放《给好房东的一封信》，逐家收集非国有房屋减租情况，逐户引导租户主动减租。通过退还租金、降低租金、延长租期等方式累计减免租金1579万余元，深化政银合作，畅通市场主体融资增信渠道。以“浙江小微增信服务平台”为载体，通过“智评模型”筛选出“白名单”，引导金融机构优化资源要素配置，推动信用贷款和首贷户扩面增量。全年，3.55万户市场主体获授信130.69亿元，3395户个体工商户获贷17.0512亿元。

【市场主体登记与注册】 实现个体户开办“一窗受理、一次提交、一天办结”、全程代办，与税务部门打通数据共享通道，让办事群众实现“一次也不用跑”。及时出台个体户“歇业制度”“经营者变更”等利好政策，为市场主体设置休养生息“缓冲带”，为个体户经营者办理歇业备案117户。全市累计市场主体新设立登记7913件，变更登记6082件，注销登记3253件；共完成个转企120户，同比增长12.15%。

（周巾莉）

审计管理

【概况】 2022年，江山市审计局实施审计项目17个，查出问题金额9594万元，其中违规金额617万元，管理不规范金额8977万元，促进增收节支4250万元，其中已上缴财政535万元，归还原渠道3715万元。撰写审计专报22篇，被市主要领导批示21人次，移送案件线索12条。结题调研课题共8篇，其中4篇为省一般调研课题结题。1篇文章在省厅主题征文中获二等奖，1篇案例获2022年度优秀大数据审计案例二等奖，新入选大数据审计业务骨干人才2人。2021年实施的江山市重大政府投资项目专项审计调查获全省优秀项目二等奖（衢州审计系统中唯一一个二等奖）。

【财政资金审计】 组织开展市级预算执行和决算草案审计、贺村镇人民政府财政决算审计、部分乡镇年度财政决算审计等项目，如通过“数据分析+现场核查”，对财政本级管理、政府债券、财务报告、养老服务政策落实、招标代理、劳务中介、政府投资等领域开展审计。查出涉及财政预算问题25个，查出问题金额9230万元，上缴财政510万元，归还资金3715万元。撰写专报5篇，受到主要领导批示7人次。

【经济责任审计】 把审计工作融入干部大监督机制，对领导干部开展常态化“经济体检”，年内市本级安排经责审计和自然资源资产离任（任中）审计项目10个，涉及6个部门、4个乡镇党政主要领导干部（人员）17名，其中1个乡镇（碗窑乡）主要领导干部经责审计与自然资源资产离任审计同步开展。重点关注“一把手”和领导班子贯彻党委政府重大决策部署、执行“三重一大”决策制度、履行自然资源资产管理责任等情况，着力揭示、化解党政机关存在的财政财务风险、金融风险、廉政风险等，促进领

6月14日，市审计局到企业调研（市审计局 供图）

导干部依法依规履职尽责。协助组织部完成19个单位40名领导的离任交接工作。

【生态环境审计】 组织开展钱塘江流域水生态保护专项审计调查项目和碗窑乡原主要领导自然资源资产离任审计。以资金和项目为抓手，从宏观层面关注阻碍政策落实的问题和困难，发现园区工业企业排水许可证核发情况及重点排污工业企业名单存在本底不清问题，主管部门与属地管理单位之间存在职责不清等18个问题，涉及金额46万元。相关问题清单汇报省审计厅，被省厅综合报告采纳13条，被省审计厅三个报告采纳3条。发现碗窑乡砂石资源管理不到位、设施农用地管理不善等问题。

【政府投资审计】 围绕江山市418个建设项目，240个重点推进的建设项目，对政府投资项目结算不少于5%的抽查，对1000万元以上的项目抽查100%。审核投资额20062万元，在审定价基础上再次核减637万元，对比上年度核减额316万元，核减额增加101%。在政府投资项目审计中，特别是针对苗头性问题风险隐患，做到早发现、早提醒、早阻断、早纠正。继续做好江山港流域综合治理工程、保障性安居工程、桑淤大桥等项目跟踪审计。

【民生资金审计】 组织实施江山市储备粮管理情况、江山市十大民生实事项目等审计项目。涉及市储备粮管理12个问题，违规金额25.2万元，管理不规范金额8.3万。十大民生实事项目审计共抽查70个省政府十大民生实事项目，查出问题24个，撰写审计专报1篇，出具专题审计调查意见5份。

【项目谋划管理】 围绕换届之年进行谋划，安排了11个党政主要领导经责审计项目，数量较去年增加了2个。围绕大干项目进行谋划，18个项目安排了5个政府投资项目，审计工作贯穿工程项目建设的全过程。把审计项目与为民服务办实事贯穿审计始终，围绕乡村振兴、社会保险基金、自然资源审计等民生审计项目。投资审计人员参与2021年项目，涉及工程结算质量监督由投资审计人员完成，解决专业人员不足矛盾，提升审计工作效能。

【审计整改落实】 市人大常委会建立对审计查出突出问题整改情况的“1+3”联合督查机制，由市人大财金工委牵头，市监委、市审计和市财政3家单位，组成专项督查组对审计整改问题进行现场督查。重点对审计发现的5个突出问题开展专项督查，要求5家整改责任单位严格落实，按照时限要求上报整改进展情况。并且每季度开展常态化督查。对未整改到位审计问题纳入市委“重大审计问题清单”继续督办，全年纳入重大审计问题清单28个，已办结18个，向衢州市上报审计整改示范案例7个，江山市公立医院数字化改革助推惠民政策落实整改案例以高分上了衢州市第三季度示范案例示范榜。协助衢州市撰写1个整改示范案例入选省级示范榜。

（郑阳军）

统计管理

【概况】 2022年，江山市统计局围绕经济发展年度目标，发挥统计生产、统计服务和统计监督职能，分析建议8次获市委市政府领导批示，1篇调研课题获评全省统计系统优秀统计分析、3篇入选全市优秀调研成果。年内出台统计领域制度文件2项，获评畜牧业高素质农民群体画像省级试点，获衢州市统计调查业务工作特等奖、江山市“争先创优·赛马夺旗”先进单位等多项集体荣誉。

【建立统计制度】 赴杭州、湖州、绍兴、台州、衢州等地统计机构考察学习，组织全市31个部门单位会商研判，8月，提请市委办、市府办发布《关于全面优化统计生态的若干意见》，同步推动市政府出台《关于加强统计基层基础建设 提高源头统计数据质量的实施意见》，规范部门、属地、企业统计人员配备，明确行业主管、属地单位、统计调查对象岗位职责，将统计工作纳入全市年度综合考核。创新分级分层业务培训、网格统计员“以奖代补”、企业统计数据质量第三方评估指导等机制，在全省统计工作会议中获通报表扬。

【统计数据服务】 推动数据发布渠道整合，4 月，进驻“多娇江山”部门号。11 月，注销公众号“江山统计微讯”，全年发布统计数据信息 46 条、图文数据解读 13 篇。更新“数据浙江”整表数据 78 条、月度卡片数据 22 条，完成 10 项进度指标、11 项年度指标数据更新。

【统计参谋服务】 提升节点数据分析服务，发布数说江山快报、统计月报、江山工业经济月报，编发“山区 26 县统计数据一览”，刊发《江山统计资讯》，全年报送“统计要情专报”7 期，5 次获市领导批示。整合人口普查数据成果，汇编《2020 江山市人口发展报告》，形成分析 9 篇、课题 2 篇。课题组课题“江山市人口发展与经济社会发展关系研究”获江山市优秀调研成果一等奖，“江山市税收与经济发展分析研”“共同富裕视角下促进我市工业投资高质量发展的建议”分获二、三等奖。统计分析文章《江山市工业化水平分析及发展战略思考》在全省统计局系统“统计当参谋·分析助决策”优秀统计分析报告评选中获三等奖。

9 月 15 日，市统计局联合周家青社区开展统计开放日宣传活动（市统计局 供图）

【统计法治建设】 市委、市政府 7 次召开会议专题学习研究统计工作，统计政策法规被纳入市委理论学习中心组学习内容，统计法律法规被列入江山市委党校市管干部培训班课程，统计普法歌曲《为你守护》在全国统计行业原创歌曲征集评选中荣获二等奖。加快统计监督与其他各类监督贯通协同，联合市纪委开展统计数据质量专项督查，核查单位 18 家，整治问题 12 项，移送办结统计违法线索 1 件。创新第三方统计数据质量评估指导机制，上门指导服务企业 200 余家次，覆盖率达 30%。全年完成统计执法检查数 68 家，其中立案查处 5 家，在上级统计部门执法检查及专业核查中，全市未发生严重统计违纪违规违法案件。

【统计阵地建设】 探索分级分层培训模式，争取将统计培训纳入全市干部教育年度培训计划，赴浙江工业大学开展统计业务综合培训，联合市委党校开设部门统计工作培训班，各类培训覆盖学员 300 多人次。线上建成“统计 e 家”网格 80 余个，覆盖在库企业 600 余家，注册人数超 1300 人。线下指导建成统计之家 17 个，选择工业强镇、农业强镇等区块打造统计之家“升级版”。

（毛王鑫）

衢州海关江山联络处

【概况】 2022 年，江山市外贸进出口总值为 60.05 亿元，增长

35.52%，占同期衢州市外贸进出口总值的 9.80%。其中，出口 59.71 亿元，增长 35.87%，占同期衢州市外贸出口总值的 14.86%；进口 0.34 亿元，下降 6.69%，占同期衢州市外贸进口总值的 0.16%。全年累计签发原产地证书 1929 份，合计签证金额 9425.21 万美元，帮助企业在进口国享受关税减免特惠 471 万美元。

【监管提效行动】 抓好常态化疫情防控，严格对照杭州海关和地方政府相关要求，做到人物同防、内外共防，守好江山办公区“小门”。以提高不合格检出率为抓手，加强进出口食品、农产品和进出口商品的检验检疫监管，全年检出各类不合格 8 批。强化动植物疫情疫病风险监测和预警，开展有害生物普查工作，完成辖区 4 家进境粮食加工企业年度三轮杂草监测工作。对危化品出口企业实施清单化监管；对木制品企业实施分类管理，提高一、二类企业占比，降低现场查验率，助力木门出口；对蜂产品等高风险食品企业严格执行质量安全风险监测。在江山人民医院进境医疗设备的木质包装中查获一般性有害生物，为衢州海关首次在进境物品中截获有害生物。

【地方服务提质行动】 对接江山无水港、江山浙西公铁联运综合物流项目，推进内陆口岸海关监管作业场所建设。强化统计分析研究和监测预警，为地方政府报送海关统计月报及年度外贸情况分析专报，提升服务决策的能力水平。落实关地战略合作协议，深化组团联企、“十地百团助千企”、百名干部联百企等活动，举办江山市稳外贸政策培训会、江山市跨境电商“9710”、“9810”业务培训会等政策宣讲，聚焦企业所需、海关所能，加大服务力度，提升影响力和服务力。

（江荣巧）

综合行政执法

【概况】 2022 年，市综合行政执法局深化执法体制改革、攻坚城市精细化管理、聚焦执法主责主业、服务全市中心大局，全面推进综合行政执法工作高质量发展。年内在衢州市城市精细化管理考核排名第一，获市委、市政府改革创新（数字化改革、“县乡一体、条抓块统”）突出贡献集体等荣誉 4 项。

【“大综合一体化”执法改革】 整合资规（林业）、文旅、农业农村 3 领域构建“1+5”执法体系，平稳完成涉改部门的 19 名人员（参公编制 9 名，事业编制 5 名、编外 5 名）和 5 辆执法用车的转隶。完成 20 个领域 1472 项处罚事项的划转。完成 7 个赋权乡镇（街道）（双塔、虎山、清湖、贺村、峡口、石门、上余）执法人员片区化集中管理。实现下沉干部四全管理，优化“四维考评”体系，保障执法队伍平时主要精力 90% 以上从事执法工作。全年下沉人员 122 名，占比达 64.7%。开展峡口一体化行政执法中心规范化建设试点，高标准推进中队规范化建设，为其他赋权乡镇（街道）提供示范引领。组建局法制中队（挂“市合法性审查中心”牌子），为赋权乡镇（街道）重大疑难案件提供法制协助。在乡镇（街道）平安法治办公室加挂“法制工作办公室”牌子，承担乡镇（街道）法制审核职能。出台《江山市公职律师激励考核办法》《律师专家参与重大行政执法案件法制审核工作办法（试行）》等文件，形成“乡镇主审+部门协审+律师帮审”的“三级联动”法制审查体系。江山市数字城市运行中心投入使用。通过城市执法协调平台与社会治理中心平台互链、事件互推，实现与部门、乡镇（街道）之间事件处置的双向联动闭环。完成智慧城管一期项目建设，实现城区主次干道远程监管、人行违停非现场执法两个业务全覆盖，“有礼装卸”“有礼建装”等“礼治江城”子应用系统基本功能具备上线运行条件。

【城市精细化管理】 整合全局所有力量，做细做实网格化管理，通过“专项+常规”双整治，及时

6月28日，市综合执法局开展鹿溪南路防盗窗整治（市综合执法局 供图）

发现和处理市容顽疾。抓好市容长干队管理，发挥长干队的辅助管理作用。推行亮点打造，打造秩序严管示范街、犬类管理文明示范小区、便民疏导点等。发挥市城管办“参谋部、协调部、推进部”职能，牵头推动全市沿街外立面改造提升工程。3月中旬启动以来，牵头组织53个领办单位，先后两个批次平稳、安全、有序地完成1.5万户48.2万平方米的防盗窗拆除任务。推进店招外立面综合提升，投入约1.67亿元，其中店招整治投入资金约3942万元，改造店招25701平方米，惠及4600多家店铺。组织开展创文重点点位及周边的各类飞线整治、箱体整治，累计开展各类线路整修1585公里、拆除9米以下水泥杆25根、各类箱体盒体整治11427个。推进浙里办宠物犬证服务平台应用，常态化开展上门办证及政策解释等服务。年内收容犬只621只，认领犬456只，立案201起，罚款数额6.35万元。开展各类文明养犬宣讲67次，发放倡议书1000余张，解答群众咨询300余起，设置宣传牌100余个。谋划“夜摊经济”，印发《江滨—游览桥区域“地摊经济一条街”打造工作实施方案（试行）》创新性制定翔实的夜市积分制考核管理办法，实现夜市摊点“优者进、劣者汰”，丰富城市烟火气。本着“便民、规范、有序”的原则，动态设置城北湿地公园自产自销疏导点、老道岔口季节性水果自销区等4个疏散点，以实际行动护航“法护秩序、法助共富”。

【推进执法办案主责主业】 邀请省内专家学者来江山授课，组织开展执法骨干业务员实训，赴杭州、湖州等地学习先进经验。全年共开展各类教学培训4次。全面推进执法办案全年一般程序案件立案302件，7个乡镇（街道）办理办结一般程序案件209件，新领域事项案件占比约60%。按照规范化中队建设要求，为各中队落实执法装备库、罚没物品库、办案询问室等业务技术用房和办公用房，基本实现内部布局合理，功能分区满足日常执法需要。加大对执法装备的采购力度，配齐配足各类执法装备。配备执法车辆22辆、执法记录仪190余台、对讲机101台，采集工作站6台、无人机8台，局一体化办案中心投入使用。

【服务中心大局】 响应市委、市政府疫情防控工作，举全局之力投入防控，主动参战“两新”产业园转型升级、江东园区城中村拆迁、江贺经济走廊项目征迁等攻坚战，建立“班子领导带头包组包干+经验丰富的老干部志带头干+年轻干部跟着干”的作战模式，3家领办企业、28户居民按时完成签约、过户、腾空、拆除。牵头推进违法建设领域信访问题专项治理，做好矛盾纠纷排查，累计处置各类矛盾纠纷235起，确保全市1.5万户防盗窗拆除工作平稳有序，未发生安全事故。

（龚思亮）

财政 税务

财 政

【概况】 2022年，全市实现地区生产总值381.28亿元，按可比价格计算，同比增长4.6%，其中，第一、二、三产业增加值分别为25.19亿元、165.33亿元、190.76亿元，分别增长5.9%、4.1%、4.7%。三次产业结构比为6.6∶43.4∶50.0。按常住人口计算，人均地区生产总值76640元，增长4.1%；城镇人均可支配收入59908元，增长4.6%；农村人均可支配收入34257元，增长8.0%。全市财政总收入45.05亿元，增长5.7%。一般公共预算收入28.97亿元，增长13.0%，占GDP的7.6%，占财政总收入的64.3%，其中税收收入23.96亿元，增长5.2%，占一般公共预算收入的82.7%。一般公共预算支出88.01亿元，增长6.4%。全市财政收支平衡。

【组织财政收入】 加强与税务、资规等部门沟通，强化收入预测分析，把握收入总量、进度和结构。深化政府非税收入收缴电子化改革，推进统一行政处罚办案系统对接平台工作，全年通过统一公共支付平台发生收缴业务53万笔，执收金额23.23亿元。推动国有土地使用权出让收入等非税收入征管职责划转改革，建立非税收入征管信息互联互通和信息共享平台。全年实现政府非税收入44.67亿元，其中纳入一般公共预算管理的非税收入5.01亿元，增长75.2%。

【服务经济发展】 出台“进一步助力市场主体纾困解难的若干措施”等助企纾困政策，优化政策兑现，全年兑现涉企财政奖补资金5.35亿元，同比增长70.9%。落实减税降费政策，全年减免税收5.46亿元、非税收入9531万元。推动增值税留抵退税政策直达快享，办理退税5.60亿元。谋划政府债券项目储备，争取政府债券资金15.48亿元，用于人民医院迁建和学校改扩建等项目。优化重大项目评审机制，提升评审质效，全年完成项目评审506个，净核减14.20亿元。推进企业产品智能化转型，全年兑现产品智能化政策1541万元，立项产品智能化专项45项、关键核心技术攻关专项13项。安排4500万元用于科技创新发展政策补助。安排1150万元用于电子科技大学长三角研究院、东南数字研究院江山分院、浙大紫金众创小镇江山基地等建设。推进搭桥资金使用，全年办理搭桥资金182笔，提供搭桥资金17.22亿元，帮助企业转贷17.62亿元，为企业节省成本539万元。兑现资金259万元用于支持政策性融资担保体系建设，实现在保余额7.72亿元，其中支持小微企业（含个体工商户）360户2.84亿元，支持“三农”主体1213户4.88亿元。稳定外贸外资基本盘，全年兑现资金6607万元用于稳外贸稳外资，支持跨境电子商务、外贸人才培养等方面。兑付财政资金2700万元，提升消费活力，通过消费券发放和汽车促消费活动，带动消费2.30亿元。

【保障改善民生】 全市民生领域投入资金66.69亿元，增长3.8%，占一般公共预算支出 75.8%。全年拨付低保、特困、医疗救助等社会救助资金 2.39 亿元。落实企业养老保险省级统筹责任分担机制，拨付资金 3.59 亿元。安排资金 2210 万元，推进居家养老“共享食堂”建设全覆盖。全年卫生健康支出 7.95 亿元。投入医改专项资金 1.84 亿元，推进县域医共体建设；推进村级医疗机构提升改造工程，支持城乡居民“三免三惠”健康行动，推动卫生服务普惠共享。拨付资金 5.36 亿元，推进人民医院和峡口卫生院迁建工程。全年累计支出教育经费 14.79 亿元，同比增长 14.9%。安排资金 2.15 亿元用于学校改善和能力提升工程，全年共新（扩）建学校 9 所，收购小学 2 所；安排资金 1.44 亿元支持高中教育补短提升；安排资金 1184 万元用于新增配套地方生均经费。拓宽强村富民路径，落地实施华欣湖羊、翰音农业产业基地等项目，采用村集体抱团投资入股参与等方式，提高村集体经营性收入。全市所有行政村经营性收入达到 30 万元以上，其中 50%的行政村达到 50 万元以上、25%的行政村达到 100 万元以上。推动固废处置匹配能力项目，促进“无废城市”建设。做好全市木门行业整治提升资金奖补工作，促进木门行业节能减排。全年安排环境保护专项资金 8052 万元统筹用于污染治理和生态环境保护。提升出境水水质，获得钱塘江流域上下游生态补偿资金 500 万元。

【推进财政改革】 做好预算一体化改革试点工作，上线预算编制、批复、调剂模块，获列全省第二家试点运行预算调整模块。推进“浙里报”、政府采购、共富家庭画像等改革试点工作。开展道交救助基金抢救费用垫付省级试点改革，全年道交救助基金抢救费用垫付 63 人次 337 万元，追偿 340 万元。依托浙政钉 2.0 平台，构建财政日常内部管理工作数字化转型应用，打造数字留痕、运行高效的智能内部办公体系。全面推进落实“乡镇公共财政服务平台+一卡通”建设，实现在“浙里办”系统同步查询。组织开展市级部门项目支出绩效自评，实现项目支出绩效自评全覆盖。

【强化财政监管】 开展 2021 年市县财政决算审计反映问题、“落实政府过紧日子”情况和 2021 年度地方预决算公开情况等专项检查；推进公款竞争性存放，完成财政资金公款竞争性存放 38.60 亿元。对 195 个行政事业单位开展资产管理存在问题摸排，指导完成问题整改。完成虚拟“公物仓”建设，实现资产的“N”次利用，完成 37 件公物仓资产划转。建立政府采购全闭环信息公开体系，提升政府采购透明度。建立采购文件随机抽查机制，强化监督检查。

（赖东冬）

税务

【概况】 2022 年，江山市共组织税费收入 105.61 亿元，同比增长 16.16%，首次迈上百亿元新台阶。其中，税收收入 41.90 亿元，增长 2.83%；社保费和非税收入 63.71 亿元，增长 26.98%。办理各类减免退税费 28.55 亿元，增长 31.94%。

【减税降费】 持续优化税费优惠政策直达快享系列“打法”，按照“第一时间+顶格优惠”的原则，在受理、审核、退库各环节配置专人专岗、及时响应，保障留抵退税“快准稳好”。通过征纳沟通平台建立优惠政策标签体系，推进组合式减税降费政策精准化推送、智慧化享受。全年落实新的组合式税费支持政策 12.96 亿元，其中办理留抵退税 5.61 亿元，减免税费 2.56 亿元，缓缴税款 4.28 亿元，缓缴社保费 0.51 亿元。

【以数治税】 落实《关于进一步深化税收征管体制改革的意见》，高质量推进省税务局“揭榜挂帅”任务，通过“纳税人行为洞察”试点设置对照组进行试验，为省税务局促进纳税申报提供数据基础。推进数字化改革，发挥数字技术的放大、叠加、倍增作用，以“非接触式”办税为基础，加快“办问协同”税费服务新模式建设，完成“智能云呼叫中心”

8月30日，税务干部在基层为纳税人服务（周驿 摄）

的改造升级。推进发票电子化改革，全电子发票受票扩围试点工作顺利推开，按期宣传完成率和受票企业辅导率达100%，实现出租车电子发票全覆盖。

【税收营商环境】 开展便民办税春风行动，分批推出服务举措130项，联合工商联召开税企恳谈会4场次。加大“税易贷”等银税互动产品宣传力度，全年累计帮助1260户小微企业授信金额9.05亿元。优化办税缴费便利措施，推行不动产登记全流程掌上办税模式，推进车购税申报、普票代开等重点民生事项掌办，税务事项网办率达98.42%。积极推动税费服务转型升级，探索科学化、精细化、个性化大企业税收服务和管理模式，构建拟上市公司税源服务和监管框架，对接企业需求，开展上市专题辅导。作为衢州市唯一一家全国纳税人满意度参评单位，在全国县市区满意度测评中排名第二十一，为浙江省连续8年获全国满意度调查第一名作出江山贡献。

【税收法治】 持续推进行政执法“三项制度”，全年通过执法公示平台公布信息1120条，贯彻落实执法全过程记录制度，重点规范税款征收、行政许可、行政处罚、行政强制、行政检查等执法行为，为各税务所配备执法记录仪，做到执法行为留痕，被列为衢州市公民法治素养观测点。规范行政处罚自由裁量权，把落实“首违不罚”清单与深化税收征管改革、推进精确执法专项试点相结合，坚持处罚与教育相结合原则，规范行使自由裁量权，全年办结行政处罚案件1893件，处罚金额18.45万元。丰富和发展新时代“枫桥经验”，健全党建统领“四治融合”的城乡基层治理体系，支持双塔税务所和贺村税务所开展“枫桥式”税务分局（所）建设工作，并派员入驻矛调中心，坚持基层矛盾基层解决。

【大数据和风险管理】 开展个性化行业税收风险防控，通过自设风控指标库、分析木门行业经营数据、筛选税收风险企业，查补税费144.8万元。贯彻票据数字化改革措施，推广“浙里办票”应用试点，欧派门业股份有限公司、科润智能控制股份有限公司等公司已纳入试点范围。

【社会保险和非税收入管理】 推进“统模式”工作，根据企业职工基本养老保险全国统筹部署，推动用人单位和个人自行向税务部门申报缴纳社会保险费，基本构建职责清晰、征管规范、监管有力、协同高效的社会保险费征收管理体制，涉及缴纳城乡医保的41万人、城乡养老11万人。核销城乡居民基本养老保险欠缴数52392条，计1812.99万元。做好企业职工基本养老保险提标扩面工作，扩面任务人数0.39万人，全年平均缴费人数12.9万人，缴费基数据夯实率达62.75%，提升2.37%。持续提升非税收入互联互通平台管理，实现残联—税务数据共享，推进水土保持补偿费等4项非税收入的业务衔接和征收管理。

（严航烜）

金　　融

金融服务中心

【概况】 2022年，全市本外币存款余额747.56亿元，同比增长13.35%；贷款余额686.22亿元，同比增长24.92%；存贷款余额1433.78亿元，同比增长18.89%。企业贷款利率（4.45%）和普惠小微企业贷款利率（4.85%）分别较年初下降41个基点和60个基点，为有统计以来新低。

7月18日，江山农商银行对接协调某企业不良贷款事宜（市金融中心 供图）

【对接多层次资本市场】 通过动态建立企业上市后备资源培育库，激发企业上市内生动力，增强企业上市工作合力等举措，推动股改挂牌上市工作。全年新增上市公司1家，新三板挂牌企业1家，完成股改企业2家，新增签约规范企业4家，衢州智造板挂牌4家，新增上市梯队企业4家。新增非金融企业直接融资7.519亿元。

【支持地方经济发展】 用好用足央行货币政策工具，投放碳减排支持工具3笔2.44亿元；科技创新再贷款26笔1.93亿元；设备更新改造再贷款1笔1000万元；支持基础设施建设和重大项目投放2个8.62亿元；使用支农支小再贷款9亿元。落实落细各级助企纾困政策，全年全市银行机构为10441家企业减息3.38亿元，为31家企业展期2亿元。政策性担保公司为221家小微企业（含个体工商户）减免担保费共计67.36万元。

【加强地方金融风险防控】 加强对小贷公司、典当、担保、投资公司日常监管，开展融资担保公司关联交易和涉众风险专项排查。推进民间融资案件协同处置，银通担保案件峡口水香苑房产得到妥善处置；博瑞案件江山资产部分处置，实施清偿分配941.84万元，常山36套未售案件房产验收办证问题有效推进。严控涉嫌非法金融活动，联合公安、市场监管局等部门对“六早大健康江山运营中心”进行联合检查；对全市养老机构开展养老诈骗和非法集资风险摸排。

（姜 涛）

银保监组

【概况】 2022年，衢州银保监分局江山监管组履行监管职责，引导辖内银行保险金融机构加大服务实体经济力度，强化防控信用风险，维持金融市场秩序。截至年底，全市银行业机构人民币各项存款余额740.42亿元，较年初新增88.28亿元，同比增长13.54%；各项贷款余额683.19亿元，较年初新增135.87亿元，同比增长24.82%；不良贷款率0.41%，比年初上升0.05个百分点。全市保险机构保费收入13.89亿元，同比增长6.25%，其中财产险保费收入5亿元，同比增长16.12%，人身险保费收入8.89亿元，同比增长1.4%。全市赔付支出4.81亿元，同比增长3.51%。

【助推经济高质量发展】 围绕助力江山高质量发展建设三省边际中心县城目标，引导辖内金融机构向上争取政策倾斜、下放贷款审批权限等，加大中长期项目贷款和中期流动资金贷款投放力度，优化辖内银行保险金融服务。截至年底，涉农贷款余额538.18亿元，较年初增幅37.07%，小微企业贷款余额225.29亿元，较年初增幅30.42%，分别位列衢州各县（市）第一、第二；涉农贷款、小微企业贷款平均利率分别为4.99%、5.3%，均为衢州各县（市）最低水平。制造业贷款余额、旅游业贷款余额分别为153.59亿元、10.66亿元，分别较年初增长23.40%、38.83%，位列衢州各县（市）第二、第一。全年保险保费收入13.89亿元，占比衢州市17.92%。

5月9日，银行业保险业反诈工作集体约谈会议召开（周雪晶 摄）

【加强区域信用风险防控】 组织开展全面信用风险排查，召开信用风险分析会，建立信用风险研判机制。指导银行业协会主持召开重点企业风险处置联席会议，完善联合工作机制，强化风险管控，加快风险处置。年末，不良贷款率0.41%，为衢州4个县（市）中最低。

【维护地方金融市场秩序】 发挥银保调委江山工作室作用，化解群众矛盾纠纷。截至12月末，工作室共受理390件，已调解成功233件，调解成功率达到59.74%。其中交通事故类接收126件，调解成功115件；金融类接收252件，调解成功106件；消费投诉类接收12件，调解成功12件。

【促进金融服务方式创新】 推进"农户家庭资产负债表融资模式"，争取该项目在江山农商行开展试点，并逐步扩大至江山全域，被列入浙江银保监局2022年改革创新重点工作项目。截至年末，农户建档覆盖率98.99%，农户授信率94.64%，户均授信额度较2021年末增加9.03万元，用信率34.65%。

（林柳倩）

人民银行

【概况】 2022年，中国人民银行江山市支行着力强化金融管理，优化金融服务，防范金融风险，促进全市经济金融稳健发展。年末，全市金融机构本外币各项存

7月21日，联合相关部门召开全市稳外贸政策培训会暨国际商会理事会（市人行 供图）

款余额747.56亿元，较年初增加88.06亿元，同比增长13.35%；各项贷款余额686.22亿元，较年初增加136.90亿元，同比增长24.92%。

【用好货币政策工具】 通过调研，摸排102家科创企业贷款需求6.64亿元，引导银行加快对接投放。加大对小微企业、重大项目建设的金融支持，推进降低融资成本、完善住房领域金融服务工作；对接4家有融资需求的房地产开发商，助力解决资金缺口难题；运用12类结构性货币政策工具，助力困难行业和小微企业纾困发展。年内，运用支农支小再贷款资金9亿元，累计支持经营主体207户；辖内两家法人银行机构普惠小微贷款较年初新增27亿元。

【支持共同富裕示范区建设工作】 以“共富浙江”、金融支持山区26县发展等为工作抓手，靠前谋划，精准施策。制订《金融支持江山市跨越式高质量发展推进共同富裕示范区建设行动方案》，从三个方面提出15条工作举措，为辖内跨越式高质量发展推进共同富裕示范区建设提供金融保障；总结江山金融工作的特色亮点，撰写金融赋能26县系列《江山市：数字普惠 绿色共富》工作宣传稿。

【落实“双碳”目标】 制订《江山市碳账户金融系统推进方案》，对银行机构日常工作中系统推广和运用提出具体要求，推进碳账户金融制度产品本土化，促进碳账户贷款增量扩面。年内，江山市碳账户贷款发放金额为60.65亿元，提前完成全年32亿元总目标；推动绿色信贷工作，加大对绿色项目的资金支持，推进绿色信贷增量扩面。年末，全市绿色贷款余额145.54亿元，较年初增长84.25亿元，占各项贷款21.21%，较年初上升10.05个百分点。

【开展绿色金融与普惠金融融合发展工作】 制订推动绿色金融与普惠金融发展要求的工作方案，并向市政府做专题汇报，争取政策支持；针对普惠主体如何纳入绿色信贷统计，提出对现有指标体系进行扩充和降维的意见，加强绿色信贷统计外延分析；推动金融机构针对绿色金融与普惠金融融合开展产品服务实践和提炼，借助“一证通办”等数字化改革契机，提高金融服务质效。

【推进基于转型金融的绿色金融实践创新】 针对低效工业用地有机更新项目，为企业打造“绿色+园区”的授信方案，通过绿色项目快速通道为企业获批17.58亿元授信总量，支持园区绿色升级改造；引导银行机构加大对节能减排的技术改造升级、能源使用结构调整、建设低碳排项目等。

【推进“央行支付”全域综合应用】 督促银行机构积极推广移动支付，推动移动支付交易量，新增绑卡用户数稳步增长。年内，江山市各银行机构共计完成移动支付交易量214.79万笔；落实支付手续费降费政策，累计降费规模达182.84万元；参与浙江省网络非银行支付机构特约商户核查工作，年内审核特约商户705户，下发风险提示函6次。

【强化国库和现金服务】 开展个人所得税退库工作，畅通资金退付通道，全年高效办理个税退税业务31255笔、金额1.49亿元，办理增值税留抵退税业务2671笔、金额5.39亿元，让纳税人享受到减税降费与税收体制改革的“红利”；优化辖区现金流通服务环境，做好现金全额清分管理，完成对辖内18家银行机构的现金全额清分督查工作，督促银行机构巩固所有券别全额清分成效，降低长短款差错、假币浓度和综合夹杂率；开展整治拒收人民币现金专项行动，收到举报线索1条，开展调查取证1次，对相关单位进行批评教育1次；开展残损币鉴定工作，全年开展鉴定25次，金额3万余元。

【强化外汇便利化精准服务】 联合市财政局、市金融服务中心和市商务局开展汇率避险专项行动，印发《江山市支持小微企业汇率避险增信服务实施方案》，解决企业关心的“急愁难盼”问题；联合商务、海关召开稳外贸政策培训会，深化“汇及万家”宣传。年内，为10家企业办理便利化业务518笔，金额9307万美元；推动衢州辖内首笔“汇率保”增信担保产品成功落地，累计办理业务15笔，金额177万美元；推动资本项目便利化政策“支持非金融企业的多笔外债共用一个外债账户”首笔业务落地衢州，多次宣传信息被杭州中支微信公众号、江山多娇等媒体专题报道。

【打击治理电信网络违法犯罪和反洗钱犯罪】 成立由行长为组长的打击治理电信网络诈骗违法犯罪工作专班，将打击治理防范电信网络诈骗违法犯罪工作纳入全市银行机构管理考核内容；制订《中国人民银行江山市支行关于进一步做好打击治理电信网络新型违法犯罪和跨境赌博工作实施方案》，组织辖内银行机构开展347次宣传，发放资料2.45万份，受益人数10多万人。全辖19家银行机构开展存量账户排查203.81万户，进行非柜面限额调整71.13万户，账户管控27.78万户；对辖内银行机构开展10家次打击治理电诈工作现场督查，对3家涉案账户较多的银行主要负责人进行约谈；打击辖区内洗钱及相关犯罪活动，强化对金融机构的督导提示，扎实做好线索移送和案件协查，年内，上报可疑交易线索9条，移交公安9条，其中公安立案并破获2起。

【开展“征信修复”乱象治理】 加强征信宣传力度，针对“征信修复”等乱象，多次开展现场宣传讲解活动，在微信公众号“江山发布”和多娇江山APP发布推文，并进行朋友圈转发，告诫广大公众“征信修复”不可信；联合江山市金融服务中心、市委网信办、市场监管局等单位，构建“征信修复”乱象专项治理“百日行动”协同工作机制，整治江山市内危害大、群众反映强烈的“征信修复”乱象问题。年内，排查整治企业名称带有“征信”字样的公司1家，经营范围带有“信用修复”“征信业务”等字样的公司3家。

（徐 倩）

工商银行

【概况】 2022年，中国工商银行江山支行（简称市工行），各项存款余额81.63亿元，余额占比30.64%，四行占比第一，较年初增加3.73亿元，新增占比16.94%。各项贷款余额69.59亿元，余额占比26.59%，四行占比第二，较年初增加15.82亿元，新增占比8.82%。全年总投放项目贷款14.67亿元，其中国资系项目4个，合计投放12.61亿元；支持企业技改项目3个，投放金额2.06亿元。支持实体经营，投放普惠贷款5.3亿元。

【参与国资项目融资】 对照江山市重大项目清单，对接国资及下属子公司，推出以城市有机更新、工业有机更新、农村有机更新为内核的“三大有机更新”专项融资产品。重点支持辖内未来社区、安置房等改善民生的项目，助力政府溪东村安置房项目发放项目贷款4.5亿元；主要基于江山市工业产业转型升级需求，针对开发区产业能级提升、"亩产论英雄"等政策导向，支持政府对原老工业园区内落后产业进行收储腾退，助力政府发放江东化工园区工改工项目贷款5亿元；结合乡村振兴工作要求，推出基于农村土地整治类项目需求的农村有机更新产品，通过拆迁、安置、复垦等内容，达成全域土地整治的目标，助力首笔乡村振兴贷款峡里湖安置房贷款合计0.32亿元。

【支持实体经济】 年内，全市381家规上企业中，在该行开立账户的有263家，有信贷业务合作96家。江山辖内3家上市公司，主办行均为工商银行。为健盛在贵州的两个项目投放首笔异地扶贫贷款0.73亿元；在科润北交所上市的过程中，承接募集资金1.1亿元，发放助力贷款3000万元。为港资企业浙江碳一发放首笔项目贷款0.945亿元；为万里扬、习谷科技等优质招商引资企业提供各类金融政策支持。

【支持普惠金融】 推出的E抵快贷、E企快贷业务实现全线上融资，企业从申请贷款、抵押物评估、完成审批到提款成功的全过程都只需在手机网银界面进行操作，解决融资资料多、流程长的痛点。严格按照国家支持小微企业发展政策，对普惠贷款执行优惠利率（最低至3.2%），主动为432户小微企业及企业主进行普惠性降息，全年合计降息1100多万元。

【助力乡村振兴】 推出涉农普惠贷款产品"兴农贷"品牌，通过农户E贷、村社E贷、农企E贷等链式系列产品，为农户、家庭农场、"农家乐"、村集体、涉农企业等提供纯信用资金支持。年内已落地"农e贷"629户，发放贷款6767.16万元，有效解决农业生产经营主体融资难、融资贵、融资慢等难题。还在"碳汇贷款""农村宅基地贷款"等方面探索创新，办理工行系统内首笔土地承包经营权质押贷款1000万元。

【参与民生保障】 积极对接各乡镇政府，协助开展退役军人优待证发放工作，派员工驻点12个村镇。助力完善社会养老体系，主动对接各单位，提供上门服务开通个人养老金账户。加大按揭投放力度，全年投放193笔，金额18359万元。下调首套房贷款利率，为当地企业留住人才提供良好的金融条件。

（姜慧燕）

9月13日，市工行开展"争做理性投资者 争做金融好网民"活动（姜慧燕 摄）

农业银行

【概况】 2022年，中国农业银行江山市支行（简称市农行）紧扣江山"三省边际中心县城"建设目标，优化信贷资源配置，为经济发展贡献力量。年末，市农行存贷规模150.44亿元，其中各项贷款余额76.26亿元，比年初增长13.98亿元。余额四行占比29.14%，持续保持四行第一。

【助力乡村振兴】 对标打造服务乡村振兴领军银行目标，全年获批项目贷款 18 个、金额 54.66 亿元，年内投放 9 个、金额 10.85 亿元，项目获批个数、获批金额、投放金额等均创历史新高。营销落地衢州范围首笔“共同富裕示范区建设项目”贷款 8.4 亿元，系浙江省打造全国乡村振兴先行区的首个共富项目。

【发展绿色金融】 年末，绿色贷款余额 18.52 亿元，占各项贷款比重 24.29%，比 2021 年末提升 8.06 个百分点，年内增加 18.52 亿元，增幅 82.46%、高于各项贷款增速 60.01 个百分点。其中，“工业减碳贷”投放金额 11.42 亿元，是区域内碳账户贷款额投放最大银行。

【支持兴乡富民】 制定集“惠农通+惠农 e 贷+农村金融六自治+乡镇挂职干部+乡村联络人”于一体的金融服务乡村振兴组合套餐。年末，布设惠农通有效服务点 157 个，实现江山区域所有乡镇全覆盖；“惠农 e 贷”较年初增加 1.12 亿元、增速 19.86%、惠及农户 560 户；下派乡镇挂职干部 3 人、发展乡村联络员 9 人，有效延伸农行服务覆盖面。

【落实减费让利】 落实监管部门关于为企业减负工作要求，对一般法人实体贷款给予利率优惠 30 个 BP 基点（1 个基点等于 0.01%），对普惠型小微企业最低按 3.2%执行。推出“小微企业年审贷”“连贷通”“智动贷”等无还本续贷类产品，全年发放还款方式创新贷款 1.04 亿元，涉及企业户数 12 户，累计为企业节约转贷成本 522 万元。

【推出“腾龙保”金融产品】 围绕全市“大搬快聚·兴城共富”工作部署，与市信保合作创新推出“腾龙保”，以“信保+”模式，通过市信保公司担保，以腾退企业拆迁赔偿余款作为还款来源，为企业拆迁重建提供资金保障。在江山“两新”产业园、江贺经济走廊整治提升、莲华山连片开发征迁等专班工作中，累计为 12 户腾退企业提供贷款支持 1.73 亿元。

（王　威）

中国银行

【概况】 2022 年，中国银行江山支行（以下简称支行）本外币各项存款余额 43.54 亿元；本外币各项贷款余额 58.70 亿元。在全市金融系统考核中获一等奖，在人民银行金融机构综合评价中被评为政策性银行及国有大型商业银行类 A 等行。

【强化国资平台合作】 根据市委、市政府“工业强市”战略，把“大抓平台、大干项目”作为根本性抓手，持续为江山市三大国有平台（开建投、城投、旅发公司）提供信贷支持 59.34 亿元，用于支持江山市地方经济建设与发展。

【加大重点产业支持】 加大对全市重点行业、产业龙头的金融支持力

11 月 2 日，中国银行浙江省分行与江山市人民政府签订战略合作协议（市中行 供图）

度，累计为江山门业、智能装备制造、化工、塑胶、新能源等行业72家企业批复授信总额4.84亿元。

【优化信贷结构】 推出“江山亩均贷”“三衢共富贷—江山有机更新贷”等特色场景服务小微企业，全年新增普惠金融授信客户152户，新增授信投放5.03亿元。其中，对公两增两控普惠贷款8.69亿元，比年初新增2.84亿元，增长48.61%。践行国家“双碳”政策，运用人民银行碳减排支持工具和相关政策，加大绿色信贷项目的营销力度。全年绿色金融贷款金额18.28亿元，较上年同期增加16.18亿元，获2022年江山市碳账户金融劳动竞赛二等奖。

（伍伟萍）

3月11日，开展“3·15”金融消费者权益保护周宣传活动（市建行 供图）

建设银行

【概况】 2022年，中国建设银行江山支行一般性存款余额67.13亿元，比年初新增3.89亿元。其中，企业存款31.72亿元，个人存款35.40亿元；各项贷款57.11亿元，比年初新增7.67亿元。获浙江省建行先进集体荣誉称号。

【新金融助推高质量发展】 完善数字普惠金融体系，强化“惠懂你”推广运用，以多样化的内外部生态丰富经营场景。加强与政府性融资担保公司合作，加强内外联动和平台对接，上线“农担e贷”，截至12月末投放“农担e贷”22笔，金额522.31万元。助力蓝海战略，推出“产业园区+住房租赁”配套综合金融服务，支持江山经济开发区职工配套宿舍住房租赁项目建设，累计发放住房租赁贷款2亿元。助力乡村振兴，围绕农业“双强”、乡村建设、农民共富三个行动开展工作。促进“裕农通”提质增效，持续开展便民惠民及民生场景打造，打造活跃裕农通服务点147个。通过“裕农通好货”“裕农通+建行生活”等模式打造本地产销渠道，全年开展“裕农通好货”活动5次，助销猕猴桃4.5万公斤，费用总计25万元。与江山市文旅局合作筛选民宿、“农家乐”等开展满减活动，支持地方旅游业发展。

【服务社会民生】 服务精准滴灌实体经济，加大对重点企业的信贷投放，为衢州海嘉建设虎山运动公园PPP项目、光大环保能源生活垃圾焚烧发电PPP项目、浙江交投交通安全设施产业园项目、浙江研一新能源年产3万吨AONE项目等进行信贷支持。截至12月末，基础设施领域贷款余额7.74亿元，比年初新增4.12亿元。加大对低碳、减碳、脱碳等领域的金融支持，将碳账户信息嵌入信贷管理全流程，创新“碳优贷”产品，全年实现信贷投放6.28亿元。紧扣制造业高质量发展要求，结合江山区域产业特点，支持“专精特新”和科创型中小企业，深化与工信部发布的国家级专精特新“小巨人”企业合作，为江山欧派安防科技有限公司、科润智能控制股份有限公司、浙江天际互感器有限公司等发放贷款 1.5 亿元，助推江山门业、装备制造业等特色产业集群发展。

【零售业务扩面提质】 强化场景运营，持续提升“建行生活”客户活跃度，完善手机银行为主的对私对公平台金融生态。截至 12 月末，建行生活用户数 4.14 万户，当年新增用户 1.86 万户，入驻商户 229 户。强化渠道融合，从统一用户—客户连续经营、线上线下渠道规划、生态场景融合、服务流程优化、线下渠道承接线上业务场景能力等方面着手，提炼沉淀全渠道融合发展模式。以 G 端突破、数字化经营、公私联动拓展客户，构建外部生态，实现自生长式获客模式。以生态建设和场景运用激活客户，实现个人业务集约化经营和可持续发展。

（严晴美）

农商银行

【概况】 2022 年，江山农商银行各项存款余额 332.4 亿元，比年初增 39.87 亿元，存款市场份额 44.47%。各项贷款余额 243.17 亿元，比年初增 43.22 亿元，增幅 21.61%。其中，涉农贷款 229.50 亿元，比年初增 43.08 亿元，增幅 23.11%；小微企业贷款 141.37 亿元，比年初增 39.67 亿元，增幅 39.01%，贷款市场份额 35.44%。存、贷款规模和市场份额连续 21 年均居江山市银行业机构首位。

【推动强村共富工作】 9 月 8 日，江山农商银行与市委组织部、市农业农村局联合签订江山市乡村集体改革“强村共富”战略合作协议，推出“强村共富贷”，为 292 个村集体授信 2.1 亿元，累计发放贷款 1000 万元，为 100 个行政村投入乡村振兴合作资金 500 万元。与退役军人事务局合作打造“崇军共富站”，推出“崇军共富贷”，与江山市妇联合作创新“庭院共富贷”。

【支持乡村振兴】 全年发放涉农贷款 229.5 亿元，新增 43.08 亿元。开展农户画像 2.0 工程，授信 21.8 万人、金额 417 亿元，发放贷款 62 亿元；聚焦新型农业主体、农创客群体等群体，向全市新型农业主体群体发放贷款 6.82 亿元，其中种粮大户贷款 7925.5 万元，向 350 户农创客群体提供信贷资金 1.31 亿元；定制专属信贷产品“大搬快聚共富贷”，累计发放 58 户、金额 1750 万元。

【助企纾困金融服务】 出台《稳经济大盘助力地方经济稳进提质行动方案》，开展金融支持百万市场主体专项行动，推行“连续贷+灵活贷”及小微首贷户客户融资利率优惠等政策。全年累计办理 2365 笔无缝续贷，金额 50.4 亿元。为 216 家企业和 582 户个体经营户、小微企业主提供延期（宽限期）服务，涉及信贷资金 5.92 亿元。拓展小微首贷户 391 户。

【打造 15 分钟“金融+政务”办事圈】 41 家金融网点全部开设政务服务“一窗受理，集成服务”专窗，307 家丰收驿站，打造“基础金融服务不出村，综合金融服

2 月 13 日，工作人员携带移动展业 APP，上门为客户解决“急难愁盼”问题（市农商行 供图）

务不出镇”，构建了“就近办”“自助办”“掌上办”“上门办”的“四个办”体系。与30多个部门合作，代办50多项政务和民生项目，发放社保卡51.3万张，承揽全市40多万医保代扣代缴业务和惠民补贴发放业务。开展“智慧食堂”“智慧校园”“智慧驾校”“智慧工地”“智慧菜场”等，助力15分钟便捷生活圈。

（郑晓岚）

邮储银行

【概况】 2022年，邮储银行江山支行共有14个网点，自助银行20个，银行卡助农服务点42个，普惠金融服务站5个。年末，支行存贷款规模超72亿元。其中，各项存款余额46亿元；各项贷款余额25.81亿元，当年新增存款7.38亿元，新增贷款2.34亿元，不良率0.62%。

【产品创新】 创新科技信用贷，推出无还本续贷，推进小微易贷业务，推出“低碳邮礼贷”“邮碳贷”等产品。年末，绿色贷款余额5.08亿元，新增7682.01万元，绿色贷款占比19.68%。

【线上服务】 加快线上业务发展，线上极速贷结余8.56亿元，全年新增2.49亿元，小微易贷结余1.73亿元，净增1.51亿元，全省一级支行中结余金额排名第二。离柜率95.3%，外拓机具使用率100%。

【服务民生】 推进无欠薪工作，为66个单位代发农民工工资，新增17个单位，其中为农民工代发6744余万元，环卫工人代发0.3亿元。为市民提供第三代社保卡办理服务，发放社保卡4862张。做好退役军人服务工作，收集资料7490张，协办江山市首届“共富杯”退役军人创业创新成果展，为参展的3家企业授信0.3亿元，《金融时报》对该活动做了报道。围绕金融支持山区26县高质量发展，支行各类涉农贷款累计发放579笔，金额2.03亿元，涉农贷款结余6.49亿元。支持“专精特新”等企业发展，发放小企业贷款4.27亿元，其中发放制造业贷款合计3.19亿元。加大对困难企业的纾困和帮扶力度，全年投放各类帮扶贷款10.2亿元。

（徐建祎）

人保财险

【概况】 2022年，中国人民财产保险股份有限公司江山支公司以党建为统领，以效益发展为经营理念，不断优化保险供给、提升服务品质。全年完成全险种保费收入26742万元，理赔结案25032件，支付赔款19720万元。

【助力电动车综合治理】 发挥网点、人力、物力、科技资源等优势，协同公安交警与全市电动车经销商保持密切联系和互动，设立电动车临时上牌服务网点6家，流动网点1家，加强对销售商的监督、每日通报参保率，做到应保尽保。全市共登记上牌电动车67302辆，其中办理保险62583辆，覆盖率93%。

5月23日，市人保财产保险公司助力江山市备案非标电动自行车淘汰工作。图为启动仪式现场（曾心以 摄）

【推进惠民保险】 组建“惠衢保”项目工作专班，走访全市各乡镇，跟进所辖村、社区，开展“惠衢保”宣传承保工作，提高参保率。全年参保覆盖率提升至80.03%。

【助推乡村振兴】 以服务乡村振兴战略和保险供给侧结构性改革为抓手，开办政策性农业保险品种15个，商业性农业保险品种6个，地方特色农业保险品种3个，农险产品供给向多元化覆盖；全面完成所辖乡镇政策性水稻保险承保工作，参保面积13013公顷，参保户数31653户，覆盖率达70%；探索开展水稻灾害示范田管理工作，通过实施事前风险预防、事中施救减损、事后精准理赔的风控管理办法，促进粮食增产、农民增收。

【优化理赔服务】 坚持精耕细作，持续提高理赔管理水平和服务技能，做到精准理赔，高效服务。“6·20”暴雨灾害期间，处理车险赔案609件，财产险赔案83件，农险赔案135件，支付赔款2000万元，同时，首次启动气象灾害应急响应理赔工作，获得了地方政府和客户的高度赞誉。

（曾心以）

中国人寿

【概况】 2022年，中国人寿保险股份有限公司江山市支公司大楼搬迁至鹿溪北路229号。全年实现保费收入3.3亿元，市场份额占比35.8%。共处理理赔件20909件，支付赔款2735万元。

【推进政保合作】 乡村振兴保、计生系列保险取得当地财政支持，惠及20万人，其中独生子女家庭保险参保率保持在95%以上，惠及4.5万户。实现理赔服务升级，优化“五免一赔”直付理赔服务，2.5万元以下的理赔案件全自动流转，提高理赔时效及精准度，“重疾一日赔”已成功支付近百万元理赔服务。

【提升科技赋能服务】 围绕“我为群众办实事”的主题，推出“八小时外暖心服务不打烊”服务模式，组建暖心专员队伍，设立暖心专线，为行动不方便的特殊客户提供8小时外服务或上门服务。承保、领取、变更、小额理赔等业务全部实现线上APP办理，10万元以下的保单借款实时秒到，全年保单借款金额累计3.1亿元，惠及1.8万人。

【履行社会责任】 成立“国寿抗疫突击队”支援乡镇社区参与全员核酸检测工作。履行社会责任，连续三年为全市700多名教育教学优秀教师捐赠保险，累计捐赠保额7.45亿元。实地走访结对帮扶村，了解当地村庄情况，制订帮扶计划，向上争取资金，为结对帮扶村提供物资帮扶，促进乡村振兴。春节期间配合计生协会开展特殊家庭关怀系列活动，走访近150户困难家庭，送上价值5万元的慰问品。

（徐水娟）

3月15日，市人寿保险公司开展消费者权益保护工作宣传（市人寿保险公司 供图）

教育　体育

9月8日，江山市教育发展大会暨第38个教师节表彰会在江山市文化艺术中心举行（市教育局 供图）

教育工作

【概况】 2022年，江山市教育局以“办人民满意教育”为宗旨，践行“潜心育人、温暖有方”的教育精神，坚持“追求极致、争创一流”的工作态度，秉持“因材施教，人人成才”教育理念，引领每一位学生“自觉求知学有所得，自主发展学有所长，自立自强学有所为”，不断擦亮“学在江山”品牌。省长王浩等各级领导先后到江山市调研教育工作，对江山教育的各项工作赞赏有加。高规格举办江山市教育发展大会，建立市级部门（单位）结对联系学校及“名誉校长”制度，印发《江山市推进教育高质量发展的实施意见》，制定“促进教育高质量发展十条政策”，全年增加财政预算专项经费3000万元，乡镇部门支持教育突破1500万元，企业个人捐资助学达283万元，尊师重教氛围进一步浓厚。“名誉校长”典型经验在中央教育工作领导小组《教育工作情况》中刊登，分送中共中央办公厅、全国人大常委会办公厅、国务院办公厅、全国政协办公厅及各地省委省政府，同时在《中国教育报》头版头条刊登。省教育工作满意度调查得分 87.12 分，较上年度提升 3.74 分，首次突破 85 分；省教育现代化发展水平监测得分 79.63 分，排名列衢州市各县（市、区）首位；省基础教育生态监测获 A 等，排名全省第五名。义务教育优质均衡发展县创建工作通过省教育厅评估，提交教育部参评。中高考成绩继续领跑衢州各县（市、区），2022 年，高考文化类特控线和艺体类一段线上线总人数达到了 1045 人，上线总人数连续 9 年位列衢州市各县（市、区）第一；“985”、“211”大学录取人数取得新突破，总数达 215 人，一段上线率达 77.8%。中职学生单考单招一段上线 56 人，其中衢州第二中专一段上线 40 人，取得历史性突破，二段上线 968 人，上线率达 100%；中考成绩连续 5 年位列衢州市各县（市、区）第一方阵。连续 2 年荣获浙江省教育工作业绩考核优秀单位。全省高校新生体质健康测试，总成绩合格率（93.10%）排名全省各县（市、区）第九，连续两年合格率排名全省前十、衢州第一。先后获“全国第七届中小学生艺术展演活动优秀组织奖”“浙江省规范民办义务教育发展专项工作成绩突出集体”“浙江省招生考试先进集体”“衢州市教育信息宣传工作先进单位”“江山市提案先进承办单位”“平安江山建设先进单位”等荣誉。

【抓好党建工作】 江山“红传”党建品牌获衢州市“培根铸魂、整校提升”两专建设赛马比拼强基之星称号，党建工作在省教育厅、衢州教育局作过典型经验介绍。创衢州市行业系统党建示范点 2 个，衢州市“一校一品”党建特色品牌学校 4 所，衢州市中小学校五星级党支部 10 个。组织开展党的二十大精神专题学习活动，举办江山市教育系统第三届“红传先锋”8090 新时代理论宣讲大赛评比活动，把党的二十大精神传达到每个支部、每名党员、每位师生。全市教育系统共开展党的二十大精神宣讲 121 场次，覆盖师生 8 万多人。编印《社会主义核心价值观 12 词课例》教材，推进社会主义核心价值观融入学校教育教学全过程。推进党员队伍和教师队伍协同高质量发展，扎实开展“双报到”活动，1661 名党员下沉社区参与疫情防控、文明城市创建等工作，充分发挥共产党员先锋模范作用。

【推进队伍建设】 构建“教坛新苗、教坛新秀、学科带头人、名师（名校长、名班主任）、特级教师（正高级教师）”渐进式宝塔型成长机制，实施未来教师“定向培养”、新进教师“365”、青年教师“1358”、骨干教师“百师带千徒”、名优教师“151”、卓越教师“领雁齐飞”、卓越校长“领航带飞”等“千师登高”系列化个性化培养工程。举办教育系统中青年骨干培训班，提升 55 名骨干教师的专业和管理能力。设立名校长导师工作站 1 个、博士工作站 2 个、专家工作站 4 个，名师名校长工作室 46 个。与杭州钱塘、下城、绍兴柯桥 3 个区教育局签署合作协议书，结对学校 62 所、教师 137 名。培养正高级教师 3 名，正高级讲师 1 名，特级教师 2 名，省春蚕奖 2 名，省红烛奖 4 名。实施“入职送证”“在江送家”等“十送”暖师工程，打造“温暖教育”。

【抓实智慧教育】 “江山慧劳动”应用入选“浙江省深化新时代教育评价改革试点项目”“衢州市青少年思想道德建设十项实事工程”；应用案例《江山慧劳动：为新时代劳动教育植入“智慧基因”》先后入选“教育部基础教育信息技术与教育教学深度融合典型案例”“浙江省数字化改革创新案例库”“浙江省教育领域数字化改革实践案例”；江山市艺术互联网学校入选“浙江省教育领域数字化改革创新试点项目”；应用案例《双师一班音美专递，一联十校素养补短》入选浙江省第二批城乡义务教育共同体区域典型案例。

全市中小学累计投入 4600 多万元，新增 348 套智能交互式触控一体机、707 台学生电脑、474 台教师电脑、214 平方米 LED 屏、9 套校园广播系统等教育技术装备；完成 7316 盏教室及办公室护眼灯安装、8434 套学生可调节课桌椅更换；完成校园万兆骨干网升级改造、教育中心机房设备维保、病毒库升级等网络提升工程；新增 14 所江山市“智慧校园”。数智新空间赋能增效。完成 118 个普通教室、50 个音美专用教室、5 个劳动实践教室、3 个开放式阅读教室的数字化、智能化改造。中山小学被评为教育部“网络学习空间应用普及活动优秀学校”，长台小学“嗡嗡研学馆”和峡口小学“福娃陶艺馆”获评省中小学新型教学空间优秀案例，其中“嗡嗡研学馆”入选浙江省“基于学习方式变革的新型教学空间典型范例”（全省仅 10 个）。全域推行学校首席信息官（CIO）制度，实施中小学教师信息技术应用能力提升工程 2.0，开展学生信息素养提升实践活动。在教育信息化论文课题评比活动中，8 篇论文获全国奖，27 篇论文获省级奖，3 个课题获省级立项。在浙江省第二十三届学生信息素养提升实践活动中，19 名学生分别在机器人、数字创作等专项比赛中获奖，2 名学生被推荐参加国家级比赛，其中中山小学李国辰的创意编程作品“漂流书屋综合管理系统”获全国一等奖。

【推进评估创建】 江山市全国义务教育优质均衡发展县创建通过省级评估推荐至教育部，成为衢州市首个也是唯一一个上报至教育部参评的县（市、区）。长台初中、贺村第三小学成功创成省现代化学校，全市 13 所学校成功创建。江山市在 2021 年度省基础教育生态监测得分 87.51，高于省均值 7.4 分，获 A 等，全省排名第五；省教育现代化发展水平监测得分 79.63 分，高出省均值 3.71 分；省教育工作公众满意度 87.12 分，连续三年高于省、市平均水平，各项监测排名均居衢州各县（市、区）首位。

2022 年江山市各类学校基本情况表

表 13

指标	学校数(所)	专任教师数(人)	在校学生数(人)
幼儿园	77	1068	15540
小学	39	1853	30038
初中	15	1405	15247
普通高中	8	967	9429
职业高中	3	392	6190
特殊教育	1	45	135

办学条件

【概况】 全市中小学（含幼儿园）实施基本建设项目 14 个，计划施工面积 3.2 万平方米，计划总投资 12.04 亿元，年内完成投资 1.03 亿元。在建项目 4 个，总投资 1.02 亿元；竣工项目 6 个，总投资 1.5 亿元；前期类项目 4 个，计划总投资 9.52 亿元。

【政府投资项目】 全市中小学(含幼儿园)实施政府投资项目 10 个，计划总投资 12.04 亿元。年底竣工项目 6 个，竣工建筑面积 1.27

万平方米，分别是上余小学迁建、江山中专食堂新建、观成实验学校改扩建等工程。在建项目4个，施工面积1.93万平方米，分别为江山二中改造提升、城东实验学校风雨操场建设、贺村小学教学辅助用房建设等工程。前期类项目4个，总建筑面积20.65万平方米。

【布局调整】 根据新修编的《江山市学校布局专项规划（2021—2030年）》（送审稿）及《江山市幼儿园布局专项规划（修编）(2018—2030年)》，全年实施中小学（幼儿园）布局调整项目16个，建筑面积约27.65万平方米，项目总投资约13.32亿元，其中上余小学迁建、观成实验学校改扩建、经济开发区幼儿园新建、新塘边镇幼儿园新建、长台嵩溪幼儿园新建、上余镇幼儿园新建、石门镇幼儿园新建等7个项目按时投入使用；贺村新城初中（暂定名）新建、城东幼儿园迁建、东晨幼儿园新建、锦江华府小区配套幼儿园新建、清溪里小区配套幼儿园新建、清华园小区配套幼儿园新建等6个项目施工顺利；新建城东学校（暂定名）、贺村高中（暂定名）等3个前期项目有序推进。

【教育经费】 全市教育经费总投入196907万元，比上年的161224万元，增长22.13%。其中，一般公共财政预算安排的教育经费147924万元，比上年的127696万元增长15.84%。其中，一般公共财政教育经费110780万元（教育事业费107531万元，教育费附加3249万元），比上年的104317万元增长6.20%。其他一般公共财政预算安排的教育经费37144万元，比上年的23379万元增长58.88%。全社会教育投入（不含公共财政教育经费）86127万元，比上年56907万元增加29220万元，增长51.35%。一般公共预算教育经费110780万元，比上年的104317万元增长了6.20%。生均一般公共预算教育事业费支出：幼儿园8946.44元，比上年的8629.71元，增长3.67%；普通小学15047.25元，比上年的14958.37元增长0.59%；普通初中19713.26元，比上年的19578.38元，增长0.69%；普通高中20497.8元，比上年的20149.56元，增长1.73%；中等职业学校15304.03元，比上年的14059.87元增长8.85%。生均一般公共财政预算公用经费基本支出（不含校舍建设费用）幼儿园1004.41元，比上年的578.75元，增长73.55%；普通小学1993.86元，比上年的1506.02元，增长32.39%；普通初中2324.29元，比上年的1937.52元，增长19.96%；普通高中999.62元，比上年的785.22元，增长27.30%；中等职业学校2893.44元，比上年的2207.65元，增长31.06%。全市一般公共财政预算教育经费拨款占财政支出的比例为12.59%，比上年下降0.02个百分点，国家财政性教育经费投入占国内生产总值的比例为4.34%，比上年增长0.72个百分点。

教学科研

【课程开发实施】 加强中小学课程建设工作，针对课程建设状况，开展一系列的课程建设培训活动，了解课程建设前沿动态，学习省市学校课程建设的先进经验，在张村小学、石门小学开展江山市义务教育阶段学校精品课程研讨活动。年内，张村小学、城南中学等8所中小学上送8门课程入选衢州市精品课程。在入围的精品课程中，有3门是贺村初中、城南初中和长台初中学校上送的。在浙江省“基础教育精品课”活动评选中有8节获评省级精品课，推送至教育部。

【教师专业发展】 全市中小学教师全年总选课10692人次，完成教师自主选课培训项目74期共466733.3学分，教师自主选课后实际参训率97.62%，参训教师“学评教”满意率99.61%；教师集中培训完成率22.78%。全市1171位教师顺利完成信息技术应用能力提升工程2.0培训工作。年内，有1项成果获省教师教育规划课题优秀成果三等奖，有3篇关于教师培训工作的信息报道被《衢州日报》发表。江山市定向师范生协同培养经验在省教育厅组织的“定向师范生高质量培养研讨会”上作现场交流。长台小学、城南小学被评为浙江省项目化学习资源众筹建设与深化研究活动综合优胜奖，江山市获优秀组织奖。年内，承办浙江省项目化学习展示月“技术与工程设计”专场活动，先后两次承办由浙师大和省师干训中心分别牵头的“百人千场”专家名师送教活动，涵盖四个学段九个学科。挖掘本土优秀教师事迹材料，先后编印了江山教师好故事集——《生命里的光》《那些支教的日子》等读本，组织编印《培育和践行社会主义核心价值观案例》。江山经济开发区小学陈琼老师获浙江省小学道德与法治教学活动评审一等奖，获衢州市课堂教学评比一等奖14人，获衢州市教师素养和业务能力比赛一等奖16人。

【教育科研成果】 年内，有48项课题申报衢州市2023年度课题，其中重点课题立项14项，一般课题立项28项。12项课题申报省教研课题，10项课题申报省教育科学规划课题。举办中小学教育教学论文评比活动，参评论文1733篇；选送参加衢州市中小学（含中职）学科教学论文评审，35篇论文获一等奖；推荐参评浙江省学科教学论文评审，5篇论文获二等奖。年内，获衢州市教育科学规划重点课题研究成果评比一等奖1项，二等奖4项，三等奖5项；一般课题一等奖2项，二等奖11项，三等奖18项。获衢州市2021年度“教师个人小课题”研究成果评比一等奖5项，二等奖16项，三等奖22项。以精品“双减”案例征集为抓手，推进义务教育减负提质。石门小学的案例《“非遗”传承人：补齐农村小学课后服务师资短板》和江山二中的案例《“三三四”新样式：创新“双减”背景下学生课后“和”服务》分别入选浙江省第四批、第十批“双减”优秀实践案例。承办2022年衢州市教育科学规划课题中期检查（初中专场）活动。张容老师领衔的课题研究成果《专业对接产业服务乡村振兴》获2022年浙江省职成教科研成果二等奖。参加浙江省优秀教育教学论文评选，取得一等奖3人、二等奖11人、三等奖33人的好成绩；参加衢州市2022年“温暖教学”征文评选，黎娟红等2位教师的征文获一等奖。

基础教育

【学前教育】 全市有幼儿园77所，在园幼儿人数15540人，其中公办幼儿园30所，在园幼儿7936人，公办园在园幼儿占比达51.07%，民办幼儿园47所；学前三年入园率为98.25%；有等级幼儿园77所，其中一级园8所，二级园41所，三级幼儿园28所，等级幼儿园入园率为100%；幼儿园专任教师1068人，学历合格率为100%，持证率为98.13%，大专及以上学历占比为98.5%。新建经济开发区幼儿园、上余幼儿园、新塘边镇幼儿园、长台幼儿园，通过二级园预评估，异地迁建石门镇中心幼儿园，新增公办学位数1170个。撤并薄弱幼儿园9所，实现乡镇公办园全覆盖。江山市城东幼儿园、江山市城关幼儿园、江山市江滨幼儿园、江山市恒泰幼儿园顺利通过省一级幼儿园复评，江山市周家青幼儿园通过省一级幼儿园评估，江山市江东科技幼儿园、江山市四都幼儿园通过省二级正式评估，4所幼儿园通过省二级园评估，全市优质幼儿园覆盖面达到85.36%，居衢州各县（市、区）第一、省26个加快发展县第二。持续优化幼儿园管理和运行模式，优化总园、分园、集团化园的“幼教集团”管理体系，深化以督学中心为主体的民办园“名园+X”网格体管理模式，全面提升办学水平。江山市城东幼儿园获评全国校园云上体育示范单位、全国围棋特色幼儿园；江山市健盛幼儿园获评全国足球特色幼儿园；江山市城关幼儿园大班教研组获评2022年浙江省先进教研组。

9月1日，江山市文溪学校举行成立揭牌仪式（祝新源 摄）

【义务教育】 全市共有小学42所，在校生30265人，校均规模757人。小学毕业生实行免试就近入学，小学入学率、巩固率、小学升初中比例达到100%。中考连续五年居衢州市前列，总平均分继续位居衢州市各县（市、区）第一（除市直学校外），8所学校中考总分平均分居衢州市前20位。

【普通高中教育】 全市有普通高中8所，在校生9429人，班级数208个，校均规模1179人。高考实现“九连增”，全市特殊类别招生控制线和体艺类一段上线总人数达1045人，上线总人数位居衢州各县（市、区）第一。271位学生被双一流大学录取，2名学生被清华录取，1名学生被录取为空军飞行员，并被北大录取。全市一段上线率77.8%，高出全省18个百分点。

【特殊教育】 推进资源教室建设，实现全市持证残疾学生5人以上学校（幼儿园）资源教室建设全覆盖。4所学校被评为衢州市示范性资源教室（全市45个资源教室中，已获评14个）。全面开展残疾儿童评估入学。依托残疾儿童入学监测系统和残疾儿童入学统计，通过入学评估、走访动员、对接残联等形式，为每位残疾儿童提供最适切的安置方式。全市有持证残疾适龄儿童787人，其中义务教育段472人，入学率100%，随班就读占比64.6%，送教上门占比7.35%；高中段192人，入学率91.67%，随班就读占比54.7%；学前段123人，入学率94.3%，随班就读占比65.9%。组织承办融合教育教研活动，先后承办衢州市首次“康教结合”工作研讨会、衢州市小学段融合教育研讨、衢州市“特幼共研口语交际教学策略”主题教研等活动。打造“全融合+康复后援支持”的特殊教育卫星班运行模式。

【民办教育】 全市现有全日制民办学校51所，在校生14829人，教职工1502人，其中，专任教师971人。其中，幼儿园46所，在校生7604人，教职工931人，其中专任教师494人；完全中学2所，在校生4167人，教职工311人，专任教师259人，普通高中1所，在校生203人，教职工47人，专任教师40人；中职学校2所，在校生2855人，教职工213人，专任教师178人。平稳完成恒泰学校、文溪学校转公工作，民办义务教育在校生比例由原来的9.31%降为3.74%。完成辖区内4所中小学校和44所民办幼儿园分类登记工作。撤并长台镇中心幼儿园、新塘边镇中心幼儿园、新塘边镇上平天幼儿园、贺村镇丰益幼儿园、贺村镇明星幼儿园、贺村镇淤头中心幼儿园、峡口镇定村幼儿园、凤林镇白沙幼儿园、双塔街道莲塘幼儿园等9所薄弱民办幼儿园。坚持民办园网格化发展，常态化管理，确保民办幼儿园规范质优。加强校外培训机构监管。开展学科类机构二次压减工作，非营利性学科类校外培训机构全部清零，压减率达到100%。联合文旅、体育、科技等部门启动非学科类校外培训机构审批工作，按照各类培训机构准入指引，组织对非学科类培训机构进行重新审核登记，向社会发布校外培训机构“白名单”28家。

职业教育

【概况】 全市现有全日制中等职业教育学校3所，其中公办职业学校1所（衢州第二中专），民办职业学校2所（衢州财经学校和衢州护士学校）。在校生6190人，毕业生2014人，招生1941人，其中中本一体化班招生40人，五年制中高职衔接班招生703人。中等职业教育学校教职员工433人，其中专任教师403人，另有外聘兼职教师104人，省特级教师2人，正高级讲师3人。

【学校建设】 以省“中职教育质量提升行动计划”和高水平职业院校和专业（群）建设为抓手，每所中职学校重点建设1—2个特色专业群，基本形成衢州第二中专现代农业和智能制造、衢州财经学校的信息技术和财经商贸、衢州护士学校的护理专业发展方向。

【“双高”建设】 2020年底，衢州第二中专被列入省中职高水平学校建设单位，其农村经济管理和机械加工技术被列为A类高水平建设专业；衢州财经学校客户信息服务专业被列为省中职高水平专业建设单位。2022年，“双高”建设项目按期完成年度建设任务，顺利通过浙江省中职“双高”中期绩效评价。

【人才培养质量提升】 完善中等与高等职业教育一体化培养技术技能人才途径，其中衢州第二中专园林技术专业与浙江树人学院中本一体化培养列入全省“中本一体化”人才培养试点项目，面向全省招生40名。全市中职学校升入各类高职院校1474人，约占毕业生人数的69.43%。在单考单招中，全市本科上线人数为56人，较去年增加2人，本科上线人数逐年提高；高职上线人数（含本科）为987人，上线率100%。各职校开展“1+X”证书试点工作，完善人才培养方案，切实提高人才培养质量。在衢州市学生技能大赛中，衢州第二中专共7个项目8支队伍冲进浙江省中职学校学生技能大赛，为全省县（市、区）中最多，省赛中有3个项目获奖（1个二等奖、2个三等奖），获奖数位居衢州市前列；在浙江省梦想杯征文比赛中，衢州第二中专学生作品获一等奖2个、二等奖6个、三等奖2个（衢州市第一），学校获优秀组织奖。在第四届全国职业院校“华唐杯”呼叫中心客户服务与管理职业技能大赛中，衢州财经学校获一等奖2人、二等奖4人，三等奖16人，创历史最好成绩。

【服务地方经济建设】 围绕地方产业发展现状，以问题和需求为导向，以实施集团化办学为突破口，调整办学策略，探寻校企合作的新模式，通过与园区、产业、企业的“三对接”，为江山经济社会发展提供有力的人才支撑。在3所中职学校成立教师实践流动站，推动产教深度融合；衢州第二中专组建教师企业服务队，开展“周二企业服务日”；由特级教师张容带队的“乡村振兴服务队”，解决上余镇江村生姜种植产量低下问题，帮助农民走上共同富裕之路加强与社会各部门、企业、社区的联系，广泛开展职业技能培训、家政培训、退役士兵培训、新型农民素质培训等各类社会培训服务，组建“乡村振兴讲师团”，采用“农民点单、专家上菜”形式开展服务“三农”工作。

成人教育

【概况】 全市现有中心成校5所，乡、镇（街道）成人文化技术学校19所，社区学校、市民学校309所，其中19所成校全部为省标准化成校，6所为省现代化成校。

【成校建设】 以省现代化成校和成教品牌项目创建为抓手，推进全市乡镇（街道）成校建设，不断提升成校的办学水平和质量。重视老年教育，积极开展老年人智能技术日常应用普及行动，衢州第二中专的《数字图像处理》入选教育部社区教育“能者为师”首批推介系列特色课程“老年人智能技术运用”主题；江山市双塔中心成人文化技术学校的《“一核”引领·“双联”聚力·“七化”推进——数字赋能社区学校“带老人走进智能世界”》获评教育部“智慧助老”优质工作案例，《“一核引领·双线并进·三级联动·多点相拥”——乡村成人教育“空中学堂”的构建与实践》获浙江省教学成果奖一等奖等，其老年教育相关做法在《中国教育报》《浙江教育报》等刊物刊登。

【社会培训】 各中职学校和各成校加强与部门、企业、社区的联系，广泛开展“双证制”教育培训、农村预备劳动力职业技能培训、家政服务培训、电子商务培训、社区教育、老年人教育等，不断提升成教服务经济社会发展的能力。各职校与成校开展各类社会培训133770人次，参训人数占全市常住人口的比例为27.06%。

（徐宗惠）

浙江开放大学江山学院

【概况】 2022年，浙江广播电视大学江山分校更名为浙江开放大学江山学院，春季录取新生285人，秋季录取新生422人，单考单招25人，秋季学期在校生人数1587人。全年毕业学生532人，累计毕业学生13404人，为江山市经济社会发展提供坚强的人才支撑。年内，在全省市县电大业务工作考核中排名第16，获2021—2022年度全省开大办学业绩突出单位、浙江省级首批思政科实践教学基地称号。

【招生工作】 学院通过校企合作、校政合作、校村（社区）合作等新模式，先后举办村书记、幼儿教师、总工会会员等专项学历提升班，以及浙江开放大学的单考单招改革试验班，全年招生732名，创2015年来招生数新高。

【教学管理】 春季学期注册班级147个，注册人数1375人，选课及报考课程数8166门；秋季学期注册班级140个，注册人数1512人，选课及报考课程数8731门。采用云课堂、钉钉线上直播等方式，加强学生网上学习过程落实、班主任导学助学督学等，提升学校办学质量。根据上级电大要求，开展“一路一网一平台”试点工作，建设国家开放大学智慧学习环境，实现招生、学籍、课程等各项业务高度集成的“一站式”管理和服务。

【科研项目】 完成“欠发达地区县级电大班主任幸福感提升对策研究——以江山市为例”“开放教育学生思想政治理论课获得感现状及提升路径研究”结题，“基层开放学院核心竞争力提升对策研究”获省开放大学立项。全年在公开刊物发表教师论文8篇。对接省开放大学、市教育局、市司法局、市妇联谋划共富教育实践

12月15日，浙江开放大学江山学院举行揭牌仪式（浙江开放大学江山学院 供图）

基地，省开大思政实践基地、市社区教育指导中心、社区矫正培训中心等挂牌运行。

【考试管理】 春季学期组织纸质考试87场，参加考试总人数900人，共2200人次；秋季学期组织考试79场，参加考试总人数796人，共1669人次。按照考试规范流程和疫情防控要求，组织实施开放教育纸质考试、基于网络考试、无纸化考试等各类考试，强化责任意识，严肃考风考纪，各类考试安全平稳有序进行。

【办学条件】 全年投入10万余元改善办学条件，与钉钉信息技术有限公司合作开发应用钉钉软件，搭建教学管理新平台，配备红外测温智能门禁一体机，同步实现智能测温、人脸识别功能，13个教室建成视频监控系统，首次实行考试全省视频监控实时连线。

【社区教育】 成立市社区教育领导小组，市、街镇乡、村居三级社区教育体系建成，周家青、市心社区分校挂牌，摄影、婺剧、葫芦丝等10个老年常开班招生并运行，学员320人。年内，选送的张村乡成人文化技术学校廖燕的《一路同行——记各行各业人在共富路上的奋斗身影》获第三届全省社区居民漫画大赛成人组优胜奖；衢州市第二中等专业学校刘莹康和毛鑫艳的《喜迎二十大 奋进新征程》《多元教育助力共同富裕》分别获青少年组三等奖和优胜奖。开展学分银行工作，全年录入学习成果数637925条，其中非学历教育631690条，职业培训5445条，学历教育790条。

（郑 丽）

体育工作

【概况】 2022年，江山市体育局加快推进体育项目建设，全力承办大型赛事活动，构建更亲民、更便利、更完善的全民健身公共服务体系，推动“运动江山”向更高层次发展。全年两次作典型交流发言，市委书记朱素芳在浙江省第四届体育大会总结表彰大会暨衢州市体育工作会议上作《发展群众体育、全民体育，打造运动之城体育福地》典型交流发言，在省群体工作会上作《推进运动公园建设，打造15分钟健身圈》交流发言。何正芳、赵江平被衢州市人民政府给予浙江省第四届体育大会承办工作个人嘉奖。成为同时拥有北京奥运会、北京冬奥会“双奥”火炬接力手的县级城市。启动《江山体育志》编撰工作。

【全国新年登高健身大会】 1月1日，“中国体育彩票”2022全国新年登高健身大会线上活动在江山各地错时分散开展。新年登高的主题是“辞旧迎新同登高、全民共筑中国梦”。因疫情防控原因，活动没有举行集中的线下活动，而是鼓励健身群众错时分散有序进行线上登高、体育展示等活动。12月，成功申办2023年全国新年登高健身大会主会场。

【全国美丽乡村攀岩系列赛】 11月1—3日，2022中国·江山第五届“美丽乡村”全国攀岩系列赛在新塘边镇毛村山头村开幕，这是江山市第五次承办该项比赛。本次比赛主题为“汇聚体育力量助力共同富裕”，有来自全国的30支队伍、120名运动员参赛，竞赛项目包括攀岩接力赛、浑水摸鱼、泥地拔河、乡村探秘等，攀岩接力作为赛事的主打项目。

【浙江省第三届生态运动会】 5月28日，在筑牢疫情防控常态化措施的基础上，响应中央提出的“疫情要防住、经济要稳住、发展要安全”的要求，启动年内全省首个省级运动会——浙江省第三届生态运动会，在江郎山景区以生态主题举行开幕式，浙江省副省长成岳冲，衢州市委副书记、市长徐张艳，江山市委书记朱素芳，市委副书记、市长徐明峰等参加。赛期从5月27日起至7月16日止，共设置三角翼、广场舞、徒步、钓鱼、漂流、公开水域游泳等6个竞赛项目，累计有近万人参赛。

【浙江省体育现代化县创建】 年内，提请创建第二批省体育现代化县。7月，被列入全省24个创建县（市、区）名单。9月16日，召开创建浙江省体育现代化市动员会，启动浙江省体育现代化县

5 月 28 日，浙江省体育局局长郑瑶（右三）考察虎山运动公园（市体育局 供图）

创建工作。

【省级运动休闲乡镇创建】 3 月，浙江省体育局公布省级运动休闲乡镇名单，江山市石门镇榜上有名，被命名为“极限运动小镇”，成为浙江省首批 6 个运动休闲乡镇之一。

【体育运动场馆建设】 年内，虎山运动公园体育馆、全民健身中心、运动员配套用房三大主体完成建设，全年投资达 1.9 亿元。10 月，启动投资 1.5 亿元的江山市群众体育运动中心（包含 5000 个座位体育场、500 个座位游泳馆）项目建设，是衢州市首个全部启动“一场两馆”建设的县（市、区）。

【体育民生实事项目】 全民健身设施提升工程被列入江山市级民生实事项目，新安装 20 件二代智能健身路径；新建学校攀岩墙 2 个（城北初中、峡口小学）；完成 8 个多功能运动场、3 个全民健身广场、2 个笼式足球场、7 个百姓健身房、1 个体育公园等建设，投资 800 万元的城东百姓健身房完成主体建设。

【竞技体育发展】 年内，江山籍运动员郑岚代表浙江队在全国羽毛球锦标赛、全国羽毛球冠军赛中分别获得团体冠军。全力做好浙江省第十七届运动会参赛工作，代表衢州市参加羽毛球、举重、射箭、轮滑等项目，获得 0.5 金、1 银、3 铜的成绩。组织参加衢州市第六届运动会，获得金牌总数、团体总分第二名的成绩。

（储缦绮）

2022 年江山市举办体育比赛一览表

表 14

序号	比赛及活动名称	举办时间	主办单位（承办单位）	举办地点	赛事级别	参加人数
一、国家级						
1	2022 年全国新年登高健身大会中心主会场	1 月 1 日	国家体育总局	江郎山	国家级	3000 人(600 人线下、2400 人线上)
2	全国美丽乡村攀岩系列赛	11 月 1—3 日	国家体育总局登山运动管理中心	江山市新塘边镇	国家级	300 人
二、浙江省级						
1	浙江省第三届生态运动会三角翼邀请赛	5 月 27 日	浙江省体育局	江郎山	省级	30 人

续表 14

序号	比赛及活动名称	举办时间	主办单位（承办单位）	举办地点	赛事级别	参加人数
2	浙江第三届生态运动会开幕式	5月28日	浙江省体育局	江郎山	省级	300人
3	浙江第三届生态运动会广场舞比赛	5月28日	浙江省体育局	江山市体育馆	省级	400人
4	浙江第三届生态运动会徒步比赛	6月19日	浙江省体育局	1314绿道	省级	2000人
5	第八届长三角运动休闲体验季浙江江山站活动暨浙江省第三届生态运动会漂流比赛、江山市第十届漂流大赛	7月9日	浙江省体育局	浮盖山漂流景区	省级	200人
6	浙江第三届生态运动会钓鱼比赛	7月2日	浙江省体育局	虎山街道桑淤村	省级	100人
7	浙江第三届生态运动会公开水域游泳比赛	7月16日	浙江省体育局	须江城区段	省级	550人
8	共富浙江　温暖有光　浙江省“公益体彩·快乐操场”衢州江山站活动	6月10日	浙江省体育局	双塔小学	省级	500人
9	浙江体彩高质量发展战略培训会、研讨座谈会	6月9—10日	浙江省体育彩票管理中心	君澜·江山国际度假酒店	省级	50人
10	浙江省青少年举重锦标赛	4月8—14日	浙江省体育局	江山市体育馆	省级	500人
11	2022年浙江省幼儿体育大会暨浙江省第二届啦啦操表演大赛	6月25日	浙江省体育局	待定	省级	1000人
12	“梦之蓝”杯2022年浙江省第十一届乒乓球等级积分联赛（江山站）	6月18—19日	浙江省乒乓球协会	江山东实乒乓球馆	省级	148人
13	2022年浙江省体育局“送体育下乡”暨奥运冠军　走进山区26县活动（江山站）	8月4—5日	浙江省体育局	大陈乡大陈村、旱田坂村	省级	600人
14	轮滑培训班	8月5—9日	浙江省体育局	丽枫花园酒店	省级	55人
15	“全民健身奔共富·喜迎党的二十大”浙江体育助力山区26县系列赛事——2022年浙江省跆拳道精英挑战赛	8月5—7日	浙江省体育局	江山市体育馆	省级	520人
三、衢州市级						
1	2022中国体育彩票浙江省衢州市业余围棋段级位赛江山分站赛	7月17日、7月22—23日	衢州市围棋协会	丽枫花园酒店	衢州市级	600人

续表 14

序号	比赛及活动名称	举办时间	主办单位（承办单位）	举办地点	赛事级别	参加人数
四、江山市级						
1	江山市第十七届运动会	待定	江山市人民政府		市级	2000 人
2	江山市第十届漂流大赛	待定	江山市体育局、文广旅局	浮盖山漂流景区	市级	300 人
3	江山市第二届健美操锦标赛	8 月 2 日	江山市体育总会	江山市体育馆	市级	106 人
4	江山市全民健身日活动	8 月 8 日	江山市体育局	西山全民健身广场	市级	2000 人
5	江山市重阳老年健身活动	10 月 4 日	江山市体育局	西山全民健身广场	市级	1000 人
6	江山市第三十四届小学生田径对抗赛	6月16—17日				300 人
7	江山市第二届“城投杯”篮球赛	6月17—19日				300 人
8	2022 江山市足球协会五人制足球联赛					200 人
9	江山市跑步协会万米测试赛					100 人
10	2022 年江山市青少年学生阳光体育运动会啦啦操比赛	6 月 26 日				350 人
11	江山市乒协第七期分级赛	5 月 29 日				100 人
12	江山市第八届“移动 5G 杯”乒乓球邀请赛	6 月 25 日				60 人
13	江山市第八届职工气排球赛	6月15—17日				320 人
14	江山市“天元杯”围棋对抗赛	6 月 5 日				50 人
15	江山市“兄弟杯”第八届篮球比赛	8 月 21 日	江山市体育局	西山、江山市体育馆		300 人
16	江山市“献礼党代会、庆祝七一节”体育培训活动	6 月 23 日	江山市体育局、江山市社会体育指导员协会	江山市体育馆	市级	100 人
17	社会体育指导员（排舞）培训班	1月10—14日	江山市体育局、江山市社会体育指导员协会			
18	江山市广场舞创作与编排公益培训交流会	6 月 4 日	江山市社会体育指导员协会	江山市体育馆	市级	

科　技

综 述

【概况】 2022 年，全市规上工业企业研发经费支出 11.85 亿元，占规上工业企业营业收入的 3.05%，比上年提高 0.47 个百分点。高新技术产业增加值 38.3 亿元，占规上工业增加值的 48.62%，比上年提高 4.4 个百分点。全市高新技术企业 139 家，省科技型中小企业 510 家，省高新技术企业研发中心 29 家，衢州市工程技术研发中心 52 家。

【人才科创会议】 10 月 14 日，召开全市人才科创会议，全市高新技术企业、规上工业企业和省科技型企业代表 660 多人分别在主会场和分会场参加会议。会议表彰一批企业和科技人才，欧派门业、澳宇新材料等企业与浙大衢州两院、浙江农林大学等高校院所签订合作协议。会议通过 VCR（录像机）全面展现江山市五年来人才科创工作取得的成效，提出到 2026 年“建设三省边际县域创新高地、全力争夺“科技创新鼎”的奋斗目标。

【争夺科技创新鼎】 制订出台《江山市建设三省边际县域创新高地，全力争夺“科技创新鼎”实施方案》，围绕争夺“科技创新鼎”总目标，科学设定攻坚目标，形成总揽科技工作的重点举措和努力方向，计划到 2026 年，实现江山市区域创新体系全面构建，科技创新核心指标位列三省边际城市第一，市县党政领导科技进步目标责任制考核优秀，夺取浙江“科技创新鼎”。

创新平台

【科创飞地】 加强对科创飞地的管理与推进，量化考核指标，发挥飞地招引功能。举办江山—浙大科创飞地项目推介会，申报浙大飞地山海协作科创飞地。浙大飞地孵化的“杭州佳言科技有限公司”成功落地江山。着手建设

10 月 14 日，江山市召开人才科创会议（市科技局 供图）

钱塘科创飞地，为招引好项目、大项目谋划更大科创平台。

【综合体】 围绕江山产业发展重点及技术创新短板，提升木门、输配电、数字消防产业创新服务综合体创新服务能力。对木门、输配电、数字消防等3个综合体开展绩效考评，木门综合体通过省级年度绩效评价考核。

【科技孵化器】 市科技孵化中心内窥镜医疗器械产业发展取得新突破，市委、市政府、市人大、市政协多次组织视察调研，力推产业提升发展。深挖乡贤资源，建立江山医疗器械产业乡贤企业库和人才库。抓住数字经济创业园建设契机，为医疗器械产业争取发展新空间。引进健乘化学、剑创医疗2家医疗器械企业，夸迈公司2个产品获得产品注册证，打开产品销售通道。

创新主体

【主体培育】 实施高新技术企业、科技型企业“双倍增”行动，对企业开展“绿蓝红橙”四色管理，构建企业培育库，推行梯度培育机制，推进创新主体培育。全年新培育高新技术企业36家、省科技型中小企业108家，全市高新技术企业139家、省科技型中小企业510家。认定省高新技术企业研发中心3家、衢州市工程技术研发中心3家、江山市研发中心9家。

5月17日，市科技局组织企业赴浙大衢州学院对接（市科技局 供图）

【合作推进】 与浙江大学共建新一轮江山技术转移中心，研一新材料、科力车控、明源机械、鼎益生物、澳宇新材料等5家企业与浙大开展产学研合作。推进电子科大长三角研究院赋能江山市数字消防产业科技创新，与电子科大长三角研究院签署产学研用战略合作协议，共建数字消防创新服务中心，并于4月中旬正式投入使用。

【成果转化】 全年登记科技成果15份、技术合同81份。发放3笔专利权质押贷款共600万元。验收各级科技计划项目30项，开发新产品13项，获发明专利5件、实用新型专利39件、软件著作权10件。亚宁“科技助力经济2020”国家重点专项、科力省重大专项，以及科力、科润和神农的衢州竞争性攻关专项均通过验收，省农业企业研究院和贺村现代农业科技园区通过绩效考评。

项目研发

【研发投入】 对企业研发投入的奖励比例与企业研发投入占比挂钩，奖励比例最高达8%额度500万元。实施“规上企业研发经费清零行动”，全市384家规上工业企业，其中有研发经费支出的294家，占比76.56%。全市规上工业企业研发经费支出11.85亿元，占规上工业企业营业收入的3.05%，比上年提高0.47个百分点。

【科技项目】 抓牢项目载体，鼓励企业通过项目开展产品、工艺和装备的研发创新，培养技术人才，增强企业核心竞争力。设立产品智能化、关键核心技术攻专项”江山市级科技计划项目体系，专项经费规模达2000万元。出台《江山市竞争性科技攻关专项管理办法》，全年立项项目40个，拨付财政补助资金1953.51万元。欧派门业获省“尖兵”“领雁”研发攻关计划立项经费支持300万元，科润、人民医院分别获衢州级项目立项经费支持100万元、1万元。

【政策支持】 建立财政科技投入稳定增长机制，构建多元化科技投入机制，全年科技支出3.2亿元，同比增长16.6%。兑现各类科技创新资金5478.45万元，落实企业研发费用税前加计扣除、减免高新技术企业所得税23125万元、8342万元。优化江山市科技特派员项目资金扶持政策，单个项目资金由1万元/年增加到3万元/年。实施省级个人及团队科技特派员项目9项，选派衢州市科技特派员4人，江山市科技特派员16人，下拨特派员项目经费123.67万元。

（徐毅然）

江山市高新技术企业一览表

表15

序号	企业名称	通信地址
1	浙江天际互感器股份有限公司	浙江省衢州市江山市江山经济开发区景天路8号
2	浙江江山变压器股份有限公司	江山市虎山街道84号
3	浙江老虎山建材有限公司	江山上余兴工路18号
4	科润智能控制股份有限公司	江山市经济开发区山海协作区开源路1号
5	浙江盛汇化工有限公司	江山经济开发区江东区兴工路28号
6	浙江科力车辆控制系统有限公司	浙江省江山经济开发区山海协作区协作路19-1号
7	浙江宝威电气有限公司	浙江省江山市清湖路口
8	浙江九阳光电有限公司	浙江省江山市经济开发区兴工七路18号
9	江山欧派门业股份有限公司	浙江省衢州市江山市贺村镇淤头村淤达山自然村8号
10	申达电气集团有限公司	江山市开发区华通路17号
11	浙江伦宝管业股份有限公司	浙江省衢州市江山市贺村十里牌19号
12	江山热威电热科技有限公司	浙江省江山市四都镇傅筑园村儒竹路9号
13	浙江为康制药有限公司	浙江省江山经济开发区兴工北路15号
14	浙江宇安消防装备有限公司	浙江省江山市清湖镇龙飞路18号
15	浙江江变科技有限公司	江山市虎山路118号
16	浙江三禾生物工程股份有限公司	江山市双塔街道景星东路300号
17	浙江健盛集团江山针织有限公司	浙江省衢州市江山市清湖街道创新路18号

续表 15

序号	企业名称	通信地址
18	浙江新华新材料科技有限责任公司	江山经济开发区江东区兴工七路 15-1 号
19	浙江珠峰机械有限公司	江山经济开发区江东区兴工六路 7 号
20	浙江江山华安电器制造有限公司	江山经济开发区山海协作区创安路 8 号
21	江山市双氧水有限公司	浙江省江山市经济开发区江东区兴工八二路 2 号
22	江山市鑫源电气有限公司	江山市山海协作园区汇源路 2 号
23	浙江齐嘉消防科技有限公司	浙江省江山市经济开发区莲华山工业园广福路 6 号
24	浙江江山火蓝鑫警用装备制造有限公司	浙江省江山市经济开发区莲华山工业园区广贺路 22 号
25	浙江江山森源电器有限公司	江山经济开发区江东区兴工六路 13 号
26	浙江江山源光电气有限公司	浙江省衢州市江山经济开发区江东区兴工八路 1 号
27	浙江江山博奥电气有限公司	江山经济开发区江东区兴工路 24 号
28	浙江旺林生物科技有限公司	浙江省江山市大陈乡红星村南蕉 99 号
29	浙江斯瑞特电子科技有限公司	浙江省江山市清湖街道江贺路 205 号
30	浙安集团有限公司	浙江省江山市淤头镇淤头岗消防工业园 56 号
31	浙江东安消防装备技术有限公司	江山市清湖镇龙飞路 8 号
32	浙江骏驰纸制品有限公司	浙江省江山市贺村镇广贺路 24 号
33	浙江三晟化工有限公司	浙江省衢州市江山市江山经济开发区江东区八四路 10 号
34	浙江亚宁消防设备有限公司	浙江省衢州市江山市经济开发区（山海协作园）山海路 1-8 号
35	江山市艺康化学有限公司	江山经济开发区江东区兴工北路 17 号
36	浙江中驱电气有限公司	江山市四都镇傅竹园村儒竹路 3 号
37	浙江三棱塑胶有限公司	江山市虎山街道陈家安 61 号
38	浙江智廷信息科技有限公司	浙江省衢州市江山市贺村镇贺丽路 8 号
39	浙江江山恒亮蜂产品股份有限公司	浙江省衢州市江山市中山路 107 号
40	浙江冠旗纳米科技有限公司	江山莲华山工业园贺陈路 11 号
41	浙江龙呈电力设备有限公司	江山经济开发区江东区兴工三路 1-15 号
42	江山华降能源开发有限公司	浙江省江山市新塘边镇消防基地经一路 5 号
43	浙江雅迪乐家居有限公司	浙江省衢州市江山市贺村镇贺辉路 17 号
44	浙江金凯门业有限责任公司	江山市贺村镇贺丽路 5 号

续表 15

序号	企业名称	通信地址
45	浙江科硕电气有限公司	江山市四都镇傅筑园村儒竹路 2 号
46	浙江舒福家门业有限公司	浙江省衢州市江山市贺村镇金丰路 18 号
47	浙江博旭电子科技有限公司	江山经济开发区江东区兴工路 2-2 号
48	浙江江山华宁电器有限公司	江山经济开发区山海协作区汇源路 9 号
49	浙江福赐德生物科技有限公司	浙江省衢州市江山市虎山街道景星东路 298-1 号
50	浙江超亿消防装备有限公司	江山市新塘边镇葛山路 2 号
51	江山市华顺有机硅有限公司	江山经济开发区江东区八五路 2 号
52	浙江港亨电气股份有限公司	浙江省衢州市江山市四都镇青山路口
53	浙江开洋木业有限公司	浙江省衢州市江山市峡口镇峡南路 18 号
54	江山市丰泽木业有限公司	浙江省衢州市江山市清湖街道路口村 196 号
55	浙江利高消防科技有限公司	浙江省衢州市江山市虎山街道江山底村皂子篷自然村 36-1 号
56	江山三星铜材线缆有限公司	江山三星铜材线缆有限公司
57	浙江伟丰新材料有限公司	浙江省江山市经济开发区江东区 1 号
58	浙江金航钢管科技有限公司	江山市经济开发区莲华山工业园广贺路 28 号
59	江山市红叶塑胶有限公司	浙江省江山市山海南路 6 号
60	浙江江山健康蜂业有限公司	江山市长台镇甲海安山底 15 号
61	浙江零壹互联网络科技有限公司	浙江省衢州市江山市虎山街道通达路 201 号 2 号楼 206 室
62	浙江昊博门业科技有限公司	衢州市江山市江山经济开发区江东区兴工路 36 号
63	江山捷尔世阻燃材料有限公司	江山经济开发区江东区兴工八路 6 号
64	浙江省江山江汇电气有限公司	浙江省衢州市江山经济开发区山海协作区山海路 10 号
65	浙江千彩新材料科技有限公司	浙江省江山市经济开发区莲华山大道 30 号
66	浙江天地化工有限公司	浙江省江山市双塔街道丰足村
67	浙江昌亮消防科技有限公司	浙江省衢州市江山经济开发区山海协作区开源路 8 号
68	江山市王牌链业有限公司	浙江省衢州市江山经济开发区江东区兴工二路 18-1 号，18-3 号
69	浙江同驰软件科技有限公司	浙江省江山市虎山街道 399 号
70	浙江逸都生物科技有限公司	浙江省江山市四都镇前岭村田前自然村 87 号
71	浙江希尔化工股份有限公司	浙江省江山市经济开发区江东区八二路 7 号

续表 15

序号	企业名称	通信地址
72	浙江汇辰电子科技有限公司	江山经济开发区山海协作区汇源路 12 号
73	江山永利百合实业有限公司	浙江省衢州市江山市江山经济开发区莲华山工业园贺陈路 13 号
74	浙江亿正电工科技有限公司	江山经济开发区莲华山工业园广福路 1-5 号
75	浙江泰和土地勘测规划有限公司	浙江省江山市双塔街道锦秀大道 8 幢 10B
76	浙江鑫龙消防科技有限公司	浙江省江山市贺村镇淤达山 1 号
77	江山市艺天科技有限公司	浙江省衢州市江山经济开发区江东区兴工七路 16 号
78	浙江逸含化纤有限公司	浙江江山莲华山工业园莲华山大道 24 号
79	衢州龙鼎汽车零部件制造有限公司	浙江省江山市清湖街道藕塘路 1 号
80	浙江坚膜科技有限公司	浙江省衢州市江山市江山经济开发区莲华山工业园贺新路 7-5 号
81	浙江雷士灯具有限公司	浙江省江山市经济开发区山海协作区开源路 21 号
82	江山市志成阀门有限公司	江山市经济开发区江东区兴工八五路 1 号
83	江山市龙江消防材料有限公司	浙江省江山市贺村镇淤头岗 40 号
84	浙江王牌门业有限公司	浙江省衢州市江山市贺村镇贺福南路 502 号
85	浙江鼎益生物科技有限公司	贺村镇贺新路 7-4 号
86	浙江澳宇新材料科技有限公司	江山市江山经济开发区江东工业园兴工十路 2 号
87	江山市金固特化工有限公司	浙江省衢州市江山经济开发区江东区八四路 12 号
88	浙江星菜农业科技有限公司	浙江省江山市经济开发区山海协作区汇源路 18 号
89	江山市永安消防材料有限公司	浙江省江山市新塘边镇东陈村
90	浙江紫蓝墙纸有限公司	江山市清湖镇毛塘路 13-1 号、13-2 号
91	浙江金旗门业有限公司	浙江省衢州市江山市峡口镇峡南路 24 号
92	浙江亿美达门业有限公司	浙江省江山市贺村镇贺丽路 3 号
93	浙江科邦铜材科技有限公司	浙江省江山市贺村镇幸福村妙湾垄 190 号
94	浙江雷盾消防装备有限公司	浙江省衢州市江山市新塘边镇日月村日月路 8 号
95	江山花木匠家居有限公司	浙江省衢州市江山市贺村镇长丰大道 210 号
96	浙江国盛源实业有限公司	浙江省衢州市江山市经济开发区江东区兴工八路 30 号
97	江山市华伟化工科技有限公司	江山经济开发区江东区兴工八路 10-1 号
98	江山大秦新材料科技有限公司	浙江省衢州市江山经济开发区江东区兴工一路 8-4 号

续表 15

序号	企业名称	通信地址
99	浙江双鹏电器股份有限公司	浙江省衢州市江山市清湖镇路口村龙飞路 10 号
100	浙江深华颖智能科技有限公司	浙江省衢州市江山市四都镇傅筑园儒竹路 7-1 号
101	浙江宏电环保装备有限公司	浙江省衢州市江山市四都镇湖山路 2-1 号
102	浙江红盖头农业科技有限公司	浙江省衢州市江山市贺村镇广联路 28 号
103	浙江亿航家居有限公司	江山市贺村镇贺福路
104	浙江奇恩特汽车零部件有限公司	浙江省江山市上余镇兴工路 29 号
105	江山市新百丰塑料包装有限公司	浙江省衢州市江山经济开发区江东区兴工八路 23 号
106	浙江特圣建材有限公司	浙江省衢州市江山市江山经济开发区江东区兴工路 38 号
107	浙江永坚实业有限公司	江山市四都镇傅筑园村傅竹街 208-1 号
108	浙江研一新能源科技有限公司	浙江省衢州市江山市江山经济开发区江东区兴工八路 29 号
109	浙江川丰电气科技有限公司	浙江省衢州市江山市江山经济开发区景天路 8 号
110	江山海圣消防科技有限公司	浙江省衢州市江山市贺村镇石后村田尾自然村 29 号
111	浙江康侨智能家居有限公司	浙江省江山市山海协作园山海路 1 号
112	浙江万众消防器材有限公司	浙江省衢州市江山市新塘边镇日月村日月路 3 号
113	浙江盼家门业有限公司	江山市经济开发区江东区兴工北路 9-3 号
114	浙江明源机械设备有限公司	浙江省江山市四都镇湖山路 6 号
115	浙江金江纺织有限公司	江山市经济开发区江东区兴工四路 7 号
116	浙江优琪科技有限公司	浙江省衢州市江山市清湖街道毛塘路 7-1 号
117	浙江易柏生物技术有限公司	浙江衢州江山市贺村镇淤头村淤达山 3 号
118	浙江德加电子科技有限公司	浙江省衢州市经济开发区山海协作园区开源路 15 号
119	浙江江山红宇变压器有限公司	浙江省衢州市江山市四都镇傅筑园村儒竹路 38-1 号
120	浙江协成电气有限公司	江山经济开发区山海协作区山海路 11 号
121	浙江国石磁业有限公司	浙江省江山市双塔街道老虎坞
122	江山市华彩塑胶有限公司	江山市清湖街道龙飞路 19-6 号
123	浙江安贝实业有限公司	浙江省衢州市江山市四都镇湖山南路 2 号
124	江山风和家居有限公司	浙江省衢州市江山市峡口镇迎祥西路 9 号
125	浙江百家万安门业有限公司	浙江省江山市经济开发区江东区兴工北路 2 号

续表 15

序号	企业名称	通信地址
126	浙江格林豪斯户外用品有限公司	浙江省衢州市江山市双塔街道社后村长塘顶自然村 56 号
127	江山市利安消防科技有限公司	浙江省江山市贺村机电工业园区实业路 15 号
128	浙江绿宝环保科技有限公司	浙江省衢州市江山市上余镇兴工八路 20 号
129	浙江享装家居有限公司	浙江省衢州市江山市贺村镇贺来路 9 号
130	浙江亚格电子科技有限公司	江山经济开发区山海协作区创新路 2 号
131	江山欧派安防科技有限公司	浙江省衢州市江山市贺村镇长丰大道 206 号
132	浙江夸迈医疗器械有限公司	浙江省江山市双塔街道文教西路 15 号
133	江山智安消防设备有限公司	浙江省虎山街道麻车村荷花塘自然村 61-3 号
134	江山市虎鼎环保科技有限公司	浙江省衢州市江山市虎山街道彭里 98 号
135	江山德瑞医疗科技有限公司	江山市虎山街道通达路 201-4、201-5 号
136	浙江竹州新材料有限公司	浙江省江山市江山经济开发区莲华山工业园贺新路 7 号 7 号楼 B1、C1 区
137	江山市三鑫体育用品有限公司	浙江省衢州市江山市贺村镇严麻车村下瓦窑背 29 号

气象工作

【概况】 2022 年，江山市气象局围绕目标需求导向，强化破难求解思维，高位推动全国首个唯一气象高质量发展先行试点落地江山。全市平均气温为 20.2℃，比常年同期（18.4℃）偏高 1.8℃，总雨量 1803.4 毫米，比常年（1691.2 毫米）偏多 111.2 毫米，整体天气形势呈现春季强对流多发，梅期短、降水集中，夏秋极端高温酷热，伏旱相连等特点

【提升预报预警服务】 全力提升预报预警服务的提前量、精准度和颗粒度，常态化运行点对点扁平化叫应机制，全面履行“大应急+网格化”服务职责，全年启动强天气叫应 12 次，“叫应”防汛责任人 2000 人次，发布预警信号 178 条、短信 46 万条，融媒体材料 33 期，确保全年灾害性天气过程无遗漏，完成重大社会活动及法定节假日期间的气象服务保障工作。

【监测站网建设】 突出浙西山区强对流协同观测策略，注重低空探测补盲，优化气象监测站网布局。年内，新建 14 套区域自动站、1 套农田小气候站和 1 套辐射设备，平均地面自动站站网间距缩减至 4.9 公里，高风险区 3 公里，区域站数据传输频次从 5 分钟提升至 1 分钟。强化垂直探空多源气象观测数据融合应用，新建 1 套北斗通信设备，规划南北两部 X 波段雷达、1 套风廓线雷达和 1 套毫米波云雷达选址建设，天气雷达 1 公里以下高度探测覆盖面由 83%提升至 95%，全面升级高时空分辨率高质量气象监测站网。

【预报预警业务体系建立】 强化省级指导市级跟踪县级应用，建立 72 小时 5 公里，24 小时 1 公里分辨率的智能网格预报业务体系，预报产品接入市水利局、供电公司等下游用户，开展水库流域水文预测、光伏发电功率预测。本地化应用衢州分乡镇预警发布

平台，制定运行“31610”“梯次化”预报预警业务流程，综合试用暴雨、雷暴大风等预警新标准，与市水利局、市资规局联合发布山洪灾害和地质灾害气象风险预警。

【加强“平战转换”机制】 强化应急联动一体指挥，执行气象叫应，部门报到进驻治理中心应急值守工作制度，联合防办常态化开展值班抽查和超时告警，加强重大天气过程联动会商复盘，不断提升突发灾害性天气联合应对能力。出台《江山市气象灾害预警信号分乡镇发布和传播实施办法（试行）》《江山市紧急恶劣天气叫应响应制度》《江山市气象灾害公众防御指引（试行）》等制度规范，厘清组织架构，明确各级组织指挥体系、预警方式和转移线路。配合有关部门建立以高级别气象灾害预警信号为主要触发指标的“五停”应急制度，推动建立以气象预警信号为先导的社会化应急联动机制。

【推进气象防灾减灾体系改革】 推进气象工作融入基层治理体系改革试点建设。厘清部门乡镇气象职责边界，围绕经济型、复合型、生态型三类乡镇，分解出县级气象职能事项14类，细化可延伸至乡镇的气象“属地管理”事项4项、服务事项1项。推进气象防灾减灾工作纳入党委政府综合目标考核，建立预案覆盖率、信息传播及时率、网格任务完成率、事件处置及时率、群众评价满意度等10项量化指标。制作《网格员气象灾害防御指南》课件，开展全科网格气象服务、指导、培训等工作，编发《预警解读》《公众指引》《世界气象日报刊》《市民手册（气象专报）》等科普宣传手册，推进气象科普“四进”工作，全年受众超1万人次。“网格+气象”数字应用县乡贯通，打造灾害风险研判、预警发布传播、灾情实况反馈、隐患分级处置、应急精准调度的工作闭环。形成风险识别标准38条，预案识别标准48项，开发上架“天气快报”“预警叫应”2个通用组件。应用荣获衢州市争创全省“最佳应用”比拼第四名佳绩，相关做法在省委办公厅《浙江信息》刊发推介。落实气象灾害防御重点单位属地化管理、部门联动优化防雷行政审批效能及牵头多部门联合开展气象安全检查运行机制，本地化应用国省市防雷安全数字监管平台，运用“互联网监管+政企共治监管”模式，形成气象安全政府监管、企业自治、社会监督等多元共治生态。年内，120余家防雷重点单位掌上执法检查全覆盖，开展护航党的二十大防雷安全专项整治，检查石油燃气单位50余家，共计查改问题隐患20余处。

【实施“气象+”服务保障行动】 围绕城乡气象智治、农业气象智控、生态气象智享、生产气象智护，建设全方位、多视角、广覆盖的全场景民生气象服务。加密清湖三村气象小微感知，定制开发气象应用融入“乡村智治”平台，建设气象科普微场景。与市农业农村局联合开发数字“三农”·智慧气象数字应用，开展直通定制农气服务。针对市重大工程建设项目开展高影响天气专业气象服务；联合国网供电开展光伏发电功率预测技术研究和电网专业气象服务平台建设。助力张村乡双合丰村成功创建浙江省级气候避暑胜地。共建共享气象、水文、空气质量监测信息，发布江山港流域降水预报预测专报、全市大气污染扩散条件预测专报。5月、6月两次组织召开气象协理员和标准化村（社区）建设专题培训会，完成21个防灾减灾标准村建设和台账申报。全市标准化村（社区）覆盖率达68%。碗窑人影标准化基地改造被纳入2022—2023试点建设项目，年内更新火箭弹增雨作业装备，发射炮弹64枚，开展8轮人工增雨抗旱解渴，有效增雨约233万吨。

（华潇萍）

卫生　健康

综 述

【概况】 2022年，江山市有医疗卫生机构315家，包括市级公立医院4家，卫生单位5家，社区卫生服务中心3家，乡镇（中心）卫生院17家，具备规模的民营医院7家。全市卫健系统（含民营医院）工作人员3985人，其中公立医疗卫生单位工作人员2806人，拥有正高职称128人，副高职称331人；省医坛新秀2名，省基层名中医1名，衢州市“115”人才5名，衢州市名医专家9名、衢州市“258”重点学科人才培养对象2名，江山市第十一批拔尖人才9名，江山市名医专家25人。全年各医疗单位总诊疗人次为439.6万，总收入13.1亿元，基层就诊率67.1%。全市出生人口3012人，人口出生率4.93‰，人口自然增长率-1.69‰。孕产妇死亡0例，婴儿死亡5例，婴儿死亡率1.88‰；5岁以下儿童死亡人数8例，五岁以下儿童死亡率3.01‰。获2021年度省医疗卫生“山海”提升考核优秀单位。“内增动力外聚合力江山打造浙西县域健康新样板”案例成功入选浙江省山区26县高质量发展工作50个典型案例。获健康浙江先进单位称号。

【“三乙”成功创建】 围绕“创成、创优、创好”总目标，加快补短板、强弱项，持续夯实创建举措。省等级医院评审专家组对市人民医院进行“三乙”综合医院现场评审，市人民医院及贺村分院、凤林分院参与评审，创建工作得到评审专家组高度肯定。8月，市人民医院被公布为“三乙”综合医院，实现从二级医院到三级医院的历史性跨越。

【医院迁建工程】 积极推进总投资20.7亿元的市人民医院迁建项目。3月，启动基础设施配套工程。6月，启动基坑围护工程。11

11月8日，在2022年高水平推进健康浙江行动现场会上，江山市获健康浙江建设（2018—2020年）先进县（市、区）称号（市卫健局 供图）

月，完成主体工程设计和招标。12月，项目土建工程动工建设。第三人民医院配套工程完成主体验收，廿八都镇卫生院后勤综合楼项目已主体完工。

【医共体建设】 围绕“3342+X”一揽子合作项目，市人民医院与邵逸夫医院合作力度进一步加大，新一批12名专家常驻江山进行坐诊、查房、带教，重点提升胸痛、卒中、创伤三大中心建设。深化“一家人、一盘棋、一本账”建设，推进县级专家常态化下沉排班，实施医共体平台二期项目建设，打造数字医共体，在各基层分院建设标准化慢性病一体化门诊。市人民医院获评浙江省2021年度县域医共体工作成绩突出集体。全市24家公立医疗机构和1家二级以上民营医疗机构实现检验检查结果互认共享全覆盖、电子票据使用全覆盖，新增医院互认项目163项，完成全市二级及以上5家医疗机构HIS实时贯通。完成医共体二期平台项目咨询监理招标采购，举办线上专家方案论证会。低保、残疾等特殊人群减免费用从原先的自身凭证减免转换为信息系统实时主动减免。

卫生事业

【健康江山建设】 健康浙江建设工作考核连续4年获优秀等次，市卫健局获健康浙江先进单位称号。围绕26项专项行动主题开展各类活动，探索实施健康影响评价试点工作。一次性通过病媒生物控制水平市级评估认可，首次达到B级标准。持续巩固提升农村户厕改造成果，农村卫生厕所普及率99.93%，全市19个乡镇（街道）69个农村集中式供水单位实现饮用水水质监测全覆盖。建立创文周汇报月例会、互查互学、月考排名、督查问责等工作制度，开展“擂台赛”评比，累计整改问题3300余个。

【公共卫生服务】 完成省卫健委专家组对全市基卫项目省级现场绩效评价，在全省22县（市、区）现场绩效评价中得分排名第四，获省卫健委、省财政局通报表扬。启动“两慢病”全周期健康管理推进分级诊疗改革项目工作、结核病防治提升年行动。在册六大类严重精神障碍患者规范管理率100%，面访率100%，规律服药率98.07%。开展家庭医生宣传和签约活动，全市家庭医生签约率58.14%，十类重点人群签约覆盖率88.59%。强化高危孕产妇管理，规范危重孕产妇抢救，完成8900人的“两癌”筛查，全市连续4年无孕产妇死亡，5岁以下儿童、婴儿、新生儿死亡人数连续5年持续维持在较低水平，全年新出生3012人。推进政府数字化转型，政务服务2.0“一网通办”率100%，各项案件办结率98.97%。6家医疗单位顺利完成无废医院创建工作。尘肺病康复站试点工作顺利开展。

【民生实事】 筛查老年人结核病67938人、重点人群结直肠癌24983人、慢阻肺20667人，70周岁以上老年人免费接种流感疫苗13346人，均超额完成任务。两慢病免费服药工作有序开展，启动重点人群白内障筛查项目。制定下发规范化村卫生室建设实施方案，新建规范化村卫生室15家。制定城乡居民健康体检管理办法，开展城乡居民健康体检，累计体检10.2万余人。新增托位数414个，超额完成“浙有善育”项目指标。推动医疗卫生机构适老化改造，老年友善医疗机构覆盖率86.2%。抓好老年健康宣传周活动，开展“敬老月”活动，参与1690余人。

【人才队伍建设】 制定出台《公立医院党建工作“两优”指数考评管理办法》，公立医院党建品牌创建率100%。抓好清廉示范点建设，疾控中心、第四人民医院获衢州市、江山市清廉建设成绩突出单位。医生主动退还和拒收红包72人次，金额5.88万元。采取线上与线下相结合，招聘到位卫技人才79名，其中硕士2名，基层卫生院27名。加大定向培养基层卫生人才力度，共招录34名临床医学人才，其中定向培养县级医疗卫生机构卫生人才14名、

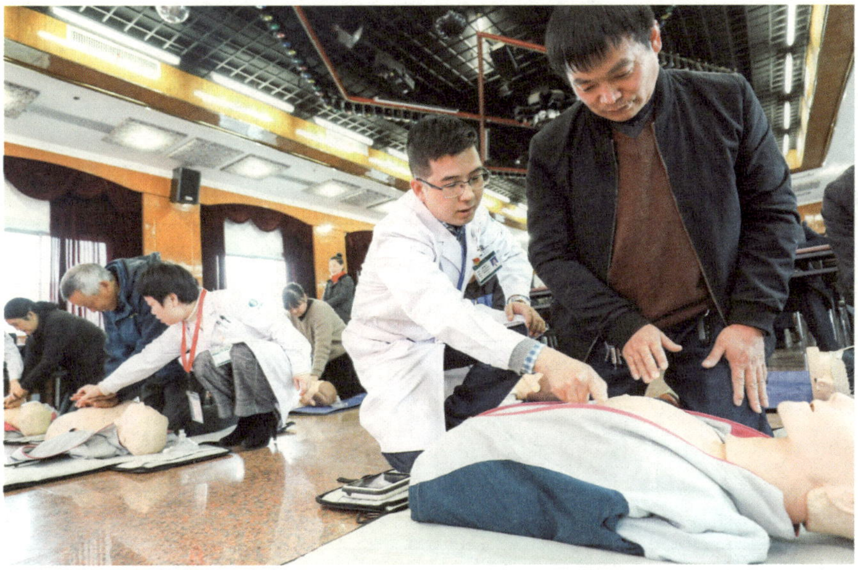

11 月 16 日，江山市人民医院开展乡村医生心肺复苏培训（市卫健局 供图）

基层卫生人才 20 名。8 月 19 日，第五个中国医师节期间举行表彰活动，邀请江山市四套班子主要领导和各乡镇街道看望慰问“八十佳”医务人员。对 2021 年度各级名医、名中医、专家、业务标兵、正高职称、硕士研究生等 214 名人才发放人才津贴 348.3 万元。对参与医疗救治及疫情防控任务的人员及时核增一次性绩效工资总量，核增幅度 20%—25%。

（叶 芷）

2022 年江山市医疗保险定点机构名单一览表

表 16

机构名称	机构第二名称	机构地址
江山市人民医院	江山市人民医院互联网医院	市区航埠山路 9 号
江山市中医院	江山市中医院（纳里）互联网医院	江山市区江滨路 38 号
江山市妇幼保健院（江山市妇幼保健计划生育服务中心）	江山市妇幼保健院（纳里）互联网医院	江山市区民声路 8 号
江山市第四人民医院	江山市第四人民医院（纳里）互联网医院	江山市双塔街道片岭 18 号
江山市急救中心		江山市双塔街道江滨北路 295 号
江山市虎山街道社区卫生服务中心	江山市须江中心卫生院 江山市人民医院医共体虎山分院	江山市虎山街道市心街 42 号
江山市清湖街道社区卫生服务中心	江山市人民医院医共体清湖分院	江山市清湖街道舍山新村 1 号
江山市贺村镇中心卫生院	江山市贺村中心卫生院、江山市人民医院医共体贺村分院、江山市第二人民医院、江山肿瘤医院	江山市贺村镇广贤路 27 号
江山市峡口镇中心卫生院	江山市峡口中心卫生院、江山市人民医院医共体峡口分院	江山市峡口镇瓦窑山 1 号
江山市贺村镇淤头中心卫生院	江山市人民医院医共体淤头分院	江山市贺村镇淤头文昌阁 3 号

续表 16

机构名称	机构第二名称	机构地址
江山市碗窑乡卫生院	江山市人民医院医共体碗窑分院	江山市碗窑乡达河村
江山市新塘边镇卫生院	江山市人民医院医共体新塘边分院	江山市新塘边镇新宾路 1 号
江山市坛石镇卫生院	江山市人民医院医共体坛石分院	江山市坛石镇保康路 28 号
江山市大桥镇卫生院	江山市人民医院医共体大桥分院	江山市大桥镇迎宾路 5 号
江山市保安乡卫生院	江山市人民医院医共体保安分院	江山市保安乡保安新街
江山市凤林镇卫生院	江山市人民医院医共体凤林分院	江山市凤林镇大悲山村大悲山自然村 55 号
江山市廿八都镇卫生院	江山市人民医院医共体廿八都分院	江山市廿八都镇新街桥头 1 号
江山市双塔街道社区卫生服务中心	江山市中医院医共体双塔分院	江山市江滨北路 295 号
江山市石门镇卫生院	江山市中医院医共体石门分院	江山市石门镇南街 24 号
江山市塘源口乡卫生院	江山市中医院医共体塘源口分院	江山市塘源口乡新街 27 号
江山市长台镇中心卫生院	江山市中医院医共体长台分院	江山市长台镇嵩山路 50 号
江山市张村乡卫生院	江山市中医院医共体张村分院	江山市张村新街 23 号
江山市上余镇卫生院	江山市中医院医共体上余分院	江山市上余镇龙溪路 2 号
江山市大陈乡卫生院	江山市中医院医共体大陈分院	江山市大陈乡大陈村
江山市四都镇卫生院	江山市中医院医共体四都分院	江山市四都镇南街 68 号

文化 旅游

文化广电旅游局

【概况】 2022 年，江山市文化广电旅游局围绕“打造具有区域影响力的全域旅游目的地”目标，聚焦聚力文旅融合高质量发展，根植文化基因，做大文旅产业，打响文旅品牌，深化全域旅游，推进文化旅游事业迈上新台阶，江山市成功入选中国县域旅游发展潜力百强县市，位列第七。

【强化政策支撑】 谋篇布局后全域旅游发展文章，完成全域旅游三年行动计划编制，科学谋划旅游发展总体定位、空间布局、业态布置、基础配套。强化政策引导，制定出台《江山市加快文化旅游体育高质量发展的若干政策意见》，融合文化、旅游、微电影、文艺、体育等五大产业政策，重点扶持骨干文化旅游企业和新型文旅业态发展。

【重大项目推进】 面上推进春风·江山、文化艺术中心二期、太阳谷等一批重大文旅项目落地实施或加快建设。在全省一季度文旅项目投资综合评价指数排名中，江山市在全省 90 个县市区中位列第一，受到省厅的肯定，并在全

12 月 9—10 日，市文旅局承办江山市“江郎山杯”村歌大赛复赛（市文旅局 供图）

省文化和旅游产业稳进提质工作会议上作典型性发言。

【全域旅游深化】 文旅局启动江郎山省级旅游度假区总规和环评编制，通过项目带动、品牌加持、业态拓展等多项举措，努力把江郎山省级旅游度假区真正打造成为世界自然遗产和江郎山·廿八都AAAAA级景区的配套产业平台。实施“万千百”景区化工程，江山城区创建省AAAA级景区城，贺村镇、凤林镇创建省AAAA级景区镇。

【文化供给提质】 挖掘挑夫文化、船帮文化、村歌文化、古道文化等特色文化资源，推进“2+3+2”文化赋能行动：推进文化融入古镇古街建设，先后启动廿八都古镇提升与开发项目、清湖未来乡村建设项目；提升创编3台实景剧。提升“大陈见面”(推出祠堂孝感音乐剧《大陈见面》日间版)、创编沉浸式山水实景剧《清溪江湖》、清漾家风主题一台戏。举办2个村歌赛事活动。举办“喜迎二十大 争当排头兵”文艺巡演暨“8090”文艺“青”骑兵巡回宣讲活动，“唱响新时代乡音·宣传二十大精神”2022年“江郎山杯”村歌合唱大赛。推进精神共富，开展送戏送展下乡800场次，文化走亲23次，送书下乡4.5万余册，组织线上线下群众文化活动1588场，参与群众超200万人次。

【浙文惠享领先】 全面推进浙文惠享省政府民生实事项目建设，完成149个“15分钟品质文化生活圈”、2个文化驿站、4个南孔书屋、5个乡村博物馆建设，任务数与省级验收进度均排名衢州第一。注重品牌提升，成功打造大陈乡、虎山街道品牌活动样板圈，贺村镇、新塘边镇、廿八都镇文化场馆服务功能拓展先行先试样板圈等一批特色品牌。

【未来乡村打造】 推进清湖、清漾两大未来乡村建设。挖掘清漾毛氏文化、挑夫文化、船帮文化等区域特色文化内涵。打响清漾毛氏家宴品牌，举办毛氏家宴现场厨艺展示赛，弘扬清漾毛氏家风文化。培育特色产业品牌，支持发展“步步糕·就是GAO”特色工坊、毛家酱工坊、清漾书院、“醴”文化馆等乡村新业态新模式。以宋韵文化为切入口，提炼仙霞古道挑夫文化、船帮文化和码头文化内涵，创编沉浸式山水实景剧《清溪江湖》。

【文化资源利用】 11月14日，国家文物局批复同意《三卿口制瓷作坊之龙窑、遗址保护修缮工程项目计划》。推进保安·茶叶山遗址勘探发掘。深化“跟着文物游江山”“非遗邀你品江山”数字化项目建设，打造文旅融合产品。以品牌化推进“非遗”传承，养蜂制蜜传统技艺、廖氏蛇伤医术入选省级“非遗”项目；江山绿牡丹、养蜂制蜜、朝烟筒等3家工坊创建省级“非遗”工坊；石门小学、廿八都小学等5家单位创建衢州市级“非遗”教学传承基地。

【宣传推介提升】 邀请艺人周洁琼为江郎山及廿八都古镇、木偶戏等非遗代表性项目宣传。组织乡镇、旅游企业赴苏州、常州、成都等地开展旅游宣传推介活动。设计编印“江郎阙里”“江山味道”“发现新江山”等系列主题宣传资料。开展“感恩有您4·25援江抗疫人员畅游江山”活动，发放“舒住江山”兑换券1707张、“畅游江山”五大景区免费游览券5121套。在《人民日报》、今日头条、新浪、搜狐、微博等平台发出江山文旅声音，提升对外知名度和影响力。

【文旅业态创新】 深化“旅游+”融合发展，构建结构合理、特色突出、供给丰富的全域旅游业态。成功培育郎峰书院、东篱下、山海民宿等3家银宿级民宿。完成江山市精品民宿协会组建。深化百县千碗载体建设，打造省级“百县千碗”体验店2家（花在野、边城）、美食街区1个（廿八都）。设计水之旅、疗休养、研学、微旅行等精品线路10余条，“沿着古道游江山”自驾线路入选山区26县十佳自驾线路。

【行业管理提升】 守住安全“红线”。先后开展各类安全生产教育培训47次，组织应急演练30次，受训人员近1500人次，整改问题

243 个，承办 2022 年度衢州市文广旅系统安全演练活动。抓牢疫情防控，督促文旅行业经营单位严格落实“一扫三查”，景区、酒店、娱乐场所、培训机构等从业人员常态化核酸检测。保障播出安全。制订二十大等重要时间节点安全保障工作方案。开展非法卫星电视接收设施集中整治行动，拆除收缴地面卫星接收设施 59 套。

（周子扬）

7 月，小塘源“云七”夯土房民宿晋升“网红”打卡地（赖雪芸 摄）

农旅集团

【概况】 2022 年，市农旅投资集团有限公司应对疫情冲击，加快农旅融合发展，文旅、农林水、资产运营、试点改革四大业务板块协同发力，主要经济指标保持快速增长，资产总额突破 65 亿元，同比增长 38.3%；实现营业总收入 2.56 亿元，同比增长 94.0%，其中疗休养、研学业务收入由上年的 300 万元骤增至 4300 万元；融资余额增加至 13.8 亿元，同比增长 117.7%。

【提质升级核心景区】 围绕做大做强核心景区的目标，加大投入，着力提升景区软硬件水平。仙霞关旅游综合体主体顺利完工，清漾景区三合一服务中心投入运营，廿八都古镇一期改造提升项目加快推进，公共服务设施进一步完善。江郎山·廿八都旅游区智慧安消一体化系统建成使用，“云旅游”在线看景功能全新开通，智慧旅游“软服务”能力稳步提高。创新开发“世遗研学班”“清漾家风研学班”等文化研学产品。江郎山成功入选浙江省第二批大花园耀眼明珠、浙江首批醉美景区，助力江山市成功上榜 2022 中国县域旅游发展潜力百强县市。

【深化“两山”试点改革】 扩大“两山合作社”试点改革规模，拓宽乡村共富路径。加快推进夯土房收储及民宿项目招商，建成 3 个夯土房民宿集群“标准地”。7 月，全国首个夯土房民宿“标准地”项目——小塘源“云七”夯土房民宿投入试运营收获成功，晋升网红打卡地。李坪“甜蜜蔗林”共富工坊建成投用，首批规模化种植新品种甘蔗喜获丰收，亩均产量较原品种提高 30%以上，成功举办首届李坪红糖游园会活动，自主品牌“弥山耕野”红糖系列产品在江山市商超及知名电商平台销售走俏，古法红糖走出产业化甜蜜致富路。

【推进产业基金运作】 下属企业江山市“两山”生态资源资产经营有限公司（简称“两山”合作社）与省国贸集团合作设立 1 亿元国之贸产业基金并正式对外投资运作，成为江山市首支“两山”转化领域产业基金。完成首笔年固定收益率为 12.5%的 9000 万元投资，每年将产生 1125 万元的固定收益，以此升级结对帮扶机制，变“输血”为“造血”，引导村集体经济组织抱团参与“两山”转化项目，带动村集体增利村民增收。

【推动农业产业集聚】聚焦以产业振兴促进乡村发展，制定实施“食用菌+中药材”双核驱动战略，打造江山市食用菌现代产业园，推动江山现代农业提质升级。入园企业浙江君缘生物科技有限公司“年产 4000 万瓶金针菇数字化生产线”项目建成投产，成为浙江省规模最大、机械化程度最高的食用菌生产基地。园区二期基础设施配套项目有序推进。

【突出项目建设抓手】 推进清湖古镇、廿八都、清漾等未来乡村建设，清湖古镇、“三好 · 清漾”开街，重启清湖古镇公泰酱园、洋桥娘茶馆等传统清湖老字号，投资建设清漾书院、酒肆、木匠工坊、毛氏家宴等一批引领业态，打造未来乡村共富共美新样板。“诗画风光带”沿江公路贯通工程提前竣工，助力江山市在“衢州有礼”诗画风光带暨未来乡村创建“六比六拼”考评中获佳绩。推进全域土地综合整治工作，“1358”土地整治项目完成整治和新建农田 115.2 公顷。

【延伸经营业务板块】 下属企业多娇旅行社高质量完成全市企事业单位团建、党建、春秋游及疗休养等业务，全年接待疗休养团队 1.5 万人，相关营收 4300 万元，职工疗休养、家风研学业务成为集团产业发展 “新增长极”。创新开发“悦游江山”智慧旅游微信小程序并上线运营打造 “吃住行游购娱”全业态数字化线上文旅消费服务平台。拓展水上休闲旅游新业务，市场化发展步入新赛道。加快“江山味道”区域公用品牌建设，清湖街道、保安乡等 6 家分销营业网点落地运营，与恒亮、千红、红盖头等 10 余家本地农企达成战略合作，培育农旅特色拳头产品。

【提升资产管理水平】 下属企业数量由上年的 13 个增加到 18 个，全年吸纳政府财政注入资金 3000 万元，财政划转注入房产 19 宗，资产评估价值 726 万元。扩大银企合作融资规模，集团总授信额度达 22.05 亿元。构建共生共赢合作关系，与红星美凯龙控股集团牵手合作，全力打造三省边际家居建材市场标杆。盘活景区、万商城等闲置资产 20 处，实现租金收益有效提升。落实国有房屋租金减免政策，为 180 户承租户减免租金 336 万元。

（陈　磊）

传　媒

江山传媒

【概况】 2022年，江山传媒集团紧扣市委、市政府中心工作和重大决策部署，围绕党的二十大精神宣传、共同富裕、数字化改革、工业强市、全国文明城市创建、大搬快聚、疫情防控等重点工作，开设“奋进新征程 建功新时代”“践行‘八八战略’投身‘两个先行’”“共同富裕新征程”“重振江山工业雄风”“重塑江山城乡风貌”“转作风 讲担当 抓落实”等专栏20余个，推出相关报道8000余条次，为市委、市政府的中心工作引领主流舆论。

【开展舆论监督】 聚焦市委、市政府中心工作和人民群众关注的热点难点问题，统筹办好舆论监督类节目和栏目。全年推出《请人民阅卷·问政江山》节目2期，《本周聚焦》20余期，《创文监督哨》21期，《失礼曝光台》36期。对重点工作中存在的作风不实、执行不力问题，开展实时监督报道，推动解决安全生产、文明创建等问题。

【打造正能量爆款】 充分发挥媒体深度融合和聚合共振效应，创新内容表现形式，综合运用全媒体方式、艺术化形式，制作推出一批融媒体爆款产品。全年生产推出浏览量10万人次以上网红新闻100多条，20万人次以上30多条，30万人次以上11条，50万人次以上1条，100万人次以上爆款4条，1000万人次以上微博话题2个。其中，7月28日推送的《3名医务人员街头接力救人》的短视频，江山发布视频号阅读量超过10万人次，当晚央视官方微博、央视浙江总站客户端、中国蓝、浙江之声、美丽浙江、中新社浙江频道等上级媒体先后转发，仅一天时间，全网阅读量就达2188.4万人次，央视新闻微博总阅读量达1500多万人次。7月25日，推出的《“00”后江山小伙奋不顾身下水救人》的短视频，

4月26日，江山传媒集团志愿者在抗疫一线（市传媒集团 供图）

10月23日，江山传媒集团及时报道党的二十届一中全会精神（市传媒集团 供图）

视频号阅读量当晚破10万人次。

【抓好对外宣传工作】 瞄准更高层次新闻宣传平台，对接中央、省级主流媒体，完善中央、省级、市级和县级融媒体中心四级融合发展布局，讲好江山故事，推出具有江山辨识度的外宣报道600余篇。其中，《人民日报》14篇、新华社10篇、央视12条（央视《新闻联播》2条、央视新闻客户端3条）、“学习强国”280篇、《浙江日报》94篇、浙江卫视《浙江新闻联播》10条、浙江之声94条。央视《新闻联播》《【联播拉尾】大美中国·世界自然遗产》聚焦江郎山壮丽美景，《人民日报》专版报道江山探索工业高质量发展新路径。

【提升融合指数】 整合媒介资源，坚持移动优先策略，完成电视新闻节目《江山新闻》改版提升和江山信息网、江山新闻网合并。构建完善拥有1个手机客户端、2个微信公众号、2个视频号、1个抖音号、1个网站，1家纸媒、1家电视台、1家电台的上下贯通、覆盖广泛的全媒体传播矩阵。推动主力军全面挺进主战场，宣推“诗画江南 活力浙江”全球短视频征集大赛作品30余件，谋划“工业高质量发展大会”“山区26县村歌故事会”“未来乡村开街”等直播活动20余场，开展线上投票活动2场，实现全媒联动、融合宣传。根据省委宣传部“舆论引导在线”应用的数据，当年融合指数位列全省90个区县融媒体中心的第二。截至12月12日，“多娇江山”APP总装机量为152907户，较上年增长5万户，注册量为221930户，新增注册用户数超5.5万户。

【推进“新闻+”工程】 打造江山党政新闻发布聚合平台“江山号”入驻客户端，实现全市19个乡镇（街道）、70余个部门政务服务、党建统领、视听服务等功能与公共服务功能融合，为群众提供全方位的政务、生活信息、便民服务等。常态化开设“传媒帮办”留言箱，优化设置交通、天气、医疗、政务、生活、党建等六大服务板块，探索自行运营积分商城等便民服务功能。

【夯实基础保障】 以全力护航党的二十大为主线，将“防风险、保安全、护稳定、促发展”贯穿于围绕中心、服务大局全过程，配强值班值守和应急处置力量，全年开展隐患大排查8次，排除安全隐患20多个，圆满完成10多个重要保障期任务。用好5G、大数据、人工智能等信息技术革命成果，推进装备更新、技术升级，先后完成非编媒资升级改造、地面数字电视700兆赫频率迁移、多功能演播厅专业切换台及配套设备采购等项目，提升技术保障水平。

（周俏俏）

江山华数

【概况】 2022年，江山华数锚定“智慧广电运营商，数字服务提供商”战略定位，加快转型升级。

全年实现经营收入同比增长16%，实现利润同比增长10.17%，完成年“双10%”预定增长目标，实现8年持续稳定增长。公司荣获浙江省广播电视局2022年度广播电视安全播出“成绩突出集体”、广播电视运营服务考核“成绩突出集体”称号，公司经营班子荣获浙江华数“优秀团队”。

【网络安全保障工作】　秉承“一失万无”底线思维，按照“确保宣传舆论导向正确、确保广播电视及相关业务安全可控、确保广电基础设施平稳运行和生产经营正常稳定、确保不发生安全生产责任事故”总体要求，加强组织领导、制订周密预案、落实值班值守、强化应急演练、提供精益服务，统筹推进网络安全、疫情防控等各项工作，从3月开始，通过落实“一岗双责”、“签订安全责任书”、加强应急演练、强化安播保障值班等落实工作职责，公司投入资金100多万元排查隐患、更新平台、更换设备，加强“技防”，提高业务保障能力，实现全年安全播出零事故。

【服务中心工作】　参与政府数字化建设。服务江贺经济走廊转型升级、江玉公路建设、江山市上余镇“两新”产业园、城南新城建设、城区老旧小区改造等重点工作任务。在“城市品质”提升工作中，按照市委、市政府指令，一天之内迅速抽调全单位1/3技术岗位人员50多人组成15支小型工程队，迅速入驻项目现场，按照“不完成不撤退、不达标不验收”的原则，提前1天时间，完成市委、市政委交办的21个小区“上改下”飞线整治任务。在创建文明城市中，江山华数动员1600多人次参与交通岗值勤、包干区环境卫生整治、文明劝导等。

（郑小容）

江山传媒集团2022年度浙江省县市新闻奖获奖情况表

表17

序号	标　题	类　别	等级	作者(主创人员)
1	一张小水票让3600亩水稻粒粒饱满	今日系列报刊类—消息	二等奖	朱永春　祝谅量
2	“江山制造”亮相卡塔尔世界杯	今日系列报刊类—消息	三等奖	王逸琳　危　波
3	江山救人英雄柴胜华，好样的！	今日系列报刊类—通讯与深度报道	二等奖	周　耕　王逸琳
4	在江山遇见未来	今日系列报刊类—通讯与深度报道	三等奖	朱永春
5	“沿着光辉足迹”系列报道	今日系列报刊类—系列（连续、组合）报道	三等奖	集体（朱永春　周　金　毛严庆　叶鹏　何小丽　张敏　吴春杰　阮一倩）
6	连线乌克兰丨江山留学生目前状态良好，随时等待回国	新媒体类—文字消息	一等奖	姜晨蕾　余明明　周　耕
7	商家一氧化碳中毒半昏迷，外卖平台经理救下夫妻俩性命	新媒体类—短视频现场新闻	二等奖	张阳咪　周　耕
8	这一夜，不眠	新媒体类—短视频现场新闻	三等奖	张阳咪　周　耕

续表 17

序号	标　题	类　别	等级	作者(主创人员)
9	我在石门的六天六夜	新媒体类—短视频专题报道	一等奖	张阳咪　郑嘉豪
10	从“活不过 3 岁”的绝望到无限希望 永远可以相信的，是父母的深爱	新媒体类—短视频专题报道	二等奖	方晶晶　周　耕 张阳咪
11	定格美好瞬间	新媒体类—短视频专题报道	二等奖	张阳咪　周　耕
12	“无所不能”的江山“大白”	新媒体类—短视频专题报道	三等奖	张阳咪　郑嘉豪 王逸琳　宋　超 危　波
13	看最后一场电影 与江山电影院告别	新媒体类—移动直播	二等奖	张阳咪　过肖芸 宋　超　周　耕
14	江山的“袁隆平”退休了	专门类—典型报道	三等奖	毛梦瑶　宋　超

乡镇　街道

双塔街道

【概况】 2022年，双塔街道完成固定资产投资2.67亿元，同比增长34.72%；规上工业产值3.09亿元，同比增长22.1%。城镇常住居民人均可支配收入5.99万元，比上年增长4.6%，农村常住居民人均可支配收入3.69万元，比上年增长10.0%；地方财政收入2.8亿元。街道入选美丽城镇建设山区县县城城镇省级样板名单，获评省高标准生活垃圾分类示范区，成功创建衢州市法治示范街道，县前社区获评全国“最美工会户外劳动者服务站点”、周家青社区党委获评全市党建统领基层治理突出贡献集体，郑村村、缸甫底村、大夫第村、丰足村获评“浙江省善治示范村”，杨敦村文化礼堂成功打造浙江省五星级农村文化礼堂，大夫第村成功创建省AAA级景区村。

【招商引资】 发挥在外商会和乡贤优势，成功引进招商引资项目西垄人、食用菌、口腔医院等3个，项目总协议引资额7.1亿元。全员助力服务业发展向上向好，辖区19家规上服务业营收6.48亿元，同比增长26.3%。有效投资创新高，完成固定资产投资2.67亿元，同比增长34.72%。

【强村富民】 打造“点菌成金”、“稻花香里”共富工坊，其中“点菌成金”共富工坊带动周边村民130人就业，部分村民月工资收入超6000元，成为江山市示范型共富工坊。“稻花香里”共富工坊186.67公顷土地流转资金鼓了村民腰包，谋划推进6个村联建物业用房项目，入选省级2023年度“一事一议”财政奖补支持打造工富乡村试点创建名单，获得2000万元省级财政奖补资金。

【产业发展】 探索推进一、二、三产业融合发展，做大城郊“农旅”经济，一批带富效益强、投资见效快的好项目在双塔落地生根。投资5.3亿元的食用菌产业园项目一期已建成投产，三期达产后将成为全省最大的食用菌生

4月2日，双塔街道新引进的食用菌产业厂房俯瞰图（双塔街道 供图）

双塔街道2022年“1314”滨水休闲长廊（双塔街道 供图）

产基地。投资5.5亿元的西垄人生态农业园项目，流转186.67公顷土地、13.33公顷水塘，建成后将成为衢州最大的冷链物流基地，与高校合作引进稻蟹养殖技术。9月，举办“云上丰收节”，打响江郎源清水蟹品牌，为衢州第一家清水蟹养殖企业。

【项目征迁】 专班化推进重点项目建设，完成江玉公路涉及355户农户政策处理、29.73公顷土地征收，江玉公路全线开工。完成铁锤山项目搬迁安置点18公顷林地报批和政策处理等工作。聚焦城区老城更新征迁，领办的11户老城区征迁任务实现签约清零，助力林业局、市总工会、妇联等单位攻克县河西路西侧、县河东路中山路建行区块征迁难题。

【文明城市创建】 面对老旧小区历史欠账多、自建房居民难管理、空中飞线整治难协调等问题，主动靠前、扛责在肩，统筹部门单位、党员志愿者、长干队员等各方力量，高质高效完成江滨四区、站前里等老旧小区及江山首个封闭式物管小区国际花城改造，拆除老城区存量违建223起、洗衣池741处、黄陈小区违章搭建103户。迎接2轮省级暗访、实测，点位测评高分通过、入户满意度测评获得满分，助力江山连续两个季度获得衢州“有礼测评”第一名。

【风貌提升】 推进“城北科创小镇”建设，投资3亿元的地标性建筑——江山虎总部经济大楼已完成6层主体建设。县前社区老道岔小区改造融合“火车文化”，实现老街焕新颜，成为网红打卡点。推进城市亮化工程，推动建成“一江两带”景观休闲区，打造现代须江夜景。依托“衢州有礼”诗画风光集聚资源，投资2000余万元高标准打造大夫第诗画标杆村。常态维护“1314”滨水休闲长廊，沿线布置大夫扬帆等节点，打造“浙江省一号绿道”。开展农村“环境卫生整治、主次干道提升、美丽庭院创建”三大专项行动。

【平安双塔】 从严开展反诈行动，开展平安巡查管护，走访巡查辖区企业、危化品、加油站、寄递物流业，查处整治上级交办问题93个。定期开展消防安全和道路交通安全检查。结合创文要求，拆除整治博瑞明珠城封堵逃生通道197户，打响高层居民楼逃生通道消防隐患整改第一枪。城北社区获评全省无邪教创建示范工作成绩突出集体，街道平安建设获市“十条军规”通报表扬。开展“法律六进”工作，较好完成“八五”普法开局、“三治融合”示范村社创建等工作。围绕平安护航二十大，开展百日攻坚行动，全力调处矛盾纠纷和化解信访积案，受理各类矛盾纠纷600余起，调处成功率达97%以上。

【改革攻坚】 推进“1512”与“141”体系贯通，科学划分微网格，构建“村（社区）—网格—微网格（村民小组、楼道、楼栋）”网格体系，村社网格由原来的73个调整为118个，细化治理单元，延伸治理触角，实现网格事件快速有效处置。加快数字改革，推广使用“大综合一体化”执法监管数字应用、“互联网+监管”平台等，一支队伍管执法初见成效，累计完成1460处违建处置，清理流动摊2500处。

【民生保障】 聚焦民生实事、城市赋能、交通建设等领域，投资5100万元实施6个民生实事项目，向上谋划推送项目22个，其中大夫第生态农业基地项目获文旅专场二等奖。紧盯“一老一小”群体服务需求，建设“共享食堂”24个，为老年人提供用餐服务。加大社会救助力度，截至年底，街道低保在册712户，特困人群58户，享受儿童福利177人、临时救助13户、残疾人补贴1463人，累计发放1600余万元救助金。多措并举促就业，协助8个村、社完成高质量就业村、社创建，组织31个村、社完成全辖区范围内适龄劳动力调查工作，指导各村、社落实困难人员公益性岗位32人次，组织31个村、社完成失业人员帮扶230人次，处理53起欠薪案件。

（周　杰）

虎山街道

【概况】 2022年，虎山街道城镇居民人均可支配收入62549元，同比增长9.2%；农村居民纯收入34935元，同比增长10.1%。完成固定资产投资2.85亿元，规下工业营收同比增长96%；规上服务业营收4.6亿元，同比增长30%；限上批零住餐企业销售额达25.4亿元，社会消费品零售总额达8.6亿元，同比增长26%；规上工业产值、研发投入与2021年同期持平。街道团工委被评为“全国五四红旗团委”，市心社区获评全国侨联系统优秀“侨胞之家”，徐燕飞被评为全国优秀城乡社区工作者。

【基层党建】 完善机关干部“四维考评”指标体系，加强流动党员日常管理，探索运用“八双工作法”，解决流动党员“去向难掌握、管理难落实、活动难开展、作用难发挥”等问题。加强党建统领网格智治，建立52个网格（小区）党支部，21个网格党小组，182个微网格党小组，实现基层服务网格式全覆盖。推进安泰、西门等两个融合型大社区治理破难，按管理难度和复杂程度进行赋色，打造“智治”数字全景图。探索推进“共富工坊”建设，以“两新党组织+村社党组织+残疾人就业”方式，打造城东新城助残“共富工坊”，努力实现“共同富裕道路上不落一人”。建立携邻共富、未来新城、敲门一家亲（1+7）等3个党建联建机制，组织村社书记定期交流村社治理经验，构建“资源共享、优势互补、互相促进、共同提高”的工作格局。

【全国文明城市创建】 争取上级补助资金1600余万元，推进外立面整治、白改黑、飞线整治、绿化亮化、充电桩安装等基础设施提升工程。累计完成6个老旧小区改造，增设停车位4815个，修复路面2.5万平方米。拆除江东三区、虎山路54幢等违章建筑907处，整治防盗窗4887户。推进“浙江有礼”省域文明实践，实施“有礼”项目15个，打造“有礼”墙绘13处、“有礼”景观小品4处、“有礼”驿站6处。

【乡村振兴】 14个行政村集体经营性收入实现30万元全覆盖、50万元以上村达到85%、100万元以上村达到57%，位居乡镇（街道）前列。开展美丽庭院打造和农村人居环境整治，9个行政村完成生活污水管网铺设，30处农村公厕实现提标改造，桑淤村连续两个季度在衢州市百村整治风貌提升百日攻坚行动比拼中位居前列，先后承办浙江省休闲运动会、江山市机关运动会，成功创建省垃圾分类高标村、江山市美丽庭院示范村和新时代中国幸福乡村。

【项目征迁】 围绕重大项目落地和重点平台拓展，实行房屋征迁、土地报批、坟墓迁移、建筑物拆除、林木砍伐、土地平整等一系列“硬仗”并联作战、闭环攻坚，先后推进征迁项目21个，累计征收土地252.67公顷、拆迁房屋305幢、租用土地10.67公顷，取得了11天完成江贺经济走廊106户房屋签约、12天完成南方新材料36.26公顷土地征收、12天完成万里扬二期107户房屋拆迁等征迁战绩，提前完成南方新材料、习谷科技、万里扬等项目土地出让。城东新城安置房3个区块陆续开工，人民医院迁建项目推进顺利，凯旋路、景星东路等道路管网工程继建成并投入使用，推动“房票安置”政策全面运行。

【安全生产】 成立应急管理办公室，整合防汛抗旱、森林防灭火等人员设施，组建53人的应急消防综合救援队，建立村社应急消防站25个、微型消防站45个。“6·20”抗洪救灾期间，第一时间动员街村干部、民兵等1600余人参与抢险救灾，短时间内完成387人快速转移，实现人员“零伤亡”。实行安全生产工作形势每周研判机制，常态化排查化解安全隐患，安全生产形势持续向好，在衢州市107个乡镇（街道）、开发区安全生产管控指数排名中，从105名提升至38名。

“6·20”强降水救灾现场，应急救援队伍在行动（毛立忠 摄）

【民生保障】 按照应建尽建、资源整合的原则，全域建成共享食堂22家，其中四星级“共享食堂”1家、三星级3家。推进城市社区适残化改造，市心社区、西门社区成功创建省四星级“残疾人之家”，东门社区、城南社区成功创建省级无障碍社区。开展未就业高校毕业生、低保低边等重点人员就业帮扶，累计帮助932人成功就业，协助97名就业困难人员申领社保补贴。健全社会保障体系，城乡医疗保险和“惠衢保”参保率分别达97.37%和86.32%。

（毛立忠）

清湖街道

【概况】 2022年，清湖街道深化“清湖古镇、清湖模式、清湖铁军”3个品牌建设，为建设三省边际中心县城贡献清湖力量、展示清湖担当。创建省级美丽城镇建设样板镇、“清湖锁钥”省级传统风貌样板区、国家AAA级旅游景区，高质量承办全省公务员考核提质增效现场会，全年接受30多批次省内外考察团现场调研。

【党建统领】 15个村、社党组织“堡垒指数”实现提档升级，党建“八大指数”考评全市第一，获评“党建统领”先进集体。抓实干部平时考核，精准设置引领性考核指标，公务员平时考核提质增效工作位列江山市乡镇（街道）第一名。把“四维考评”延伸到村干部，创新分村分类考核体系。推行“强村带弱村”发展模式，“党建联建”、“共富工坊”全面开花，打造示范型党建联建品牌2个，示范共富工坊1个。26个村经营性收入实现“50万元全覆盖，100万元一半以上”目标。清泉村获衢州市清廉建设成绩突出单位。街道党工委书记余丰获评衢州乡镇书记赛马比拼第一名。

11月25日，清湖古镇未来乡村开街仪式举行（清湖街道 供图）

【未来乡村】 围绕打造“山区26县共同富裕示范区”和“全国网红打卡地”“船帮文化展示地”“数字化改革集成地”的“一区三地”目标，投资约1.1亿元，通过重塑古镇工商业街巷格局，成功复原“公泰酱油”中华老字号，推出《清溪江湖》，建设古镇—心航山—五百湖湿地的绿道环线，深度呈现未来乡村愿景，促进村集体和农民“双增收”。11月25日开街，获得极高的社会关注度，日均游客量达到4000人次。

【现代社区】 推动融合型社区建设，因地制宜扩容社区，将原本1.2万人的七里社区一拆为三，新增清溪社区和山海社区。清溪社区主要服务原蔡家山村拆迁安置小区1400多群众。山海社区主要服务城南山海协作园4300多名常住产业工人，有效提升园区营商环境。创文攻坚稳扎稳打，统筹协调多方力量，建立责任落实体系，实现包区到部门、包街到小组、包楼到个人。围绕硬件短板、百姓呼声等，科学合理实施一批创文项目。5月接受省暗访检验，街道零失分，9月高分通过省测。

【改革赋能】 持续做好“县乡一体、条抓块统”“后半篇文章”，承接“一下沉三清单五统筹”改革试点。参与全国“网格+气象”县域治理现代化等多个项目共建。推进“大综合一体化”行政执法改革，获时任副省长高兴夫的肯定。全年累计受理监管执法事项2277件，其中多跨事件135起，办结率100%，案件办理时长同比下降31%，监管执法类投诉下降34%。清泉村共享法庭获评全省首批示范点。街道党工委书记余丰获评衢州市“最优数字书记”。

【经济发展】 清湖街道实现一般公共预算收入9052.34万元。新增规上企业1家，新增规下样本企业3家。完成固定资产投资4540万元，超额完成市里下达任务。全面打赢城乡供水一体化工程、联五路建设项目、长丰大道辅道等18个全市重大项目征迁。年底接连启动江贺经济走廊项目一期及江山港城南段综合治理项目征迁，分别仅用2天和10天完成领办任务。加快推进清湖未来乡村连片发展实验区、清湖大桥、江山港城南段综合治理、山海协作共同富裕农业示范园等24个重大项目建设。清湖未来乡村连片发展实验区项目在衢州市季度考核中两夺第一，获奖励资金1200万元。

【乡村振兴】 清湖三村谢小荣获

评“全国乡村文化和旅游带头人”，清泉村吴香华获评省级“社区工作领军人才”。吴香华个人工作室获评江山市乡村振兴特色人才工作室。有序落实九村村、祝家坂村、和睦村等多个安置点。“2345”土地垦造项目任务数20公顷，全部完成清表，完成设计评审9.02公顷，提交立项申请9.02公顷。“大搬快聚”建设用地复垦工程任务数22.67公顷，拆房退地工作有序推进中，年底公示10户，提交立项申请23.33公顷。全年完成15.79公顷非粮化整治，优化新增面积157.9公顷，新增面积居全市第二。九村村、华夏村在2022年度“衢州有礼”诗画风光带沿线农村人居环境整治示范村评比中获奖励资金50万元。

【基层治理】 开展各类别安全排查，检查企业126家次，农户700余户，发现整改问题隐患287个。开展电信防诈骗、交通安全等宣传，组织讲座培训100余次，发放宣传单20万余份。

【民生福祉】 完成社会救助对象1675户的资格复核，办理失地农民保险800余人；帮扶低保、低边、特困567户869人，发放低保金652.5万元；帮助低收入农户增收，人均可支配收入同比增长11.53%。支持配合“双拥”工作，开展现役军官慰问，输送优质新兵。节地生态安葬点实现26个村全覆盖。筹集和睦大桥建设资金260万余元，清湖街道慈善分会、和睦慈善工作站分别获评省级示范慈善分会、示范慈善工作站。全年办理服务事项8900余件，其中掌上办件量6800余件，群众满意率达100%。抓好“一老一小”服务，“共享食堂”先行先试，探索“政府补一点、村里贴一点、百姓出一点、乡贤捐一点”的运营模式，惠及老年群体1200余人。

（周玄雯）

上余镇

【概况】 2022年，上余镇财政一般公共预算收入5293.57万元，同比增长3.45%；一般公共预算税收（不含开发区企业）收入2168.92万元，同比增长35.88%；规上工业总产值13171万元，同比增长1%；固定资产投资22770万元，同比增长18.3%。年内，在疫情防控工作中获全省疫情防控首轮优秀镇街称号，夺得衢州市“无疫乡镇单位”流动红旗、衢州市新冠肺炎疫情防控正面典型表彰；“万亩方”工作被列入省政府督查激励事项；信访工作在衢州市“五色图”排名中位列A类乡镇江山市第一、衢州市第三。

【党建统领】 吹响“当龙头、争上游”的战斗号角，全面落实“六治六提”作风建设行动，用活用好“四维考评”机制，以系列组合拳推动考核工作落实落地，把干部平时表现考准考实，严把选人用人关，让“实干者”更有劲，“躺平者”躺不住，干部干事创业积极性创造性持续迸发。深入推进“红色根脉强基工程”，推进村级堡垒指数晋位升级，完成五程村党总支、大溪滩村党总支“五有底线型党组织”向“五好先锋型党组织”晋位，完成塘岭三村后进村整转，开展村党组织书记政治素质体检和村组织换届“回头看”工作，基层党组织的组织力凝聚力战斗力明显增强。

【项目征迁】 大溪滩村美丽宜居项目（一期、二期）房屋征迁78户，安置地建设征用土地30.13公顷。省重点项目江玉公路上余段，11天完成房屋签约19户，土地征收18.03公顷。牵头完成江东园区研一项目（二期）征迁、市五大重点项目之一的金石资源项目征迁，领办完成两新产业园2家企业腾退、江山港流域综合治理城南段房屋征收10户、老城区房屋征收3户。

【项目共富】 奏响“大干项目、干大项目”最强音，以项目为支点，走好共同富裕路。推进市重点项目10个，其中新建项目3个，续建项目7个。华电上余65兆瓦光伏产业园项目竣工并网发电，为塘岭二村新增村集体收入30万元。“万亩方”项目总投资6000多万元，垦造面积54公顷，被省

11 月 13 日，首届江山李坪红糖文化旅游节举行（上余镇 供图）

政府办公厅列入《关于对 2021 年落实有关重大政策措施真抓实干成效明显地方予以督查激励的通报》。大搬快聚完成资格审核认定 65 户 201 人次，累计摸排建设用地垦造资源 18 公顷，核对确认 7.47 公顷。因地制宜重点发展高山蔬菜，江村畲族民族村建有生姜基地 14.67 公顷，木车村建有蔬菜基地 24 公顷，初步形成大产业全链条格局。

【安全生产】 与 18 个行政村、41 家工矿企业签订《2022 年安全生产（消防安全）责任书》。开展企业安全执法检查 180 次，发现并整改安全隐患 284 处，完成木门企业“粉六条”整治 4 家。联合大溪滩交警中队开展交通安全培训 40 多场，签订安全出行承诺书 5 万份，淘汰备案非标电动车 1 万余辆。开展砂石资源巡查 132 次，重点场所 20 个，及时制止非法制砂 5 宗。加大食品安全投入力度，定期对镇农贸市场、集镇餐馆等 195 家监管对象开展检查，累计整改安全隐患 50 余处，关停整顿场所 15 处。

【美丽乡村建设】 践行“两山”理念，探索创新转型的“绿色答卷”。成立工作专班，统筹推进创文、人居环境整治提升和美丽庭院示范户创建工作，研判解决难点堵点痛点 1 万余个，开展集中整治 100 余次，投入数百万元对全镇风貌进行提档升级。加快推进诗画风光带项目建设，打造上余镇未来乡村连片发展实验区，在江山港沿线逐渐形成以李坪村为中心的红糖李坪、油菜五程、香樟大溪滩的魅力诗画风光，独具特色的城北花园长廊初具雏形。投资 1200 万元建设大溪滩村香樟公园，集绿道运动、文化体验、拓展活动、露营体验于一体的多功能综合型露营基地初具规模。厚植文化基因，挖掘江村畲族民族村特色文旅资源，全方位展现

“衢州有礼”诗画风光带项目——“李坪记忆”沿江美食街（上余镇 供图）

民族村寨特色。

【民生服务】 镇村便民服务中心综合受理窗口累计办理事项3700余件，网格员代办2200余件，办结率100%。提供“4050”社保补贴34次，为全镇低保户低边户提供保障金120.97万元。为辖区居民提供城乡合作医疗和“惠衢保”等保险服务，全镇2023年参保人数分别为22691、27134人次，参保率100%。协调处理劳资纠纷11起，追回拖欠薪金7.89万元。完成全年度低收入农户走访，实现810户1214人结对帮扶全覆盖。提供公益性岗位27人次21.51万元，为低收入农户申报雨露计划80人。“乡村生活馆”运营12个，正在建设中3个。上余镇养老服务中心敬老院改扩建项目完成公办民营招投标。生态公墓完成建设村11个，正在建设村6个。上余幼儿园、上余小学新校区完成建设并正式开园（校）。

（周静滢）

四都镇

【概况】 2022年，四都镇财政总收入1.95亿元，同比增长48.30%；一般公共预算收入4780.50万元，同比增长38.56%。全镇现有企业52家，其中规上企业14家、国家高新技术企业6家、浙江省科技型中小企业14家、亿元企业4家，完成固定资产投资8918万元，实现工业总产值14.9亿元，其中规上企业12.7亿元，亩均税收达17万元。全年累计投入2294万元，实施土地整治项目9个，垦造耕地57.56公顷；8个村集体经营性收入全部达到30万元，其中傅筑园村、四都村为“百万元村”。年内，成功获评浙江省美丽乡村示范乡镇、衢州市小城镇长效管理一档乡镇，连续夺得第一、二季度争先创优“流动红旗”。

【党建统领】 常态化开展“不忘初心、牢记使命”主题教育、党史学习教育，深入实施组织联建、党员联动、活动联办“三联”服务机制。全年组织理论学习中心组学习研讨12次，开展干部集中学习51次。推进十五届市委第一轮巡察问题整改，完成涉及镇党委56项问题、8个行政村165项问题的整改销号。严格执行中央八项规定精神及实施细则，落实全面从严治党主体责任层级管理办法，常态化开展党纪一刻钟学习教育，在项目建设、涉农惠农、群众帮扶等重点领域中持续深化廉政建设，一体推进不敢腐、不能腐、不想腐。开展“六治六提”作风建设行动，建立重点工作协调推进、交办事项闭环管控等七项工作机制，围绕疫情防控、项目建设、清廉村居、工业发展等市委、市政府重点工作开展督查督办。全年开展专项督查56次，交办问题285个并全部完成整改。

【经济发展】 全年新增浙江省科技型中小企业2家、规下样本培育企业2家、国家高新技术企业4家，完成铁力五金、尚美、欧尚、卡洛斯等4家木门企业整治。奇恩特、珠峰机械、奇龙建材等一批优质企业顺利落地，招引泰晶通用机床配件、三谷3D打印等项目，推进科硕、永坚、明源等10家企业实施“零土地”技改项目并顺利完工投产。投资5000万元的安贝实业二期项目落地建设，安贝微型轴承数字化车间项目顺利推进。基本完成小微园项目土地征收和房屋征收。开展民主议事协商，解决安贝、热威等7名员工子女就学问题，协助22名农民工追回拖欠薪资11.9万元，全年累计化解各类劳资纠纷22起。投资470万元，实施高标准农田建设项目、水利设施提升工程、水毁应急修复工程，完成埠头村水美淤蓬二期、文化礼堂及配套设施、双溪村沿江公路节点提升工程。埠头村柑橘精品园成功招租，推广种植“爱媛28-红美人”等优良柑橘品种，带动村集体经济增收10万元。

【风貌提升】 全力开展创文攻坚，建立“星级评比”“每周晾晒”、“三色交办单”工作体系，累计开展集中整治30余轮，整改问题点位587个，新增文化景观30处。开展农村人居环境整治、“美丽庭院”示范村创建工作，埠头村、双溪村获评 AAA 级景区村，3 次夺得衢州市人居环境整治“六比六拼”“流动红旗”，在江山市“美丽庭院”创建评比中获一等奖。投资 400 余万元，实施四都村里仓屋风貌提升项目。常态化宣传有礼行为，举办城乡风貌文明有礼活动 12 次，引导 220 家商铺、600 户农户主动参与活动。建设标准化新时代文明实践所（站）9 个，开展科普宣传活动 44 次、理论宣传 12 次、技能培训 12 次。全年累计组织开展文化、体育、理论学习等活动 400 余次。

【民生福祉】 扎实推进殡葬改革，完成牛塘温公益性生态公墓及 8 个村节地生态公墓建设。成立四都镇社会工作站，金山、前岭、四都、江北、双溪、傅筑园等 6 个村共享食堂实现常态化运行。做好民政低保复核及在册人员动态调整，开展低保复核 258 户 441 人，低保新增 12 户 25 人，低边新增 1 户 1 人，特困新增 3 户 3 人。做好康复需求调查，为 3 名截肢残疾人适配假肢，发放轮椅 7 辆、各类辅助性器具 75 件。开发残疾人之家公益性岗位 2 个，机构内新增庇护人员 10 人，提供助学补助 16 人。被征地农民基本养老保险新参保 5 人。成功获评衢州市五星级便民服务中心。

【基层治理】 以“融治理”工作为抓手，形成“队伍融、机制融、技能融、业务融”的“四融”治理格局，即融网格中的党员、入党积极分子、村民代表和乡贤；融应急联动、纠纷联调、隐患联除、案件联防等机制；融矛盾化解能力、重点信息甄别能力、应急救护能力；融合数据分析、民情档案、社会治安等业务，平安护航党的二十大、北京冬奥会、全国“两会”等重要会议、重大活动召开，相关经验在《浙江日报》《衢州日报》等媒体中报道。

【平安建设】 加大安全生产整改力度，累计检查企业 89 家，完成 5 家企业有限空间专项整治和 3 家企业“粉六条”安全专项整治。全力保障交通安全，7 名交通劝导员每日值守重要路口，劝导不文明行为 300 余起，发放交通安全承诺书 3000 余份，淘汰备案非标电动车 3942 辆。开展“大走访、大排查、大整治、大回访”行动，累计排查化解矛盾纠纷 176 个。

（郑卓贇）

2022 年四都镇全景（四都镇 供图）

大陈乡

【概况】 2022年，大陈乡完成固定资产投资2414万元，农村居民人均纯收入27171元。实现地方财政收入3381万元，同比增长26.41%。

【经济发展】 工业经济稳中向好。新增大陈乡史陆法涵管厂为规上企业，全乡规上企业达到3家。全年实现规上工业产值5358万元，同比增长4.2%；规下工业营收1342万元，同比增长17.41%。产业转型持续加快。实现南方集团北蕉矿从绿色矿山向花园式矿山转型，马道山矿绿色矿山改造有序推进，浙江旺林生物科技有限公司和浙江绿意竹炭有限公司复工复产。

【文旅融合】 巩固大陈古村国家AAAA级景区和凤鸣旱田国家AAA级景区金字招牌。深挖村歌文化资源，村歌剧《大陈见面》获第五届衢州市文艺精品“南孔奖”，成功推出白天版，全年演出135场，吸引观众1.3万人。深化特色场景打造，大陈古村广场完成提升，汪普贤老宅旧址口袋公园等景点全面完工，萃文咖啡吧等新业态投入使用，市婺剧排演基地成功落户，创建“大陈小市”省级示范文旅IP，“浙江省山区26县村歌故事会、奥运冠军走进山区26县——大陈站”两大省级活动承办。“大陈杨梅节”“六月六民俗文化节”“未来乡村幸福生活集”等本土节庆活动品牌进一步打响，全年旅游超过40万人次，带动周边商场、超市、农家乐增收1000多万元。

【未来乡村】 围绕“村歌发祥地·大陈幸福家”的主题定位，聚焦“一老一小”、社群营造和跨场景应用落地等薄弱环节，加快推进1000万元省乡村振兴帮富项目，建成“两坊一厂”，完工早田坂篮球场和老年室外健身广场、凤山影院等10个未来乡村项目，总投资1000万元。12月底，大陈未来乡村成功入围浙江省第二批未来乡村名单，成为江山地区唯一一个未来乡村创建考核优秀村。与江山城建投公司试水合作，探索实施“国资公司+强村公司+村民入股”的经营模式，助力大陈未来乡村经营性收入突破300万元。坚持一体化发展理念，建立“书香大陈”组团共富党建联建机制，构筑大陈乡党建“先锋矩阵”，通过以强带弱、优势互补等方式，推动组织共建、产业共兴、资源共享、治理共抓。全乡6个村村集体经济经营性收入实现30万元全覆盖、50%的行政村集体经济经营性收入突破100万元。

【乡村面貌】 以创建全国文明城市为契机，打造以环境美为重点，产业美、生活美、人文美齐头并进的书香大陈。推进完成“农产品展示馆”、33.33公顷高标田研学教室、蒙蒙山道路硬化等美丽乡村项目建设。健全农村环境长效管护机制，坚持全面查漏补缺与重点攻坚破难相结合，全年开展脏乱差集中拔钉清障行动12次，投入资金50余万元，清除集镇卫生死角200多处，整治占道

7月7日，早田坂村村民在新建的南孔书屋阅读（大陈乡 供图）

4月15日，大陈村孝感剧——《大陈见面》首演（大陈乡 供图）

经营、乱停车、乱堆放180多起。成立7支志愿服务队伍，建立乡、村干部集镇、行政村“一日一巡”制度，做到立行立改、立查立改，形成工作闭环，确保创建、整治工作实现常态化、长效化。大陈乡多次被评为创建全国文明城市、美丽庭院创建和农村人居环境整治工作红旗单位。红星村、旱田坂村获得2022年全市美丽庭院创建考核一、二等奖。推动文明实践走深、走细、走实，依托新时代文明实践所、法治广场、红军纪念馆、红军纪念广场，开展“8090”宣讲、红色教育、科普宣传、全民健身等活动150多场。

【民生福祉】 大陈安置地小区道路白改黑顺利完工，乡人大代表联络站建成启用，铁锤山水泥用石灰岩矿搬迁、龙潭自然村搬迁、池茶自然村“大搬快聚”等工作有序推进。皂角树底水库除险加固、旱田坂村童家塘整治、红星村杨家塘整治等民生工程全部完成。养老服务供给面进一步扩大，建成投用乡4星级示范型居家养老服务中心，全覆盖推进6个行政村“共享食堂”建设，运营3个。加强低保、低保边缘对象动态管理，加大社会救助力度，广泛开展助医、助困、助学等慈善救助活动，全年救助383人，发放补助资金10.15万元。加大优质教育、教学资源供给力度，新萃文小学和大陈幼儿园建成投用，南孔书屋免费对外开放，连续第十四年免费举办书法、绘画、阅读暑假班。大陈村获评浙江省美育村、浙江省文物工作成绩突出集体，大陈村、旱田坂村文化礼堂被授予浙江省公共文化场馆服务功能拓展先行先试优秀单位称号。大陈纪念馆被授予首批浙江省乡村博物馆称号。开展网格敲门行动，乡村干部深入群众一线听民意、解民忧，共化解矛盾纠纷53件，消除各类安全隐患23个。旱田坂村获评第九批全国民主法治示范村。

（祝海青）

碗窑乡

【概况】 2022年，碗窑乡完成生产总值4.3亿元，同比增长4.9%，完成固定资产投资2700万元，同比增长4.4%；财政可支配收入2925.39万元，其中地方财政收入746.25万元；农村居民人均可支配收入28686元，同比增长5.7%。先后获评浙江省小城镇环境综合整治突出贡献集体、省级美丽城镇达标镇、省级森林城镇、省AAAA级景区镇、创建全国文明城市先进集体等。

【招商引资】 全乡有工业企业5家，主要产业为水力发电和蜂产品加工，产值超千万元的企业有江山市碗窑水电站和浙江千红蜂产品有限责任公司。积极联系千岛湖心境管理有限公司，争取精品酒店项目落地；与上海雪榕生物科技有限公司对接江山市工厂化食用菌产业园项目。对接洽谈碗窑村精品民宿村、井源云顶精品民宿、陶瓷研学基地等项目。全年完成固定入库额2711万元，超额完成市里下达的任务。

【农业经济】 全年农作物播种总面积1517公顷。其中，粮食作物面积878公顷，总产量5298吨；油料281.27公顷，总产量463.38吨；甘蔗17.86公顷，总产量700吨；蔬菜及食用菌274.8公顷，总产量4695吨；果用瓜29.27公顷，总产量647吨；茶园25.2公顷，茶叶产量16吨；果园78.07公顷，水果总产量1304.5吨（柑橘220吨，猕猴桃635吨）；羊存栏数928头，出栏数242头；家禽存栏数8万羽，出栏数13万羽；养蜂年末存1.2万箱。全年完成农业总产值9357万元。

【休闲旅游】 做深做优“黄金东岸”党建联建机制，着力推进凤凰村共富大楼、碗窑村瓷艺研学基地等项目，实现各有其美、美美与共。江山港项目绿道建设粗具雏形，绿化亮化溪岸线10公里。加速江山港二期建设，提升达河溪沿线风貌，打通沿岸断头路，扮靓滨水景观。提升醉美碗窑景区，创建省AAAA级景区镇、省AAA级景区村4个、省新时代美丽乡村特色精品村2个。全乡有“农家乐”16家，其中星级9家，拥有餐位2000余个，床位200余张。

【项目建设】 助推投资80多亿元的抽水蓄能电站项目，落实碗窑公墓山选址建设，完成达河安置地征迁，推动项目成功发布封库令。做大土地生财文章，实施达河村鹿来等村垦造耕地项目，超额完成下派任务数，在全市首个开工建设、完成主体工程。规划凤凰山四期和达河集镇农民建房集聚区，设计邻里中心和休闲广场，凤凰一区仓库顺利建成，府前水上乐园热闹开园，达河冷库项目顺利结顶，源口物业经济用房正式投入使用。

【环境整治】 推进退化森林改造更新60多公顷，除治松材线虫病疫木330吨。开展碗窑溪河道清淤疏浚，出境水全年达到Ⅱ类水质。加强库区水源地保护14个水库、山塘推行洁水养鱼，创建3个洁水养鱼示范点，改善水库水环境。聚焦创文工作，建立集镇管理长效机制，实行领导包街、干部联店负责制，创新“三色三区”战法，在市级擂台赛中名列前茅。

【法治建设】 加强法治乡村建设，在“3·15”消费者维权日、“6·26”国际禁毒日、“12·4”宪法宣传日等重要时间节点，开展普法宣传活动10余场，参加群众2100余人次，开设法治橱窗专栏5期，接待群众咨询60余人次。组织人民调解员、法律顾问、普法宣传员等工作力量，结合普法宣传与人民调解，做到宣讲一场、调解一件、教育一片，提升群众的法治意识和法律素养。凤凰村获评“全国民主法治示范村”。

【民生实事】 全乡结对帮扶低收入农户445户723人，新审批低保94人、低保边缘户23人、特困5人，扩面开发公益性岗位18个，人均年增收1万元。共富工坊风生水起，其中“凤鸣启富”工坊获评衢州市示范型。各村经营性收入实现30万元全覆盖，其

2022年土地垦造现场（碗窑乡 供图）

中50万元以上村6个（含100万元以上4个），位居全市生态型乡镇第一。投资550余万元改造乡便民服务中心、矛调中心，投资50余万元提升集镇农贸市场，投资393万元建设碗窑村福民公墓山。

（徐洋杨）

贺村镇

【概况】 2022年，贺村镇完成固定资产投资4.33亿元，规上工业企业总产值57.92亿元，同比增长7.51%，限上贸易销售额13.97亿元，同比增长28.55%；财政总收入6.26亿元，农村居民人均收入35055元，同比增长1.3%。在2022年全国综合实力千强镇排名中，贺村进位至第649位。

【工业经济】 全镇有工业企业法人单位440家，其中规上企业80家，上市企业1家，实现规上工业总产值64.73亿元。有省级产业集聚大平台——莲华山工业园。深入推进以门业（家居）为主导的“1+3+X”产业稳步发展。重点实施政策惠企、平台提升、企业培育、智能制造等“工业强镇”六大行动，持续优化鹿马山、金塘山、淤头岗三大工业区块，推动门业、消防等特色产业提档升级。全年新增亿元企业3家，培育小升规企业11家、国家高新技术企业5家、智能制造项目9个，可津家居产业园获评省级小微企业园。全域完成木门行业整治，85家木门企业全部完成规范化提升，推进实施各类智能制造提质扩面项目13个，其中4个当年建成投产并通过验收。成功创建浙江省数字生活新服务特色镇，海外海皇冠大酒店以五星级标准建成。

【农业经济】 农作物播种总面积6720公顷。油料1188公顷，总产量2606吨；棉花18公顷，总产量29吨；甘蔗27.6公顷，总产量1501吨；蔬菜1107公顷，总产量1.57万吨；果用瓜18.3公顷，总产量814吨；茶园23.4公顷，茶叶产量36.3吨；果园99.7公顷，水果总产量1562吨。全镇生猪饲养总量25.25万头，年末存栏数4.2万头；牛年末存栏数1034头，年内出栏数636头；羊年末存栏数2610头，年内出栏数2080头；家禽存栏数129.6万羽，年内出栏数250.4万羽。

【招大培强】 抓好企业培育、做好助企服务，持续优化鹿马山、金塘山、淤头岗三大工业区块，推动门业（家居）、消防应急等特色产业提档升级。推动“内培外招”，新增亿元企业3家，培育木门企业“轻量化智改”9家、小升规企业6家、国家高新技术企业5家。招引新增用地项目2个，到位资金1.91亿元。强化行业整治，累计针对85家木门企业开展全面清查整治，关停5家。

【土地整治】 推进土地整治“1358”工作，完成建设用地复垦13.27公顷、垦造耕地14.67公顷。总投资8200万元的“千亩方永久基本农田集中连片整治项目”被列为

6月20日，市委常委、贺村镇党委书记郑水根（中）在河东村调度抗洪抢险工作（贺村镇 供图）

2022年耕读小镇全景（贺村镇 供图）

省政府督查激励推荐项目，完成进度95%。“以点带面”推进“大搬快聚”建设用地复垦项目，高路、礼贤、湖前示范村先行，完成项目立项工作。

【项目征迁】 年初共编排六大重点征迁项目，完成土地征收66.33公顷、房屋拆除42户。其中，新城中学项目、礼贤区块分别于6天、3天完成清零；异地搬迁三期土地征收完成清表，涉及土地5.13公顷，房屋79户。

【村集体经济】 推进“九龙谷”万亩土地开发项目，为12个村创造收益170余万元。推进村企合作共富项目，签订省浙财资本管理有限公司、科润智能控股有限公司及镇政府的三方框架协议，村集体经济增收360万元。年内有12个村经营性收入突破100万元，50万元以上村24个，实现村经营性收入30万元以上全覆盖，超额完成市级目标。

【“三农”工作】 落实各项惠农政策，先后发放种粮补贴、农机补贴、耕地力保护补贴等各项政策补贴541.47万元，助力乡村振兴。完成粮食功能区“非粮化”整治61.93公顷，兑现补助资金622.8万元。开发公益性岗位60个，向上争取扶贫帮扶资金35万元。

【公共服务】 全面启用政务服务2.0系统收件，成功创建衢州市五星级便民服务中心，为群众高效办件2.1万件，线上办件率达60.6%。整合优化教育、医疗、文化、卫生等服务资源，实施教育“三名”工程，教育综合实力在全市乡镇中排名第一；开展送文化下乡活动48场。

【城镇建设】 推进跨江发展，计划实施24个重点项目，开工建设20个，竣工验收12个。万青山、溪淤村等5个安置小区配套设施建设已完工，贺康大桥、五星级酒店等多个地标性项目进入尾声。总投资1.2亿元的异地搬迁二期项目顺利完工，三期作为衢州市重点项目，完成进度30%。投资1亿元的江山市第三福利院已完成招标，配套项目已开工建设。

【推进“五水共治”】 推进江山港流域综合治理、山塘整治、水系连通等项目建设。投资130万元推进集镇污水零直排“智慧治水”及运维项目，实现数字化监管，动态维护。做好坛石溪生态修复工程后续完工审计工作。投资142万元推进天蓬园区污水截污纳管建设。出境水水质达II级标准以上。

【文旅产业】 加快全域旅游发展建设，重点推进耕读、永兴坞、青塘尾、通贤等22个现有景区村庄提升，谋划实施耕读未来社区、礼贤古城、山底羽毛球博物馆等重点项目建设，推动“村村有特色、处处见风景”，全镇有 1 个 AAAA 级旅游景区、1 个 AAA 级旅游景区、5 个 AA 级旅游景区，14 个 A 级景区村庄。开展《贺村镇志》编纂，保护好、发扬好礼贤城隍庙、湖前徐氏宗祠等省市文保单位和佛堂渔灯、漆画、剪纸、根雕等“非遗”文化。开展村级羽毛球馆“三馆合一”建设三年行动，推动“村村有场馆、球球出贺村”。

【数字化改革】 贯通“1612”体系与“141”体系。作为贯通应用的试点乡镇，深化“四项应用”贯通工作，将七张问题清单、防汛防台、社区矫正、e 行在线等 4 项应用贯通到基层治理四平台，配套完成相应运行机制，全年累计开展贯通应用 200 多次，成功召开全市“七张问题清单”应用现场会，为全市推广“七张问题清单”应用提供典范。

【平安建设】 完善安全生产体系，突出前端预防，加强道路交通、消防安全、防汛防台、森林火灾等重点领域的安全监管，开展大排查大整治“百日攻坚”行动，重点整治 300 余家“低散乱”企业、114 家涉粉企业安全问题。筑牢防汛救灾“安全防线”，通过“技防+物防+人防”，面对“6·20”突发汛情，交出“无一人伤亡”的成绩。全年未因安全生产、森林和住宅火灾等其他安全问题发生亡人事故。

【“低小散”整治】 完成坛贺线沿线 21 家“低小散”企业整改，同步推动全镇面上 311 家“低小散”企业整改。配合启动江贺公路提升整治项目，涉及征收面积 10.27 公顷，企业 8 家，房屋 180 户。启动遗留 10 年的木业市场搬迁工作，推动 46 家低效木材企业腾退，20 公顷土地盘活。

（何耀炜）

新塘边镇

【概况】 2022 年，新塘边镇围绕打造“浙赣边际共富‘新’标杆”战略目标，以乡村振兴为主线，以加快经济发展、落实民生政策、推动共同富裕统揽工作全局，较好地完成各项目标任务。全年实现财政总收入 9763.23 万元，其中地方财政收入 1103.87 万元，全社会固定资产投资 0.52 亿元，完成全年任务数的 130%，规模以上工业企业产值 5.6 亿元。

【基础建设稳步提升】 加强基础设施建设，投资 1150 万元的新塘边溪综合治理项目（一期）主体已完工，先后争取各类水利农业资金 2000 余万元用于恩深坂塘水库、西干渠新塘边段渡槽加固、东亭小溪、勤俭村五连塘水系连通、卅六都村荷花塘整治提升等，病险水库全部得到整治，农业灌溉得到有效解决。对接争取项目资金 800 余万元用于饮用水管网改造提升，解决群众喝水问题。开展土地综合整治工作，新增耕

11 月 1 日，中国·江山第五届美丽乡村全国攀岩系列赛开幕式在毛村山头村举行（刘国兵　摄）

地20余公顷，为镇村两级争取到可使用资金3000万元。

【公办幼儿园投入使用】 新塘边幼儿园于6月建成，总用地面积3039平方米，总建筑面积2488平方米，总投资约1440万元。9月1日正式开园，办学规模6个班，可容纳幼儿两百人。

【村集体经济壮大】 聚焦村集体经济增收目标和任务，坚持每季度分析研判，及时发现问题、商讨解决方案。通过盘活资产、开发资源、项目带动、发展产业，多渠道推动村级集体经济发展壮大。实现村集体经营性收入30万元以上村全覆盖，村集体经营性收入50万元以上村10个、100万元以上村4个，超额完成村集体经济增收任务。

【镇村风貌升级】 按照创建全国文明城市的标准要求，着重提升集镇品质和人居环境，累计投资400余万元，建设完成集镇道路白改黑、集镇污水管道提升、公办幼儿园门前道路工程等项目，集镇基础设施日益完善。落实创文包干制度，全镇划分12个包干区，组织40多次4000余人次对集镇范围内的主要干道、背街小巷、房前屋后等区块进行集中整治，清除集镇区域乱搭乱建、乱堆乱放300余处。

【文旅品牌提升】 做好新时代文明实践站（所）提升工程，抓好文化礼堂数据管理平台“效能指数”4项指标，全年举办各类活动550余场，创建“15分钟品质文化生活圈”8个。启动总投资1800万元的勤俭村未来乡村建设项目，完成公共服务类、共富产业类、村庄整治类、数字化项目、特色化项目五大类型毛泽东像章B馆、农民哲学展览馆等12个实施项目建设。承办2022中国·江山第五届美丽乡村全国攀岩系列赛，打响乡村旅游品牌。

（周江昊）

坛石镇

【概况】 2022年，实现公共财政预算收入4459.56万元，其中税收收入完成600.85万元，非税收入完成1397.73万元，转移性收入完成2460.98万元。成功创建浙江省美丽城镇达标镇，被评为浙江省美丽乡村示范乡镇。

【项目推进】 推动经济加快向好发展，全年完成固定资产投资7407万元，同比增长127.7%。集中精力做好“双招双引”工作，全年完成到位引资额2081万元，全镇规上工业企业4家产值1.12亿元，同比增长2.96%。组织镇村两级项目谋划大赛，谋划项目15个。完成汇农蛋鸡4栋养殖厂房建设，3栋厂房投入运营，日产蛋28.5万枚。镇矛调中心建设项目完成规划设计方案编制，通过多部门论证会审，旧房屋已拆除。翰音农业产业基地项目完成场地清表平整、地质勘探及饲料加工设备招投标，饲料加工区基础设施建设计划推进。

【旅游产业】 借助坛石城郊区位优势，发展乡村休闲旅游业。依托竹子林“红色旅游+”效应，持续加大竹子林周边配套设施提升力度，竹子林被市人武部列入民兵训练基地。推进青龙洞开发利用，打造景村融合旅游景点。

【村集体经济】 推进汇农一期、二期以及翰音产业基地3个项目，实行村村抱团，发展壮大优势特色产业。全镇13个村村集体经营性收入30万元以上实现全覆盖，10个村50万元以上，100万元以上2个。

【平安建设】 聚焦安全生产重点，指导辖区23家企业开展安全隐患排查，累计整改隐患点318处。完成13个村防汛防台预案编制及防汛防台系统信息更新。排查鉴定农村C、D级危房92宗，腾空整治率100%。排查地质灾害点35处，全部纳入严密监控。在5月30日、6月20日遭遇强降水时，成功转移村民293人，实现辖区内人员零伤亡。投资10万元在205国道重要路段安装6个雷达测速实时提示牌，投资15万元在18个主要路口安装智能语音提示系统，全年道路交通亡人事故同比下降87.5%。开展“双禁”宣传工作，累计发放倡议书1.5万

2022 年，举办“8090”理论宣讲（坛石镇 供图）

份，查处烟花爆竹 18 箱。

【集镇管理】 推进集镇整治提升，高分通过美丽城镇达标镇创建。新增农贸市场停车位 28 个，整治占道经营 380 余次，清理违章停车 530 余辆。开展规范“五小”运营、摊点摆放、墟日秩序等集中行动 26 次，责令整改问题 78 个，从源头治理集镇乱象。开展集镇范围主干道沿线整治，累计发动 3000 人次，清理“牛皮癣”、小广告 180 多处。

【文化事业】 通过端午节、七夕节等传统节日开展“我们的节日”“新时代文明实践”系列活动，举办“春泥计划”活动近 20 场。投入 20 余万元配备自助借还机等现代化借阅设备，改建南孔书屋，提升群众阅读体验感。组建镇级排舞队等文化队伍 13 支共 260 余人，江山市第十七届运动会排舞比赛获一等奖。由 28 名年轻干部组成“8090”理论宣讲团，举办党的二十大精神、省第十五次党代会、衢州市第八次党代会等主题宣讲活动，先后组织主题宣讲 60 余次，受教育干部群众 2300 余人次。

【民生事业】 打造“内联外畅”交通网络，配合做好江玉公路、甬金衢上高速公路等战略性交通项目建设。四好农村路项目快速推进，完成高泽至廿里弄农村公路、各交口隐患整治工程。坛石镇养老服务中心被列入全市十大民生实事项目，完成房屋结顶、墙体粉刷，室内装修正加快推进。建成“共享食堂”11 个，惠及 60 周岁以上群众 5993 人。全年向上争取“一事一议”项目 2 个，全部完工。完成郭丰村、郭丰坞村多功能运动场建设，打造坛石村百姓健身房。推进“三八水库”等 4 个水库加固改造，全部完工验收。实施 17 个山塘综合整治，完工验收 7 个。推进“大搬快聚兴城共富”工程，发放宣传资料 5000 余份，105 户报名，公示两批共 13 户，完成拆房退地 4 户。

2022 年坛石镇汇农蛋鸡项目现场（坛石镇 供图）

完成2公顷以上规模土地连片流转465.76公顷，新增连片流转面积48.24公顷。

（徐明军）

大桥镇

【概况】 2022年，大桥镇以建设“农旅小镇 稻香大桥”同实现共同富裕的目标有效衔接为着力点，实现全镇经济社会各项事业平稳健康发展。全年完成财政总收入4188.7万元，规上工业产值1.53亿元，完成固定资产投资8534万元，同比增长137%。获衢州市新冠肺炎疫情防控集体正面典型称号，黄石村创成省级民主法治村，承办全省冬修农田水利现场会（衢州分会场），通过省美丽城镇达标镇验收。

【共同富裕】 以党建引领农旅产业发展、乡村振兴等工作，打造“时定新桥”等4家大桥“共富工坊”，累计带动200余名群众增收致富，人均月增收2500元。黄石村成功获评“五强示范型”基层党组织。利用“光伏增收”法等村集体经济“增收九法”，助推所有行政村全年经营性收入达30万元以上，其中9个行政村达50万元以上，2个行政村达100万元以上。举办大桥镇农民丰收节暨“稻香大桥”村歌活动大赛，西坂村入围江山市“江郎山杯”村歌大赛决赛，唱响共富“好声音”。

12月8日，全省冬修农田水利现场会（衢州分会场）在大桥镇召开（徐安琪 摄）

【农业转型】 向上成功争取省绿色农田建设试点项目，获资金1470万元，建设绿色农田面积140公顷。投资近200万元建设大桥农耕文化博物馆。本土企业奋发农业有限公司特色农产品“稻花鱼香米”获“2022年衢州十大好稻米”金奖，菜籽油获评“浙江好粮油”。项霞家庭农场获评江山市单季稻绿色高产高创建示范方，建成建筑面积2826平方米的综合楼，推动农产品“产研销”一体化发展。建成稻渔综合种养示范区336.8公顷，新发展稻虾轮作示范区13.2公顷，平均增收2000元。招引第三代杂交水稻首席科学家李新奇教授合作设立博士工作站。推进农业生产“机器换人”，建设农业社会化服务中心1个。

【争先创优】 “大搬快聚”工作宣传累计覆盖农户1000多户，意愿搬迁农户达40户。推进土地整治工作，土地垦造项目清表完成率超140%。8天完成江玉公路大桥段27.5公顷土地15户房屋征收签约工作，江玉公路于1月破土动工。

【项目建设】 全年完成项目入库9个。投资200余万元，新建446平方米浙赣残疾人共同富裕综合服务中心。大桥溪流域综合治理工程新桥至上仓段已完工85%。桥头村地面分布式光伏发电等7个项目通过前期审批并动工建设。大桥镇矛调中心等业务用房及附属设施建设工程的前期审批工作基本完成。招引进年产35万套木质防火门生产线项目、浙江吉卡供应链管理有限公司车平台项目、年产2000台智能叠压给水设备和

9月17日，农民丰收节暨“稻香大桥”村歌活动大赛举行（大桥镇 供图）

2万台节能离心泵项目、江山永利百合屋顶4兆瓦光伏发电项目等一批优质项目，完成总投资额10.8亿元。

【人居环境】 投资130万元在镇中心街区新建邻里中心，投入1100余万元打造滨水绿化景观带1.2公里。投资100万元建成江山市首个集镇污水零直排区。投资50余万元，提升农贸市场整体面貌和管理服务水平。投资280万元实施江山市大桥镇北入口滑坡地质灾害整治工程，通过省美丽城镇达标镇验收。打造新桥村文山底集聚农房示范区，获评江山市美丽庭院示范村二等奖，以美丽民居等美丽载体创建为抓手，获评衢州市美丽庭院“管护先锋”1户、衢州市第二季度“最美家庭”1户、江山市文明家庭1户。投资275万元对花厅、桥背、洋宅前等自然村农房集聚区进行改造提升。投资22万元实施“上改下”、强弱电线路整治等工程。改造提升“四好农村路”15公里。成功创建省级AA级景区村1个、A级景区村庄2个。以创文为契机，组建志愿队伍30支，有志愿者2000人，累计开展整治350余次。通过国家卫生乡镇量化分级考核。

【民生保障】 获衢州市新冠疫情防控集体正面典型荣誉。全力夯实“学在大桥”教育品牌，推动大桥小学“暖心公寓”改造、大桥公办幼儿园条件提升。开展“慈善一日捐”活动，全年发放低保特困补贴435.56万元，累计发放残疾人困难生活补贴53.6万元，困难残疾人护理补贴78.3万元，90岁以上高龄补贴9万元。组织2520名60岁以上老人体检，组织430名老人接种流感疫苗。全镇6个村建成“共享食堂”。投资130万元在中心街区打造“15分钟生活圈”。

【基层治理】 发布《大桥镇关于推行平安网格“星级评定”工作的通知》，提升网格治理效能。推进“基层治理四平台”迭代升级，四平台上报4313条事件，办结率达100%。持续深化信访“最多跑一地”改革，全年累计调处各类矛盾纠纷99起，涉及金额11.98万元；受理“12345”热线来电55件；办理信访件11件，办结11件。全年交通事故零亡人，安全生产管控指数排名多次位居衢州市前列，第六期安全生产管控指数获衢州市第一。

（徐安琪）

凤林镇

【概况】 2022年，凤林镇完成财政总收入6446.01万元，同比增长9.29%，其中税收收入1858.78万元，完成固定资产投资7159万元。全镇规上工业总产值达5亿元，同比增长2.1%。省委副书记、省长王浩到镇考察调研基层医疗卫生工作，衢州市委书记高屹对白沙村推动共同富裕的实践与启示作出批示肯定，创建浙江省AAAA级景区镇，入围浙江省耕地保护工作先进集体候选名单，入选浙江省美丽城镇建设基本达标镇。

【党建统领】 衢州市委常委、统战部部长张晓峰，江山市委书记朱素芳先后到白沙村宣讲党的二十大精神，承办衢州市统战干部贯彻落实党的二十大精神思想交流会。发挥党组织示范引领作用，加快推进安邦护卫苑等项目建设，引导各村加强资源开发、资产盘活，村级集体经济收入超额完成，18个村集体经营性收入全部达30万元以上，其中10个村集体经营性收入超50万元，4个村集体经营性收入超100万元。衢州市委书记高屹对白沙村推动共同富裕的实践与启示作出批示肯定。白沙村学习贯彻党的二十大精神，建设未来乡村，“白手起家、沙聚成塔”的案例由《浙江组工》广泛宣传推送。

【农业经济】 持续推动土地集中连片流转，流转面积1466.67公顷，同比增长12.8%，粮食种植面积达2200公顷。深化农业供给侧结构性改革，红美人柑橘、清水蟹、秀珍菇等优质农产品备受市场青睐，省级稻渔种养示范场接续创建。全镇有机茶种植面积164.87公顷，铁皮石斛等名贵中药材种植面积54.67公顷，食用菌年产量达480万吨。2022年江山市中国农民丰收节举办，“喜迎二十大”巨幅彩色稻艺图气势恢宏。本元乳业有限公司、洋广家庭农场获评浙江省稻渔综合种养省级重点基地。

【工业经济】 实施培大育强，光伏、木业两大主导产业不断壮大。深入推进木门行业整治，关停不合规企业4家，完成整治提升8家。强势推进粉尘涉爆企业整治，完成涉粉企业整治18家。持续优化组团联企服务，调整明确驻企服务员34人。做好规上企业培育，新增辉腾木业1家规上企业，全镇规上工业企业增至9家。加快推进企业智能化改造，简舍家居公司入围全市智能制造提质扩面项目。江山正泰林农光伏发展有限公司获江山市政府特别奖“杰出贡献奖”，同景新能源科技有限公司获江山市政府特别奖“创新成长奖”。

【休闲旅游】 做好“旅游+”文章，举办凤林镇第三届龙舟大赛，创建浙江省AAAA级景区镇。军扬凤林国防体育实训基地获评浙江省中小学生研学实践教育基地，南坞古村景区、光谷小镇景区入选江山市职工疗休养基地，白沙村创建浙江省AAA级景区村，茅坂村创建浙江省AA级景区村。各大旅游景区差异化经营，江山如画采摘游、鸟语花香亲子游、军扬凤林体验游，满足游客个性化需求，全年累计接待游客达20余万人次。

【环境风貌】 全域开展全国文明城市创建，全力创建浙江省文明镇，累计投入358万元实施创文项目39个。推进农村人居环境整治，开展集中整治18次，参与3400余人次，完成点位整治890处，清理各类垃圾400余吨。持续推进美丽庭院创建，着力提升乡村风貌。开展河道污染

《志在白沙》获十佳村歌故事（凤林镇 供图）

集中整治，全面完成桃源村、南坞村农村生活污水提升改造。桃源村入选浙江省四边三化“浙”十年专栏，苗青头村入选浙江省第十一批历史文化村落保护利用一般村。

【土地整治】 推进垦造耕地项目，完成88公顷清表工作，任务完成率达103%，8个项目区块近40公顷启动施工，2个项目区块完成设计，任务量占全市四分之一，实施进度排名全市领先。全面推进官田村大山岗等6个续建项目完工验收，新增耕地面积达25.53公顷。推进“大搬快聚”，全面摸排建设用地复垦潜力18.67公顷。

【项目建设】 专班化推进本元乳业项目，完成120户农户土地流转，全年谋划重点项目30个，多个项目入选江山市级谋争列专项擂台赛以及江山市级项目谋划擂台赛决赛，白沙共同富裕产业园项目获全市村级集体经济项目擂台赛二等奖。茅政线大中修工程、四号桥改建工程完工投用，农村公路工程、贺峡线至大悲山公路提升工程加速推进，农村交通条件持续改善。集镇水塔底风貌提升、邻里中心提升、集镇西街及周边配套提升等项目全面完工。投资2000余万元的各村供水管网改造工程全线加快实施。节地生态公墓建设全力推进，16个村完成节地生态安葬点建设。

【民生保障】 推进社会救助，开展专项治理，清退低保对象48户94人、低边对象28户88人。全年累计发放低保救助金664.3万元、特困救助金201.4万元、残疾人两项补贴293万元。严格落实741户低收入农户结对帮扶，开发公益性岗位34个，发放补贴24万元。持续推动教育高质量发展，白沙、桃源等村与浙江工商大学、浙江师范大学等高校结对，暑期为80余名留守儿童提供课外辅导等志愿服务。白沙村村歌《志在白沙》获评浙江省山区26县村歌故事会“十佳村歌故事”，白沙村获评浙江省群众体育工作成绩先进集体。桃源治水馆获评第二批浙江省“五水共治”实践窗口。南坞村获评浙江省第五批省级引领型农村社区。镇示范型居家养老服务中心获评衢州市十佳居家养老服务中心。镇便民服务中心获评衢州市五星级便民服务中心。镇残疾人之家获评衢州市四星级残疾人之家，残疾人之家庇护服务入围衢州市级案例。

（鲁苗苗）

峡口镇

【概况】 2022年，峡口镇完成税收收入5471.46万元，同比增长27.77%；财政总收入2.37亿元，同比增长1.52%；农村常住居民人均可支配收入3.28万元，同比增长10%。成功创建“仙霞探古”省级县域风貌样板区，获评浙江首批“新时代富春山居图县域样板区”；获评江山市唯一一个全省法治宣传先进集体。

【工业经济】 做好重大项目招引、重点项目推进等工作。全镇规上工业总产值15.82亿元，完成全社会固定资产投资3.67亿元，完成率104.29%；科研经费投入3561.7万元，同比增长23.76%；社会消费品零售总额2178.59万元，同比增长18.57%。引进新项目20个，其中亿元以上项目1个，2个新增用地项目，项目备案总投资11.6亿元。积极服务湖羊二期、大爱户外遮阳卷帘布艺材料生产线、商业综合体等3个亿元项目，意向投资额18亿元。完成开洋二期3.6公顷出让涉及的土地征收及租用。依托峡口生态工业平台，推动30家木门企业进行设备更新、技术改良，完成12家“低小散”整治，引导企业不断转型升级。

【风貌提升】 锚定富春山居图县域风貌样板的目标，按照“东改西扩、南接北提”总体规划思路，总投资9000万元，重点打造“一带一路、一园区、一风光”4个点位，成功创建“仙霞探古”省级县域风貌样板区。实施道路提升工程，打通宏业路和峡滨路，构筑集镇区“四纵三横”的道路交通网。完成镇门口中心花坛美化、高速接线南入镇口绿化、三

8月，"仙霞探古"省级县域风貌样板区一角（袁影 摄）

卿口溪两岸亮化等工程，着重打造集镇重要节点，提升城镇风貌。启动全国文明镇创建，投资3093万元，实施沿街商户店招换新、农贸市场路面修补、集镇外立面改造提升、520游步道建设、集镇管理执法哨所打造等18个创文工程建设。向上争取市农房整治拆后利用资金260万元，完成广渡村美丽庭院、双潭村休闲广场改造等风貌提升项目。峡新村、峡北村、枫石村生活垃圾收运处置率达100%，成功创建垃圾智能化分类处理村。

【乡村振兴】 以《创新联农带农新模式"小湖羊"撬动"大产业"》被评为衢州最佳案例，"共富小羊场"项目被授予全市一等奖，获30万元资金奖励。在全市率先实现村集体经济发展目标任务，村集体经营性收入30万元以上村全覆盖，50万元以上村12个，100万元以上村6个。加快枫石未来乡村构建，完成共享会议厅、大草原至莲花山夜景打造、南孔书屋、乡村生活馆、"共享食堂"改造等项目建设并投入运营，枫石村成功晋级中国美丽休闲乡村，并获评第二批省未来乡村。与衢州学院达成战略合作，开展美丽庭院（一米菜园）创建工作，精细化布局和建设精品线路。

【项目征迁】 着眼群众出行需求及集镇区域交通盘活需要，成功推进峡滨路、宏业路等道路工程。在城区防盗窗拆除行动、"两新"产业园转型升级、江贺经济走廊整治和城市规划区内农房项目征迁中，全面完成任务。

【社会事业】 完成城乡居民医疗保险征缴工作，"惠衢保"参保率首次突破90%。累计发放低保金及生活补助1524.05万元、残疾人"两项补贴"422.49万元，全年开发30个扶贫公益性岗位。成立峡口镇社工站和未成年人保护站，累计走访帮扶低保对象880户，儿童福利对象224人。峡口初中有35名学生考取江山中学，其中4名为提前批招录，中考成绩位列乡镇第一。

【三产联动】 以培大育强湖羊特色产业为载体，探索实施"羊来羊回""种来种去""人来人往"3种模式的共富实践场景，获省委常委、常务副省长徐文光的批示肯定。争取省财政厅农村集成改革试点项目资金6000万元，支持农村产业发展、基础设施建设及三产融合示范培育等试点项目实施。与衢州职业技术学院合作成立广渡博士工作站，围绕历史文化名人、历史文化景观、文旅融合、文化推介等内容开展合作，枫石村、三卿口村、柴村村顺利通过传统村落验收。以“衢州有礼”诗画风光带、未来乡村建设为抓手，开展草地音乐节、文化旅游节等活动。

【民生项目】 完善“一老一小”服务体系，全面实施居家养老与共享食堂相结合的运营模式，打造安全、舒适的养老服务平台，实现18个行政村全覆盖。竣工验收江山南部重度残疾人康养中心项目，新增康养公寓71处，新增床位152个。完成集镇亮化节点打造、集镇及园区道路建设、江山市南部重度残疾人康养中心等十大民生实事项目。推进水库移民避险解困A区块、万人集聚区5.3公顷、江山市第三人民医院、兴华街和文教路弱电上改下等15个项目建设，完成水库移民避险解困公寓房交付。

【平安建设】 推进党建统领基层智治系统“141”体系建设，迭代升级综合信息指挥室，连通大综合一体化行政执法中心、矛盾调解中心、“融治理”工作站、应急管理平台，实现多跨急难问题提交、研判、处置、反馈一网办结、闭环管理。建立多跨矛盾联动调处机制，镇村两级调处各类矛盾纠纷385起，调处成功率100%。加强应急力量建设，成立应急管理办公室，在全市应急技能比武中名列前茅。持续强化工化企业、食品安全等行业和领域的综合治理，开展安全生产专项检查213家次，完成隐患整改955处。

（袁　影）

保安乡

【概况】 2022年，保安乡完成固定资产投资1277万元，完成全年任务数的106.42%；农民人均可支配收入达2.30万元，一般公共预算收入900.78万元，财政可支配收入2719.85万元，地方税收收入31.73万元，同比增长96%。年内成功创建省级美丽城镇样板镇，获评省级健康乡镇、衢州市水美乡镇等，通过国家卫生乡镇复审。“仙霞探古”县域风貌样板区入选浙江省2022年度第二批城乡风貌样板区名单，箬山田园风情游获评浙江省“浙里田园”休闲农业与乡村旅游精品线路。

【项目建设】 以美丽城镇建设和城乡风貌样板区创建为抓手，全年谋划实施重点项目34个，总资金3亿元。其中，总投资1.5亿元的保安支线白改黑工程、仙霞关景区道路拓宽、仙霞关驿站交通节点配套设施改造提升等12个项目完工；投资4800万元的仙霞关旅游综合体主体完工，投资800万元的后坂村阴垄至下箬山道路提升和背街里巷提升、星级农贸市场、竹艺文创中心二期等项目有序推进。投资亿元的龙井生态养生基地项目区块完成清表，投资900万元的裴家地生态茶园项目已初具雏形，与上海栖壤文化传播有限公司初步达成运营协议。石鼓景区回收开发、西坡箬山二期等一批重点文旅项目在洽谈中。

【全域旅游】 聚焦“微改造、精提升”，完成美食馆、仙霞书屋、民俗体验馆、民国往事馆等业态打造。强化高端民宿招引，催生出客归、江浦驿站等一批精品民宿，西坡·江山、雨农酒家等入选省级高等民宿培育名单。深化文旅融合，举办绿牡丹推广发展论坛、茶叶技能大赛等系列活动，推动茶产业转型升级、提速发展。加速旅游文创研发，推出手工制茶、竹艺文创等体验项目，推动发展红色研学、露营野游等多元新业态。强化文化遗产保护与开发，启动西洋村大簰山考古发掘工作，中美联手抗日纪念馆入选省乡村博物馆名单。

【环境治理】 助力全国文明城市创建，开展全域环境卫生整治。严格落实河长制，各级河长累计巡河264次、组织河道卫生整治1524人次，累计20多公里，全年出境水水质稳定达到Ⅱ类水标

7月，绿牡丹推广发展论坛举办（保安乡 供图）

准以上。落实环卫一体化，深化“五四三小”专项整治，常态化开展“创文早7点行动”，全年完成农村生活污水终端提升改造14个，污水管网铺设117.53公里，配置大型垃圾箱和分类垃圾桶400余个，乡村人居环境明显改善，通过国家卫生乡镇复审。

【集体经济】 培育村级集体经济造血功能，实现全乡7个村集体经营性收入均超30万元，其中50万元以上村2个，100万以上村1个。精深发展生态效益农业，全乡承包土地流转面积166.77公顷，结对合作中国林科院、亚林所等农业龙头科研机构，因地制宜发展“林下经济”，做大毛竹、茶叶、黄精、竹荪、竹笋等特色产业，其中黄精亩产达1350公斤，产值翻三番；合作建设共富工坊，带动闲置劳动力就业，贯通农产品产销链条，实现产业增效、农民增收。

【乡村风貌建设】 推进农房管控和风貌提升。全年完成国土绿化12.67公顷，珍贵树种7.33公顷，空气质量优良天数比例达96.32%，完成“三改一拆”违建拆除1053平方米。统筹使用城乡风貌样板区等各类资金1500万元，完成205国道沿线、保安支线大面积农房风貌改造提升400余户，总面积2万平方米。推进拆后利用、一米菜园、美丽庭院建设等工作，提升集镇整体风貌。推进“大搬快聚”，谋划土地整治项目，乡村两级干部入户政策宣传，年内完成公示23户，摸排复垦潜力3.96公顷，政策处理确认3.65公顷，完成全年任务数的109.4%。

【民生保障】 全年民生领域投入254.94万元，全乡合作医疗参保4237人，城乡居民养老保险参保3567人，人均年收入12000元以下现象全面消除。聚焦“一老一小”，全域提供“共享食堂”用餐服务，新设保安幼儿园托育部，提供3周岁以下婴幼儿照护服务、启蒙教育。倡导绿色殡葬方式，实现节地生态公墓建设7个村全覆盖。推动就业工作，公益性岗位成功申报7人，智享用工应用推广294人次，创建高质量就业村5个。完善教学关怀奖励机制，累计奖励优秀师生17.12万元。优化公共文化空间，建成“15分钟品质文化生活圈”2个，城市书房1个。

【自身建设】 落实衢州市委“六治六提”和江山市委“提士气、转作风、争一流”等作风建设，坚决贯彻中央八项规定精神，落实党风廉政建设责任制，严格执行公务用车、公务餐等各项管理规定，坚持政府过紧日子，全年“三公”经费9.72万元，比上年末压缩19%。开展专题研讨会12次，专题学习会28次，各类宣讲活动138场，出台村级“四评四考”、干部“七比七赛”、项目“清单月结”、项目谋划擂台赛等一系列工作机制，形成“比学赶帮超”的正向局面和浓厚氛围，自觉接受人大监督，落实人大代表意见建议4条。通过“网格+代表”工作会商交办34件，完成交办件31件。

（何倩倩）

廿八都镇

【概况】 2022年，廿八都镇实现财政总收入5108.31万元，一般公共预算收入2576.61万元，年内获评浙江省“百县千碗”美食街区、海峡两岸影像交流基地、衢州市水美乡镇。“仙霞探古”城乡风貌样板区入选省级“新时代富春山居样板区”，浔里未来乡村入选浙江省第二批未来乡村名单，林丰村、花桥村获评浙江省美丽宜居示范村，花桥村获评浙江省AAA级景区村、浙江省民主法治村。

【党建统领】 学习宣传贯彻党的二十大精神，开展“我为群众办实事”实践活动，走访群众6000多人次，为民办理实事1000余件。实施“红色根脉强基工程”，建立临时党支部6个、暖心服务小分队25支、微网格57个，发展35周岁以下年轻党员3名。推进坚强村、林丰村、花桥村党群服务中心及“念廿不忘”民宿共富工坊、“匠心残韵”共富工坊建设，打造党群创业共富阵地，年内实现村集体经营性收入100万元以上行政村1个，50万元以上行政村4个，30万元以上行政村全覆盖。联合浙闽赣三省七个边界乡镇建立“三省边际”党建联建机制，细化“七联”机制（组织联建、资源联享、项目联管、区域联动、疫情联防、生态联治、产业联盟），释放集聚效应、互补效应，解决边界村镇治理难题及矛盾18个，举办“庆元旦迎新年”廿八都古镇美食文化节，吸引客流4000余人次，消费30万元。

【文旅发展】 聚焦文旅融合高质量发展，聚力抓好“旅游富民”工程，围绕旅游品牌创建、旅游业态发展、旅游基础设施建设、文旅项目招引、公共文化建设、文旅宣传营销等，全力推进廿八都古镇提升与开发工作，年内乡村旅游接待游客74万人次，旅游总收入6200万元。开展特色餐饮美食业态培育，举办古镇特色名小吃大赛，招引打造洋货店主题咖啡馆、老供销社主题餐厅、闽菜馆、赣菜馆、“江山味道”展陈馆、燕皮馄饨名小吃、日料店等业态7家，江山道成丰食品有限公司制作的廿八都铜锣糕入选“2022年衢州特色伴手礼”产品库，郎峰书院“江郎三问”系列产品获第三届“浙宿好礼”乡村参与景区木偶剧场、镂空艺术馆等业态打造经营，花桥村通过浙江省AAA级景区村验收，山峰村、周村村通过A级景区村验收，实现全镇9个村A级景区村全覆盖。推进中高端民宿集聚区建设，开展廿乡民宿、大山明珠等4家民宿改造提升，招引老卫生院、老供销社、“漫步云端”等高端民宿4家，郎峰书院、山海民宿获评浙江省高等级银宿，全镇创成衢州市民宿集聚村2个、省级银宿5家、市级精品民宿7家，初步形成以改造提升类与招引建设类为重点的民宿集聚发展新格局。打造“江影投缘”摄影作品展馆，

11月5日，廿八都古镇首届特色名小吃评选大赛活动举办（金隆泰 摄）

承办第三届海峡两岸影像文化周廿八都专场活动，吸引120余名台胞台青、摄影大咖等到江山，交流传承中华文化。

【未来乡村】 浔里未来乡村从3月开始实施，总投资2150万元，立足产业先导、整村运营，突出“浔里寻你”主题定位，设置寻文化、寻邻里、寻产业、寻健康等九大板块，迭代升级未来邻里、社区文化、公共服务、产业发展、特色风貌、智慧治理等场景，实施浔里邻里中心、南孔书屋、研学游项目、忠义文化展陈馆、数字大脑建设、景观小品建设、“四好农村公路”提升、养老服务中心改造提升等8个项目。其中，研学游项目探索“EPC（工程建设项目设计、采购、施工等实行全过程或若干阶段总承包）”模式，由浔里村与衢州金色假日旅游有限公司共同成立江山市浔里文化旅游发展有限公司，通过打造演武校场、水战乐园、二十四节气体验园等子项目，合作开发相应的课程教育产品，形成未来乡村研学游发展新路径。年内全镇民宿“农家乐”接待各类院校写生28批次、研学团队21批次，3000余人。

【风貌提升】 以全国文明城市创建为抓手，全力推进农村人居环境整治，打造“一米菜园”“美丽庭院”100余处，创建枫溪村、花桥村、浔里村3个市级美丽庭院示范村。完成落草纸山观景平台建设、草纸塘沿线农户房屋外立面改造、浙工大旧址房屋修缮等5个项目建设，浔里村中国传统村落通过省级验收。投资1500余万元，实施仙霞探古县域风貌样板区标志标识、炉峰小区205国道侧景观提升、珠玻岭停车场建设工程、古景桥周边风貌节点提升、浔里村省级历史文化村落保护利用重点村等项目10余个，推动美丽通廊建设，助推“仙霞探古”城乡风貌样板区入选省级“新时代富春山居样板区”。

【农林产业】 做好惠农保障，年内核实耕地补贴面积669.73公顷，补贴3187户，农机补贴5户，发展“林下经济”，完成粮食安全生产播种面积666.67公顷任务，粮食产量达5000吨。完善林长制组织体系，完成“百万亩国土绿化”22.67公顷、“中央国土绿化试点示范项目”160.93公顷，竹林抚育333.33公顷，启动实施廿八都森林康养示范区建设，完成浔里村、山峰村、兴墩村林区道路建设5公里，公益林保护面积1.02万公顷，发放公益林补助536.08万元。推进水利工程建设，实施浮盖山村水毁工程修复、兴墩村下园河道提升改造等项目。

【民生保障】 统筹解决“一老一小”空间，推进卫生院、镇养老院改造提升等工程建设，完成6家“共享食堂”、镇社会工作站、镇级未成年人保护站等项目建设。成立廿八都镇社会救助专项治理工作实施小组，清理不符合低收入条件对象8户。全镇在册农村低保对象133户249名、低边对象21户64名、特困对象66户66名，年内发放低保金182.28万元、发放特困金106.74万元，为困难家庭申请临时救助金额2.16万元。落实惠残助残政策，完成残疾人信息动态更新调查419人，残疾人家庭无障碍改造7户、辅助器具适配25人，发放残疾人两项补贴290人，资金76.86万元；廿八都镇慈善分会获评2022年度江山市先进慈善分会，廿八都镇花桥、枫溪慈善工作站获评2022年度江山市先进慈善工作站；廿八都镇花桥村完成建设红十字博爱家园；镇残疾人之家、“匠心残韵”工坊选送的“点心盒、畚斗、果盘、水壶”等竹编工艺品被浙江省残疾人之家点赞、收藏。落实“大搬快聚·兴城共富”农民集聚安居工程，申请户数202户，公示153户，复垦潜力摸排4.77公顷。

【除险保安】 常态开展交通安全、消防安全、电信电诈等宣传，排查整改消防安全问题点60余处，累计覆盖群众4000多人次，辖区内未发生重大安全事故。推进融调解，推动“调委会”“人大代表联络站”“共享法庭”“三衢和姐”等资源融合共享，年内调处矛盾纠纷103件，受理“12345”来电40起，办结率100%，基本满意率达98%。

（严 璐）

长台镇

【概况】 2022年，长台镇地区生产总值5.27亿元，同比增长3.3%；实现工业总产值11.48亿元，同比增长6%；完成12个固定资产投资项目网上直报，总投资4163万元，超38.7%完成全年指标。年内，成功创建省级园林城镇，顺利通过美丽城镇达标镇验收，获第二季度“争先创优”先进单位流动红旗，退役军人服务站获全省“新时代枫桥式退役军人服务站”荣誉称号，“蜂之声”“8090”新时代理论宣讲团品牌建设受到衢州市委常委、宣传部部长邓崴批示肯定，获江山市平安建设突出贡献集体、“五水共治”工作先进单位、城镇污水治理工作先进单位等多项荣誉称号。

【工业提质】 坚持疫情防控和经济发展“两手抓、两手硬”，依托干部与企业“一对一”结对机制，先后开展入企宣传、服务6次，助力全镇53家企业迅速复工复产。全镇规上企业总产值1.3亿元，同比增长0.2%；线下贸易样本单位商品销售额106.16万元，同比增长20.2%。坚持项目推进和项目谋划“再提速、再突破”，紧盯成熟项目“快”推进，抢抓长台幼儿园项目工期，实现按时竣工开园，甜蜜客厅二期土地成功摘牌，将启动建设；紧盯储备项目“优”谋划，突出项目谋划精准性和实用性，谋划上报项目12个；举办镇2022年度项目谋划大赛，得到市级专家评审组高度肯定。

【农业增效】 加速农业规模化发展，完成973.33公顷耕地地力保护调查，发放补贴142.7万元；完成实际种粮农民核查，发放一次性补贴45.5万元；全年申报种粮规模户19户，总承包面积448.93公顷，发放补贴227万元；深化“非粮化”整治，完成清表与耕种33.25公顷，实现土地集约高效利用。加速农业产业化发展，长台食用菌研究所全面投产，实现菌菇全自动化、一体化种植，可年产金针菇7000吨，同时辐射周边企业年增产值500余万元，推动长台菌菇“老字号”重振雄风；争取投资5000万元的粮食深加工服务中心项目落地，完成项目可行性研究报告和网上流转。

【乡村振兴】 坚持“以产业兴盛促进乡村振兴”的总战略，壮大集体经营性收入，季度召开村级集体经济增收研判会，加快构建产业为主、多路并进良性发展新模式，实现9个村集体经济30万元全覆盖，其中5个村集体经济50万元，长台、花园村集体经济突破100万大关；整合9个村各自优势，谋划九村联创“甜蜜工场”项目。做优特色产业农合联建设，依托蜂业农合联和农业农合联，全方位推广“企业+合作社+农户+互联网”共赢模式，激发生产热情。2家农合联共吸收

9月30日，长台村共享食堂开业（长台镇 供图）

农户400余名，人均增收1.2万元。

【网格智治】 深化基层治理数字化、网格化、精细化建设，发挥综合信息指挥室“信息中枢”作用，打造“纵向贯通、横向联通、快速高效”的指挥体系，提升信息分析与报送能力。全年接收处置各类事件1.1万余件，上报重要信息近900条。提升三级网格体系“末端治理”能力，配齐配强“1+3+N”网格队伍，开展专题业务培训12场。依托网格建立帮教、防诈、禁毒、反邪等宣传阵地，开展各类宣传活动20次，社会风险隐患预测、预警、预防能力显著提升。

【平安稳定】 推进“除险保安”专项行动，聚焦矛盾纠纷抓早化小，高质量办理来信来访来电133件，事件按期办结率与群众满意率实现双百；深化“嵩溪比邻”调解室建设，化解镇村“两难”问题91起，调处重大矛盾纠纷31起，做到“小事不出村、大事不出镇”；聚焦社会稳定长治久安，组建村级联防联控队伍，重点关注人员集聚场所和警情多发网格，累计出动人员6500余人次，协助江郎山派出所、交警中队化解案件4起，配合出具反家庭暴力告诫书1份，全年“110”警情同比下降15%。

【创文攻坚】 科学划分9个集镇包干区+9个村级重点区的“创文最小单元”，开展“常态化+集中式”整治480次，累计发动6000人次，整治“六乱”1500余处，实现全域人居环境提升，获美丽庭院创建及农村人居环境集中整治行动流动红旗1次；推进数智文明创建，7月6日在市级推进会上作典型发言。举办“有礼长台”擂台赛，落实“日巡、周检、月授旗”行动，共开展授流动红、灰旗活动8轮、创文迎检实战模拟11次，在10月创文省测中实现零失分；组织开展“有礼商户”“有礼店铺”评选4次，激励群众自觉履行“门前五包”。

6月29日，“钱塘—江山”商会共建共富基地签约仪式在长台镇举行（长台镇 供图）

【城乡建设】 全力冲刺美丽城镇创建，完成“老街记忆”一期改造、路面零星修缮、外立面提升、绿化补植等工程，顺利通过省级测评验收；启动长台镇空间发展专项规划研究，加快嵩溪两岸步道提升、开茂桥改造等项目落地，加速基础设施现代化。加强风貌管控，累计整治农房81宗，特色农居不断凸显；累计排查农房5860户，“一户一策”改造危房13户，保障住房安全；完成华峰、花园、贺新等村土地整治项目，新增耕地和水田6公顷，新立项建设用地复垦项目7.99公顷；加快推进“大搬快聚”，完成第一批公示19户的房屋拆除，长台村入选省级美丽宜居示范村创建名单。

【共富实践】 把握共同富裕的本质内涵，做好民生保障政策落实，累计帮扶援助重点群体143人，办理低保低边申请41户55人、养老保险退休业务251人、新参保及医保报销业务47人、残疾证明38人；推进“惠衢保”参保工作，参保率90.0%，民生兜底保障网全面织密。提升公共服务供给能力，中心幼儿园于 9 月正式开园，长台初中中考成绩连续 3 年在农村初中中名列前茅，“学在长台”金名片不断擦亮；文化礼堂“建管用育”齐头并进，4 项指标“效能指数”在全市位居前列；投资 240 余万元完成 9 个行政村“共享食堂”建设。

【优化服务品质】 踊跃参加全市重点项目征迁工作，完成“两新”产业园 2 家领办企业、城中片区 3 家领办征迁户、江山港南段 9 家领办联系户领办任务，为拓展高质量发展新空间贡献“长台力量”。强化服务惠民的理念，按需开通“一件事”197 件，累计办理事项 3519 件，办理时间缩短至 30 分钟。强化法治惠民的理念，开展“法律六进”法治宣传教育讲课 5 次，向群众提供法律咨询服务 37 次，营造尊法、学法、守法、用法的良好社会氛围。强化文化惠民的理念，先后举办“唱支山歌给党听”七一快闪、“蓝友杯”村歌大赛等大型文化活动，丰富群众精神文化生活。

【强化底线思维】 做实“育与防”的文章，先后开展专题警示教育 18 次、会前“一刻钟”警示教育 8 次，通报各类典型案例 9 次，做到以案为鉴、警钟长鸣；组织全体干部根据自身岗位职责开展廉政风险排查，共收集风险防控排查表 80 余份，提升自主抵御风险的能力。做好“督与改”的文章，组织开展值班值守、会风会纪等纪律督查 118 次，运用“第一种形态”追责问责 13 人次；落实“七个十”具体内容，开展谈话谈心近 50 起，引导年轻干部少走弯路、不走错路。重视审计巡察整改，逐一落实 18 个审计反馈问题的整改牵头领导和责任科室，确保问题整改真彻底、不反弹。

（毛　易）

石门镇

【概况】 2022 年，石门镇统筹推进疫情防控和经济发展工作，实现财政收入 5100.94 万元，其中税收收入 1836 万元，一般公共预算本级收入 1402.19 万元，体制性补助资金收入 1862.75 万元，实现固定资产投资 6117 万元，超额完成市里下达任务数。年内，入选浙江省美丽城镇样板镇、第一批省级运动休闲乡镇名单，“三好”清漾未来乡村入选浙江省第二批未来乡村，江郎山省级旅游度假区获省政府批准设立。

【发展高端民宿】 高端民宿建设全面铺开，全镇共有民宿 76 家，其中省级银宿 6 家，精品民宿 17 家。通过产业引导、专业辅导、孵化培育，吸引云端觅境、春风江山宿集等连锁高端民宿落地。鼓励村民盘活闲置资产，结合“两山银行”政策扶持，打造云七、月伴栖峰、东篱下等一批网红民宿，游客入住率保持在 70%以上，部分民宿出现一房难求的现象。

【产业培育升级】 推进发展平台建设，加大招商引资力度，昭明工业园区成功列入江山市小微园发展规划。全年招商引资实际到位资金 3.55 亿元，年初引进的索乐家居建设项目，当年引进、当年投产、当年上规，全年实现规上工业产值 6480.1 万元，同比增长 49.7%，增收排名全市第一。江山鼎信信息科技有限公司月度升规，年营业收入 5723 万元，服务业限上企业实现零的突破。

【美丽城镇建设】 以省级美丽城镇创建为抓手，围绕“重塑城镇风貌”目标，投资 1700 多万元，系统推进省级美丽城镇创建。推进立面徽派改造、公厕停车场修建、集镇重点区域文化元素融入等工程，高标准完成省级美丽城镇创建工作，全方位提升集镇颜值。

【清漾未来乡村】 牢记习近平总书记保护好、开发好、利用好的“三好”嘱托，接轨清漾省级未来乡村建设，投资 3400 余万元，通过古今融合、产村融合、农文旅融合对清漾村进行整村策划，系统提升。聚焦核心区 19 幢古民居，通过“微改造、精提升”，引进新业态，实现古为今用，焕发新生机。以清漾毛氏家风家训为底色，激活省廉洁文化教育基地功能，设计文化套餐、主题活动，打造图文展墙、触屏互动等数字化场景，拓展沉浸式研学时空。仅用4个月，建筑原风貌修缮，路巷鹅卵石铺砌，室内乡村韵陈设，庭院家风续传承，打造以毛氏文化为主题的古村落夜景，实现群众推窗见绿、出门见园、步步有景的生活新常态。

【打造美丽宜居】 长山源村投资200多万元打造省级美丽宜居示范村，达篷村投资300多万元打造衢州市美丽大花园示范村。高速度推进人口集聚，以“大搬快聚”工作为抓手，解决偏远山区群众“搬不出”“搬不起”的难题，积极排摸资源，报名的76户农户中有20户已经拆房退地，参与选房抽签。全年推进9.15公顷土地垦造、7.99公顷建设用地复垦。

【实现多元发展】 从全盘谋划、精准施策、结对帮扶和向上对接上下功夫。“江郎春风”多村联建物业大楼项目获得江山市村级集体经济增收项目谋划擂台赛第一名，成功落地。溪底村农贸市场建成并投入运营，每年村集体经营性收入可增加41万元。金炉村因地制宜发展高山茶叶，每年村集体经营性收入可增加12万元。延龄村投资建设昭明职工之家，每年村集体经营性收入可增加10万元。全镇实现村集体经营性收入30万元全覆盖，其中长山源等3个村突破100万元，溪底等四个村突破50万元。

【推进环境整治】 结合全国文明城市创建，在15个行政村常态化开展农村人居环境整治。通过镇村干部分区包片，重点时段集中驰援，重要节点专人负责的环境整治新机制，形成攻坚合力，全年累计组织1万多人次参与创文攻坚，整治占道经营、家禽散养，协助清理户外广告。在5月和9月的创文省测中，石门镇均零失分，在江山市组织的4次创文擂台赛中，石门镇连续3次获得红旗表彰和资金奖励，为全市单位之最。

【增进民生福祉】 围绕“5—15—30分钟生活圈”配置要求，统筹推进“一老一小”设施建设。以“共享食堂”为抓手，打造集就餐、日间照料、休闲娱乐、来料加工、康养等服务于一体的民生综合体，15个村均已建成“共享食堂”。投资500万元建成集养老幼托、志愿服务、特色展馆等功能于一体的邻里中心、示范型居家养老服务中心及残疾人之家。投资350万元改造提升镇敬老院，让老人们生活得安心、放心、舒心。投资1500万元完成省一级标准镇中心幼儿园迁建，投资150万元高起点打造3.0版清漾书院，为清漾毛氏子孙后代打造全新的阅读空间。通过定期开展走村入户，不断摸清低收入村民的底数，完成走访低保、低边、特困户共632户751人，走访5228户次。疫情防控转段后，石门镇立即组建51支“暖心”小分队开展暖心服务，解决困难诉求1096个，代购代办服务568次，送医送药241

2022年清漾书院（祝雪生 摄）

次，配餐送餐152次，关爱照顾81次。

【抓好“五水共治”】纵深推进河长制，扎实推进集镇污水零直排区创建。投资321万元实施山塘综合整治项目，投资320万元实施兰底山排洪渠建设工程。依托数字赋能，投资40万元打造数字化平台应用场景，实时监测38污水变化情况。经过持续整治，石门溪、江郎溪水质大幅提升，出境水达到市里的考核标准，污水零直排标杆镇创建在衢州市排名位列第二，被评为省“五水共治”工作考核优秀乡镇。

【提升服务品质】完善民生设施配套，提升现代住房水平，公共服务品质日益提升。投资216万元打造夜景灯光带，投资318万元推进诗路文化风光带提升工程，投资1300多万元实施“四好农村公路”白改黑4公里，道路拓宽1公里，完成全镇道路大中修30公里，新增机动停车位400个，非机动车位100个，投资300多万元重建3座大桥、修缮1座危桥。打造智慧安防小区蓝山郡项目，投资168万元配套建设莲山塘口袋公园，投资65.4万元改造提升篮球场，投资222万元提升溪底农贸市场。

【综合治理建设】建成一站式综合治理中心，入驻人民法庭、派出所、司法所、社治办、“老娘舅”金牌调解等机构，把治理中心与便民服务中心合二为一，实现服务群众“最多跑一次”“最多跑一地”“解忧一扇门”。中心线上线下受理群众需求事件1008件，办结958件，办结率95.04%。围绕“执法办案标准化、日常管理制度化、协同联动一体化、数字赋能智慧化、队伍建设专业化”的“五化”要求，建设镇智慧执法管理平台。全镇实现违章停车、占道经营、违章建筑、非机动车不戴头盔等问题的智能抓拍比对、自动告警、远程喊话和线上流转。

（徐若婷）

9月1日，石门镇中心幼儿园开园（毛沐平 摄）

张村乡

【概况】2022年，张村乡实现地区生产总值21170万元，同比增长4%；农村居民人均可支配收入25433元，同比增长10.4%。成功打造全省美丽城镇建设基本达标镇；“清风巷廉洁文化基地”获得江山市清廉建设成绩突出单位。

【党建强基】制定《张村乡加强一把手和领导班子监督的分工方案》《机关干部内部管理办法》，开展全方位管理监督。加强干部梯队建设，开展中层选拔竞聘1批次6名；制定干部“成长套餐”，开展月旦学、项目征迁领办等培养活动，打造“两专”“两勤”干部队伍。江东化工园、两新产业园、江贺经济走廊3次征迁中展现张村铁军担当。退役军人建档立卡工作位列全衢州第一。聚焦能力提升，搭建“头雁拓展”交叉互学等平台，让村书记当主角，在互学互鉴中提升乡村善治水平。太阳山村、琚源村和龙头店村书

2022 年推出张村味道礼盒（张村乡 供图）

记获市“先进书记”称号，太阳山村书记作为衢州市代表在省国资国企基层党组织书记重点示范培训班上作交流发言。感召乡贤回归，成立首届乡贤联谊会，增强新乡贤联谊运作能力。

【共同富裕】 抓住省国贸集团—张村结对帮扶有利契机，发挥省国贸人才专家团优势，强化人才互融，新培育一批以岩茶、高山种植为主的农创客 20 人，力促一批产业项目落地建设。牵线搭桥，助推 1 亿元乡村振兴发展基金落地，亿元项目惠顺畜产品加工项目被列入市 2022 年度十大投产项目之一。依托国贸商贸流通板块优势，强化农业合作，开发“张村味道”农特产品牌。全乡经营性收入 30 万元村实现全覆盖，50 万元村 7 个、100 万元村 1 个，总额较 2017 年同比增长 621%。

【“大搬快聚”】 推进“大搬快聚”工程，宣传发动 300 余户村民参与“大搬快聚”，释放复垦面积 25.55 公顷，位居全市前列。紧扣重塑“城乡风貌”发展定位，实施秀峰村风貌提升工程、黄瑞状元故居修缮等，成功创建省级美丽城镇达标镇；先锋村成功争列省级历史文化村落保护利用重点村，争取项目资金 1100 万元；集镇双峰片区被列入市级未来乡村培育名单。

【项目推进】 依托《张村乡旅游发展整体策划》和文旅品牌形象策划，聚焦太阳谷、张村水库、太阳山寺等项目，绘就绿色发展新蓝图。投资 5 亿元的太阳谷项目完成一期建设，具备开业条件；投资 22.7 亿元的张村水库项目，于 5 月获省发改委立项批复；完成 1200 万元的太阳山寺扩建修缮工程基础建设。

【风貌提升】 推进全国文明城市创建，改善提升乡、村两级基础设施 20 余处。推动先锋村状元居物业经济用房、琚源村物业经济用房改造提升工作，加快乡村综合体开发利用，全面提高村庄整体环境水平和服务能力。开展农村人居环境和美丽庭院创建，积极引导广大群众参与庭院洁化、序化、美化、绿化，以庭院“小美”助推人居环境“大美”蔚然成风。

【“一老一小”服务】 始终将“一老一小”问题摆在政府工作的重要位置，按照“15 分钟服务圈”半径，积极探索集中就餐、送餐上门、专业机构运行等形式相结合的共享新模式，11 个行政村全部完成“共享食堂”建设。秀峰村试点推行“共享食堂+儿童之家+来料加工”为一体的共享共教共富模式，为群众搭起一座老有所养、幼有所育的“幸福港湾”，引导全乡“共享食堂”逐步向“乡村生活馆”迭代升级。发挥乡贤联谊会作用，对学业优异的张村学子进行助学奖励，打响“学在张村”品牌。

【编辑出版《张村乡志》】 10 月，《张村乡志》出版发行。全书除概述、大事记、特辑外，共分 24 章，150 余张图片，69 万余字，记录了 1000 多年不同历史时期的张村地域自然、政治、经济、文化、社会等方面的情况，具有特殊历史文化的地情书。该乡志由同济大学原副校长黄鼎业和教授周顺华作序，主编戴明桂，共印1000册。

（王　贤）

塘源口乡

【概况】 2022年，塘源口乡财政总收入5865.6万元，同比增长6.1%；固定资产总投资2005万元，完成率100.25%；结对限上企业江山市惠而利贸易商行，成功申报入库限上企业，完成批发任务2057万元，零售额2057万元，完成率分别达到105%、109.8%。年内，被评为衢州市文明乡镇。仓坂村被评为省级民主法治村，青石村、洪福村被评为衢州市文明村。

【“三色”产业】 突出特色发展，推动“红”“黄”“绿”三色产业迭代升级。深化省猕猴桃特色农业强镇创建成果，实施猕猴桃产业提升工程，投资1300万元建设猕猴桃综合体，主体建设完成70%；投资200万元建成猕猴桃引种试种示范基地，培育猕猴桃优良品种23个。举办2022年猕猴桃节暨“江山源味”区域品牌推广活动，借力电商直播平台，为优质农产品推广搭建好载体，当日累计线上销售猕猴桃2.5万公斤；与泰隆银行合作为猕猴桃种植大户和经济合作社提供融资授信，解决融资难的问题；设立猕猴桃“快递超市”，打通农村物流“最后一公里”。开展猕猴桃品种改接换种奖励补助，完成补助兑现3.2万元。深化“中央红色美丽村庄建设试点”洪福村建设，投资200万元，强化红色研学基础设施配套。推进中国传统村落保护利用，深化夯土房资源开发，创新“投资主体+村集体+农户”共建共享模式，联合“农旅投资集团”打造“鲍阳”夯土房民宿标准地，已完成排污、道路、供水、通信等基础设施配套。

【村集体经济】 以村集体经济增收为重点，坚持党建统领、产业先行，坚持“强带弱、大帮小”，创建红色引擎、绿色风帆党建联建机制。制订“一村一策”增收计划，多措并举盘活资产资源，千方百计增强农村集体经济的“造血”功能，实现村集体经营性收入1个村突破100万元，4个村超50万元，30万元全覆盖。

中央红色美丽村庄建设试点村——洪福村

9月5日，村民通过电商平台线上直播推广猕猴桃节暨“江山源味”区域品牌（塘源口乡 供图）

【项目建设】 紧紧围绕“重振江山工业雄风”战略部署，成功招引总投资1.1亿元，年产1000万米摩托车链条、7000吨工业链条智能生产线项目。积极争取项目资金1500余万元，完成晚长线阴源段道路“白改黑”提升项目。投资235万元，对仓坂村、青石村、塘源口村、白石村道路进行硬化提升。整合资源，投资263万元实施美丽城镇建设项目，完成滨水步道、健身广场、入乡口节点改造、集镇生活圈基础设施建设。完成洪福村进村入户水管更换、集镇水厂水网改造、13个单村水站水源地提升改造项目。投资119万元，完成塘源口溪塘源段（白石）水毁修复、前墩村农用水坝修复工程。投资14万元建成塘源村小型足球场项目。完成仓坂村王村坂停车场建设，冷浆塘村、洪福村路灯亮化工程，全乡新增360个车位。新建仓坂村、青石村节地生态安葬点，实现行政村全覆盖。打造“家门口”的综合服务阵地，完成洪福村党群服务中心、前墩村、仓坂村文化礼堂改造提升项目。

【风貌提升】 坚持将创文工作与美丽庭院创建、农村人居环境整治等工作有机结合。发放倡议书2500余份，投放公益广告420余处，入户动员宣传6000余人次，全面营造党员带头、群众参与、全民行动的干事氛围。划分集镇为七大区块50个点位，落实“班子带队、区块干部负责、组团联村成员包村”机制，整治乱堆乱放2420余处，清理垃圾600余吨。助推10个新时代文明实践站（所）建设再上新台阶，组织开展各类主题活动850余场，加速精神文明建设纵向延伸。累计开展“有礼商户”“有礼家庭”“美丽庭院”评选10余次，选优树典引领文明风尚。勇夺创文、美丽庭院创建和农村人居环境整治等流动红旗7次，成功创建塘源口村、洪福村美丽庭院示范村。

【平安建设】 创新“防汛四张清单”工作机制，动态管控46处隐患点位；发现并整改安全生产、道路交通等各类安全隐患295处。强化安全宣传，累计入户宣传1万余人次，群发短信5万余条，安插彩旗、横幅400余处。抓严抓实森林防火工作，新组建青石村乡级半专业防灭火队，全乡四支防灭火队伍累计开展18次防灭火演练，队伍综合素质显著提升。聚焦矛盾纠纷“大排查”，共受理来信来访案件43件，“12345”来电11件，案件按期办结率与群众满意率均实现100%，借力“清风和事佬”调解，化解矛盾纠纷20件，化解率100%。全乡未发生安全生产事故、森林火灾。

【基层治理】 全面加强基层治理数字化、网格化、精细化建设，大力推进“县乡一体、条抓块统”改革。建立“七张问题清单”工作机制，全面查摆短板不足，主动发现问题96个，有序动态整改销号。强化综合信息指挥室“信息枢纽”作用，整合掌上基层、浙里党群心连心等6个平台，构建信息汇总梳理的大数据库，提升信息分析与报送能力，共接收并处置各类事件1570件，基本实现2天内受理、5天内办结。提升网格“末端治理”能力，健全完善网格管理和考核机制，建立网格“一讲三评”工作制度，压实网格责任，严格落实“一月一走访”制度。

【民生保障】 推进城乡居民基本医疗保险工作，参保登记率98.5%，排名在全市靠前。城乡低保、特困人员生活保障金全面提标，全乡低收入农户354户550人，困难群众实现应保尽保，应救尽救。全力保障住房安全，完成农民建房审批13宗、房屋修缮5宗、危旧房改造4户、低保家庭“善居工程”8户。率先完成全乡退役军人建档立卡工作，提升退役军人服务站5家。全乡5个居家养老“共享食堂”累计接待老人用餐2.4万余人次。成立塘源口乡社工站和未成年人保护站，委托社工机构实施多元化关爱服务，累计开展活动20次，个案服务15人。“残疾人之家”运行良好，有效解决14名残疾人就业问题，发放残疾人“两项补贴”107万元。

（毛龙娜）

人　物

人物传

刘守诊（1925—2022），山东省临清市人，中共党员，原江山卫生局离休干部（享受县级待遇）。

1947 年 10 月参加革命工作，1949 年 3 月加入中国共产党。历任解放军华东三纵队新兵团卫生员、调剂员，22 军第四医院司药、66 师医院司药。转业后，历任浙江省分水县机关医务所医生、县人民医院院长、县卫生科科长。调到江山后，历任江山县卫生科科长、县卫生局副局长、党组成员、党组副书记、局长、党组书记、局长级巡视员等职。

张弘道（1928—2022），山西武乡人，中共党员，原江山市基本建设局离休干部（享受县级待遇）。

从小参加儿童团，配合村里开展抗日救亡工作。

1940 年参加游击队，当通讯员。1942 年 2 月，进入武西战斗剧团，宣传抗日。配合村民兵挖陷阱、造土地雷，抗击日本侵略军；挖洞藏粮，坚壁清野等。1945 年 5 月正式参加八路军。1950 年 1 月加入中国共产党。历任 129 师 385 旅 769 团卫生队看护，晋冀鲁豫军区三纵队 7 旅 19 团卫生队副班长、2 营部卫生长，解放军 2 野 11 军 31 师 91 团卫生队卫生长、军医。参加过上党战役、平汉战役、鲁西南战役、千里跃进大别山、淮海战役、渡江战役等。在淮海战役中，荣立三等功一次。1951 年 1 月赴朝作战，任志愿军 12 军 31 师 91 团主治军医，参加过全城阻击战、上甘岭战役等 5 次战役，曾负伤致残，荣立三等功 1 次。转业后，先任浙江省衢县卫生院院长兼党支部书记、县血吸虫病防治院院长兼党支部书记。后调至江山，历任江山水泥厂职工医院院长、土窑车间党支部书记、二原车间党支部书记、主任，江山县人民防治院党支部书记、革委会主任，县工业交通局党组书记、局长，县工业局局长、县基本建设局局长等职。1983 年 12 月离休后，积极参加纪念抗战胜利等社会活动，多次到部门、社区、学校、部队作革命传统报告，讲述亲身经历的战斗故事。

（徐义祥）

人物录

浙江好人：王伟华

王伟华，男，1967 年 5 月出生，中共党员，籍贯浙江江山，江山市人民医院院医共体党委副书记、院长。2022

年3月18日凌晨4时，接到援衢命令后，王伟华带领65名精干医护火速接管衢州市衢江区中医院，不畏艰难，连续奋战18天，建立了三级网格管理体系，为59名患者探索启动“临时家属”服务，圆满完成了抗疫任务，援衢事迹被《衢州日报》等多家媒体报道。他先后获中国医师协会优秀基层呼吸医师、第一届宋庆龄最美基层呼吸医生提名奖、浙江省防治非典型肺炎工作优秀共产党员、衢州市疫情防控先进个人称号等。

浙江好人：毛丽丽

毛丽丽，女，1986年10月出生，群众，籍贯浙江江山，衢州楚烨汽车销售服务有限公司业务部经理。在浙江衢州江山的一个小区里，经常会出现这样一幕：一个面目清秀的年轻女子背着一个瘦弱的老年男子走出电梯，开车去往医院。年轻的女子叫毛丽丽，背着的是她的公公钟某（2020年1月去世）。2014年，毛丽丽公公患上了渐冻症，全身肌肉萎缩瘫痪在床。丈夫在外工作，婆婆年长，孩子年幼，1000多个日日夜夜，她背着公公辗转于各地医院和家里，并悉心照顾饮食起居、请医送药。即使公公的病情一天天严重，但毛丽丽对工作和生活充满热情，让家里洋溢着希望和幸福，她说：“和家人在一起，我很幸福。”毛丽丽家庭获2021年度全国最美家庭、2019年浙江省最美家庭等称号。

第十一届最美衢州人十大年度人物：江林建

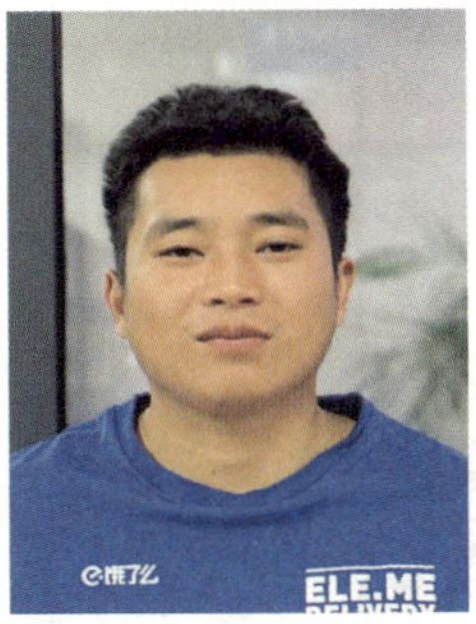

江林建，男，1996年11月出生，群众，籍贯浙江江山，平安志愿者，现为江山饿了么市场商户经理。2022年9月19日上午，江林建接到骑手站长的电话，称一家店铺出餐异常，老板夫妻俩好像吵架了一直不接单，请他远程关闭该店功能。江林建觉得有些奇怪，根据他之前的走访经验，店主夫妻感情也很好，很少吵架。越想越不对的江林建担心夫妻俩出问题急忙赶往店铺，到店后发现夫妻俩好像睡着了，上前询问情况时才发现两人已处于半昏迷状态。虽然空气中没有明显的煤气味，但看着紧闭的窗门江林建判断可能是煤气中毒。他立即将门窗打开通风，并来到户外拨打“110”报警电话与“120”急救电话。救护车来到现场后，江林建协助医护人员将夫妻俩抬上了救护车。该事迹被新华网、央视新闻等媒体相继报道，受到社会各界人士的广泛赞誉，荣获“阿里公益天天正能量”特别奖。

最美江山人十大年度人物

毛金月：好侄媳毛金月悉心照料叔公26载

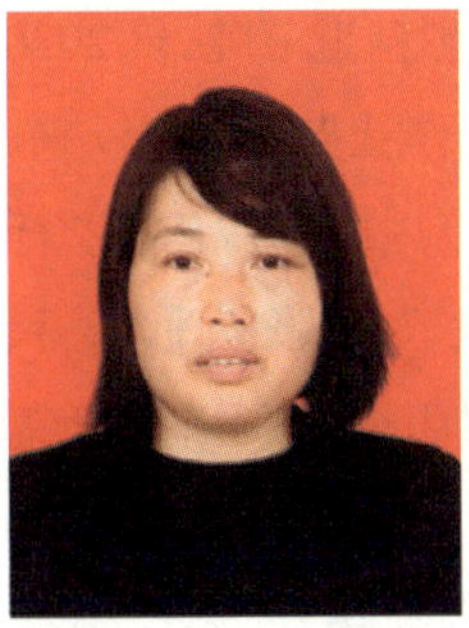

毛金月，女，1973年9月出生，江山市石门镇琚家岗村党支部副书记。由于丈夫长年在外打工，儿子又小，家里的农活以及服侍公公、婆婆、叔公三位老人的重担落在她一人肩上。刚嫁过来的头几年，毛金月服侍多病的婆婆。婆婆过世没几年，公公又卧床不起，她又床前床后地照料，煮汤煎药、料理服侍，直到公公90岁去世。现在继续服侍90岁的残疾单身叔公。毛金月悉心照料3位老人，这一坚守就是26年。先后获评2021年衢州市道德模范暨第十届“最美衢州人”、2020年衢州市11—12月有礼之星等。

毛海雄：帮助别人、升华自己

毛海雄，男，1978年7月出生，中共党员，浙江天地化工有限

公司负责人，双塔街道菜农经济合作社党支部书记。他热心公益，十多年来，累计资助学生、孤寡老人、贫困学生30多万元。疫情期间，他坚守抗战在防疫第一线，向街道、政府办、教育局等部门捐助酒精近三吨。自2020年12月担任合作社支部书记以来，他坚持以村民为中心，提出“孝行天下，行孝菜农”的服务理念，积极对接相关部门合理利用辖区荒地打造健身广场，为社员提供了健身娱乐的好场所。获2020年衢州市11—12月有礼之星荣誉称号。

尹平：千里援川助推甜蜜奔小康

尹平，女，1991年11月，四川资阳人，江山市农业农村局干部。追随爱人一同来到“蜜蜂之乡”江山，成为一名基层蜂业专技员。2020年4月组织选派尹平赴沐川县开展东西部扶贫协作工作。全家人都非常支持尹平援川，因小宝宝还未断奶，尹平的母亲毅然辞去工作，一家老小举家援川。援川期间，尹平用心用情推动沐川养蜂事业成为甜蜜奔小康的致富事业，也为江山市、沐川县被评定为“蜂业扶贫先进县”贡献了重要力量。先后获2021年江山市文明家庭、2021年江山市巾帼建功荣誉标兵等称号。

叶介兴：守护小巷37年的“扫地僧”

叶介兴，男，1934年12月出生，江山市凤林镇凤溪村村民。他是一名有着64年党龄的老党员，1985年退休后，带着“一屋不扫，何以扫天下”的想法，闲不住的他开始自愿打扫门前600多米长的小巷。春天除杂草，夏天冲洗路面降温，秋天捡拾落叶，冬天除冰扫雪。早上，打扫前天的垃圾；下午，日头偏西，学生放学路过后就再扫一次。一年四季，一天两次，雷打不动。把巷子打扫干净，是他的初衷；让村庄更美丽，是他的愿望。如今，越来越多的邻居加入他的行列，让“自扫门前雪”变成“共护一条路”！先后获评2019年浙江省“最美家庭”、2020年衢州市11—12月有礼之星、2021年1月浙江好人等。

周小军：乐善有恒，大爱无疆

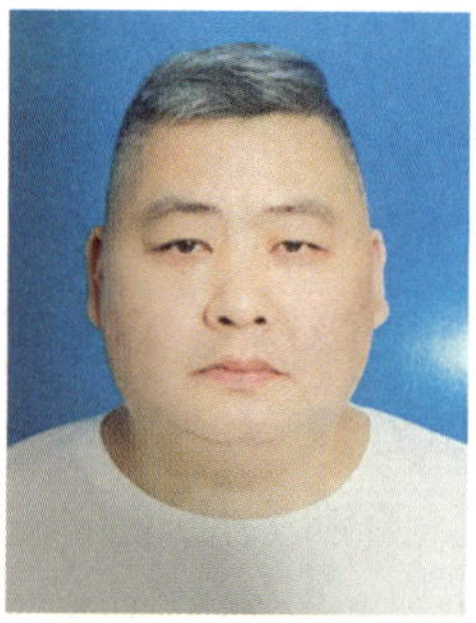

周小军，男，1972年7月出生，江山滴水公益服务中心理事长。周小军长期热心公益，服务社会，无偿提供200平方米厂房供滴水公益组织使用，资助了10多名贫困学生，为30多名贫困学生捐赠书桌椅，自费慰问30多名残疾人。他主动参与社区疫情防控，组建“爱心慰问志愿服务队”走访全市城乡值勤卡点。带领“滴水”团队先后开展助学助残、关爱老人、环境保护、“五水共治”等6500多场次公益活动。“江山滴水”先后获评全国、省、市先进团队组织，周小军先后获得江山市疫情防控最美志愿者、2021年衢州市社会组织领军人物等称号。

邹石灵：勇救落水老人，再显军人本色

邹石灵，1991年11月出生，共产党员，江山市石门镇界牌村村民。2021年10月7日，他在石门镇新群村下安溪深潭钓鱼时，遇到81岁老人挑着

水桶到潭里装水，水挑上来的时候，老人因两个水桶甩起来而失去平衡，直接从河岸阶梯上滚下潭，在深水中挣扎上不来。邹石灵看到这个情况，没有丝毫犹豫，衣服鞋子都没来得及脱，拿起扁担就跳下了水，并把扁担递给老人，让他抓住，把老人拉到潭边。因老人落水时磕破了头，伤到了膝盖，在水里挣扎耗尽了力气，邹石灵把他拖上了岸，并且带老人去就近卫生院包扎。邹石灵见义勇为的举止获得邻里一致好评，获评 2021 年 11 月浙江好人。

郑增友：自强不息的“单腿领头雁”

郑增友，1971 年 9 月出生，中共党员，江山市新塘边镇毛家仓村人，毛家仓村支部委员。10 岁时因患小儿麻痹症，落下了左下肢残疾。2003 年，他看准我市羽毛球产业的发展契机，联系了羽毛球来料加工业务，并购置一辆二手车作为交通工具。多年来，郑增友驾着工具车奔波于各村、残疾人家中，凭着一股不服输的劲儿，他开启了创业之旅，虽有重重困难，但一路披荆斩棘，带领着毛家仓村残疾人走上致富之路。获 2021 年衢州市 3—4 月有礼之星等称号。

郭元敏：以人为本 真心服务

郭元敏，男，1962 年 12 月出生，江山市人民医院主任中医师。参加工作 40 余年，热心公益事业，从院内到院外，从导医陪诊到送医下乡，在工作日或是业余时间，都常看到他志愿服务的身影，累计参与志愿服务活动 180 余次，服务时数 691.6 时，服务群众 3800 余人次。连续 10 年组织为全市百岁老人免费上门体检，每年组织并参与各类义诊 10 来次，连续 4 年先后下沉到多家乡镇卫生院开展医疗帮扶工作。作为市书法家协会副主席、市硬笔书协主席，利用特长，每年组织多场义务写春联和敬老送“福”等文艺惠民活动，先后获评江山市“96345”党员志愿服务先进个人、市农业农村工作贡献突出个人、市优秀政协委员、市十佳医共体下沉医师。

廖世培：40 年如一日扎根乡村教育

廖世培，男，1965 年 6 月出生，江山市长台初中教师，40 年如一日扎根乡村，心系学生，情

牵教育，先后在小学、初中、成人教育等岗位任职任教。2001 年不幸患慢性肾病，饱受病痛折磨，却依旧坚守教育岗位；2010 年肾移植成功，3 个月后便毅然决然回到教育岗位，还给病友带去无限的鼓励和信心。一支粉笔、两袖清风、三尺讲台、四季耕耘，他受学生爱戴着，让家长放心着，被亲友敬佩着……他曾说：“孩子们的笑脸，是我坚守的力量。”他用无私奉献，滋养着乡村教育的沃土，先后获得江山市第一批学科带头人、江山市百优班主任、省级优秀指导教师、衢州市教育系统先进工作者等称号。

“爱心妈妈”团队：用爱心点亮残障儿童心灯

“爱心妈妈”团队，成立于 2007 年，一直致力于残障儿童关爱帮扶。该团队用 14 年书写动人的爱心故事，用 14 年陪伴折翼天

使阳光成长。14 年来，她们积星星之火，带动 153 个家庭，1029 名社会志愿者共同学习特殊孩子的复健按摩方法。项目获评 2020 年浙江省最佳志愿服务项目；2021 年 4 月 2 日，央视《新闻直播间》报道“爱心妈妈”团队用细心爱心真心陪伴孩子们快乐成长的动人故事。先后获评 2021 年 5 月浙江好人、2021 年衢州市 5—6 月有礼之星等。

2022 年度衢州有礼之星一览表

表 18

序号	姓　名	名　称	时　间
1	王小峰	诚信之星	第一季度
2	周　剑	创业之星	第一季度
3	姜欣华　赵信华	乡贤之星	第一季度
4	王伟华	抗疫之星	第一季度
5	巫建明	义举之星	第二季度
6	邵华芬	慈善之星	第二季度
7	周　斌	乡贤之星	第三季度
8	金小伟　徐晶晶　方月宵	义举之星	第三季度
9	毛华军	慈善之星	第三季度
10	祝春凰	诚信之星	第四季度
11	祝建萍　夏春禄	敬业之星	第四季度
12	柴林丹	孝亲之星	第四季度

文件选辑

中共江山市委
关于加快建设三省边际中心县城奋力争当
“两个先行”示范窗口的决定

（2022 年 8 月 15 日中国共产党江山市 第十五届委员会第二次全体会议通过）

市委发〔2022〕17 号

中国共产党江山市第十五届委员会第二次全体会议，深入学习贯彻省第十五次党代会和衢州市委八届二次全体（扩大）会议精神，紧密结合江山市第十五次党代会各项部署，动员全市上下高举习近平新时代中国特色社会主义思想伟大旗帜，坚决落实习近平总书记系列重要指示批示精神，加快江山实现跨越式高质量发展，研究了在建设三省边际中心县城中奋力争当“两个先行”示范窗口工作，作出如下决定。

一、学深悟透省第十五次党代会和衢州市委八届二次全会精神

省第十五次党代会是我省迈入高水平全面建设社会主义现代化、高质量发展建设共同富裕示范区新征程召开的一次具有全局性、历史性、里程碑意义的重要会议。大会高举习近平新时代中国特色社会主义思想伟大旗帜，围绕忠实践行“八八战略”，坚决做到“两个维护”，绘就了在高质量发展中奋力推进中国特色社会主义共同富裕先行和省域现代化先行的宏伟蓝图。衢州市委八届二次全会深刻领悟省党代会精神，发出了笃行“两个维护”、扛起衢州担当，在建设四省边际中心城市中争当“两个先行”示范窗口的动员令。全市上下要把学习贯彻省第十五次党代会和衢州市委八届二次全会精神作为当前和今后一个时期的重要政治任务，切实把思想和行动统一到省委、衢州市委的决策部署上来，把智慧和力量凝聚到各项目标任务上来，做到学深悟透、入脑入心。

1. 深刻领悟习近平总书记的重要指示精神是新征程上必须牢牢遵循的最大战略指引。一直以来，习近平总书记为浙江的改革发展倾注了大量心血，不仅开创性擘画“八八战略”，到中央后更是六次回浙江，赋予浙江新使命新要求新期望，特别是习近平总书记在浙江工作期间，曾经三次

来江山调研，作出了6个方面的指示要求，这些都充分体现了习近平总书记对浙江以及江山工作的高度重视和关心厚爱。全市上下要坚定不移做“两个确立”忠诚拥护者、“两个维护”示范引领者，始终沿着习近平总书记指引的路子，深刻领悟“八八战略”的真理力量和实践伟力，用脑用心用情学，真懂真用真落实，坚决做到“习近平总书记有号令、党中央有部署，省委和衢州市委有要求，江山率先不折不扣抓落实、见成效”。

2. 深刻领悟“两个先行”是浙江必须坚决扛起的最大使命担当。在全面建设社会主义现代化国家新征程上，以习近平同志为核心的党中央开启了迈向全体人民共同富裕的新的伟大探索。去年习近平总书记亲自谋划、亲自定题、亲自部署、亲自推动，赋予浙江高质量发展建设共同富裕示范区光荣使命，要求浙江在推进以人为核心的现代化、实现全体人民全面发展和社会全面进步的伟大变革中发挥先行和示范作用。要深刻领悟省第十五次党代会提出的“两个先行”奋斗目标是党中央交给浙江的重大政治任务，是浙江坚决做到“总书记有号令、党中央有部署、浙江见行动”最生动的体现。要深刻领悟报告围绕“两个先行”提出的“5大战略指引、11方面重要遵循”纲举目张、相互贯通是成功密码、指路明灯，“8个高地”“五大工作导向”“10个着力”为推进“两个先行”提供了具体目标、清晰路径和着力点，这些论述形成了浙江制胜未来的理论、目标、战术、战法“组合拳”。全市上下要全面贯彻、融会贯通，把思想和行动迅速统一起来，把智慧和力量迅速集结起来，奋勇争先投身“两个先行”。

3. 深刻领悟四省边际中心城市是衢州必须始终锚定的最大战略定位。2002年12月，习近平总书记第一次到衢州考察调研时对衢州提出了“打造四省边际中心城市”“成为全省经济向中西部临省拓展的一个桥头堡”等重要嘱托。省第十五次党代会站在省域统筹高度，明确“支持衢州创新省级合作建设四省边际中心城市”，为衢州标注了战略方向和目标定位。衢州市第八次党代会和衢州市委八届二次全会全面吹响了建设四省边际中心城市争当“两个先行”示范窗口的冲锋号。全市上下要始终牢记总书记的殷殷嘱托，找准江山发展坐标，锚定“衢州当龙头、全省争上游”，对标对表“十个桥头堡”，一项一项任务抓落实，一步一个脚印抓推进，为衢州建设四省边际中心城市争当“两个先行”示范窗口提供更大支撑、作出更大贡献。

二、扛起担当、找准定位，加快建设三省边际中心县城，争当“两个先行”示范窗口

江山地处浙、闽、赣三省交界，一脚踏三省、一步跨八县的区位优势得天独厚、全省仅有。作为浙江西南门户和衢州地区唯一县级市，近年来历届市委市政府始终牢记习近平总书记殷殷嘱托，加强了顶层设计和高点谋划，在产业集聚、交通先导、城市赋能、乡村振兴、营商环境等各方面取得了显著成效，在三省边际区域的城市首位度、影响力不断凸显，特别是市第十五次党代会以来，新一届市委市政府立足江山发展新起点，始终锚定“衢州当龙头、全省争上游”的目标方向，全市齐心、上下一心，全力拼、全力抢，奋勇争先，拼出了连续两个季度衢州争先创优“流动红旗”第一、衢州综合考核榜首、一季度全省投资赛马激励等一系列上级肯定，打赢了新能源新材料产业园“园中村”搬迁、转型升级等一系列大仗硬仗，推动了碳一公司、习谷科技、金石资源等一大批重大项目落地。当前江山跨越之势已成、赶超之时已至，全面进入了加速突破的新阶段，完全有信心、有底气成为三省边际中心县城。全市上下要凝聚起强大共识，抢抓中央以县城为重要载体的城镇化建设、全省超常规支持山区县跨越式赶超

发展、衢州加快建设四省边际中心城市的重大机遇，顺势而为、乘势而上，始终将提高在三省边际县级城市中的首位度作为江山跨越发展的关键命题。各项工作锚定“全省上游、衢州龙头、26县前列、三省边际第一”的高目标，全面增强对周边地区的吸引力、凝聚力、辐射力，真正把江山独一无二的区位优势和三省边际的比较优势最大程度地转化为跨越赶超的发展胜势，成为三省边际中心县城，争当“两个先行”示范窗口。

三、牢牢把握建设三省边际中心县城的总体要求

1. 工作导向。要牢牢把握五大工作导向。一是坚持人气集聚。要始终围绕做大“吸引人、留住人”这篇文章，开展各领域工作，做强各方面，全面提升中心县城能级，切实增强吸引力、集聚力和辐射力，成为人口“梯次流动”的重要节点，为衢州建设四省边际中心城市提供坚实的人口支撑。二是坚持借势赋能。要充分发挥浙江发展走在前列的整体优势，抓住全省超常规支持山区26县跨越式赶超发展和衢州加快建设四省边际中心城市的重大机遇，借势借力，将整体优势、重大机遇转化为扩大江山影响力的强大动能。三是坚持做强自己。要持续放大产业规模、平台能级、全域旅游、公共服务、数字变革、党建治理等先发优势，把长板拉得更长、强项做得更强。同时，全面对照找差距，加大力度补齐各方面短板和弱项，夯实工作根基。四是坚持融合发展。要摒弃“单打独斗”的思维，放大格局、放宽视野，更多关注三省边际其他县（市、区）的发展现状和指标情况，把工作放到三省边际区域的大场景中去谋划推进，在横向比较中互补合作、争先进位；在纵向比较中做强自己、辐射周边。五是坚持彰显示范。要立足三省边际独一无二的区位条件，扛起向周边区域“窗口示范”的担当，深化示范引领带动，在更大范围、更广领域、更深层次输出经验、输出模式，更好彰显浙江“两个先行”和衢州建设四省边际中心城市在周边区域的示范效应。

2. 总体目标。坚持以习近平新时代中国特色社会主义思想为指导，践行“八八战略”，牢记“八个嘱托”“八大任务”和习近平同志在浙江工作期间对江山的重要指示要求，锚定“两个先行”，聚焦大干产业、狠抓城乡建设、全力提升公共服务、做优生态环境和社会环境，确保到“十四五”期末产业结构规模、平台空间能级、公共服务水平、城市形态风貌等各方面，在三省边际脱颖而出，三省边际中心县城地位基本确立，成为浙江“两个先行”在省际边界的重要示范窗口。

3. 具体目标。到2026年，要建成“七个三省边际县域高地”。一是建成三省边际先进制造业集聚发展的县域高地。新能源新材料产业园、江贺经济园区等区块打造成为产城融合、活力创新的万亩高能级产业平台，经济开发区进入全省20强，规上工业总产值和财政总收入，确保分别突破1000亿元和100亿元，新增挂牌上市企业10家，全市生产总值突破560亿元。二是建成三省边际公共服务便捷共享的县域高地。全力确保成功列入全省以县城为重要载体的城镇化建设试点，市域城镇化率达到68%以上，全省最有品位的城市基本成型。建成区未来社区实现全覆盖，“乡村生活馆”等服务设施成为标配，“一老一小”整体解决方案成为全省典型，人均预期寿命从2021年底的81.87岁提高到83岁以上，构建形成覆盖全人群、全生命周期的高质量公共服务体系。三是建成三省边际科技创新驱动高质量发展的县域高地。三省边际县域创新策源地基本建成，区域创新体系全面构建。全社会研发投入强度突破3.0%，国家高新技术企业、省科技型中小企业、“隐形冠军”企业、专精特新“小巨人”企业分别突破250家、750家、8家、8家，高技能人才资源总量达到1.8万人。四是建成三省边际数字变革的县域高地。党建统

领整体智治体系更加完善，数字政府、数字社会、数字文化、数字法治建设“硬核成效”不断释放，数字经济创新力竞争力持续彰显，一体化智能化公共数据平台支撑能力显著提升，一批具有江山辨识度的重大改革成果加速落地，基层智治系统全省先行，“大综合一体化”行政执法改革成为全省标杆，各领域制度重塑取得重大进展。五是建成三省边际生态旅游发展的县域高地。生态环境质量保持全省领先，成功夺得“大禹鼎”金鼎，“两山”转化通道进一步拓展，以“衢州有礼”诗画风光带为串联的县乡村全域旅游空间架构全面形成。江郎山—廿八都 AAAAA 级景区能级全面提升，争创江郎山国家级旅游度假区，全域旅游享誉全国。农旅深度融合发展，农业产业现代化加速推进，未来乡村建设全省示范，成为省级新时代美丽乡村示范县。六是建成三省边际文化文明的县域高地。新时代衢州人文精神在江山全面落地开花，清漾毛氏文化、廿八都古镇文化、船帮文化、村歌文化等区域特色文化核心内涵得到深度挖掘，非物质文化遗产重现活力，江山老字号品牌实现创新性发展，文化软实力和竞争力实现全方位提升。“浙江有礼 · 文润江山”品牌持续打响，成功创建全国文明城市，成为三省边际“最有礼的城市”。七是建成三省边际平安法治的县域高地。平安江山、法治江山、清廉江山建设纵深推进，政务环境、营商环境、社会环境全国一流、全省领先。成功创建全国法治政府建设示范县，法治建设示范乡镇、民主法治示范村基本实现全覆盖，各领域法治化水平走在全省前列。基层治理体系和治理能力更加完善，重大风险防范化解能力、防灾减灾救灾能力显著增强，成功夺得平安建设一星金鼎。

四、在践行嘱托上先行领跑

习近平总书记在浙江工作期间 3 次亲临江山，所作的重要指示为江山发展指明了方向、提供了遵循。江山必须深刻感悟习近平总书记对江山的关心厚爱，牢记总书记殷殷嘱托，高效闭环推动总书记重要指示精神在江山重重落地。

1. 确保习近平总书记重要精神学深悟透。坚持把学懂弄通做实习近平新时代中国特色社会主义思想作为首要政治任务，充分利用市委常委会第一议题、市委理论学习中心组专题学习会等载体，第一时间传达学习、贯彻落实习近平总书记的重要讲话、重要论述、重要文章，确保对总书记的系列重要精神入脑入心。

2. 确保总书记重要指示落深落实。坚持把贯彻落实习近平总书记重要精神，作为拥护“两个确立”、做到“两个维护”的重要检验，全市各级各部门特别是市领导、部门单位“一把手”，要自觉主动对标对表总书记的重要指示批示精神，第一时间研究谋划各项工作举措，第一时间部署推动各项工作落实，确保“总书记有号令、党中央有部署、省委和衢州市委有要求、江山率先见行动”。

3. 确保总书记殷殷嘱托落地见效。坚持把总书记对江山的殷殷嘱托作为一切工作的根本遵循，全面系统梳理习近平总书记在浙江工作期间来江调研指示精神，逐条逐项制定清单，明确任务、责任、时限，督查推进，确保形成闭环抓落实。以最大的力度、超常规的举措，全力把清漾村、丰益村、白沙村、城北社区等总书记留下过足迹的地方，打造成为衢州、全省示范村（社），以点带面、引领带动江山跨越发展。

五、在工业强市上先行领跑

工业是高质量发展的“根基”，是实现共同富裕、现代化的“底盘”。江山要打造“三省边际中心县城”，必须要坚持“产业为王、工业强市”不动摇，把抓工业作为抓产业发展、抓一切工作的龙头、命脉，加快形成“工业强市”滚雪球效应。

1. 全力打造万亩高能级产业平台。深入实施新一轮“腾笼换鸟”攻坚行动，强势推进新能源新材料产业园、江贺经济园区转型升级，加快“低小散”企业搬迁腾退、工业用地连片出清，加强工业用地全域整治，确保新增和盘活工业用地1.8万亩以上，新能源新材料产业园成功列入D级化工园区。按照产业新城功能定位，大力发展生产性和生活性服务业，高标准建设小微企业园、邻里中心、蓝领公寓、人才公寓等配套设施，打造产、城、人协调发展的创业创新首选地，确保经济开发区进位全省20强。

2. 全力打造千亿爆发式产业集群。牢牢抓住新能源新材料产业风口，加快研一、碳一、习谷科技、金石资源等重点产业项目建成达产，形成涵盖新能源电池、新能源车配件、储能设备等全产业链集群，确保产业规模突破千亿元。加快木门、建材水泥等传统产业转型升级，以举办首届中国全屋定制博览会为契机，加速推进木门行业向全屋定制转型升级，确保产业规模突破200亿元，打造中国全屋定制产业基地。充分发挥在外优秀乡贤、异地商会、以商招商等力量，深入实施商会乡贤“招大引强”行动，全力以赴招大引强，确保引进10亿元以上项目24个以上、百亿级项目3个以上。

3. 全力打造百家链主型企业梯队。深化落实助企纾困政策，持续加大政策支持力度，助推企业做大做强，确保新增百亿产值企业2家、10亿元以上企业20家。全面落实“首违不罚”等企业保护容错机制，“一企一策”体系化推进企业股改上市，确保新增挂牌上市企业10家。推进智能制造提质扩面，打造省级“未来工厂”“智能工厂/数字车间”15家以上，实现规上企业数字化改造全覆盖。大力弘扬新时代“江商”精神，深入实施“江商素质提升工程”和新生代企业家“青蓝接力工程”，持续做大做强民营经济底盘。

六、在城乡风貌上先行领跑

城市承载着百姓对美好生活的向往。必须抓住中央推进以县城为重要载体的城镇化建设契机，深入推进以人为核心的新型城镇化，全面铺开一系列城市和乡村重大建设项目，着力提升城市基础设施、功能品质，增强县城综合承载能力。

1. 建好共富单元。按照“一统三化九场景”要求，以每年至少打造3个省级未来社区、3个省级未来乡村、2个省级城乡风貌样板区为目标，全面推进共富单元建设提质扩面、提档升级。加快探索建设未来乡村连片发展实验区，推进城乡社区现代化建设，全面构建5、10、15分钟幸福生活圈，通过典型示范带动，在衢州率先实现建成区未来社区全覆盖、未来乡村全域覆盖。

2. 加速城市建设。按照“丰满南北、改造老城、启动新城、江贺一体”总体思路，深入实施城市发展十大专项行动。做实城北科创小镇，加快推进碳一公司、江山虎等总部大楼建设，确保成为江山城市新地标。加快城南商业综合体、异地搬迁安居工程等项目建设，全力做优城南产城融合文章。系统推进老旧小区改造，确保到2023年底全面完成29个老旧小区改造和拆建工作。全面完成鹿溪中路、解放路、中山路等“网红街”打造，做大夜间经济、地摊经济，全面完成封门溪改造建设，不仅要解决城市内涝堵点，更要让它成为城市建设的亮点。坚持以公建先行，加快基础设施互联互通、公共服务共建共享，全力将城东新城打造成为一座集商务办公、休闲旅游、居住生活等功能于一体的高品质现代新城。借势江贺经济走廊整治提升，全面推动沿线风貌大提升、城镇一体发展。

3. 打造城镇亮点。以未来乡村、城乡风貌样板区等沿线为重点，启动美丽庭院创建评比，确保打造美丽庭院精品线5条、示范村80个、示范庭院4000户，以点带面、示范引领，逐步向全域铺开。以百里须江美丽长廊沿线为重点，加快推进沿江道路贯通，全面建成12公里绿化彩化示范带。以全面深化“千万工程”

建设为抓手，新培育省级美丽乡村示范乡镇5个、新时代美丽乡村特色精品村21个，确保创成新时代美丽乡村示范县。

七、在人才科技上先行领跑

人才和科技是城市发展的关键因素、决胜条件。要坚持创新制胜导向，全力打造产学研用金、才政介美云“十联动”创新创业生态，推动创新人才向江山集聚、创新技术向江山汇集。

1. 加快构建区域创新协作体系。全面融入衢州市四省边际科创走廊建设，支持引导龙头企业与浙大衢州“两院”、电子科大长三角研究院等科创平台深度合作，全力将新能源新材料产业园打造成为衢州科创平台科技成果转移转化的承接平台。以智慧能源装备、时尚门业智能家居两大产业为重点，支持引进高校院所在江山建设产业研究院，加快形成“一产业一中心”发展格局。

2. 大力推动企业创新能力建设。按照“一个重点产业、一所研究院、一支专家团队”理念，加快构建产业链创新链深度融合的创新支撑体系，建设博士后科研工作站、专家工作站、重点实验室、技术创新中心等平台35家，省重点企业研究院4家。以企业科技创新结果为导向，研究谋划最大的支持力度和精准度的政策举措，鼓励引导企业加大研发投入，确保高新技术企业、省科技型中小企业分别达到250家、750家，新培育专精特新“小巨人”企业6家、“隐形冠军”企业6家，工业新产品产值占工业总产值的比重达到45%以上。

3. 深入实施人才人口集聚工程。深化人才管理改革试验区建设，健全人才服务保障机制，创设人才集聚多元通道。践行青年优先发展理念，扎实推进青年发展型城市建设。深入实施“大搬快聚”工程，加快城南、贺村、峡口、莲华山等万人集聚区建设，推动农业人口向集镇、城区集聚。聚焦重点产业，深化产教融合、校企合作，全面推广冠名班、订单班等职业技能人才培养模式，培养高技能人才1.8万人以上。

八、在内联外畅上先行领跑

交通运输是扩大对外开放的重要支撑，没有畅通的大通道，就没有大开放、大发展。要充分发挥三省边际区位优势，全力打造三省边际县级交通枢纽、大通道浙西南门户黄金节点。

1. 加快构建方便迅捷的铁路网。全力确保杭衢高铁江山段2023年年底前全面建成通车，系统构建“三线入杭、四线连衢”空间格局，打通北连长三角都市圈、南接海西经济区、西连中西部的铁路大动脉。深化衢南铁路项目前期，全力争取纳入国家铁路网规划盘子。

2. 加快构建畅通立体的公路网。全方位对接国家、省干线公路网，按照“美丽公路”要求，全面建成江玉公路、迎宾大道西延、桑淤大桥、清湖大桥等项目，开工建设甬金衢上高速公路、江衢快速路、48省道城西段改建、205国道峡口段外移工程，加快缙云至江山高速公路、637国道等项目前期，形成“三环线、三高速、六干道”立体公路交通网络。

3. 加快构建区域联动的水运航道。发挥钱塘江中上游水运优势，全面融入义甬舟开放大通道建设，深化江山江航道项目前期，同步推进浙赣运河江山段线位方案研究，加快形成客货并举、水陆联动、通江达海的内河航道体系，全力打造浙江经济向内陆地区拓展的水运枢纽。

4. 加快构建协同高效的物流枢纽。加快推进公路物流园规划建设，深化江山通用机场项目前期，确保公铁联运无水港建成运营，基本形成公铁空水多式联运体系。依托网营物联供应链中心、公路物流整合运营中心等项目，建成标准化、网络化、智能化现代物流体系，打造三省边际现代物流集散枢纽。

九、在公共服务上先行领跑

公共服务是老百姓获得感最强，也是最能够吸附人口资源的领域。唯有以最高标准更大力度，全面提升公共服务供给水平，才能进一步增强城市吸引力，才能让三省边际的老百姓心生向往、近悦远来。

1. 探索“一老一小”整体解决方案。依托全域建设“共享食堂”基础，按照“8+X”服务场景要求，下沉教育、医疗、文化等优质服务资源，向“乡村生活馆”迭代升级，全面建成“15分钟养老服务生活圈”。以儿童友好型城市建设为引领，持续扩大普惠性托育服务供给，确保托育机构社区全覆盖，每千人口3岁以下婴幼儿托位数达到4.5个，全面建成“15分钟社区婴幼儿照护服务圈”。

2. 大力发展教育医疗事业。加快推进公办幼儿园扩容提升工程，确保公办园在园幼儿占比至少达到50%，力争达到70%以上，普惠性幼儿园覆盖面95%以上。深化城乡教育共同体建设，优化教育资源配置，促进义务教育优质均衡。实施“县中崛起”工程，推进普通高中多样化特色发展，全力将江山中学打造成全省最有品位、江山老百姓最引以为豪的现代化高中。做精做特职业教育，高质量完成职业学校“双高”项目建设，全力推动衢州财经学校（江山市高级技工学校）创建技师学院。实施高水平县级强院建设行动，加快江山人民医院迁建工程，争取达到“三甲”医院服务能力水平。实施重点学科建设行动，创建医学重点（龙头）学科3个以上，打造在三省边际有影响力的优势医疗专科，县域就诊率达90%以上。

3. 全面实施“扩中”“提低”改革。实施高质量就业创业促进致富增收计划，确保城乡居民人均可支配收入达到全省平均水平的90%以上，城乡居民收入倍差缩小到1.75以内，家庭人均年收入13000元以下现象全面消除。深化推进强村富民集成改革，深化“企业+农户”利益联结机制，大力推广“同心共富·乡贤通”应用和“同心共富·品味江山”助农品牌，畅通家乡服务乡贤和乡贤反哺家乡的通道，带动村集体经济“造血”功能持续增强，实现行政村年经营性收入50万元以上全覆盖，100万元以上达到50%。健全住房保障体系，建成各类保障性住房1万套。构建全链条就业保障服务体系，加强新产业工人培训、工匠队伍培养、新农人培育，实现零就业家庭动态消除。扎实推进社保提质扩面行动，全面深化全民参保，构建共富型大社保体系。

十、在全域旅游上先行领跑

江山拥有得天独厚的生态、文旅资源，要持续放大优势，确保成功创建江郎山国家级旅游度假区，实现旅游业增加值占GDP比重达到9.5%以上。

1. 打造千万级核心景区。实施百亿旅游投资工程，加快廿八都古镇、清湖古街等一批重大文旅项目建设，推动江郎山—廿八都AAAAA级景区能级全面提升，向千万级核心景区冲刺。持续推进旅游业“微改造·精提升”行动，全力打造世遗江郎、村歌小镇、红色记忆等江山文旅融合金名片，加快AAAA级、AAA级旅游景区提档升级。依托旅游资源禀赋，全力做好“旅游+体育”等文章，积极承办大型品牌赛事活动，增强核心景区吸引力。

2.构建农旅融合发展新格局。以“衢州有礼”诗画风光带，系统串联全市景区，以旅游的理念建设经营未来乡村。依托“两山银行”平台赋能，激活闲置农房，打造一批特色夯土房民宿、民宿集聚区，加快乡村旅游、养生养老等农村新业态多元发展。全力推进食用菌、湖羊、蛋鸡等现代规模产业园建设，构建“农业+旅游”的活力型乡村产业体系。深度挖掘挑夫文化、船帮文化等特色文化资源，优化提升“大陈见面”“清溪江湖”等沉浸式实景剧。

3. 筑牢美丽江山绿色本底。全力打好“蓝天、碧水、净土”三大保卫战，扎实推进生态保护修复、水源保护工程建设，推动生态环境质量持续向好，成功创建国家级生态文明建设示范县、省级“无废城市”，确保夺得“大禹鼎”金鼎。持续深化“两山”

转化共富集成改革，建立生态共富分红机制、生态资源储蓄机制和村集体资源入股分红机制，加快生态产品价值转化。全力推进全域土地综合整治和基本农田连片整治，确保整治土地5万亩以上。

十一、在文化文明上先行领跑

文化文明是社会进步的显著标志，是推进“两个先行”建设的重要内容。要以“崇贤有礼、开放自信、创新争先”的新时代衢州人文精神为引领，全面增强江山区域特色文化影响力，全力打好创建全国文明城市攻坚战，在共同富裕中实现精神富有，在现代化先行中实现文化先行。

1. 打响特色文化品牌。全面弘扬清漾毛氏文化、廿八都古镇文化、船帮文化、村歌文化，结合未来乡村、城乡风貌样板区等建设，全方位提炼总结江山区域特色文化核心内涵和精神指向，深入实施文化基因解码工程，不断丰富文化活动与文化业态，让文化成为江山最有魅力、最吸引人、最具辨识度的鲜明标识。

2. 传承传统文化根脉。深入实施重点文物系统保护、城市记忆、文化研究“三大工程”，持续加强三卿口制瓷作坊、廿八都古镇等历史文物古迹、古村落的保护开发，全力做好江山婺剧、廿八都木偶戏等非遗文化元素的活态传承，推动公泰酱油“中华老字号”等品牌重焕新生，留住更多江山人的乡愁记忆。发挥文化艺术中心、南孔书屋、图书馆、体育馆等公共服务设施功能，全面建设“15分钟品质文化圈”，实现城乡基本公共文化均等化。

3. 厚植文明有礼底色。以确保成功创建全国文明城市为目标，持续提升城市精细化管理水平和居民文明素养，全面推行城市网格化服务，建立健全门前“五包”等常态化机制，深入开展“浙风十礼”行动和“有礼”系列评选活动，纵深推进“8090”新时代理论宣讲向“00”“10”后延伸拓展，全力打响“浙江有礼·文润江山”县域文明新实践品牌，奋力争当“浙江有礼”示范标杆。

十二、在变革重塑上先行领跑

变革重塑是推动区域发展的变速器，要以数字化改革为牵引，撬动各方面、各领域系统性变革重塑，实现社会更加和谐稳定、服务更加便捷高效。

1. 高水平推进数字化改革。不断放大全面深化改革、共同富裕示范区重大改革和数字化改革“三位一体”融合推进的比较优势，构建整体智治、高效协同的党政机关运行体系，一网通办、多端易办的政务服务体系，一网统管、协同共治的现代治理体系，数智赋能、“大脑”辅助的决策支撑体系。全面争取一批国家级、省级试点，加快形成一批数字化改革“硬核”成果，推动数字化改革实战实效能力全面提升，核心业务数字化全覆盖，确保始终走在全省前列。

2. 全面深化县域治理体系建设。深化“县乡一体、条抓块统”改革“后半篇文章”，对准“党建统领、经济生态、平安法治、公共服务”四条跑道，扎实推进基层智治系统建设，推动数字化改革“1612”体系与“141”体系衔接贯通。加强“除险保安”常态化工作体系建设，健全完善横向到边、纵向到底的大平安格局。全力做好常态化疫情防控工作，坚决遏制重特大安全生产事故，全面推进省食品安全示范市创建，全力做好信访积案化解，建成省级信访工作现代化示范县。一体推进法治江山、法治政府、法治社会建设，纵深推进“大综合一体化”行政执法改革，实现行政争议总量持续下降，确保建成全国法治政府建设示范县。

3.持续擦亮营商环境金名片。按照惠企政策兑现“能快尽快、能早尽早”原则，持续简化兑现流程、提高兑现效率，确保惠企政策“应兑尽兑，早兑快兑”。以企业需求为导向，扎实推进企业社区化网格化服务，全面深化“八个一”挂联服务机制，常态化开展“亲清半月谈·政企协商会”“亲清茶叙会”等活动，全力解决企业急难愁盼问题，打造中国营商环境最优城市。全面推进社会信用体系建设，建成国家社会信用体系建设示范区。

十三、在管党治党上先行领跑

建设三省边际中心县城、全力争当“两个先行”示范窗口，关键在党、关键在人。要全面落实新时代党的建设总要求，纵深推进全面从严治党，以高质量党建引领高质量发展。

1. 健全党的领导制度体系。充分发挥党总揽全局、协调各方的作用，支持人大、政府、政协和纪检监察机关、审判机关、检察机关依法依章程履行职能、开展工作、发挥作用，推进新时代统战工作高质量发展，推动军民深度融合发展，完善党建带群建紧密融合机制，把加强党的领导落实到改革发展稳定各领域各方面各环节。

2. 抓实“七张问题清单”。建立健全“七张问题清单”常态化运行机制，充分发挥“七张问题清单”抓党建、带全局作用，系统重塑党建工作机制、方法、手段，推动党建统领制度机制更加完善、变革型组织建设全面推进、党员干部塑造变革能力加速提升。

3. 深入实施“红色根脉强基工程”。扎实推进基层党建七个规范化建设，全面推行乡镇（街道）党（工）委“12345”工作模式，完善村级组织运行机制，建好用好全链条党建责任机制、党建发展一体考评机制和基层关爱保障机制，统筹推进村社、机关事业单位、“两新”、国有企业等各领域党的建设，全面增强基层党组织战斗力，实现基层党建“全区域建强、全领域过硬、全面走在前列”。

4. 扎实推进“六治六提”作风建设。深入开展“提士气、转作风、争一流”活动、“百室四季”作风竞赛，抓实干部“四维考评”，全面纠治“庸、懒、散、慢、推、拖”等作风问题。建立全面争先创优机制，推动乡镇（街道）、机关部门、村社、网格全上跑道、赛马夺旗，激励干部冲锋在一线、战斗在一线、担当在一线，锻造一支堪当现代化先行和共同富裕示范重任的江山干部铁军。

5. 从严从实抓好清廉江山建设。坚持严的主基调，持续深化政治巡察，一体推进不敢腐、不能腐、不想腐，加强对“一把手”和领导班子的监督，常态化开展警示教育，纵深推进清廉单元、清廉民企和清廉商会建设，加快公权力大数据监督应用开发，严厉整治群众身边腐败问题，涵养正气充盈的政治生态。树牢“干部为事业担当、组织为干部担当”鲜明导向，常态化做好干部澄清正名等工作，严肃查处诬告陷害行为，激发干部干事创业的内生动力。

全市各级党组织和广大党员干部要更加紧密地团结在以习近平同志为核心的党中央周围，高举习近平新时代中国特色社会主义思想伟大旗帜，忠实践行“八八战略”、坚决做到“两个维护”，扛起江山担当、笃行江山实干，奋勇争先、加快跨越，加快建设三省边际中心县城、奋力争当“两个先行”示范窗口，为衢州建设四省边际中心城市贡献江山力量！

中共江山市委办公室
关于印发《江山市完善容错免责机制激励干部担当作为的实施办法》的通知

市委办〔2022〕15号

第一条　为落实“干部为事业担当、组织为干部担当”关心关爱机制，激励和保护干部担当作为，根据《中国共产党章程》《中国共产党纪律处分条例》《中国共产党问责条例》《中华人民共和国公职人员政务处分法》以及《关心关爱干部暖心八条举措》（市委发〔2022〕4号）等规定，结合我市实际，制定本办法。

第二条　本办法所称容错免责是指对干部在工作中的失误错误，符合本办法规定条件的，依规依纪依法免予追究责任或从轻、减轻追究责任，同时采取措施，监督、推动问题及时有效整改到位。

第三条　容错免责工作应当坚持严管与厚爱相结合、激励与约束并重，准确把握“三个区分开来”，坚持事业为上、推动发展，实事求是、综合评价，鼓励创新、宽容失误，依纪依法、容纠并举，结合不同阶段不同情况，辩证地分析干部干事中的失误和偏差，历史地、客观地、全面地评价干部，保护改革者、鼓励探索者、宽容失误者、纠正偏差者、警醒违纪者。

第四条　容错免责工作应当在纪律红线和法律底线内进行，重点把握以下标准，准确作出处理，对该容的大胆容错，不该容的坚决不容。

（一）把握主观动机、认识态度。主要看是出于公心、顾全大局还是假公济私、谋取私利或局部利益；是先行先试还是肆意妄为；是无心之过还是明知故犯；是初次犯错还是重复犯错；是主动认错悔错改错还是漠视错误、抵触改正。

（二）把握客观条件、背景形势。主要看是情况特殊复杂、探索性的改革攻坚还是执行常规工作任务；是客观情况发生难以预见的变化还是无视客观规律、好大喜功、急功近利；是推进改革工作时工作界限不定、要求不明，或相关规定滞后，还是故意曲解、随意变通。

（三）把握决策程序、方式方法。主要看是按照规定的权限、程序和方式依法履职还是无视纪律和规矩、滥用职权、失职渎职；看是否经过民主决策程序，是否属于情况紧急临机决断。

（四）把握问题性质、后果影响。主要看是尚无明确限制还是有令不行、有禁不止；是属于轻微或一般性错误还是严重错误、重大原则性错误；是促进党委、政府决策部署落实还是阻碍破坏决策实施；是未造成损失影响、损失影响较小还是已经造成重大事故、严重损失或恶劣影响。

（五）把握后续整改、挽回损失。主要看是及时采取有效补救措施、减少损失、消除不良影响，还是消极应付、放任损失；是主动纠错还是坐视不管；是已经有效挽回损失还是造成重大损失无法挽回。

（六）把握一贯表现、群众口碑。主要看是一贯工作积极主动、敢于担当作为，还是消极被动、拖拉懒散、庸碌懈怠；是被广大干部群众肯定认可还是否定批评。

第五条　干部在工作中出现失误错误，符合以下具体情形之一的，纳入容错范围，从轻、减轻处理或免予处理。

（一）贯彻落实重大决策部署方面

1. 在落实党委、政府决策部署中勇于担当，狠抓落实，创造性开展工作，或对一些时间紧、任务重的工作，为加快进度、提高效率，采取了有利于整体推进的权宜措施，出现一定失误或引发矛盾的；

2. 在推进重大决策部署中出现一定工作失误或偏差的，但没有为自己、他人及单位谋取不正当利益，且积极主动消除负面影响或挽回损失的；

3. 在依法依规执行决策部署时出现意外情况，没有得到工作对象的理解而出现不良后果，但未造成严重损失或重大社会影响的。

（二）推进全面深化改革和创新发展方面

1. 在推进改革工作中，为抢抓机遇、促进发展、创造性开展工作或受不可预知因素影响，造成一定损失或未达预期效果的；

2. 在深化数字化改革、国土空间治理改革、要素市场化配置改革、“县乡一体、条抓块统”改革等领域全面深化改革过程中，努力尝试突破性的改革创新举措或因政策不明确、缺乏经验、先行先试等出现探索性失误的；

3. 在推进试点性、试验性、创新性工作中，因法律法规没有明令禁止或政策界限不明确，按程序经集体研究、民主决策，积极作为、大胆探索，出现一定失误或造成一定影响和损失的。

（三）推动中心工作和重大项目方面

1. 在推进工业高质量发展、共同富裕示范区建设、全国文明城市创建、城乡风貌示范区创建等工作中，创新思路、大胆探索，由于政策及外部环境变化，未能达到原计划效果的；

2. 在推进经济发展中，因企制宜给予企业财政资金支持、政策优惠或提供其他帮扶解困措施，但因市场风险或其他不可预见因素未取得预期成果和效益的；

3. 在推进招商引资工作中，经过集体决策给予政策优惠，或因主动作为、积极担当、创新开展工作出现一定失误或偏差的；

4. 在推进未来乡村（社区）建设、土地房屋征收、重大基础设施建设和重大产业项目建设中，为抢抓时机、抢抓资源而大胆履职、大力推进，造成一定失误或引发矛盾的；

5. 在城市公共服务和公共基础设施建设等领域中，积极探索使用新机制、新方法、新模式、新技术，因无先例可循或政策界限不明确，发生一定偏差或造成一定损失的。

（四）化解矛盾焦点、解决历史遗留问题方面

1. 在推进信访综治、平安建设、基层治理、防范化解地方金融风险等工作中，已按有关程序进行决策处置、履职尽责，但仍出现过失，尚未造成严重影响的；

2. 在解决历史遗留问题过程中，不破法规破常规，大胆履职，有效解决“老大难”问题，工作中出现一定失误，未造成重大损失或引发重大社会矛盾的；

3. 在解决群众反映强烈的突出问题中，因勇于破除阻碍、触及固有利益出现一定失误或引发信访问题的；

4. 在解决信访积案、越级访及有争议的信访事件中，采取必要的临时性、超常规措施化解矛盾，带来一定政策风险，或在有关规定不明的情况下作出决策，实施后与后来出台的规定不一致的；

5. 在解决重大疑难行政争议过程中，采取必要的措施化解矛

盾，带来一定风险，但最终成功化解争议的。

（五）处置突发事件、执行急难险重任务方面

1. 在处置突发事件或执行其他急难险重任务中，主动揽责涉险、积极担当作为，出现一定失误但可控，能够挽回损失和消除负面影响的；

2. 在应对自然灾害、事故灾难及其他突发性、群体性事件中，采取果断措施及时处置，造成一定工作失误，或未按正常程序办理但事后及时补正的；

3. 在工作中因自然灾害等不可抗力因素，导致未达到预期效果或造成负面影响和损失的。

（六）其他方面

1. 在立足本职岗位勤勉尽责过程中，工作主动积极，但因方式方法、程序步骤等方面存在瑕疵，受到群众信访投诉的；

2.在落实全面从严治党责任、从严管理监督干部中，坚持原则、敢抓敢管，出现一定失误错误的；

3. 可予容错的其他情形。

党内法规和国家法律法规对有关情形已有从轻、减轻或免予处理规定的，按有关规定执行。

第六条　干部有下列情形之一的，不予容错:

（一）违反政治纪律和政治规矩的；

（二）为自己或他人谋取不正当利益的；

（三）造成重、特大安全责任事故和严重环境污染、生态破坏责任事故的，或引发严重群体性事件的；

（四)事后不积极整改纠错的；

（五）造成重大损失的。

第七条　容错免责应按以下程序开展：

（一）申请。按照干部管理权限和“谁问责追责、谁容错免责”的原则，纪检监察机关、组织人事部门、部门单位党委（党组)、乡镇（街道）党（工）委等（以下简称问责追责单位）在启动问责追责程序或责任调查过程中，应当同步考虑责任追究对象是否具备容错情形、是否符合容错条件。责任追究对象认为其行为符合容错情形，应当适用本办法，而相关问责追责单位未适用，或对处理决定不服的，应在收到处理决定之日起 7 日内提出书面容错申请并附相关证据材料。

（二）核查。问责追责单位受理容错申请后，应另行成立调查组，依规依纪依法开展调查核实，广泛收集证据资料，充分听取责任追究对象和相关单位意见，全面查明责任追究对象的失误错误问题以及是否符合容错条件等情况，形成调查报告。涉及专业性或技术性问题的，应当听取有关部门或专家的意见。调查核实期间不得超过一个月，在特殊情况下，经批准，可延长一次，延长时间不得超过一个月。

（三）认定。问责追责单位根据调查情况，经集体研究，作出是否予以容错减责、免责（免予处理）的决定，需向上级纪检监察机关或组织人事部门报告的，经报告同意后再作出决定。对重大疑难复杂或社会影响较大的，报市委研究决定。

（四）反馈。容错或不予容错的决定生效后应当在 3 日内向责任追究对象反馈。责任追究对象对决定有异议的，有权提出申诉。

（五）公开。对受到错告、诬告等不实反映的，应当在一定范围内为干部澄清正名、消除顾虑、消减影响。对恶意制造谣言、诬告陷害他人的行为，应严肃查处，涉嫌犯罪的依法追究刑事责任。

（六）备案。容错相关材料应单独立卷或与有关证据材料一并归入问责追责案卷，留存备查。

第八条　各问责追责单位应建立健全会商沟通、预防提醒、容错结果运用、宽严相济处置、正面引导等机制。各级党组织要加强对干部的日常教育管理监督，对工作中的苗头性、倾向性问题，注重防微杜渐，早发现、早提醒、早纠正，将工作重点由事后评判向事前预防、事中指导转移，防止小错酿成大错。

对决定予以容错减责的干部，应根据错误性质、情节轻重，运用提醒谈话、批评教育等“第一

种形态”作出处理。

对决定予以容错免责和予以容错减责给予诫勉以下（不包括诫勉）处理的干部，在提拔任用、评先评优、表彰奖励、职级职称晋升等方面不受影响，在各类考核中不因容错事项而作负面评价；所在单位年度党风廉政建设责任制考核及相关工作考核不受影响。

对决定予以容错的干部，应做好谈心谈话，从思想、工作、学习、生活等方面加强关心关爱，帮助其分析原因、吸取教训、消除顾虑、放下包袱、改进提高。

加强对容错案例的挖掘整理，以案释纪、以案说法，充分激发干部内生动力、创新活力。

第九条　各单位党委（党组）要落实主体责任，重视干部容错工作，对符合容错情形的，应主动帮助干部加强对接；对已发生失误错误、造成损失的，积极主动帮助干部采取有效措施及时纠正、挽回损失、消减影响。

第十条　本办法适用于全市各级党员、干部、公职人员。本办法由中共江山市委负责解释，具体由市委办商市纪委市监委、市委组织部承担。

第十一条　本办法自印发之日起施行。《关于建立容错纠错机制激励干部新担当新作为的实施办法（试行）（市委办〔2018〕200号）》同时废止。

2022年3月14日

江山市人民政府
印发关于进一步推动工业企业高质量发展的
若干政策意见的通知

江政发〔2022〕3号

工业是江山命脉，工业强、江山强；企业旺、江山旺。为贯彻落实江山市第十五次党代会精神，提振企业家发展信心，推动工业企业高质量发展，特制定本意见。

一、大力推动企业亩均效益跃升

鼓励企业“亩均争英雄”，对当年综合贡献300万元以上的规上工业企业，亩均效益综合评价A档、B档且亩均综合贡献首次超30万元、60万元、100万元的，分别给予30万元、60万元、100万元的一次性奖励，并授予年度“亩均效益之星”荣誉称号。（责任单位：市亩均办）

二、大力推动企业产值规模登高

鼓励企业登高晋级，对工业产值首次突破100亿元、50亿元、30亿元、20亿元、10亿元的企业，分别给予500万元、300万元、100万元、50万元、20万元的一次性奖励。企业集团全资、控股子公司合并计算。企业实现月度升规、首次年度升规的，分别给予20万元、12万元的一次性奖励。（责任单位：市经信局、市统计局）

三、大力推动企业技改投资增劲

鼓励企业技改投入，对技改扩建项目（新增用地项目固投亿元以上、“零土地”技改项目设备及软件投资3000万元以上，高耗能项目除外），自取得国有土地成交确认书次月起，固定资产投资1亿—3亿元、3亿—5亿元的分别在18个月、24个月（零土地项目自备案次月起12个月）后的6年内，当年亩均综合贡献达到约定标准（原有土地及零土地新建项目12万元/亩）的，以企业新取得土地（零土地项目已备案）前3年地方综合贡献平均数为基数，环比增长超10%以上部分给予前3年100%、第4—6年50%奖励；固定资产投资5亿元以上项目一事一议。（责任单位：市经信局、江山经济开发区、贺村镇、峡口镇、四都镇）新认定的国家高新技术企业，按省相关规定，三年内免征房产税。（责任单位：市税务局、市经信局、市科技局、市财政局）

四、大力推动企业智能制造赋能

全力推进智能制造提质扩面，对通过验收的智能制造、智能仓储项目，新增软硬件实际投资额100万元以上的，按设备投资的15%、软件投资的50%给予补助，其中智能工厂、省级以上专精特新企业实施的智能制造项目，设备投资补助比例提高5个百分点，单个项目最高补助2000万元；按照“工程样本”示范、“合同样本”模式开展的轻量级数字化改造项目，按照样本改造费用的50%给予补助，每家企业最高50万元。对智能制造项目实施企业的5G应用、云服务项目，按实际发生费用的30%补助，每个项目补助期限最高3年，每家企业每年最高30万元。（责任单位：市经信局）

五、大力推动企业创新活力进发

鼓励企业加大研发投入。对年度研发投入100万元以上、同比正增长20%以上且占营业收入比重3%以上的企业（以统计报表为准），研发投入占营业收入比重达到3%、4%、5%、6%、7%以上的，分别给予研发投入总额（以税务加计扣除数额为准）的3%、4%、5%、6%、7%补助；研发投入同比增长50%以上的，补助比例相应提高1个百分点。每家企业最高500万元。设立2000万元科技创新专项，用于实施关键核心技术攻关和产品智能化专项、碳达峰碳中和科技专项、小微企业技术创新专项等，具体办法另行制定。支持创新载体建设，对新认定的国家级、省级重点实验室（工程技术研究中心、工程实验室），分别给予500万元、100万元的建设经费补助；对新认定的省级重点企业研究院、省级企业研究院、省级高新技术企业研发中心，分别给予60万元、40万元、30万元奖励。（责任单位：市科技局）支持技术创新和应用，对已实现产业化并通过鉴定验收的省级工业新产品（新技术），每个产品（项目）给予10万元的奖励；新认定为装备制造业重点领域国内、省内首台（套）产品，按上级奖励标准再给予1：0.5配套奖励；认定为国内、省内首台（套）装备零部件的，分别给予25万元、10万元的一次性奖励。支持设计创新，每年举办工业设计大赛、工业设计人才培训等。（责任单位：市经信局）

支持发明创造，对新授权的企业发明专利每件给予0.5万元奖励；对通过PCT途径向国外申请新获得授权的发明专利每件给予3万元奖励。对新通过国家《企业知识产权管理规范》体系认证或浙江省企业知识产权卓越管理评价合格等级以上的知识产权示范企业，给予5万元奖励。（责任单位：市市场监管局）

六、大力推动企业挂牌上市腾飞

鉴于新三板改革和北交所设立，对原挂牌新三板政策作相应调整。挂牌新三板企业，由基础层转为创新层或直接挂牌创新层的，在原有政策基础上再给予120万元奖励；完成北交所IPO的，给予200万元奖励（其中董事长个人奖励100万元）。加大股改企业业绩增长奖励，拟上市企业完成股改后，以股改前一年地方综合贡献的110%为基数，从股改当年始至完成上市年，每年超基数部分给予全额奖励，最长享受期限从3年延长至5年。拟挂牌新三板企业参照执行。（责任单位：市金融服务中心）

对列入我市专精特新培育（雏鹰）库企业，培育期5年内，亩均综合贡献15万元以上的，以列入培育前三年地方综合贡献平均数为基数，环比增长超10%以上部分给予50%奖励。新认定为省专精特新企业，给予10万元一次性奖励。（责任单位：市经信局）

七、大力推动企业绿色低碳发展

支持工业企业实施绿色改造，对实施节能节水、循环经济技改项目（经专家评审），技术和设备投资额不低于50万元的，按项目新增技术和设备投资额的8%予以补助，单个项目最高100万元。（责任单位：市经信局）

支持绿色制造体系创建，新列入省级绿色低碳工厂、绿色供应链管理企业、绿色设计产品名单的分别奖励30万元、20万元、10万元，列入国家级的加倍奖励；获评国家、省“能效（水效、资源综合利用）领跑者”企业的，分别奖励30万元、20万元；获评省节水型标杆企业、节水型企业（含水平衡测试）、清洁生产审核企业，分别给予20万元、10万元、5万元的奖励；首次通过绿色产品认证的，给予20万元奖励，每增加一张认证证书再奖励2万元，每家企业最高30万元。（责任单位：市经信局、市水利局、市市场监管局）

八、大力推动企业品牌质量提升

支持企业提质量创品牌畅渠道，对通过行政途径新获得中国驰名商标的，给予100万元奖励。建立争创省政府质量奖种子企业、潜力企业、优势企业的梯度培育库，对申报省政府质量奖的企业，按通过资料评审、进入候选授奖名单分别给予10万元、20万元一次性奖励；获得创新奖的，在省奖补的基础上另行给予80万元的一次性奖励；获得省政府质量奖的，在省奖补的基础上另行给予100万元一次性奖励。（责任单位：市市场监管局）对规上工业企业参加国内重要展会，给予展位费50%补助，每家企业最高50万元。（责任单位：市经信局）发挥政府采购政策功能支持企业发展，推动企业自主创新、提质创优高质量发展。（责任单位：市财政局、市监管办、市国资公司）

九、大力推动企业产业人才汇聚

加大产业人才招引力度，保障人才“引得进”。对新引进全职来江在规上工业企业、新投资固定资产亿元以上工业项目及亿元以下战略性新兴产业项目的企业、数字经济核心产业企业就业，在江山城区无住房且未享受江山市安居类政策的，五年内，按博士4000元/月、硕士3000元/月、本科2000元/月、大专学历且取得初级职称或高级工技能等级1500元/月、中专学历且取得初级职称或中级工技能等级1000元/月的标准，每季度给予住房补贴。（责任单位：市人社局）

着力解决产业人才子女就学问题，保障人才“留得住”。全面落实外来员工随迁子女统筹就近入学，全面落实创业绿卡、符合人才新政等人员子女的入学安排。（责任单位：市教育局、市经信局）推进工业平台产城融合，保障人才“安得久”。完善产业公用基础设施和园区生活服务公共配套设施，加快经济开发区城南、莲华山、江东产业邻里中心建设，统一规划、统筹建设匠星公寓（产权式）、职工宿舍楼。至“十四五”末，在经济开发区城南工业园、莲华山工业园及江东工业园规划新建园区企业职工宿舍3800套以上，租金实行政府指导价；在城南工业园、莲华山工业园新建匠星公寓1200套以上，限价销售，具体办法另行制定。“一主三副”等工业平台内，属新兴产业的工业项目，在确保安全的前提下，经相关部门论证、公示无异议的，配套建设行政办公及生活服务设施的用地面积占项目总用地面积的比例上限可由7%提高到10%，提高部分可用于生活服务等配套设施建设。（责任单位：市资规局、市住建局、江山经济开发区、贺村镇、四都镇、峡口镇）

十、大力推动企业家创业创新争

坚持每年举办企业家高端研修班。完善企业创业绿卡制度，在为绿卡持有人提供其子女市内优质教育服务的基础上，为其提供一次免费优质健康体检服务，提供市内国有景区景点免费旅游服务，为其常用车（指定一辆）提供市内公共停车场、城市道路公共停车位的免费停车服务。（责任单位：市经信局、市营商办、市教育局、市城建投公司、市旅发公司）着力完善容新容缺容错机制，对企业在改革创新过程中由于缺乏经验、政策调整、市场变化以及其他不可抗力等原因造成轻微违法行为的，行政机关应当教育、督促企业自觉纠正，不纳入联合失信惩戒范围。对企业在依法依规推进股改上市（挂牌）等工作中需要纠正的历史遗留不规范问题，要给予理解、宽容和帮助，并采取有效方法及时纠正、补正、证明。（责任单位：市府办、市营商办、市金融服务中心、相关行政机关）认真落实审慎宽容执法、首违不罚理念，执法部门对规上企业首次发现一般性问题的，实施行政告诫制度，给予整改宽限期，并帮助企业及时整改；对拟挂牌上市企业、雏鹰雄鹰培育企业存在较大问题的，须和属地平台共同参与、现场会商，视情邀请市审计局、司法局参加，形成相关处理意见报分管副市长后再作出妥善处理；涉及重大安全生产、环保事故的，依法依规作出处理。（责任单位：市府办、市司法局、市审计局、各涉企执法部门）本意见自2022年3月15日起施行，有效期暂定两年，2022年1月1日起符合本意见的按本意见执行。存在以下情形的，一年内不得享受本政策：(一)享受对象为企业，有较大及以上安全生产责任事故、较大及以上环境污染事件，造成恶劣社会影响，被处罚并报市政府办公室备案的；有骗取财政补助等严重失信行为的；有重大税收违法行为、欠税的；“亩均效益”综合评价D类的；其他造成较大负面影响的情形。（二）享受对象为个人，存在违法犯罪行为的。本政策条款中涉及升级奖励的，按不同级别奖励标准补足级差；同一企业、同一项目享受同类政策的，按“从优，从高，不重复”的原则执行。本意见出台后，本市之前出台的相关政策与本意见不一致的，以本意见为准。在营商办设立工业强市政策专窗，一窗受理，各责任单位具体负责审核兑现。

2022年2月7日

江山市人民政府
印发关于加快农业农村高质量发展重塑城乡风貌的
若干政策意见的通知

江政发〔2022〕11号

为深入贯彻落实习近平总书记关于“三农”工作的重要指示精神和省市关于“三农”工作的决策部署，聚焦我市提出的“衢州当龙头、全省争上游，奋力争当跨越式高质量发展共同富裕排头兵”目标，对准“双强”“乡建”“共富”三条跑道，做强特色产业、重塑城乡风貌、强化“扩中提低”，接续推进乡村全面振兴，着力推动农民农村共同富裕，现制定本政策意见。

一、聚焦质效提升，树立现代农业新标杆

（一）保障粮油生产安全和重要农产品供给。深入实施国家粮食安全战略，落实“藏粮于地、藏粮于技”，分年度制定粮油规模种植、粮食收储订单奖励等政策，确保粮食播种面积和产量分别稳定在37.6万亩、3.14亿斤以上。对迹地更新新发展油茶面积连片5亩（含）以上不足20亩的，给予500元/亩补助；20亩（含）以上，全部给予800元/亩补助；对油茶低改连片20亩（含）以上的，给予400元/亩补助；对列入“新增百万亩国土绿化”任务的，给予1500元/亩补助。对新建集中连片30亩以上常年露地蔬菜基地，按第一年300元/亩、第二年500元/亩、第三年800元/亩的标准给予补助；对新建金属支架大棚设施占比40%以上的设施蔬菜基地，每年追加200元/亩补助；每年评定不超过6个特色蔬菜专业村，每村一次性奖励10万元。

（二）支持农田建设和宜机化改造。落实耕地保护硬举措，贯通耕地、永久基本农田、高标准农田、粮食生产功能区和标准地建设。除上级补助外，对经批准立项的高标准农田建设项目，再给予新建类项目500元/亩、改造提升类项目300元/亩、高效节水灌溉类项目200元/亩补助；对纳入省级绿色农田建设项目，再给予2000元/亩补助。按照省补资金1∶1比例设立农田水利设施管护专项资金，对列入年度计划的农田管护项目给予全额补助。加大丘陵山区宜机化改造，支持猕猴桃耕作地块“小变大”和标准化建设，对主体开展宜机化改造投资建设道路渠道等基础设施的，给予核定投资额70%、最高100万元补助。

（三）加快推进“机器换人”。对列入省级农机购置补贴范围的机具，除享受上级规定补贴外，按实际购置价格10%给予追加补贴，单机追加最高不超过3万元。对列入中央农机购置补贴目录的小型农机具，按实际购置价格20%给予追加补贴，单机补贴最高不超过2000元。对农业生产主体购进市内首台（套）农机具服务本市的，除享受上级农机购置补贴外，由市财政追加补足至购机额

的 70%，最高不超过 50 万元。对建设省级区域农机综合服务中心、农机创新研究试验基地、高水平农机农艺融合示范点等“双强”项目的主体，给予核定投资额 20%、最高 50 万元补助。鼓励农机社会化服务主体开展订单作业，通过农机数字化平台为小农户提供农机社会化服务的，给予服务金额 20%补助。

（四）推进农业科技创新驱动。每年统筹安排 500 万元科技强农专项资金，用于农业试验示范、农业技术攻关、农业科技成果转化、科技特派员项目实施、农业科技园区创建补助、星创天地培育等。积极创建集科研、开发、推广和科技服务于一体的江山市农业科学研究院。加快发展数字农业技术，支持数字化工厂改造，探索未来农业发展模式。加强种质资源保护和利用，通过竞争性方式立项，每年创建不超过 3 个农林产业种子种苗基地，按实际投资额给予不超过 50%、单个基地最高 50 万元补助。对创建省级农作物良种繁育基地，省级补助未达到实际投资额 50%的，不足部分由市财政予以配套。对列入省级以上畜禽水产种质资源保护场的，给予保种经费省补标准 50%补助。

（五）靶向扶持五大特色产业。建立健全养蜂风险救助机制，对参保蜂群给予 2.5 元/箱补助；鼓励蜜蜂产业联合体建立蜂药统一配送体系，对联合体内的蜂农给予购买蜂药总额 50%补助；鼓励蜂产品出口，对蜂产品出口企业出口额 200 万美元以上的（以海关数据为准），每年给予出口蜂产品检测费总额 50%补助，单个企业年检测费补助资金不超过 50 万元。对年产 300 万袋（瓶）以上并安装独立专用变压器的食用菌生产主体，给予直接生产用电 0.1 元/度补助，单个主体不超过 30 万元。对开展猕猴桃标准示范基地建设面积 30 亩以上，给予新建类项目不超过 5000 元/亩、品种改造提升类项目不超过 2000 元/亩补助，全市每年补助额不超过 150 万元（超过的则根据各主体申报金额按比例进行分配）；对新建避雨棚、高拉牵引等特需生产设施设备，当年新增总投入部分达 10 万元以上，给予一次性 50%补助，全市每年补助不超过 250 万元（超过的则根据各主体申报金额按比例进行分配）。对换种改植或新发展“优质型”无性系良种茶园 50 亩以上的连片基地，给予一次性 500 元/亩补助。鼓励村集体开发低丘缓坡林地发展连片茶园，面积达 30 亩以上，给予一次性 5000 元/亩补助，茶叶饮品类的新品种享受同等补助政策。对新发展或提升改造的中药材生产基地，土地流转期限 5 年以上，种植规模 50 亩以上，经项目化申报立项，对沟渠路等基础设施、大棚抗旱等生产设施当年新增投入达 10 万元以上，给予一次性 50%补助，单个主体最高补助不超过 50 万元。对新建连片种植 20 亩以上的中药材基地给予一次性补助，其中黄精、白及 1200 元/亩，“浙八味”“衢六味”等 500 元/亩，其他常规品种 300 元/亩。

（六）大力支持新兴产业。对发展工业化循环水养鱼、清水石斑鱼、大闸蟹等特色水产养殖的主体两年内固定资产投资额达 1000 万元以上，按核定投资额给予不超过 50%、最高 500 万元补助。对新建或改造提升 100 亩以上稻渔综合种养基地给予项目扶持，经立项列入实施计划的，按实际投资额给予不超过 50%、最高 30 万元补助，全市每年补助总额不超过 150 万元（超过的则根据各主体申报金额按比例进行分配）。持续扶持湖羊产业，对符合土地用途管控规定，种植湖羊专用饲草面积达 200 亩以上，给予 250 元/亩补助。对收集本市范围内的稻草、油菜、玉米等秸秆进行饲料化，且年收集秸秆 1000 吨以上的主体，按实际收集数量给予 200 元/吨补助，不设置补助金额上限。其他继续参照《关于积极培育湖羊产业发展的若干政策意见的通知》（江政办发〔2019〕47 号）文件执行。农业新模式新业态、农产品加工、白毛乌骨鸡产业振兴等重大项目采取“一事一议”方式确定补助政策。

（七）规范农村土地流转。每年安排500万元用于土地（不含林地）集中连片流转，对通过村集体经济组织流转集中连片50亩、期限5年以上（不含林地），给予村经济合作社一次性100元/亩补助；对经济型、复合型乡镇（街道）集中连片流转200亩，生态型乡镇集中连片流转100亩以上，期限5年以上（不含林地），给予村经济合作社一次性200元/亩补助。对整村流转率达到75%标准，给予村经济合作社一次性奖励20万元。对通过村集体经济组织流转集中连片100亩以上、期限20年以上的林地，给予村经济合作社一次性100元/亩补助。

（八）大力培育新型经营主体。对新认定为国家、省、市、县级农业（林业）龙头企业的分别奖励30万元、20万元、10万元、5万元，对监测合格的国家、省级农业（林业）龙头企业每年分别奖励3万元、2万元；对新认定为国家、省、市、县级示范性家庭农场和农民专业合作社的分别奖励10万元、6万元、4万元、2万元，对监测合格的分别奖励2万元、1.2万元、0.8万元、0.4万元。对新获得国家绿色认证的主体一次性奖励5万元，到期续展每次奖励2万元；对新获得省级无公害认证的主体一次性奖励2万元，到期复查换证每周期奖励0.8万元。对新获得国家农产品地理标志，给予组织单位单项一次性奖励10万元。对新注册为“健”字号或同等级批文的产品，每个产品一次性奖励25万元。

（九）加大品牌推介力度。每年统筹安排不少于500万元用于“江山味道”区域公用品牌运营推广，抓好江山猕猴桃、黄精、绿牡丹茶等国家地理标志产品的宣传推介和品牌打造，支持白毛乌骨鸡、白耳黄鸡、乌猪等地方特色品种申报国家地理标志、著名商标、名牌产品等认证。每年统筹150万元用于支持开展相关农事节庆活动及本地农特产品宣传推介。对在政府部门举办的中国农博会获金奖、银奖的分别补助5万元、3万元；浙江省农博会获金奖、银奖的分别补助3万元、2万元；中国义乌国际森林产品博览会获金奖、银奖的分别补助3万元、2万元；获其他同级别同类型奖项参照补助。每年安排200万元，由统战部支持异地江山商会销售推广本市地产农产品。

（十）大力发展生态绿色经济。支持低碳农业改革，对低碳牧场、林业碳汇等涉农碳账户建设中的规划编制、系统建设、技术开发和政策扶持等工作给予必要的财政经费保障。足额保障重大动植物疫情防控经费，做好非洲猪瘟、高致病性禽流感、松材线虫病等重大动植物疫病防控，加强主要农作物病虫情监测点建设和维护。每年统筹安排足额资金保障测土配方肥推广应用、“肥药两制”改革示范建设、秸秆综合利用、农业投入品废弃包装物集中回收处置、绿色防控、受污染耕地治理、高标准农田氮磷生态拦截沟渠建设、畜禽粪污资源化利用、有机育秧基质推广、水生生物增殖放流、渔业养殖水域环境监测等工作。

二、重塑城乡风貌，深化打造中国幸福乡村

（十一）高质量推进未来乡村建设。每年统筹安排不少于1亿元用于未来乡村创建，以诗画风光带为主轴，以重点项目落地村和城郊村为主战场，结合城市传统风貌样板区和县域风貌样板区提升改造，系统构建未来乡村“1236”建设体系，配置邻里中心、健康之家、共享食堂、生活驿站等硬件设施，完善购物、餐饮、金融、电信、交通、健身、养老等生活配套，打造15分钟幸福生活圈。每年新启动建设未来乡村3个，辅导培育未来乡村3个，争创省级未来乡村1个以上。

（十二）聚力聚焦诗画风光带建设。每年安排5000万元用于诗画风光带、农房整治拆后利用示范村建设。以四都镇双溪村至双塔街道大夫第村沿江示范段为主线，结合城乡风貌整治提升行动，

逐步向诗画风光带整体规划的其他村庄延伸，每年新启动或续建节点村5个以上、拆后利用示范村5个以上、新时代美丽乡村标杆村2个。

（十三）持续擦亮幸福乡村金名片。积极争创省级新时代美丽乡村标杆县、共同富裕新时代美丽乡村示范带。每年安排3000万元用于中国幸福乡村创建，采取竞争性比选方式，重点打造10个村。

（十四）持续开展农村人居环境整治。统筹打好农村垃圾分类、农村公厕、农村污水、一村万树等一套组合拳，持续改善农村环境面貌。每年安排2700万元用于农村环境卫生管理、农村公厕建设及维护等，安排2000万元用于农村生活污水处理设施运行维护、标准化运维和第三方水质检测。“十四五”期间，每年统筹1.5亿元债券资金，对现有农村生活污水处理设施逐步进行改造提升，确保农污设施出水水质稳定达标。每年安排350万元用于“一村万树”示范村创建等绿化工作。支持乡村森林康养产业发展，对新认定为省级森林康养名镇、省级森林康养基地、省级森林人家、省级森林氧吧的分别奖励20万元、10万元、5万元、2万元。

（十五）优化美丽生态空间。科学编制自然保护区、自然公园等自然保护地总体规划和详细规划，对通过相关批复的规划编制经费给予全额补助。推进自然保护地数字化建设，对由各属地乡镇、权属经营主体组织实施的保护地智慧监测、监控等数字化、勘界定标项目，给予实施经费全额补助。鼓励节地生态安葬，对实施骨灰撒散、树（草坪）葬及骨灰堂安置的，分别一次性奖励2万元、0.5万元和0.2万元；对建设树葬点和骨灰堂的村，分别给予实际投入总额80%、70%的奖励。

（十六）打造江山幸福河湖。持续推进农村病险水库除险加固、山塘综合整治，对列入年度建设计划的除险加固和综合整治项目给予全额补助。巩固农村饮用水达标提标行动成果，对列入农村供水设施改造计划的项目给予全额补助，并由市级统管机构负责建设。继续推进农村“幸福河湖”建设，对列入建设计划的中小河流治理和小流域水土流失综合治理项目给予全额补助。每年安排1000万元，对村中池塘、沟渠等农村水系提升改造项目给予定额补助。

（十七）持续推进“四好农村路”建设。每年统筹“两山”银行、政府债券等资金，安排5000万元用于“四好农村路”建设；探索争取政策性贷款、国有企业发债等方式，拓宽融资渠道，加快“四好农村路”建设和美丽经济交通走廊创建，持续巩固省级“四好农村路”示范县成果。

（十八）推进历史文化（传统）村落保护利用。对历史文化（传统）村落保护利用重点村建设给予配套补助400万元/村，获得省绩效评估优秀等次的村庄另行奖励100万元/村。对每年列入历史文化（传统）村落保护利用一般村的所有建设项目给予总配套补助100万元（超过的则根据各项目实际投入金额和绩效评估结果按比例进行分配）。

（十九）支持农村社区示范创建。推进“五美”农村社区建设，对获得省、市、县级农村社区示范点的村分别奖励15万元、10万元、5万元。每年统筹100万元用于获得省级美丽宜居示范村建设考核验收优秀等次的村庄奖补。

三、激活共富动力，持续加快增收步伐

（二十）支持共同富裕示范创建。构建农户、村集体与乡村产业利益联结机制，鼓励打造“企业+基地+集体+农户”的利益共同体。每年评选十大共富联盟，给予主导联盟的农业经营主体一次性奖励10万元。每年评选十大共富先锋，给予每个获评“共富先锋”称号的村书记一次性奖励3万元。常态化开展村级集体经济发展项目谋划活动并列入年度综合考核，通过组织项目谋划擂台赛，对入选项目库的项目谋划人

给予1000元奖励；获得擂台赛一等奖、二等奖、三等奖的单位，分别奖励30万元、20万元、10万元，且优先安排项目实施扶持资金。

（二十一）支持“两山银行”试点改革。鼓励支持推进“两山银行”试点改革，对纳入“两山银行”试点改革项目的有关乡镇（街道）、行政村或经营主体，特别是带动能力强、示范效应好或发展模式新等受到上级认可的，在向上争取、推优、项目及资金安排上予以倾斜。

（二十二）支持壮大村级集体经济。每年专项安排2000万元，并统筹上级扶贫、水库移民、一事一议财政奖补等项目资金，重点支持村级集体经济相对薄弱村发展一批“造血”项目。大力推进“飞地抱团”，鼓励组建“强村公司”，发展乡村产业，扶持兴建标准厂房、三产经营用房、农贸市场、光伏发电、村庄经营、农产品种植加工等经营性项目。借助“两山银行”等平台打通资源资产转化通道，分类别分梯度推进村级集体经济发展，对经营性收入30万元以下村重点做好产业导入、合力帮扶；对经营性收入30万—50万元村重点做好村级集体经济增收路径拓展，发展农村集体经济新业态、新模式；对经营性收入50万元以上村重点做好风险防范，积极探索市场化、公司化管理方式，做大做强村级集体经济。其他扶持政策按《江山市村级集体经济巩固提升行动实施方案》（市委办〔2021〕58号）执行。

（二十三）盘活闲置资源促增收。每年安排2000万元，以村为单位、乡镇为主体、区块为模式，鼓励村集体统一收储、经营、管理闲置农房和宅基地资源，发展乡村振兴产业。对认定为衢州市级、江山市级盘活利用示范村的，分别给予一次性补助50万元、20万元。积极配合开展宅基地使用权抵押融资贷款，每年安排300万元建立财政贴息制度，对抵押用于创业创新、生产经营且贷款利率上浮不超过同期贷款市场报价利率（LPR）40%（含）的贷款，按贷款相同期限年息1%的标准给予贷款银行贴息。

（二十四）支持发展农村电商促增收。对入驻网上农博江山馆的企业，每年平台成交额前10名且年销售额达5万以上给予1万元补助。每年建设10个村级共享直播间，每个直播间给予一次性补助2万元。鼓励主播在各电商平台开展农产品（食品）直播销售，每年评定五星主播3名、四星主播6名、三星主播9名、二星主播12名、一星主播15名，分别给予一次性奖励5万元、4万元、3万元、2万元、1万元。

（二十五）加强农村集体“三资”规范管理。加快农村集体“三资”管理数字化系统推广应用，完善农村集体“三资”会计委托代理服务及审计第三方服务机制，足额保障相关经费。全面深化清廉村居建设，积极开展各级示范创建。

（二十六）精准落实农民增收举措。规范光伏小康项目收益分配，按“固定股权分红+统筹分配使用”的方式，用于增强低收入农户和重点帮促村自我发展能力。积极开发公益性岗位，优先提供给农村低收入群体，对低收入农户从事非全日制公益性岗位的给予不超过当年我市最低工资标准50%补贴。加大教育帮促力度，扩面实施“雨露计划”。切实减轻低收入农户看病就医负担，由政府统筹的低收入农户医疗补充政策性保险费用给予全额补贴。支持低收入农户与新型经营主体建立优势互补、分工合作、风险共担、利益共享的联结机制，鼓励低收入农户从事特色农业产业，积极推广“菜单式”扶持项目。提高农民收入统计准确性，每年安排足额经费用于农民收入统计工作。

（二十七）加强农村特殊人群关爱。大力推进乡镇（街道）社会工作站、未成年人保护中心建设运行全覆盖，提倡通过购买服务由专业社会组织承接运行，根据运行绩效，每个社工站年运行补助不超过6万元，每家未成年人保护中心年运行补助不超过5万元。鼓励乡镇（街道）三星级以上残疾人之家通过赋能提升，升格为共同富裕助残服务中心。推进乡镇（街道）残疾人之家规范化建设，按不同星级等级和建设资金投入情况给予一定资金补助；鼓励社会力量建设残疾人之家，享受同等政策补助待遇。支持残疾人创业创新，对符合条件的农村残疾人优先享受财政专项帮扶政策。支持农村养老产业发展，加快建设居家社区机构协同发展、医养康养相结合的养老服务体系。安排建设补助资金1500万元、年运营经费2000万元用于推进以“共享食堂”为载体的农村居家养老服务体系建设。

（二十八）加强教育医疗城乡县域统筹。构建普惠托育服务体系，实现乡镇婴幼儿照护服务机构基本全覆盖。推动农村幼儿园补短提升工程，合理布局农村学前教育公共服务体系。推动新时代城乡义务教育共同体实现全覆盖，争创全国义务教育优质均衡发展县。推进健康村镇建设，实施乡镇卫生院基础设施补短板项目和村级卫生服务“网底工程”。优化乡村医疗卫生机构布局，重点推进峡口、石门、坛石、四都、上余等重点卫生院迁建，推进村卫生室规范化标准化建设，加大乡村医生培养力度。

四、加强要素保障，着力破解瓶颈制约

（二十九）加强财政资金保障。落实土地出让收入优先用于农业农村比例达到10%以上，重点支持乡村振兴基础项目、示范项目、特色项目、试点改革项目等。加强土地出让收入用于农业农村资金与一般公共预算支农投入之间的统筹衔接，避免对一般公共预算支农投入产生挤出效应，确保对农业农村投入切实增加。

（三十）优化金融信贷服务。对农业相关经营主体在创业融资、贷款贴息、涉农贷款担保和规费减免等重点方面提供政策扶持和金融支持。对贷款20万元（含）以上用于新建农业基础设施、新增设施设备等固定资产投入的农业招商或试点改革项目、示范性农民专业合作社、示范性家庭农场和农业龙头企业，按人民银行一年期贷款市场报价利率（LRP）50%给予贴息（同一标的最长连续2年），每年最高限额6万元。

（三十一）健全农业保险体系。完善政策性农业保险、地方特色农业保险、务农人员意外伤害保险、农业雇主责任险等综合保险，适时调整保费分担比例。每年统筹足额资金用于支持开展水稻、油菜、生猪、家禽、水产、农机等常规政策性农业保险以及“衢农保”、猕猴桃、茶叶、湖羊、甘蔗、中药材、食用菌、夯土房民宿等特色保险试点项目。省、衢州市保险险种保费承担比例按照上级要求落实，市本级险种保费比例酌情就高调整。

（三十二）有序缓解土地瓶颈。每年安排不少于50亩新增建设用地指标（不参与工业用地亩均效益综合评价），重点保障乡村产业发展用地。积极开展农业建设用地制度改革试点，逐步形成农业建设用地与农业生产用地、设施农业用地有效匹配的格局。支持将农业生产所需的看护、初加工和农资仓储、农产品产地预冷库等附属设施用地纳入设施农业用地管理。

（三十三）支持农业人才培育。对具有全日制普通高校专科（高职）以上学历，年龄35周岁以下，在本市内创办达到一定规模且全职从事农林种植业和养殖业生产经营工作一年以上的毕业生，经认定，给予中专1.2万元/年、大专1.8万元/年、本科2.4万元/年、硕士3.6万元/年、博士4.8万元/年补助，连补三年。支持组建农创客联合会，对年度被评为江山市级十佳“农创客”的，每人一次性奖励1万元。

（三十四）健全农业项目服务机制。组建农业投资项目决策咨询服务协调小组，建立农业投资项目决策咨询服务制度，构建农业项目受理、研判评估、决策咨询、并审联批、项目落地、项目

验收等全程服务管理机制，增强项目布局合理性、决策科学性，提高项目服务水平，促进农业项目早落地、快建设、早见效。

五、附则

（三十五）对于同一事项符合国家、省、市政策意见多项条款的，按最优惠条款执行，不重复享受。同一事项不同层次奖补的，按进档补差原则执行。凡存在弄虚作假或多头申报、农产品质量安全事故或两次定量抽检不合格、违法用地未按要求整改到位、破坏生态环境被立案调查或处理、被列入失信名单等情形的主体，在当年内申报项目不予支持。对有关单位和个人骗（套）取补助资金的，一经查实，除予以通报并取消资助资格、收回补助资金外，将依法追究责任，涉嫌犯罪的，依法移送司法机关处理。

（三十六）本意见自 2022 年 6 月 13 日起实施，有效期暂定 4 年，本意见涉及重大资金项目投资、“大三农”专项资金使用的由“大三农”专项资金管理委员会（以下简称资管会）决策统筹。资管会下设办公室，负责“大三农”资金日常运行、管理及政策解释工作。具体项目管理、资金使用，按照相应资金管理办法或操作细则执行。实施期间如需调整，则另行制定补充意见。

2022 年 5 月 11 日

文件选目

2022年度党的规范性文件目录（市委发）

市委发〔2022〕20号	关于印发《江山市推进教育高质量发展的实施意见》的通知

2022年度党的规范性文件目录（市委办）

市委办〔2022〕7号	关于印发《江山市“1122”工程实施方案》的通知
市委办〔2022〕15号	关于印发《江山市完善容错免责机制激励干部担当作为的实施办法》的通知
市委办〔2022〕25号	关于印发《江山市居家养老“共享食堂”建设实施方案（试行）》的通知
市委办〔2022〕63号	关于印发《江山市网格工作专项经费管理暂行办法》的通知
市委办〔2021〕92号	印发《关于全面推行林长制的实施意见》的通知

2022年江山市政府（市府办）发文行政规范性文件目录

江政办发〔2022〕2号	进一步加强严重精神障碍患者肇事肇祸行为预防处置工作的意见
江政办发〔2022〕3号	江山市政府特别奖评选办法
江政发〔2022〕2号	江山市加快文化旅游体育高质量发展的若干政策意见
江政发〔2022〕3号	进一步推动工业企业高质量发展的若干政策意见
江政办发〔2022〕13号	关于调整我市城乡特困人员基本生活标准和调标程序的通知
江政发〔2022〕9号	关于印发江山市加快推进残疾人事业高质量发展实施意见的通知
江政发〔2022〕11号	关于重塑城乡风貌　加快农业农村高质量发展的若干政策意见的通知

江政发〔2022〕10 号	关于印发江山市中心城区规划控制范围内“房票”安置实施办法（试行）的通知
江政发〔2022〕12 号	关于印发江山市人民政府记功奖励暂行办法（2022 年修订）的通知
江政办发〔2022〕24 号	关于印发江山市慈善绿卡管理办法的通知
江政办发〔2022〕37 号	关于江山市殡葬基本服务全流程免费的通知
江政发〔2022〕20 号	关于加强统计基层基础建设提高源头统计数据质量的实施意见
江政发〔2022〕23 号	关于印发江山市“大搬快聚 兴城共富”农民集聚转化实施意见（试行）的通知
江政办发〔2022〕40 号	江山市农村公路管理办法
江政发〔2022〕27 号	江山市人民政府关于全市禁止经营和燃放烟花爆竹的通告
江政通〔2022〕1 号	关于公布江山市新增综合行政执法事项目录（2022 年）的通告
江政办发〔2022〕56 号	关于公布市政府及市政府办公室行政规范性文件清理结果的通知

附　录

2022年度江山市组织机构及其负责人

市级机构

中共江山市委员会

书　记：朱素芳（女）
副书记：徐明峰
　　　　何日根
常　委：俞耀根
　　　　钱　伟（—2022.8挂职）
　　　　温胜浩
　　　　杨　君
　　　　朱永平
　　　　程佳华
　　　　高　峰
　　　　毛香水（女）
　　　　毛晓荣（—2022.5）
　　　　郑水根（2022.5—）
　　　　杨　奔（2022.12—挂职）

江山市人大常委会

主　任：汪　胜
副主任：宁　晔（2017.3—2022.1）
　　　　姜方云（2022.1—）
　　　　毛正彩（女）
　　　　毛吉泽
　　　　郑贤文
　　　　毛长明（—2022.1）
　　　　李培荣（—2022.1）
　　　　巫小雄（2022.1—）
　　　　张志军（2022.1—）

江山市人民政府

市　长：徐明峰
副市长：俞耀根
　　　　钱　伟（—2022.8挂职）
　　　　吴晓炯（—2022.5挂职）
　　　　朱永平
　　　　詹虎山
　　　　郑爱萍（女）
　　　　汪晓勤
　　　　王永华（2022.1—）
　　　　徐　骏（2022.1—）
　　　　钟　旌（2022.5—2022.12挂职）

政协江山市委员会

主　席：胡炳泉（2022.1—）
副主席：王子平
　　　　姜　英（女）
　　　　毛水芳
　　　　祝继友（—2022.1）
　　　　毛慧卿（女）
　　　　周立武
　　　　何正芳（女，2022.1—）

中共江山市纪律检查委员会

书　记：温胜浩
副书记：陈宗仁
　　　　徐小明

江山市监察委员会

主　任：温胜浩
副主任：陈宗仁
　　　　徐小明

党群系统

市委办公室

主　任：邵建水（2022.3—）

市党委信息网络中心

主　任：毛水根（2022.3—2022.12）
　　　　王汪建（2022.12—）

市委组织部

部　长：程佳华

市委新经济和新社会组织工作委员会

书　记：郑新卫

市委统一战线工作部

部　长：毛香水（女）

常务副部长：吴松高（2022.3—）

市信访局

局　长：陈晓峰

市委机构编制委员会办公室

主　任：姜炳旺

市公共资源交易监督管理办公室

主　任：毛剑飞

市委巡察工作领导小组办公室

主　任：毛水生（—2022.12）
周　蔚（2022.12—）

市委巡察组

第一巡察组组长：
毛建梅（女，—2022.7）
王连根（2022.7—）

第二巡察组组长：姜经纶

第三巡察组组长：祝新洪

第四巡察组组长：
徐正军（—2022.7）
张芝华（2022.7—）

市委党校

校　　长：程佳华

常务副校长：张　阳（—2022.3）
徐正军（2022.7—）

市委老干部局

局　长：郑星勤

市档案馆（市委史志研究室）

馆长（主任）：徐　青（—2022.7）

市总工会

主　席：廖勇兴

共青团江山市委员会

书　记：柴效楠

市妇女联合会

主　席：段淑霞（女，—2022.12）
毛晶卉（女，2022.12—）

市科学技术协会

主　席：毛水根（2022.12—）

市残疾人联合会

理事长：姜　励（—2022.8）
姜增胜（2022.12—）

市红十字会

会　长：何正芳（女）

党组书记、专职副会长：
周晓杜（—2022.12）
高　见（2022.12—）

市工商业联合会

主 席：徐忠辉（—2022.6）
姜　风（2022.6—）

党委书记、副主席：戴春兵

民革江山市委会

主　委：姜　英（女）

民盟江山市总支部

主　委：毛慧卿（女）

民建江山市支部

主　委：王冠平（女）

民进江山市总支部

主　委：柴琼颖（女）

农工党江山市支部

主　委：刘建英（女）

九三学社江山市基层委员会

主　委：毛水芳

江山市人武部

部　长：郑全青

政　委：高　峰

副部长：辛　斌

驻江部队（涉密，略）

人大机关

办公室

主　任：王峰平（—2022.7）
陈新华（2022.7—）

研究室

主　任：周志亮

监察和司法工作委员会

主　任：应维忠（—2022.7）
汪立中（2022.7—）

财政金融工作委员会

主　任：周中太（—2022.7）
赵卫国（2022.7—）

经济工作委员会

主　任：施　建（—2022.7）
徐　青（2022.7—）

农业与农村工作委员会

主　任：毛恭旺

建设与资源环境保护工作委员会

主　任：杨　军（2021.1—）

教育科技文化卫生民族华侨工作委员会

主　任：孟丽华（女）

代表与选举任免工作委员会

主　任：张肖晓

政府机关

市人民政府办公室

主 任：姜建铭（—2022.3）
徐群年（2022.3—）

政协机关

秘　书　长：毛有祥

办公室主任：廖庆荣（—2022.3）
张　阳（2022.3—）

研究室

主　任：徐晓军

提案工作委员会

主　任：倪亦农

文化文史和学习委员会

主　任：胡汉民

经济科技委员会

主　任：周献泉

社会和法制委员会

主　任：陈建宏（—2022.3）

柴登祥（2022.3—）

农业和农村委员会

主　任：李佩军（—2022.3）

廖庆荣（2022.3—）

委员工作委员会

主　任：武邱琦（女）

宣传系统

市委宣传部

部　　长：杨　君

常务副部长：徐娟芳（女，2022.7—）

社科联

主　席：刘俏斌（2022.7—）

传媒集团

总裁（台长）：刘笑飞

总　编　辑：徐　彬

市教育局

局　长：毛香水（女，—2022.3）

姜淑芬（女，2022.3—）

市科学技术局

局　长：周树仁

市文化广电旅游局

局　长：姜淑芬（女，—2022.3）

陆天军（2022.3—）

市卫生健康局

局　长：赵卫国（—2022.7）

周顺福（2022.7—）

市文学艺术界联合会

主　席：姜　英（女，—2022.7）

党组书记、主席：

姜明山（2022.7—）

浙江开放大学江山学院

院　长：姜海龙

政法系统

市委政法委

书　　记：何日根

常务副书记：祝　君

江山市人民法院

院　长：祝志昌（—2022.11）

阮铁军（2022.11—）

江山市人民检察院

检察长：殷一村

市公安局

局　长：詹虎山

政　委：姜小标

市司法局

局　长：毛慧卿（女，—2022.7）

徐以兵（2022.7—）

市社会矛盾纠纷调处化解中心

主　任：陈晓峰

综合系统

市民政局

局　长：姜晓东

市退役军人事务局

局　长：黄德洪

市人力资源和社会保障局

局　长：邵建水（—2022.3）

杨子勋（2022.3—）

市医疗保障局

局　长：陈新华（—2022.7）

王峰平（2022.7—）

市住房和城乡建设局

局　长：钟炳根

市自然资源和规划局

局　长：柴登祥（—2022.3）

李勇建（2022.3—）

市交通运输局

局　长：毛舒锋

市审计局

局　长：周建荣

衢州市生态环境局江山分局

局　长：徐群年（—2022.3）

毛方堃（2022.7—）

市市场监督管理局

局　长：王振德

市综合行政执法局

局　长：毛振荣

政　委：徐以兵（—2022.7）

市体育局

党组书记：吴正荣

局　　长：吴正荣（—2022.7）

黄　倩（女，2022.7—）

市机关事务保障中心

主　任：戴建辉

市营商环境建设办公室

主　任：祝应志

市大数据中心

主　任：林　刚

市征迁事务中心

主　任：王利文（—2022.12）

农口系统

市农业农村局

局　长：陆天军（—2022.3）

　　　　郑勤勇（2022.3—）

市林业局

局　长：周克俊

江山仙霞岭省级自然保护区管理中心

主　任：王荣华

市水利局

局　长：姜孝荣

市碗窑水库管理中心

主　任：刘泽华

市峡口水库管理中心

主　任：徐小明

计经系统

市发展和改革局

局　长：王永华（—2022.3）

　　　　刘方华（2022.3—）

市铁路建设管理中心

主　任：严然春（—2022.7）

　　　　徐惠明（2022.7—）

市经济和信息化局

局　长：吴松高（—2022.3）

　　　　王招裕（2022.3—）

市商务局

局　长：王招裕（—2022.3）

　　　　黄小飞（2022.3—）

市统计局

局　长：刘方华（—2022.3）

　　　　侯海乾（2022.3—）

江山经济开发区

主　任：徐元安（—2022.3）

　　　　毛建森（2022.3—）

市招商投资促进中心

主　任：周秋林

市应急管理局

局　长：郑建伟

财经系统

市财政局

局　长：郑水根（—2022.12）

　　　　周建荣（2022.12—）

市国资管理服务中心

主　任：毛水芳（—2022.7）

　　　　严献明（2022.7—）

市供销合作社联合社

党委书记：柴建荣

主　　任：刘建英（女）

市金融服务中心

主　　任：毛东升

江山市城市建设投资有限公司

党委书记、执行董事兼总经理：

　　　　毛秋晨（2022.12—）

市旅游发展有限公司

执行董事、总经理：曹慧郎

江山经济开发区建设投资有限公司

执行董事、总经理：

　　　　毛耀延（—2022.12）

　　　　吴小正（2022.12—）

市交通建设投资有限公司

执行董事、总经理：祝增华

乡镇(街道)

双塔街道

党工委书记：徐正贵

办事处主任：毛锋君（—2022.12）

　　　　马才华（2022.12—）

虎山街道

党工委书记：杨子勋（—2022.7）

　　　　黄日忠（2022.7—）

办事处主任：郑华新

清湖街道

党工委书记：余　丰

办事处主任：周世有

上余镇

党委书记：杨子洪

镇　　长：周春高

四都镇

党委书记：黄日忠（—2022.7）

　　　　段淑霞（女，2022.12—）

镇　　长：范冬俊

大陈乡

党委书记：姜富旺

乡　　长：蔡一红（女，—2022.8）

　　　　周玉玲（女，2022.12—）

碗窑乡

党委书记：刘海军

乡　　长：夏华敏

贺村镇

党委书记：毛晓荣（—2022.5）

　　　　郑水根（2022.5—）

镇　　长：毛建森（—2022.3）

　　　　叶剑波（2022.12—）

新塘边镇

党委书记：毛　彦

镇　　长：丁日金（—2022.7）

　　　　叶志平（2022.7—）

坛石镇

党委书记：严献明（—2022.7）

华　伟（2022.12—）

镇　　长：毛秋晨（—2022.12）

大桥镇

党委书记：毛才明

镇　　长：张吉耀

凤林镇

党委书记：徐亿雄

镇　　长：华　伟（—2022.12）

陈　磊（2022.12—）

峡口镇

党委书记：吴伟剑

镇　　长：祝建平

保安乡

党委书记：王　超（女）

乡　　长：姜　波

廿八都镇

党委书记：周顺福（—2022.7）

丁日金（2022.7—）

镇　　长：占苗淼

长台镇

党委书记：毛方堃（—2022.7）

毛锋君（2022.12—）

镇　　长：姜增胜（—2022.12）

石门镇

党委书记：郑李慧（女）

镇　　长：王江水

张村乡

党委书记：毛世军

乡　　长：周东剑

塘源口乡

党委书记：陈小华

乡　　长：黄　维

2022年度重点工作突出贡献集体和个人

一、落实全面从严治党主体责任突出贡献集体和个人

集体（10个）：石门镇、清湖街道、贺村镇、双塔街道、卫健局、组织部、检察院、法　院、财政局、公安局

个人（10名）：姜富旺（大陈乡）、吴伟剑（峡口镇）、毛世军（张村乡）、毛　彦（新塘边镇）、郑勤勇（农业农村局）、刘俏斌（宣传部）、周建荣（审计局）、王振德（市场监管局）、钟炳根（住建局）、毛剑飞（监管办）

二、党建统领突出贡献集体和个人

集体（10个）：清湖街道、碗窑乡、应急管理局、农商行、卫健局、贺村镇、民政局、纪委监委、峡口镇、资规局

个人（15名）：黄日忠（虎山街道）、祝增华（交投集团）、郑李慧（石门镇）、邓群芳（双塔街道）、毛斌斌（保安乡）、毛家佳（上余镇）、徐剑飞（塘源口乡）、董夏倩（新塘边镇）、徐　斌（宣传部）、姜振洲（政法委）、王娟洋（住建局）、姜建娇（妇　联）、姜梦倩（组织部）、郑　瑜（坛石镇）、戴燕敏（四都镇）

三、基层治理（除险保安、信访维稳、安全生产）突出贡献集体和个人

集体（20个）：宣传部（网信办）、司法局、人力社保局、住建局、退役军人事务局、征迁中心、双塔街道、清湖街道、贺村镇、峡口镇、长台镇、虎山街道、大陈乡、资规局、经济开发区、文旅局、经信局、发改局、交通运输局、水利局

个人（25名）：徐　哲（政法委）、曾晓耕（编　办）、李国栋（城投集团）、王叶挺（生态环境分局）、赖东冬（财政局）、周录平（卫健局）、祝许铮（市府办）、毛珏清（社会治理中心）、周洪岳（公安局城南派出所）、杨云献（教育局）、周海林（法　院）、陈昂辉（创文办）、郑建清（廿八都镇）、姜忆捷（市委办）、刘海军（碗窑乡）、周　鹭（石门镇）、周烁钰（大桥镇）、吉陈丽（水利局）、何胜（应急管理局）、周志荣（气象局）、周益林（市场监管局）、周鹏程（市委办）、江　健（经信局）、张　瑾（农业农村局）、姜　斌（教育局）

四、改革创新（数字化改革）突出贡献集体和个人

集体（15个）：大数据中心、经信局、组织部、纪委监委、气象局、统战部、宣传部、编　办、

发改局、农业农村局、综合执法局、市场监管局、科协、贺村镇、峡口镇

个人（15 名）：戴逢春（政法委）、郑冬雅（碗水中心）、金梅珍（民政局）、王冠平（人力社保局）、单剑非（市委办）、倪亦强（营商办）、郑慧芸（残联）、戴华龙（市委办）、叶立忠（教育局）、陆天旺（传媒集团）、高文航（数改办专班）、王超（保安乡）、余丰（清湖街道）、王晋鑫（长台镇）、郑晨（双塔街道）

五、城市品质提升突出贡献集体和个人

集体（5 个）：住建局、综合执法局、双塔街道、虎山街道、城投集团

个人（20 名）：陈唐华（住建局）、江晓军（住建局）、钱云霄（财政局）、金程宏（发改局）、沈孟丽（审计局）、童建军（监管办）、罗江根（城投集团）、肖景阳（开投集团）、王渊（交投集团）、徐辉（市府办）、郑书才（公安局）、徐一超（综合行政执法局）、徐俊（市委办）、姜姗姗（卫健局）、华静伟（教育局）、毛黎伟（资规局）、周子扬（文旅局）、徐崇法（市场监管局）、柴明武（生态环境分局）、王浩（大陈乡）

乡镇、街道、经济开发区、机关部门综合考核

一、乡镇（街道）

1. 经济型乡镇（街道）

一等奖：贺村镇、峡口镇、清湖街道、虎山街道

二等奖：双塔街道、上余镇

三等奖：四都镇

2. 复合型乡镇

一等奖：石门镇、新塘边镇、坛石镇

二等奖：大桥镇、凤林镇

三等奖：长台镇

3. 生态型乡镇

一等奖：廿八都镇、大陈乡、张村乡

二等奖：保安乡、碗窑乡

三等奖：塘源口乡

二、经济开发区

一等奖

三、机关部门

1. 党群综合类

一等奖：传媒集团、信访局、编办、总工会、机关事务保障中心、江山开放学院

二等奖：党校、妇联、团市委、残联、工商联、科协、老干部局

三等奖：档案馆、红十字会、文联

2. 经济发展类

一等奖：资规局、财政局、发改局、住建局、农业农村局、招商中心

二等奖：经信局、交通运输局、商务局、林业局、水利局

三等奖：科技局

3. 社会管理类

一等奖：公安局、教育局、应急管理局、卫健局、市场监管局、文旅局、综合执法局、审计局

二等奖：生态环境分局、司法局、人社局、统计局、营商办、医保局、民政局、监管办、供销联社、峡水中心

三等奖：仙保中心、碗水中心、铁建中心、体育局、退役军人事务局

4. 垂直管理类

一等奖：税务局、供电公司、气象局、消防救援大队、华数公司、邮政局

二等奖：江山火车站、移动公司、电信公司、联通公司、烟草公司、公积金中心

三等奖：海关联络处、国安站

5. 金融类

一等奖：中国银行、人行、银保监监管组、农商银行、建设银行、工商银行、农业银行、温州银行、交通银行

二等奖：泰隆银行、浙商证

券、财通证券、农发银行、邮储银行、浙商银行、招商银行、民泰银行、金华银行、人保财险

三等奖：浦发银行、杭州银行、台州银行、中国人寿、村镇银行、北京银行

2022 年度全市经济发展工作中作出突出贡献集体和个人名单

一、工业强市

（一）制造业高质量发展

1. 集体 10 个

税务局、市场监管局、教育局、凤林镇、资规局、营商办、贺村镇、石门镇、长台镇、新塘边镇

2. 个人 15 名

赵林波（市委办）、周悦欣（经信局）、占江讯（经济开发区）、毛剑峰（发改局）、江仁剑（咨询委秘书处）、侯海乾（统计局）、王睿宁（组织部）、周恺（招商中心）、周良军（生态环境分局）、姜建明（供电公司）、陈博烜（人社局）、周蔚龄（金融服务中心）、黄日忠（虎山街道）、周烁钰（大桥镇）、汪晓敏（传媒集团）

（二）科技创新

1. 集体 5 个

经济开发区、四都镇、新塘边镇、贺村镇、统计局

2. 个人 10 名

刘云丽（组织部）、柴晨滋（科技局）、李燕淋（发改局）、王勇（经信局）、宁强（财政局）、杨俊华（税务局）、曾心琢（峡口镇）、周玮（双塔街道）、毛勇（大桥镇）、郑凌波（长台镇）

（三）智能制造

1. 集体 5 个

经信局、经济开发区、财政局、江山农商银行、商务局

2. 个人 5 名

陈西（应急管理局）、史诚（贺村镇）、姜爱武（科技局）、潘盛泽（峡口镇）、郑俊奇（四都镇）

（四）企业上市

1. 集体 5 个

经济开发区、金融服务中心、统计局、税务局、市场监管局

2. 个人 5 名

祝建平（峡口镇）、王年军（四都镇）、周刚（教育局）、周肖龙（资规局）、何新标（经信局）

二、招商引资

（一）异地商会

1. 集体 2 个

经济开发区、统战部

2. 个人 3 名

姜龙雨（住建局）、徐平（财政局）、俞明建（招商中心）

（二）山海协作

1. 集体 8 个

招商中心、住建局、发改局、农业农村局、四都镇、供销联社、张村乡、生态环境分局

2. 个人 9 名

毛倩岚（营商办）、郑华新（虎山街道）、李勇（卫健局）、吴水娟（双塔街道）、余湘莹（商务局）、周小庆（经济开发区）、陆承江（峡口镇）、厉振东（供销联社）、毛水根（科协）

（三）营商环境

1. 集体 2 个

市场监管局、市纪委市监委

2. 个人 3 名

龚羽龙（营商办）、姜肖萍（经信局）、吴钇漩（发改局）

三、项目推进

1. 集体 10 个

发改局、财政局、住建局、卫健局、城投集团、开投集团、贺村镇、招商中心、四都镇、凤林镇

2. 个人 15 名

徐可（市府办）、姜玲珍（发改局）、钟震宇（峡口镇）、徐旭磊（坛石镇）、陈玙（张村乡）、柴小旺（碗窑乡）、毛露雪（资规局）、金晟（经信局）、姜云凌（统计局）、祝增华（交投集团）、王绍君（科技局）、李文彬（经济开发区）、郑本垒（营商办）、陈彬华（教育局）、张乐（贺村镇）

四、服务业发展（电子商务）

1. 集体 10 个

衢州海关江山联络处、市场监管局、人社局、统计局、清湖

街道、贺村镇、虎山街道、经济开发区、农业农村局、财政局

2. 个人 10 名

王俊强（市府办）、陈文伟（招商中心）、吴步勇（发改局）、刘志燕（交投集团）、王奇（农旅集团）、郑露生（教育局）、江介旺（总工会）、郑苗婧（商务局）、徐皖东（经信局）、姜之浩（财政局）

五、要素保障

1. 集体 10 个

发改局、财政局、税务局、资规局、住建局、农业农村局、林业局、双塔街道、凤林镇、张村乡

2. 个人 10 名

沈煜霆（资规局）、徐欢（经信局）、毛航（农业农村局）、周春临（水利局）、徐惠琴（教育局）、周龙峰（清湖街道）、邱柏源（发改局）、郑云芬（监管办）、郑小真（经济开发区）、郑凤娟（峡口镇）

六、人才工作

1. 集体 5 个

人力社保局、招商中心、经济开发区、科协、新塘边镇

2. 个人 10 名

黄俊（科技局）、陈周亮（经信局）、张旋（统计局）、曾小伟（长台镇）、王璐珊（团市委）、何宗义（财政局）、董江青（教育局）、毛志刚（林业局）、徐学勋（编办）、程伟（市委办）

七、生态环保

（一）治土

1. 集体 3 个

生态环境分局、住建局、贺村镇

2. 个人 7 名

徐李琦（生态环境分局）、毛俊男（资规局）、汪卉（卫健局）、龚建良（上余镇）、姜瀛（经济开发区）、黄严艺（财政局）、余巍魏（应急管理局）

（二）治水

1. 集体 2 个

水利局、农业农村局

2. 个人 3 名

周梦琪（农业农村局/治水办）、刘小明（城投集团）、徐霞丽（廿八都镇）

市长特别奖

一、杰出贡献奖

（一）一等奖

江山欧派门业股份有限公司

江山永利百合实业有限公司

江山南方水泥有限公司

（二）二等奖

江山虎集团有限公司

浙江鑫冠建设集团有限公司

衢州龙正新型建材有限公司

江山正泰林农光伏发展有限公司

衢州南方水泥有限公司

江山热威电热科技有限公司

江山市城市建设投资集团有限公司

赢家时尚（江山）电子商务有限公司

二、亩产效益奖

（一）一等奖

江山市华顺有机硅有限公司

江山市友和建材有限公司

江山热威电热科技有限公司

（二）二等奖

江山宏安电工科技有限公司

浙江三晟化工有限公司

同景新能源科技（江山）有限公司

浙江天际互感器股份有限公司

江山市鑫源电气有限公司

浙江鼎浩电气有限公司

浙江奇龙建材有限公司

三、投资贡献奖

（一）工业企业

碳一新能源集团有限责任公司

浙江研一新能源科技有限公司

江山金石新材料科技有限公司

浙江大唐国际江山新城热电有限责任公司

华电浙江江山新能源有限公司

（二）农业企业

浙江华欣牧业有限公司

（三）服务业企业

浙江蓝城江山建设管理有限公司

四、企业上台阶奖（首次达到 1 亿元）

佰象（浙江）商业控股有限公司

浙江吉卡供应链管理有限公司

江山永利百合实业有限公司

江山健盛新材料科技有限公司

浙江逸含化纤有限公司

浙江宝威电气有限公司

浙江奇恩特汽车零部件有限公司

江山市水务有限公司

五、创新成长奖

（一）一等奖

浙江旺林生物科技有限公司

浙江珠峰机械有限公司

浙江澳宇新材料科技有限公司

（二）二等奖

浙江研一新能源科技有限公司

江山市通联泵业成套有限公司

浙江江变科技有限公司

浙江逸都生物科技有限公司

浙江安贝实业有限公司

浙江江山恒力电气股份有限公司

同景新能源科技（江山）有限公司

六、行业先锋奖

（一）现代农业

天蓬集团有限公司

浙江华欣牧业有限公司

江山市万里中药材有限公司

浙江旺林生物科技有限公司

（二）休闲旅游

江山金陵大酒店有限公司

江山市八方旅游有限公司

江山耕读农场有限公司

（三）商贸经济

佰象（浙江）商业控股有限公司

小牛凯西（浙江）控股有限公司

浙江蔓芭网络科技有限公司

赢家时尚（江山）电子商务有限公司

（四）外向型经济

江山永利百合实业有限公司

浙江江山变压器股份有限公司

江山市航宇文体用品有限公司

七、人才金梧桐奖

浙江科力车辆控制系统有限公司

浙江江山变压器股份有限公司

浙江肖恩电子科技有限公司

浙江同景新能源集团有限公司

江山欧派门业股份有限公司

浙江安都建设有限公司

八、政府质量奖

浙江江鑫建设有限公司

北京同仁堂蜂产品（江山）有限公司

图书在版编目（CIP）数据

江山年鉴．2023 / 江山市档案馆（市委史志研究室）编．—北京：方志出版社，2023.11
ISBN 978-7-5144-5968-5

Ⅰ．①江… Ⅱ．①江… Ⅲ．①江山－2023－年鉴
Ⅳ．①Z525.53

中国国家版本馆 CIP 数据核字（2023）第 240472 号

责任编辑：刘方圆
责任校对：张玉霞
责任印制：梅中英
出 版 者：方志出版社
地　　址：北京市朝阳区潘家园东里 9 号（国家方志馆 4 层）
邮　　编：100021
网　　址：http：//www.zgfzcb.cn
发　　行：方志出版社图书营销中心（010-67110500）
印　　刷：江山市教育印刷有限公司
开　　本：889 毫米× 1194 毫米　1/16
印　　张：27.25
字　　数：671 千字
版　　次：2023 年 12 月第 1 版
印　　次：2023 年 12 月第 1 次印刷
定　　价：238.00 元